Mark Aldanow
Der Anfang vom Ende

Roman

Aus dem Russischen von
Andreas Weihe

Mit einem Vorwort von
Sergej Lebedew
und einem Nachwort von
Andreas Weihe

ROWOHLT

Der erste Teil des Romans erschien 1939 unter dem Titel «Начало конца» im Verlag Русские записки (russkie zapiski) in Paris. Die erste vollständige Ausgabe erschien 1943 in englischer Übersetzung unter dem Titel «The Fifth Seal» im Verlag Charles Scribner's Sons in New York; in Russland erschien der Roman erstmals 1995 im Verlag Novosti, Moskau, als Teil einer sechsbändigen Werkausgabe, wobei die letzte Szene des letzten Kapitels eine Rückübersetzung aus dem Englischen war, da die originalen Manuskriptseiten als verloren galten. Nach Entdeckung der Originalseiten im Bakhmeteff Archive of Russian and East European Culture der New Yorker Columbia University erschien 2012 im Verlag Eksmo, Moskau, eine russische Ausgabe mit der originalen Schlussszene. Nach dieser Ausgabe wurde die vorliegende Übersetzung erstellt.

2. Auflage Juli 2023
Deutsche Erstausgabe
Veröffentlicht im Rowohlt Verlag, Hamburg, Juli 2023
Copyright © 2023 by Rowohlt Verlag GmbH, Hamburg
Satz aus der Garamond Premier Pro
bei Dörlemann Satz, Lemförde
Druck und Bindung GGP Media GmbH, Pößneck
ISBN 978-3-498-00335-7

Inhalt

Am Abgrund

Vorwort von Sergej Lebedew

Der Zerfall der UdSSR, politisch geregelt im Belowescher Abkommen von 1991, löste, so könnte man sagen, eine Lawine aus, einen Erdrutsch an Entwertungen.

Buchstäblich alles Vergangene – Geld, Ideen, staatliche Symbole, Auszeichnungen, das ganze Pantheon der Sowjetsymbole – verlor seinen Wert und wurde bedeutungslos.

Die sowjetischen Rubel wurden zu wertlosem Papier; die Porträts und Denkmäler der Führer verwandelten sich in Müll; Marschallsuniformen und hohe Orden wurden auf Flohmärkten feilgeboten.

Aber das vielleicht Interessanteste und Erstaunlichste widerfuhr der Literatur, den Büchern. Ich erinnere mich daran, wie sich einige Jahre lang Bücherstapel neben den Müllcontainern türmten, Bücher, die aus den häuslichen Bibliotheken geworfen wurden, weil sie überflüssig geworden waren. Gesamtausgaben von Lenins Werken und die Klassiker des sozialistischen Realismus, gestern noch eindrucksvoll und imposant, edel ausgestattet, Macht verkörpernd, lagen jetzt durchnässt und durchgeweicht im Regen. Niemand bückte sich nach ihnen, trug sie ins Haus – im Gegenteil, es wurden immer mehr, manche wurden verschämt in der Nacht gebracht, andere am helllichten Tag.

Wenn es damals in Russland eine Revolution gegeben hat, dann war es eine Revolution in den Bücherregalen.

Und an den U-Bahnhöfen, an belebten Straßenecken, in der Nähe von Geschäften und an Bushaltestellen tauchten wie aus dem Nichts Bücherstände auf: Es wurden *neue* Bücher verkauft.

Schlecht gebunden, gedruckt auf schlechtem, minderwertigem Papier, dem Papier der kargen Zeiten, besaßen diese Bücher mit ihren blassen oder verschmierten Buchstaben, die heimlich mit der Schreibmaschine abgetippten Samisdatausgaben ähnelten, eine besondere Qualität. Wichtig an diesen schlichten, ärmlichen Büchern war nicht die Aufmachung, der Einband, sondern der reine Text.

Eine Art zweite Geburt der Literatur fand statt. Die Bücher der Ausgestoßenen kehrten zurück, die Bücher der Geflohenen, die Bücher der Emigrierten. Aus der Versenkung tauchten die weggesperrten und die einst von der Zensur verstümmelten Werke auf. Veröffentlicht wurden die zuvor verbotenen und unbekannten Bücher – und es schien damals, dass, wenn so viele wahre Worte gleichzeitig gedruckt und gelesen werden, es keine Rückkehr in die schreckliche Vergangenheit mehr geben konnte.

Dies, so schien es, war das Ende vom Ende, der letzte Akt des historischen Dramas, das Russland im 20. Jahrhundert durchlebte.

Bei uns zu Hause wurden die Bücher nicht weggeworfen, sondern aufs Land verbannt, wo sie auf dem Dachboden der Datscha ihr Dasein fristeten und ihrem Ende entgegensahen.

Ihren Platz in den Regalen nahmen neue ein, aber der Platz reichte nicht aus, und meine Eltern besorgten sich irgendwo ausrangierte Schränke. Ich verstehe bis heute nicht, aus welchen Mitteln die Bücher gekauft wurden, denn die Geldentwertung schritt rapide voran, und die Löhne wurden nur noch unregelmäßig gezahlt; die Bücher schienen sich von selbst einzufinden und den Rückstand von siebzig Jahren aufholen zu wollen.

Ich kannte weder Titel noch Namen, ich griff wahllos nach dem einen oder anderen und las aufs Geratewohl; es war, als würde ich bei einem Festgelage von Erwachsenen heimlich ein Glas Wodka trinken: Erschrecken, quälendes Verlangen, Schwindel, ein Nebelschleier von Worten und Bedeutungen.

Und dann brachte mein Vater eines Tages eine weitere Novität mit und stellte sie ins Regal, ein Hardcover mit Schutzumschlag.

Mark Aldanow.

«Der Anfang vom Ende».

Darunter eine geschwungene Vignette mit dem Schriftzug: *Erscheint erstmals in Russland.*

Darin, wie ein Buch seinen Leser findet, wie es zum Lesen einlädt, liegt etwas Geheimnisvolles und Intimes, es geschieht dies in einem Spannungsfeld seltsamer Spiele, wo sowohl komische Momente als auch schicksalhafte Anziehungskraft ihren Platz haben.

In diesem Fall gab es ein komisches Moment.

Meine Eltern waren Geologen und hatten mehrere Jahre lang im Aldan gearbeitet, so heißt ein riesiges Hochgebirge in der Taiga Ostsibiriens, ein Gebiet mit Permafrost und Gulag-Lagern.

Und ich dachte, dass der Autor, Aldanow, von dort stammte, dass das ein Buch über die Taiga und Abenteuer à la Jack London wäre – leichter und zugänglicher als so schleierhafte und unnahbare Schriftsteller wie Nabokov oder Samjatin.

Natürlich stellte sich schon nach den ersten Seiten heraus, dass das Unsinn war, ein Irrtum, aber das Buch hatte mich bereits gepackt und ließ mich nicht mehr los, es hatte mir diese Kopfnuss verpasst, diese Formel ins Bewusstsein gepflanzt: *Der Anfang vom Ende.*

Der Titel ging mir nicht mehr aus dem Kopf und bot sich beharrlich als bitteres Motto der Epoche an: *Der Anfang vom Ende.*
Und es war auch schon eine andere Zeit.
Die russische Armee führte bereits ein halbes Jahr Krieg in Tschetschenien.
Im Winter hatte es den Sturm auf Grosny gegeben, der die Stadt in verkohlte Ruinen verwandelt hatte. Auf den Straßen ausgebrannte Panzer, tote Bäume, Tausende von getöteten Zivilisten, in den Nachbarrepubliken Hunderttausende von Flüchtlingen.
Das tschetschenische Volk war im 19. Jahrhundert unter hohem Blutzoll vom russischen Imperium unterworfen worden. Unter Stalin kehrte die staatliche Gewalt zurück: 1944 wurden alle Tschetschenen nach Kasachstan deportiert, in Steppen und Wüsten, ungeheuer viele starben auf dem Weg in die Verbannung, und erst zwanzig Jahre später erhielten sie das Recht, in ihre Heimat zurückzukehren.
Und nun, 1994, genau ein halbes Jahrhundert später, wiederholten sich die sowjetischen Verbrechen, erfolgte der erste Schritt auf dem langen Weg zur versuchten Wiederherstellung des Imperiums und zur Invasion der Ukraine.
Ich habe Aldanows Roman damals unter diesem Blickwinkel gelesen: als ein Werk, das den Mechanismus einer moralischen und historischen Katastrophe erforscht.

Die Handlung spielt Mitte der Dreißigerjahre, als die UdSSR in die düsterste Zeit ihrer Geschichte eintrat, die Zeit des Großen Terrors. Hier gibt es einen interessanten ethischen Aspekt: Die Untaten selbst, alle nur denkbaren Schrecken, sind bereits geschehen. Die alten Eliten sind vernichtet, Millionen von Bauern in der Ukraine, Russland und Kasachstan durch Zwangskollektivierung und künstlich herbeigeführte Hungersnöte umgekommen, persönliche Freiheiten sind abgeschafft, die Kirche ist in den Untergrund gedrängt worden.

Aber der letzte Akt, das Zeichen des endgültigen Zerfalls – obschon der Staat immer stärker wurde –, war jener Moment, da die Bolschewiki sich untereinander zu vernichten begannen.

Es ist dieser Moment, den Aldanow als Ausgangspunkt nimmt: *Der Anfang vom Ende.*

Es ist der Moment, in dem die sensibelsten und intelligentesten unter den Roten – entgegen ihrer eigenen eisernen Überzeugung – verstehen, wohin der bolschewistische Umsturz Russland geführt hat. Aber als sie es begreifen, haben sie weder die Kraft noch die Mittel, Widerstand zu leisten; sie ergeben sich resigniert, verwüstet und enttäuscht in ihr Schicksal.

Und Aldanow versucht nachzuzeichnen, wie sich in den Menschen, die sich der Macht und der Idee verschrieben haben, bohrender Zweifel breitmacht. Es ist nicht die Stimme des Gewissens, nein. Es ist eher ein seltsamer Blick ins eigene Innere, ein Gefühl des Ekels, sie scheinen die Orientierung verloren zu haben, wie nach einem Knock-out, alles, was sie getan haben, kommt ihnen furchtbar sinnlos vor.

Die Vergangenheit ist entwertet, eine Zukunft gibt es nicht.

Es ist der Anfang vom Ende.

Das tatsächliche Ende des Sowjetregimes kam ein halbes Jahrhundert nach der von Aldanow beschriebenen Zeit. Der zeitliche Abstand scheint zu groß, um ernsthaft annehmen zu können, der Anfang vom Ende hätte in der Mitte der Dreißigerjahre gelegen.

Und die UdSSR brach auch eher aus wirtschaftlichen Gründen zusammen; das sowjetische Projekt hatte sich erfolgreich selbst «verschlungen», alle verfügbaren Ressourcen verbraucht: Ende der Achtzigerjahre stand das ganze Land in endlosen Schlangen nach dem Lebensnotwendigsten an, ob nach Seife oder Sonnenblumenöl. Damals schien es – ich erinnere mich gut an diese Eindrücke aus meinen Kindertagen –, dass plötzlich und unwiderruflich *alles* aufgebraucht war: alle Waren, alle Dinge, übrig war nur die offensichtliche und eindrückliche Leere der Ladentische und Schaufenster.

Die Filmrolle war abgespult.

Die Leinwand leer.

Aber es gab noch eine andere Ressource, die für den sowjetischen Staat von entscheidender Bedeutung war und die ebenfalls zur Neige ging – oder zumindest zur Mangelware geworden war: die *Angst*.

Es war die in den Dreißigerjahren entstandene Angst gewesen, die das Land ein halbes Jahrhundert lang zusammengehalten hatte.

Eine Angst (oder die Erinnerung an sie), die stillschweigend über Generationen hinweg weitergegeben wurde.

In der offiziellen Ideologie war die Sowjetunion der Zukunft zugewandt, während alle anderen politischen Systeme als Rudimente der Vergangenheit betrachtet wurden.

Doch in Wirklichkeit wurde die UdSSR von ihrer eigenen unheilvollen Vergangenheit verfolgt. Man versuchte, diese Vergangenheit zu verbergen, auszulöschen, das eine oder andere einzuräumen, indem man alle Schuld auf Stalin abwälzte, wie es Chruschtschow während der «Tauwetterperiode» getan hatte – aber sie war da und erschien in der «Perestroika»-Zeit wie der Geist des ermordeten Königs auf den Wällen von Elsinore.

Unter diesem Gesichtspunkt könnte man sagen, dass Aldanow einen Roman über die Angst geschrieben hat.

Einen Roman über eine Zeit, in der jeder in der Sowjetunion Angst hatte, und je höher der Posten war, den jemand bekleidete, desto mehr Angst musste er haben.

Einen Roman über die Loyalität, die sich in Komplizenschaft mit dem Bösen verwandelt.

In diesem Zusammenhang sind die drei sowjetischen Hauptfiguren des Romans überaus symptomatisch: drei Vertreter des sowjetischen Machtsystems, die in demselben Zug – ein Symbol des gemeinsamen Schicksals – nach Europa reisen, um der Sowjetunion im Ausland zu dienen.

Ein Berufsrevolutionär, Agent der Kommunistischen Internationale, ein Mann ohne Namen, der sich hinter dem Pseudonym Wislicenus verbirgt.

Ein Berufsdiplomat, der sowjetische Botschafter Kangarow.

Ein Berufssoldat, der ehemalige zaristische Offizier Tamarin, inzwischen Kommandeur der Roten Armee.

Im Grunde genommen widerspiegeln sie die Kräfte, die tragenden Säulen, auf denen die Sowjetmacht im ersten Jahrzehnt ihres Bestehens ruhte.

Wislicenus, ein Fanatiker, ist durch die Verbannung im zaristischen Russland gegangen und verkörpert die vorrevolutionäre bolschewistische Partei, einen Orden von Eingeweihten, die im Namen des Allgemeinwohls an die Notwendigkeit der Gewalt glauben.

Kangarow ist ein Parteibürokrat, ein Verwalter, ein fähiger Mann ohne besondere Überzeugungen, der in den Bolschewiki die perfekte Gelegenheit gesehen hat, Karriere zu machen.

Tamarin ist in gewisser Weise ein Kollaborateur, einer von den «Ehemaligen», wie sie in Sowjetrussland offiziell genannt wurden, ein talentierter Offizier der zaristischen Armee, der zu den Bolschewiki übergelaufen ist und im Bürgerkrieg gegen seine ehemaligen Waffenbrüder gekämpft hat.

Wislicenus befindet sich auf einer geheimen Mission in Europa: entweder Spionage oder Sabotage, vielleicht auch beides zusammen.

Kangarow steht «PR-Arbeit» bevor: Er soll im Westen vor den Sympathisanten Stalins Kurs der «Zuspitzung des Klassenkampfes» und der Repressionen rechtfertigen.

Tamarin wird als Militärberater nach Spanien geschickt, in einen ihm eigentlich fremden Krieg, in dem die «weißen» Franquisten gegen die «roten Kommunisten» kämpfen.

Es wird nicht explizit geschildert, es kommt eher in Andeutungen zum Ausdruck, in Details, in der Atmosphäre, die der Text heraufbeschwört: Während sie ihren Tagesgeschäften nachgehen und mit der jungen Botschaftssekretärin flirten, sind alle drei in Wirklichkeit innerlich erstarrt und von Angst gelähmt.

Am Rande ihres Lebens.

Tamarin ist ein Scherbenhaufen, ein Rudiment. Die meisten seiner Kameraden, zaristische Offiziere, die sich in den Dienst der Sowjetmacht gestellt und den Sieg der Roten im Bürgerkrieg gesichert hatten, sind bereits tot oder im Lager; 1931/32 hatte die GPU die Operation «Frühling» durchgeführt, während der Tausende von ehemaligen Obersten und Generälen verhaftet und beschuldigt wurden, eine militärische Verschwörung geplant zu haben, obwohl sie in Wirklichkeit nicht mehr als ein unzufriedenes Murren geäußert hatten.

Auch Wislicenus ist eigentlich ein Relikt. Die «Lenin'sche Garde», die «alten Bolschewiki», Meister der Konspiration und der illegalen Tätigkeit, die sich nach 1917 in den Dienst der Geheimpolizei stellten, deren Gegenspieler sie einst gewesen waren, und die nun selbst Spionage betrieben und für die Komintern arbeiteten, wurden von Stalin, der in seiner Paranoia jede Rivalität fürchtete, konsequent vernichtet.

Selbst Kangarow, ein Opportunist, der sich mit parteipolitischen Kungeleien bestens auskennt, der anscheinend schlau auf die richtige Linie gesetzt hat und der Gefahr entgangen ist, als Abweichler oder Angehöriger der innerparteilichen Opposition zu gelten – fürchtet insgeheim, zurück nach Moskau geschickt und Opfer der Repressionen zu werden.

Alle drei kennen Europa: Tamarin hat es in seinem früheren Leben, vor dem Krieg, bereist, Wislicenus hielt sich hier während der Emigration verborgen, Kangarow war in diplomatischen Missionen unterwegs ...

«Tamarin atmete erleichtert auf. ‹Alles sehr nett hier, wirklich ...› Er sah sich um und entdeckte an den Wänden Porträts von Generälen in Uniformen der alten Armee. Das waren alles Männer, die er einmal gekannt hatte, einige sogar sehr gut, jedenfalls viel besser, als die Wirtsleute sie kannten.»

Europa ist ihre Vergangenheit, in der sie noch nicht die waren, zu denen sie nun geworden sind; Russland hat sich völlig verändert, Europa ist im Wesentlichen, in seinen Lebensformen gleich geblieben, und es ist diese Vergangenheit, die ihnen ihr neues Wesen vor Augen führt.

«Es hat sich herausgestellt, dass die menschliche Seele dem extremen Zwang, dem wir sie unterworfen haben, nicht standhält – unter solch ungeheurem Druck verwandeln sich die Menschen in Schleim», sagt Wislicenus.

Er, der einstige Untergrundkämpfer, der Sensibelste von den dreien, sieht etwas mehr von der Zukunft.

Im Russischen gibt es die Redewendung «in die Kiste steigen», d. h. in den Sarg steigen, sterben.

Und Wislicenus sieht so eine merkwürdige Kiste vor sich auftauchen: wie eine Sackgasse, wie das Ende, wie das letzte Stück Zukunft.

Aldanow wusste natürlich, wie die sowjetische Geheimpolizei im Ausland arbeitete. 1930 berichteten alle großen europäischen Zeitungen über die Entführung des weißgardistischen Generals Kutepow, des Führers der Allrussischen Militärunion (ROWS), im Pariser Exil.

GPU-Agenten lauerten dem General auf der Straße auf, zwangen ihn in ein Auto – und fuhren mit ihm an einen unbekannten Ort. Gerüchten zufolge sollte er in einer Kiste auf ein sowjetisches Handelsschiff geschafft und in die Sowjetunion verbracht werden, aber er starb an einem Herzinfarkt und wurde heimlich in Frankreich begraben. Sein Nachfolger an der Spitze der ROWS, General Miller, wurde 1937 auf dieselbe Weise entführt, *ihn* in die UdSSR zu bringen gelang.

Und so erscheint im Roman auch eine frisch gezimmerte, herrenlose Kiste, in der sich am Ende tatsächlich der von GPU-Agenten entführte Wislicenus als Todeskandidat wiederfinden wird: Stalin entfernt die überflüssigen Figuren vom Schachbrett.

«Wislicenus schaute in den Spiegel und erblickte über der Glatze des Bankiers sein eigenes Gesicht. Ja, mehr tot als lebendig ... Plötzlich tauchte im Spiegel eine *Kiste* auf – nein, kein Sarg, sondern eine Kiste, und sie sah eigenartig aus, klobig, grob gezimmert, gelblich, wie für Geschirr, mit Stroh darin. Unbegreifliches Entsetzen packte ihn. ‹Ich glaube, ich fange wirklich an, den Verstand zu verlieren. Die zweite Halluzination an einem Tag!› ...»

Und diese Stimmung, diese Atmosphäre spiegelt sich in der Tat im Heute. Seit dem 24. Februar hat es in Russland, und vor allem in Europa, eine Reihe von verdächtigen Todesfällen gegeben – reiche russische Geschäftsleute, die der Regierung nahestanden und als deren Agenten fungierten, sowie vermeintlich unbedeutende, aber wichtige Beamte; angebliche Unfälle, angebliche Selbstmorde, angebliche geistige Verwirrung ... Und man ahnt, dass sich der russische Machtapparat selbst verändert: nicht nur Gegner, Oppositionspolitiker, Journalisten, Aktivisten kommen ums Leben – es trifft auch die Loyalen, treu Ergebenen, denn der Aggressionskrieg verändert das Regime, verändert die Konturen der Macht, verschärft auf radikale Weise die Konkurrenz innerhalb der politischen Kaste, nicht mehr für alle ist Platz an der Tafel.

Aber das Wichtigste, was Aldanows Buch heute so aktuell macht, ist natürlich dieses Gefühl der absoluten moralischen Katastrophe, die über Russland hereingebrochen ist, das Gefühl des «Anfangs vom Ende».

Man kann sich leicht vorstellen, was die russischen Botschafter, Generäle und Spione, die wenigen, die nicht den Verstand verloren haben und der Propaganda nicht gänzlich erlegen sind, heute fühlen. Russland hat einen Schritt in den Abgrund getan; es hat ein Verbrechen begangen, das zu sühnen es Generationen brauchen wird, und es beharrt auf diesem Verbrechen, es fährt fort, Ukrainer zu töten, seine Soldaten aus der Reserve zu mobilisieren, den Tod zu vervielfachen – obwohl viele von *Putin's people* im Innern wohl schon verstanden haben: Alles ist *schon* zu Ende, auch wenn es noch lange dauern kann.

Alles ist schon zu Ende.

Erstaunlicherweise war Aldanow einer der Ersten in der russischen Literatur, der die Ähnlichkeiten zwischen dem Nazi- und dem Sowjetregime thematisierte, die Wassili Grossman später in seinem in der UdSSR verbotenen, berühmten Roman «Leben und Schicksal» behandelte.

Heute ist dieser Vergleich ebenfalls aktueller denn je. Russland, das sich immer als eine Bastion des Antifaschismus und Antinazismus gerierte, hat sich nun de facto selbst in einen *Proto-Nazi-Staat* verwandelt, dessen führende Politiker in öffentlichen Reden unmissverständlich dem Völkermord das Wort reden und der Ukraine und den Ukrainern jegliches Existenzrecht als unabhängige Nation absprechen.

Auf einer populären russischen Internetseite, auf der die Besucher Rezensionen zu Büchern hinterlassen können, findet sich ein aktueller Kommentar zu «Der Anfang vom Ende»: «Wie immer versucht ein Jude, Stalin anzuschwärzen.» Diese irre

Kombination aus Stalinismus und stets wiederkehrendem Antisemitismus ist fatalerweise der beste Beleg, wie recht Aldanow und Grossman hatten.

Und nicht zufällig ist in Russland seit April 2022 die «Gleichsetzung von Zielen und Handlungen der UdSSR und des nazistischen Deutschlands» unter Strafandrohung verboten.

Denn Parallelen sind in der Tat unübersehbar.

Man kann nicht sagen, dass Aldanow im heutigen Russland völlig vergessen wäre.

Und man kann nicht sagen, dass er sehr bekannt wäre und eifrig gelesen würde.

Seine Bücher waren nie Teil des Lehrplans in den Schulen und wurden auch an den Hochschulen und Universitäten nicht als Pflichtlektüre behandelt.

Man hat ihm keine Denkmäler errichtet wie etwa Solschenizyn, und es gibt keine literarischen Institutionen, die seinen Namen tragen. Der russische Staat hat sich nicht um die Überführung seiner sterblichen Überreste für eine symbolträchtige Beisetzung in seinem Heimatland bemüht.

Aldanow, der Russland 1919 verlassen hat, ist nie wirklich zurückgekehrt.

Darin liegt eine Art höherer Wahrheit.

In einem Essay, der die Topografie und Genealogie der russischen staatlichen Gewalt untersucht, schrieb Aldanow:

«… Ich weiß nicht, warum die Bolschewiki auf der Suche nach einem geeigneten Ort für ihren Kerker die Lubjanka gewählt haben. Nichts an dieser lauten zentralen Straße, an der 1917 fast ausschließlich Versicherungsgesellschaften ansässig waren, schien sie für eine solche Bestimmung zu prädestinieren. Aber ich kann nicht umhin, über das zu staunen, was man früher einen Fingerzeig des Schicksals nannte.

... Vor einigen Jahrhunderten war dort, wo sich heute die Lubjanka befindet, eine Brachfläche, das Kutschkow-Feld. Auf diesem Feld fanden seit unvordenklichen Zeiten in Moskau Hinrichtungen statt.

... Wenige Schritte entfernt war im 18. Jahrhundert die Geheime Kanzlei untergebracht. Das Gehöft auf der Lubjanka, in dem sich diese befand, die Folterungen, die dort vollzogen wurden, sind von einem Augenzeugen, A. M. Turgenew, ausführlich beschrieben worden.

... Im Jahr 1921 schreibt ein anderer Augenzeuge: ‹Die Bolschaja Lubjanka ist heute eine nicht nur in Moskau, sondern in ganz Russland verhasste Straße. Besonderen Abscheu flößt dieses Gefängnis nachts ein, wenn alles ringsum in Dunkelheit versinkt und nur eine einzige Straße – die Bolschaja Lubjanka – vom Licht der elektrischen Lampen am Eingang zur Tscheka beleuchtet wird. Die Tore erstrahlen hell und nehmen die aus ganz Russland Herbeigeschafften auf, um sie unermüdlich in die ihnen vorbestimmten Garagen und Hinrichtungskeller zu schleusen.›

... Die zoroastrische Religion kennt einen *geografischen Ort des Bösen*. Die russische Geschichte müsste ihn in die Lubjanka legen.»

Heute herrscht die Lubjanka wieder über Russland.

Das Böse, gegen das Mark Aldanow sein Leben lang gekämpft hat, ist zurückgekommen – in einem neuen Gewand, nunmehr ohne rote Fahnen, ohne Hammer und Sichel.

Naht der Anfang von dessen Ende?

Wir wollen es hoffen.

Potsdam, Oktober 2022
(Aus dem Russischen von Andreas Weihe)

Der Anfang vom Ende

ERSTER TEIL

ERSTER TEIL

I

Im Traum sah der Mann, der sich Wislicenus nannte, immer das Gleiche. Von diesem Albtraum wurde er in den letzten Jahren besonders häufig heimgesucht: Schüsse, Blut, eine Verfolgungsjagd, Wald, Unterholz, die Hand umklammert einen Revolver mit gespanntem Hahn – damals musste man bei Revolvern noch den Hahn spannen –, all das, was scheinbar nur im Kino passierte, ihm aber im Leben widerfuhr, in seinem seltsamen Leben, das einen schlechten, unglaubwürdigen Film nachzuahmen schien. Menschen näherten sich und pfiffen, und er umklammerte den Revolver immer fester, entschlossen, sich nicht lebend zu ergeben – und gleichzeitig erinnerte er sich im Traum an einen Roman aus dem Leben amerikanischer Trapper, in dem es eine Abbildung gab, auf der ein Mann mit einem *rauchenden Colt* dargestellt war, und die Überschrift, neben einem Tintenklecks, lautete: «Er war entschlossen, sein Leben so teuer wie möglich zu verkaufen ...» Der an der Spitze der Verfolger lief, ein riesiger rothaariger Mann mit brutalem Gesichtsausdruck, zückte einen Dolch. Irgendeine gelbliche Bretterkiste tauchte auf. Wislicenus erwachte, sein Herz klopfte, im Abteil herrschte Dämmer; er begriff nicht gleich, dass all *das* längst vorbei war, dass er durch Deutschland fuhr, dass die Lokomotive einen lang gezogenen Pfiff ausstieß und dass der schwach schimmernde Gegenstand vor ihm nicht der Lauf eines Colts war, sondern der Wasserhahn des Waschbeckens. Seine rechte Hand, die fast krampfhaft die hölzerne Kante der Schlafbank umklammerte, löste sich. Er war gleichzeitig erleichtert und enttäuscht: Es war beinahe schade, dass *das* ein Traum gewesen war. Er versuchte sich zu erinnern, was er alles geträumt hatte – da waren, neben lächerlichen Abstrusitäten, komplizierte Zusammenhänge, wie sie ihm, da war er sich sicher, in Wirklichkeit nie einfallen würden. Irgendjemand in ihm dachte ohne sein Zutun auf irgendeine Art über all das nach, dachte, ohne dass man wusste, wozu oder warum. Das war seltsam und unangenehm – als dränge jemand in eine fremde Wohnung ein ... Die Pfiffe der Lokomotive wetteiferten mit dem Kreischen der Räder, während der Zug seine Fahrt verlangsamte. Er legte den Lichtschalter um: Die Koffer, auch der *wichtige*, waren an Ort und Stelle. Das Licht fuhr ihm in die Augen. Er erhob sich, schob das Fensterrollo hoch und schaltete, dem Reflex eines Mannes folgend, der es gewohnt war, sparsam zu sein, die Lampe sofort wieder aus. Es war ein trüber Morgen. Der Zug fuhr in einen Bahnhof ein. Er schaute auf seine Uhr – nein, bis Berlin war es noch ziemlich weit.

Wislicenus erhob sich, holte einen Kamm aus der Tasche, brachte sein Haar in Ordnung und kämmte, auf die Schnelle und verärgert, seinen längst ausgewachsenen, aber immer noch ungewohnten grauen Bart: Der hatte ihn in Moskau gleich um zehn Jahre älter aussehen lassen. «Trotzdem ist es nicht schwer, mich zu erkennen. Es gibt auch keinen Grund, sich jetzt zu verstecken. Kinderkram», dachte er zerstreut und blickte auf die vor dem Fenster vorbeiziehenden sauberen Backsteinbauten, «Kinderkram.» Ein anderes Bild, aus einem Kinderbuch, tauchte aus seiner Erinnerung auf, überschrieben: «Er zielte bedächtig auf Cornelius, der reglos dastand ...» Draußen vor dem Fenster ertönte eine raue Stimme; Wislicenus wankte von einem Ruck des Zuges. Hastig stiegen die Menschen aus den Waggons und riefen fröhlich durcheinander. Ein Junge schob ein Wägelchen den Bahnsteig entlang und plärrte mit einem unangenehm in die Länge gezogenen schnarrenden «r»: «*Kaffee ... Br-rödchen! Belegte Br-r-rödchen...*»*

Wislicenus hielt ihn an, nahm einen Pappbecher mit Kaffee und fragte, mehr um seine Aussprache zu überprüfen – er war die deutsche Sprache nicht mehr gewohnt –, welcher Bahnhof das sei. «Frankfurt an der Oder», antwortete der Junge überrascht und betonte aus irgendeinem Grund gekränkt «an der Oder». Frankfurt an der Oder! «*Was macht das?*»*, fragte Wislicenus noch, sortierte die deutschen Münzen, zahlte und sagte wie ein Deutscher: «*Stimmt.*»* («Nun, das weiß ich noch ...») «*Danke sehr, danke schön*»*, flötete der Junge und schob das Wägelchen weiter: «*Kaffee, Br-rödchen.*»*

Ein Trupp Uniformierter kam um die Ecke des Gebäudes und marschierte eilig, mit schwerem, festem, schallendem Schritt über den Bahnsteig. Aus den Waggons heraus wurden sie neugierig beäugt; die Blicke spürend, marschierten sie besonders schneidig, als zögen sie in den Kampf. «Sie marschieren gut», dachte Wislicenus. Er kannte sich aus: In seiner Jugend hatte er in der Armee gedient, nur wenige wussten, in welcher. Die gesunden, energiegeladenen jungen Gesichter, alle mit dem gleichen fröhlichen, selbstgefälligen und stumpfen Ausdruck, riefen eine solche Welle von Abscheu und Hass in ihm hervor, dass sein Herz wieder schneller zu schlagen schien. Ihm fiel augenblicklich ein, dass die jungen Männer, die durch Moskau marschierten, die gleichen Gesichter hatten und genauso aussahen – nur dass diese hier ein wenig kräftiger, gesünder und vor allem sauberer waren. Und alles hier – der Bahnsteig, die Uniformen, das Hakenkreuz, die weiße Jacke des Jungen, das Wachspapier für die belegten Brote – glänzte nur so vor Sauberkeit, einer Sauberkeit, die er ebenso wie das deutsche Geld schon lange nicht

---

* im Original deutsch

27

mehr gewohnt war. Der Trupp verschwand in der Bahnhofs-
unterführung. «Man müsste diese verblendeten jungen Männer
durch Propaganda dazu bringen, ins kommunistische Lager zu
wechseln», dachte er, während er sich setzte. Der Kürze halber
wünschte er ihnen einfach den Tod. Er erinnerte sich, dass ihn
vor vielen Jahren ein Mädchen in Moskau kokett gefragt hatte,
ob er Lord Curzon[1] eigenhändig erdrosseln würde. Mit einem
schrecklichen Ausdruck in den Augen hatte er, passend zu ihrem Tonfall, geantwortet, dass es sehr mühsam sei, jemanden
eigenhändig zu erdrosseln: «Normalerweise benutze ich einen
Revolver, aber wenn schon erdrosselt werden muss, warum dann
nicht die Dienste des Genossen Henkers in Anspruch nehmen?»
Die Wirkung der Antwort, besonders der Worte über den «Genossen Henker», war außerordentlich – das Mädchen zuckte re-
gelrecht zusammen: ach-ach! Wislicenus wusste, dass man ihm
mit respektvollem Entsetzen zuschrieb, früher die schlimmsten
Terrorakte begangen zu haben. «In der Provinz hätte ich den
ersten Liebhaber geben können. Im Grunde genommen habe
ich dem Mädchen die Wahrheit gesagt ...» Er empfand keinen
besonderen Hass auf Lord Curzon, aber natürlich hätte er seinerzeit nichts dagegen gehabt, auch Lord Curzon aufzuhängen:
Warum sollte der in seinem Bett sterben? Und überhaupt war es
einfacher, diejenigen aufzuzählen, die man lieber nicht hängen
sollte ...

Der Schaffner rief mit schrecklicher Stimme: «*Einsteigen ...*»* Der Zug fuhr los. Wislicenus wusch sich; im Abteil
gab es einen Waschtisch aus Mahagoni. «Ja, sie haben sich komfortabel eingerichtet», dachte er und erinnerte sich daran, wie
er früher gereist war. Der Luxus ging ihm auf die Nerven – fast
alles ging ihm auf die Nerven; er hätte auch jetzt, wenn er in

* im Original deutsch

28

seiner Entscheidung frei gewesen wäre, lieber eine Fahrkarte dritter Klasse genommen. Doch Wislicenus war der Botschaft beigeordnet: Aufgrund seiner Arbeit, wegen des Koffers, den er mit sich führte, benötigte er überall einen Diplomatenpass, besonders während des Transits durch Deutschland. Die Botschaft aber hatte, um keine unerwünschten Nachbarn zu haben, den gesamten internationalen Waggon belegt. «Trotzdem ist der Schaffner natürlich von der Gestapo», dachte Wislicenus eher gleichgültig. Nachdem er sich gewaschen hatte, hob er das Buch auf, das ihm am Abend zu Boden gefallen war, Dostojewskis Briefe, die er aus irgendeinem Grund zufällig eingepackt hatte, und blätterte träge darin herum, auf der Suche nach der Seite, über der er am Vorabend eingeschlafen war. Es ging um «Die Dämonen». Er erinnerte sich vage an den Inhalt dieses Romans. «Alles in allem eine idiotische Geschichte: ein internationaler Aufrührer, der aus dem Ausland in die russische Provinz kommt, um eine Weltrevolution gegen irgendeine Generalsgattin anzuzetteln ... Und dieser Junge ist ein Übermensch, der aufgrund seiner Schönheit zum Führer der Weltrevolution auserwählt ist ...»

Wislicenus hatte keine Lust zu lesen. Er legte das Buch in den Schoß und dachte, während er aus dem Fenster blickte, lange über die verschiedensten Dinge nach: über Hitler, über den bevorstehenden Krieg, über Nadjenka, über seine Mission, über sein Asthma – war es immer noch nur Asthma? In Moskau hatte ihm ein Arzt, der zu ihm ins Lux² gerufen worden war, mit ausweichend-besorgter Miene gesagt, dass die moderne Medizin Asthma im Grunde nicht als eigenständige Krankheit betrachte, sondern als Symptom verschiedener Erkrankungen: Er solle sich eine möglichst ruhige Lebensweise angewöhnen. Wislicenus grinste nur, und der Arzt erkannte, dass er ihm einen etwas unglücklichen Rat gegeben hatte. «Ist er vielleicht Mazedonier, oder hat er womöglich längere Zeit in Mazedonien zu tun gehabt? ... Diese mazedonischen Geschichten sind der Langlebigkeit nicht eben förderlich. Drei, vier Jährchen macht er es noch», dachte der Arzt und sagte: «Es besteht keine unmittelbare Gefahr, aber ein wenig Erholung würde Ihnen guttun, wenn es denn eine solche Möglichkeit gibt.» – «Ich werde sehen, was sich tun lässt, Doktor, danke», sagte Wislicenus. Beide sahen sich spöttisch an. «Was geht's mich an?», dachte der Arzt.

Aus dem Gang vernahm man leise lachende Stimmen. Die Botschaft war schon aufgestanden. Der Sekretär ging an der Tür vorbei, wischte sich das Lächeln aus dem Gesicht und warf ein kaltes «Guten Morgen, Genosse Dakocchi ...» hin. Er wurde auch Dakocchi genannt; in den Zeitungen schrieb man, wenn während eines Kongresses die Mitglieder der Kommunistischen Internationale genannt wurden, mal Dakocchi, mal Dacocci, mal Dakočić. Nur die wichtigsten Mitglieder der Organisation kannten seine Biografie, und er hatte so viele Namen, dass er manchmal selbst nicht mehr wusste, wo und wann er unter welchem Namen lebte. Er wählte die Pseudonyme, ohne groß nachzudenken, so wie sie ihm einfielen: Er war sowohl Ney als auch Tschatski, Kirdschali und Uralow. Den unseriösen Namen Wislicenus hatte er in einem Chemiebuch gefunden, er gefiel ihm wegen seiner klangvollen Unbestimmtheit. Seinen richtigen Namen hatte er nur in seiner frühen Jugend geführt, noch vor der Zeit, auf die sich der Albtraum bezog, und dieser Name war seit Langem viel weniger real als Wislicenus oder Dakocchi. Er sprach nicht gern über seine Vergangenheit, und das verlieh ihm eine gewisse Aureole. Man erzählte sich, dass er mazedonischer Herkunft sei oder kroatischer oder dalmatinischer – oder wie sie es sonst noch nennen mochten –, aber er hatte in Russland studiert, im Kadettenkorps; aus dem Kadettenkorps wurde dann gerüchteweise das Pagenkorps. «Auch das hat zu meiner Aureole beigetragen, so wie zur Aureole Lenins seine adlige Herkunft beigetragen hat, die gleiche Herkunft, wegen der wir andere Menschen verfolgen ... Und gut so ... Neun Zehntel von Kropotkins³ Reputation beruhten auf seinem Fürstentitel und dann noch auf seinem langen Bart: Wenn man ihm den abrasiert hätte und er sich Petrow oder Schmuljewitsch genannt hätte, wer würde sich dann für ihn interessieren? ...»

Nadeschda Iwanowna huschte scheu über den Gang, ein Handtuch über die Schulter geworfen und ein kleines Köfferchen in der Hand. Er lächelte ihr zu und empfand Freude. Und sogleich amüsierte ihn das: In diesem Lächeln, in dieser *grundlosen Freude* lag etwas äußerst Banales und Albernes: «Beim Anblick des jungen Mädchens überzog ein zärtliches Lächeln das strenge Antlitz des alten Recken ...» – «Ja, ja, der alte Recke», murmelte er und versuchte träge, zum hundertsten Mal, sein *Verhältnis* zu Nadja *zu ordnen*. «Eigentlich gibt es nichts zu ordnen: Es gibt kein Verhältnis ... Aber es könnte eins geben, und wenn es so wäre, dann wäre das gar nicht gut – nicht nur dumm, sondern hässlich. Ein alter Mann braucht sich selbst nichts vorzumachen, es reicht, wenn er anderen etwas vormacht ... Mit fast sechzig sollte man sich das verkneifen», sagte er unentschieden zu sich selbst. «Im besten Fall hat sie sich ernsthaft eingebildet, ich sei Insarow⁴ und sie selbst ein Turgenjew'sches Mädchen. Aber hier gibt es keine Turgenjew'schen Mädchen – die gibt es nirgends und hat es nie gegeben –, und Insarow darf nicht älter als vierzig sein. Und im schlimmsten Fall spielt sie die *Verehrerin des alten Helden*. Sie ist schon eine ziemliche Komödiantin», dachte er plötzlich verärgert, «und das werde ich ihr auch sagen. Mit welchem Recht? Einfach so, ohne jedes Recht, und wenn das abstoßend und alterskomisch ist, dann kümmert mich das nicht im Geringsten, ich kann nichts dafür, dass ich alt bin ...» Der Mensch, der in ihm, von innen wie von außen, voller Missgunst seine Gefühle kontrollierte, sagte ihm, dass es keinen Ausweg aus dieser Situation gäbe. «Warum denn nicht? Aus jeder Situation muss es einen Ausweg geben. Was für ein Unsinn! Durchaus nicht aus jeder. Na, dann eben nicht. Es hilft nichts, sich den Teufel mit Iwan Karamasow⁵ vorzustellen, wir sind alle von der Literatur übersättigt und vergiftet ... Eine schlechte Szene, und der Teufel ist eine schlechte Erfindung, und Katschalow⁶ hat ihn damals sehr einfältig gespielt ...»

Er erinnerte sich an die Briefe, nahm das Buch zur Hand und zwang sich zu lesen, aber er fand Dostojewski immer noch unangenehm und uninteressant. «Ja, ja, seht nur, wie rechtschaffen und wohlgesinnt er ist, ja, ganz und gar rechtschaffen ... Sie haben den wackeren jungen Mann (fast hätte er gesagt – *Bursche*) für vier Jahre in die Katorga⁷ geschickt, da ist er lammfromm geworden und hat ihnen für den Rest seines Lebens treulich gedient. An *rohe Gewalt* denken solche wie der ja nicht, Gott bewahre ... Na gut, rechtschaffen und wohlgesinnt, sehr nett, aber was geht er mich an, er und all diese Leute, was geht es mich an, dass es in Deutschland überall so dreckig ist – wo er sich doch in Sibirien so an die Sauberkeit gewöhnt hat! –, dass er mit seinen Vermieterinnen in dämonische Händel verwickelt ist, dass er zehn Taler auf so dämonische Art verspielt hat und dass er den Rock seiner Frau nicht wie gewohnt, sondern ebenfalls dämonisch verpfändet hat, voller Selbstverdammnis? ... Warum wird so etwas veröffentlicht? Wen interessieren die ausländischen Impressionen dieses Spießers aus Samoskworetschje? Er ist ein Feind, zur Hölle mit ihm! Er würde doch uns *eigenhändig erdrosseln* ... Ein genialer Romancier? Nun, dann sollen sie ‹Verbrechen und Strafe› drucken ...» Nadeschda Iwanowna huschte wieder an der Tür vorbei, diesmal ohne einen Blick in sein Abteil zu werfen. «Sie hat ein sauberes Handtuch und ein Reisenecessaire. Man merkt, dass sie die Tochter eines Professors ist, ‹aus

guter Familie ›. Und das gefällt mir ...» Er las noch eine Viertelstunde, damit sein Erscheinen weniger offensichtlich wäre, dann
legte er das Buch zur Seite und trat in den Gang.

II

I n einem großen Abteil, für das man zwei Coupés zu-
sammengelegt hatte, beendeten Botschafter Kangarow-
Moskowski, seine Frau Jelena Wassiljewna, die Stenografin
Nadeschda Iwanowna und der junge Sekretär ihr morgendliches
Frühstück. Der Botschafter war gut gelaunt, auch wenn er darüber klagte, dass er zu wenig geschlafen habe. Sie hatten am
Abend zuvor bis zwei Uhr nachts Whist gespielt, und anschließend hatte er noch lange von sinnlosen, wunderbaren Partien
und schwindelerregenden Gewinnen geträumt. Das Spiel war
genau so verlaufen, wie Kangarow es liebte: mit Witzeleien, mit
Kreischen, mit Ausbrüchen von Empörung, aber ohne wirkliche
Grobheiten oder anhaltende Zwistigkeiten. Nach besonders
dramatischen Zwischenfällen erkundigte er sich giftig, bei wem
genau sein unglücklich agierender Partner spielen gelernt habe –
und zählte fragend die Namen bekannter Schusterwerkstätten
auf. Auch jetzt diskutierte der Botschafter mit seinem Sekretär
einen dramatischen Zwischenfall:

«Der Zigeuner hat seinen Sohn nicht etwa deshalb verprü-
gelt, weil er schlecht gespielt hat, sondern weil er angefangen
hat herumzustreiten», sagte Kangarow und lächelte. Er lächelte
beinahe ständig, so als wüsste er ständig etwas, was sein Gesprächspartner nicht wusste: «Ach, wenn man ihnen doch alles
sagen könnte! ...» Sein Lächeln war immer wohlwollend und

immer verschieden: Der Grad seines Wohlwollens hing nicht vom Inhalt des Gesprächs ab, sondern davon, mit wem er sprach. Aber seine braunen Augen reagierten nie auf das Lächeln eines anderen, sie waren stets unruhig; manchmal wurden sie gelb und sogleich sehr wütend. In dieser völligen Diskrepanz zwischen seinen Augen und seinem Lächeln bestand eine Besonderheit seiner Gesichtszüge, die einem aufmerksamen Beobachter ein vages Unbehagen bereitete. «Natürlich hätten Sie die Dame schneiden[8] müssen, das hätte jedes Kind gesehen, Sekretär Iwanowitsch.» Er hatte die scherzhafte Angewohnheit, bestimmten Worten willkürlich den Vatersnamen Iwanowitsch anzufügen. «Hätten Sie geschnitten, hätte Seine Exzellenz drei Stiche weniger bekommen.» Mit «Seine Exzellenz» titulierte Kangarow – «wir sind schließlich unter uns» – betont scherzhaft ihren halb zufälligen Reisegefährten, einen angesehenen Militärexperten mit dem Familiennamen Tamarin, der wie ein Pseudonym klang, aber echt war. Er gehörte nicht zur Botschaft und befand sich auf einer Dienstreise nach Paris.

Der Sekretär widersprach höflich und sanft, wie es sich für einen Diplomaten gehört – man sollte nicht denken, dass er sich einschmeicheln und es seinem Vorgesetzten nur ja in allem recht machen wollte, aber ein Botschafter blieb ein Botschafter, und die Art und Weise, wie der Sekretär sein Spiel verteidigte, vermittelte ein wenig den Eindruck, er gäbe zu, ein bisschen unrecht zu haben. Im Übrigen biederte er sich bei höheren Vorgesetzten nicht an, er war ein anständiger Mann, gutmütig und zu Gemeinheiten nicht fähig. Doch seit seiner Berufung in den diplomatischen Dienst war er überglücklich; auf seinem Gesicht stand der Ausdruck geheimen Entzückens: Dass er das erlebte! Er war Kangarow, der seine Einstellung durchgesetzt hatte, von Herzen dankbar; er hielt den Botschafter für einen großen Staatsmann und bewunderte ihn aufrichtig. Unter Wahrung seiner Würde diskutierte er manchmal mit ihm über Politik oder über Whist, war aber stets bereit, die Überlegenheit seines Gesprächspartners anzuerkennen. Kangarow war in der Tat ein ausgezeichneter Whistspieler; andere Kartenspiele schätzte er nicht, und sein Verhältnis zu Bridge, das er im Ausland zu spielen gelernt hatte, war kühl-ablehnend, wie zu einem Emporkömmling, der durch die Fügung glücklicher Umstände zu einer hohen Stellung gekommen war, die eigentlich einem anderen gebührte. Nachdem er den jungen Sekretär zurechtgestutzt hatte, lachte Kangarow auf und tätschelte ihm freundlich die Schulter.

«Alles erfordert Intuition», sagte er, «Whist spielen Sie wie ein Schuster. Hoffen wir, dass Sie im diplomatischen Dienst Intuition beweisen.»

Kangarow-Moskowski vertrat die Ansicht, er brauche zwei Gesichter. Im Dienst war er ein anspruchsvoller, gebieterischer, ja strenger Vorgesetzter. Aber außerhalb des Dienstes waren alle gleich, waren alle seine Parteigenossen, und ein Ton spielerischer Vertrautheit – innerhalb gewisser Grenzen, versteht sich – erschien ihm durchaus zulässig: Außerhalb des Dienstes war er noch nicht einmal eine Person, sondern ein Mensch, ein netter, intelligenter, aufmerksamer Mensch, zu dem seine Untergebenen – nein, nicht Untergebenen, sondern Kollegen – aufblickten. So hatte sich auch Lenin verhalten – deshalb war er ja «Iljitsch» gewesen. Bei Kangarow wechselte der Grad an Vertrautheit außerhalb des Dienstes übrigens je nach Umständen, Stimmung und Gesprächspartner. Am meisten herausnehmen durfte sich seine Favoritin, die Stenografin Nadeschda Iwanowna.

«Wie schnell der Zug dahinfliegt!», sagte Jelena Wassiljewna, die Frau des Botschafters. «Bei uns sind sie viel langsamer ... Ach, um Himmels willen, machen Sie zu, Ruß!», schrie sie auf: Der Sekretär hatte das Fenster geöffnet und warf die vom Frühstück übrig gebliebenen Papierreste und Tüten aus dem Zug. Der

Wind erfasste eine Tüte und ließ sie willenlos am Waggon entlangflattern. «Ruß! Ruß!», wiederholte die Frau des Botschafters entsetzt.

Kangarow zuckte mit den Schultern, wandte sich der Stenografin zu und begann sie zu necken. Der Sekretär, dem jede Intuition abging, bemühte sich spielerisch um Teilhabe an ihrem Gespräch, was ihm jedoch misslang. Er begann locker-respektvoll, wie es sich für einen Diplomaten gehört, mit der Frau des Botschafters über Theaterdinge zu plaudern: Sie war eine Schauspielerin, und ihm war nichts Menschliches fremd.

Als Wislicenus erschien, rief das ein gewisses Unbehagen hervor. Der Botschafter mochte Wislicenus nicht, außerdem erinnerte er ihn an einen sehr unangenehmen Vorfall, der ihm noch frisch im Gedächtnis war. Kangarow-Moskowski war in seiner Jugend Menschewik gewesen und hatte zur Zeit der ersten Revolution, nach dem Scheitern des Moskauer Aufstands, in den Tagen der Expropriation[9] im Ausland einen Artikel über die Bolschewiki unter dem Titel «Besinnt euch, ihr Schamlosen!» veröffentlicht. Das war lange her, Kangarow war seit 1911 Parteimitglied, er galt innerhalb der Partei als einer der besten Ökonomen, bekleidete diverse Posten, war weder durch Abweichlertum noch durch Verbindungen zur Opposition aufgefallen und hatte allen Grund zu der Annahme, dass seine bedauerliche Vergangenheit vergessen war. In den diplomatischen Dienst war er erst kürzlich berufen worden. Als Experte nahm er an verschiedenen internationalen Konferenzen teil, auf denen seine Talente und Kenntnisse sowohl von seinen Vorgesetzten als auch von ausländischen Fachleuten geschätzt wurden. Schacht[10] persönlich hatte auf einer Konferenz über ihn gesagt: «Mit so einem Mann hat man gern zu tun ...» Als die diplomatischen Beziehungen zu einem entfernteren und weniger wichtigen Land, einer kleinen Monarchie, wieder aufgenommen wurden, trug man Kangarow den Posten des bevollmächtigten Gesandten an. Er nahm das Angebot mit Freuden an, aber er überschätzte sein Gewicht in der Partei und stellte, aus Unerfahrenheit und Uninformiertheit, eine Bedingung: Niemand sollte sich in seine Arbeit einmischen und ihm Steine in den Weg legen. Mit «niemand» war die Komintern gemeint. Der unmittelbare Vorgesetzte von Kangarow, der die Komintern selber hasste, musterte ihn, seufzte und sagte nichts Konkretes. Während der Verabschiedungsaudienz beim Diktator erfuhr Kangarow zu seiner Überraschung, dass Wislicenus zu seinem Mitarbeiterstab abkommandiert war. Haltung wahrend, überwand Kangarow die fast körperliche Furcht, die ihm, wie allen Parteimitgliedern, Stalin einflößte, erinnerte (mit seinem schönsten Lächeln) an jene Bedingung und begann, seinen Standpunkt darzulegen. Doch der Diktator unterbrach ihn sofort, musterte ihn spöttisch mit dem schweren Blick seiner harten Augen und bedeutete ihm, dass er keine Bedingungen zu stellen habe, sondern tun müsse, was ihm befohlen würde. Gleichzeitig gab er ihm unzweideutig zu verstehen, dass seine leidvolle Vergangenheit nicht vergessen war – irgendwo schlummerte der Aufsatz mit dem Titel «Besinnt euch, ihr Schamlosen!» –, und ging plötzlich zum «Du» über. Das «Du» war zwar kameradschaftlich, aber kameradschaftlich auf einseitige Weise, und Kangarow-Moskowski behielt die Audienz in höchst unangenehmer Erinnerung.

Er ließ sich nicht anmerken, dass ihm das Erscheinen von Wislicenus Unbehagen bereitete. In seinen Augen blitzte Zorn auf, doch sein Lächeln wurde süßer. Er erhob sich sogar, um ihn zu begrüßen, was er nur bei Personen eines gewissen Ranges tat (vor hochgestellten Genossen stand er selbstverständlich auf).

«Haben Sie gut geschlafen? Haben Sie schon gefrühstückt?», fragte er (zwei Fragen bedeuteten, dass auf keine geantwortet werden musste) und wandte sich sofort wieder Nadeschda Iwanowna zu, um das begonnene Gespräch fortzusetzen: «Ja, mein Kind, nur damit Sie es wissen, man wird uns alle hopsnehmen und in den Kerker stecken. Wen von unseren Botschaftern hat der Sultan noch mal in die Burg der sieben Türme[11] gesperrt? Na ja, Sie kommen nicht in die Burg der sieben Türme, sondern ins Konzentrationslager.»

«So ist das also! Und die diplomatische Immunität?», fragte die Stenografin gespielt verängstigt. Es war zwischen ihnen stillschweigend ausgemacht, dass Kangarow sie wie ein naives Kind behandelte. Er freute sich, dass er das Kind ein wenig erschreckt hatte.

«Diplomatische Immunität! Schau einer an, was für Wörter sie kennt! Und wer ist durch die Prüfung in Politischer Bildung gerasselt? Und wer hat mir das verheimlicht? Ich hätte dich nie mitgenommen, wenn ich das gewusst hätte.»

Kangarow hatte keinerlei Grund, die Stenografin «mein Kind» zu nennen und sie zu duzen: Sie wurde demnächst zwanzig. Aber es hatte sich ganz von allein ergeben: Als er zum ersten Mal liebevoll «Du» zu ihr sagte, tat er das wie aus Versehen, damit er im Falle eines Misserfolgs sofort zum «Sie» zurückkehren konnte. Sie protestierte nicht, und nun wechselte er sehr oft zum «Du», wenn auch stets wie zufällig. Das verschaffte ihm Befriedigung. Manchmal tätschelte er ihr sogar den Kopf, und er tat dies demonstrativ vor aller Augen: Niemand sollte denken, dass es hier etwas zu verbergen gab – es war eine väterliche, vollkommen natürliche Geste.

Nadeschda Iwanowna reagierte auf die Erwähnung der nicht bestandenen Prüfung in Politischer Bildung mit kindlicher Naivität: Was sollte man machen, sie hatte einfach Pech gehabt, einen *ganz und gar üblen* Examinator erwischt, über Dialektik und *all dieses Zeug* habe sie aber ganz gut Bescheid gewusst. «Und einigermaßen auch über die taktischen Ansichten der Gruppe ‹Befreiung der Arbeit›[12], aber als er dann fragte, worin der Fortschritt von *Rabotcheje Delo*[13] gegenüber *Rabochaja Mysl*[14] bestand, da war's aus. Das weiß ich nicht, hab ich gesagt. Offenbar ist *Rabotcheje Delo* nicht nur für Streiks, sondern auch für Demonstrationen gewesen …» Der Botschafter musste lachen.

«Ich schwör's bei meinem Hunde – das hab ich selber nicht gewusst!», sagte Kangarow in einem Ton, in dem Anekdoten erzählt werden, so als hätte der Russischlehrer im Gymnasium einen Aufsatz, den Turgenjew für einen Schüler geschrieben hatte, mit Drei-Minus benotet oder als hätte Henri Poincaré eine Aufgabe in Algebra, die man seinem Neffen im Lyzeum gestellt hatte, nicht lösen können. «*Rabotchaja Mysl* war also nicht nur für Streiks, sondern auch für Demonstrationen?»

«Was fällt Ihnen ein! Das war *Rabotcheje Delo*!»

«Pardon, *Rabotcheje Delo*!» Kangarow lachte und zeigte mit seinem Lachen, dass das alles völlig belanglos war, so etwas konnte nur Kleingeister verwirren. «Haben Sie das gewusst, Eduard Stepanowitsch?»

«Und dann hat er noch gesagt: Masparwprabkoop. Ich wusste nicht, was das war», erzählte Nadeschda Iwanowna. «Ich sage zu ihm: Genosse, das steht nicht im Programm, und er antwortet: Genossin, ich beurteile Ihre allgemeine Entwicklung … Und so bin ich durchgefallen!»

«Wie? Wie? Mosprawra! … Das ist doch wohl ein Witz! Hast du das gehört, Lena?», fragte Kangarow lachend seine Frau, die seiner Meinung nach schon allzu lange kein Wort mehr an Nadja gerichtet hatte: Dies hätte als Arroganz gegenüber jüngeren Genossen ausgelegt werden können.

«Nein, ich habe Ihrem Gerede nicht wirklich zugehört», antwortete Jelena Wassiljewna kühl. Sie war keineswegs eifersüchtig, es gefiel ihr einfach nicht, dass er diese Nadeschda Iwanowna

Nadja und Kindchen nannte. «Sie ist kein Kind! Sie tut nur so ...
Ja, das ist so seine Art, aber es ist eine sehr dumme Art ...»

An ihrem Mann missfiel ihr fast alles. Sie war die Tochter eines Semstwo-Beamten[15] und betrachtete ihre Heirat insgeheim als Mesalliance. Demonstrativ («Ja, ich habe mich schon länger nicht mehr mit ihr unterhalten und werde das auch jetzt nicht tun!») wandte Jelena Wassiljewna sich wieder dem Sekretär zu:

«Die Jermolowa[16] war natürlich unvergleichlich, aber die Szene mit der Amme auf der Lichtung, das sage ich Ihnen ganz offen, die hat sie nicht richtig gespielt. Da hat es ihr an Kindlichkeit gefehlt ... an Kindlichkeit ... Erinnern Sie sich: ‹Lass mich der neuen Freiheit genießen! Lass mich ein Kind sein, sei es mit! Und auf dem grünen Teppich der Wiesen prüfen den leichten, geflügelten Schritt.›[17] Ich wirble hier herum und tanze, so wie wir früher im Institut[18] durch den Garten gewirbelt sind ...»

«Wie schade, Jelena Wassiljewna, dass ich Sie nicht in der Rolle der Maria Stuart gesehen habe», sagte der Sekretär ehrfurchtsvoll.

«Sie hätten sie gar nicht sehen können», warf der Botschafter ein, der plötzlich wütend auf seine Frau war. Wenigstens in Anwesenheit dieses Herrn (er meinte Wislicenus) hätte sie ihr aristokratisches Gehabe ablegen können und nicht daran erinnern sollen, dass sie auf einer adligen Mädchenschule gewesen war, auch wenn das stimmte. «Sie hätten sie gar nicht sehen können, weil sie diese Rolle nie gespielt hat.»

Ihm fiel wieder ein, dass er sich möglichst schmerzlos von seiner Frau hätte trennen sollen. «Was gibt es da zu verhehlen? Sie ist mir gleichgültig, und sie hasst mich. Ich mache ihr keine Vorwürfe, aber wenn vernünftige Menschen sehen, wie es um eine Sache bestellt ist, gehen sie aufeinander zu ...» Seine Augen wurden gelb.

«Mein Debüt war schon ausgemacht», sagte Jelena Wassiljewna mit eisiger Stimme. Sie war eine Darstellerin tragischer Rollen und liebte es, Königinnen zu spielen. Vor dem Krieg verhinderten Intrigen, dass sie Lady Macbeth geben konnte. Während des Krieges bereitete sie sich auf Maria Stuart, die Jungfrau von Orleans und «L'Aiglon»[19] vor, und wieder kamen ihr Intrigen und teilweise die Revolution in die Quere. «Wenn sie es nicht aus dem Repertoire genommen hätten», begann sie und gähnte, bevor sie den Satz zu Ende gesprochen hatte. «Mir ist langweilig …» Jelena Wassiljewna artikulierte den Satz in der übertriebenen Sprechweise, die Moskauer Schauspieler pflegen, sodass selbst ein Gehörloser aufmerksam werden musste.

«Wir werden natürlich am Bahnhof Friedrichstraße willkommen geheißen», wechselte der Sekretär diplomatisch das Thema. Er hatte eine technische Schule in Berlin besucht und kannte die Stadt gut.

«Wenn sie überhaupt kommen», erwiderte Kangarow sorglos. «Wer weiß, ob diese Faulpelze so früh aufstehen.» Die Rede war von der Berliner Botschaft.

Wislicenus verließ das Abteil. All diese Menschen, außer Nadja, gingen ihm auf die Nerven. Aber auch Nadja war er gram, weil sie um den Botschafter scharwenzelte. «Natürlich kann sie diesen alten Krämer mit der Seele eines Tschekisten[20] und den Allüren eines Grandseigneurs weder lieben noch achten. Obwohl sie ein Turgenjew'sches Mädchen sein will, respektiert sie eigentlich überhaupt niemanden», dachte er. Am unangenehmsten war ihm Kangarow. Wislicenus hielt die meisten Menschen für Halunken, aber er war viel nachsichtiger gegenüber jenen, bei denen kein Zweifel bestand: Hätte Kangarow selbst gewusst, dass er ein Halunke war, wäre das für Wislicenus tröstlich gewesen. Es war jedoch *nicht bewiesen*, dass Kangarow ein Halunke war. «Trotz allem ein sehr nützlicher Mann!» Wislicenus hatte seit

Langem die Angewohnheit, in Hinsicht auf Menschen, mit denen er zusammenarbeitete, ein kurzes Resümee zu formulieren. «Klug? Ja. Auf jeden Fall sehr intelligent und schlau. Er kennt sich in seinem Geschäft aus, und an Finanzdingen hat er einen Narren gefressen. Böse, trotz seines zuckersüßen Lächelns – hundertmal süßer als Zucker. Die Gutmütigkeit, die Scherze – alles vorgetäuscht: In der GPU[21] gibt es solche gutmütigen Menschen zuhauf. Ständig macht er allen Komplimente, aber hinter jedem Kompliment verbirgt sich etwas Unangenehmes ... Im Großen und Ganzen nicht schlechter als die anderen, ein ausgezeichneter Arbeiter. Das mit dem Krämer stimmt nicht, er ist schon ein Mann von Ideen.»

Ihm fiel ein, dass er trotz seiner fünfunddreißigjährigen revolutionären Tätigkeit eine gewisse Abneigung gegen Juden nie überwunden hatte, eine Abneigung, die er wohl über viele Generationen hinweg von seinen Vorfahren geerbt hatte. «Ein ehrgeiziges Volk ... Aber Kangarow ist nicht typisch für sie, seine Mutter ist auch keine Jüdin, und sein Ehrgeiz spielt eigentlich keine Rolle, und überhaupt tut die Nationalität hier nichts zur Sache ...» Wislicenus mochte keine Juden, und Antisemiten konnte er nicht ausstehen.

Im Gang blieb er stehen: Wohin sollte er gehen? Eine lange Fahrt mit der Eisenbahn ähnelte einem Gefängnisaufenthalt: Da waren es ein paar Schritte in der Zelle, hier durch den Waggon – und das Bewusstsein unnütz verrinnender Zeit. Er setzte sich auf einen Klappstuhl und starrte zerstreut aus dem Fenster. Er dachte wieder an dasselbe: Ihm blieben noch zwei oder drei Jahre, vielleicht fünf, wenn er Urlaub nehmen und irgendwohin in den Kaukasus oder auf die Krim fahren würde. Urlaub zu bekommen war kein Problem. Viele würden sich von Herzen freuen, wenn er auf eine Invalidenstelle wechseln und seinen Platz ohne Kampf, ohne Streit und Intrigen freimachen würde.

Er fragte sich, wer sein Nachfolger werden würde, dachte aber nicht weiter darüber nach. Er stellte sich das Leben in einem Erholungsheim oder Sanatorium vor, wo die einzige Sorge dem galt, wie man das Leben verlängern könnte, er musste sogar lächeln. Er dachte völlig emotionslos darüber nach – so klar war ihm, dass das auf ihn nicht zutraf. «Nun gut, dann kommen die letzten Krankheiten, mit etwas Glück von kurzer Dauer, das Ende, bestenfalls: ‹Schließt fester die Reihen am Grab des alten Kämpfers›, eine Ehrenwache im Säulensaal[22], eine Urne in der Kremlmauer; die Urnen der alten Kämpfer bilden den Hintergrund für Lenins Mausoleum, so wie die Gräber der Generäle im Invalidendom den Hintergrund für Napoleons Sarkophag darstellen. Stalin, wenn er ermordet wird und wenn diejenigen, die ihn ermorden werden, nicht gewinnen sollten, wenn er denn überhaupt rechtzeitig stirbt – alles muss rechtzeitig geschehen –, wird ein eigenes Mausoleum bekommen …»

Er dachte träge darüber nach, wo genau auf dem Roten Platz Stalins Mausoleum errichtet und in welchem Stil es gebaut werden würde. «Irgendwie unschön, zwei Mausoleen. Als stünde im Invalidendom noch ein zweiter Sarkophag.» Dann kehrte er zu dem vorherigen Gedanken zurück. «Ja, eine Urne in der Kremlmauer, man wird die ‹Internationale› spielen … Früher wurde ‹Unsterbliche Opfer› gespielt. Was ist besser?» Er hielt sich ein wenig bei dem Gedanken auf: Was hätte er denn lieber gehabt? Völlig egal. Wenn er rechtzeitig sterben würde, gäbe es «Gedenken an einen alten Revolutionär» in fünf oder sechs Zeitungen und eine feierliche Versammlung mit Reden. Vielleicht fände sich später auch ein Biograf, wohl eher deshalb, weil sein Leben so reich an Ereignissen gewesen war. Nun, anderen wird selbst das nicht zuteil. Wislicenus dachte über all das fast ohne Ironie nach. Selbst jetzt, nach allem, was geschehen war, vermochte er, wenn er wollte, seine Seele in eine erhabene Stimmung zu versetzen. «Enttäuschung? Nein, eigentlich nicht. Ein Meer von Blut? Als ob *sie* im letzten Krieg nicht ein ebensolches Meer vergossen hätten! Intrigen und Zwietracht, Hass unter dem Deckmantel der Verehrung? Man sollte einmal die Marschälle Napoleons fragen, wie sehr sie zu Lebzeiten den Mann geliebt hatten, dem zur Seite sie, o Täuschung, *in soldatischer Treue* im Invalidendom lagen! So ist es immer gewesen ...» Die Kette der Syllogismen, die Iljitsch 1918 ausgearbeitet hatte und die sich alle freudig zu eigen gemacht hatten, war unversehrt wie je. Eine große Sache war im Gange, die allergrößte – die Befreiung der Werktätigen der ganzen Welt. Übeltäter, Halunken, Liebediener wie dieser «Sekretär Iwanowitsch» hatten sich eingeschlichen? Und wennschon ... «Wenn der noch einmal ‹Komintern Iwanowitsch› sagt, hau ich ihm in die Fresse, in seine watteweiche Fresse!», dachte Wislicenus in einem plötzlichen Wutanfall und *nahm sich sofort wieder zusammen.* «Ich werd noch verrückt, gleich werd ich um mich schlagen ... Nun, sie haben sich eingeschlichen, so ist das immer, das ist unvermeidlich ... Ja, einer großen Idee dienen nicht nur großartige Menschen, die klar sind wie Kristall, sondern auch üble kleine Leute. Und nur der bösartige kleine Mann wird daraus Schlussfolgerungen gegen die große Idee ziehen. Das ist in allen Lagern so, bei *ihnen* ist außerdem schon die Idee widerlich. Was noch? Terror? Die herrschenden Klassen würden doch nie ihre Macht, ihr Geld, diese Waggons hier ohne erbitterten Widerstand hergeben. Ihr Widerstand konnte nur mit Terror gebrochen werden. Ohne das ‹Meer von Blut› hätten wir uns kein halbes Jahr an der Macht gehalten. Wir wären bestenfalls mit dem Ruf von schwachen, dummen und edlen Träumern in die Geschichte eingegangen, schlimmstenfalls mit der Reputation, Helfershelfer der Deutschen und Verräter gewesen zu sein. Und über unsere Schwäche würden sich jene Leute amüsieren, die uns gestürzt hätten! Nein, lieber ein ‹Meer

von Blut> als <schlaffe Intelligenzler!>», dachte er wieder mit
einem Anflug von Wut. Die Kette der Syllogismen war nicht zer-
brochen, aber sie interessierte ihn jetzt nicht sonderlich. Das war
am schlimmsten.

Nadeschda Iwanowna kam aus dem Abteil. Er glaubte einen
Ausdruck von Missfallen auf ihrem Gesicht zu erkennen, als sie
ihn im Korridor erblickte. Wislicenus spürte einen Stich in seinem Herzen. «Was für ein Unsinn!», sagte er sich. «Was kümmert sie mich!» Aber das, was er seine innere Disziplin nannte,
half ihm nicht weiter. «Ich habe eine Aufgabe ... Ja, wenn man
in den verbleibenden zwei oder drei Jahren ...» – «Wie geht's,
Nadjenka, sind Sie müde von der Reise?», fragte er und dachte,
dass sich seine «Nadjenka» nicht sonderlich von Kangarows
«Kindchen» unterschied. Nein, sich selbst brauchte er, was das
väterliche Verhältnis betraf, nichts vorzumachen. Sie sprach mit
ihm scheinbar in einem ganz anderen Tonfall als mit dem Botschafter. Jetzt war ihr Ton zärtlich-überschwänglich, so wie sie
mit Kropotkin gesprochen haben würde, aber auch in diesem
Ton lag dieselbe Täuschung. «Dem Botschafter muss sie nach
dem Mund reden, bei mir hat sie anscheinend keinen Grund
dazu. Sie will allen gefallen, das ist ein übles Laster, aber mit ihrer
Intelligenz sollte sie doch verstehen, dass ich es nicht mag, wenn
man mich zu Insarow oder gar zu Kropotkin macht», dachte
er. Er sprach zurückhaltend mit ihr, sie sah ihn an und errötete –
was seine Nervosität augenblicklich dämpfte. «Ich will mir ein
Buch holen», sagte sie. Widerwillig erhob er sich von seinem
Klappstuhl, um sie vorbeizulassen. Ein Ruck des Zuges warf sie
gegen ihn. «Was lesen Sie gerade, Nadjenka?», fragte er erbe-
bend. Er verspürte den starken Drang zu sagen: «Was liest du
gerade, Nadjenka?» – «Den neuen Roman von Vicki Baum»,
log sie absichtlich. Er kannte den Namen nicht oder konnte sich
nicht daran erinnern, aber er spürte den Unterton in ihrer Ant-

45

wort: ätsch. – «Geschieht mir recht, Schuster, bleib bei deinem Leisten ... Diese Tür bleibt mir verschlossen.» Nadeschda Iwanowna betrat ihr Coupé und schloss hinter sich ab. Wislicenus machte sich auf den Weg zu dem seinen, setzte sich, griff nach Dostojewskis Briefen und schaute auf seine Uhr. Bis Berlin war es noch weit. «Richtig, ich muss mit Tamarin sprechen», erinnerte er sich müde.

III

K onstantin Alexandrowitsch Tamarin, ein ehemaliger Generalmajor, jetzt Armeekommandeur II. Klasse[23], löste in seinem Abteil aus Langeweile Kreuzworträtsel. Er liebte diese Ablenkung und fand, sie sei für geistig tätige Menschen von Nutzen: Ähnlich dem Schachspiel, erforderte sie die Konzentration der Gedanken (nützlich als ständiges Training) und bot gleichzeitig einen Ausgleich zur gewohnten Arbeit. Morgens jedoch beschäftigte sich Tamarin nie mit Kreuzworträtseln, und so genierte er sich ein wenig. Reisen brachten ihn immer aus dem Tritt. Am Vorabend hatte er mit seinen Reisegefährten zu lange Whist gespielt. In Petersburg, vor langer Zeit, hatte er das Kartenspiel immer gegen Mitternacht beendet, anschließend ein leichtes Nachtmahl eingenommen und zwei Gläser Sherry getrunken. Alle wussten von seinem Schlaftrunk; der Klubdiener brachte ihm die Flasche, ohne dass er danach verlangte, und darauf war er ein wenig stolz, wie er überhaupt stolz auf seinen geregelten Tagesablauf war, ebenso wie auf die Tatsache, dass er nach Einnahme des Nachtmahls ausgezeichnet schlief – andere Leute seines Alters nahmen vor dem Schlafengehen nichts mehr zu sich.

Whist spielte er meisterhaft, im Klub galt er als anerkannte Autorität. Wegen seines hervorragenden Spiels wurde er mehr als einmal in die höchsten Kreise eingeladen. Im Zug hatte er eine ungewöhnliche, sehr seltene Kombination mit einem Klein-Schlemm[24] ohne Trümpfe gespielt, fast die gleiche, die er einmal im Jachtklub gespielt hatte: Er besaß ein außergewöhnlich gutes Gedächtnis, ganz allgemein und speziell, was Kartenspiele betraf. Sein Partner Kangarow spielte exakt so, wie seinerzeit der Großfürst gespielt hatte. Tamarin musste insgeheim lächeln, doch das Gefühl des Unbehagens – «mit wem habe ich einst gespielt, und mit wem spiele ich heute!» –, das ihn in den ersten Jahren seiner Nähe zu den Bolschewiki gequält hatte, war längst verflogen. «Nun, *jene* waren auch keine Engel, und unter denen hier gibt es nicht nur Kanaillen, man trifft auch auf anständige Menschen ... Und Whist spielen sie alle gleich», dachte er fast fröhlich, als er die Karten austeilte.

Sie beendeten das Spiel spät, anschließend mussten sie sich anstandshalber wenigstens noch einen kurzen Moment unterhalten. Als sie die Punkte zusammenzählten, gab es Gelächter: In welcher Währung sollten sie abrechnen? Sie hatten nicht um große Summen gespielt, aber der Sekretär hatte ein wenig mehr verloren, als er angesichts von Gehalt und Reisegeld hätte verlieren sollen. Um ihn zu trösten, war der Botschafter besonders freundlich zu ihm. «Dafür hat er Glück in der Liebe, unser Beau!», sagte er (dabei war der Sekretär alles andere als eine Schönheit). «Stellen Sie sich vor, drei Frauen haben seinetwegen Selbstmord begangen ... Eduard Stepanowitsch, wie viel an Alimenten zahlen Sie insgesamt pro Monat? Nein, es wird wirklich Zeit, dass Sie zur Räson kommen ...» – «Danke, ich habe heute schon gelacht», antwortete der Sekretär unangemessen und lächelte verschämt. «Also rasch und mit Aplomb. Es braucht Kühnheit, die Stadt zu nehmen», unterstützte Tamarin, ebenso unangemessen, den Scherz des Botschafters. «Ja, so ungefähr wurde auch im Jachtklub gewitzelt», dachte er geistesabwesend. «Aber den Klein-Schlemm, Kommandeur Iwanowitsch, haben Sie glänzend gespielt, auch wenn Ihnen dieser Pfuscher enorm geholfen hat», gab Kangarow zu, «so viel steht fest ...» Während des Kartenspiels tauschten sie fortwährend Komplimente aus, im Tonfall Napoleons, als er Erzherzog Karl Anerkennung zollte. Jeder hatte seine eigene Art zu spielen, die von den anderen goutiert wurde. Und überhaupt waren sie einer mit dem anderen zufrieden. «Nein, auch der hier ist keine absolute Kanaille», dachte Tamarin, «aber dass man ihn zum Botschafter gemacht hat, ist ein Witz.» – «Natürlich ist Seine Exzellenz keine Adlernatur, aber durchaus ein angenehmer Mensch, der aus der Geschichte und den Fehlern seiner Klasse gelernt hat», dachte Kangarow. Um Viertel nach zwei kehrte der General in sein Abteil zurück. Den Sherry hatte er sich schon lange abgewöhnt, aber er hätte gern eine Kleinigkeit gegessen: Das Mittagsmahl im Speisewagen war, wie immer, nicht sehr gut und ziemlich teuer gewesen.

Vor dem Einschlafen las Tamarin aus alter Gewohnheit ein Kapitel aus den *«Hinterlassenen Werken»**. Er besaß die schöne Clausewitz-Ausgabe von Dümmler, von der er sich nie trennte. Eher wäre er ohne seinen Pass oder seine Zahnbürste auf Reisen gegangen als ohne diese kleinformatigen Bücher mit den ältlichen Einbänden aus gelbem Glattleder. Allein ihr Anblick, das dürre Papier, das ausgestellte letzte Wort oder die letzte Silbe am Ende der Seite vor dem Umblättern, das kleine *e* über dem *o, u, a* anstelle des Umlauts wirkten beruhigend auf ihn. Normalerweise las er ein Kapitel und schlief dann ein. Aber mit leerem Magen einzuschlafen war schwer, außerdem hatte er das Buch

---

* im Original deutsch

mitten in einem sehr starken Kapitel aufgeschlagen. Zuerst kam einer jener kurzen, prägnanten, einem Befehl nicht unähnlichen Aphorismen, welche Clausewitz die Liebe aller Militärs der Welt eingebracht hatten: *«Der Krieg hat freilich seine eigene Grammatik, aber nicht seine eigene Logik ...»*[*] – «Wie wahr und klar!», dachte Tamarin mit Genugtuung. Er erinnerte sich nicht mehr allzu genau an dieses Kapitel und war froh darüber – so wie manche Leser sich darüber freuen, dass sie die «Toten Seelen» zum Teil vergessen haben: So können sie sie noch einmal lesen. Er las weiter:

«Die ungeheuren Wirkungen der französischen Revolution nach außen sind aber viel weniger in neuen Mitteln und Ansichten ihrer Kriegführung als in der ganz veränderten Staats- und Verwaltungskunst, in dem Charakter der Regierung, in dem Zustande des Volkes u.s.w. zu suchen. Daß die andern Regierungen alle diese Dinge unrichtig ansahen, daß sie mit gewöhnlichen Mitteln Kräften die Waage halten wollten, die neu und überwältigend waren: das alles sind Fehler der Politik. Hätte man nun diese Fehler von dem Standpunkte einer rein militärischen Auffassung des Krieges einsehen und verbessern können? Unmöglich.»[*]

Diese Gedanken versetzten ihn in Erregung, er las ein zweites Mal – bei den Worten *«Mitteln Kräften»* schien ihm etwas unlogisch zu sein. «Vielleicht war das einfach ein Druckfehler? Nein, war es nicht ...» Aus diesen Sätzen ergaben sich offensichtlich Schlussfolgerungen, die für seine gesamte Arbeit von Bedeutung waren, die sein Leben auf eine neue Art und Weise rechtfertigten. Allein, um drei Uhr morgens war Tamarin nicht in der Lage, über das Gelesene nachzudenken, und er wusste, dass er nicht würde einschlafen können, wenn er darüber nachzudenken begann. Er wollte die Ecke der Seite schon umknicken, aber

---

[*] im Original deutsch

dann tat es ihm leid, es war wirklich eine sehr schöne Ausgabe, und so beschloss er, sich die Seite zu merken: 148. «Einhundertachtundvierzig», sagte er laut vor sich hin und fragte sich, ob es nicht eine Gedankenstütze gäbe: Acht war doppelt so viel wie vier, aber die erste Ziffer ... «Ja, natürlich, das behalte ich: einhundertachtundvierzig», dachte er und schlief ein. Er schlief viel schlechter als gewöhnlich, er träumte von unsinnigen Dingen, der Großfürst spielte mit Clausewitz Whist, und Zar Peter schaute ihnen in die Karten. Clausewitz spielte einen Schlemm, er impassierte[25] und nahm seinen Gegnern einhundertachtundvierzig ab. «Glänzend gespielt, Clausewitz Iwanowitsch!», rief Peter der Große begeistert.

Hier wachte Tamarin auf. Lächelnd erinnerte er sich noch an das eine oder andere aus seinem abstrusen Traum. «Was hat Zar Peter mit alldem zu tun? Ich habe bestimmt ein Jahr lang nicht mehr an ihn gedacht! ...» (Erst zwei Tage später fiel ihm ein, dass im Jachtklub ein Porträt von Zar Peter an der Wand hing.) Durch die Fenster waren Lichter zu sehen. Der Zug stand. Der General schaute auf seine Uhr: sechs. War das nicht die Grenze? Er blickte aus dem Fenster und sah im trüben Licht der Laternen einen Offizier in deutscher Uniform. Er stöhnte: «Deutschland!» Er zog sich auf die Schnelle an, warf seinen Mantel über, schlug das Revers hoch und trat hinaus, er spürte eine unerklärliche Erregung.

Er war seit dem Krieg nicht mehr im Ausland gewesen. Am Vortag waren sie durch Polen gefahren, aber es fiel ihm schwer, Polen als Ausland und Warschau, wo er in seiner Jugend im Stab des Generalgouverneurs gedient hatte, als Hauptstadt eines fremden Landes zu betrachten. «Das hier ist jetzt *echtes Ausland* ... Vor zweiundzwanzig Jahren, da wollte ich hier einziehen, freilich nicht auf diese Art ...» Finster aussehende Beamte kontrollierten die Pässe, andere das Gepäck. Keiner schaute in den sowjetischen Diplomatenwaggon; der finsterste Beamte wechselte lediglich ein paar Worte mit dem Sekretär, der offensichtlich erschrocken und gleichzeitig glücklich war. Dann legte der Beamte die Hand an den Mützenschirm und entfernte sich, übrigens ohne besondere Ehrfurcht in seinem Gesicht. Der General schlenderte fröstelnd über den Bahnsteig. Alles hier versetzte ihn auf unbestimmte Weise in Aufregung, vor allem der Anblick des deutschen Offiziers. Der Offizier schaute ihn aus den Augenwinkeln an, offensichtlich erkannte er ihn auf der Stelle untrüglich als Militär, und Tamarin hatte natürlich gleich all die Veränderungen an der deutschen Uniform bemerkt. Aus irgendeinem Grund bedauerte er beim Anblick des Offiziers, dass er unrasiert und ohne Kragen aus dem Waggon gestiegen war. Er hätte gern eine Tasse Kaffee getrunken oder besser irgendetwas Deutsches, Danziger Goldwasser zum Beispiel. Doch zu dieser frühen Morgenstunde wurde auf dem Bahnsteig noch nichts verkauft. Nur ein Zeitungskiosk war schon offen. Der General schaute sich unentschlossen um: Seine Stellung war sehr sicher, er hatte anscheinend nichts zu befürchten, aber vielleicht war es trotzdem besser, keine deutsche Zeitung zu kaufen (und das auch noch am ersten Bahnhof – «er stürzt sich drauf!»). Er ärgerte sich, kaufte eine Zeitung, faltete sie in der Mitte, steckte sie ein und kehrte in sein Abteil zurück. «Im Grunde könnte man jetzt, wenn man wollte, ganz hierbleiben», kam ihm plötzlich ein wahnwitziger Gedanke. «Zum Emigrant werden wie jene ... Was für ein Blödsinn! ... Es gibt keinen Grund, nervös zu sein. Früher haben wir auf die eine Art gelebt, heute leben wir auf eine andere ... Und auch sie leben nicht mehr ganz so wie früher ...» Es war warm im Abteil, aber er fröstelte immer noch. «Ja, das hätte ich nicht gedacht, nicht gedacht ... Ich hätte mich ordentlich anziehen sollen ...» Er musterte zerstreut die Münzen, das Wechselgeld, das er beim Kauf der Zeitung bekommen hatte. Auch der Anblick der deutschen Münzen erregte ihn. Er hatte einmal ein Jahr dienstlich in Deutschland verbracht, und das war eine der schönsten Erinnerungen seines Lebens. Er hätte nicht ohne Kragen aussteigen sollen ...

Der Zug setzte sich in Bewegung. Tamarin zog seinen Mantel aus, hängte ihn an den Haken, entkleidete sich und legte sich wieder hin, er bibberte unter der dünnen Decke. Er dachte, es ist sinnlos, sich wieder schlafen zu legen, aber er schlummerte ein und wachte erst in Frankfurt wieder auf, durch die Pfiffe und den Lärm vor den Fenstern. Er stieg nicht noch einmal aus: Er nutzte den Halt, um sich zu rasieren. In Russland begann sein Tag immer damit. Er duldete keine Gillettes; er besaß, aus besseren Zeiten, einen Satz von sieben ausgezeichneten englischen Rasiermessern: Für jeden Tag gab es ein besonderes – auf den Griffen waren die Worte «*Monday, Tuesday, Wednesday* ...» eingraviert – jede der Klingen hatte dann eine Woche Pause, davon wurden sie nur besser. In den ersten Jahren der Revolution konnte es geschehen, dass Männer, die sich früher rasiert hatten, sich aus Sparsamkeit einen Bart wachsen ließen, während Bartträger sich aus hygienischen Gründen zu rasieren begannen. Tamarin trug altmodische Koteletten à la Alexander II. – solche hatte selbst vor der Revolution höchstens einer von tausend getragen. Damit war weder Sparsamkeit noch Hygiene Genüge getan, aber sein Kinn war selbst in jenen Jahren stets tadellos rasiert und seine Koteletten sorgfältig gekämmt. Diese Koteletten hatten etwas Konterrevolutionäres an sich, und auf der Straße sahen ihn die Passanten, vor allem die älteren, erstaunt und leicht erschrocken an. Er nahm sich den Backenbart erst in der Zeit der schrecklichsten Hungersnot und Armut ab, es erschien ihm idiotisch, weiter so herumzulaufen, und die Haare waren auch merklich grau geworden. Sein Leben zerfiel akkurat in zwei Perioden: eine mit Koteletten und eine ohne Koteletten.

Seit jener Zeit hatte auch seine Selbstachtung ein wenig nachgelassen.

In Russland hatte er einen festen Tagesablauf. Wenn es ihm
möglich war, nahm er nach dem Rasieren ein Bad, und selbst
in jenem Winter, als die Leute in Pelzmänteln in ihren Woh-
nungen saßen, stellte er sich täglich unter einen Wasserstrahl
und trug anständige Unterwäsche. Den Haushalt führte eine
Köchin, die ihm und seiner Frau viele Jahre lang gedient hatte
und auch nach dem Tod seiner Frau bei ihm geblieben war. Er
hatte weder Kinder noch nahe Verwandte. Tamarins Leben bestand allein aus Arbeit. Nach dem morgendlichen Bad brühte er
sich immer selbst Tee auf, nach seiner eigenen Methode: Er goss
kochendes Wasser über drei gehäufte Löffel Teeblätter, ließ die
Kanne zwei Minuten unter einem Handtuch stehen und füllte
dann mit sprudelnd heißem Wasser auf. Dann trug er die Teekanne in sein Arbeitszimmer und trank während der Arbeit drei
Gläser mit je einem Stück Zucker und aß einen Zwieback: Er
mied Brot, weil er zu Übergewicht neigte. Das war seine beste
Zeit. In diesen Morgenstunden, von sieben bis neun, verfasste er
Vorträge, Notizen und Artikel für militärwissenschaftliche Publikationen. Zuerst skizzierte er mit dem Bleistift einen Entwurf,
dann schrieb er den endgültigen Text, sofort ins Reine, auf seiner
alten – sie hatte noch drei Reihen Tasten –, aber noch völlig
intakten Underwood. All das zusammen, die Arbeit, der starke
Tee, das leichte, regelmäßige Klappern der Schreibmaschine,
die seinen Gedanken so angenehm deutlich Gestalt verlieh
(die Schreibmaschine ließ alles besonders klar werden), war die
größte Freude seines Lebens. Um Punkt neun Uhr stellte er seine
Arbeit mit einem Seufzer ein, klappte fürsorglich den Deckel auf
die Underwood und fuhr zum Dienst. Dort hörte er sich fremde
Vorträge an und las fremde Notizen. Die meisten gefielen ihm
nicht, aber er behandelte sie korrekt und formulierte gewissen-

haft seine Schlussfolgerungen, es sei denn, zu lügen erwies sich als absolut unumgänglich.

Hier im Zugabteil konnte er nichts von alldem tun. Tamarin fiel ein, dass er an der Grenze eine Zeitung gekauft hatte. Das Erste, was ihm ins Auge fiel, war ein Artikel mit der Überschrift *«Die jüdischen Bluthunde»*[*]. Seine Gefühle gegenüber den Bolschewiki, auf die sich der Artikel bezog, waren gemischt, aber er stand in ihren Diensten – heute diente er ihnen treu und ergeben –, und es war ihm unangenehm, dass man sie so titulierte, indirekt betraf das ja auch ihn selbst.

Irgendwann während des Bürgerkriegs war er in sowjetische Dienste getreten, mit der Absicht, entweder jenen zu helfen, die einen Umsturz herbeiführen würden, oder in einem passenden Moment auf die Seite der Weißen zu wechseln. Daraus wurde nichts. Der Umsturz kam nicht zustande, die weißen Generäle nannten ihn, Tamarin, wie ihm gerüchteweise zu Ohren kam, entweder einen Narren oder einen Schurken und Verräter. Vor allem aber musste er seinen Lebensunterhalt bestreiten. Er kam zu dem Schluss, dass man Russland unter jedem Regime dienen konnte, besonders dann, wenn man in der Armee diente. Das Leben hatte sich in den letzten Jahren einigermaßen normalisiert, es gab Arbeit für ihn, fast so wie zu den besten Zeiten; man verhielt sich ihm gegenüber korrekt und schätzte seine Meinung. Die ihn einen Narren genannt hatten, waren nun selber die Narren. Zeitungen, die ihn mit Schmutz hätten bewerfen können, gab es keine mehr. Anfangs beunruhigte ihn noch der Gedanke: Was, wenn *jene* zurückkämen? Jetzt war klar, dass *jene* nicht zurückkommen würden. Manchmal träumte er übrigens von ihrer Rückkehr. Wenn er aufwachte, dachte er, das könne niemals geschehen; und selbst wenn sie zurückkämen, müssten

[*] im Original deutsch

54

sie mit denen rechnen, die dageblieben waren! Von den Dagebliebenen gab es unvergleichlich mehr als von denen, die weggegangen waren, und sie alle hatten sich in diesen Jahren fast ebenso verhalten wie er.

Tamarin überflog die Depeschen. Die Nachrichten waren ebenfalls unerfreulich: Es wurde über große Erfolge der italienischen Truppen in Afrika berichtet. Seinen Ansichten gemäß wünschte er sich einen italienischen Sieg, er hielt Mussolini für einen großen Staatsmann: «So einen haben wir nicht gehabt, deshalb ist es so weit gekommen ...» Der General war jedoch überzeugt, dass es für die Italiener äußerst schwierig sein würde, Abessinien zu erobern. In einem seiner besten Artikel hatte er nachgewiesen, dass die Gebirgskette Amba Alagi nicht zu bezwingen war. Unter Berufung auf seine Autorität hatte eine sowjetische Zeitung in ihrem Leitartikel sogar die Überzeugung geäußert, dass sich die Imperialistenbande am äthiopischen Feldzug das Genick brechen würde (diese Bezugnahme war ein großer beruflicher Erfolg für ihn). Eine Depesche berichtete nun, dass Amba Alagi und sogar Amba Aradam eingenommen worden waren. «Stimmt das wirklich?», zweifelte Tamarin. Andererseits erschien die Nachricht glaubhaft – durch jene kaum wahrnehmbaren kleinen Anzeichen, wie sie auch in den Lügen offizieller Verlautbarungen zu finden sind. Der General überprüfte seinen Gedankengang. Die Erstürmung des steilen Bergrückens, auf dem sich die Armee von Ras Desta[26] verschanzt hatte, war ein schwieriges, fast unvorstellbares Vorhaben. «Ras Sejum wird in der Zwischenzeit nicht tatenlos zusehen, sondern selbstverständlich umgehend die Linie Mekelle – Adua angreifen», dachte er und wünschte Ras Sejum von ganzem Herzen Erfolg, ungeachtet seiner unterdrückten politischen Ansichten und seiner Bewunderung für Mussolini. Etwas ruhiger geworden, warf er die deutsche Zeitung aus dem Fenster, schlug den

Band von Clausewitz auf Seite 148 auf (er erinnerte sich auch ohne Gedächtnisstütze) und begann die bewussten Zeilen in sein Notizbuch zu schreiben. Aber der Zug raste dahin, der Bleistift sprang auf dem Papier hin und her, es kamen nur Krakel heraus. «Nein, in einem fahrenden Waggon kann man nicht arbeiten ...»

Er holte eine illustrierte Zeitschrift mit Kreuzworträtseln aus seinem Koffer. Zunächst lief es gut, senkrecht kam als Erstes: «Marseille und Kasan sind berühmt dafür ...» – «Seife, natürlich», dachte der General zufrieden. Aber dann wurde es schwieriger: «Einen energischen Mann wird sie nicht zur Umkehr bewegen ...» – «Eine Kugel? Nein, keine Kugel. Eine Mauer? Auch nicht ...» Das ließ er vorläufig aus. Es wird leichter, wenn er erst einmal die nächste Waagerechte löst ... «Eine aus der tatarischen Sprache entlehnte Vorsilbe» – «Was für ein Quatsch! Woher soll ein normaler Mensch so etwas wissen? ...» – «Sie hat Mitrofanuschka interessante Geschichten erzählt ...» Tamarin versuchte sich zu erinnern: Mitrofanuschka kam im «Landjunker»[27] vor, aber wer erzählte ihm interessante Geschichten? Die Amme? Die Mama? Das passte nicht.

In diesem Moment kam Wislicenus in sein Abteil. Der General geriet in Verlegenheit, er legte die Illustrierte beiseite, spielte mit seinem kleinen silbernen Bleistift, bevor er ihn diskret in der Tasche verschwinden ließ. Er kannte Wislicenus flüchtig aus Moskau (er war ihm gelegentlich auf Konferenzen begegnet) und verhielt sich ihm gegenüber, wie er sich gegenüber einem tanzenden Derwisch oder einem Wesen vom Mond verhalten hätte: Vielleicht war das Wesen sogar harmlos, aber man musste mit allem rechnen, man musste sehr vorsichtig sein. Kurz vor seiner Abreise erklärte man Tamarin, dass Wislicenus im Ausland seine Hilfe benötigen könnte, was den General sehr beunruhigte. «In Form von Ratschlägen und technischen Empfehlungen», versuchte ihn sein Vorgesetzter zu beruhigen. «Ist er tatsächlich gekommen, um sich Rat zu holen?», fragte er sich. Seine Befürchtungen waren jedoch unbegründet. Wislicenus wollte lediglich ein bisschen plaudern: Was war Tamarin für ein Mann? Aus irgendeinem Grund gefiel ihm der Armeekommandeur. Er hatte eine Schwäche für Militärs und militärische Dinge. Als Kind hatte er sich leidenschaftlich gewünscht, ein großer Feldherr zu werden.

«Wie haben Sie geschlafen?», fragte Wislicenus. «Wie haben Sie geruht?», fragte gleichzeitig der General. Beide mussten lachen. Tamarin sagte, sie hätten gestern zu lange Whist gespielt. «Etwas Besseres ist Ihnen nicht eingefallen? ...» – «Unser Botschafter spielt ausgezeichnet», bemerkte Tamarin. «Soso, ausgezeichnet?», sagte Wislicenus, und in seinem Ton spürte man eine gewisse Missbilligung. «Ja, es wird behauptet, er spiele hervorragend Whist», dachte er, «na ja, jeder Mensch braucht etwas Authentisches, Eigenes, Echtes, bei ihm ist es wohl Whist ...» – «Das habe ich auch gehört, dass er ein guter Whistspieler ist», sagte Wislicenus mit einem spöttischen Lächeln. Der General wurde misstrauisch. Die Streitereien und Kollisionen zwischen *diesen Menschen* amüsierten ihn (er hatte solche Szenen häufig in Kommissionen erlebt, wo *diese Menschen* fast immer freundlicher zu ihm als zu ihresgleichen waren). Aber Wislicenus sagte nichts mehr und lenkte das Gespräch auf Deutschland, auf die deutsche Sauberkeit und Ordnung. «Das können sie wirklich gut», sagte Tamarin und erinnerte sich an einen Vorfall aus dem Krieg. Der Vorfall war wenig bemerkenswert, aber Wislicenus hörte geduldig zu: Vielleicht kam am Ende irgendetwas Interessantes? Aber auch am Ende gab es nichts Interessantes. Er fragte aufs Geratewohl, welche militärische Schule Tamarin höher schätze: die deutsche oder die französische? Der General antwortete, die Deutschen besäßen mehr

Gründlichkeit*, während die Franzosen – wie sollte man sagen – mehr Brio hätten: «Sie wissen schon, dieser französische *élan*** ...» Wislicenus nickte bedeutungsvoll, als hätte er erst jetzt, nach dem Gespräch mit einem großen Experten, den Unterschied zwischen den beiden Schulen verstanden. Seinen Gedanken weiterspinnend, zitierte der General Clausewitz und übersetzte: *«Die moralischen Hauptpotenzen sind: die Talente des Feldherrn, kriegerische Tugend des Heeres, Volksgeist desselben.»** Kaum gesagt, bedauerte er es schon: Besser, man sprach solche Gedanken nicht aus. «Dann ist ja alles gut», dachte Wislicenus mürrisch. Ja, Clausewitz. *«Der Krieg ist eine Fortsetzung der Politik»**, antwortete er auf Deutsch und bekundete damit, dass es unnötig war, ihm den deutschen Satz zu übersetzen. «Auch Lenin schätzte Ihren Clausewitz sehr. Deshalb habe ich angefangen, ihn zu lesen – und es dann aufgegeben: Ich fand ihn langweilig, lauter Allgemeinplätze.» Der General sah ihn an, wie ein sehr toleranter, aber gläubiger Muslim einen Mann ansehen würde, der sich abfällig über Mohammed äußert. «Nun, wissen Sie», sagte er, «das ist so, als würde jemand sagen, ‹Verstand schafft Leiden›[28] sei ein Plagiat: nichts als Redensarten, Marija Alexejewna[29] und so fort ...» Sogleich nahm das Gespräch Fahrt auf, und schon nach wenigen Minuten diskutierten beide mit Leidenschaft.

«Ja, das stimmt zum Teil», antwortete Wislicenus, bezugnehmend auf Tamarins Zitat, das diesen in der Nacht so beunruhigt hatte, «aber eben nur zum Teil. Ihr Generäle profitiert natürlich von diesen Gedanken. Wenn ihr siegt, winken Ehre und Ruhm. Und wenn ihr nicht siegt, ist die Politik schuld, ihr konntet nichts tun: *unmöglich*, nicht wahr? Das ist der Grund, warum ihr von Clausewitz alle so angetan seid. Nein, nicht auf

---

*   im Original deutsch
** im Original französisch

die Politik kommt es an, sondern auf die Technik. Ihr Militärs habt euch den Krieg gegen Deutschland vorgestellt wie den gegen Japan, und von 1905 bis 1914 habt ihr euch auf einen neuen Krieg gegen Japan vorbereitet. Und jetzt stellt ihr euch den kommenden Krieg vor wie den letzten gegen Deutschland, ihr bereitet uns schon wieder auf einen vergangenen Krieg vor. Aber es wird ein völlig anderer werden. Weshalb? Weil irgendein Zivilist, ein Herr Meier oder ein Herr Sidorow oder weiß der Teufel wer, sich irgendetwas einfallen lässt, das all eure Berechnungen über den Haufen wirft.»

«Das stimmt nicht, das stimmt rein sachlich nicht», entgegnete Tamarin und musste sich zügeln: Er konnte doch nicht ernsthaft mit einem Zivilisten über Militärdinge streiten. «Und es stimmt vor allem deshalb nicht, weil wir von all diesen Einfällen Meiers erfahren und sie selber ins Spiel bringen ...»

«Nichts werden Sie erfahren, denn in Friedenszeiten denkt Meier nicht an Krieg. Er fängt an, über den Krieg nachzudenken, wenn der bereits im Gange ist, wenn die Zeitungen den Krieg bis zur Weißglut anfachen, wenn Meiers Sohn, sein Enkel, sein Neffe getötet werden. Dann beginnt er darüber nachzudenken, wie er seine Mitmenschen, mit denen er ein Jahr zuvor auf diversen wissenschaftlichen Kongressen das Lob der menschlichen Brüderlichkeit gesungen und Bier getrunken hat, am besten ins Jenseits befördern kann. Und da Meier über mehr Wissen und Talent verfügt als alle Generäle zusammen (Tamarin zuckte mit den Schultern), ist es Meier, der die Dinge erfindet. Und dann kommen Sie, die Herren Generäle, und *bringen sie ins Spiel*. So war es bei den Giftgasen, so war es bei den Panzern ...»

«Die Panzer hat ein General erfunden! Ihr Beispiel spricht gegen Sie!»

«So? In Wahrheit wurden sie von einem Ingenieur erfunden, der bei ihm angestellt war, und der General gab die Erfindung als die seine aus. Und was die Giftgase angeht, so weiß ich mit Sicherheit, dass sie ein Professor erfunden hat, Gaber, Haber, Gager, mir fällt der Name nicht ein.»

«Aber wenn alles von der Wissenschaft abhängt, was ist dann Ihr ökonomischer Materialismus wert?», warf der General ein. Seine Gesichtsfarbe hatte sich verändert, er war ein wenig blass geworden. «Was regiert dann die Welt? Sein oder Bewusstsein?»

«Das ist eine andere Frage!»

«Nein, keine andere, es ist dieselbe. Ich frage Sie: Sein oder Bewusstsein? In diesem Fall, entschuldigen Sie, ist Ihr Materialismus Unsinn!»

Er stand plötzlich auf und verstummte. Wislicenus begann zu lachen. Der General gefiel ihm immer mehr: Dadurch, dass sein Gesichtsausdruck sich verändert hatte, als die Rede auf seine Profession kam («ja, sicher, das ist *echt* bei ihm»), als auch durch die Tatsache, dass sein umgearbeiteter Anzug mit der Tasche auf der rechten Seite des Jacketts fast wie neu aussah und dass es in seinem Abteil angenehm nach Eau de Toilette roch – und überhaupt durch sein ganzes Äußeres. «Das Äußere ist Nebensache, in gewisser Weise sind wir beide Menschen der alten Zeit», dachte Wislicenus. Zu seiner eigenen Überraschung war ihm dieser unerwartete Gedanke nicht unangenehm.

«Sie haben mich links überholt», sagte er lachend und bedeutete dem General damit, dass dieser nichts zu befürchten habe. «Ich bin in der Tat ein schlechter Marxist.» Tamarin war wieder auf der Hut. «Das lässt sich auf zweierlei Weise verstehen: Ich verstehe den Marxismus nicht richtig, oder: Ich glaube nicht richtig an den Marxismus. War das eine Provokation?», überlegte er. Das Rattern des Zuges klang jetzt anders, ein Pfiff ertönte; das bedeutete das Ende dieses Gesprächsabschnitts, wie die Nummer eines neuen Kapitels in einem Buch. Wislicenus sah auf seine Uhr.

«Die Zeit verstreicht langsam ... Erlauben Sie?», fragte er und griff nach der Illustrierten auf der Schlafbank. «Mir scheint, Sie haben Kreuzworträtsel gelöst?»

«Ja, auf Reisen liebe ich das», sagte Tamarin und lächelte schuldbewusst. «Man kann ja nicht arbeiten, und ...»

«Ich liebe es auch sehr. Das hier? Marseille und Kasan sind berühmt dafür ... Seife, natürlich», sagte er triumphierend.

«Ja, Seife, aber weiter: Einen energischen Mann wird sie nicht zur Umkehr bewegen ... Wissen Sie das?»

«Einen energischen Mann wird sie nicht zur Umkehr bewegen ... Hm ... Bombe? Nein ... Flut?»

«Nein, Flut passt nicht ..., es sind fünf Buchstaben.» Der General holte wieder seinen silbernen Bleistift aus der Tasche.

IV

A uch Nadeschda Iwanowna hatte ein eigenes Abteil bekommen, im Waggon war viel mehr Platz als erforderlich. Der Schlafwagenschaffner hatte das Bettzeug schon längst weggeräumt und alles sauber gemacht, kein Stäubchen war mehr zu sehen. Sie betrachtete sich im Spiegel: alles in Ordnung, bis auf ein wenig Ruß in ihren Nasenlöchern. «Nicht schlimm ... Was ist Dakocchi nur für ein komischer Kauz», dachte sie und bedauerte, dass sie unfreundlich zu ihm gewesen war: Er hatte ja nichts Verletzendes gesagt, seine Vorhaltungen waren väterlicher Art gewesen. «Es ist schon erstaunlich, wie viele ältere Männer mich väterlich behandeln. Aber er hat nichts Abstoßendes an sich, im Gegenteil. Was heißt *im Gegenteil*? Ich will den Alten doch nicht heiraten, was für ein Unsinn ...»

Sie setzte sich ans Fenster und holte ein Buch aus ihrem Necessaire. Draußen war es trüb und diesig: weder Winter noch Frühling. Bei solchem Wetter zu reisen war sowohl trist als auch vergnüglich. «In ihrer Gesellschaft ist mir ein bisschen langweilig ... Bald sind wir da, wie geht es dann weiter? Wir werden uns vor Ort einrichten, die Sehenswürdigkeiten und Museen besichtigen, und dann?» Weiter war da nichts. «Briefe schreiben, Diktate aufnehmen, Dokumente übersetzen ... Nützliche Arbeit, ich jammere ja gar nicht, irgendjemand muss sie machen, was kann ich anderes erwarten. Stenografie und drei Fremdsprachen – das ist mein ganzes Kapital. Alles ist bestens gelaufen, besser, als zu erhoffen war: gleich eine Dienstreise, ich bekomme die Welt zu sehen, die Menschen ... Apropos, das sagt sich so hin: Menschen kennenlernen, sich sehen lassen. Außer Eduard Stepanowitsch gibt es wahrscheinlich niemanden zum Kennenlernen, und zum Sich-sehen-Lassen auch nicht. Schade, ich hätte was zu zeigen», wollte sie denken, getraute sich aber nicht: Was für ein Eigenlob! «Ja, eine Zeit lang geht Stenografie schon in Ordnung, aber das ganze Leben Briefe abtippen, dazu habe ich keine Lust. Doch was soll ich machen, Talente habe ich keine. Es gibt allerdings Dinge, ob man sie nun Kunst oder Handwerk nennen will, für die braucht man keine besondere Begabung oder höchstens eine ganz kleine. Findet sich denn nicht wenigstens etwas in der Art? Soll ich Dekorateurin werden? Wie wäre es mit Brandmalereien? Porzellan? Geschmack habe ich, das haben alle zugegeben, selbst meine Widersacher ... In zwei Jahren kann man so etwas lernen, ich muss mich nur für irgendetwas entscheiden. Nein, ich werde nicht versauern, ich finde schon etwas ...»

Es gab noch etwas, worüber sie unbedingt nachdenken musste, aber das waren unangenehme Gedanken, damit wollte sie sich jetzt nicht beschäftigen. «Nein, später, später ...» Sie begann aus dem Fenster zu schauen: Sie musste Europa kennenlernen. Sie war noch nie im Ausland gewesen; bisher hatte sie keine wertvollen Beobachtungen gemacht. «Vorhin auf dem Bahnhof ist mir etwas eingefallen, wofür man sich vor klugen Leuten nicht zu schämen braucht. Ich kann mich nicht genau erinnern, ich hätte es aufschreiben sollen ... Ehrlich gesagt, gibt es keinen großen Unterschied. Die Menschen sind die gleichen, sie sind nur viel besser angezogen, die Jungen, die Mädchen. Vorhin, auf der Bahnstation, das war natürlich ein Liebespaar ...» Sie seufzte. «Na ja, ihre Bahnhöfe sind anders, ihre Imbissbuden. Bei ihnen sehen die in der Provinz so aus wie bei uns in der Hauptstadt. Berlin muss ich mir noch anschauen ... Bei uns ist natürlich alles besser ...» Draußen vor den Fenstern begann etwas schmutzig Graues vom Himmel zu fallen, blieb an den Fensterscheiben haften und schmolz sofort. Sie lachte: «Das soll Schnee sein? ...» Und das stimmte sie gleich heiter: Natürlich, in Russland war alles besser. «So etwas nennt sich bei ihnen Frost, Winter!» Sie erinnerte sich fröhlich an ein Gedicht, das sie kürzlich in einem Buch gelesen und das ihr sofort gefallen hatte und im Gedächtnis geblieben war: «Neuer Frühling gibt zurück, was der Winter dir genommen[30] ... Ja, er wird mir alles zurückgeben, ich werde Arbeit haben, ich werde mein Leben leben, allen wird es gut gehen, mir wird es großartig gehen ...»

Sie schlug das Buch auf – Erinnerungen eines bekannten Schauspielers. Zar Nikolaus II. beschwor Dalmatow[31], der sich mit ihm zerstritten hatte, auf die kaiserliche Bühne zurückzukehren. «Wasja», sagte der Zar zu mir, «komm zurück auf meine Bühne! Ich habe alles: Garde, Kavallerie, Artillerie, Heer, Marine – nur dich habe ich nicht. Komm zurück!» – «Nein, Eure Majestät!», sage ich, «ich bin bitter gekränkt, ich kann Ihnen nicht verzeihen!» – «Dalmatow stand da und erhob stolz sein schönes Haupt ...» – «Wie gut!», dachte Nadeschda Iwanowna, «und erhob stolz sein schönes Haupt. – Ich wünschte, ich wäre Schauspielerin und könnte so dastehen wie er. Nur gibt es keine Zaren mehr. Aber vielleicht hat er hier auch übertrieben ...» Sie blätterte geistesabwesend durch das Buch, mal zum Ende, mal zum Anfang hin. «1910 haben mich zwei Ereignisse besonders erschüttert: der Weggang von Lew Tolstoi aus Jasnaja Poljana und der Tod von Wera Komissarschewskaja[32] im fernen Taschkent, sie war *meine Sonne*. Unzählige Abende, Konzerte und Sitzungen waren diesen beiden traurigen Ereignissen gewidmet ...» – «Ach, wenn man so leben könnte wie die Komissarschewskaja», dachte Nadeschda Iwanowna neidisch und kehrte zu den Seiten zurück, die sie am Vortag gelesen hatte. «Dieser Brief ist gewissermaßen ein Autodafé meines guten Verhältnisses zu Ihnen», schrieb die Komissarschewskaja an den Schauspieler. «Ich suche in höchstem Maße nach Schönheit, immer und überall. Aber es gibt eine menschliche Eigenschaft – kein Laster, sondern schlicht eine Eigenschaft –, die jegliche Möglichkeit ausschließt, verstehen Sie, vollkommen ausschließt, dass dieser Funke überspringt – das ist die Banalität ... Was könnte Sie retten? Eins, nur eins – die Liebe zur Kunst. Es gibt eine berühmte Statue in der Galerie des Beaux-Arts in Paris. Sie war das letzte Werk eines großen Künstlers, der, wie viele Genies, auf einem Dachboden hauste, der ihm als Atelier und Schlafstätte diente ...»

In dem Buch gab es ein Porträtfoto des Autors in der Rolle des Hamlet: Er saß halb ausgestreckt in einem Sessel, den Kopf auf die linke Hand gestützt, das dralle rechte Bein in einem knielangen Strumpf weit abgespreizt. «Was für wahnsinnige Augen!», dachte Nadeschda Iwanowna hingerissen. Außerdem gab es ein Foto der Komissarschewskaja, ebenfalls mit wahnsinnigen Augen. «Könnten Sie denn ertragen, was dieser Bildhauer ertragen hat? Haben Sie jemals so etwas gefühlt? Sind Sie bereit, sich von dieser unsichtbaren, gewaltigen Kraft in die magische Welt der grenzenlosen Fantasie entführen zu lassen, in eine Welt poetischer Bilder und flüchtiger Visionen, erhellt von einem wundersamen Licht? ... Erstens haben Sie sich früh in diesen Dunstkreis begeben, der Gift für eine junge Seele ist, und zweitens hatten Sie keine Freundin an Ihrer Seite ...» Nadeschda Iwanowna seufzte. Die Worte der Komissarschewskaja berührten sie, aber die Briefe gefielen ihr nicht besonders, obwohl es schrecklich war, eine so geniale Frau zu kritisieren, die von ganz Russland vergöttert wurde. «Warum hat sie ihm das geschrieben, hätte sie das nicht anders sagen können? – ... *gab es keine Freundin an Ihrer Seite.* Und ich, kann ich für jemand eine Freundin sein? Natürlich nicht für Sascha Pawlowski: Der ist einfach ein Flegel und ungebildet, und auf seinen letzten Brief sollte ich ihm gar nicht erst antworten – aber für diesen Dakocchi oder Wislicenus zum Beispiel? Es heißt, er sei ein gefährlicher Mann. Und in der Tat, man spürt eine große Kraft bei ihm. Das ist sehr gut bei einem Mann, aber warum muss er fünfundfünfzig sein? Warum bin ich ihm nicht früher begegnet?» Und wieder beschlichen sie Gedanken, die sie sich vorläufig verboten hatte, und wieder griff sie zu demselben Mittel: Die Verse halfen ihr auch diesmal: «Neuer Frühling gibt zurück, was der Winter dir genommen ...»

Pfiffe ertönten, und Kangarow öffnete einen Spaltbreit die Tür: «Kindchen, das ist Berlin, Schlesischer Bahnhof», verkündete er, und seine Stimme klang irgendwie ein wenig aufgeregt. «Ach, schon Berlin!», entgegnete sie ebenfalls besorgt. Sie warf einen Blick in den Spiegel und war, ohne Eitelkeit, zufrieden mit sich. Sie war wirklich sehr hübsch. «Eine Schönheit, eine wirkliche Schönheit», sagten überschwänglich ihre Bekannten, junge Männer, in Moskau. «Schönheit hin oder her, ihre Nase könnte ruhig etwas schmaler sein, ihre Füße sind ein bisschen groß geraten, und irgendetwas fehlt ihr im Gesicht, aber es stimmt schon – hübsch ist sie, sehr sogar», räumten ihre Freundinnen ein. Nadeschda Iwanowna zog den Gürtel straff und trat in den Gang. Alle waren schon versammelt. Wislicenus warf ihr einen Blick zu und drehte sich, ohne etwas zu sagen, zum Fenster. Jelena Wassiljewna gähnte.

«Irgendwie ist mir langweilig, sehr langweilig», sagte sie. Vor den Fenstern sah man verschwommen die riesige Gestalt eines Polizisten vorübergehen. Der Zug hielt an, und der Schaffner, die Hand am Mützenschirm, öffnete respektvoll die Waggontür. Ein großer, schlanker, ungewöhnlich eleganter älterer Herr, mit Monokel und Zylinder, stieg in gebeugter Haltung in den Waggon. Kangarow konnte seine Überraschung kaum verbergen. Das war ein hochrangiger Diplomat, ein wichtiger Beamter des deutschen Außenministeriums. Über viele Jahre hinweg, solange das möglich war, hatten ihn deutsche Karikaturisten gezeichnet, was ihnen fast immer misslang: Statt einer Karikatur kam stets ein gewöhnliches Porträt heraus, da der Diplomat schon an sich, durch sein Äußeres, die lebende Karikatur eines Diplomaten darstellte. «Sehen Sie, die Wilhelmstraße hat einen *Vertreter* geschickt», flüsterte Kangarow dem Sekretär aufgeregt zu (so sprach er immer von den Außenministerien: Wilhelmstraße, Downing Street, Quais d'Orsay, Ballhausplatz). Gemäß den diplomatischen Gepflogenheiten war die Regierung in keiner Weise verpflichtet, einen Vertreter zur Begrüßung eines Botschafters zu schicken, der in ein anderes Land entsandt war und sich nur auf der Durchreise in Berlin befand. Offensichtlich hielt das Außenministerium diese besondere Höflichkeit für angebracht, außerdem gab es eine Kleinigkeit zu besprechen – der höheren Regierungsbehörde konnte man sagen, dass es die diplomatische Etikette verlangte. Dennoch drückte das Gesicht des Diplomaten eine gewisse Verlegenheit aus. Auf dem Bahnsteig schaute er sich beinahe schüchtern nach allen Seiten um und stieg die Wagentreppe hastiger als gewöhnlich hinauf.

Im Waggon brach eine gewisse Hektik aus. Der Sekretär wechselte die Gesichtsfarbe: «Selbst in diesem schrecklichen Land! ...» Kangarow ging dem Diplomaten freudig entgegen: Sie waren sich schon öfters auf verschiedenen internationalen Kongressen begegnet. Er stellte dem Gast seine Frau und seinen Sekretär vor, während er einen besorgten Blick auf Wislicenus warf – bei diesen Leuten aus dem Lux war mit allem Möglichen zu rechnen –, dann geleitete er den Diplomaten in ein freies Abteil, warf im Vorübergehen einen Blick in Nadjas Coupé und sagte «Verzeihung», obwohl sich, außer einem offen stehenden Necessaire, niemand darin befand.

Sie setzten sich, der Zug fuhr los. Kangarow erschrak, aber der Diplomat beruhigte ihn: «Ich wollte mir das Vergnügen machen, Eure Exzellenz bis zur nächsten Station zu begleiten.» – «Ach, mein Gott, das habe ich ganz vergessen, in Berlin fahren die Züge ja alle Bahnhöfe an», sagte Kangarow und lächelte sein süßestes Lächeln. Vor den Fenstern, in unnatürlich geringem Abstand zum Zug, rauschten riesige, neue, noch unfertige Häuser vorbei, die aussahen, als hätte man sie erst gestern angestrichen. Der Diplomat fragte, wie ihre Reise gewesen war und ob sie nicht erschöpft seien, er erkundigte sich nach der Gesundheit des Volkskommissars und gab seine Meinung zum Wetter kund. Er sprach so, wie linke Schauspieler in linken Theaterstücken sprechen, wenn sie vertrottelte Diplomaten spielen. Kangarow warf ihm einen gemessenen Blick zu, der bedeuten sollte: «Ja, natürlich sind wir Feinde, aber wir sind kultivierte Feinde, und vor allem sind wir Diplomaten ...» Impulsiv hätte er sich beinahe nach Hitlers Gesundheit erkundigt, besann sich aber rechtzeitig und fragte nach der Gesundheit des Außenministers. Über die zu besprechende Angelegenheit wurden nur wenige Worte gewechselt – das war ausreichend: Die Angelegenheit hatte keine große Bedeutung. Der Zug fuhr wieder in eine halbdunkle, riesige Bahnhofshalle ein. Der Diplomat verabschiedete sich vom Botschafter und beugte auf dem Gang seinen hageren Rücken tief vor Jelena Wassiljewna.

Wislicenus sah ihn belustigt an. Auch er war dem Diplomaten einst begegnet und hatte ihn sogar einmal begrüßt (es war unmöglich gewesen, ihn nicht zu grüßen), im Café Bavaria in Genf, wo sich Delegierte des Völkerbunds, Journalisten und Neugierige, die einmal im selben Raum mit Berühmtheiten sitzen wollten, trafen – hier konnte man immer damit rechnen, dass plötzlich ein Fotograf auftauchte. Der Diplomat erinnerte sich natürlich nicht an ihn, aber sicherheitshalber schaute Wislicenus ihn mit einem Blick an, der jeden Wunsch nach Erneuerung ihrer Bekanntschaft ersticken musste. «Man sollte diesen Herren nicht die Hand schütteln ...» Er erinnerte sich daran, wie dieser Diplomat vor ein paar Jahren vor den linksten Ministern gekatzbuckelt hatte. Der beleibte, massige, schroffe Stresemann mit seinen ständig blutunterlaufenen Augen und den geschwollenen Adern auf der Stirn, in seiner üblichen Manier eines geborenen Menschenführers, eines Volkstribuns und Friedensnapoleons (so hatte man ihn unsinnigerweise im Bavaria genannt), hatte den Diplomaten ungeniert mit Nichtachtung gestraft. «Nun, jetzt musst du dich vor anderen krumm machen», dachte Wislicenus hasserfüllt und beinahe triumphierend, «bei euch heißt das ja, dem Vaterland unabhängig vom politischen System zu dienen. Immer schön dienen, dann gibt es auch ein ordentliches Gehalt und, so Gott will, wirst du auch befördert ... Und der unsrige ist vom gleichen Schlag, gleiche Brüder – gleiche Kappen ...»

Der Diplomat sagte zum zweiten Mal: «*Gute Reise, Exzellenz!*»*, und griff nach dem Türknauf. Die Tür wurde von der anderen Seite aufgestoßen, Tamarin betrat den Gang. Auf

---

* im Original deutsch

diesem Bahnhof befand sich der Kiosk mit den Getränken akkurat auf der Höhe ihres Waggons. Als der Zug anhielt, war Tamarin sofort auf den Bahnsteig gegangen und hatte auf die Schnelle eine Tasse Kaffee getrunken – der Kiosk führte kein Danziger Goldwasser; der Verkäufer musterte ihn verwundert und bot ihm ein Gläschen Weinbrand an. Als er den Diplomaten erblickte, war der General völlig starr vor Erstaunen. Beide schauten sich einen Moment lang überrascht an, dann mussten sie lachen. «*Alle Wetter!*»*, sagte der Diplomat in einem Ton, der ganz anders war als noch eine Minute zuvor, und schlug dem General unerwartet heftig auf die Schulter (das hätte er sich nur schwer vorstellen können). «*Donnerwetter!*»*, stieß der General aus, als er sich wieder gefasst hatte.

Sie hatten sich einmal gut gekannt, waren sich vor undenklichen Zeiten mehrfach begegnet – unter völlig anderen Umständen. Für beide hatte die Begegnung etwas Komisches, Erheiterndes und Peinliches. «Das nennt man *vingt ans après*»**, sagte der Diplomat, und in den Augen eines jeden von ihnen stand geschrieben: «Was? Du auch? Ja, ich diene ebensolchem Gesindel wie du, was soll man machen, unsere Zeit ist abgelaufen ...» Mehr hatten sie einander nicht zu sagen.

Zu ihrer beider Erleichterung rief der Schaffner: «*Einsteigen!*»* Der Diplomat lachte schwächlich, hob die Hände über den Kopf, um anzudeuten, dass man nichts machen könne – das Schicksal wollte es offenbar nicht anders, drückte Tamarin fest die Hand, schaute sich nach dem lächelnden Kangarow um und sagte hastig zum dritten Mal: «*Gute Reise, Exzellenz ...*» Kangarow schielte auf seine Entourage: «Auch wenn die *Exzellenz* natürlich komisch klingt – hatten sie es wenigstens gehört? ...» –

---

* im Original deutsch

** Zwanzig Jahre später (Titel eines Romans von Alexandre Dumas)

«Alte Bekannte?», sagte er halb fragend und mit einem Ausdruck vollkommener Billigung. Der Sekretär musterte den Diplomaten und versuchte, sich alles einzuprägen: die Fasson des Mantels, die Handschuhe, die Krempe des Zylinders. «Was für ein komischer alter Deutscher!», dachte Nadeschda Iwanowna beschwingt. Jelena Wassiljewna sah aus wie Maria Stuart in der Szene mit Königin Elisabeth.

V

Mit der Abendpost kam ein Brief seines Verlegers: *Memento mori*. Auf den ersten Blick enthielt er nichts besonders Unangenehmes. Der Verleger war keineswegs respektlos oder unfreundlich: Louis Etienne Vermandois' Stellung in der französischen Literatur war von der Art, dass die Verleger gar nicht unfreundlich zu ihm sein konnten. Im Gegenteil, der Brief war voller Komplimente, vielleicht zu vieler. Er begann wie üblich mit *«Cher maître et ami»* und endete mit *«Croyez, je vous prie, cher maître, à mes sentiments admiratifs et cordiaux»**, ganz wie es sich gehörte. Der Verleger lehnte den Roman über das antike Griechenland, den Vermandois ihm angeboten hatte, nicht etwa ab. Er lehnte lediglich den erbetenen Vorschuss von dreißigtausend Francs ab und schrieb unbestimmt-ausweichend, dass man nur über eine viel kleinere Summe sprechen könne. Das war eigentlich nicht weiter verwunderlich, denn die Verleger feilschten immer, und auch er feilschte mit ihnen. Aber die

---

* Lieber Maître und Freund … seien Sie, lieber Maître, meiner Bewunderung und herzlichen Zugewandtheit versichert.

Tatsache, dass in dem Brief kein Betrag genannt wurde und die Worte «*viel* kleinere» fielen, war unangenehm und verdächtig. Sicher, der Verleger verwies auf die Krise und teilte mit, dass sich zurzeit *niemandes* Bücher verkauften, aber in dem Wort «niemandes» steckte ebenfalls ein *Memento mori* – als ob sich die Bücher anderer Autoren jetzt besser verkaufen müssten als seine.

Während der eintönigen kurzen Mahlzeit eines alten einsamen Mannes überdachte Vermandois, wie von außen, leidenschaftslos die Situation: Ja, der Verleger *hat* Interesse an seinem Roman, aber *kein großes*. Der Brief gab zu verstehen, dass man den Roman herausbringen könne, aber weder die Welt noch der Verleger würden zugrunde gehen, wenn der Roman nicht veröffentlicht würde. Eine «viel kleinere Summe» bedeutete fünfzehntausend Francs; vielleicht könnte man zwanzig herausschlagen, aber keinen Centime mehr. Es wäre vielleicht besser gewesen, mit zwanzig zu beginnen, aber dann hätte der Verleger zehn angeboten. Ein Vorschuss von zwanzigtausend für einen Roman war natürlich der Gipfel der Unverschämtheit ... «Nein, nicht gerade der Gipfel der Unverschämtheit, aber der Hundesohn könnte trotzdem dreißigtausend zahlen. Wovor hat er Angst? Dass ich sterbe? Natürlich kann ein Schriftsteller mit neunundsechzig leicht sterben, ohne den versprochenen Roman beendet zu haben. Aber dieser Geizkragen hat sieben meiner Bücher verlegt», dachte Vermandois mit wachsender Verärgerung ob dieser Annahme, «und wenn ich sterbe, wird er einen solchen Wind machen und die Kritiker zu einer solchen Flut von Tränen nötigen, dass die sieben alten Bücher seinen unseligen Vorschuss innerhalb von drei Tagen wettmachen ...»

Es war eine leichte Mahlzeit, ohne Fleisch, ohne Wein, ohne all die Dinge, die er liebte – so wie man im letzten Jahrfünft älteren, betagten Parisern, welche die Fortschritte der Medizin aufmerksam zu verfolgen begannen, zu speisen empfahl. Im

71

Grunde litt er an keiner Krankheit. Vermandois suchte von Zeit zu Zeit einen berühmten Arzt auf, aber er tat das so, wie kultivierte Menschen zweimal im Jahr zum Zahnarzt gehen: Die Zähne scheinen in Ordnung zu sein, aber der Zahnarzt soll sie sich trotzdem anschauen. Bei seinem letzten Besuch, vor einer Woche, hatte der Arzt, nachdem er ihn sorgfältig untersucht hatte, nichts Besorgniserregendes feststellen können außer einer leichten Ermüdung des Herzens – so leicht, dass er sie eher der Form halber erwähnte: Der Patient war immerhin neunundsechzig Jahre alt. «Magen, Lunge, Leber, Nieren – alles in bester Ordnung. Wie bei einem jungen Mann», sagte der Arzt fröhlich, bevor er mit einem mokanten Lächeln auf ein anderes Thema zu sprechen kam: *«Les femmes, cher maître, les femmes ... J'ai vaguement entendu dire que vous meniez une vie de bâton de chaise»* – *«Voyons, docteur, voyons, on exagère»**, antwortete Vermandois geschmeichelt. *«C'est que vous n'avez plus vingt ans, ni même cinquante. Je ne vous dis que ça ...»***, sagte der Arzt streng und lächelte mitfühlend. Er empfahl, weniger zu essen, weniger Alkohol zu trinken, auf die Abendmahlzeiten zu verzichten und Tabletten einzunehmen; Vermandois' Blutdruck war bei 160, und es wäre nicht schlecht, ihn auf 150, 140 zu senken. Allem Anschein nach bestand keine besondere Notwendigkeit, Tabletten zu schlucken: Auch wenn man keine einnehmen würde, wäre nach menschlichem Ermessen keine Katastrophe zu erwarten. «Wie schön hat es sich gelebt, bevor ihr Ärzte gelernt habt, den Blutdruck zu messen! Die Leute lebten ohne jeden Druck und machten sich keine Sorgen», sagte Vermandois und lachte. Da er völlig gesund war, konnte er sich skeptische Bemer-

---

* Die Frauen, lieber Maître, die Frauen ... Mir ist zu Ohren gekommen, dass Sie einen lockeren Lebenswandel pflegen. – Schon gut, Doktor, das ist eine Übertreibung.
** Sie sind keine zwanzig mehr, ja, keine fünfzig. Mehr will ich gar nicht sagen.

kungen über die Medizin erlauben. Der berühmte Arzt zuckte nur mit den Schultern, was sollte er darauf erwidern? «*Mais oui, mais oui*»*, sagte er, als würde er mit einem sehr intelligenten und frühreifen Kind sprechen, das gleichwohl ein Kind blieb.

Ohne sich auf eine Diskussion einzulassen, setzte er sich an den Tisch und schrieb alles ausführlich auf ein aus einem Schreibblock gerissenes Blatt Papier, auf dem links oben seine akademischen Grade und Titel aufgedruckt waren. Kein rotes Fleisch, kein Wild, nichts Scharfes, keine hochprozentigen Getränke ... «Und Wein?», fragte Vermandois konsterniert. «Wein geht in Ordnung, aber nicht in großen Mengen», willigte der Arzt ein, überlegte kurz und fügte hinzu: «Roten. Keinen weißen ...» Vermandois feilschte noch ein wenig in Bezug auf ein paar andere Dinge. «Wäre es nicht besser, zu einer Kur zu fahren, zum Beispiel nach Royat?», schlug er unentschlossen vor, in unbewusster Analogie zu Fällen, bei denen vor Gericht zuweilen eine Gefängnisstrafe in eine Geldstrafe umgewandelt wurde. «Nein, es gibt keinen Grund, nach Royat zu fahren, nur eine geringfügige Übermüdung des Herzens, es liegt keine Erkrankung vor», antwortete der Arzt, und Vermandois überzeugte sich zufrieden, dass der Arzt das *ganz allgemein* sagte, unter Berücksichtigung seines Alters, und dass er auf nichts Bestimmtem besonders beharrte: Weder rotes Fleisch noch Weißwein würden eine Katastrophe auslösen.

Das war sehr erfreulich. Vor Besuchen bei seinem Arzt verspürte Vermandois zuweilen eine diffuse Unruhe: Als ihm am Vortag ein Buch vom Tisch gefallen war und er sich danach bückte, um es aufzuheben, dachte er, dass es in seinem Alter und unmittelbar nach dem Essen womöglich besser wäre, sich nicht zu bücken und keine abrupten Bewegungen zu machen: Wer

---

* Aber ja, aber ja.

weiß, was passieren konnte? Jetzt war klar, dass nichts passieren würde. Vermandois sagte und dachte, dass er sehr erschöpft war vom Leben. Aber das eine schloss das andere nicht aus: Das *Erschöpftsein* vom Leben beeinträchtigte nicht seine Freude an den Worten des Arztes. «Hier sind dreihundert Francs, lieber Doktor, ich kenne den Preis für Ihre Zeit, die Sie, wie ich sehe, auch hätten besser nutzen können ...» Die Antwort war ihm im Voraus bekannt. «Nicht dreihundert, sondern hundertfünfzig», entgegnete der Arzt, der die Gepflogenheiten bestens kannte. «Aber warum denn? ...» – «Weil es hundertfünfzig sind», sagte der Arzt liebevoll schroff.

Wenn es um Geldangelegenheiten ging, sprachen die Leute mit Vermandois gewöhnlich so, als hätte er unzählige Millionen auf der Bank: Man hielt die Vergütung seines Ruhms wie selbstverständlich für proportional zur Größe seines Ruhms. Dennoch wurde ihm in verschiedenen Behörden und Institutionen, sogar in Hotels und in einigen Läden aufgrund seiner Berühmtheit ein Preisnachlass gewährt; er beglich einen Teil des Preises in Form der Genugtuung, die man empfand, weil er der französischen Kultur diente. Vermandois breitete die Arme aus, um zu zeigen, dass er gerührt, verlegen, betrübt war, sich aber dem erdrückenden Willen des Verehrers beugte. Er drückte die Hand des Arztes etwas fester, als er es angesichts des Grads ihrer Bekanntschaft hätte tun sollen, und legte, nachdem er hundertfünfzig Francs in Form der Genugtuung durch seinen Dienst an der französischen Kultur entrichtet hatte, die anderen hundertfünfzig auf den Tisch.

«Jetzt brauche ich anderthalb oder auch zwei Jahre lang nicht mehr zu ihm zu gehen», überlegte Vermandois zerstreut, während seine Gedanken zu seinem Verleger zurückkehrten. Er aß lustlos eine Gemüsesuppe und einen als leicht gerühmten Fisch. Bekocht wurde er – ziemlich schlecht und langweilig – von einer *femme de ménage**, einer alten, mürrischen Frau, die ihn mit ihrem streitsüchtigen Wesen hypnotisierte und ihn, wann immer er sich beschwerte, mit unbegreiflichem Stolz daran erinnerte, dass sie keine Köchin und *cordon-bleu*** sei. Ihr Tonfall verriet, dass sie nur auf stärkstes Drängen hin bereit war, für ihn zu kochen und ihn zu bedienen; im Gegensatz zu den berühmten Ärzten und Hoteldirektoren schien der Alten der Umgang mit ihm keinerlei Vergnügen zu bereiten. Sie arbeitete den ganzen Tag für ihn, bis acht Uhr abends. Für dasselbe Geld hätte er sich ein junges, hübsches Dienstmädchen leisten können. Manchmal dachte Vermandois darüber nach, aber bei dem Gedanken, der Alten kündigen und sich ihr gegenüber erklären zu müssen, überkamen ihn unsäglicher Missmut und Apathie. «Ist es nicht egal? Wenigstens stiehlt sie nicht ... Und ist es nicht egal, was man isst: diesen Fisch oder Hummer, Fasan oder Straßburger Pastete? Schwieriger ist es ohne guten Wein.»

Der Wein war eine große Freude in seinem Leben, besonders auf seine alten Tage. Bei einem Diner, das ein wohlhabender Bankier neulich zu seinen Ehren ausgerichtet hatte, gab es einen *Château Haut-Brion* aus dem Jahr 1918. «Nur wir in Frankreich haben so göttliche Weine», sagte der Gastgeber. «Wissen Sie, mit seiner Vollkommenheit, seiner Reife, seiner Ausgewogenheit erinnert mich der Wein an Ihre Prosa.» Vermandois lächelte verlegen – viele der Diners zu seinen Ehren verliefen im Zeichen dieses professionell-verlegenen Lächelns – und überlegte, ob er die Worte des Bankiers, abgewandelt, vielleicht in einer Szene des Romans verwenden könnte, in der Anaximander mit einem reichen Bürger Falerner-Wein trinkt: Der Wein erinnert den Gastgeber im Roman an den dritten Gesang der Ilias. Aber der

---

* Haushälterin
** Küchenfee, fabelhafte Köchin (ugs.)

Einfall erschien ihm nicht interessant genug, und der Gedanke hinterließ einen unangenehmen Beigeschmack, der bis zum Dessert anhielt, dann begriff er, dass der Beigeschmack durch das Wort *Falerner* und den Namen *Anaximander* verursacht wurde. «Ja, mehr als opernhaft, abstoßend, wie *alles*», dachte er auch jetzt wieder und runzelte die Stirn. «Und vielleicht war es genau das, wovor dieser Strohkopf von Verleger Angst hatte – dass der Roman im alten Griechenland spielt ...» Dieser neue Gedanke gefiel Vermandois: Er bedeutete, dass der springende Punkt nicht er oder sein Alter war, sondern das Sujet: Wer interessiert sich heute, da eine Welle von Gewalt und Dummheit über die Welt schwappte, für das Leben im alten Griechenland? «Richtig, eine Welle von Gewalt und Dummheit», bestätigte er sich. «Aber wen wird sie am Ende hinwegfegen? Nicht den Louvre und nicht die Nationalbibliothek, sondern diesen feinsinnigen Bankier. Das kann ich ertragen ...»

Während des Diners bemühte sich der Gastgeber sehr, den hohen Ton des Gesprächs zu halten. Die Wände des Arbeitszimmers, in dem die Gäste saßen, bis ein Mann in Kniestrümpfen hereinkam und *«Madame est servie»** rief, waren vom Boden bis zur Decke mit Büchern vollgestellt; über dem prächtigen Schreibtisch hing ein Matisse, der, wie der Besitzer gleichsam nebenbei bescheiden anmerkte, zu einer Zeit gekauft worden war, als er noch erschwinglich war, «vor den heutigen Wahnsinnspreisen»; er zeigte den Gästen seltene Bücher in alten Einbänden und strich mit einem so gloriosen *feinschmecklerischen* Lächeln à la Anatole France über die Einbände, dass Vermandois plötzlich ein ungeheurer Hass auf diesen Mann überkam, der täglich 1918er *Château Haut-Brion* trank oder trinken konnte. Wäre der Finanzmann wenigstens *feist und fett* gewesen, hätte

---

* Madame, es ist angerichtet.

ihm eine dicke goldene Uhrkette aus der Weste gehangen, hätte er wie ein ungebildeter Parvenü gesprochen, wäre das alles noch erträglich gewesen. Aber nichts davon traf auf den Bankier zu: Obwohl er erst vor Kurzem zu Reichtum gekommen war, und zwar, wie es hieß, auf nicht sehr ehrliche Weise, waren sein Aussehen, sein Anzug, seine Manieren und sogar sein Anatole-France-Lächeln durchaus anständig. «Weiß der Teufel, vielleicht liebt er die alten Bücher ja wirklich ...»

Man konnte den reichen Bankiers nicht gesetzeshalber verbieten, sich für Kunst zu interessieren. Aber die Unausweichlichkeit einer sozialen Katastrophe wurde Vermandois bei diesem Diner besonders deutlich. Bei passender Gelegenheit sagte er sogar, halb im Scherz: «Es lebe Genosse Stalin! ...» Aus einem anderen Mund hätte dieser Satz im Hause des Bankiers womöglich einen deprimierenden Eindruck hervorgerufen. Aber der große Schriftsteller sprach ihn, im richtigen Moment, so nett und scherzhaft aus – und er sah dabei überhaupt nicht schrecklich aus –, dass alle Gäste fröhlich lachten. «Mein lieber Vermandois, lassen Sie den Dolch fallen», sagte der Hausherr, und alle lachten erneut. «Soso, ich bin schon ihr ‹lieber Vermandois› ... Nun, sein *Château Haut-Brion* gibt ihm das Recht dazu», dachte der Gast. Mehr aus Pflichtgefühl sagte er ein paar Worte zur Verteidigung des Kommunismus – oder nein, nicht des Kommunismus, sondern der kommunistischen Ideen: Er leugnete keineswegs, dass in Sowjetrussland noch nicht alles zum Besten bestellt war; aber in diesem jungen Land wurde ein neues Leben erschaffen. Eine Dame, die kürzlich eine ganze Woche in Moskau gewesen war, bestätigte seine Worte: Sie war, wie jeder wusste, nun wirklich keine Kommunistin – zu Frankreich passe das alles nicht, aber das russische Volk sei glücklich und setze sich für die neue Ordnung ein, das könne sie mit Bestimmtheit sagen. Der Hausherr argumentierte, der Kommunismus sei eine reine Utopie, das alles trete jetzt auch in Russland ein wenig in den Hintergrund, denn da wachse der wahrste Panslawismus heran, derselbe wie unter den Zaren – und er berief sich auf das Testament Peters des Großen: *Le testament de Pierre le Grand*[33]. Der bestrumpfte Lakai servierte den Truthahn, das Gespräch schweifte etwas ab, wurde aber mit dem Salat erneuert. Vermandois' Worte besagten ungefähr, dass, obwohl die alte Ordnung überall morsch war oder morsch zu werden begann, einzelne Vertreter der alten Ordnung charmante, hochkultivierte Menschen sein konnten, die fantastische Kunstsammlungen zusammengetragen hätten, und das würde man durchaus berücksichtigen, und im Übrigen würde es in Frankreich zu seinem größten Bedauern leider noch nicht so bald *dazu* kommen. In gewisser Weise kam sogar der 1918er *Château Haut-Brion* zu Ehren: Die letzten Versailler[34] leben aus dem Vollen, bevor das «göttliche Fieber der Revolution» einsetzt ...

Die Alte servierte ihm nicht Truthahn, sondern Pflaumenkompott; ihr Blick sagte: «Ja, vorgestern gab es Pflaumenkompott, und übermorgen wird es wieder Pflaumenkompott geben, du hast es selber so gewollt, also friss, was man dir vorsetzt, und ich bin nicht deine *cordon-bleu* ...» – «Wahrscheinlich könnte ich die Regeln jetzt etwas lockern», überlegte Vermandois unschlüssig. Über Pflaumenkompott war ausführlich bei seinem letzten Treffen mit einer Reihe von Schriftstellern, seinen Altersgenossen, gesprochen worden: Er kannte jeden von ihnen seit rund vierzig Jahren, und es war ihm zumindest ein kleiner Trost, dass sie genauso schnell alt wurden wie er selbst. Émile erzählte in allen Einzelheiten, wie wenig er aß und wie maßvoll er lebte. Vermandois hörte leicht ungläubig und neidvoll zu. «Wahrscheinlich lügt er ... Und selbst wenn er nicht lügt – das ist alles Blödsinn: Durchaus möglich, dass der Bankier mit seinem *Château Haut-Brion* sie alle überlebt. Und wenn der alte Narr

Émile hundert Jahre alt wird und noch vierzig Bücher schreibt, so schert das niemanden einen Deut.» Dennoch war ihm unbehaglich bei dem Gedanken, dass Émile ihn dank seiner Umsicht, seiner Mäßigung und seines Kompotts überleben könnte, und so hatte er der Alten gesagt, häufiger Pflaumenkompott auf den Tisch zu bringen. Dabei spiegelten sich in ihrem Gesicht – nur viel offener und schamloser – genau dieselben Gedanken: Vielleicht stirbst du ja übermorgen über deinem Kompott, wäre kein großes Unglück. Ihr Blick war diesmal besonders herausfordernd: «Wag es nur, auch nur ein einziges Wort zu sagen – ich zahl's dir mit einem Dutzend heim!» Vermandois nahm die Herausforderung nicht an, aß artig das Kompott – das gar nicht so schlecht war – und ließ sich die Kaffeekanne ins Arbeitszimmer bringen. Das Gesicht der Alten signalisierte, dass sie für den Kaffee nicht zuständig war.

Nach dem Essen zog Vermandois seinen samtenen Hausmantel und die Hausschuhe an, setzte das Käppchen auf und dachte vergnügt, dass nun die beste Zeit des Tages begann: Niemand würde ihn mehr stören. Er ging in sein Arbeitszimmer und klappte den amerikanischen Schreibtisch auf. In seinem Arbeitszimmer gab es keine wertvollen Dinge – alles war der Annehmlichkeit geopfert, ungestört arbeiten zu können. Er warf einen Blick in das Radiomagazin und drehte am Knopf des Apparats auf dem Kaminsims. In München fand gerade das Beethovenfest statt. Vermandois arbeitete gern zu leiser, gedämpfter, kaum hörbarer Musik im Hintergrund. Er stellte die Lautstärke ein und lauschte – die Alte kam ins Zimmer und stieß mit demonstrativer Verachtung für die Musik das Fenster auf; das Klappern der sich öffnenden Fensterläden erstickte ein Beethoven'sches Motiv. «So ist das Leben», wollte Vermandois sagen, schämte sich aber sogleich für die Schwäche seiner Metapher: «Werde ich närrisch wie Émile?» Er seufzte und zahlte der Dienstfrau klaglos den Lohn, es war die letzte Prüfung an diesem Tag. Aus München gab es ohrenbetäubenden Beifall.

Den vor dem Arzt geheim gehaltenen Kaffee bereitete er in einem kunstvollen Apparat aus zwei durch eine Röhre verbundenen Glaskolben zu, so wie er nach dem Krieg von seltsam gekleideten orientalischen Männern in den besten Restaurants von Paris zubereitet wurde. Der Brühvorgang steigerte noch den Genuss des Getränks. So zündete er auch diesmal mit besonderem Vergnügen das Lämpchen unter dem unteren Kolben an und schaute lange auf das Wasser: wie die Bläschen aufzusteigen begannen, wie dann alles in Bewegung geriet, etwas im Rohr vibrierte, und die braune Flüssigkeit vom oberen in den unteren Kolben zurückfloss.

Als er jetzt an das Antwortschreiben des Verlegers dachte, erschien es ihm weniger irritierend und beunruhigend. Natürlich drehte sich alles um das Sujet. Davon zeugte auch die verzagte Miene, mit welcher der Verleger bei ihrem letzten Gespräch, als er ihm zum ersten Mal in groben Zügen von dem Roman erzählt hatte, mehrmals sagte: «*Très intéressant, maître ...*», «*Vous allez créer un chef-d'œuvre, maître ...*»* Vermandois überflog den Brief noch einmal. «*... Vous devinez, cher maître, que ce n'est pas l'envie qui me manque ...*» – «*... la situation empire tous les jours, et je ne vois décidément pas comment ...*» – «*... la crise m'impose donc la tâche pénible de ...*»** – «Ja, das heißt: fünfzehntausend ...» Er hätte sich natürlich an einen anderen Verleger wenden können. Aber wenn auch der keine besseren Bedingungen offeriert hätte, wäre es besonders unangenehm gewesen, zum ersten zurück-

---

* Das ist sehr interessant, Maître ... Sie schaffen ein Meisterwerk ...
** Sie können sich denken, lieber Maître, dass es mir nicht an Lust mangelt ... – ... die Situation wird von Tag zu Tag schlimmer, und ich weiß wirklich nicht ... – ... die Krise stellt mich vor die schmerzliche Aufgabe ...

zukehren: Unerklärlicherweise erfuhren die Verleger stets von den geheimsten Verhandlungen der Autoren mit anderen Verlegern. Vor allem aber war es sehr ermüdend, die Verhandlungen wieder von vorn zu beginnen, noch ermüdender, als sich mit einer streitsüchtigen Haushälterin auseinanderzusetzen. «Es geht nicht anders», dachte er, «ich muss ihm schreiben, dass ich mit zwanzigtausend einverstanden bin …»

Er nahm das Einnahmebuch zur Hand und stellte eine kurze Rechnung an. In dieses Buch schrieb er, sehr sorgfältig und akkurat, alle seine Einnahmen; die Ausgaben trug er nicht ein, das war nicht notwendig: Bei ihm blieb nie etwas übrig, die Ausgaben waren folglich so hoch wie die Einnahmen oder übertrafen diese sogar etwas, denn er hatte Schulden, nicht bei Freunden – deren Hilfe hätte er in Geldangelegenheiten nie in Anspruch genommen –, sondern in Form von Vorschüssen. Das Kontobuch spendete ihm keinen Trost; es gab keine anderen zu veranschlagenden Positionen, die Tantiemen aus seinen Büchern und die verhassten Zeitungsartikel – das war alles. Über die Runden zu kommen war in diesem Jahr nahezu undenkbar. Vielleicht höchstens, wenn er die Filmrechte verkaufen würde … Aber das waren Fantastereien.

Unter Vermandois' Freunden und Altersgefährten gab es welche, die sagten, er schwimme in Geld: «*Des mille et des cents, cher ami: les Américains lui payent des sommes folles …*»* Andere hingegen behaupteten, dass er Not leide und beinahe am Hungertuch nage: «*La dèche, vous dis-je, la dèche noire …*»** Vermandois verdiente im Durchschnitt ungefähr hunderttausend Francs pro Jahr. Aber davon erhielt seine erste Frau achtzehntausend und die zweite, von der er sich getrennt hatte, als es

---

* Hunderte, ja Tausende, die Amerikaner zahlen ihm wahnsinnig viel …
** Armut, sage ich Ihnen, die nackte Armut …

ihm finanziell bereits relativ gut ging, vierundzwanzigtausend. Diesen Posten zu kürzen, war unmöglich.

Es war auch sehr schwierig, seine eigenen Ausgaben zu reduzieren: Er hatte bereits alles gekürzt, was für seine Stellung nicht unverzichtbar war. Vermandois' Stellung in der Gesellschaft hatte scheinbar nichts mit Geld zu tun, sondern beruhte gänzlich auf der Tatsache, dass er ein berühmter Schriftsteller war – eine der fünf oder sechs Personen, die jeder gebildete Franzose fast mit Sicherheit zu den besten Schriftstellern Frankreichs zählen würde. Die Reichen, die sich für seine Einkünfte nicht interessierten, ließen es sich eine Ehre sein, ihn zu empfangen. Dafür war jedoch ein gewisses, minimales Niveau an Aufwendungen erforderlich. Eine bescheidenere Lebensweise hätte schon bald seine gesellschaftliche Position und seltsamerweise auch seinen literarischen Stellenwert erschüttert: Verleger und Redakteure sprächen anders mit ihm, wenn sie nicht gelegentlich im Gesellschaftsteil der Zeitungen lesen würden, dass er mit Botschaftern und Herzögen speiste und in den teuersten Hotels der Badeorte logierte. Eigentlich war das der Hauptgrund, warum er sich noch in der Öffentlichkeit zeigte, was ihn unendlich langweilte, und aus ebendiesem Grund verbrachte er im August zwei Wochen im besten Hotel von Deauville und verfluchte die enormen Kosten (ungeachtet des Nachlasses, der ihm gewährt wurde). Das war alles überaus töricht, aber es überraschte Vermandois nicht, dass das Leben töricht war.

«Wo könnte man noch sparen? In eine andere Wohnung ziehen?», fragte er sich mürrisch und schauderte vor Entsetzen: Vor dem Hintergrund seiner zwanzigjährigen Gewohnheiten, seiner Bibliothek von sechstausend Bänden wäre das eine wahre Katastrophe. Ein Automobil besaß er nicht mehr, er hatte es gleich zu Beginn der Krise verkauft, was eine erste und nicht unerhebliche Beeinträchtigung seiner sozialen Stellung darstellte:

«*capitis deminutio*»* nannte er es spöttisch. Empfänge bei sich zu Hause, selbst die weniger teuren und daher in letzter Zeit sehr populären «Cocktailpartys», veranstaltete er nur noch sehr selten, wahrscheinlich nannten ihn seine Freunde schon einen Geizkragen ... Den Sekretär?

Die Sekretärspflichten versah bei ihm seit Kurzem ein sehr junger Mann, der nur für zwei Stunden am Tag kam. Vermandois bezahlte ihn so kümmerlich, dass es ihm manchmal peinlich war, dem jungen Mann, der wahrscheinlich noch nicht einmal jeden Tag zu Mittag aß, in die Augen zu schauen. «Wenn ich die Filmrechte verkaufe, muss ich ihm eine Prämie zahlen: tausend ... nein, fünfhundert Francs», überlegte er unentschlossen – die Chancen seines Sekretärs auf eine Prämie waren nicht groß. «Bei alldem ist er kein besonders angenehmer und nicht ganz normaler junger Mann ...» *Bei alldem* hatte im Grunde nichts zu bedeuten, aber der Sekretär ging ihm mit seiner Verbitterung, die seine eigene noch übertraf, ein wenig auf die Nerven. Im Übrigen wollte er der Art und Weise, wie er sich ausdrückte, keine besondere Bedeutung beimessen: Wenn der junge Sekretär jemanden einen Bastard oder Schurken nannte, bedeutete das nur, dass er diesen Menschen unsympathisch fand ... In der Tat bezeichnete er alle möglichen Leute sehr häufig als «*crapule*», «*sale crapule*», «*canaille*», «*vieille canaille*»**, und offenbar hatten diese Ausdrücke für ihn nur stilistische Bedeutung. «Mich nennt er sicher *vieille canaille*», war Vermandois überzeugt und wollte sich schon ärgern, ließ es dann aber: Der Hunger leidende Sekretär tat ihm leid.

Er überlegte kurz, welche Möglichkeiten es noch gäbe, Geld zu sparen. Nein, es gab nichts, was man kürzen konnte, außer

---

* Enthauptung
** Lump, dreckiger Lump, Kanaille, alte Kanaille

Kleinigkeiten: Marie überreden, nur noch für sechs statt acht Stunden zu kommen, und ihr Knurren ertragen? Den Schneider wechseln? Bei zwei Anzügen pro Jahr machte das ein paar Sous – und erneut *capitis deminutio* ... Vermandois seufzte nur. Sechzigtausend pro Jahr war praktisch die Mindestsumme, um in Paris leben zu können. «Bei einem Vorschuss von zwanzigtausend ist es undenkbar, dass ich in diesem Jahr ohne Minus dastehe ...» Er schaute in sein Scheckbuch. Auf dem Girokonto waren noch neuntausend, das war sein gesamtes Vermögen. «Es gibt keinen einzigen Lohnarbeiter, der es nicht geschafft hätte, sich in einem halben Jahrhundert fleißiger Arbeit ein paar Ersparnisse auf die hohe Kante zu legen ... Ja, eine Katastrophe, eine echte Katastrophe ...» Er käme nur über die Runden, wenn er die Filmrechte verkaufen oder wenn seine zweite Frau, die ihm fünf Jahre seiner Existenz vergiftet hatte, sterben würde. Seiner ersten Frau wünschte er nicht, dass sie sterben möge: An sie hatte er eher angenehme Erinnerungen. «Wie auch immer, mag auch jene dumme Gans sich des Lebens erfreuen, wenn sie mich nur mit ihren idiotischen Briefen verschont ...» Er schämte sich, dass ihm ein solcher Gedanke in den Sinn gekommen war, und aufs Neue überkam ihn die über Jahre in ihm angewachsene Wut auf die Gesellschaft, die, ungeachtet seiner herausgehobenen Stellung, der Abendgesellschaften zu seinen Ehren, des *Château Haut-Brion* (auch wenn es nicht sein eigener war) und der sechstausend Bücher, im Grunde genommen so unbarmherzig mit ihm umsprang – mit ihm, einem alten, berühmten Mann, der sein ganzes Leben viel gearbeitet hatte.

Die Flamme des Lämpchens wurde gelb, und am Boden des Kolbens bildete sich ein schwarzer, samtener Fleck. Er richtete den Docht aus und schwenkte das Lämpchen unter dem Kolben. Die Flüssigkeit stieg nach oben und kam völlig schwarz zurück. Der Kaffee war nun von geradezu gesundheitsschädlicher Stärke, aber wozu sollte man bei einer solchen Gesellschaftsordnung auf seine Gesundheit achten? Dennoch waren ihm die Worte des berühmten Arztes in angenehmer Erinnerung geblieben: «Alles in bester Ordnung. Wie bei einem jungen Mann ...» Und in der Tat, gab es denn Altersanzeichen? Sein Gedächtnis war scharf wie je. Seine kreativen Fähigkeiten? Hatten nicht abgenommen ... Oder fast nicht ... Frauen?

Den Frauen galt nun das Hauptinteresse in seinem Leben – teils mit Scham, teils mit Vergnügen dachte er, dass er weder Ruhm noch Ehre noch die Literatur brauchte, er brauchte nur die Frauen, auf den Straßen, in den Bussen, im Theater entging kein einziges junges Mädchen seinem Blick, und ihm gingen Gedanken durch den Kopf, die er nicht gekannt hatte, als er selber jung gewesen war, zumindest schien es ihm so. «Erst jetzt beginne ich zu verstehen, was das ist ... Und erst jetzt beginne ich überhaupt zu verstehen, was Leben heißt ... Jetzt, wo so wenig davon übrig ist ...»

Den kurzen Rest seines Lebens hätte er natürlich so klug wie möglich verbringen sollen. Ungefähr zwei Mal im Jahr beschloss Vermandois tatsächlich, ein neues Leben zu beginnen: jeden Tag um sechs Uhr morgens aufstehen, nach einem leichten Frühstück im Bois de Boulogne spazieren gehen, sich dann an die Arbeit setzen und abends *wahre* Bücher lesen und gegen elf ins Bett gehen. Schön wäre auch, wenn er ein Haus auf dem Land hätte, und wäre es irgendeine alte Bruchbude mit drei Zimmern; eine anständige Summe auf dem Girokonto, nicht die paar Sous, die er anstandshalber auf der Bank deponierte, damit er Geld mit Verrechnungsschecks abheben konnte; statt der Alten ein junges hübsches Dienstmädchen, das er mit «mein Kind» anreden würde und das ihm treu ergeben wäre wie ein Hund.

Die Pläne für sein neues Leben gingen regelmäßig schief: Wenn er am frühen Morgen aufstand, waren seine Schuhe nicht geputzt, es gab kein frisches Brot und keinen Kaffee, und er konnte nicht in den Bois de Boulogne gehen, weil es regnete, und überhaupt war es trist im Wald. Er arbeitete, wann immer es notwendig war, meistens abends, und hielt sich mit starkem Kaffee wach, er schlief sehr spät ein und stand gegen zwölf Uhr auf. «In ganz Frankreich gibt es keinen Menschen, der so ungesund und unvernünftig lebt ...»

Er seufzte und machte sich an die Arbeit. Zuerst mussten die mechanischen Dinge erledigt werden: Auf diese Weise kam er in Gang, danach war es einfacher, sich den eigentlichen Aufgaben zu widmen. Zum Glück gab es keine wichtigen Briefe mehr: Die hatte er gestern alle dem Sekretär diktiert. Aber es lagen zwei Bücher auf dem Tisch – Bücher des dritten Stapels.

Vermandois erhielt jede Woche zwischen zwanzig und vierzig Bücher. Diejenigen, die von bekanntermaßen untalentierten oder völlig unbekannten Autoren stammten («wenn es ein wichtiges Buch wäre, hätte man davon gehört»), wurden auf dem ersten Stapel abgelegt. Der Sekretär riss sorgfältig die erste Seite mit der Widmung des Autors heraus und brachte die Bücher des ersten Stapels zum Antiquar; der kleine Erlös war für wohltätige Zwecke bestimmt: Das Geld ging an Frauen in Ordenskleidern, die fast täglich anriefen – es war erstaunlich, wie viele gemeinnützige Einrichtungen es in Paris gab, die seiner Hilfe bedurften. Den Autoren schickte der Sekretär Vermandois' Visitenkarten, auf denen ihnen viel Erfolg gewünscht wurde. Der zweite Stapel bestand aus Büchern, die es wert waren, dass man in sie hineinschaute (man musste sie nicht unbedingt aufschneiden): Auch sie taugten mit ziemlicher Sicherheit nichts, aber bei diesen Autoren war es, ihres Ranges wegen, angezeigt, keine Visitenkarte zu schicken: Der Sekretär schrieb ihnen Briefe, die er Vermandois zur Unterschrift vorlegte. Die Bücher des dritten Stapels wurden von Vermandois selbst beantwortet, und das war besonders lästig, weil das Buch vorher aufgeschnitten werden musste (es war ihm peinlich, diese Aufgabe dem Sekretär zu übertragen, der war immerhin Bakkalaureus).

Dieses Mal bestand der dritte Stapel aus zwei Büchern; berühmte Schriftsteller, die Vermandois' Altersgenossen waren, gab es immer weniger. Er beschloss, das zweite Buch auf den nächsten Tag zu verschieben: Vielleicht würde morgen, gebe Gott, nichts Neues hereinkommen. Nachdem er den dicken Band aufgeschnitten hatte, blätterte er durch das Buch und entwarf rasch einen Brief. «... Wie vortrefflich ist das gesamte sechste Kapitel! ... Und überhaupt, Antoine! Ich weiß nicht, was ich über den Schluss sagen soll: Es ist ein Meisterwerk, ein Meisterwerk selbst für Sie, mein lieber Freund. Erfolg muss ich Ihnen nicht wünschen. Wann hätten Sie keinen Erfolg gehabt? ...»

«Ich glaube nicht, dass ich ihm das schon geschrieben habe», dachte Vermandois unsicher. Die Lobeshymne auf die Figur des Antoine machte ihm keine Sorgen – er wusste aus langjähriger Erfahrung, dass man solche Dinge vollkommen unbesorgt schreiben konnte: Welches Kapitel oder welchen Protagonisten man auch immer wählte, überschwängliches Lob würde den Autor in keiner Weise überraschen. Im Grunde wäre es einfacher, das Buch zu lesen, als zu lügen. Doch Vermandois fühlte sich nicht in der Lage, neue belletristische Werke – und mochten sie noch so interessant sein – zu lesen, wenn dies nicht unumgänglich war; er frischte in seinem Gedächtnis nur früher Gelesenes auf, so wie Damen, welche sich mit dem Alter abgefunden haben, den in jüngeren Jahren erworbenen Bestand an teuren, nicht allzu stark abgetragenen Sachen aufzufrischen und umzuarbeiten versuchen.

Auf ein zugesandtes Buch mit Widmung überhaupt nicht zu antworten, war für Vermandois undenkbar. Höflichkeit lag in seiner Natur. Zeitungsfehden konnte er nicht ausstehen, und besonders unangenehm berührten ihn literarische Rangeleien, bei denen im Gegensatz zu politischen in der Regel keine unmittelbaren materiellen Interessen im Spiel waren. Rüde Rezensionen ärgerten ihn und riefen sein Unverständnis hervor; sie konnten doch weder für die Literatur – die Zeit rückte auch ohne Rezensionen alles gerade – noch für die Leserschaft – die beobachtete das Ganze wie Zaungäste eine Straßenschlägerei –, noch für denjenigen, von dem der Artikel handelte, noch für den Rezensenten selbst von Nutzen sein; fast alle Kritiker schrieben manchmal auch selber Bücher, alle Schriftsteller verfassten zuweilen Kritiken, jede harsche Rezension verursachte früher oder später, offen oder im Verborgenen, aber unweigerlich und unaufhaltsam – mit der Kraft eines Naturgesetzes – eine andere, welche es der ersten mit gleicher Münze heimzahlte. Es war völlig unverständlich, warum sich Menschen, nicht selten hochgebildet und talentiert, auf diese absurden und sinnlosen literarischen Vergeltungsaktionen einließen. Ein wirklicher Ideenstreit konnte durchaus manierlich ablaufen. «Wir sind doch nicht dafür geschaffen, uns gegenseitig das Leben zu vergällen, das ohnedies schon schwer, kurz und trostlos genug ist. Und selbst wenn wir dafür geschaffen wären, müssten wir dagegen ankämpfen wie gegen ein Laster, außerdem ist so etwas wohl kaum in der biologischen Natur des Menschen angelegt. Mir, zum Beispiel, geht so etwas doch völlig ab ...» Seine Lobeshymnen, ob mündlich, schriftlich oder gedruckt, hatten keinerlei Bedeutung, und niemand außer der betroffenen Person nahm sie für bare Münze. Und das genügte vollkommen.

Er versiegelte den Brief und stellte verärgert fest, dass sich unter dem Briefbeschwerer noch einige weitere Blätter befanden, die der Sekretär für ihn hingelegt hatte. Er warf einen Blick darauf: ein Fragebogen, den eine nicht sehr verbreitete, aber rührige Zeitschrift geschickt hatte, die fast niemand kannte. Die Leute wollten von ihm etwas umsonst bekommen, wofür sie ihm eigentlich hätten Geld bezahlen oder zumindest Werbung für ihn machen müssen. Das war ihrerseits genauso ungehörig, wie wenn man einen bekannten Anwalt, den man zufällig auf der Straße traf, um Rechtsberatung bitten würde. Fragebögen kamen zwar nicht so oft wie Bücher, aber immer noch häufig genug. Der junge Sekretär riet sogar anmaßend, Postkarten drucken zu lassen, wie Courteline[35] es getan hatte.

«*M. Georges Courteline a reçu votre enquête sur ... Il a l'honneur de vous informer qu'il s'en f... complètement.*»* Auf dem Fragebogen stand von der Hand des Sekretärs: «*Formule 2, n'est-ce pas, cher maître?*»** Diese Frage wie auch der Schriftzug des Sekretärs und insbesondere die Worte «*cher maître*» hatten etwas Anmaßendes. Aber im Grunde hatte er recht: Es ergab keinen Sinn, sich mit unbekannten Zeitschriften anzulegen. Vermandois schrieb: «*Mais oui*». Das bedeutete, dass der Sekretär zu antworten hatte: «Wegen Abwesenheit von M. Louis-Étienne Vermandois kann Ihr überaus interessanter Fragebogen leider nicht beantwortet werden.»

Unter dem Fragebogen befanden sich zwei weitere, mit einer Klammer zusammengeheftete Seiten. Vermandois sah sie sich an und stieß verärgert einen Fluch aus. Es handelte sich um eine nachdrückliche Einladung zur Teilnahme an einer Protestkundgebung anlässlich der empörenden Aktionen der chilenischen Regierung. Er hatte in der Tat irgendwann versprochen, auf der Kundgebung zu sprechen, aber er hatte nicht damit gerechnet, dass sein Versprechen so wörtlich verstanden werden würde: Die Veranstalter hätten doch begreifen müssen, dass er seinen Namen nur zur Aufwertung des Plakats hergab. An das Schreiben war der maschinengeschriebene Entwurf einer von seinem Sekretär

---

* M. Georges Courteline hat Ihre Anfrage bezüglich ... erhalten. Er hat die Ehre, Ihnen mitzuteilen, dass er darauf vollkommen pf...

** Floskel 2, nicht wahr, lieber Maître?

verfassten Antwort geheftet. Vermandois überflog sie rasch. In dem Antwortschreiben wurde mitgeteilt, dass er plötzlich erkrankt sei; er könne zu seinem größten Bedauern nicht teilnehmen, er lasse alle Genossen grüßen und protestiere gemeinsam mit ihnen aus tiefstem Herzen gegen das barbarische Vorgehen der chilenischen Regierung. Die Antwort war nicht schlecht formuliert, und doch war in dem Ton, in der Ausdrucksweise, in der Gewissheit des jungen Mannes, dass *cher maître* an der Kundgebung nicht teilnehmen werde, wieder etwas Anmaßendes, Höhnisches, Augenzwinkerndes. Aber der Sekretär hatte auch hier recht. Vermandois nahm einen Federhalter und korrigierte ein wenig den Stil. Anstatt «*flétrir ces actes abominables*» schrieb er: «*flétrir ces actes que la conscience du monde civilisé ne saurait accepter*»*.

Damit waren die mechanischen Dinge für diesen Abend erledigt.

VI

Vermandois zog eine kartonierte Mappe aus der Schublade: Darin befanden sich dünne Schreibhefte, zusammengeklebte oder mit Büroklammern zusammengeheftete Seiten, manche durchgestrichen oder mit Korrekturen übersät: Material für seinen Roman aus dem antiken Griechenland. Er hatte dem Verleger gesagt: «Der Roman ist im Wesentlichen fertig», und mit einem Lächeln, welches das Gesagte in Anführungs-

---

* diese abscheulichen Taten anzuprangern ... – diese Taten als unvereinbar mit dem Gewissen der zivilisierten Welt anzuprangern

zeichen setzte, sich auf Racines Worte über «Phädra» bezogen: «*C'est prêt, il ne reste qu'à l'écrire.*»* Aber von sich selbst wusste Vermandois, dass erst sehr wenig fertig war, obwohl er sich einen sorgfältig ausgearbeiteten Plan zurechtgelegt, Exzerpte gemacht, die Charaktere skizziert hatte. Mehr noch, zum ersten Mal in seinem Leben wusste er nicht, wie er vorgehen sollte: Es war sein erster Versuch eines historischen Romans. Er beherrschte Altgriechisch und hatte nicht weniger als hundert Bücher über die antike Welt gelesen – die Schwierigkeit bestand nicht in seiner mangelnden Kenntnis der Epoche. «Am schlimmsten wäre, wenn ein kopflastiges, verquältes Buch herauskäme ...»

Klar war nur die Grundidee. Seit dreitausend Jahren befand sich die Welt in einem Zustand der Barbarei, und all die dreitausend Jahre war sie sich dessen vage bewusst. Die Welt war nicht in der Lage gewesen, sich aus diesem Zustand zu befreien, und sie war es auch heute nicht, weil der Mensch von Natur aus übel veranlagt war. Aber zu allen Zeiten hatten die besten oder anspruchsvollsten Menschen versucht, einen Standpunkt einzunehmen, von dem aus betrachtet die Barbarei nicht als Barbarei erschien oder als ein Übergangszustand der menschlichen Gattung angesehen werden konnte. Seit vielen Jahrhunderten ertrug die Menschheit geduldig die allmächtige Herrschaft des Bösen, weil sie das irdische Leben nur als einen transitorischen, fatalen Zustand vor dem Eintritt in die ewige Glückseligkeit betrachtete. Dieser Glaube, der vor hundert oder zweihundert Jahren zu schwinden begann, wurde auf die Schnelle, unvollständig, ungeschickt und erfolglos durch die Lehre vom Fortschritt ersetzt. Inzwischen, seit 1914, hat sich auch diese Doktrin als völlig unhaltbar und schlicht unsinnig erwiesen: Die Welt wird von einer Serie von Katastrophen erschüttert und sinkt in den Zustand

---

* Es ist fertig, es muss nur noch geschrieben werden.

der ursprünglichen Barbarei zurück. In den dreitausend Jahren scheint es jedoch eine Ausnahme gegeben zu haben: Ein kleines Volk im östlichen Teil des Mittelmeers, das früh und spurlos verschwundene Volk der alten Griechen, hat durch einen unerklärlichen biologischen Zufall eine unverhältnismäßig große, unnatürliche oder übernatürliche Anzahl von Genies hervorgebracht. Diese Menschen haben im Eiltempo, theoretisch wie praktisch, die gesamte spätere Erfahrung der Welt vorweggenommen, und zwar so glanzvoll, mit einer solchen Konzentration in Zeit und Raum, dass die Hauptprobleme der menschlichen Existenz auch heute noch am besten an ihnen, an ihrer Geschichte, an ihren Mythen studiert werden können. Hier nun wollte Vermandois eine neue Sicht auf diese Themen darlegen – ihm schien, er habe ein neues Verständnis des antiken Griechenlands entwickelt.

Vom Kaminsims ertönte das «Schicksalsmotiv». Er musste lächeln, weil es zu den Gedanken passte, die ihn beschäftigten. «Ich hätte immer zu Beethovens Musik schreiben sollen», dachte er und gestand sich unangenehm betroffen ein, dass es sich mit neunundsechzig nicht lohnte, neue Arbeitsgewohnheiten anzunehmen. «Man kann auch nicht auf neue Weise schreiben, das ist die schlimmste Art von Snobismus ...» Vor jedem neuen Buch nahm er sich vor, vollkommen anders zu schreiben – so, wie er noch nie geschrieben und wie noch niemand vor ihm geschrieben hatte. Daraus wurde nichts: Alles Neue war nur gut vergessenes Altes, es gab nichts «Neues unter der Sonne». Der Fortschritt in der Kunst lief auf ein leichtes Vorantreiben dessen hinaus, was Generationen anderer geschaffen hatten; die größten Neuerer gingen genau auf diese Weise vor, während diejenigen, die ihren Zeitgenossen innovativ erscheinen wollten, gewöhnlich nach zwanzig Jahren vergessen oder schon nach zehn Jahren völlig unerträglich geworden waren. «In diesem Buch werde ich die Kunst des historischen Romans ein wenig vorantreiben. Aber was ist ein historischer Roman?»

Bevor er mit der Arbeit anfing, hatte er Bücher zusammengetragen, die als die besten auf diesem Gebiet galten. Neben seinem Schreibtisch befand sich ein drehbares Gestell mit Büchern, die er vielleicht brauchen würde. Da standen wissenschaftliche Arbeiten über griechische Geschichte und Philosophie, über das griechische Alltagsleben; es gab auch berühmte historische Romane, die nichts mit Griechenland zu tun hatten. «Vielleicht sollte ich doch einmal hineinschauen?», dachte er und nahm wahllos ein Buch zur Hand. «Krieg und Frieden»? Nein, das brachte nichts ... Tolstoi mied er aus verschiedenen Gründen besonders, und wenn er ihn las, beendete er die Lektüre meist mit einem gemischten Gefühl aus Begeisterung und Niedergeschlagenheit: «So zu schreiben schafft man nicht ... Warum Bücher lesen, die einem die Lust an der literarischen Arbeit verderben? Ist ‹Krieg und Frieden› überhaupt ein *historischer* Roman?», fragte er sich. Tolstois Vater hatte an der Schlacht vor Moskau teilgenommen, Tolstoi beschrieb seine ganze Familie in diesem *historischen* Roman ... Er nahm ein anderes Buch in die Hand, «Dreiundneunzig». «Was hat Papa Hugo zu sagen? Das passt vielleicht eher. Allerdings ist auch Hugos Vater in die Ereignisse des Romans verwickelt ... Ich habe einfach kein Glück mit den Vätern. Mein Vater hat Alkibiades nie getroffen ...» Er bereute sogleich, dass er historische Töne angeschlagen hatte: Nichts konnte der Hygiene der literarischen Arbeit abträglicher sein. Er schlug das Buch auf gut Glück auf: «*Au-dessus de la balance il y a la lyre. Votre république dose, mesure et régit l'homme; la mienne l'emporte en plein azur. C'est la différence qu'il y a entre un théorème et un aigle. – Tu te perds dans le nuage. – Et vous dans le calculus. – Il y a du rêve dans l'harmonie. – Il y en a aussi dans l'al-*

gèbre. – Je voudrais l'homme fait par Euclide. – Et moi, dit Gauvain, je l'aimerais mieux fait par Homère ...» Vermandois gähnte und fing an zu lachen, er versuchte sich zu erinnern, wer diese Leute waren. «Ja, Cimourdain ist ein Fanatiker und Gauvain ein Humanist. Der Fanatiker lässt seinen humanistischen Zögling hinrichten ... Und davor muss es einen Prozess geben ...» Er schaute in das Kapitel mit dem Prozess und las die Rede des Verteidigers. Es amüsierte ihn, dass in der 1793 gehaltenen Rede auf die Schlacht bei Fleurus Bezug genommen wurde, die erst 1794 stattgefunden hatte. «Die Kritiker scheinen das nicht bemerkt zu haben ... Papa Hugo kannte sich nicht aus ...» Er blätterte in dem Buch. «*... Et la femme, qu'en faites-vous? – Ce qu'elle est. La servante de l'homme. – Oui. À une condition. – Laquelle? – C'est que l'homme sera le serviteur de la femme. – Y penses-tu? s'écria Cimourdain, l'homme serviteur! Jamais. L'homme est maître. Je n'admets qu'une royauté, celle du foyer. L'homme chez lui est roi. – Oui, à une condition. – Laquelle? – C'est que la femme y sera reine ...»** Das erheiterte ihn. «Nein, meine Dialoge werden auf keinen Fall schlechter sein als in diesem Meisterwerk ... Der Unterschied ist, dass Hugos Figuren so sprechen durften, obwohl sie natürlich nie so gesprochen haben ...»

---

* Das Saitenspiel schwebt über der Waage. Durch Ihre Republik wird der Mensch zugemessen, eingeteilt, geregelt: die meine trägt ihn zum Azur. Es ist der Unterschied zwischen einer Formel und einem Adler. – Du verlierst dich in den Wolken. – Sie verlieren sich in der Berechnung. – Die Harmonie steckt voller Verträumtheit. – Auch die Algebra. – Durch einen Euklid wünschte ich den Menschen konstruiert. – Ich sähe ihn lieber von einem Homer erschaffen. (Victor Hugo, «Dreiundneunzig», deutsch von Alfred Wolfenstein)
** Und dann: Das Weib, was macht Ihr aus der? – Das, was sie ist, versetzte Cimourdain, die Dienerin des Mannes. – Gewiß, unter einer Bedingung. – Welche ist das? – Daß der Mann der Diener des Weibes sei. – Was denkst du!, rief Cimourdain. – Der Mann und dienen? Niemals: Der Mann ist der Herr. Ich erkenne nur ein Herrentum an, das des Hauses. In seiner Familie ist der Mann ein König. – Gewiß, unter einer Voraussetzung. – Welche ist das? – Daß die Frau dort eine Königin sei. (ebd.)

Er fand keinen Stil für seinen Roman. In seinen Entwürfen klang die Sprache der alten Griechen entweder unerträglich falsch oder unerträglich banal oder, was noch häufiger vorkam, falsch und banal zugleich. Vermandois ließ den alten Anaximander einen Satz sagen, und ihm schien, dass dieser alte Grieche schon in hundert anderen, sehr schlechten Romanen vorkäme und stets denselben *erlesenen*, in Wirklichkeit aber banalen und flachen Satz sagte. Er wusste, dass das eine psychologische Täuschung war, die von der Diskrepanz zwischen dem gesprochenen und dem imaginierten Wort herrührte: Alles Eigene erscheint einem immer schlechter als ein Fremdes – im Roman eines anderen hätte ihn derselbe Satz nicht gestört. «Aber wie soll man die Seele von Menschen verstehen, die vor zweitausend Jahren gelebt haben? Mir bleibt verborgen, was unsere Regierung vorhat, mir sind die Bulgaren oder Dänen fast so fremd wie Eskimos, und ich besitze die Kühnheit zu behaupten, ich hätte eine neue Erklärung für das ‹Geheimnis des antiken Griechenland› gefunden! Die neue Erklärung ist so viel wert wie die alte, und im Grunde hat es gar kein Geheimnis Griechenlands gegeben, sondern nur fremde, außergewöhnlich begabte Menschen, die wir aufgrund der zeitlichen Distanz nicht verstehen können … Was soll ich machen? Den Roman über das Leben im antiken Griechenland aufgeben?»

Er hatte so viel Energie auf das Studium der Epoche verwendet, die Beschäftigung mit dem Buch hatte ihn so viel geistige Kraft gekostet, dass es beinahe undenkbar war, die Arbeit aufzugeben: Vielleicht sollte er nach Griechenland fahren, Eindrücke sammeln? … Er verweilte einen Moment bei diesem Gedanken. Trotz seiner Geldknappheit wäre es nicht besonders schwierig, nach Athen zu reisen. Er könnte mit dem Minister sprechen. Die Tatsache, dass Vermandois der Kommunistischen Partei nahestand, war einer staatlich finanzierten Reise keineswegs hinderlich – im Gegenteil, der Minister würde mit Freuden demonstrieren, dass er vollkommen unparteiisch war, etwas von Kunst verstand und Menschen wie Vermandois zu schätzen wusste, ganz gleich, welcher Partei sie angehörten. Auch er selbst fühlte sich nicht unwohl dabei. Er könnte auch einen Vertrag mit einer Zeitung abschließen ... Die finanzstarken Zeitungen würden seinen Vorschlag ebenfalls freudig aufnehmen, auch wenn sie auf ihren politischen Seiten die Kommunisten scharf angriffen. Aber allein schon die Vorstellung, wieder Artikel schreiben, neue Verpflichtungen gegenüber den Zeitungen eingehen, neue Vorschüsse erbitten zu müssen, die mit einer im Voraus vereinbarten Anzahl von Zeilen zurückzuzahlen waren, rief bei Vermandois Schrecken und Entsetzen hervor: Zeitungsartikel waren der Fluch seines Lebens. «Na schön, angenommen, ich fahre nach Griechenland ... Ein schmutziges Hotel, schweres, ungewohntes Essen, schlechter Wein, ein prosaisches provinzielles Volk, das am heiligsten Ort der Welt lebt ... Nehmen wir an, ich werde nicht krank, es passiert kein Unglück, welchen Nutzen hat es, wenn ich mir diesen Scherz der Geschichte vor Ort anschaue? Nun, *dieselbe* Sonne, *derselbe* Himmel, *dieselben* gelblichen Steine ... Ich habe das alles schon einmal gesehen ... Vor vierzig Jahren habe ich, wie das damals üblich war, auf der Akropolis Renans Gebet[36] gelesen. Und es ist sicher besser, wenn ich es, ebenso wie ‹Dreiundneunzig›, jetzt nicht noch einmal lese ...»

Er versuchte, sich den Akropolis-Hügel ins Gedächtnis zu rufen, die von gleißendem Licht übergossenen Steine, die vom Meer herüberwehende frische Brise. Das war alles so schön gewesen ... Aber sich heute, vierzig Jahre später, daran zu erinnern, war traurig und schrecklich. Vom Kamin her ertönte Beethovens Musik, das Motiv wiederholte wieder und wieder: Du wirst sterben, du darfst nicht sterben, klammere dich ans Leben, versenke die Erinnerung an dich in die Seelen der Menschen ... «Nein, daran darf man nicht denken! ...» In der letzten Zeit sagte er sich immer häufiger: «Nein, daran darf man nicht denken», etwa aus dem gleichen Grund, aus dem er in Gesellschaft versuchte, besonders freundlich zu sein, damit niemand die Gereiztheit, den Groll, den Ekel bemerkte, die fast alle Menschen in ihm hervorriefen.

Vermandois stellte «Dreiundneunzig» ins Regal zurück und nahm – diesmal gezielt – «Die Götter dürsten» in die Hand. Von diesem Buch war im Grunde nichts zu erhoffen: Er mochte Anatole France nicht besonders. «Am schlimmsten wäre, wenn ich unbewusst seinem Einfluss erliege und ein richtiges, ernsthaftes Buch, vielleicht mein letztes, schreibe, das auf Bonmots, Spitzzüngigkeit und stilistischen Glanz baut. In diesem Fall sollte ich dann doch lieber Artikel über Anthony Eden oder Mussolini schreiben ...»

Er hatte die historischen Romane berühmter Autoren deshalb in das Regal gestellt, damit er von Zeit zu Zeit Eigenes mit Fremdem vergleichen und, wenn er eventuell eine ungewollte Ähnlichkeit entdeckte, die unbewusst durch entfernte Erinnerungen ausgelöst worden war, diese sogleich im Keim ersticken konnte – diese Gefahr, so wusste er, drohte jedem Schriftsteller: Die Kultur bringt, wie die Unkultur, gewisse Unannehmlichkeiten mit sich. Doch jetzt suchte er in dem Roman von Anatole France nach jenem aufblitzenden, heimlichen Funken, der sein eigenes Werk entzünden könnte. Was er las, gefiel ihm nicht. Evarist Gamelin ging aus Hugos Figuren hervor, aber als Kontrast zu ihnen – so wie sein eigener Anaximander sich von Anatole France' Figuren absetzen würde. «Ja, ja, eine bezaubernde Weise, bezaubernd auf andere Art. Aber es ist töricht, mit über siebzig, wenn sie im Krematorium schon den Ofen für dich heizen, noch bezaubern zu wollen! Eigentlich ist es *faux et usage de* *faux ...»** Er las noch ein paar Seiten – natürlich, hier war alles unvergleichlich feiner und klüger als in Hugos Roman, aber das war nicht die Wahrheit des Lebens, und das war auch nicht die Wahrheit der Revolution. «Sein weiser Steuerpächter hat sich nicht weit von Gauvain und Cimourdain entfernt ... Anatole France ist stolz darauf, keine historischen Szenen zu zeigen? Bei ihm machen die Menschen in der Zeit des Terrors einen Ausflug aufs Land, das bedeutet: ‹Schaut nur, schaut, ich denke gar nicht daran, euch zu zeigen, wie Robespierre mit Danton und Marat spricht, nein, ich zeige euch, wie in der Zeit des Terrors die gewöhnlichen Menschen leben.› Aber auch dieser Trick ist schon tausendmal benutzt worden, und ein Melodrama wird nicht dadurch besser, dass man Szenen aus einer Alltagskomödie einfügt. Eine alte Bäuerin, welche die Pariser in einem Wirtshaus antreffen, will nicht glauben, dass der König hingerichtet wurde – gar nicht schlecht.» ... Er las die Seite gelangweilt zu Ende – und stieß einen erstaunten Ruf aus, als seine Augen plötzlich an der Zeile hängen blieben: «... *Dans les bras de sa mère, elle avait vu passer Louis XIV.*»** – «Sehr gut! Knapp und außergewöhnlich gut!», dachte Vermandois. «Was für eine Einfachheit und Wortgewalt. Ich hätte mich hier wahrscheinlich nicht zügeln können, hätte, zumindest kurz, den Aufzug Ludwigs XIV. beschrieben. Durch die magische Anordnung der Worte, durch die wohlgefügte Satzmelodie zeigt er alles: Ludwig, wie er vorbeifährt, das Spektakel der königlichen Macht in den Tagen des höchsten Ruhms und die Seele der Bäuerin, die sich ein Leben lang daran erinnern wird – alles in einer einzigen Zeile: *Dans les bras de sa mère, elle avait vu passer Louis XIV.* ... Erstaunlich,

---

* Fälschung und Betrug, Fälschung und Verbreitung falscher Informationen (als juristischer Tatbestand)
** In den Armen ihrer Mutter liegend, hatte sie Ludwig XIV. vorbeifahren sehen.

aber solche Dinge bemerkt und versteht nur einer unter tausend Lesern, also bleibt das Ziel trotz allem unerreicht ...»

Verärgert schlug er das Buch zu. «*Faux et usage de faux*, außergewöhnlich geschickt ausgeführt. Wie auch immer, einen Roman aus dem Leben der alten Griechen kann man so nicht schreiben: Ein Picknick lief in den Zeiten der Revolution genauso ab wie heute, und all diese Robespierres und Marats sind keine Anaximander. Ich verwünsche mich zuweilen, wenn ich über zeitgenössische Pariser schreiben muss, über Menschen wie mich selber, Menschen, die ich in allen Einzelheiten ihres Lebens, ihres Alltags, ihrer Gedanken, ihrer Worte kenne. Ich bin kaum fähig zu schreiben, dass Monsieur Durand in ein Automobil gestiegen und zu den Champs-Élysées gefahren ist, weil das mit denselben Worten schon hunderttausendmal von anderen geschrieben wurde. Noch qualvoller ist es, dasselbe ‹auf eigene Weise›, ‹bildhaft›, ‹originell› zu sagen – auch das ist sehr einfach und leicht zu verstehen, aber außerdem ist es noch prätentiös, es nötigt ein Lächeln ab und sieht nach Handwerk aus. Und jetzt will ich über ‹den Griechen N.› schreiben, über ein Leben, von dem ich keinerlei Vorstellung habe, über Menschen, die ganz anders waren als wir, die anders fühlten, dachten, sprachen! Und alles läuft darauf hinaus, passende stilistische Mittel zu finden – wie abscheulich ist das alles, was für eine vertrackte Angelegenheit ist doch die Literatur ...»

Das ihm so vertraute Falsche, Überflüssige, Unnatürliche an der Kunst war Vermandois jetzt, da er an dem griechischen Roman arbeitete, beinahe unerträglich geworden. «Aber die *Natürlichkeit* ist doch auch eine Illusion. Mit zwanzig war es natürlich, Gedichte zu schreiben, und doch habe ich damals viel darüber nachgedacht, wie ich bestimmte Kunstgriffe anwenden könnte, die es weder bei Mallarmé noch bei Verlaine oder Rimbaud gab. Und so machen es alle wahren Künstler – ja, auch er, auch Beethoven hatte ständig darüber nachgedacht – und jene Maler, Musiker oder Schriftsteller, die nicht darüber nachdenken, die über das Wesen der Kunst grundsätzlich nicht nachdenken, die schreiben, indem sie einer ‹höheren Eingebung› folgen, sind von uns allen die kurzlebigsten. Aber jetzt, da ich alt bin, bedeutet der Gedanke an all das nichts als *corruptio boni pessima** ... Was ist natürlich? Natürlich ist für mich, was den Griechen N. bewegt, aber darüber einen Roman zu schreiben, ist töricht, peinlich und überflüssig ... Man müsste wenigstens ein wirkliches Buch über wirkliche Dinge schreiben, und man müsste es ohne Rücksicht auf die Öffentlichkeit, ohne Rücksicht auf die Kritik schreiben. Aber um ein solches Buch zu schreiben, muss man *shu*[37] haben, vor allem *shu* ...»

Einen Hinweis auf dieses *shu* hatte er in den Aufzeichnungen über einen berühmten Mann gefunden. Bei den Chinesen bedeutet dieser Begriff, dieses *shu*, angeblich so viel wie Respekt: nicht Respekt gegenüber etwas Einzelnem, sondern Respekt gegenüber dem Leben, gegenüber allem und jedem, oder vielmehr überhaupt die Fähigkeit zum Respekt. Mit jedem Jahr verstand Vermandois die Bedeutung dieses Begriffs besser, und er verstand auch, dass er selbst ein Mann ohne *shu* war, und mit jedem Jahr wuchs sein Zweifel, ob man sich ohne *shu* mit Kunst beschäftigen könne, vorausgesetzt, dass es überhaupt lohnte, sich mit Kunst zu beschäftigen. Falls nicht, wäre seine gesamte literarische Arbeit über ein halbes Jahrhundert ein trauriger Irrtum gewesen. Die Kundgebungen, welche die Gräueltaten der chilenischen Regierung anprangerten, mochten ein gewisses – miserables – Surrogat für das *shu* sein: «Die Kommunisten haben *shu*, wenn auch wohl kein sehr intelligentes», dachte er unentschieden und erinnerte sich an den Schwachsinn, der in den Broschüren

---

* Am schlimmsten (ist), das Gute zu zerstören.

über dialektischen Materialismus als Philosophie ausgegeben wurde. Zu der Zeit, als er sich endgültig den Kommunisten zugewandt hatte, versuchte er auch, «Das Kapital» zu lesen, aber er schaffte es nicht. Dann nahm er sich den weniger gewichtigen Engels vor – und entschied sogleich, dass man den nicht zu lesen brauchte: Der war kein Mann von Talent, obwohl er auf Kundgebungen und in Zeitungsartikeln ein großer Denker genannt werden musste. Es war klar genug, dass Marx und Engels, trotz des Unterschieds in ihrer geistigen Statur, beides Männer mit *shu* waren, und es war für ihn, einen Mann ohne *shu*, ziemlich nutzlos, sich mit ihnen zu beschäftigen.

«Aber ohne *shu* bleibt mir nur die Philosophie meines Anaximander», dachte er. Er hatte die Hauptfigur des Romans zunächst Anaximander genannt. Aber je mehr Manuskriptseiten sich anhäuften, umso deutlicher fühlte Vermandois, dass er seinen Helden so nicht nennen konnte, genauso wenig, wie er ihn Nelusko oder Radamès[38] nennen konnte. Dieses Gefühl war völlig unsinnig: In Griechenland gab es natürlich viele Anaximander, und welchen anderen Namen er auch wählte, er würde immer noch opernhaft und immer noch wie Radamès oder Nelusko klingen. Immerhin, in späteren Notizen, in einem separaten «Dossier» dieser Figur, gab es keinen Anaximander mehr: Es gab den Griechen N. Es war sehr schwer, sich des *Opernhaften* der Kunst, jeder Kunst, auch *seiner eigenen,* bewusst zu werden. «Gut und schön, aber das hier? ...» Ein inzwischen als alltäglich und normal empfundenes Wunder trug auf unbegreifliche Weise, auf unfasslichen Wellen ein Beethoven-Scherzo aus München in Vermandois' Arbeitszimmer. «Der Alte wird plötzlich munter, was ist passiert? Oder hat das Schicksal aufgehört zu pochen?»

Mit einem traurigen Lächeln lauschte er der ihm wohlvertrauten Musik und erinnerte sich zugleich daran, wie sie in den Schriften zahlloser Kommentatoren interpretiert wurde. «Der große Kampf der Menschheit – gegen wen wurde er geführt? Hätten diese göttlichen Klänge eine bestimmte Bedeutung, wie wären dann die ungestümen Übergänge von der Verzweiflung zur Verzückung, von der Verzückung zur Verzweiflung möglich? Und diese absurden, geradezu albernen programmatischen Titel: *Wut über den verlornen Groschen ausgetobt in einer Kaprize ...*, *Wellingtons Sieg oder Die Schlacht bei Vittoria ...*, *Der schwer gefasste Entschluss: Muss es sein? Es muss sein** ... Er schrieb Musik zu Goethe, aber auch zu Kotzebue, also kannte er sich in der Literatur nicht aus. Und er würde es genauso lächerlich und grässlich finden, wenn ich über seine Musik urteilte, zu urteilen wagte. Aber wir alle, ob groß oder klein, betrachten uns als Diener einer gemeinsamen Kunst, und man nimmt an, wir besäßen eine allgemeine ästhetische Begabung oder Sensibilität, die andere Menschen nicht haben ... Dieser Teil nach dem Scherzo steht angeblich für den ewigen Triumph des Guten. Er dachte wohl, es sei besser, wenn es den Triumph des Guten bedeuten würde und nicht einfach, dass hier zum ersten Mal in der Geschichte der Musik Posaunen in einer Sinfonie erklingen. Nein, auch das ist alles Melodrama, genial, aber nicht weniger unnatürlich als mein Grieche Anaximander ...»

Er stand auf und lief im Zimmer auf und ab. «Ja, alles Schwindel! Und ich habe die Leser fast fünfzig Jahre lang getäuscht, habe meine Kunstgriffe und Taschenspielertricks auf jede erdenkliche Weise verschleiert, habe die Oper als Leben ausgegeben, habe Personen erfunden, die es nie gegeben hat, und habe mich bei meinen Erfindungen teilweise davon leiten lassen, wie ich meine Radamèse so aussehen lassen könnte, dass sie nicht jenen glichen, die vor mir von anderen Taschenspielern erfunden wurden. Gut, ich habe mich natürlich nicht ausschließlich

* im Original deutsch

davon leiten lassen, aber auch diese Überlegung hat eine gewisse Rolle gespielt. Und wenn Tolstois Austerlitz Stendhals Waterloo nachempfunden ist, dann hat Tolstoi sicher versucht, es nicht allzu ähnlich aussehen zu lassen. Ja, auch sie hatten ihre Radamèse – in Fabrizio, in Julien Sorel[39] steckte ein Radamès, und sogar in Fürst Andrej[40] steckte ein Radamès, in alldem verbarg sich Operngift oder zumindest ein Tropfen Operngift. Aber diese Schriftsteller glaubten fest an die Befugnisse der Kunst und an ihre Zaubertricks, und außerdem lebten sie fast so wie ihre eigenen Helden: Tolstoi schlug wie eine Eiche Wurzeln in seinem eigenen Boden; er schrieb ‹organisch›, weil er organisch lebte, und vor allem liebte er, was er beschrieb, und wenn er es nicht liebte, kamen Karikaturen wie sein Napoleon heraus. Ohne dieses Organische, ohne die Freuden des Lebens, ohne die Liebe kann es keine Kunst geben. Und ich selber hätte, wenn ich denn ‹organisch› hätte schreiben wollen, in erster Linie einen gelangweilten, müden alten Pariser darstellen müssen, der mit siebzig seiner Arbeit, seines Lebens, der Komödie des Ruhms, der Komödie der Gesellschaft, der Komödie der Politik überdrüssig ist und der sich nur noch für sehr junge Frauen interessiert, die ihn keines Blickes würdigen. Vielleicht wäre daraus Kunst geworden, aber vor dieser Art Kunst sollte man Reißaus nehmen. Und als ich mir meinen müden Griechen Anaximander ausdachte, hatte ich genau das im Sinn, aber natürlich ist dabei Schund herausgekommen, und Schund ist nicht besser als Melodrama, zum Teufel mit diesem ganzen Roman!», dachte Vermandois mit plötzlich aufkommendem Groll. Es gab niemanden, mit dem er reden konnte: Die jungen Schriftsteller verstanden seiner Meinung nach wenig von der Kunst und wussten fast nichts; die alten lasen meist nur sich selbst, vielleicht noch die Klassiker.

Die letzten Takte der Sinfonie endeten mit einigen äußerst merkwürdigen Klängen, die in keinem Zusammenhang mit dem vorangegangenen Thema standen. Es gab einen nicht enden wollenden Beifallssturm. «Fast wie nach einer Hitlerrede ... Wie findet das nur alles nebeneinander Platz in ihren dämlichen Köpfen? Der alte Beethoven, in dem ein ehrlicher Radikalsozialist steckte, würde sich im Grabe umdrehen, wenn er sähe, wer ihm da applaudiert», dachte Vermandois, als er sich wieder an den Schreibtisch setzte. «Was nun, soll ich alles *verbrennen?*», fragte er sich mit einem gereizten Grinsen. «Das wäre das Alleropernhafteste ...» Er hatte noch nie ein Manuskript verbrannt, selbst das schlechteste konnte einen gelungenen Satz, ein gelungenes Wort, einen gelungenen Ausdruck enthalten. «Nein, wieso denn verbrennen? Einfach wegschließen. Ich werde mich damit trösten, dass der Roman noch *nicht reif* ist: Die Arbeit des *Unbewussten* ist noch nicht zu Ende ...»

Sorgfältig befestigte er die Büroklammern, zog die Schnur um die Mappe und verbarg diese in der Schublade. Die in der letzten Zeit stark angeschwollene Mappe glitt nur mit Mühe hinein, die Papphülle blähte sich, und seine Verärgerung wuchs. «Und jetzt? Einen kurzen Artikel schreiben? Schreiben wir ihnen also einen kurzen Artikel. Sie haben nach Eden gefragt, warum nicht über Anthony Eden[41] ...» Er öffnete die *andere* Schublade und nahm eine andere Mappe heraus, nicht aus Karton, sondern aus Papier, sie war sehr dünn: Sie enthielt einige Zeitungsausschnitte und eine Seite, auf der er vor längerer Zeit ein paar Gedanken zum Thema des Artikels skizziert hatte. Vermandois überflog den Text nicht ohne Befriedigung, er war in starken Ausdrücken verfasst und enthielt viele Abkürzungen. «Das ist jedenfalls vollkommen wahr, hier gibt es keine Täuschung und keinen Radamès. Und fünfhundert Francs für zwei Stunden Arbeit ist auch nicht schlecht ...» Er seufzte, riss ein Blatt Papier vom Schreibblock, knickte den Rand um und begann zu schreiben:

Le rôle historique de M. Eden

M. Eden a parlé, hier, avec son éloquence coutumière, de la guerre en Afrique et de la Société des Nations. Il a prononcé, paraît-il, un très beau discours: un de plus. Mais le malaise qui règne n'est pas dissipé, loin de là. Ce malaise a trait aux conjonctures extérieures devant lesquelles se trouvent aujourd'hui le pays de M. Eden et le nôtre. Rien n'est plus saisissant que de constater, sur l'exemple du ministre britannique des Affaires étrangères, le contraste qui existe entre le rôle qu'un homme d'État voudrait jouer et son rôle historique véritable. Pourquoi ne dirions-nous pas que, malgré l'abîme existant entre nos conceptions sociales et les siennes, M. Eden nous inspire une réelle et sincère sympathie? (Vermandois fluchte im Stillen.) Jeune, brillant, généreux, aimant le bien, croyant en la Société des Nations, il croit servir l'œuvre de la paix. Mais a-t-il raison de le croire?

Toute la question est là*.

---

* Die historische Rolle von Monsieur Eden

Monsieur Eden sprach gestern mit der ihm eigenen Beredsamkeit über den Krieg in Afrika und den Völkerbund. Er hat womöglich eine seiner besten Reden gehalten. Aber seine Verstimmung ist mitnichten verschwunden. Diese Verstimmung hatte mit den äußeren Umständen zu tun, mit denen sowohl sein Land als auch das unsere konfrontiert waren. Es ist von Interesse, am Beispiel des britischen Außenministers den Unterschied zwischen der Rolle, die ein Staatsmann gern spielen würde, und seiner tatsächlichen historischen Rolle aufzuzeigen. Warum sollten wir nicht zugeben, dass Monsieur Eden, trotz der Kluft zwischen seinen und unseren sozialen Ansichten, echte und aufrichtige Sympathie bei uns hervorruft? (...) Jung, brillant und edelmütig, liebt er das Gute und glaubt an den Völkerbund; er glaubt, dass er dem Frieden dient. Aber hat er in seinem Glauben recht? Das ist die Frage.

Er seufzte erneut – «ein schrecklicher Stil, aber es geht nicht anders» –, zählte die Zeilen und schrieb mit wachsendem Groll weiter:

Nous croyons (Dieu veuille qu'il n'en soit pas ainsi) que le rôle historique de M. Eden sera des plus funestes. Dans le conflit qui sépare aujourd'hui l'Italie fasciste des grandes démocraties, comme l'Angleterre, la France et l'URSS, l'homme d'État britannique a prononcé trop de belles paroles pour ne pas agir. Or, il se trouve aujourd'hui au tournant du chemin. Agira-t-il?

Non, il n'agira pas. Il ne fera rien du tout. Ou plutôt si, il parlera: il prononcera un discours, deux discours, trois discours. Ce seront de très beaux discours encore. Ne parlons pas de M. Laval, ce n'est pas la peine. Mais en ce qui concerne le jeune ministre anglais, nous l'avons, un instant, cru capable de donner un vigoureux coup de reins à ce monde qui s'écroule grâce à la sottise, à l'impuissance, à l'égoïsme de ses classes dirigeantes. Nous nous sommes trompés. M. Eden ne fera rien. M. Mussolini qui sait ce qu'il veut obtiendra tout ce qu'il veut. Il se trouvait dans une impasse: que pouvait, que peut l'Italie contre la force réunie de l'Angleterre, de la France, de l'URSS? La fermeture du canal de Suez serait la fin de la triste aventure, la fin du régime fasciste en Italie (et peut-être ailleurs), la fin de M. Mussolini. Rien n'était plus facile que d'assurer cette fois à la démocratie une revanche éclatante, une victoire, *un triomphe. Dieu sait si elle en avait besoin! Mais le seul mérite du Duce est de bien connaître, à leur juste valeur, ses adversaires.*

Désormais tout est permis, comme disait l'autre, tout est permis à tous. Le monde s'en ressentira bientôt et très cruellement. Le rôle historique du jeune et généreux ministre, sem-

blable à celui du gamin du conte charmant, sera non pas de proclamer certes (il connaît trop bien les usages) mais de montrer que le roi est tout nu et que la Société des Nations est une vaste blague* ...

---

* Wir vermuten (der Herrgott möge das verhindern), dass die historische Rolle von Monsieur Eden eine äußerst unheilvolle sein wird. In dem Konflikt, der heute das faschistische Italien und die großen Demokratien England und Frankreich sowie die UdSSR scheidet, hat der britische Politiker zu deutliche Worte gesprochen, um ihnen keine Taten folgen zu lassen. Doch nun befindet er sich vor einer tiefgreifenden Entscheidung. Wird er handeln?

Nein, er wird nicht handeln. Er wird gar nichts machen. Er wird absolut nichts machen. Oder er wird wahrscheinlich reden: Er wird eine Rede halten, eine zweite, eine dritte. Es werden ausgezeichnete Reden sein. Wir werden Monsieur Laval nicht erwähnen, das ist nicht nötig. Aber was den jungen englischen Minister betrifft, so haben wir einen Moment lang gedacht, er sei in der Lage, dieser Welt, die dank der Dummheit, der Hilflosigkeit und des Egoismus der herrschenden Klassen ins Trudeln geraten ist, einen kräftigen Schlag zu versetzen. Aber wir haben uns getäuscht.

Monsieur Eden wird nichts machen. Monsieur Mussolini weiß, dass er alles bekommen wird, was er will. Er befindet sich in einer Sackgasse: Was könnte, was kann Italien gegen die geballte Macht Großbritanniens, Frankreichs und der UdSSR ausrichten? Die Blockade des Suezkanals würde das Ende eines traurigen Abenteuers bedeuten, das Ende des faschistischen Regimes in Italien (und vielleicht nicht nur in Italien), das Ende von Mussolini. Nichts wäre einfacher gewesen, als dieses Mal der Demokratie zu einer glänzenden Revanche, zum Sieg, zum Triumph zu verhelfen. Gott weiß, ob sie es nötig hat! Doch der Duce ist im Vorteil – er weiß, was seine Gegner wirklich wert sind.

Von nun an ist alles erlaubt, wie schon andere bemerkten – alle dürfen alles. Die Welt wird das bald zu spüren bekommen, und zwar auf eine sehr drastische Weise. Die historische Rolle des jungen und edelmütigen Ministers, die der des kleinen Jungen in dem bezaubernden Märchen gleicht, wird nicht darin bestehen, irgendetwas zu verkünden (die üblichen Worte sind allzu bekannt), sondern allen zu zeigen: Der Kaiser ist vollkommen nackt und der Völkerbund ein großer Schwindel ...

VII

A n dem Tag, da der Empfang stattfinden sollte, herrschte
große Aufregung im Gebäude der diplomatischen Vertretung. Bis zur letzten Minute gab es Probleme. Am Morgen
hatte Wislicenus verkündet, dass er nicht mit zur Vorstellung
fahren würde. «Machen Sie, was Sie wollen, aber ich bin nicht
bereit, den Narren zu geben», sagte er mürrisch zum Botschafter.
«Und warum haben Sie bis jetzt geschwiegen?» – «Ich dachte,
Sie würden es selber erraten.» – «Ich kann Ihre Gedanken nicht
erraten, und ich habe auch keine Lust dazu», sagte der Botschafter trocken. «Glauben Sie mir, ich finde genauso wenig Gefallen
an dieser albernen Zeremonie wie Sie. Aber Sie werden als Angehöriger *meiner* Vertretung geführt, und ich habe Sie auf die Liste
gesetzt. Wenn Sie das nicht wollen, wäre es Ihre Pflicht gewesen,
mir das mitzuteilen. Jetzt wird Ihre Weigerung *besondere Aufmerksamkeit* auf Sie lenken (er betonte diese Worte). Ich finde,
das ist höchst unangebracht. Wie dem auch sei, halten Sie es, wie
Sie wollen, Sie werden schon wissen, was Sie tun.»

Wislicenus erkannte, dass Kangarow recht hatte, auch wenn
er gelogen hatte, als er sagte, er fände keinen Gefallen an der
Zeremonie. «Es ist wirklich eine reine Formalität», dachte er,
als er das Arbeitszimmer verließ. Ihm entgegen kam Nadeschda
Iwanowna.

«Nein, das ist wirklich ungerecht!», sagte sie lachend. «Ich
hätte sonst etwas dafür gegeben, um das alles zu sehen, aber ich
darf nicht mit. Ihnen erweist man die Ehre – und Sie weigern
sich! Und bringen auch noch den Botschafter in eine heikle
Lage ...» – «Der Botschafter kann ja sagen, dass ich krank bin»,
erwiderte Wislicenus zögernd. Nadeschda Iwanowna sah ihn an:
Das ist es! Er will überredet werden! ... «Sie sollten fahren»,

sagte sie, «ich sage das in meinem eigenen Interesse: Wer, wenn nicht Sie, wird mir alles erzählen? Die anderen haben doch keine Augen für so etwas.» – «Wie neugierig sie ist», dachte er. Nadeschda Iwanowna lief zum Botschafter. «Reden Sie noch mal mit dem *Alten*», beschwor sie ihn mit einem Lächeln (sie wusste, es war ein verräterisches Lächeln), «ich bin sicher, er wird fahren.» Eine halbe Stunde später erzählte Kangarow ihr mit kaum verhohlenem Triumph: «Er ist einverstanden, unser Held! Nichts als Flausen: Ach, er sorgt sich ja so um seinen schneeweißen Revolutionstalar! Als ob es mir Vergnügen bereitet, mich mit den Hofschranzen abzugeben. Aber wenn man unter Wölfen lebt, muss man mit den Wölfen heulen ...» – «Was sind das schon für Wölfe», dachte Nadeschda Iwanowna, «ich würde mir die Hofschranzen gerne ansehen ...»

Seit zwei Uhr nachmittags hatte sich der Sekretär kaum noch vom Fenster fortbewegt. Das gesamte Botschaftspersonal hatte sich in dem Salon im Erdgeschoss versammelt, unmittelbar neben dem Vestibül. In dem Raum roch es ein wenig nach Farbe und Naphthalin. Es verging geraume Zeit, bevor Kangarow sich zeigte; er hatte ein unangenehmes Gespräch mit seiner Frau gehabt. Jelena Wassiljewna bestand darauf, möglichst schnell vorgestellt zu werden. «Aber du verstehst schon, dass das nicht von mir abhängt», sagte Kangarow, der an sich halten musste. «Wie es bei ihnen Brauch ist, so wird es gemacht ...»

Im Salon herrschte eine gehobene Stimmung, Scherze machten die Runde. Besonders sarkastisch aufgelegt war der Botschaftsrat, ein nicht mehr junger Mann, den Wislicenus Basarow[42] getauft hatte. «Sie, Nadeschda Iwanowna, wollen ein Turgenjew'sches Mädchen sein und dieser Gänserich ein Basarow», hatte er Nadja erklärt. «Ich will ein Turgenjew'sches Mädchen sein?» – Nadeschda Iwanowna war aufrichtig erstaunt. «Mit Verlaub – ja!» – «Um Himmels willen, sagen Sie nicht ‹mit Verlaub›, Sie sind nicht Armeekommandeur Tamarin! Niemand sagt heute mehr ‹mit Verlaub›. Und ich will niemand anderes sein als ich selber …» Der Tonfall des Gesprächs verriet Wislicenus, dass sich ihre Beziehung verändert hatte, dass er nicht mehr Kropotkin war. «Der Botschafter ist hinreißend», sagte Basarow halblaut, als Kangarow im Salon erschien. Der Botschafter sonnte sich im allgemeinen Glanz.

«Nichts zu machen, wenn man unter Wölfen lebt, muss man mit den Wölfen heulen», wiederholte er. «Wir haben diese Herren gebeten, ihre Zeremonie zu vereinfachen, da haben sie sich fast zu Tode erschrocken. Aber ich möchte Sie bitten», sagte er streng und wandte sich in erster Linie Basarow zu, «allem genauestens Folge zu leisten und unpassende Scherze zu unterlassen.» – «Jawohl», antwortete Basarow gehorsam, «jawohl …»

Der Sekretär am Fenster schnappte nach Luft. Drei vergoldete Kutschen mit Hofleuten fuhren vor der Botschaft vor. Sie wurden von einer Kavallerieeskorte begleitet. «Du kriegst die Motten!», entfuhr es Basarow. Der Botschafter streifte ihn mit einem Blick und eilte auf den Zeremonienmeister zu, der soeben das Vestibül betrat. Es war ein mürrisch aussehender sehr alter Mann, der sich offensichtlich nur mit Mühe fortbewegte. Er erwiderte Kangarows Lächeln kaum und erklärte auch nicht den Grund seines Kommens, der war ohnehin klar. Kangarow sagte, das Wetter sei sehr schön; der Zeremonienmeister äußerte weder Zustimmung noch Widerspruch. «Ein Stummer aus Portici[43]», flüsterte Basarow auf Russisch. Der Sekretär musste kichern und erschrak sich darüber. Der strenge Blick des Botschafters ruhte auf ihnen und bedeutete: «Ja, der Alte ist anscheinend strohdumm, aber das tut nichts zur Sache: Wir sind Diplomaten.» – «Wir können fahren», sagte der Zeremonienmeister knapp. «Selbstverständlich», antwortete der Botschafter und fügte, an seine Untergebenen gewandt, hinzu: «*Allons, Messieurs ...*»* *Messieurs* klang ein wenig scherzhaft, aber es war nahezu unmöglich, in Gegenwart dieses goldbetressten Alten das Wort «Genossen» zu benutzen. «*Allons, enfant de la patrie*»**, murmelte Basarow.

Auf dem Bürgersteig hatte sich bereits eine kleine Menschenmenge versammelt. Als Kangarow die Kavallerieeskorte erblickte, zog er eine Grimasse, als wollte er sagen: «Was soll das alles? Aber wenn es bei ihnen so Brauch ist, nun denn ...» Sie nahmen in den Kutschen Platz und fuhren in Begleitung der Eskorte los. In der ersten Kutsche hatten der Botschafter und der Zeremonienmeister Platz genommen, dessen Gesicht nach wie vor keinerlei Regung zeigte: Man hätte mit der gleichen Berechtigung annehmen können, er geleite einen Bräutigam zur Trauung oder führe einen Verurteilten zum Schafott.

«Wie schön ist Ihre Hauptstadt!», sagte der Botschafter. «Ich bin beeindruckt, wie ihre grandiosen Perspektiven sich mit einer gewissen Gemütlichkeit verbinden ...»

«Ja», sagte der Alte, der es anscheinend nicht für nötig hielt, das Gespräch in Gang zu halten, man konnte genauso gut schweigen.

Kangarow war von diesem völligen Mangel an Interesse für die sowjetische Botschaft als auch für die Szene, die er persönlich bis zu einem gewissen Grade für historisch hielt, ein wenig verwundert und gekränkt: Immerhin prallten hier zwei Welten aufeinander. Später erfuhr er, dass der Zeremonienmeister schon seit dreißig Jahren im Amt war, dass man ihn auch bei Hofe für zu alt, zu verknöchert und für nicht umgänglich genug hielt, ihn aber trotzdem nicht ablösen wollte, weil er das Amt schon so lange

---

* Auf, meine Herren ...
** Auf, Kinder des Vaterlands (erste Zeile der «Marseillaise»)

innehatte, weil er aus einer sehr vornehmen Familie stammte und vor allem, weil er nichts anderes konnte. Der alte Zeremonienmeister hatte im Laufe seines Lebens nicht weniger als zweihundert Botschaften und Delegationen zur Vorstellung bei Hofe geführt; darunter waren Chinesen, Afrikaner und Hindus gewesen; mit demselben Mangel an Interesse und Zuvorkommenheit hatte er englische Lords und malaiische Kleinfürsten in den Palast gebracht. Das äußere Erscheinungsbild der sowjetischen Botschaftsangehörigen vermochte ihn nicht sonderlich zu beeindrucken; er wäre wahrscheinlich auch dann nicht sehr überrascht gewesen, wenn Kangarow einen Lendenschurz und einen Köcher mit Pfeilen getragen hätte. Noch weniger interessierte den Zeremonienmeister, dass dieser Botschafter die erste sozialistische Republik der Welt vertrat. Kangarow fügte sich ungewollt der Stimmung des Zeremonienmeisters und schwieg während der gesamten Fahrt. Im Übrigen war es nicht weit von der Botschaft bis zum Palast. Die Kutschen fuhren langsamer, das unüberhörbare Hufeklappern der Eskorte begann zu stocken, und die riesigen vergoldeten Tore öffneten sich. Sie fuhren in den Palast.

Die Musik spielte die «Internationale». Eine Abteilung der Garde salutierte. Kangarow lupfte im Vorbeigehen mechanisch und unentschlossen seinen Zylinder. Mehrere Männer in goldbestickten Livreen standen am Eingang. «Schwer zu sagen, wer Höfling und wer Lakai ist. Eigentlich ist es auch gleich», dachte Kangarow und versuchte, seine Scheu hinter kultivierter Geringschätzung zu verbergen. Er fürchtete, irgendeinen groben Fehler zu machen. «Ist das letztendlich nicht alles egal? Ich habe mich nie als Erbprinz ausgegeben, und ihre idiotische Etikette interessiert mich nicht ...» Wislicenus musterte ihn mit einem bösen Grinsen. In der riesigen Eingangshalle kam ein sehr gut aussehender, repräsentativ wirkender älterer Herr, ebenfalls in einer goldbesetzten Livree und mit einem Zepter in der Hand, mit einem freundlichen, einladenden Lächeln auf sie zu. Das war der Oberhofmarschall.

«Ich bin überaus glücklich», sagte er und schüttelte dem Botschafter kräftig die Hand.

Das Frühstück im Palast war an diesem Tag unerfreulich verlaufen. Der König war ein moderner Mann und vertrat die Ansicht, dass man im Dienst (er sprach immer halb scherzhaft von seinem Dienst), ob man wollte oder nicht, alle Arten von Menschen empfangen, ihnen die Hand schütteln und freundliche Worte sagen musste. Die Königin aber hatte, als sie den Speisesaal betrat, rote Flecken im Gesicht. Sie hatte offensichtlich geweint, und der König war verlegen. Zu allem Unglück hatte man auch den alten Prinzen, der für seinen schwierigen Charakter und die Schroffheit seiner Worte und Umgangsformen bekannt war, zum Frühstück gebeten; als ältestes Familienmitglied machte er nicht viel Federlesens mit dem König, den er obendrein nicht mochte.

Der Prinz hasste alles Neue, von sozialistischen Regierungen bis zu Cocktails und Pampelmusen, und er war davon überzeugt, dass es ein richtiges Leben nur bis zum Kriege gegeben hatte, dass die *anständige* Geschichte für immer zu Ende war und einer historischen Periode Platz gemacht hatte, in der Gauner und Flegel das Sagen hatten. An diesem Tag sprach er beim Frühstück absichtlich und ohne jeden Anlass die ganze Zeit über die russische Zarenfamilie, über seine früheren Begegnungen mit ihr und über das Verbrechen von Jekaterinburg. Gegen Ende des Frühstücks fragte er den Außenminister, der zu den geladenen Gästen gehörte, ebenfalls ohne Anlass, ob es stimme, dass dieser Herr (er nannte seinen Namen nicht, aber jeder wusste sofort, wen er meinte) Mitglied des Hauptkomitees – oder wie hieß das bei ihnen? – war, auf dessen Befehl hin Zar Nikolaus ermordet worden war. Der Minister erwiderte trocken, dass er dies nicht wisse. Der alte Prinz begann unangenehm zu lachen.

«Unsere Zeitungen», sagte er, «scheinen es auch nicht zu wissen. Aber ich habe im *‹Figaro›* gelesen ...»

Hier erinnerte sich der Prinz vergnügt, dass er einmal Clemenceau[44] gefragt hatte, was er von diesem Minister halte. Der Alte hatte geantwortet: «*J'ai le plus grand respect pour ses fonctions et la plus vive amitié pour lui. Mais avec toute l'admiration que je lui porte, je dois dire en toute sincérité que c'est un vieux c...*»* Immer wenn Clemenceau den Mund aufmachte, warteten alle genüsslich darauf, was kommen würde! Diese Antwort entzückte den Prinzen ungemein; er liebte die Eigenheiten der französischen Sprache und war stolz darauf, dass er alles ausgezeichnet verstand, solche Worte bekam er jedoch nicht oft zu hören.

«Schade, dass Sie das nicht wissen», sagte er und erzählte, ohne sich jemand Bestimmtem zuzuwenden, dass sein verstorbener Freund und Cousin Franz Joseph bis zum Ende seiner Tage nie den mexikanischen Gesandten empfangen hatte, weil man seinen Bruder Maximilian in Mexiko erschossen hatte. «Zu unserer Zeit», fügte der Prinz hinzu, «war alles anders, und die Menschen betrachteten viele Dinge ganz anders als heute ...» Das war nicht nur unhöflich, sondern einfach rüde. Aber der Prinz konnte sich aufgrund seines Alters, seiner Reputation und der Tatsache, dass er in keiner Weise vom König, der Regierung oder dem Parlament abhängig war, alles erlauben.

Die roten Flecke im Gesicht der Königin traten noch stärker hervor, und der Oberhofmarschall brachte das Gespräch rasch

---

* Ich habe großen Respekt vor ihm und bin ihm höchst freundschaftlich verbunden. Aber trotz all meiner Bewunderung muss ich ehrlich sagen, dass er eine alte K... ist.

auf einen aufsehenerregenden Boxkampf und die erstaunlichen Künste des siegreichen Champions. Er war sehr zufrieden mit dem Frühstück: Er schrieb jeden Tag an seinen Memoiren, die fünfundzwanzig Jahre nach seinem Tod im Druck erscheinen sollten; der Tag versprach ein paar interessante Seiten.

Der alte Prinz hörte sich die Geschichte von dem Boxkampf mit ungläubigem Staunen an: Was für Champions könne es heute schon geben? Die wären doch von Jeffries oder Fitzgerald schon in der ersten Runde ausgeknockt worden. Als er das Frühstück verließ, forderte er den Oberhofmarschall gut vernehmbar auf, ihm jedes Mal, wenn dieser Herr zu einem Empfang bei Hofe eingeladen würde, Bescheid zu geben. Der Oberhofmarschall senkte lächelnd den Kopf und schloss die Augen. Er war der königlichen Familie sehr zugetan – wenn auch ohne Ehrfurcht oder gar übertriebene Bewunderung –, er war vertraut mit ihr, nahm sich nie heraus, die Handlungen des Königs zu kritisieren, und zeigte zudem wenig Interesse an Politik. Es schien ihm jedoch, dass der alte Prinz recht hatte: In der Welt hatte sich anscheinend wirklich etwas verändert. Jedenfalls hatten die Worte und das Gebaren des Prinzen etwas Pittoresk-Elegantes, was bestens zu den Memoiren passen würde.

Nach dem Frühstück zog sich der Oberhofmarschall in seine Gemächer zurück und ruhte sich aus, wobei er mit einem Lächeln an den alten Prinzen und an seine Memoiren dachte. Er bedauerte sehr, dass sie zu seinen Lebzeiten nicht im Druck erscheinen würden. Doch gelegentlich las er im engsten Freundeskreis mit großem Erfolg aus ihnen vor. Er rauchte eine Zigarre und beschäftigte sich dann mit seiner Briefmarkensammlung, die inzwischen den wichtigsten Teil seines Lebens ausmachte. Er war vermögend und nicht übertrieben ehrgeizig – er hatte alles erreicht, was er erreichen konnte und wollte; mondäne Vergnügungen langweilten ihn zu Tode, er zitierte häufig einen Ausspruch, der Palmerston[45] oder einem französischen Politiker zugeschrieben wurde: *«La vie serait très supportable sans les plaisirs.»** Für Briefmarken aber begeisterte er sich mit jedem Tag mehr. Er besaß die allerschönsten: die rosafarbene Bagdad-Marke ohne Wertangabe, die lilafarbene amerikanische 24-Cent-Marke, die nicht in den Verkauf gelangt war, die blaue «Lady McLeod» aus Trinidad mit einem Fleck in der linken oberen Ecke, die British-Guayana-Marke mit *«patimus»* statt *«petimus»* – freilich nicht die British-Guayana von 1856, *«black on magenta, the famous error»*, an diese dachte er nur in seinen kühnsten Träumen; er legte sogar 3000 Dollar pro Jahr aus seinem Briefmarkenbudget für sie zurück. Aus Anlass der heutigen Audienz warf der Oberhofmarschall auch einen abschätzigen Blick in die sowjetische Abteilung seiner Sammlung. Er besaß die Spartakiade-Serie, aber die besaßen alle Philatelisten seiner Kreise. «Soll ich versuchen, über *diesen Herrn,* für einen angemessenen Preis, an die Konsulats-Luftpostmarke zu kommen?», überlegte er unentschlossen. Man hatte ihm die Konsulatsmarke für 1500 Dollar angeboten; er wusste, dass er sie für 500 bekäme, aber sie war auch keine 500 wert.

Nach der Beschäftigung mit den Briefmarken zog er sein Hofgewand an, nahm das große vergoldete Zepter (trotz langjähriger Gewohnheit war es ihm immer ein wenig peinlich, das Zepter zu tragen), schaute in die Empfangsräume und ging, nachdem er sich vergewissert hatte, dass alles in Ordnung war, um Punkt drei Uhr in die Eingangshalle hinunter. Schon auf der Treppe vernahm er die Klänge der Militärkapelle und vermutete, dass sie die «Internationale» spielten – die Melodie der sozialistischen Hymne war ihm unbekannt. «Gut, dass der Alte weg-

* Ohne Vergnügungen wäre das Leben recht erträglich.

gefahren ist, von dieser Musik hätte ihn der Schlag getroffen»,
dachte er lächelnd.

Mit einem routinierten Ausdruck feierlichen Entzückens
begrüßte der Oberhofmarschall Kangarow und drückte seinen
für den Palast ungewöhnlich aussehenden Begleitern die Hand.
Sein Blick traf den von Wislicenus. «Der hier ist einem Menschen ähnlicher als die anderen. Er hat Stil», dachte er, «fast so
wie der alte Prinz. Die anderen sind übler ... Der junge sieht aus
wie ein Pinguin, der bei seinem ersten Flug übers Meer auf die
‹Normandie›[46] trifft ...» Der Oberhofmarschall nahm sich vor,
den Vergleich für seine Memoiren im Gedächtnis zu behalten.

«Dieser alte Possenreißer mit dem goldenen Zepter würde
sich jetzt, nachdem er Seiner Exzellenz Kangarow-Moskowski
und uns allen die Hand geschüttelt hat, seine Hände wahrscheinlich am liebsten mit Eau de Cologne besprühen. Er ist mir
noch mehr zuwider als ich ihm», dachte Wislicenus und ließ
seinen Blick maliziös durch die prächtigen Säle schweifen, durch
die man sie führte. Der Oberhofmarschall schaute ihn aus den
Augenwinkeln an, und die Empfindung kultivierten Ekels in seinem Innern schwand. «Ja, der scheint echt zu sein», dachte er,
während er das Botschaftsgefolge in einen großen Saal führte, in
dem ein vergoldeter Seidensessel auf einem Podest unter einem
Baldachin stand. «Der Thron!», flüsterte der junge Sekretär an
Wislicenus' Seite glückselig. Wislicenus sah ihn angewidert an.

Fast unmerklich, mit einem schmeichelnden Lächeln, ließ
sie der Oberhofmarschall in der vorgesehenen Weise Aufstellung nehmen (sein Blick verweilte erneut leicht besorgt auf
Wislicenus) und bat den Botschafter um die Erlaubnis, sich für
einen kurzen Moment entfernen zu dürfen. Sogleich kam ein
weiterer der sie begleitenden Männer auf Kangarow zu, es war
der Kammerherr vom Dienst in einer goldbetressten Livree, der
fragte, ob ihre Anreise aus Moskau nicht beschwerlich gewesen

sei. «Beschwerlich? Aber nein, ganz und gar nicht! Überhaupt nicht beschwerlich», antwortete Kangarow etwas leiser als der Kammerherr. Vor Aufregung versagte ihm fast die Stimme. Er fügte noch etwas an, kam aber nicht mehr dazu, den Satz zu beenden. Die Tür des Saals öffnete sich weit, und jemand rief laut und mit unnatürlicher Stimme: «Seine Hoheit!...» In Begleitung des Außenministers, des Oberhofmarschalls und einiger weiterer Herren in Livree betrat der König den Saal. Der Botschafter und sein Gefolge verbeugten sich tief, so wie man es ihnen in Moskau beigebracht hatte. Wislicenus verbeugte sich ebenfalls und spürte ein ihm bekanntes Engegefühl in der Brust, wie kurz vor einem Asthmaanfall. «Gerade rechtzeitig, um *ihnen* Scherereien zu machen», dachte er. Der König eilte auf den Botschafter zu und drückte ihm fest die Hand, als wolle er das Unangenehmste möglichst schnell hinter sich bringen.

Der Botschafter bat um Erlaubnis, Seiner Hoheit seine Mitarbeiter vorzustellen, und nannte ihre Namen und Dienstränge. Kangarow hatte seine Beherrschung zurückerlangt und sprach, als er die Namen hersagte, sogar etwas lauter, als es sich gehörte – der Oberhofmarschall blickte ihn mit einem einladenden Lächeln an, das als Hausherrenlächeln durchgehen mochte. Der König neigte jedes Mal den Kopf und verlor ein paar freundliche Worte, die im Wesentlichen stets die gleichen waren, aber ohne direkte Wiederholungen. Er schüttelte niemandem außer dem Botschafter die Hand – später erfuhr Kangarow, dass dies als Zeichen einer wenig wohlwollenden Aufnahme galt: Der König beschränkte sich bewusst auf das obligatorische Mindestmaß an Höflichkeiten.

Der Außenminister verbeugte sich und reichte dem König ein großes Blatt Papier. Der König, der in der Mitte vor dem erhöhten Thron stand, war bereit, sich die Rede des Botschafters anzuhören. Kangarow zog sein Blatt aus der Tasche und begann zu lesen. Er hatte die Rede vorher an die fünf Mal geprobt, er las prononciert und laut; selbst die schwierigsten französischen Wörter gingen ihm leicht von der Zunge, nur das französische «*eu*» erinnerte ein wenig an das russische «e». Als er, zufrieden mit dem Eindruck, den die Rede hervorrufen musste, mit dem Vorlesen fertig war, trat er zwei Schritte vor, überreichte dem König das Blatt mit einer respektvollen Verbeugung und kehrte an seinen Platz zurück. «Wie ein Marquis», sagte sich Wislicenus. Der König sah sich die Rede des Botschafters ungefähr eine Minute lang an, als überlege er, was er darauf antworten sollte, dann gab er sie dem Außenminister und las seine eigene Rede vor, die weniger eindrucksvoll ausfiel als die von Kangarow. «Es muss auch ihm sehr unangenehm sein», tröstete sich Wislicenus, «er muss sich genauso beschmutzt fühlen ...»

Alles verlief reibungslos und feierlich. In beiden Reden wurde die glühende Hoffnung geäußert, dass zwischen den zwei Ländern die herzlichsten und freundschaftlichsten Beziehungen hergestellt würden, die ihren Interessen, Gefühlen und Absichten entsprächen, ebenso wie die feste Überzeugung, dass sich keines von ihnen jemals in die inneren Angelegenheiten des anderen einmischen würde. Der Außenminister hörte äußerst aufmerksam zu, als wäre ihm der Inhalt der Reden völlig unbekannt gewesen – eine von ihnen hatte er sorgfältig studiert, die andere hatte er vom ersten bis zum letzten Wort selber geschrieben. Außer Neugier drückte sein Gesicht die unumstößliche Gewissheit aus, dass in beiden Reden jedes Wort der Wahrheit entsprach. Der Oberhofmarschall war sehr zufrieden, beschloss aber aus irgendeinem Grund, dass es nicht infrage käme, den Botschafter in der Angelegenheit «Konsulats-Flugpostmarke» zu behelligen.

Kangarow trat wieder vor, nahm mit der gleichen Verbeugung die Rede entgegen, die ihm der König reichte, trat wieder zurück und gab sie Basarow, den er erneut mit einem strengen Blick bedachte, der zu sagen schien: «Denken Sie, was Sie wollen, und im Innern stimme ich Ihnen natürlich zu, aber haben Sie die Güte, alles so zu machen wie angewiesen.» Nun musste der am wenigsten verantwortungsvolle, aber schwierigste Teil der Zeremonie stattfinden. Gemäß der Etikette des Landes mussten sich der Botschafter und sein Gefolge Richtung Tür begeben, ohne dem König den Rücken zuzuwenden. «Bloß niemanden treten, bloß nicht hinfallen», ging dem Botschafter durch den Kopf. Er schaute sich besorgt um, wie ein Fechter, der vor einem Duell die Kampfstätte inspiziert, und gab seinem Gefolge mit strengem Gesichtsausdruck erneut ein Zeichen: «Was soll man machen, so ist es Sitte bei ihnen ...» – «Jawohl, vernommen, wir vollführen auch dieses Kunststück», stand in Basarows gehorsamspöttischem Gesicht geschrieben. Der Oberhofmarschall freute sich schon: Ja, dieses Kapitel müsste unbedingt im engsten Kreis vorgelesen werden. Allerdings fand die Zeremonie des Rückzugs zur Tür zu seinem größten Bedauern gar nicht statt: Ob aus Zerstreutheit oder aus dem Wunsch heraus, der Botschaft ihre Situation zu erleichtern, deutete der König eine leichte Verbeugung an und verließ, nachdem er dem Botschafter die Hand geschüttelt hatte, den Saal als Erster.

Der Außenminister kam auf Kangarow zu und fragte ihn, ob er sich in ihrem Land wohlfühle. Mit einem strahlenden Lächeln, wie nach einer mit Auszeichnung bestandenen Prüfung, antwortete der Botschafter, er fühle sich vortrefflich. «Ihre Hauptstadt gefällt mir sehr», sagte er, «sie verbindet eine gewisse Gemütlichkeit aufs Beste mit ihren grandiosen Perspektiven ...» Er war versucht hinzuzufügen, dass der König allem Anschein nach ein wundervoller Mensch sei, aber er verlor keine überflüssigen Worte mehr und benahm sich würdevoll.

Der Kammerherr vom Dienst teilte dem Botschafter mit,

dass Seine Hoheit mit ihm unter vier Augen zu sprechen wünsche. Kangarow entschuldigte sich beim Minister und folgte eilig dem Kammerherrn, er verspürte keinerlei Verlegenheit mehr. «Gleich wird er ‹König Iwanowitsch› sagen», dachte Wislicenus.

Der Kammerherr führte den Botschafter in einen angrenzenden kleinen Salon. Der König saß in einem Sessel und bedeutete Kangarow mit einer einladenden Geste, Platz zu nehmen. Diese private Audienz, die zusätzlich zum feierlichen Empfang stattfand, empfand der König stets als Belastung, er war von Natur aus sehr schüchtern. Gewöhnlich legte er im Voraus ein Gesprächsthema für das Treffen mit den ausländischen Botschaftern fest: Meistens erkundigte er sich nach dem Befinden des von der Botschaft vertretenen Monarchen und seiner Familie, dann kam er auf ihm bekannte Personen in der Hauptstadt des Botschafters zu sprechen und fragte ihn über sie aus, oder er äußerte sich in wohlwollenden Tönen über den früheren Botschafter, den Vorgänger des jetzigen. Das alles dauerte zehn Minuten – gerade so lange wie erforderlich. In der Regel war es nicht notwendig, über Politik zu sprechen. Aber bei Kangarow konnte man sich offensichtlich nicht nach irgendjemandes Gesundheitszustand erkundigen, Vorgänger hatte er nicht, und gemeinsame Bekannte gab es wahrscheinlich auch keine. Der König kam auf Moskau zu sprechen, das er in seiner Jugend besucht und an das er die besten Erinnerungen hatte: eine wunderschöne Stadt.

«Wie schön ist Ihre Hauptstadt, Sire!», sagte der Botschafter und hatte Freude an der Aussprache des Wortes «Sire». «Mich beeindrucken ihre grandiosen Perspektiven und gleichzeitig eine Art Gemütlichkeit …»

«Ich freue mich sehr, Herr Botschafter, dass sie Ihnen gefällt. Ich hoffe, dass Sie sich hier wohlfühlen werden …»

Der König wollte noch einige Worte darüber verlieren, dass es notwendig sei, die bestmöglichen Beziehungen zwischen beiden Ländern herzustellen, und dass seine Regierung alles tun werde, um dies zu erreichen. Er hatte den Satz schon begonnen, hielt dann aber inne; sein Blick schweifte ab. Völlig unerwartet spürte er plötzlich, dass er nicht in der Lage wäre, die Audienz fortzusetzen: Das hätte ungut enden können, was ihm noch nie passiert war.

«Nun, ich hoffe, dass Sie sich bei uns wohlfühlen werden», sagte der König überstürzt und erhob sich, obwohl gerade einmal drei anstatt der vorgesehenen zehn Minuten vergangen waren. «Es hat mich gefreut, Sie zu sehen», sagte er, reichte Kangarow die Hand und eilte hinaus.

Exakt eine halbe Minute später kam der Oberhofmarschall in den Salon und trat zu dem leicht verwirrten Botschafter. Er verwickelte Kangarow in ein freundliches Gespräch und geleitete ihn in jenen Saal, in dem der Botschafter von seinem Gefolge, dem Minister, dem Kammerherrn vom Dienst und dem mürrischen Zeremonienmeister erwartet wurde. Der Sekretär flüsterte Kangarow besorgt zu: «Sie hatten darum gebeten, dass ich Sie an die Visiten erinnere ...» – «Ah, ja», sagte der Botschafter und wandte sich an den Minister: «Ich beabsichtige, in den nächsten Tagen mit den Visiten zu beginnen ... bei der Familie Seiner Hoheit und den Regierungsmitgliedern, nicht wahr? Würden Sie uns mitteilen, in welcher Reihenfolge ich die Kärtchen zustellen sollte? ...» Etwas ausweichend versprach der Minister, eine Liste zu schicken. «Ich meine, er sollte bei dem Alten anfangen, beim Prinzen», ging dem Oberhofmarschall übermütig durch den Kopf, «der ist durchaus fähig, den Dienern zu befehlen, ihn hinauszuwerfen ...» Der Gedanke daran, was für ein Gesicht der alte Prinz in dem Moment machen würde, da man ihm die Visitenkarte des Botschafters brächte, versetzte den Oberhofmarschall in eine ungemein heitere Stimmung. Er beschloss, sich sofort an seine Memoiren zu setzen.

Der Botschaftsrat, der Sekretär und Wislicenus nahmen in der zweiten Kutsche Platz. Basarow lachte: «Was für ein Zirkus! Aber wir selber sind auch rechte Kasper!...» – «Sie meinen wohl sich, Genosse», erwiderte der Sekretär beleidigt. Wislicenus blickte auf eine Abteilung Gardisten, die im Hof Aufstellung genommen hatte, und malte sich in allen Einzelheiten aus, wie eine bewaffnete Menschenmenge in den Palast stürmt. «Wer weiß, ob wir das erleben», dachte er laut. «Wie meinen Sie, Genosse?», fragte der Sekretär nach. «Ich sagte: Er zielte bedächtig auf Cornelius, der reglos dastand», sagte Wislicenus. Der Sekretär starrte ihn entgeistert an. Die Kutschen fuhren auf den Platz. «Es leben die Sowjets!», rief plötzlich jemand auf dem Bürgersteig; weitere Stimmen fielen in den schwachen Ruf ein. Mit verzücktem Entsetzen – «Eine Demonstration!» – ließ sich der Sekretär in seinen Sitz zurückfallen: Diplomaten nahmen nicht an Demonstrationen teil. Hinter den Kutschen hörte man das angenehm sanfte, schneller werdende Geklapper der Pferdehufe.

VIII

Armeekommandeur Tamarin traf gegen Abend in Paris ein. Er hatte nie in Frankreich gelebt und kannte es viel weniger gut als Deutschland, wo er gedient hatte und auf längeren Dienstreisen gewesen war. Das letzte Mal hatte er Paris vor etwa fünfundzwanzig Jahren besucht, davor war er wohl dreimal in der Stadt gewesen. Im Jahr 1900 hatte er zusammen mit seiner

Frau während ihrer Hochzeitsreise die Weltausstellung besucht. Wie es der Zufall wollte, war er immer im Frühling in Frankreich gewesen, bei klarem, sonnigem Wetter, und das war auch der Grund, warum er sich diesen Eindruck von Frohsinn, Heiterkeit, sorglosem Leben und unablässiger Zerstreuung bewahrt hatte, den alle Ausländer, insbesondere die Russen, seit Jahrhunderten mit Paris verbanden. Diesmal war es ein kalter Winterabend.

Er kaufte sich am Bahnhof einen billigen Reiseführer und studierte, während er in der Schlange vor der Schranke in der Zollhalle stand, die Liste der Hotels. Mit seiner Frau hatte er im Hôtel de Bade am Boulevard des Italiens gewohnt, einem nicht sehr luxuriösen Hotel der gehobenen Mittelklasse: Sie waren nie reich gewesen. Beim letzten Mal, als er schon im Generalsrang in die Stadt gekommen war und wusste, dass sich das Stadtzentrum zu den Champs-Élysées hin verlagert hatte, übernachtete er im Hotel Élysée Palace. Weder das Hôtel de Bade noch das Élysée Palace standen im Reiseführer, was ärgerlich war, so als wäre mit den Hotels ein Stück seines Lebens abhandengekommen: Wo, wenn nicht in Paris, hätte alles beim Alten bleiben müssen, wenn schon Stillstand, dann hier. Ihm kam es auch vor, als hätte man früher nicht so lange am Zoll warten müssen, als wären die Beamten freundlicher und die Gepäckträger respektvoller gewesen. Er gab dem Dienstmann, der sich kaum bedankte, drei Francs – genug, das waren früher dreißig Kopeken gewesen.

«*Chauffeur, êtes-vous libre?*»*, fragte Tamarin; er sprach Französisch, wie alle gebildeten Adligen seiner Kreise und seiner Generation: nicht sehr gut, aber fließend und forsch; früher erlaubte er sich sogar manchmal ein «*Oh, là, là!*», «*Tu parles!*» oder «*Et ta sœur!*».** Unentschlossen erkundigte er sich

---

* Sind Sie frei?
** Oh là, là! – Was du nicht sagst! – Was geht dich das an! (ugs.)

zögernd nach dem Hôtel de Bade und dem Élysée Palace. Der Chauffeur lachte und sagte ebenfalls «Oh, là, là!», aber mit anderem Zungenschlag: Das Hôtel de Bade und das Élysée Palace gab es schon lange nicht mehr. Tamarin dachte, dass es ohnehin unpassend gewesen wäre, in diesen Hotels zu logieren – er kam aus einem proletarischen Land, und er konnte sie sich auch nicht leisten, sein Tagesgeld war von bescheidener Höhe, außerdem wollte er sich einen Anzug schneidern lassen. Er ließ sich ins Quartier Latin fahren: Dieser Stadtteil war ihm in guter Erinnerung. Er stieg in einem Hotel ab, das zwar kein Studentenhotel, aber auch nicht gerade prunkvoll war. Die Bediensteten trugen seinen Koffer aufs Zimmer, bereiteten ihm ein Bad und sagten: *«Oui, monsieur»*, *«Monsieur désire?»** – an den «Monsieur» konnte er sich nur schwer gewöhnen, ihm schien, als gelte die Anrede nicht ihm. Im Badezimmer gab man ihm drei Handtücher und ein Badetuch. Er hatte ein seltsames Gefühl, so als habe er noch nie in einem Hotel gewohnt. Er zog seinen zweiten zivilen Anzug an, den besseren von beiden, der noch nicht umgearbeitet war und den er sich erst vor drei Jahren hatte machen lassen, als er überraschend ein Honorar für die zweite Auflage seines Werks «Zur Rolle der motorisierten Einheiten im Lichte der modernen Taktik» erhielt.

Schließlich war es an der Zeit, vorstellig zu werden. Tamarin versuchte mithilfe des Stadtplans herauszufinden, wie man die Strecke zu Fuß oder mit dem Bus bewältigen könnte; als ihm das nicht gelang, fand er sich damit ab, die ersten zwei oder drei Tage Geld für Taxis ausgeben zu müssen. Er trat auf die Straße und hatte immer noch dieses seltsame Gefühl: Er war in Paris! Aus den zahllosen Lokalen – jedes Haus war ein Café – drang Stimmengewirr, Lachen, Musik. Ja, hier gab es keine

---

* Ja, Monsieur – Wünschen Monsieur etwas?

GPU! Wenn man niemanden umbrachte, niemanden beraubte oder bestahl, konnte man leben, wie man wollte. Das war die ganze bürgerliche Moral (ungewollt benutzte er diese Worte). In der Luft lag noch derselbe Geruch von Autoabgasen, der sich in seinem Gedächtnis für immer mit Paris verbunden hatte. Der Verkehr war noch monströser geworden: Man konnte die Straßen nicht mehr ohne Weiteres überqueren. Ihm fiel eine Neuerung auf: eiserne Poller im Straßenpflaster, eine kluge Idee, wie er einräumen musste, sobald er ihren Zweck begriffen hatte. Die Pferde waren verschwunden. Zylinder waren überhaupt keine mehr zu sehen: Schade, wo waren sie nur hin? Was noch?

Er warf einen Blick auf seine Uhr und ging auf den erstbesten Chauffeur am Taxistand zu. «*Chauffeur, êtes-vous libre?*», fragte er und begriff, beinahe ohne es selbst zu wissen, im selben Augenblick, dass das ein russischer Offizier war, einer von *ihnen*! ... Fast wäre er zurückgeschreckt und zum nächsten Auto gegangen – «Nein, das wäre peinlich ...» Tamarin gab eine falsche Hausnummer an: nicht 79, sondern 59, und nahm mit dem quälend-beunruhigenden Gefühl Platz, dass er gleich auffliegen würde. Es gab keinen Grund zu der Annahme, dass der Fremde ihn erkennen könnte; und selbst wenn er ihn erkannt hätte, wäre nichts passiert. Doch er wurde das unbehagliche Gefühl während der ganzen Fahrt nicht mehr los. Er stieg aus, bezahlte hastig und gab zwei Francs Trinkgeld; der Chauffeur lüpfte seine Mütze und sagte mit eindeutig russischem Akzent: «Merssi boku, Messjöh ...» Tamarin stand vor dem Haus und betrachtete, als fürchte er, sich zu irren, im Schein der Straßenlaterne lange die Hausnummer, bis das Auto weggefahren war. Dann ging er, nervös fröstelnd, weiter in Richtung Nummer 79. «Vom Alter her wohl ein Hauptmann oder vielleicht ein Oberstleutnant ... Zwei Francs Trinkgeld: zwanzig Kopeken – ‹Merssi boku, Messjöh> ... Nun, es ist ehrliche Arbeit ... Aber recht behalten haben wir, nicht sie ...»

Er wurde sehr freundlich empfangen, sie unterhielten sich ein wenig über dienstliche Angelegenheiten, anscheinend hatte man keine Eile, es wurde über Neuigkeiten aus Moskau gesprochen, vorsichtig und ausweichend auf beiden Seiten. Sie notierten seine Adresse, sie hatten keine Einwände gegen das Hotel. Sie gaben ihm Ratschläge, wo und wie er sich am besten eine Bleibe für einen längeren Aufenthalt suchen sollte, aber sie drängten ihm nichts auf – er hatte befürchtet, dass sie das tun würden – und baten ihn «vorbeizuschauen». Alles lief sehr korrekt ab, sie begleiteten ihn sogar bis zur Treppe. «Nun, sie sind hier *doch* zu Europäern geworden», dachte er erleichtert, als er wieder auf der Straße stand.

Er kehrte in sein Stadtviertel zu Fuß zurück: Er hatte sich den Weg leidlich gemerkt und fand sein Hotel, zu seiner eigenen Verwunderung, ohne Mühe. Es hatte jedoch keinen Sinn, jetzt auf sein Zimmer zu gehen, womit sollte er sich beschäftigen? Tamarin war gut gelaunt. «Da hat ihn der Herrgott also wieder nach Paris geführt ...»

Er schlenderte umher, betrachtete neugierig die Schaufenster, die Schilder, die Menschen. «Ja, sie leben nicht schlecht ...» Er ging den Boulevard entlang, erkannte das Pantheon und freute sich, dass er es erkannt hatte. «Und vorhin, das war die Sorbonne, ja, natürlich ...» Zu seiner Rechten versank ein Garten in der Dunkelheit. Er konnte sich nicht erinnern, was für ein Garten das war, aber der Garten, der an diesem Winterabend eher düster aussah, gefiel ihm ebenfalls sehr gut. Er bog zweimal ab; auch die engen alten Gassen hatten ihren Charme. Ein vorbeifahrender Bus erhellte mit seinen Scheinwerfern für einen Moment einen langen, schmalen dunklen Durchgang in der Häuserreihe. Dort hatte sich ein alter Bouquinist niedergelassen. «Wie schön!», dachte Tamarin. «Und dieses Haus ist sicher zweihundert Jahre alt ...» Er wollte schon in den Büchern stöbern: Die Buchläden waren bereits geschlossen. «Nein, dazu komme ich ein andermal ...» Feuerrot strahlte ein riesengroßes, an einer Stange befestigtes Lorgnon – mit Licht wurde nicht gespart. Auf einem Ständer bei einer Apotheke waren Unmengen von Döschen, Schächtelchen, Flakons und anderen Behältnissen ausgestellt – was gab es nicht alles bei ihnen! Im Schaufenster einer Weinhandlung standen nicht weniger als hundert Flaschen verschiedenster Form, Tongefäße und Krüge – wie schön, wie geschmackvoll sie präsentiert wurden! An einer abblätternden Hauswand, unter einer Straßenlaterne, hingen mehrere große Plakate. *«Non, tout de même!»**, stand in großen Lettern auf dem einen, *«En prison, les bandits!»***, forderte ein anderes. Alle ehrbaren Menschen, die noch einen Funken Gewissen hatten, wurden aufgefordert, zu einer großen Kundgebung zu kommen, auf der neben anderen auch der berühmte Schriftsteller Louis Etienne Vermandois (sein Name stand separat auf einer einzelnen Zeile) gegen das ungeheuerliche Vorgehen der chilenischen Regierung protestieren würde. Tamarin las mit einigem Befremden – er wusste nichts von dem ungeheuerlichen Vorgehen der chilenischen Regierung –, und als er fast zu Ende gelesen hatte, sah er, dass der Aufruf von der Kommunistischen Partei unterschrieben war. «Soso! War er dafür hergekommen? ...»

An der breiten Straße hatte ein mit vielen bunten Lichtern blinkendes Restaurant geöffnet. Die überdachte Terrasse, auf die man einen Grill gestellt hatte – auch so etwas hatte es früher wohl nicht gegeben: wie schlau! –, war überfüllt. Auf dem Buffet am Eingang lagen in Weidenkörben Unmengen von

---

* Nein, trotz allem!
** Hinter Gitter mit den Banditen!

Austern, Muscheln und irgendwelchem Meeresgetier. «*Clams*», «*Claires extra*», «*Armoricaines*», «*Oursins*»* las Tamarin, was für schöne Wörter! Er verspürte Appetit, warf einen Blick auf die aushängende Karte, und seine Augen huschten über die verschiedensten «*Sole au chablis*», «*Rognon de veau flambé à l'armagnac*», «*Pied de porc sainte-Menehould*» und «*Faisan cocotte aux truffes*»** ... Er schaute unentschlossen auf die Preise: Eine gute Mahlzeit würde vierzig Francs kosten, vielleicht auch fünfzig. Er überschlug im Geiste die Ausgaben dieses Tages: Frühstück im Speisewagen, Gepäckträger, Taxis – er hatte viel Geld ausgegeben. «Nun ja, es ist der erste Tag, die Anreise, da kann man das Tageslimit schon einmal überschreiten.»

Er betrat das Restaurant: wunderbar! Wäre früher ein ähnliches Etablissement in Petersburg oder Moskau eröffnet worden, wäre Tamarin wahrscheinlich entsetzt gewesen. Die Wände waren in drei verschiedenen Gelbtönen gehalten, mit unregelmäßigen, asymmetrischen Spiegeln und mit irgendwelchem Grünzeug in den Nischen. Die Hauptaufgabe des Dekorateurs hatte offenbar darin bestanden, alles so zu arrangieren, dass man nicht erahnen konnte, woher das Licht kam. Deshalb hatte man die Lampen sorgfältig verborgen, und wenn sie doch sichtbar waren, sahen sie aus wie Suppenschüsseln, Gefäße für fotografische Entwicklerlösung oder Gewächshausluken. Neben dieser schamhaft verborgenen Beleuchtung gab es andere Lampen in Form von langen Glasröhren, in denen aufreizend rotes, violettes und grünes Licht spielte. Diese hatten offensichtlich keinen anderen Zweck, als die Augen der Menschen zu blenden. Anstelle einer Decke gab es eine Kuppel[47] wie im Petersdom. Das Restaurant war derart überfüllt, dass man sich zwischen den

---

* Venusmuscheln, Austern Claires extra, Meeresfrüchte à l'armoricaine, Seeigel
** Seezunge in Chablis, Kalbsnieren flambiert in Armagnac, Schweinsfüße «Sainte-Menehould», Fasanenauflauf mit Trüffel

Tischen kaum hindurchzwängen konnte. «Oben muss es noch freie Plätze geben», dachte Tamarin und stieg die Treppe hinauf, und an jeder Stufe prangte dasselbe Wort, das er nicht kannte: Pergola, Pergola, Pergola … «Ist ja gut, ich habe verstanden, dass es Pergola heißt», dachte er versöhnlich und wählte einen Platz an der Balustrade, von wo aus man in den unteren Gastraum blicken konnte.

Ein Ober in einer weißen Jacke kam herbeigeeilt, neben dem Tisch leuchteten zwei Suppenschüsseln auf, die parallel zueinander auf einer senkrechten Stange montiert waren; auf dem Tisch spendete eine kleine Schirmlampe, die nichts anderes sein wollte als eine Lampe, angenehmes Licht. «Ah, wie schön!», dachte Tamarin: Diese bescheidene kleine Lampe, die einem nichts vormachte, war von ganz besonderem Reiz. Eine aberwitzig herausgeputzte Frau, vielleicht eine Albanerin oder Mexikanerin, nahm ihm Mantel und Hut ab. Ein Junge in einer grünen Livree bot ihm Zeitungen an. Dann erschien ein seriöserer, außergewöhnlich zuvorkommender Mann in einem schlichten schwarzen Anzug, schob den Tisch ein wenig zur Seite und überreichte ihm zwei Karten. Der Platz war nicht ideal, neben dem Tresen – «macht nichts, alles bestens» … Die Dame, die am Nebentisch zusammen mit einem jungen Mann speiste, warf Tamarin einen flüchtigen Blick zu. «Fesch …»

Er schaute ins Parterre hinunter. «Mein Gott! Kein einziger freier Platz! Und da heißt es, die Krise richte sie zugrunde. Nein, der Kapitalismus scheint sich noch ein Weilchen zu behaupten … Aber früher war es eleganter … Hübsche Frauen gibt es bei uns vielleicht mehr, aber leider haben wir die falsche Art Kultur …» Die Damen trugen alle Pelze. «Die einen haben nur einen Silberfuchs, andere haben zwei. Wie in der Armee – die Divisionskommandeure haben zwei Rauten, die Korpskommandeure drei … Und die da ist ein ausgewachsener Armeekommandeur –

mit einer Fuchspelerine! Vier Rauten!» Er war amüsiert. Alles
erregte seine Bewunderung: die Damen, die bürgerliche Kultur,
die Wandgemälde, auf denen nackte Frauen mit Schlangen
dargestellt waren – nun, wer weiß, vielleicht waren es Meisterwerke? –, die Hummer, die sich dreist und schön auf einem
niedrigen, schneeweiß gedeckten kleinen Tisch räkelten, und
die Tatsache, dass auf dem Tresen neben ihm nicht weniger als
zehn Sorten Senf standen, dass am Nachbartisch Gerichte serviert wurden, über denen eine blassblaue Flamme aufstieg, und
dass bei ihnen eine Flasche in einem kleinen Eimerchen stand,
während eine andere in einem länglichen Korb lag.

Er bestellte kein klassisches Menü, obwohl er sich früher auf
gutes Essen verstanden hatte. Die Augen gingen ihm über vor so
viel Ungewohntem. Er begnügte sich mit einer halben Flasche
eines Weins, dessen Name ihm unbekannt war: Chavignol. Er
hatte nie viel getrunken. Der Wein war gut, und das Essen – ein
Austerncocktail, irgendein *Navarin de homard*, Nieren – war
wirklich ausgezeichnet: So gut hatte er seit zwanzig Jahren nicht
mehr gegessen! Tamarin hatte in der letzten Zeit auch in Moskau keinen Hunger gelitten, aber kannte man denn dort noch
diese Gerichte und diese Wörter? Allein die Namen machten
schon Appetit. Wirklich, fast so wie einst bei Donon[48] oder im
Prag[49] ... Die Musik setzte ein: ein Potpourri aus «Carmen».
Tamarin lächelte vergnügt, als er die ihm seit seiner Kindheit vertrauten Melodien hörte. Er bedauerte, dass er keinen Sherry bestellt hatte: «Papa, Gott hab ihn selig, hat immer Sherry zu den
Mahlzeiten getrunken ... Aber in Paris muss man französische
Weine trinken ...»

Bei der Arie des Toreros änderte sich seine Stimmung. Alle
um ihn herum sangen zum Orchesterpart, ein jeder, wie er vermochte, sie schienen stolz darauf zu sein, dass sie diese Arie
kannten, und alle sangen, sich wiegend, mit ungewöhnlicher

Hingabe das eine Wort: «Tor-re-ado-or» ... Aus irgendeinem Grund erinnerte sich Tamarin wieder an die Begegnung mit dem Diplomaten auf dem Berliner Bahnhof: Die Erinnerung daran hatte ihn die ganze Fahrt über bedrückt. Er erinnerte sich an einen Ball bei Wilhelm II. und dessen *bezaubernde Liebenswürdigkeit*, an eine Jagdgesellschaft in einem Schloss mit schwer auszusprechendem Namen, er dachte an die Schauspielerin, mit der ihn der Diplomat einst bekannt gemacht hatte: Er verbrachte ein paar beschwingte Monate mit ihr. Das war fünfunddreißig Jahre her, nein, länger – siebenunddreißig oder achtunddreißig.

Dann wanderten seine Gedanken zu seiner Frau: Ihre Ehe war nicht glücklich gewesen, vor allem durch seine eigene Schuld – aber damals hatte er geglaubt, er hätte rundum recht. «Wir haben uns bis zum Ende nie wirklich verstanden ... Jakowlew[50] hat die Arie ausgezeichnet gesungen, besser als alle anderen Toreros, wir waren zusammen auf einer Vorstellung zu seinen Ehren.» Er erinnerte sich klar und deutlich an jenen Abend, an den Saal im Mariinski-Theater, an das unangenehme Gespräch in der Kutsche, dem später ein unsinniger, heftiger Streit folgte, der sich an Figners[51] Spiel entzündet hatte. «Ich habe ihr gesagt ... nein, wozu sich erinnern.» Das Orchester intonierte das Vorspiel zum vierten Akt. Der junge Mann am Nebentisch knipste das Tischlämpchen aus und schaltete es nach Aufforderung der Dame, die ihm einen Klaps auf die Hand gab, wieder an. «Wir hatten so eine Lampe auf dem Klavier im Sofazimmer ...» Er erinnerte sich in allen Einzelheiten an dieses kleine Zimmer, dessen Wände mit brauner Tapete aus Lederimitat bespannt waren, die Lampe stand auf einem Spitzendeckchen: «Wir hatten Angst, den Lack zu zerkratzen. In dem Sofazimmer hatte auch jener Streit stattgefunden. Ich wollte die Trennung, die Scheidung. Sie hat gedroht, sich umzubringen ... War der Streit das wert? Wo ist die Lampe heute? Niemand außer mir erinnert sich an sie, und wenn auch ich einmal tot bin, bleibt nichts davon übrig, nichts von jenem Deckchen, nichts von jener braunen Tapete und nichts von dem Austerncocktail, den ich gerade gegessen habe ...»

Ihn packte Furcht. In diesem Restaurant, in dem einige Hundert fröhliche Menschen saßen, fühlte er sich mit einem Mal einsam wie in der Wüste: niemand, nichts, keine Menschenseele! Ein Armeekommandeur zweiter Klasse im Dienste der sozialistischen Weltrevolution ... Pergola, Pergola, Pergola ... Wie war es dazu gekommen? Wie war das möglich? Was sollte dieser Unsinn? Nicht nur dieser, sondern der *ganze* Unsinn? Warum hatte er ein so seltsames Leben gelebt, ein Leben, das nun wahrscheinlich zu Ende ging? Alles Pergola ... «Ta-ra, tara», sang eine Dame, die reichlich getrunken hatte, zu den ersten Takten des Vorspiels. Er wollte aufstehen und gehen, aber ihm fiel ein, dass er mit diesen Gedanken im Kopf in der neuen Umgebung nicht einschlafen würde: Auch in Moskau, zu Hause, wo ihm die gewohnten Wände zu Hilfe kamen, schützte ihn allein die Arbeit vor diesen Gedanken, harte Arbeit. «Was tun?», überlegte er und rang nach Luft. Wozu das alles? Ja, der Lack auf dem Klavier hatte Kratzer bekommen ... Die Musik brach ab, es gab Applaus, und von unten erhob sich Stimmengewirr, als gönnten sich alle für die Zeit, die sie von ihrem Geplapper geopfert hatten, nun eine Belohnung. «Ich liebe nur gute Musik», sagte der junge Mann, «und wenn jemand schlecht spielt, sollte er besser gar nicht spielen ... Ich selber spiele sehr gut, nicht wahr?» – «Ja, natürlich ... Sie sind ein Schlingel, Jules», sagte die Dame und brach in Gelächter aus.

IX

E s war ein ausgezeichneter Revolver, fünfschüssig, mit
einem dunklen, geriffelten Griff, Sicherungshebel und
halbmondförmigem Korn. Ein Browning wäre zu teuer gewesen, und es musste ja auch nicht aus hundert Schritt Entfernung
geschossen werden. Einen Namen hatte der Revolver leider
nicht, wo doch die wohlklingenden Doppelnamen der Waffen-
firmen dem Ohr schmeichelten: Forey-Lepage, Webley & Scott,
Holland & Holland. Über diesen Revolver hatte der Verkäufer
ausweichend gesagt: «Vom *Typ* Smith & Wesson, belgisches
Fabrikat, ausgezeichnete Qualität, Sie werden sehr zufrieden
sein, Monsieur.» Alvera war in der Tat zufrieden. Der belgische
Revolver beulte die Manteltasche nicht aus. Auf dem Weg von
Paris nach Louveciennes schaute niemand auf seine Tasche. Jetzt
am Abend war der Wald menschenleer. «Die Luft ist wunderbar. Das haben *sie* sich schön ausgedacht, außerhalb von Paris
auf dem Land zu leben, in ihren Villen ... Wenn ich zu Reichtum
komme, mache ich es vielleicht genauso ...» Er blickte sich neugierig um: Er war in seinem ganzen Leben nicht mehr als drei-
oder viermal im Wald gewesen, auf Schulausflügen. Er kannte
die Bäume nicht und vermochte sie nicht zu unterscheiden.
«Das könnte eine Eiche sein. Oder ein Ahorn, ein Nussbaum?
Ich muss später meine Bildungslücken auf diesem Gebiet schließen und mich systematisch mit Naturkunde beschäftigen. Wenn
ich mir hier eine Villa kaufe, dann mache ich das.» Er dachte, es
wäre, wie es bei *ihnen* hieß, «zynisch», wenn er sich eine Villa
in demselben Dorf kaufen würde, in dem er einen Mord begangen hätte. *Zynisch* ist es natürlich auch, wenn er in diesem Dorf
Schießübungen macht. Aber wenn *sie* es für zynisch halten, so ist
das erst recht ein Grund, es zu tun.

Alvera sah sich um: niemand! Während der Viertelstunde, die er durch den Wald lief, begegnete ihm keine Menschenseele. Dennoch bog er vom Weg ab, lief weitere hundert Schritte: niemand! – und machte sich daran, einen Baum auszusuchen. Es gab keinen Grund, einen bestimmten Baum einem anderen vorzuziehen. Er wählte eine dicke Eiche aus (er hatte endgültig entschieden, dass das alles Eichen waren), und erst dann fiel ihm ein, dass er keine Zielscheibe hatte. «Worauf soll ich schießen? Ah, wie ärgerlich!» Er kramte in seinen Taschen, er brauchte etwas Buntes, Auffälliges, aber außer seinem Portemonnaie und seiner *carte d'identité* – auf die konnte er nun wirklich nicht schießen – fand sich nichts.

In der Innentasche seines Mantels steckte ein Buch mit dem Titel «Verbrechen und Strafe». Er hatte das Buch absichtlich eingesteckt, *ihnen* zum Trotz. Es tat ihm leid, eine Seite herauszureißen: Er liebte Bücher. Der gelbliche Schutzumschlag würde kaum eine gute Zielscheibe abgeben; etwas Weißes wäre besser zu sehen. Das Buch blätterte auf einer Seite mit einem Eselsohr auf: «*Raskolnikov se laissa tomber sur la chaise mais ne quitta pas des yeux le visage d'Ilya Petrovitch qui semblait fort désagréablement surpris. Tous deux pendant une minute s'entre-regardèrent et attendirent. On apporta de l'eau. – C'est moi ..., commença Raskolnikov. – Buvez une gorgée. Raskolnikov repoussa d'une main le verre et doucement, avec des pauses et des reprises, mais distinctement il prononça: – C'est moi qui ai assassiné à coups de hache la vieille prêteuse sur gages et sa sœur Élisabeth et qui les ai volées ...*»[*]

---

[*] Raskolnikow sank auf den Stuhl, ohne jedoch die Augen von dem Gesicht des höchst unangenehm überraschten Ilja Petrowitsch abzuwenden. Beinahe eine Minute lang sahen sie einander an und warteten. Man brachte Wasser.
«Ich habe ...», begann Raskolnikow.
«Trinken Sie einen Schluck Wasser.»

Am Rand dieser Zeilen stand: «*Un fameux crétin, celui-là!*»*.
Diese Stelle hatte ihn immer amüsiert. «Ja, ein kompletter
Idiot!», dachte er und meinte damit sowohl den russischen
Autor als auch den reuigen Studenten. Ihm fiel ein, dass die
Randnotiz auf ihn hinweisen könnte, und er riss die Seite heraus.
Der letzte Teil des Buches, mit dem Inhaltsverzeichnis und den
Verlagsankündigungen, war noch nicht aufgeschnitten. Zer-
streut riss Alvera die Seiten mit dem Finger auf, betrachtete ver-
ärgert die entstandenen ausgefransten Ränder und begradigte sie
sorgfältig, indem er die kleinen Dreiecke abriss. Er trat an die
Eiche und versuchte, die Seite etwa in Kopfhöhe am Stamm zu
befestigen und unter abstehende Rindenteile zu klemmen – der
Wind riss das Blatt Papier augenblicklich fort. Alvera fluchte,
holte ein schmales Fünf-Francs-Taschenmesser mit beinernem
Griff hervor und fingerte mühsam und verbissen – er fürchtete
stets, sich den Fingernagel abzubrechen – die Klinge heraus.
Dann hielt er das Blatt an den Stamm und setzte das Messer mit
einem kräftigen Stoß durch das Papier ins Holz. Das Blatt hing
nun sicher, nur an den Rändern bewegte es sich leicht im Wind.
Der heftige Stoß mit dem Messer hatte etwas Angenehmes, Ent-
schiedenes, Gustave-Aimard-mäßiges[52]. Alvera dachte, in ihm
lebe noch immer der Junge von einst, und er lächelte. Auf das
Blatt gehörte ein schwarzer Kreis. Alvera kramte in der Seiten-
tasche nach seinem Füllfederhalter und stellte verärgert fest, dass
der Tintenfüller, ebenfalls billig und von minderer Qualität, von
der Oberkante gerutscht und nach unten in die Tasche gefallen

---

Raskolnikow schob mit der Hand das Wasser beiseite und sagte leise, mit Pausen,
aber deutlich:
«Ich habe damals die alte Beamtenwitwe und ihre Schwester Lisaweta mit einem Beil
erschlagen und beraubt!» (Fjodor Dostojewski, «Verbrechen und Strafe», deutsch
von Swetlana Geier)
* Was für ein Idiot!

war. Es würde wieder Tinte in die Kappe gelaufen sein, er würde sich die Finger beschmieren, wie dumm ... Tatsächlich war das Ende des Füllers oberhalb der kleinen Feder aus falschem Gold voller Tinte. Mit spitzen Fingern nahm er den Füllfederhalter in die Hand und versuchte, einen Kreis zu zeichnen, doch das Papier lag nicht auf der Rinde auf, und aus der nach oben gerichteten Feder floss keine Tinte. Er schüttelte den Federhalter – aus dem fast leeren Tintenreservoir kam ein letzter Tropfen –, löste verärgert das Blatt, kreiste mit ihm über der Federspitze und wollte es mit dem Taschenmesser wieder an den Baumstamm nageln. Doch diesmal ging der entschlossene Stoß fehl; die Klinge klappte ein und ritzte seine Hand. Erschrocken ließ er das Messer fallen – nein, er blutete nicht. Irgendwie, ohne Messerstoß, heftete er die Seite mit dem verschmierten Tintenklecks in der Mitte an den Baum. Dann lud er umsichtig den Revolver, so wie der Verkäufer es ihm erklärt hatte; die Patronen bewahrte er getrennt vom Revolver auf: Er wollte nicht riskieren, dass im Zug ein Missgeschick passierte.

Er bewegte den Sicherungshebel mehrmals auf und ab. Er konnte sich nicht mehr genau erinnern, wann die Waffe entsichert war – musste der Hebel oben oder unten sein? «Ich glaube, wenn er oben ist. Aber das muss ich überprüfen ...» Er entlud den Revolver, probierte herum und lud ihn erneut: Jetzt war ihm der Mechanismus klar. Alvera maß akkurat fünf Schritte ab – auch das hatte etwas Angenehmes: nicht wie bei Gustave Aimard, sondern wie bei einem Duell. Er schaute sich ein letztes Mal um – immer noch niemand –, setzte das linke Bein etwas zurück, beugte leicht das Knie – es hieß, es könne einen starken Rückstoß geben –, streckte die Hand mit dem Revolver aus, kniff die Augen zusammen, zielte – Korn, Tintenfleck, alles richtig – und schoss. Das Geräusch des Schusses war viel schwächer, als er erwartet hatte, und es gab fast keinen Rückstoß, er hatte jedenfalls nichts bemerkt. Er sah sich noch einmal um, steckte den Revolver in die Tasche und trat an den Baum. Zu seiner Enttäuschung war weder auf dem Tintenfleck noch überhaupt auf dem Blatt ein Einschussloch.

Er maß die Entfernung erneut ab, machte kleinere Schritte, aber immer noch fünf – und merkte erschrocken, dass er den geladenen Revolver in die Tasche gesteckt hatte, ohne ihn zu sichern: Das hieß, er war nicht kaltblütig genug. «Ich muss mich zusammenreißen», sagte er laut zu sich und dachte, wie schwer zu verstehen war, was man gewöhnlich Willensanspannung nannte. «So, jetzt habe ich mich im Griff; ich bin ein anderer als noch vor einer Minute. Ich habe mir gesagt: Habe vor *nichts* Angst, du kannst jederzeit Schluss machen, eine halbe Minute Qual, und alles ist vorbei, also gibt es nichts, wovor du Angst haben musst. Soll es mir um dieses Leben leidtun – oder um *sie*?» Er setzte die Schießübung fort, er war jetzt in der Tat ruhiger, und er schoss besser. Insgesamt feuerte er zehn Kugeln ab (die Schachtel enthielt fünfundzwanzig Patronen), von denen drei das Blatt trafen: zwei am Rand, die dritte dicht neben dem Tintenfleck. Er war mit dem Ergebnis zufrieden. Die Hauptsache war, sich vorerst an das Schießen und den Umgang mit der Waffe zu gewöhnen.

Nachdem er erledigt hatte, was er sich für heute vorgenommen hatte, steckte er den Revolver erleichtert in die Tasche seines Jacketts, verbarg das Buch in der Manteltasche und stieß dabei auf ein zerknülltes Blatt Papier. «Ach, wie ärgerlich ...» Dieses verpfuschte Blatt aus der Abschrift für seinen Auftraggeber hatte er zu Hause versehentlich zu den anderen Seiten gelegt und es dann im Zug, als er den Fehler bemerkte, in die Innentasche des Mantels gesteckt. «Dumm, dass mir das nicht eingefallen ist: Das hätte eine viel bessere Zielscheibe abgegeben, ich hätte keine Seite aus dem Buch reißen müssen ...»

Alvera kehrte auf die Hauptstraße zurück und ging in Richtung Bahnhof. «Ja, es kommt allein darauf an, das Töten zu etwas ganz Gewöhnlichem werden zu lassen. Man muss sich an das Schießen gewöhnen, aber das reicht natürlich nicht … Man müsste einen Hund erschießen, um Erfahrung zu sammeln. Das Gefühl müsste eigentlich fast dasselbe sein, den Hauptunterschied macht die Angst vor der Guillotine. Einen Menschen zu töten, ist sehr einfach: Mit einer gewissen Gewohnheit kann man töten, so wie ein Metzger einen Ochsen tötet, ohne fadenscheinige Argumente, ohne sich wie Napoleon zu fühlen, ohne Erklärungen. Die mittelalterlichen Mordbuben waren das gewohnt, die kamen sehr gut ohne jede Philosophie aus. Leute wie der Vampir von Düsseldorf[53] entwickelten diese Gewohnheit wahrscheinlich nach und nach, aber bei ihnen gab es ein sexuelles Motiv, und das ist ekelhaft und unbegreiflich: Solche Menschen sind für Theologen ein persönlicher Affront seitens der Natur.»

Der Wald endete, es tauchten immer mehr Häuser auf. Eine Passantin sah Alvera an, blickte sich um und beschleunigte ihre Schritte. Er ging weiter und las neugierig die Namen der Villen, die Schilder, die Plakate. Zwei Löwen standen auf den Hinterbeinen über einem Paar gekreuzter Schlüssel in einem Kreis mit der Inschrift: *«La Vigie mobile. Propriété gardée»**, er fragte sich, ob das ein einträgliches Unternehmen war und wie sie die Überwachung bewerkstelligten, ob sie schon Leute seines Schlages erwischt hätten. Ein schwarzer Pfeil wies den Weg zum Rathaus und zur Kirche. Auf einem mit gelben und schwarzen Dreiecken bemalten rechteckigen Schild – «wie dumm und unschön!» – waren zwei Mädchen dargestellt, die sich an den Händen hielten – «die Mädchen sind ziemlich hässlich, macht

* Mobile Überwachung. Geschütztes Eigentum

nichts, wenn sie überfahren werden». Just in diesem Moment tauchte ein Automobil auf. Alvera ging ihm langsam entgegen und wich ihm erst aus, als er nur noch fünf Schritte von ihm entfernt war; der hinter dem Lenkrad sitzende Mann rief ihm etwas Unfreundliches zu. «Wie seltsam, dass wir uns gewöhnlich in Sicherheit wiegen: Dabei reicht eine einzige falsche Bewegung dieses Idioten, ein Moment der Unachtsamkeit, ein Schluck Cognac zu viel zum Frühstück – und schon gibt es mich nicht mehr. Das heißt, jeder Pariser hängt von einer Million solcher Zufälle ab, in Paris gibt es Tausende Autofahrer. Das heißt, die Wahrscheinlichkeit, das Leben zu verlieren, ist für jeden beliebigen Pariser kaum geringer als für mich ... Das heißt ...» Er war dieses ewige, nervtötende Grübeln leid. «Wenn du einen Mord begehen willst, dann begeh ihn, aber mach dich nicht verrückt», sagte er sich. Dann amüsierte er sich über das Schild an einem Zaun: *«Défense de déposer et faire des Ordures sous peine d'amende.»* * Besonders komisch fand er, dass *«Ordures»* großgeschrieben war. Er schaute zerstreut auf die Uhr: Bis zur Abfahrt des Zuges waren es noch achtzehn Minuten – seine Uhr ging vier Minuten nach. Er war zu früh.

Von der Kreuzung führte ein Fußweg zu jener Villa. Er wollte schon zu dem Haus gehen, überlegte es sich aber anders: Im Sinne der Vorbereitung brachte das nichts, und es bestand ein gewisses Risiko, dass er diesem Idioten unverhofft begegnet. Er wird sich wundern und sagen: «Wie? Sie sind noch hier?» Dann müsste er sagen, dass er vergessen hätte, bis zu welcher Seite er mit der Abschrift gekommen war, und nicht wüsste, mit welcher er fortfahren sollte. Damit würde er Eindruck bei ihm machen. Vielleicht ließe der Alte sich sogar rühren und bezahlte ihm die Leerzeilen. «Junger Mann, ich zahle nie für Leerzeilen,

---

* Müll und Unrat abladen verboten. Zuwiderhandlung wird bestraft.

aus Prinzip: Was keine Arbeit macht, wird auch nicht bezahlt.»
Für das Papier zahlt er, wahrscheinlich ebenfalls aus Prinzip,
auch nicht, genauso wenig wie für meine Anfahrt und den damit
verbundenen Zeitaufwand, als ob ich verpflichtet wäre, ihm die
Arbeit nach Louveciennes zu bringen. «Sie könnten sie mir mit
der Post schicken, junger Mann», ahmte er den Tonfall seines
Auftraggebers nach, obwohl sein Auftraggeber diese Worte nie
gesagt hatte: Vom Zeitaufwand war nicht die Rede gewesen.
«Ich könnte ihm nicht sagen, dass ich zum Auskundschaften
hergekommen bin, weil ich ihn umbringen will», dachte er fast
fröhlich. «Wenn sie mich erwischen, werde ich sagen, dass ich
ihn wegen der nicht bezahlten Leerzeilen umgebracht habe: Das
wird man als Beweis für ‹moralische Idiotie› werten, vor Gericht ist es von Vorteil, wenn man ein moralischer Idiot ist ...»
Dann dachte er träge an Jacqueline: ein sehr nettes Mädchen.

Von Weitem ertönte der Pfiff einer Lokomotive, und Alvera
stöhnte: «Ich bin zu spät, jetzt muss ich eine halbe Stunde warten!» Er schaute auf seine Uhr, nein, sein Zug kam erst in zwölf
Minuten. «Wahrscheinlich ein Zug aus der Gegenrichtung ...»

Er blieb vor einem großen weißen Plakat mit grünem Rand
stehen, auf dem ein grüner Junge und ein grünes Mädchen
abgebildet waren, die ungewöhnlich fröhlich aussahen. Irgendein Turnverein rief junge Leute dazu auf, Mitglied zu werden:
«*Pour une jeunesse saine, forte, joyeuse, le sport c'est la joie et la
santé*»[*][54] ... – «Aber wenn sie ohnehin fröhlich und gesund
sind, wozu brauchen sie dann noch Lebensfreude und Gesundheit? Was für Idioten! ... *La fédération sportive et gymnique du
travail vous accueillera dans un de ses clubs*[**] ... Was ist ‹gymnique›? Das Wort kannte ich bisher nicht ... Im Grunde laden

[*] Für eine gesunde, starke und fröhliche Jugend bedeutet Sport Lebensfreude und
Gesundheit ...
[**] Der Arbeitersportbund heißt Sie in seinen Klubs willkommen.

sie auch mich ein, *jeunesse saine, forte, joyeuse* – das bin ich …»
Er musste wieder lächeln, las das ganze Plakat bis zum Ende,
las auch, was sie über Aufnahmebedingungen und Mitglieds-
beiträge schrieben. Bewerbern unter achtzehn Jahren wurde ein
Rabatt gewährt. «Schade, dass ich nicht qualifiziert bin: Ich
bin einundzwanzig …» Ihm fiel ein, dass ihm auch *dort* kein
Rabatt aufgrund seines Alters gewährt würde. Er wusste genau,
wer nach dem Gesetz als minderjährig, wer als nicht volljährig
galt. «Mit zwanzig wird man ohne Weiteres auf die Guillotine
geschickt …»

Er berauschte sich an dem Gedanken, wie fassungslos Vermandois sein würde, wenn er in der Zeitung von dem Mord
läse: «Mein Sekretär! Mein Gott, *mein* Sekretär – und dann
so etwas! …» Vor allem wird ihn entsetzen, dass er aussagen
muss, erst vor dem Untersuchungsrichter, dann vor Gericht:
Wie trostlos, was für eine Zeitverschwendung! Und die Journalisten! Sie werden Interviews wollen, werden sich wie die Geier
auf ihn stürzen, für jede Zeile bekommen sie einen Franc: Von
einem hübschen kleinen Mord kann man vierzehn Tage sorglos leben! Andererseits ist ein Interview, selbst anlässlich eines
Falls wie diesem, immer auch Reklame, und schlechte Reklame
gibt es nicht … Dann wird ihm einfallen, dass ich ebenso gut
ihn selbst hätte töten können, und er wird zu zittern anfangen,
in Schweiß ausbrechen und vor Entsetzen erschaudern. Und ich
hätte diesen miesen Psychopathen in der Tat umbringen können. Aber der Verdacht wäre dann sofort auf mich gefallen: Ich
bin der einzige arme Mann, der bei ihm verkehrt. Vermandois
ist Kommunist oder so etwas in der Art, aber arme Leute unter
seinen Bekannten kann er nicht ausstehen. Außerdem würde die
Polizei bei dem Mord an einem großen Schriftsteller gründlicher
ermitteln. Dafür darf man, wenn man ihn ermordet, auf einen
Platz in der Literaturgeschichte hoffen. Ich glaube, so einen

Fall hat es noch nicht gegeben. Und auch für ihn wäre das im Grunde die einzige Chance auf ein bisschen Ruhm: Seine vorübergehende Unsterblichkeit wird exakt ein Jahr währen, bis man seinen Nachfolger in die Akademie wählt. Schon jetzt wird er von niemandem mehr gelesen: Er ist, gottlob, schon seit dreißig Jahren <cher Maître>. Aber wenn er sich ein wenig beruhigt hat, dann wird er seinen Großmut hervorkehren und mir sogar einen Verteidiger besorgen, einen mittelguten, der nicht viel kostet. Im Übrigen wird selbst der teuerste Strafverteidiger seiner Bitte nachkommen, ohne etwas zu verlangen: Auch Strafverteidiger brauchen Reklame ... Vielleicht besucht er mich sogar einmal im Gefängnis und bringt mir ein Viertelpfund Schinken mit ... Nein, ins Gefängnis wird er nicht kommen, das ist langweilig. Aber zur Verhandlung wird er ganz bestimmt erscheinen und etwas Rührseliges sagen – über die Jugend von heute, über den Verlust von Idealen. Keine Zeitung, die nicht wenigstens zwanzig Zeilen drucken wird, auch das ist nicht zu vernachlässigen: <le grand écrivain>, <le célèbre écrivain>, <l'illustre écrivain>*. Die Geschworenen werden ihn ergriffen anhören und dann ihr Urteil fällen – ohne mildernde Umstände, vor allem, weil es Raubmord war, ich hätte ja auch sie ausrauben können, und außerdem, weil ich ein *sale étranger* bin, *un de ces étrangers indésirables qui viennent chez nous et qui ...***

Der Zug kam erst in sieben Minuten, er war zu früh! Alvera blieb vor einem anderen Plakat stehen, einem alten, schon halb verblichenen. Der Ortsverband der Kommunistischen Partei rief zu einer Kundgebung auf: «*Pour* (die folgenden Worte waren unleserlich) ... *liberté! Pour ...blique des Soviets en France!*»***

---

* der große Schriftsteller – der gefeierte Schriftsteller – der illustre Schriftsteller

** ein dreckiger Ausländer (...) einer von diesen ungebetenen Fremden, die zu uns kommen und die ...

*** Für (...) Freiheit! Für ...blik der Sowjets in Frankreich!

Das Plakat widerte Alvera an: Er konnte die Kommunisten nicht ausstehen.

Der niedrige gelbgraue Bahnhof kam in Sicht. Eilig liefen die Menschen über den Vorplatz. «In der Menge wird niemandem etwas auffallen ... Es gibt nichts, was auffallen könnte, vorläufig ist das sinnlos ... Schaut euch um, so viel ihr wollt ...» Niemand verlangte einen Fahrschein: Am Eingang gab es keine Kontrolle. «Schöne Sitten ...» Er fragte sich, ob unter diesen Umständen ein arglistiger Fahrgast die Eisenbahn nicht austricksen könnte. «In Paris wollen sie die Fahrkarte am Ausgang sehen, aber man könnte auf der letzten Station vor Paris aussteigen und sich dort einen Fahrschein kaufen, das käme bedeutend billiger. Hatten sie wirklich nicht daran gedacht? Was für Idioten!»

Er schlenderte über den Bahnsteig und las die Schilder mit anhaltender, reger Aufmerksamkeit. «Die Stromschiene auf dem Gleis steht unter Spannung ...» – «Ja, die Strecke ist elektrifiziert. Wenn man den Fuß auf dieses Ding setzt und den anderen auf die normale Schiene, dann war's das. Ganz einfach. Wie auf dem elektrischen Stuhl ... Unschuldige Menschen erleiden häufig einen schlimmeren gewaltsamen Tod als sogenannte Verbrecher ...» Er fragte sich, was schlimmer war: der elektrische Stuhl oder die Guillotine? «In Sing Sing[55], heißt es, dauert es nur ein paar Minuten. Aber wenn zum Beispiel ein Flugzeug abstürzt, brennen die Piloten ebenfalls zwei oder drei Minuten lang. Und bei einer bestimmten Art von Zungenkrebs dauert es Jahre, während derer die Menschen unter Qualen sterben ...» Unangenehme Dinge fielen ihm ein: «Ja, *la kératite interstitielle, l'hépatite diffuse, les convulsions épileptiformes, le rétrécissement mitral ...*»* – «Richtig, und diese Missgeburt mit ihrem Tic würde ohne meine Hilfe qualvoll an irgendeiner scheußlichen

---

* interstitielle Keratitis, chronische Hepatitis, epileptische Anfälle, Mitralstenose

Krankheit sterben ... Sollte ich verfolgt werden, könnte ich auf diese Stromschiene springen. Und ihnen dann nett die Hand entgegenstrecken – und schon gibt es einen Mistkerl weniger auf der Welt.»

Nervös gähnend ging er bis zum Ende des Bahnsteigs, kehrte um und blieb vor einem riesigen Thermometer stehen, an dem oben zwei außergewöhnlich lustige Männlein, ein rotes und ein weißes, eine Flasche trugen. «St. Raphael Quinquina. Ich glaube, den habe ich noch nie getrunken, zumindest kann ich mich nicht erinnern, wie er schmeckt.» Er trank überhaupt wenig: «*Jeunesse saine, joyeuse* ... – wie lautete das dritte Wort?» Es beunruhigte ihn, dass ihm das dritte Wort nicht einfiel.

In der Ferne krähte ein Hahn. Alvera wunderte sich sehr. Er dachte, Hähne würden nur im Morgengrauen krähen. Erst jetzt bemerkte er, dass ganz Louveciennes in einem Meer von Grün versank. Zu beiden Seiten des Durchgangsbahnhofs gab es hohe Bäume, Rabatten und Blumen. «Ja, ein schöner Ort ... Wenn die Sache erledigt ist, könnte man sich hier niederlassen und eine Villa kaufen ... Man könnte sogar *seine* Villa kaufen, sie wird vermutlich versteigert werden. Das wäre amüsant und würde den letzten Verdacht zerstreuen: Welcher Mörder kauft schon ein Haus, in dem er von einem blutigen Gespenst heimgesucht wird? Diesen Gedanken muss ich meinem Verteidiger nahelegen. Und Vermandois, wenn er mich im Gefängnis besucht, werde ich sagen, dass ich Dostojewski zum Trotz getötet habe. Er wird begeistert sein und es in seinen Roman über mich einbauen, was für eine brillante Paradoxie: Die Romane des großen slawischen Moralisten befördern unter diesen Unglücklichen nur die Ausbreitung der Kriminalität!»

Ein Passagier, der über den Bahnsteig ging, betrachtete neugierig den kleinen, hageren, unansehnlichen jungen Mann, in dessen Gesicht ein gespannter Ausdruck von Leid und Entsetzen lag, als sei ihm gerade ein großes Unglück widerfahren. «Das Verbrechen in Louveciennes, so könnte er den Roman nennen ... Nein, dieser Titel wird ihm zu sehr nach Boulevard klingen, es wird ein psychologischer Roman mit brillanten Paradoxien und einem Vorschuss von dreißigtausend Francs. Man müsste ihn warnen: «*Défense de faire des ordures ...*»* Er lächelte. In der Ferne tauchte ein kurzer, eigenartig langsam fahrender grüner Zug auf. Alvera wunderte sich, dass man keinen Rauch und keine Lokomotive sah, dann fiel ihm wieder ein, dass die Strecke elektrisch betrieben wurde – «gerade habe ich noch daran gedacht« –, seufzte tief und setzte sich in einen Waggon der zweiten Klasse. «Damit machen sie sich über uns lustig, in Wirklichkeit ist das die vierte Klasse. Sie haben hier absichtlich alles so unbequem und unangenehm wie möglich gemacht: Der Mensch muss schließlich dafür bestraft werden, dass er sich keine teurere Fahrkarte leisten kann ...»

X

A ls der Zug in Paris ankam, war es bereits beinahe völlig dunkel. Alvera begab sich achtlos zum Ausgang. Diesmal wollten sie die Fahrkarte sehen. «Nein, diese Gauner lassen sich wohl nur schwer austricksen. Sie verlassen sich ganz auf ihre Routine – ohne funktionierende Routine könnten sie nicht existieren.» Die Straßenlaternen brannten schon. Die letzten Geschäfte schlossen. Er legte einen Schritt zu, denn außer Butter und den drei – nein, zwei – Eiern, die gestern übrig geblieben

---

* Müll abladen verboten

waren, hatte er nichts zu essen zu Hause. In seinem Viertel waren Lebensmittel etwas billiger, aber bis zu seiner Wohnung hatte er eine ziemliche Strecke zu fahren, er musste alles jetzt sofort kaufen. In Gedanken zählte er sein Geld: Als er das Haus verließ, hatte er fünfundfünfzig Francs gehabt, dann hatte er vierundachtzig für seine Arbeit bekommen, acht hatte er für die Fahrt nach Louveciennes und zurück bezahlt, sechs für die Busfahrscheine. Das müsste hundertfünfundzwanzig ergeben. Er steckte seine Hand in die Tasche – wieder fiel der Füllfederhalter nach unten – und erschrak, als er den Hundert-Francs-Schein nicht gleich fand. «Ah, da ist er! Gott sei Dank ...» Das Kleingeld stimmte auch, er hatte richtig gerechnet. «Übermorgen bekomme ich zweihundert von Vermandois. Das reicht ...»

Er bog in die Seitenstraße ein und blieb vor einer Metzgerei stehen. Neben der Tür hing ein riesiger Tierkadaver. Er hätte sich ein Beefsteak für drei Francs kaufen und es zu Hause braten können. Aber der Anblick des blutigen Fleischs verursachte ihm Ekel. Der Metzger, fast so blutbeschmiert wie der Kadaver, kam aus der Tür, mit einer Stange in der Hand, die aussah wie eine Gabel, und schloss vor seinen Augen den Laden ab, beinahe demonstrativ, als wisse er, dass dieser Kunde nur ein einziges Beefsteak verlangen würde: Auf deine drei Francs kann ich verzichten! Alvera kaufte im Nachbarladen Schinken. «Für drei Francs, in Scheiben. Und für zwei Francs Wurst, ohne Knoblauch.» Die Verkäuferin schnitt die Wurst in demonstrativer Eile, vielleicht ebenfalls, um ihre Geringschätzung für ihn auszudrücken. Er verfolgte die Bewegung des riesigen Messers und dachte, dass sich der Henker wahrscheinlich genauso gleichmäßig, geschickt und routiniert bewegen würde. «Und diese Schinkenguillotine erinnert an die andere, die echte ...» Er kaufte noch etwas Käse und zwei Äpfel und dachte vergnügt, dass er die unverschämte Verkäuferin nicht eher entlassen würde, bis er alles bekommen hatte, was er wollte: Jetzt arbeitete *ihr* Gesetz für ihn und gegen die Verkäuferin. Als er bezahlte, dachte er ebenfalls vergnügt, dass er sein Budget nicht um einen Sou überzogen hatte.

Neben dem Laden befand sich eine Bushaltestelle der Linie, die er brauchte. Im Bus war sein Lieblingsplatz frei: am Fenster, auf der Sitzbank des Zweierabteils, sehr schön. Er legte die Tüten auf seinem Schoß ab, stützte sich gegen die Wagenwand und lehnte sich müde zurück. Die Passagierin hinter ihm, deren Hut er gestreift hatte, murmelte etwas. Eine Dame setzte sich neben ihn, er beachtete sie nicht, spürte nicht, dass ihr Körper den seinen berührte, und erst als sie an der Brücke ausstieg, bemerkte er, dass sie jung war und gar nicht schlecht aussah – er war selbst überrascht von seiner Unempfindlichkeit. «Na ja, Jacqueline ...»

Der Bus fuhr am Gerichtsgebäude vorbei. Alvera malte sich wohlig-träge aus, wie man über ihn zu Gericht sitzen würde: «In welchem Saal? Wohin gehen die Fenster? Sind es vielleicht diese?» Er stellte sich die Richter und den Staatsanwalt vor. Die Geschworenen würden sich in den Beratungsraum zurückziehen, er bliebe allein mit dem Gendarmen zurück, der würde mitleidig *die Augen abwenden*, so wie es sich nach Ansicht mitfühlender Schriftsteller für einen Mann aus dem Volke gehört. «*À Dieu dans ses pauvres ...*»*[56] – «Dass es *Seine* Armen sind, klingt wie Hohn. Wären es seine, müsste *Er* sie reich machen ...» Der Bus bog in den Boulevard Arago ein. «Die Guillotine wird hier zwischen diesen beiden Bäumen aufgestellt ...» – «*Du courage, Alvera, l'heure de l'expiation est venue ...*»** Er wird sich ein Lächeln abringen müssen, es wird angestrengt wirken, aber wenn er sich Mühe gibt, bringt er schon ein ordentliches

* Gott und seinen Armen (geweiht) ...
** Fassen Sie Mut, Alvera, die Stunde der Sühne ist gekommen ...

Lächeln zustande. «Ich bin schon lange bereit ... Und wenn ich nicht bereit bin – was dann? Dann verschieben sie es? Auf die exaltierte Umarmung des Verteidigers kann ich verzichten. Eine Zigarette, ein Glas Rum und ‹*Merci, monsieur, bien aimable*...›.* Dann der Anblick der Maschine und der ‹krampfhafte, nervöse Schock›, wie es sich gehört ... Nein, es ist nicht schrecklich. Jedenfalls kann man sich daran gewöhnen, indem man ständig daran denkt. Auch beim Tod spielt die Gewöhnung, so albern es scheinen mag, eine gewisse Rolle. Sich zu erschießen, sich zu erhängen ist deshalb so schwierig, weil uns Revolver und Schlinge nicht vertraut sind. Gift zu nehmen ist wahrscheinlich einfacher, wir sind es gewohnt, Pülverchen zu schlucken ... Im Grunde kann Mord als die seltenste Form von Selbstmord betrachtet werden ...»

Vertieft in diesen Gedanken, der ihn beschäftigte, stieg er an seiner Straßenecke aus. Er ging in den siebten Stock hinauf: Er bewohnte ein Dienstbotenzimmer, ohne Recht auf Nutzung des Aufzugs – auch das eine Strafe dafür, dass er kein Geld hatte. Das Zimmer hatte kein fließend Wasser, war ansonsten nicht schlecht und anständig eingerichtet; die Möbel hatte er nach und nach auf dem Flohmarkt erworben. Der Mahagonischreibtisch war besonders hübsch. Alles befand sich in vorbildlicher Ordnung. Auf dem Schreibtisch standen, akkurat ausgerichtet, ein Tintenfass, eine Lampe und ein Schiffchen für Federn und Bleistifte. Jedes Buch hatte einen exakt festgelegten Platz im Regal; sein Katalog listete zweihundertzweiundsiebzig sorgfältig nummerierte Bücher auf. Dostojewski war unter der Nummer 196 erfasst.

Alvera stellte das Buch an seinen Platz, ärgerte sich noch einmal über die herausgerissene Seite und verbarg die durch-

* Danke, Monsieur, sehr freundlich von Ihnen ...

schossene Seite geistesabwesend in der mittleren Schublade des Schreibtischs – in dieser Schublade befand sich alles, was wichtig war: das Notizbuch, das Diplom vom Lyzeum, Empfehlungsschreiben, bezahlte Rechnungen. Dann nahm er seinen Kragen ab, hängte seine Krawatte über eine Schnur, die er an einer Ablage im Innern des Kleiderschranks befestigt hatte, zog seine Hausschuhe an und stellte verärgert fest, dass die rechte Socke am großen Zeh ein Loch hatte. Er legte die Lebensmittel auf ein helles unlackiertes Tischchen, ging in den Korridor, um Wasser zu holen, kochte Tee auf dem Spirituskocher, knipste die zweite Lampe auf dem Schreibtisch an – und erblickte die Rechnung der Elektrizitätsgesellschaft: Er hatte gestern völlig vergessen, die Rechnung zu bezahlen! Die Quittung war ihm zum ersten Mal zugestellt worden, sie konnten ihm den Strom auf keinen Fall abstellen, dennoch war er sehr besorgt. Rechnungen bezahlte er immer sofort: der Wäscherin, dem Bäcker, der Zeitungsfrau. Er machte sich eine Notiz, dass er morgen als Erstes unbedingt die Rechnung bezahlen musste. «Geld ist genug da.»

Er verdiente durch seine Sekretärsdienste und das Abschreiben nicht weniger als achthundert Francs im Monat, manchmal sogar tausend. Wirkliche Not hatte er fast nie gelitten. Im Winter waren sogar ein paar Ersparnisse zusammengekommen, aber die hatte er für Wäsche, für einen Anzug und Schuhe ausgegeben: Um seinen Sekretärspflichten bei Vermandois nachzukommen, musste er sich anständig anziehen. «Dieser Heuchler kleidet sich beim besten Schneider ein. Allein sein roter Hausmantel kostet wahrscheinlich mehr, als ich in einem ganzen Monat verdiene ... Bis Silvester könnte ich wieder tausend Francs zusammenhaben ...» Er war selbst überrascht: Was für ein Silvester, was für tausend Francs, wenn die Sache über die Bühne geht! Auf Hunger und Armut würde sein Verteidiger schwerlich verweisen können, umso mehr, als er zu *ces étrangers qui viennent* *chez nous** gehörte. Als Ausländer konnte Alvera eigentlich nur dem Pass nach gelten: Sein Vater, der nach einem Staatsstreich aus Südamerika fliehen musste, war mit ihm nach Frankreich gekommen, als er noch keine drei Jahre alt war. Er sprach nur Französisch, kannte und mochte nichts Spanisches und schämte sich ein wenig für seinen langen Vornamen: Ramon Gregorio Gonzalo; dieser Gonzalo, der ihm albern und komisch vorkam, ärgerte ihn besonders. Am Lyzeum war er Raymond Alverá, mit der Betonung auf der letzten Silbe, «aber *dort* wird natürlich auch Gonzalo ans Licht kommen».

Im Schrank, den er für fünfzig Francs erstanden hatte und der mindestens zweihundert wert war (er erinnerte sich besonders gern an diesen Kauf), stand rechts neben einem Stapel ordentlich zusammengelegter Handtücher, welche die Wäscheabteilung abschlossen, ein Glas mit Kirschkonfitüre. Diese Konfitüre, so schien ihm, hatte etwas zugleich Verwerfliches und besonders Intimes an sich. Alvera aß mit Genuss sein Abendbrot, trank ein Glas Tee, stellte ein weiteres Glas, das fast zu einem Drittel mit Konfitüre gefüllt war, auf den Schreibtisch, räumte die Reste des Proviants weg und spülte das Geschirr ab. Dann holte er ein dickes Notizbuch in einem schönen Kalikoeinband aus der Schublade. Es enthielt ein umfangreiches Werk: «Das energetische Weltverständnis».

Er hatte die Arbeit bereits im Lyzeum konzipiert, als er lernte, dass die Energie als Produkt dargestellt werden kann, das sich durch die Multiplikation der Spannung mit der Masse ergibt, und dass physikalische Prozesse mit einer Abnahme des Multiplikators der Spannung ablaufen. Dieser Gedanke hatte ihn schon damals beschäftigt, und er war immer wieder auf ihn zurückgekommen. Später kam ihm die Idee, dass man ein soziophiloso-

* diesen Ausländern, die zu uns kommen

phisches System schaffen könnte, das auf einer mathematischen Formel beruhte: Er stellte sich ein großes, schön gestaltetes Buch vor, in dem alles aus dieser Formel entwickelt wird. Er kaufte sich ein Heft und schrieb auf die erste Seite auf einer nicht ganz geraden, leicht nach rechts ansteigenden Linie: $A = U + T^{dA/dT}$. Inzwischen wusste er schon nicht mehr genau, was all diese Buchstaben in der Physik bedeuteten. Sein System beruhte darauf, dass soziale und psychologische Prozesse mit einer Zunahme des Multiplikators der Spannung einhergehen mussten. Für den mathematischen Teil der Arbeit hatte er zwanzig Seiten leer gelassen, die würde er später füllen, wenn er sich mit Physik und Mathematik besser auskannte. Ab Seite 21 ging es um reine Soziologie – bislang waren das siebenunddreißig Seiten. Auf Seite 200, mit einem Lesezeichen, begannen die Gedichte, die er in ihrer endgültigen Form in das Heft schrieb – die Enden der Zeilen liefen alle ein wenig nach oben. Alvera tauchte die Feder ins Tintenfass und spürte, dass ihm die Arbeit heute nicht von der Hand gehen würde. Er kritzelte gelangweilt eine obszöne Zeichnung an den Rand, was er augenblicklich bereute – wozu das Manuskript besudeln? –, und verbarg das Heft verdrießlich in der Schublade.

Im Zimmer war es kalt, viel kälter als draußen. «War das ein Fieberschauer?» Der Gedanke an die warme Bettdecke war verlockend. Er schämte sich jedoch, schon um zehn *richtig* ins Bett zu gehen. Ein Kompromiss hätte darin bestehen können, sich *provisorisch* hinzulegen und mit seinem Mantel zuzudecken; allerdings würde er, wenn er zwei Stunden so schliefe, anschließend bis zum Morgen wach liegen. Er entschloss sich für den Kompromiss, nahm das erstbeste Buch – No. 64 – aus dem Regal und legte sich so auf das Bett, dass er nicht in der Kuhle der Matratze versank. Die Kuhle war, wie alles andere hier, *intim* und behaglich. Von unten ertönte Musik. In der Wohnung im sechsten Stock spielte die Tochter der Mieterin Klavier. «Wenn sie um zehn nicht aufhört, werde ich mich beschweren: Sie hat kein Recht ...» Er lauschte und bekam nicht heraus, was gespielt wurde. «Es ist etwas sehr Bekanntes und Banales. Man müsste die Musik heute völlig umkrempeln, so geht es nicht weiter. Das Publikum hat keine Ahnung – wenn der Pianist wie ein Boxer in die Tasten haut und mit aller Kraft auf die Pedale drückt, gefällt ihm die *Kraft* seines Spiels, und wenn er pianissimo spielt, gefällt ihm die *Empfindsamkeit* ...»

Die Klavierspielerin hatte aufgehört. Er las und dachte kaum darüber nach, was er las: Er wusste, dass er, wenn es erforderlich war, nachdenken und sich seine *eigene* Meinung bilden würde. Jetzt war es ein automatisches Vergnügen, fast wie ein Spaziergang oder eine Ruhepause. Dann schweiften seine Gedanken wieder zu seiner philosophischen Arbeit ab. «Vielleicht überstrapaziere ich die Idee der Gewohnheit, den Multiplikator der Masse?» Ein neuer Gedanke ging ihm durch den Kopf, und er hätte ihn sofort niederschreiben müssen, aber er hatte keine Lust, sich wieder an den Schreibtisch zu setzen. Zitternd vor Kälte und Aufregung – «ich scheine wirklich Fieber zu haben: Im Sommer kann es im Zimmer gar nicht so kalt sein» –, blätterte er die Seiten um. «*Le cœur débordant de passion, la tête forte d'enthousiasme raisonné* (Alvera lachte auf), *les yeux perdus dans la contemplation des splendeurs qu'elle entrevoit, l'humanité se dirige, irrésistible, vers la Terre promise où chacun pourra vivre dans la paix de son cœur et de sa conscience, aimant et aimé, sans contrainte et sans haine, sans envie, sans entrave, dans le rayonnement bienfaisant des passions satisfaites, dans l'affinement vigoureux des facultés décuplées, dans l'épanouissement fécond des originalités et des caprices* (er lachte erneut), *dans la suave caresse des rêves et des aspirations vers le sublime et l'idéal, les sens apaisés par des fêtes de la chair réhabilitée, le cerveau élargi par la science fortifiée,* *l'oreille bercée par l'harmonique vibration des choses, le cœur gonflé de l'amour d'autrui ...*»*[57]

Er begann sich sehr zu amüsieren. Nein, die Anarchisten waren wirklich noch dümmer als die Kommunisten. Der hier begreift durchaus, dass man töten und stehlen könnte, aber er hat offensichtlich Angst, zu töten und zu stehlen, und deshalb erfindet er alle möglichen Ausflüchte: ‹Einzelne Akte von Diebstahl und Mord korrumpieren und erniedrigen den Menschen.› Aber wenn ich um Almosen bettle und mir Arbeit bei allen möglichen Mistkerlen suchen muss, wenn ich vor Menschen katzbuckeln muss, die ich verachte und hasse – dann werde ich nicht korrumpiert und erniedrigt? Ja, dieser Herr macht Karriere mit schönen Worten, genau wie alle anderen: Bei den Sozialisten war keine Stelle mehr frei, also hat er sich zum Anarchisten erklärt, auch so ein schönes Wort. «Warte nur, ich werde dir deine *l'harmonique vibration des choses* schon noch zeigen», dachte er plötzlich wütend. «Als ob die Menschen für irgendein Ideal leben oder überhaupt für irgendetwas oder aus irgendeinem Grund! Sie leben, weil sie leben, und wenn sie sterben, dann sind sie tot.»

Das Licht der Glühbirne war ermüdend für die Augen; sie waren bei ihm immer gerötet und leicht geschwollen: «Chronische Bindehautentzündung, sollte man nicht unterschätzen»,

---

* Mit einem vor Leidenschaft überbordenden Herzen, beflügelt vom Enthusiasmus des Geistes, den Blick in leuchtende Fernen gerichtet, strebt die Menschheit unaufhaltsam in das gelobte Land, das jedem in Eintracht mit seinem Herzen und seinem Gewissen zu leben verspricht, liebend und geliebt, ungehindert, ohne Zwang und Hass, ohne Neid, erwärmt von den segensreichen Strahlen erfüllter Liebe, wo jeder seine Fähigkeiten zur Vollkommenheit entfaltet, Fähigkeiten, die sich dank der fruchtbaren Entwicklung seiner individuellen Anlagen verzehnfachen, wo jeder in süßen Träumen schwelgt und nach dem Erhabenen und Vollkommenen strebt, wo der Triumph des wieder in seine Rechte eingesetzten Fleisches die Gefühle besänftigt, wo die erstarkte Wissenschaft den Verstand erleuchtet, wo die harmonische Schwingung der Dinge dem Ohr schmeichelt, wo das Herz vor Nächstenliebe überquillt ...

hatte ihm ein Medizinstudent gesagt, mit dem er früher auf dem Lyzeum gewesen war. Alvera holte eine Hand unter dem Mantel hervor und schaltete das Licht aus. Ins Zimmer drang der fahle Schein der Straßenlaterne. Es wurde noch behaglicher. «Vielleicht ist das die Schwäche der Ratte für ihren Bau, den sie behaglich findet ... Ja, vorläufig habe ich ihre Gesetze nicht übertreten, niemand wird hier eindringen, niemand wird mich behelligen, morgen werde ich ins Café gehen, es wird heißen Kaffee und Croissants geben, mein Frühstück, mein Mittagessen ist gesichert (es sei denn, Vermandois wirft mich raus ... nein, das wird er nicht), hier ist alles *meins* – ist das nur *Schein* oder echte Unabhängigkeit? Die Anarchisten haben auf ihrer Kundgebung geschrien, auch in Frankreich gäbe es Knechtschaft, einen Trikolore-Faschismus, und *darin* habe ich ihnen zugestimmt, aber am Eingang stand die Polizei, um sie zu schützen, falls sie von den Kommunisten oder den Rechten angegriffen würden. Also *Schein*? Und ist es nicht eine Dummheit, eine ungeheuerliche Dummheit, was ich mir da vorgenommen habe?» Er wiederholte gleichsam leidenschaftslos die Argumente der Gegenseite. «Nun, ich kann es mir noch überlegen, noch ist Zeit.»

Der Gedanke an einen Aufschub war ihm sympathisch. In diesem Moment war er überzeugt, ⟨   ⟩ er es sich anders überlegt. «Ja, ein behaglicher Rattenbau ... Diese Plisseegardine vor den Fensterscheiben ist tagsüber besonders anheimelnd. Sieht aus wie ein Absorptionsspektrum.» Der Vergleich mit der Zeichnung aus dem Lehrbuch, die ihm im Gedächtnis geblieben war, bereitete ihm Vergnügen. «Jedenfalls ist das *meine* Nacht, auch wenn sie nur fünf oder sechs Stunden hat. Das menschliche Leben besteht aus Stücken, aus kleinen, sehr kleinen Stücken, und jedes Stückchen will einzeln angenommen und gewürdigt werden: danke für *dieses* Stückchen! – obwohl es niemanden gibt, dem ich danken könnte, und vielleicht warten die wertvollsten

Stücke meines Lebens erst im Gefängnis auf mich, *meine* fünf oder sechs Stunden in der Zelle vor dem Gang zum Schafott. Unterm Strich kommt bei allen dasselbe heraus: eine glatte Null ...» Er erinnerte sich daran, dass er auf dem Rückweg aus Louveciennes noch an etwas anderes Angenehmes gedacht hatte – er bewertete jetzt sowohl seine eigenen als auch fremde Gedanken nicht nach ihrem Gehalt, sondern nach der Befriedigung oder Empörung, die sie in ihm hervorriefen. «Was war das nur gewesen? Ah, ja ...» Die angenehmen Gedanken während der Fahrt hatten Vermandois gegolten, dem Erstaunen, dem Entsetzen, der Verwirrung, die dieser verspüren würde, wenn er in der Zeitung von der Verhaftung des Mörders von Louveciennes las. Alvera musste vor Freude lachen – und schlief eine Minute später ein. In einem fernen, alten Land geriet ein Hirte in Streit mit der Sonne, und die Sonne beschloss, Rache an ihm zu nehmen, und sie führte ein Gesetz ein, ein angenehmes Gesetz, angenehm für ihn und seinen Nachwuchs – *jeunesse saine, forte et joyeuse** ... Ja, da war es, das dritte Wort, Gott sei Dank! Dann folgte ein Albtraum – das Zimmermädchen im Nachbarzimmer wachte auf, fluchte und dachte wütend, dass sie sich bei der Concierge über diesen Unmenschen beschweren sollte, der nachts wie ein Idiot herumschrie und die Leute aufweckte, die um sechs Uhr morgens aufstehen mussten.

* eine gesunde, starke und fröhliche Jugend

XI

Bin ich auf meine alten Tage sentimental geworden?»,
fragte sich Wislicenus ärgerlich. Er bekam seine Aufregung nicht in den Griff. Ja, das war die Straße, und hier hatte sich fast nichts verändert. Nur auf der rechten Straßenseite, direkt gegenüber dem Haus, in dem Iljitsch gewohnt hatte, zog sich jetzt ein langes rotes Gebäude hin. Früher war da der Garten irgendeiner kirchlichen oder klösterlichen Einrichtung gewesen; sie hatten nie herausbekommen, welcher genau, und es interessierte sie auch nicht. Abgesehen von dem verletzend neuen Gebäude, hatte sich in der winzigen Straße nichts verändert. Wie damals dehnte sich auf der linken Straßenseite dieselbe eintönige Reihe von schmalen, hohen Häuserklötzen. Sein Herz begann zu rasen – «das fehlt gerade noch! ...» Das Haus hatte sich in einem Vierteljahrhundert nicht im Geringsten verändert: dieselben Balkone an jedem Stockwerk, dieselben merkwürdigen kleinen Rüssel zu beiden Seiten des mittleren Balkons, dieselbe Glastür in der Tiefe des dunklen Eingangs – abends warteten sie vor dieser Tür auf Einlass und riefen, die einen zaghafter, die anderen entschlossener: *«Cordon, s'il vous plaît ...»** Iljitsch fürchtete sich höllisch vor Auseinandersetzungen mit Concierges; eine andere Wohnung hatte wegen ebendieses *«cordon, s'il vous plaît»* aufgegeben werden müssen. Dasselbe niedrige Kellerfenster – aus dem Keller holte er, wenn es Frühling wurde, beschwingt und vergnügt sein Fahrrad herauf. Wie leibhaftig sah Wislicenus Lenin vor sich, wie er aus dem Fenster schaute, ohne Jackett, die Ärmel hochgekrempelt, auf Provinzlerart – in dieser Straße war das damals normal und heute sicher auch noch. «Ach, da sind

---

* Machen Sie bitte auf ...

Sie ja, ich gch-rüße Sie. Warum fahren Sie nicht mit dem Fahrrad? Sollen wir eins auf Ch-raten kaufen? Ist von Vorteil für die Arbeit und die Gesundheit, und es macht Fch-reude ...» – «Ich fand es damals komisch, wie seltsam bestimmte Worte bei ihm klangen, und ich überlegte mir, dass er zu seiner schnarrenden Aussprache vielleicht in Gesellschaft von Juden gekommen war; geboren in Simbirsk, hatte er von ihnen vielleicht auch gelernt, ‹*paar* Tage›[58] und ‹*paar* Fränkelchen› zu sagen, und dann schämte ich mich, dass ich das gedacht hatte ... Ich glaube, diese *Piqûres. Ventouses. Massages médicaux** hat es damals noch nicht gegeben. Richtig. Die gab es noch nicht.»

Aus dem offenen Fenster im dritten Stock starrte jemand erstaunt auf den seltsamen schlaksigen Mann, der breitbeinig und regungslos gegenüber dem Hauseingang stand, in einer Haltung, die an den Eiffelturm erinnerte. «Ja, das sieht natürlich komisch aus, so ein *Pilgergang* hat in der Tat etwas Albernes und Seltsames ...» Fast wäre er in den zweiten Stock hinaufgegangen, um zu klingeln und unter irgendeinem Vorwand einen Blick in die fremde Wohnung zu werfen: Wer lebte jetzt hier – und hatte natürlich keine Ahnung, wer früher hier gewohnt hatte? Was stand im «Kabinett» in der rechten Zimmerecke, wo das niedrige, breite Sofa mit dem Schonbezug und dem Schachbrett auf der Kissenrolle gestanden hatte?

«... Albern, seltsam und beängstigend sentimental ...» Wislicenus entfernte sich von der Haustür und ging in Richtung Avenue d'Orléans.

Die Lichter gingen an. Von Weitem war Musik zu hören. Ihr ganzes Leben hatte sich in diesem Viertel zwischen Lenins Haus und der Druckerei abgespielt, in die Stadt (genau so drückten sie sich aus: «in die Stadt») waren sie nur selten gefahren. Er

---

* Spritzen. Schröpfkuren. Medizinische Massagen

rief sich alles ins Gedächtnis zurück, es rührte ihn, die bekannten Straßennamen zu lesen, und er war von seiner Rührseligkeit selbst erstaunt: Die Straßennamen konnten sich ja nicht verändert haben. Hier hatte er den Tabak gekauft – für fertige Zigaretten reichte das Geld nicht, außerdem hatte es etwas Beruhigendes, die Zigaretten selbst zu drehen (er hatte also auch damals Nerven gezeigt, dachte er erleichtert: Dann war es nicht so schlimm, wenn ihm das heute passierte). Hier hatte er um sechs die «*Temps*»[59] gekauft. Da war der Zeitungskiosk, und alles war wie damals. Hier hatte er anschreiben lassen, wenn er Wurst kaufte ... Plötzlich stieg Zorn in ihm auf, er musste daran denken, wie ihm der Ladenbesitzer, als seine Schulden dreißig Francs erreichten, einmal den Kredit verweigert hatte und die Verkäuferin das bereits eingewickelte Stück Wurst, mit Farce und Gelee in der Mitte, ja, «die mit dem Gelee», verwirrt wieder zurücklegte ... Ja, all das war nicht erfreulich gewesen, zumindest dann nicht, wenn man an den Hunger dachte, an die Suche nach Arbeit für ein paar Francs – es gab keinen Grund, sentimental zu werden. Die Preise hatten sich geändert, er wusste noch, wie viel er damals für alles bezahlt hatte, und freute sich wie ein alter Mann, dass er sich an alles erinnern konnte und dass alles so billig gewesen war. «Aber wenn einen die Altersmilde überkommt, wird es Zeit, den Laden dichtzumachen! ...» Von einem entfernten Grill zog ein aromatischer Duft herüber, der etwas in ihm wachrief, von dem er nicht wusste, was es war, aber der Geruch erinnerte ihn lebhaft an seine Jugend und das Paris von einst.

Auch im Haus der Druckerei hatte sich nichts verändert. Es gab denselben alten Laden mit Auslagen von allerlei Buntem, Wachstuch, Bürsten, Tüchern, Tapetenresten – dürftiger Luxus für Arme. Wislicenus verschlug es den Atem: Hinter der Kasse saß noch derselbe Besitzer, mit einem schwarzen Käppi, inzwischen ein hochbetagter Greis. «Ja, ein sehr zählebiges Volk und ein unveränderlicher Alltag ...» Aber er hatte hier wirklich nichts zu suchen, ebenso wenig wie vor Lenins Haus, es war sinnlos gewesen herzukommen: Das Leben war dasselbe, nur fremd, noch viel fremder als damals. Die Klänge der Musik wurden immer lauter, er erblickte Karusselle, ein Volksfest war im Gange. «Irgendwie gab es hier schon damals immerzu Feste. Ein lebensfrohes Volk ...» Der Anblick fremden Frohsinns war ihm unangenehm.

Die lästige Verabredung war für viertel acht in *ihrem* Café getroffen worden: Wislicenus war kein anderes Café eingefallen, und so hatte er dieses genannt. Er wusste, dass das Gespräch – es ging um eine wichtige politische Angelegenheit – äußerst unerfreulich sein würde, und rechnete damit, dass es etwa eine halbe Stunde dauerte. Für acht Uhr hatte er eine Einladung zu einem Diner in einem Restaurant mit Kangarow-Moskowski, der nach Paris gekommen war.

Ihre Wege hatten sich schon vor geraumer Zeit getrennt. Ihr dienstliches Verhältnis war unverändert: korrekt und kühl. Sie versuchten, so wenig wie möglich miteinander zu tun zu haben. Wenn sie sich trafen, lächelte Kangarow schon von Weitem, aber seine Augen waren gelb. Es kam vor, dass sie im Gespräch Gemeinheiten austauschten, gewöhnlich in Form von freundschaftlichen Ratschlägen, aus bester Absicht, zum Nutzen der Partei – so wie Gogol der Gräfin Wielgorskaja leutselig geraten hatte, sie möge das Tanzen lassen, da sie krumm sei.[60] Bald nach dem Empfang beim König war Wislicenus auf eine dringliche Dienstreise nach Spanien geschickt worden. Er hielt sich dort viel länger auf als geplant. Kangarow hatte er überraschend in der Pariser Botschaft getroffen, und wieder lächelte der Botschafter schon aus zehn Schritt Entfernung sein süßestes Lächeln, drückte ihm fest die Hand und lud ihn in ein Restaurant zu einem Diner ein.

«Ich darf Sie bitten, mit allen Honneurs», sagte er und ergänzte, die Einladung erläuternd: «Siegfried Mayer, ein deutscher Emigrant, möchte Sie sehen, vielleicht kennen Sie ihn? Er bedrängt mich schon eine ganze Weile. Also kommen Sie, das erspart Ihnen eine gesonderte Verabredung … Natürlich nur, wenn Sie keine allzu wichtigen Geheimnisse zu hüten haben», fügte er, halb fragend, mit einem Lächeln hinzu. Wislicenus antwortete nichts. Kangarows Augen wurden gelb. «Nebenbei werden Sie Nadeschda Iwanowna wiedersehen. Sie hat sich *auch* nach Ihnen erkundigt.» – «Ist sie denn hier?», fragte Wislicenus hastig und errötete. Eben noch war er im Begriff gewesen, die Einladung auszuschlagen. «Ja, sie begleitet mich, ich benötige eine Dolmetscherin: Die Feinheiten des Französischen entgehen mir, und was Sprachen angeht, ist sie ein Ass», sagte der Botschafter salopp. «Nun, ich denke, ich werde kommen, vielen Dank; ich muss in der Tat mit diesem Mayer sprechen», antwortete Wislicenus ebenso salopp. «Und wie geht es ihr so?» – «Wem?» – «Nadeschda Iwanowna.» – «Nadjenka? Ausgezeichnet, sie blüht auf. In Paris fühlt sie sich wie ein Fisch im Wasser. Also, bitte, Punkt acht. Schreiben Sie sich die Adresse auf.» – «Jawohl.» Beiden war es peinlich. «Was bin ich für ein Narr, dass ich rot werde!», dachte Wislicenus, sich verwünschend, und verabschiedete sich augenblicklich vom Botschafter. «Natürlich hat er es bemerkt, er muss es bemerkt haben …»

Im Café ließ er sich eilig auf die Sitzbank fallen: Es ging ihm auf einmal sehr schlecht. Er verspürte einen stechenden Schmerz in der Brust, als hätte jemand einen Pfahl hineingerammt. Der Schmerz breitete sich bis in die Schulter aus und wanderte in seinen Arm. «Seltsam, das hatte ich noch nie. Kommt das etwa auch vom Asthma? Nein, das ist ein Herzanfall, natürlich, warum soll ich mir etwas vormachen und mich vor dem Wort fürchten? ‹Neurose›, ‹Anfall› – ist doch egal … Jedenfalls bedeutet es nichts Gutes …» Der Kellner brachte ein Glas Milch.

Der junge Mann am Nebentisch musterte den Milch trinken-
den Rentier verächtlich-herablassend. Im Hintergrund vernahm
man, so wie damals, das angenehme Klackern der Billardkugeln.
Die Schachspieler des 14. Arrondissements spielten noch immer
an ihren alten Plätzen, und Schaulustige drängten sich wie damals um die Bretter der besten Spieler und tauschten flüsternd
Bemerkungen aus ... «Wollen Sie mir etwa Ihren Läufer vorge-
ben[61]? Verehr-chrtester, Sie spielen wie einer von diesen lausigen
Wpech-rjod-Leuten[62]! Ich gebe Ihnen nicht den Läufer, sondern
die Dame vor!» – «Verteilen Sie nicht das Fell, bevor Sie den
Bären erlegt haben!» – «Was für ein Fell, was für ein Bär? Hör
dir das an, Gch-rigori! Sie sollten Schafskopf spielen und nicht
Schach!» Wislicenus' Erregung ging in Halluzinationen über:
«Das kommt, weil ich von solchen Halluzinationen gelesen oder
so etwas im Theater gesehen habe, in irgendwelchen altmodi-
schen Tragödien. Gleich wird Lenin seinen Platz in ihrer Mitte
einnehmen, an *seinem* Tisch ...» Und tatsächlich nahm Lenin
im selben Augenblick Platz, und die Menschen um ihn herum
quittierten seine anspruchslosen Witzeleien mit respektvollem
Lachen, dieselben hungrigen, komischen, nutzlosen Menschen,
die indes die halbe Welt auf den Kopf gestellt hatten. Jetzt waren fast alle von ihnen tot oder im Gefängnis. Die bekanntesten
waren vor Kurzem hingerichtet worden. «Richtig, und bevor sie
starben, haben sie sich an dieses Café erinnert, an die Volksfeste
in dieser Straße, an die Wohnung mit den zwei Zimmern, an unsere Druckerei ...» – «*C'était une erreur! Il ne fallait pas sacrifier
le pion!*» – «*Vous n'y entendez rien, mon vieux.*» – «*C'était une
erreur, vous dis-je. La combinaison était fausse!*»*, vernahm man

---

* Das war ein Fehler! Sie hätten den Bauern nicht opfern dürfen! – Das verstehen
Sie nicht, mein Alter. – Es war ein Fehler, sage ich Ihnen. Es war die falsche Kombination!

eine wütende Stimme von hinten. Ja, ja, «*la combinaison était fausse ...*».

«Falsch war die Kombination deshalb, weil unsere Theorie auf dem Glauben an den Menschen, auf dem Glauben an seine Würde, an die Möglichkeit und Notwendigkeit seiner moralischen Vervollkommnung beruhte, während unsere Praxis gänzlich von der Prämisse ausging, der Mensch sei dumm und niederträchtig und man müsse ihn – o ja, nur vorübergehend, natürlich, nur vorübergehend! – um des Erfolgs, um der Idee willen noch ein wenig dümmer und niederträchtiger machen. Diese Prämisse hatte Lenin ausgearbeitet, er hielt sie jedoch so lange vor uns verborgen, bis die Schlussfolgerungen in die Tat umgesetzt werden konnten. Wir, die Kohorte des politischen Verbrechens, folgten ihm, so wie wir ihm immer gefolgt waren – er verstand es, in uns die Soldateninstinkte zu entwickeln, und wie alle begnadeten Heerführer gewann er auf simpelste Weise unsere Liebe, Furcht und Loyalität.»

«Das Experiment ist durchgeführt. Es hat sich herausgestellt, dass die menschliche Seele dem extremen Zwang, dem wir sie unterworfen haben, nicht standhält – unter solch ungeheurem Druck verwandeln sich die Menschen in Schleim. Wir haben sie im Namen des sozialistischen Ideals demoralisiert, und sie haben sich demoralisieren lassen, *einfach so*, nicht ‹in irgendjemandes Namen›. Ohne es zu bemerken, haben wir nach und nach eine Gesellschaft geschaffen, wie es sie noch nie gegeben hat. Wir waren die ersten Machthaber, die der ureigenen, ursprünglichen menschlichen Boshaftigkeit nicht ihr eigenes Korrektiv an die Seite stellten, nachdem wir alle anderen, die alten und bewährten Korrektive beseitigt hatten. Und nun ist eingetreten, was selbst unsere Praktiker nicht vorausgesehen haben. Das Geschwür, das sie in die Seelen der Regierten gepflanzt haben, ist binnen Kurzem auf die Regierenden selbst übergesprungen. Die Kraft, die in der Geschichte stets triumphiert hat, benötigt offenbar eine Art Widerstand seitens ihrer Umgebung, um überhaupt existieren zu können, um nicht aufzuhören, eine Kraft zu sein. Indem wir die Widerstandsfähigkeit unserer Untergebenen zerstörten, haben wir uns selbst in Schleim verwandelt. Wir haben sie mit moralischer Syphilis infiziert – und sie haben damit auch uns angesteckt, und wir alle sind jetzt verdorbene, zerstörte, verkrüppelte Menschen, die jeglichen Respekt vor anderen wie vor sich selbst verloren haben.

Wenn es etwas gibt, worüber Iljitsch wahrscheinlich nie nachgedacht hat, so ist es das Glück der Menschheit, so sind es die moralischen Eigenschaften der Menschen. Das waren für ihn nutzlose und langweilige Selbstverständlichkeiten, so wie der läuternde Einfluss des Schachspiels und ähnlicher Unsinn nutzlose und langweilige Selbstverständlichkeiten für einen großen Schachspieler sind. Im Grunde waren alle seine Gedanken auf das *Spiel* gerichtet. Hätte Iljitsch öfter, bewusst, ‹künstlerisch› über die Menschen nachgedacht, hätte er nichts bewirken können. Seine Stärke lag zum Teil darin, dass er über derartige Dinge niemals nachdachte. Er *spielte,* und er entwickelte sein großes Spiel, das Spiel des misanthropischen, unmenschlichen Sozialismus aus dem jahrhundertealten Hass der Armen gegen die Reichen. Niemand vor Lenin hat die Bedeutung dieser Kraft, die uns den Sieg und die Macht gebracht hat, so scharfsinnig erkannt. *Dieser* Hass ist bei uns ausgelebt worden wie niemals zuvor in der Geschichte. Aber die Freude darüber stellte noch nicht einmal die ältere Generation zufrieden. Und die jüngere, die keine Reichen mehr kennt, kann diesen Hass nicht verstehen. Man kann nicht im Hass auf das leben, was nicht mehr existiert. Sie kennen die Reichen nur aus dem Kino und empfinden bei ihrem Anblick nicht Hass, sondern Neid. Im Westen richtet die Demokratie den Sozialismus zugrunde, weil sie zu seinem Surrogat geworden ist: Sie gibt den Menschen einen Happen von dem, was der Sozialismus ihnen verspricht, aber nicht geben kann. Aus lauter Dummheit verteidigen diese handzahmen Sozialisten die Demokratie, ohne zu bemerken, dass sie von dieser langsam verschlungen werden. Aber im Gegensatz zu uns können sie, übrigens ohne jeden Machiavellismus, behutsam, nicht allzu heftig, zu ihrem eigenen Vorteil ein wenig mit dem roten Tuch wedeln. Wir haben diese Möglichkeit nicht mehr. Wir sind selber zum roten Tuch geworden, auch wenn der Stier unterdessen gelernt hat, seine Gefühle zu verbergen. Ihre Armut, ihren Hunger, ihre Knechtschaft, ihre Demütigung, die Verkrüppelung ihrer Seele, ihre eigene Feigheit, ihre eigene Unterwürfigkeit vergelten uns die Menschen jetzt mit erbitterter, animalischer Wut. Vage spüren wir ihren dumpfen, unsichtbaren, heimlichen Hass – und können an unseren Methoden doch nichts ändern. Daran sind wir selber schuld. In der Wildnis, die wir erschaffen haben, kann es nichts anderes als Atamanentum geben. In den letzten Jahren hat sich alles darum gedreht, wer Ataman[63] wird, Ideen haben keine Rolle mehr gespielt, und wenn doch, dann waren es vollkommen willkürliche Ideen, die allein von den Umständen abhingen. Deswegen sind Ströme von Blut geflossen, und sie werden weiter fließen – auch Lenin hat das nicht vorhergesehen. Das Leben erwies sich als noch misanthropischer als er selbst, und es führte uns ohne Ziel und Plan, wir wussten nicht wohin, noch wozu – es gab keinen Kompass, keinen Leitstern. Zum Ataman hat es der kühnste und stärkste der Anwärter gebracht, wie fast immer unter Räubern. Aber auch an ihm sind die letzten zwanzig Jahre nicht spurlos vorübergegangen. Der kluge, gerissene und entschlossene Ataman hat so lange Verbrechen ersonnen und dem Volk Verbrecher vorgesetzt, bis er beinahe selbst an all das glaubte. Jetzt hat die Polizei das Sagen, und deshalb schlägt uns überall im Land zunehmend dumpfer Hass entgegen: Das

Volk kann nicht verstehen, wodurch die einen von uns schlimmer sind als die anderen, wenn wir das doch selbst nicht verstehen. Und wer aus historischer Sicht recht behalten wird, ist ungewiss: vielleicht Trotzki, vielleicht Hitler ...

Ohne uns groß um unsere Theorie zu kümmern – manchmal erinnerten wir uns kaum noch an sie – , haben wir, verblendet, wie wir waren, ihr eine innere Kraft zugeschrieben. Es hat sich jedoch herausgestellt, dass sie keinerlei Kraft besitzt, dass wir den Sieg allein unseren Methoden verdanken und dass man mit jeder anderen Theorie, selbst mit der unmoralischsten und lächerlichsten, genau die gleichen oder sogar bessere Ergebnisse erzielen kann. Wir haben die irrationale Seite des Hasses vernachlässigt. Fern von unserer Walze fanden sich Menschen, die verstanden, dass unsere Stärke allein in unserer Praxis lag, dass wir nichts anderes als diese Praxis hatten – sie lernten unsere Lektion des Alles-ist-erlaubt, der Skrupellosigkeit, der Straflosigkeit sehr schnell, sie schufen sich ihre eigene Walze, die zwar anders angestrichen war, aber die Menschen genauso leicht, wirkungsvoll und perfekt in schmutzigen Schleim verwandelte. Als wir uns auf das Gesetz der großen Zahlen verließen, dachten wir irrtümlich, dass es uns gelingen würde, in jeder menschlichen Gesellschaft eine Million Arme gegen zehntausend Reiche zu mobilisieren. Es war offenbar genauso einfach, unter einem anderen Vorzeichen eine Million gegen eine Million zu mobilisieren, indem man einen anderen Köder auslegte, ein anderes Kommando rief. In der Formel ‹Raubt das Geraubte!› war nur das ‹raubt!› psychologisch korrekt. Wir haben den deutschen Arbeiter davon überzeugt, dass er das Salz der Erde ist, weil er ein Arbeiter ist. Heute hat er vor lauter Freude, Deutscher zu sein, den Verstand verloren. Und wenn ihre ‹Philosophie› den Menschen ebenfalls glücklich macht, welchen Grund gibt es dann, ihr unsere vorzuziehen?

Zwei Menschenherden sind gegeneinander angetreten. Noch hält die Furcht vor dem Risiko die Anführer zurück: Sollen sie die sicheren Generalsstreifen aufs Spiel setzen? In einem Spiel, bei dem ungewiss ist, ob ihnen am Ende der Marschallsstab oder der Strick des Henkers winkt? Sie zögern – so wie ein Hasardeur, der ein Leben lang um hohe Summen gespielt hat, zögert, bevor er *va banque* spielt. Und das Schicksal der Menschheit hängt jetzt davon ab, ob – und wann – es Menschen mit sehr viel Mut gelingt, diese letzte Furcht zu überwinden.

Nun, sollen sie sie überwinden! Wir sind nicht in der Lage, einen Krieg zu führen – und einen längeren Krieg werden wohl auch sie nicht führen können. Nicht ausgeschlossen, dass unsere Sache scheitert. Aber *so* wird sie mit Sicherheit scheitern. Wir müssen die Sache zu Ende bringen, und wir müssen sie bald zu Ende bringen. Eine Verzögerung um ein paar Jahre ist noch denkbar, eine Verzögerung um Jahrzehnte würde den moralischen Ruin der Menschheit bedeuten. Wie furchtbar unsere Erfahrung auch ist, sie muss auf die ganze Welt ausgeweitet werden. Nichts beweist, dass moralische Syphilis vererbt wird. Eine genesene Generation kann immer noch zu dem werden, wovon die Besten und Einfältigsten unter uns in diesem Café einst geträumt haben ...»

An der Türschwelle des Cafés erschien ein hochgewachsener Mann in einem grauen Mantel und mit einem grauen Schlapphut. Wislicenus sah ihn an und zuckte zusammen. «Wo habe ich den schon gesehen?», fragte er sich beunruhigt. «Was für ein Gesicht aber auch!» Das Gesicht des Fremden war in der Tat grob und abstoßend. Er blieb einen Moment an der Tür stehen und ließ seinen Blick durch das Café schweifen, als suche er jemanden. Sein Blick glitt über Wislicenus und verweilte nur einen Moment auf ihm, aber Wislicenus erkannte, dass der

Mann zu ihm gekommen war. Aus irgendeinem Grund bekam er wieder Herzklopfen. Der Fremde blinzelte missmutig, ging an ihm vorbei in den hinteren Teil des Cafés, sah sich auch dort um, machte verärgert kehrt und begab sich zum Ausgang. Auf Wislicenus' Tisch lag ein Zettel. «Gute Arbeit», dachte er; die Notiz war völlig unauffällig auf den Tisch gelegt worden. «Aber was bedeutet das?» Der Mann in dem grauen Mantel hatte das Café verlassen. Wislicenus wartete, wie in solchen Fällen üblich, automatisch noch einen Moment: Niemand beobachtete ihn. Dann faltete er den Zettel auseinander und las ihn. Das vereinbarte Treffen war abgesagt.

XII

N adeschda Iwanowna freute sich in der Tat sehr, als Kangarow-Moskowski ihr plötzlich mitteilte (er hatte sie damit überraschen wollen), dass er sie mit nach Paris nehmen würde. «Du wirst meine Dolmetscherin sein, bedank dich bei Mama und Papa, dass sie dich Fremdsprachen gelehrt haben», sagte der Botschafter fürsorglich-ausgelassen. Er duzte sie jetzt ganz offen und unverblümt, und das Botschaftspersonal machte unschuldige Gesichter: Ist doch ganz normal. Eduard Stepanowitschs Miene drückte das besonders deutlich aus: «Warum denn nicht? Das ist so üblich, ich kann hier wirklich nichts Anstößiges erkennen; und selbst wenn – ich bin Diplomat.» Nadeschda Iwanowna wusste, dass die Reise mit Kangarow Anlass zu Gerüchten und Spötteleien geben würde, aber sie meinte, das könne ihr vollkommen egal sein. Ihr Verhältnis zu den Arbeitskollegen war ohnehin unterkühlt. «Sie tratschen? Und wenn schon, sollen sie doch tratschen, worüber sie wollen.» Sie war nicht besonders versessen darauf, zwei oder drei Wochen ständig in Kangarows Gesellschaft zu verbringen, aber wann würde sich noch einmal die Gelegenheit ergeben, Paris zu sehen? Alle behaupteten, das sei die beste Stadt der Welt – nach dem schönen Moskau. Im Übrigen gab es nichts zu diskutieren: Es war eine Anweisung ihres Chefs.

Kangarow hatte vor ihrer Abreise einen Streit mit seiner Frau. Sie sprach in einem märtyrerhaften Ton, wie im letzten Akt von «Maria Stuart»: «Ihr haltet Wort, Graf Leicester – Ihr verspracht mir Euren Arm, aus diesem Kerker mich zu führen, und Ihr leiht ihn mir jetzt.»[64] Wegen der Revolution hatte Jelena Wassiljewna die Rolle der Maria Stuart nicht spielen können, aber so, wie sie diese Rolle spielen *wollte*, musste die kurze Schlussszene mit dem Grafen Leicester, vor dem Schafott, ergreifend sein, vor allem die kurze Pause vor den Worten «leihet ihn mir jetzt» musste das Publikum erschüttern – nach dem leise, aber äußerst eindringlich gesprochenen «leihet ihn mir jetzt» lief sie rasch, mit hocherhobenem Haupt in den hinteren Teil der Bühne, während der gebrochene Graf Leicester dastand und die Hände vors Gesicht schlug; danach war das Publikum eine Minute wie betäubt, bevor ein Beifallssturm losbrach und pausenlos Bravorufe und Jubel durch das Theater hallten: «Sa-pols-kaja!...! Br-ra-vo! Sa-pols-kaja!...» Besonders berührt war Jelena Wassiljewna von der minutenlangen Starre des Publikums unmittelbar vor dem Beifallssturm. Zwar hatte es eine solche Szene seit Erschaffung der Welt noch nie gegeben, aber von dieser Minute hatte sie in den Biografien aller großen Schauspielerinnen gelesen, und sie rechnete fest damit, dass so etwas auch in ihrer eigenen, mit Porträtfotos versehenen Jubiläumsbiografie, mit dem Schriftzug «J. W. Sapolskaja» auf dem Umschlag, zu lesen sein würde. Der Name «Jelena Wassiljewna» gefiel ihr übrigens nicht: Sie hätte lieber Ariadna oder wenigstens Irina geheißen.

Der märtyrerhafte Ton seiner Frau, den Kangarow gut kannte, brachte ihn normalerweise zur Raserei. Er versuchte zu kontern und erklärte ihr bissig, dass die Reise nach Paris eine dienstliche Notwendigkeit sei und dass er sie, Gott sei Dank, an einem sehr schönen Ort zurücklasse: «Noch nie ist es dir so gut gegangen, mein Täubchen.» Das kam bei Jelena Wassiljewna nicht gut an, und ihr Ton wurde noch hochmütiger, es war der Ton des dritten Aktes: «O welche Sprache muss ich hören, Sir! Mein Unglück sollt Euch heilig sein, mein Leiden, wenn es mein königliches Haupt nicht ist.»[65] Wie sich vor Kurzem herausgestellt hatte, betrug Jelena Wassiljewnas Blutdruck 190, man durfte sie nicht aufregen. Sie gingen frostig auseinander. Nadja war völlig unschuldig an ihrem Streit, aber bei der Abreise herrschte eine unangenehme Stimmung. «Die Temperatur ist zehn Grad unter dem absoluten Nullpunkt», sagte Basarow aufgekratzt, «und Frau Botschafterin ist Schwefelsäure kaufen gegangen.» – «Ich weiß nicht, was Sie meinen», entgegnete Eduard Stepanowitsch kühl.

Unterwegs langweilte Kangarow Nadeschda Iwanowna mit seiner väterlichen Art, seinem «Kindchen», seinen Anekdoten und Scherzen. Seine Anekdoten und Scherze waren immer dieselben, und er erzählte sie nicht weniger als zweimal hintereinander, und wenn er mit ihnen Erfolg hatte, wiederholte er den entscheidenden Satz lachend ein drittes Mal – er lachte gewöhnlich schon, bevor er zu erzählen anfing: «Mir ist da etwas sehr Lustiges eingefallen ...» Trotzdem verlief die Reise angenehm, sie spazierten während der Halte zusammen über den Bahnsteig und aßen gemeinsam im Speisewagen zu Mittag. Kangarow kannte sich in kulinarischen Dingen aus, obwohl er in einer armen Familie aufgewachsen war. Er wusste zu jedem Gericht etwas zu erzählen und aß mit solchem Appetit und Genuss, dass Nadeschda Iwanowna ihn unwillkürlich beneidete. «Ich habe in den besten Restaurants der Welt gespeist, mein Kind», erzählte der Botschafter, «aber ganz ehrlich: ein paar Sprotten, Heringssalat und mildsaure Gurken wiegen die delikatesten Köstlichkeiten auf. Und glaube mir, man erkennt einen Feinschmecker daran, ob er nicht nur Delikatessen, sondern auch einfache Gerichte zu schätzen weiß – das macht den Unterschied zwischen einem echten Feinschmecker und einem Snob. Trotzdem werden wir beide in Paris die berühmten Restaurants abklappern, ihre Küche ist hervorragend.» – «In berühmten Restaurants bin ich noch nicht gewesen, aber ich glaube, bei uns in Moskau isst man besser als bei ihnen», sagte Nadja. Kangarow schaute sie schief an.

Sie unterhielten sich über alles Mögliche, nur nicht über Politik. Der Botschafter sprach überschwänglich von der Liebe, warf Nadeschda Iwanowna schmachtende Blicke zu (was sie stets amüsierte), erzählte von den Menschen, die er im Leben getroffen hatte, von seinen Vorlieben. Zu Nadjas Überraschung stellte sich heraus, dass er sich sehr für Landwirtschaft, Gartenarbeit und Blumenzucht interessierte; besonders gut kannte er sich mit Tulpen aus; er zählte wissenschaftliche Namen auf, die Nadja noch nie gehört hatte: *Tulipa pubescens*, *Rex rubrorum*, und wusste die verschiedensten Geschichten über Tulpen zu erzählen, zum Beispiel, dass der Name Tulpe von ihrer Ähnlichkeit mit einem türkischen Turban herrührte, dass *Semper Augustus* in Holland den ersten Börsenkrach in der Geschichte ausgelöst hatte und dass Tulpe in der Blumensprache Stolz bedeutete (dabei schaute er Nadja vielsagend an). Ins Schwärmen gekommen, zeichnete er sogar eine üppige Tulpe auf die Rückseite der Speisekarte – gar nicht schlecht. «Seltsam!», dachte Nadeschda Iwanowna, «ich

171

dachte, er interessiert sich für nichts anderes als für seine Karriere und Frauen. Das ist ein sehr sympathischer Charakterzug an ihm ... Es ist wahr, es gibt keine schlechten Menschen.» Redselig geworden, gestand Kangarow, dass er von seinem eigenen «Fleckchen Land» träumte: irgendwo (wo genau, wollte er nicht sagen) eine Datscha (fast hätte er gesagt: Villa) zu haben, Bäume und Blumen zu pflanzen, Hunde zu halten. «Das sind eindeutig bürgerliche Ideale», sagte Nadeschda Iwanowna lachend. «Warum denn bürgerliche? Der Sozialismus vergesellschaftet nur die Produktionsmittel, und ich wäre froh, wenn ich mich ganz aus der Politik zurückziehen könnte.» – «Und wer hindert dich daran?», dachte Nadja und widersprach, um ihm nicht in allem nach dem Mund zu reden: «Sie würden auf der Datscha mit den Apfelbäumen und den Hunden bald versauern.» – «Ich? Niemals! Du kennst mich nicht!», empörte sich der Botschafter durchaus aufrichtig und hätte beinahe hinzugefügt: «Mit Jelena Wassiljewna würde ich vor lauter Trübsinn tatsächlich den Strick nehmen, aber nicht mit dir! ...» Er seufzte.

In Paris trafen sie am Morgen ein (Kangarow sagte jetzt unsicher in der dritten Person von sich «ist eingetroffen» und senkte bescheiden den Blick). Sie stiegen in einem sehr guten Hotel ab; der Botschafter nahm für sich eine Suite mit zwei Zimmern und Bad und für Nadeschda Iwanowna ein kleines, aber gutes Zimmer in einem anderen Stockwerk, damit nicht getuschelt würde. «Nun, mein Kind», sagte er, «jetzt trennen wir uns, wir wollen uns ein wenig frisch machen ... Nach der Reise ein Bad nehmen, ein paar Leute anrufen; essen werden wir gemeinsam. Bis zum Abendessen kannst du dir Paris Iwanowitsch anschauen, es ist eine schöne Stadt, obwohl der August nicht gerade die beste Zeit ist, um Paris zu erkunden.» Er wollte Nadeschda Iwanowna die Stadt unbedingt selbst zeigen, aber er konnte von dem Kind nicht verlangen, solange zu warten, bis er Zeit haben würde.

«Aber pass auf, nicht dass du mir von einem Bus überfahren wirst. Das verbiete ich dir strengstens.» Nadeschda Iwanowna machte ein erschrockenes Gesicht und verschwand augenblicklich, entzückt, dass sie frei war: «Uff! Durchatmen! ...»

In bester Stimmung ließ sich Kangarow die Zeitungen bringen; bereits entkleidet, nahm er sie durch den Türspalt entgegen und stieg genüsslich in die Badewanne: Er liebte es, während des Bades zu lesen. Es war noch viel Zeit, die Telefonate mussten frühestens in einer Stunde geführt werden. Er schlug eine Zeitung auf – und erstarrte: In Moskau standen Personen vor Gericht, die noch vor Kurzem die höchsten Ämter im Staat bekleidet hatten und nun der schrecklichsten Verbrechen angeklagt waren. Diese Nachricht war so wichtig und sensationell, dass sogar die ausländischen Zeitungen sie mit großen Schlagzeilen auf der ersten Seite brachten. Aus den Depeschen ging hervor, dass die Angeklagten alles gestanden und Reue gezeigt hatten. Doch damit hielt Kangarow sich gar nicht erst auf: Die Anschuldigungen waren zu absurd. «Mein Gott, was macht *er* nur?», flüsterte der Botschafter. Das waren doch Iljitschs engste Mitstreiter! Er kannte all diese Männer, auf die offensichtlich die Hinrichtung wartete, sehr gut, er hatte mit ihnen zusammengearbeitet, zu Abend gegessen, gescherzt, hatte mit ihnen viele Jahre im Gedankenaustausch gestanden.

Blitzschnell ging er in Gedanken alle seine bisherigen Beziehungen zu ihnen durch, die der letzten Zeit und die lebenslangen. «Nein, da scheint es *nichts* zu geben», dachte er, kaum zu Atem gekommen. Aber heute war es ganz unmöglich zu sagen, *was* es eigentlich hätte geben können. Kangarows Karriere im Staatsdienst und in der Partei war zu verschiedenen Zeiten in verschiedenen Bahnen verlaufen, zuweilen auch in solchen, die heute nicht als rühmlich gelten konnten. Furchtbare Gedanken schossen ihm durch den Kopf: «Sie werden ‹Besinnt euch, ihr Schamlosen!› hervorzerren, sie werden mich meines Postens entheben, sie werden mich nach Moskau beordern! Wer heute sein Amt verliert, landet im Gefängnis – und das im besten Fall! Wenn er schon *jene* nicht verschont hat! Soll ich mich weigern, meinen Rücktritt einreichen, zum Nichtheimkehrer[66] werden? ...» Einen Moment lang fragte er sich sogar, wie er in der Emigration aufgenommen würde. «Gegen mich persönlich können sie eigentlich nichts haben ...» Er dachte auch an die finanziellen Konsequenzen – wovon sollte man *dann* leben? Der Wahnwitz dieser Gedanken erschreckte ihn. Totenbleich geworden, saß er lange in der Badewanne. Was war jetzt zu tun? Man konnte gar nichts tun. Ihrem Wesen nach verlangten die Moskauer Ereignisse keine Reaktion von seiner Seite. «Die Partei! Es bleibt die Partei!», dachte er und versuchte, sich auf den *Befehlston* einzustimmen, wie schon 1918: Die Partei hat immer recht, die Partei verlangt es, alles für die Partei ... Aber er spürte es selbst: Einen alten Korporal zu mimen, war ihm schon früher schwergefallen, heute gelang ihm das überhaupt nicht mehr.

Kangarow musste plötzlich an Nadeschda Iwanowna denken. Und sofort wurde ihm klar, dass alles andere – die Partei, seine Karriere, die Empfänge am Königshof, das rein sportliche Vergnügen an erfolgreichen diplomatischen Schachzügen – zweitrangig war. Von *wirklicher* Bedeutung war nur eins: Nadja. «Ja, ich bin verliebt, verliebt bis über beide Ohren, ich gebe alles für sie auf, ich kann ohne sie nicht leben. Etwas anderes brauche ich nicht. Wenn ich nur bei ihr sein kann ...» Demgegenüber waren alle Überlegungen hinsichtlich seiner Karriere hinfällig, genauso wie die Angst vor dem, was ihn eventuell erwartete. «Wenn ich vorgeladen werde, fahre ich, wenn sie nur mitfährt! Aber dort wird man im Nu auseinandergerissen ...» Er war ehrlich davon überzeugt, dass es für ihn in der Tat das höchste Glück bedeuten würde, mit Nadja aufs Land zu ziehen, ein kleines Grundstück zu erwerben, eine Villa zu bauen und Blumen zu pflanzen. «Wozu all der Firlefanz, die Minister, die Reden, die Audienzen? Auch wenn mir das früher alles wichtig war, inzwischen habe ich genug davon, was will ich denn noch, ich brauche keine Karriere mehr, wozu denn?»

Trotz des heißen Bades klapperten ihm die Zähne. In Gedanken ging er noch einmal alles durch, gründlicher, genauer: «Nein, es gibt nichts, was sie mir vorwerfen könnten, selbst wenn sie ‹Besinnt euch, ihr Schamlosen!› hervorzerren. Sie können mich nur dann vernichten, wenn *er* mich vernichten will. Aber das ist ja nichts Neues! Und jene waren ja nicht erst gestern in Ungnade gefallen, mich aber haben sie bisher nicht angerührt ...» Sehr wichtig war, wie sich die Moskauer Ereignisse auf die Position des Volkskommissars[67] auswirken würden. Auch was ihn anging, konnte man unterschiedlicher Meinung sein: Einerseits schien, was die parteipolitischen, dienstlichen und vor allem persönlichen Beziehungen des Volkskommissars anging, alles in bester Ordnung zu sein, andererseits gab es auch Umstände, von denen man das keinesfalls behaupten konnte. Kangarow dachte auch an seine Ressortkollegen. Einige von ihnen befanden sich in einer schlechteren Lage als er selbst. Das beruhigte ihn etwas.

Er stieg aus der Badewanne, wickelte sich in ein Badetuch und begann zu telefonieren. Er sprach mit ungewöhnlich lebhafter Stimme, als wäre nichts vorgefallen, und ihm wurde ebenso, als wäre nichts vorgefallen, und mit ungewöhnlich lebhafter Stimme geantwortet. Die Moskauer Ereignisse fanden keine Erwähnung, Kangarow fragte nur beiläufig nach der Gesundheit des Volkskommissars und dachte sofort, dass es klüger gewesen wäre, diese Frage nicht zu stellen. Der Volkskommissar schien bei bester Gesundheit zu sein. Dieses Gespräch beruhigte Kangarow. «Was geht mich das alles an?», entschied er und begann sich anzuziehen. Einem weiteren Telefongespräch entnahm er, dass es viel zu tun gab und dass er wahrscheinlich nach Amsterdam fahren musste. Das munterte ihn ebenfalls auf: Offenbar dachte niemand, dass seine Situation sich verändert haben könnte. Als Nadeschda Iwanowna kam, hatte sich Kangarow bereits beruhigt. Bei ihrem Anblick hatte er wieder das Gefühl, alles andere sei unwichtig, solange sie nur hier wäre und wie jetzt sagte: «Die Stadt ist wunderbar, einfach wunderbar, aber unser Moskau ist trotzdem besser!» Er nickte.

Dann begann die Arbeit, es gab Geschäftsessen, Empfänge. Es passierte nichts Beunruhigendes; das Gewitter hatte sich offenbar verzogen. Untereinander sprachen sie sogar beiläufig, sehr vorsichtig, über die Ereignisse – «Wer hätte gedacht, dass Menschen so tief sinken können?» Einige Tage später musste Kangarow nach Amsterdam reisen. Er konnte Nadeschda Iwanowna auf keinen Fall mitnehmen, und so vertraute er sie Tamarin an. «Bei ihm kann man sich wenigstens sicher sein: Unmanierliche Eskapaden wird es nicht geben», dachte Kangarow und fügte, halb im Scherz, laut hinzu: «Seien Sie streng mit ihr, Eure Exzellenz, Kommandeur Iwanowitsch, wenn nötig – stellen Sie sie in die Ecke.» Nadja machte ein kindliches Gesicht. «Ich werde ihm flugs eine Abfuhr erteilen», dachte sie.

Dem Armeekommandeur eine Abfuhr zu erteilen, erwies sich jedoch als völlig unnötig. Zur großen Freude von Nadeschda Iwanowna teilte er ihr sogleich mit, dass er tagsüber arbeite, aber ab sieben Uhr abends «ganz zu Ihren Diensten» stehe. Nadja streifte tagelang allein durch Paris und sah sich mit ihrem Reiseführer in der Hand die verschiedenen Stadtviertel, Sehenswürdigkeiten und Museen an. Alle naselang blieb sie vor den Schaufenstern stehen, seufzte, schmiedete immer neue Budgetpläne und betrat zögernd die Geschäfte. Aber je mehr Dinge sie erwarb, desto stärker wurde das Bedürfnis, weitere zu kaufen.

«Ein Fass ohne Boden, da lassen sich unbemerkt Hunderttausende versenken, ein Jammer», dachte Nadeschda Iwanowna, mit den Nerven am Ende. Hunderttausende hatte sie nicht.

An Paris gefiel ihr alles außerordentlich: die Straßen, die Häuser, die Museen und vor allem die Galeries Lafayette. Mit einem Gefühl der Kränkung musste sie feststellen, dass es in Moskau nichts Vergleichbares gab, und sie freute sich, wenn sie plötzlich etwas sah, das in Moskau besser war. So war die Pariser U-Bahn nicht mit Marmor ausgekleidet, und das freute sie; aber noch mehr hätte es sie gefreut, wenn es in Paris überhaupt keine U-Bahn gegeben hätte. «Dass sie bei ihnen zehn Mal so lang ist, wen wundert's, das sozialistische Bauvorhaben hat ja erst vor Kurzem begonnen», dachte sie, und wenn sie sich mit Tamarin traf, wiederholte sie mit Eifer (obwohl er überhaupt nicht widersprach): «Ja, ja, es gibt hier sehr viel Interessantes, aber bei uns ist es besser, viel besser!» – «Vieles, natürlich», stimmte Tamarin hastig zu. «Nicht vieles, sondern überhaupt alles.»

In Russland war alles deshalb viel besser, weil dort *ihr* Leben war: zwar hässlich, aber fröhlich. In Moskau war man viermal ernsthaft und siebenmal *ein wenig* in Nadeschda Iwanowna verliebt gewesen. Die jungen Männer behelligten sie mit der selbstlosen Zudringlichkeit einer Fliege: Die weiß, dass sie sofort verscheucht wird, sobald sie sich auf die Nase setzt, und dennoch kommt sie angeflogen. Nadja selbst war auch schon zweimal verliebt gewesen – nicht allzu sehr, aber doch verliebt. «Wenn ich heiraten wollte, wäre das ein Klacks: Sascha Pawlowski müsste ich nur zuzwinkern – der würde vor Freude den Verstand verlieren.» Hier verlor niemand aus Liebe zu Nadeschda Iwanowna den Verstand, außer ein paar alten Männern («das ist wirklich eine Tragödie!»). Ihre Arbeitskollegen erwiesen sich, wie zum Trotz, als unangenehm oder, wie im Falle Eduard Stepanowitschs, als ungemein hässlich. Nadeschda Iwanowna äußerte zögerlich, wie andere Frauen auch, dass Schönheit bei Männern unwichtig sei; in Wirklichkeit gefielen ihr nur gut aussehende Männer, aber das verheimlichte sie sorgsam, weil es ihr verwerflich und unnormal vorkam. Dennoch trieb Eduard Stepanowitsch eindeutig Missbrauch mit dem Recht der Männer, nicht schön sein zu müssen. Mit «Europäern» aber hatte Nadeschda Iwanowna keine Bekanntschaften geschlossen, ihre geheimen Hoffnungen hatten sich nicht erfüllt: Die Europäer lagen ihr nicht zu Füßen. «Nein, die liegen hier auf der faulen Haut, ersticken an ihrem Reichtum, während wir ein neues Leben erschaffen ...» Sie bereute bitter, dass sie um einen langen Auslandsaufenthalt gekämpft und diesen auch bekommen hatte: Die Tage vergingen freudlos, es schien ihr, sie würde immer unattraktiver, eine Nacht lang hatte sie ohne ersichtlichen Grund geweint: Das Leben ging vorüber, ohne *Menschen* war es überall trostlos. Sie gestand sich selbst nicht ein, dass sie dieses vielgerühmte Paris langweilte.

Tamarin suchte Nadeschda Iwanowna gewöhnlich um sieben Uhr auf. Sie speisten gemeinsam, gingen dann ins Theater, ins Kino oder in ein Café. Was der Armeekommandeur erzählte, war langweilig, aber langweilig auf eine angenehme Art; außerdem musste man nicht besonders aufmerksam zuhören: Wenn sie eine unpassende Antwort gab, war Tamarin, anders als Kangarow, der gespannte Aufmerksamkeit einforderte, nicht beleidigt – selbst dann nicht, wenn sie plötzlich mitten in seiner Erzählung laut überlegte, ob der Robbenpelz der Dame am Nebentisch echt war. Im Übrigen war es schicklicher, sowohl Cafés als auch Theater in männlicher Begleitung zu besuchen, noch dazu, wenn es sich um einen so imposanten, kultivierten älteren Mann wie Tamarin handelte. Nadja dachte, alle würden sie für Vater und Tochter halten. Das amüsierte sie, und unbewusst begann sie, Tamarin beinahe ebenfalls so zu behandeln, als wäre er ihr Vater. Aber sie bezahlte immer für sich selbst. Nadeschda Iwanowna hatte diese Regel von ihrem ersten Restaurantbesuch an durchgesetzt, Tamarin hatte sogar heftig protestiert: «So etwas, schämen Sie sich denn gar nicht?» Aber Nadja beharrte darauf: Es war bequemer so, und außerdem vermutete sie, dass der Armeekommandeur nicht allzu viel Geld hatte. Vom zweiten Tag an einigten sie sich «ein für alle Mal»: Tamarin zahlte, und Nadeschda Iwanowna gab ihm dann später ihren Anteil, und jedes Mal, wenn er das Geld entgegennahm, war er verlegen und versuchte so zu rechnen, dass sie den kleineren Anteil hatte. «Nein, mindestens ein Franc mehr, Sie haben das Trinkgeld nicht mitgezählt, Konstantin Alexandrowitsch.» – «Das sind doch Bagatellen! Schämen Sie sich denn nicht?» – «Nicht im Geringsten.»

Anfangs sprach Tamarin, aus achtzehnjähriger Gewohnheit, zurückhaltend und vorsichtig mit Nadeschda Iwanowna, so wie er es mit allen tat. Dann wurde er etwas freimütiger, vor allem als er erfuhr, dass Nadja die Tochter eines Professors war, dass sie ein kleines Anwesen besessen hatten und dass ihr Vater ein Adliger war (sie hatte es einmal halb scherzhaft beiläufig erwähnt). Dies war sicherlich keine Garantie für was auch immer. Aber Tamarins Gesamteindruck von Nadja war derart, dass er allmählich mutiger wurde: Wenn er von seinen Vorgesetzten sprach, tat er dies anfangs mit gebührend respektvollem Gesichtsausdruck, später mit einem flüchtigen Lächeln, das man unterschiedlich interpretieren konnte, und noch später sprach er fast unverbrämt: Er spürte deutlich, dass sie nicht zu denen gehörte, die denunzierten. Er begann ihr auch von der Vergangenheit zu erzählen, von seinem früheren Leben, von seinen Eltern. Nadja hörte ohne großes Interesse, aber auch nicht ohne Neugier zu: etwa so, wie sie den «Domostroi» oder die Nestorchronik[68] gelesen hätte.

Als Kangarow zurückkam, teilte ihm Nadeschda Iwanowna

mit übertriebenem Pathos mit, dass der Armeekommandeur sich rührend um sie gekümmert habe, wie um seine eigene Tochter: «Ein erstaunlich *netter* Alter!» Um sich erkenntlich zu zeigen, lud Kangarow Tamarin zu seinem Diner ein. «Ja, ein sehr achtbarer Mann und ein ausgezeichneter parteiloser Spezialist ...»

XIII

Tamarin war seinerseits mit Nadeschda Iwanowna zufrieden. Bis zu ihrer Ankunft konnte es geschehen, dass er mehrere Tage hintereinander mit niemandem außer Bediensteten und Ladenbesitzern sprach. Das störte ihn jedoch kaum. Seit vielen Jahren hatte er sich nicht mehr so wohlgefühlt wie jetzt in Paris: Er dankte Gott jeden Tag für diese Dienstreise und dachte mit Schrecken daran, dass er vielleicht bald nach Moskau zurückkehren musste. So ehrlich und gewissenhaft er in dienstlichen Angelegenheiten auch war – er versuchte, fast ohne es selbst zu bemerken, die Arbeit, wegen der er hergeschickt worden war, ein wenig in die Länge zu ziehen.

Er stand um sechs Uhr morgens auf und arbeitete etwa anderthalb Stunden, ohne etwas zu sich zu nehmen – Tee nach seiner Methode aufzubrühen, war hier nicht möglich, außerdem musste man in Frankreich Kaffee trinken. Er frühstückte gewöhnlich in einem Café, teils aus Gründen der Sparsamkeit – im Hotel war es teurer –, teils weil ihm der Morgenspaziergang durch die Stadt großes Vergnügen bereitete. Gegen acht verließ er das Haus und ging zu einem Schreibwarengeschäft in einer Seitenstraße. Zeitungen hätte er auch näher am Hotel kaufen können, aber das Schreibwarengeschäft erschien ihm sicherer: Neben einer französischen kaufte er auch eine russische Zeitung, eine Emigrantenzeitung, und es war besser, das im Innern eines Ladens zu tun als an einem Zeitungsstand auf der Straße. Er steckte die Zeitungen so ein, dass man nur die französische sah, und ging in ein Café, immer in dasselbe. Dort kannte man ihn schon. Der Garçon, der in diesem Café besonders freundlich war, brachte ihm nach einem fröhlich-melodiösen *«Bonjour, monsieur»*, ohne seine Bestellung abzuwarten, Kaffee und ein Körbchen mit Croissants und wusste von allein, wie viel Kaffee und wie viel Milch er einschenken musste. Dabei sagte er gewöhnlich: *«Fait beau aujourd'hui, hein?»**, oder etwas in der Art. Niemand hier kannte seinen Namen, seine Nationalität oder seine Dienststellung, und Tamarin war sich bewusst, dass, wenn er im Café plötzlich tot umfiele, weder die freundliche Wirtin noch der freundliche Garçon um ihn trauern würden – sie wären lediglich betrübt, dass es nun einen Gast weniger gab. Aber allein schon ihre Umgangsformen, das fröhliche Lächeln, dieses *Fait beau aujourd'hui* strahlten eine menschliche Wärme aus, die er in Moskau überhaupt nicht mehr gewohnt war. Die Menschen hier waren einander gleichgültig, aber sie machten sich nicht gegenseitig das Leben schwer, denunzierten nicht und verdingten sich nicht als Polizeispitzel.

Er blieb etwa eine halbe Stunde im Café, und es überraschte den Garçon immer wieder, wie Tamarin beim Lesen die Zeitung aufschlug: Auf dem Tisch war nur ein kleiner Teil der Zeitungsseite zu sehen, niemand hätte sagen können, um welche Zeitung es sich handelte. Es hatte nie Unannehmlichkeiten gegeben, er hatte nie Bekannte im Café getroffen, und es war nicht zu erwarten, dass hier Spione auftauchten, dennoch war es klüger, so

---

* Schönes Wetter heute, was?

zu verfahren. Er las die russische Zeitung mit Vergnügen, es war ihm zur Gewohnheit geworden, und er wusste, wie schwer es ihm fallen würde, dieser Möglichkeit in Moskau beraubt zu sein. Anfangs konsternierten ihn der Buchstabe Jat und das Härtezeichen[69]: Er war fast gerührt – ein Hauch des alten Lebens –, dann ärgerte er sich: «Wie abgehoben diese Leute sind!» Von dem, was die Zeitung über Russland schrieb, waren drei Viertel wahr, und Armeekommandeur Tamarin hätte von sich aus noch manches hinzufügen können, was die Leute, die für die Emigrantenzeitungen schrieben, nicht wussten und nicht wissen konnten. Dennoch brachte ihn die Lektüre auf: «Nein, diese Leute verstehen vieles nicht, sie haben recht und auch wieder nicht, irgendetwas fehlt ihnen», sagte er sich, obwohl er nicht richtig zu erklären wusste, was genau ihnen fehlte. «Sie sind irgendwie abgehoben, da ist so eine Art Emigrantentum, ja. Trotz allem interessanter zu lesen als das, was man bei uns schreibt ...» Doch er war sich selbst nicht ganz sicher, wo für ihn dieses «bei uns» eigentlich war, und um sich aufzumuntern, sagte er in Gedanken: «Ja, einseitig, beschränkt ... So geht es auch nicht ...»

Nachdem er seinen Kaffee getrunken hatte, legte Tamarin das Geld auf den Tisch (anfangs wunderte er sich, dass man das unbesorgt tun konnte: Niemand stahl das Geld), schlenderte durch die Straßen des linken Ufers oder durch den Jardin du Luxembourg und setzte sich dann, wenn es partout unumgänglich war, an seine Dienstaufgaben – den Großteil seiner Arbeit erledigte er zu Hause. Gegen zwölf kehrte er gewöhnlich ins Hotel zurück; er wohnte immer noch in dem Hotel, in das er sich am Tag seiner Ankunft in Paris eingemietet hatte. Sein Zimmer wurde früh sauber gemacht; wenn er zurückkam, setzte er sich sofort wieder an seine Schreibmaschine. Er nahm eine leichte Mahlzeit auf seinem Zimmer ein – eine Scheibe Schinken, etwas

Zwieback, er wollte nicht zunehmen. Um fünf Uhr, nach getaner Arbeit, brach er wieder zu einem Spaziergang auf und spürte lustvoll, wie sein Appetit erwachte. Er speiste ausgiebig mal in dem einen, mal in dem anderen nicht sehr teuren Restaurant und trank immer eine halbe Flasche guten Bordeaux: Diesen Luxus (und den Kauf von Büchern über militärische Themen) gönnte sich Tamarin: «So einen Wein bekommt man in Moskau nicht, da kostet irgendein saures Gesöff zehnmal so viel.» Nicht selten ging er ins Kino oder besuchte eine Theatervorstellung, leichte, unkomplizierte Kost ohne höheren Anspruch, nett und unterhaltsam, wie es die Franzosen verstehen.

Aber meistens blieb er abends zu Hause. Er verbrachte eine halbe Stunde damit, Kreuzworträtsel zu lösen, ebenfalls aus der Emigrantenpresse: Französische Rätsel zu lösen, fiel ihm schwer, obwohl er Französisch ganz gut beherrschte. Manchmal legte er Patiencen, meist versuchte er vorherzusagen, wie lange sein Dienstaufenthalt noch dauern würde. Es gab niemanden, mit dem er hätte Whist spielen können; das bedauerte er sehr. Anstatt Patiencen zu legen, las Tamarin manchmal Bücher, und zwar nicht nur Clausewitz. Er beschloss, in Paris wieder einmal die Klassiker zu lesen, und kaufte sich kurz entschlossen – in einem Emigrantenladen – eine sechsbändige Puschkin-Ausgabe. «Nun, Puschkin kann man kaufen, wo man will ... Hm, eine ziemlich miese Ausgabe!», dachte er mit einer gewissen Schadenfreude, so wie Nadeschda Iwanowna. Vieles gefiel ihm sehr, vor allem «Dubrowski» und «Die Geschichten Belkins», aber auch das, wovon er im Grunde seines Herzens nicht allzu begeistert war, las Tamarin mit Vergnügen, und er erinnerte sich daran, wie er das vor einem halben Jahrhundert zum ersten Mal gelesen hatte – «Ja, seitdem habe ich es wohl nicht mehr gelesen. Das ist das Schöne an den Klassikern ... Ganz abgesehen von ihren sonstigen Qualitäten natürlich ...»

Gelegentlich dachte er, wenn er ein Buch las, über andere Dinge nach, über seine eigenen Angelegenheiten. Wenn er sicher gewusst hätte, dass sein Dienstaufenthalt sich noch länger hinziehen würde, hätte er ein Zimmer mit Küche und Bad mieten, einen Radioapparat und eine neue Schreibmaschine kaufen können. So müsste man für den Rest seiner Tage in Paris leben können, in aller Ruhe befasst mit nützlicher Arbeit für die russische Armee, ohne Gemeinheiten zu begehen, ohne irgendwelche niederträchtigen Telegramme zu unterschreiben, ohne jemanden um den Bart zu gehen (ein wenig musste man das allerdings manchmal auch hier). Erst unmittelbar vor seinem Ende, vierzehn Tage vorher vielleicht, wenn man nichts mehr zu befürchten hatte, nach Hause zurückkehren, um in Petersburg zu sterben, wo er geboren war. Und gerade als er darüber nachdachte, las Tamarin mit einer starken, ihm selbst unverständlichen Erregung bei Puschkin: «Und er sprach zu mir: Sei ruhig – Bald schon, bald schon bist du wert, – In das Himmelreich zu gehen. – Deine Reise auf der Erde – Wird nun bald ihr Ende finden. – Schon beginnt des Todes Engel, – Dir den heiligen Kranz zu winden[70] ...»

Tamarin kam die Bitte Kangarows, die junge Sekretärin «unter seine Fittiche zu nehmen», zunächst nicht sehr gelegen: Er hatte in Paris bestimmte Gewohnheiten angenommen und wollte daran nichts ändern. Aber das Mädchen erwies sich als sehr nett und weckte in ihm bald zärtliche, fast liebevolle Gefühle, in die sich Mitleid mischte: «Die haben doch alle das wahre Leben gar nicht richtig kennengelernt, von Geburt an von Gott vergessen. Dabei ist sie klug und gelehrig.»

Am Tag des Diners bat Kangarow, der vorher noch einen Besuch «bei den Franzosen» zu absolvieren hatte, Tamarin, Nadja abzuholen und sie ins Restaurant zu bringen. «Das arme Ding hat alleine Angst. Ich bitte Sie, Eure Exzellenz, nehmen Sie ein

Taxi auf meine Kosten.» – «Ich hole Nadeschda Iwanowna mit Vergnügen ab», antwortete Tamarin und errötete.

Er erschien bei Nadeschda Iwanowna im Frack, was für ein Diner in einem Restaurant übertrieben war. Als endgültig feststand, wie hoch Tamarins Budget in Paris sein würde, rechnete er sich aus, dass er bis zu dreitausend Francs für Garderobe ausgeben könnte; er bestellte sich einen guten Anzug, einen Übergangsmantel, der in Frankreich für alle Jahreszeiten geeignet war, und einen Frack. Für einen Cutaway und einen Smoking hatte das Geld nicht gereicht. Das Bewusstsein, dass er jetzt gut oder zumindest anständig gekleidet war, verschaffte Tamarin große Genugtuung. Vor dem Krieg hatte er in Russland in Zivil nur einen Jagdanzug getragen, aber für Auslandsreisen hatte er Sakkos und einen Frack besessen, und er erinnerte sich lächelnd daran, wie er auf dem Weg zum Bahnhof seine Hand aus Gewohnheit an den nicht vorhandenen Mützenschirm gelegt hatte. Nach der Revolution gewöhnte er sich an Zivilkleidung, aber seinen Frack hatte er in Moskau nicht ein einziges Mal getragen, und er hätte ihn auch kaum anziehen können; er nannte ihn vorsintflutlich und fand, dass dieses Wort hier fast wörtlich zutraf. Vor der Abreise hatte er noch geschwankt, ob er den Frack mitnehmen sollte; er versuchte, ihn anzuziehen – und seufzte nur: Er war viel zu eng und ließ sich nicht mehr zuknöpfen. Er musste an ein Lied denken, bei dem ihn die sinnlose Textzeile «Mein alter Frack, verlass mich nicht»[71] immer verblüfft hatte. Der alte Frack wurde in Moskau verkauft. Den neuen, in Paris geschneiderten – «der zweite und letzte in meinem Leben» –, zog er zum ersten Mal für das Kangarow'sche Diner an. Er befürchtete, dass er nach fünfundzwanzig Jahren irgendetwas durcheinanderbringen könnte, und so ging er zwei Tage vorher eigens in die Oper, um sich anzusehen, wie das normalerweise aussah, und kaufte sich dann alles neu: Hemd, Manschettenknöpfe, Krawatte. Es stellte sich heraus, dass heute andere Krawatten getragen wurden, schwierig zu bindende, die es zu seiner Zeit noch nicht gegeben hatte: Trotz der süffisanten Erklärungen des Verkäufers gelang es ihm nur mit großer Mühe, diese Krawatte neuen Typs zu binden. Als die Toilette beendet war, belächelte Tamarin vor dem Spiegel des wackelnden Kleiderschranks ein wenig sentimental seine Befriedigung: «Wie ein junger Mann» – so hatte er sich vor fast einem halben Jahrhundert bewundert, als er zum ersten Mal die prächtige Gardeuniform angelegt hatte.

In seinem neuen Frack war er, obwohl ein alter Mann, äußerst präsentabel und imposant. «Mein Gott, Sie sehen blendend aus, Konstantin Alexandrowitsch», sagte Nadeschda Iwanowna. «Das steht Ihnen wahnsinnig gut, wahhhn-sinnig! Entzückend!» Er lächelte peinlich berührt. «Was ist schon an mir? Sich selbst müssten Sie sehen!» Auch Nadja war gut gekleidet, zumindest erschien es ihm so. Er wusste nicht, wie viel Sorge und Aufregung sie deswegen ausgestanden hatte: Sie hatte ja niemanden, den sie fragen konnte. Kangarow hatte nur gesagt: «Zieh dir was Nettes an, Kindchen, mach ein bisschen Hokuspokus, du weißt schon, denk daran, das ist das beste Restaurant in Paris, das heißt in der Welt. Vermandois wird kommen», fügte der Botschafter achtlos hinzu, «du weißt, der berühmte Schriftsteller, und wenn irgendetwas nicht stimmt, bemerkt er es sofort, und dann kommst du in seinem nächsten Roman vor.» Nadeschda Iwanowna machte ein naiv-verängstigtes Gesicht. Ihre Unterhaltungen mit Kangarow liefen in letzter Zeit hauptsächlich auf ein simples Mienenspiel hinaus. Sie selber fand, dass dieses Mienenspiel irgendwann nur noch albern war. «Aber dafür sehr bequem.»

An diesem Tag zupfte sich Nadeschda Iwanowna, nach langen und qualvollen Bedenken, die Augenbrauen aus; sie war sehr verlegen und wusste obendrein nicht, wie die anderen das aufnehmen würden. Sie ärgerte sich ein wenig, als Tamarin die Neuerung überhaupt nicht bemerkte: Er war peinlich berührt, als sie es nicht mehr aushielt und es ihm selbst sagte. «Nein, ich bin Ihnen überhaupt nicht böse», antwortete Nadja lachend auf seine verlegenen Worte, «auf so etwas achten Sie doch nicht, Konstantin Alexandrowitsch ...» – «Sie sind mir wirklich nicht böse? Aber warum, meine Liebe, haben Sie das gemacht? Sie hatten bezaubernde Augenbrauen.» – «Ja, ja, jetzt soll ich Ihnen glauben, dass Sie noch wissen, wie ich überhaupt ausgesehen habe. Aber ich habe auch noch etwas anderes Verrücktes getan! Man muss mich festbinden.» – «Was denn?» – «Oh, ich habe das hier gekauft.» Sie holte ein kleines Emaille-Behältnis aus ihrer Handtasche: «Ein *vanity case*.» – «Was?» – «*vanity case*, so nennt man das.» Tamarin lachte: «So ist das immer: Irgendein Witzbold erfindet einen seltsamen Ausdruck, dann bürgert der sich ein, und niemand merkt mehr, wie seltsam er ist. So war es auch mit der ‹Höllenmaschine›. Vor hundert Jahren ...» Die «Höllenmaschine» interessierte Nadeschda Iwanowna nicht.

Da sie es nicht gewohnt waren, sich mit dem Automobil durch die Stadt zu bewegen, hatten sie Entfernung und Zeit falsch eingeschätzt, sodass sie eine halbe Stunde vor dem Diner im Restaurant ankamen. Ein Mann in einer Livree stürzte ihnen entgegen. Nadeschda Iwanowna war aufgeregt, als sie aus dem Wagen stieg. Tamarin schaute auf die Uhr und schlug vor, in das nahe gelegene Café zu gehen, eine längere Zeit im Restaurant zu warten, erschien ihm unschicklich. Nadja stimmte sofort zu; der Aufschub war ihr willkommen: Sie war sehr befangen.

Im Café unterhielten sie sich, wie immer, nett und zwanglos. Der Armeekommandeur sprach über seine Arbeit (er war an diesem Tag besonders gut vorangekommen) und zitierte Clausewitz. Nadeschda Iwanowna, die so tat, als ob sie zuhörte, warf gelegentlich ein: «Wirklich? Wie interessant!», und machte auf gut Glück große Augen. Ihre Aufmerksamkeit wurde von einem gut aussehenden Mann in Anspruch genommen, der nicht weit von ihnen saß. Er sah aus wie achtundzwanzig oder dreißig, aber irgendwie kam es Nadeschda Iwanowna so vor, als wäre er älter. «Ein Franzose? Nein, kein Franzose. Eher ein Engländer ...» Es kam ihr nicht in den Sinn, dass es ein Russe sein könnte. Auch er sah sie an, und als ihre Blicke sich kreuzten, vertiefte er sich wieder in die Abendzeitung, aber er schaute noch ein-, zweimal von der Zeitung auf und warf einen kurzen Blick in ihre Richtung. Nach etwa zehn Minuten sah er auf die Uhr, stand sichtlich unwillig auf und legte das Geld auf das Tablett mit dem Glas. Als er zwischen den Tischen hindurch an ihnen vorbeiging, stieß er Tamarin versehentlich mit dem Ellbogen an und sagte auf Russisch: «Verzeihung, entschuldigen Sie bitte.» Der Armeekommandeur zuckte überrascht zusammen, auch Nadja erschrak irgendwie. An der Tür drehte sich der junge Mann erneut nach ihr um. «Ich glaube, wir haben nichts *Bedenkliches* gesagt», bemerkte Tamarin verlegen lächelnd. «Natürlich nicht. Sie denken, das ist ein Weißgardist?» – «Jedenfalls kein sowjetischer», sagte der Armeekommandeur und lachte, «so ist er nicht gekleidet, und sie haben auch so etwas Gewisses an sich ...» – «Ich kann sie nicht ausstehen», erklärte Nadeschda Iwanowna. «Ja, sie sind alle so abgehoben ... ja, abgehoben ...», beeilte sich Tamarin anzufügen. «Ich kenne allerdings keinen von ihnen.»

XIV

D er Besitzer des Karussells lockte das Publikum herbei. Die Kinder nahmen aufgeregt auf den Pferden, Schweinen und Schafen mit den herausgestreckten Zungen Platz. Mütter und Kindermädchen gaben letzte Anweisungen: nicht hinauslehnen, an den Stangen festhalten. Ein Junge setzte sich mit entschlossener Miene in die Gondel des Luftballons. Ein winziges Mädchen, seine Schwester, sah ihn entsetzt an. Von irgendwoher ertönte Musik, das Karussell begann sich zu drehen. Die Kinder, die an Wislicenus vorüberfuhren, umklammerten finster entschlossen die Zügel und die Lenkräder. Nebeneinander galoppierten zwei Reiter auf Schafen: Das eine stieg auf, während das andere sich senkte. Nachdem das Karussell – unter Schreien und Kreischen – die erlaubte Höchstgeschwindigkeit erreicht hatte, wurde es wieder langsamer. Die Musik verstummte. Das Karussell blieb stehen. Das Kreischen hatte aufgehört. Die Kinder, die einen stolz, die anderen betrübt, stiegen von den Schafen und den Schweinen und kletterten aus den Automobilen. Wislicenus blickte auf die abgewetzten schwarzen Tiere.

XV

K angarows Diner kam zufällig zustande. Denen, die an dem Diner Interesse haben konnten, erzählte er, dass er einem internationalen Bankier einen Gefallen schulde: «Wenn man unter Wölfen lebt, muss man mit den Wölfen heulen» (diesen Satz musste er in letzter Zeit ziemlich häufig aufsagen).

Der Wolf, das heißt der Bankier, war in Verhandlungen über ein umfangreiches Abkommen involviert, Kangarow hatte nicht direkt damit zu tun, aber er war von einem anderen Ressort um Mithilfe gebeten worden, das war auch der Grund, weshalb er nach Paris gekommen war. Im Ausland wurden wichtige Geschäfte in teuren Restaurants angebahnt, erörtert und zum Abschluss gebracht. Der Bankier hatte Kangarow in Paris und in Amsterdam bewirtet, nun war es notwendig, sich mit einem Diner ihm zu Ehren zu revanchieren. Im Haus des Bankiers machte der Botschafter die Bekanntschaft von Vermandois und nutzte das Überraschungsmoment und lud ihn auf der Stelle ein. Eingeladen werden musste auch der berühmte Rechtsanwalt Cerisier, der sich erboten hatte, die rechtliche Ausgestaltung des Vertragsabschlusses zu übernehmen. Zugleich lud er ein sehr namhaftes gräfliches Paar ein. Mehr Sorge machten Kangarow die übrigen Gäste. Nadeschda Iwanowna lud er ein, weil er das Kindchen ein wenig verwöhnen wollte, «ist doch ein wenig blamabel, wenn diese dumme Gans die einzige Dame in der Runde ist», sagte er sich und meinte damit die Gräfin. Tamarin musste er danken, weil der sich um Nadja gekümmert hatte; der Armeekommandeur, ein imposanter Mann, der gut Französisch sprach und zudem General in der zaristischen Armee gewesen war, würde bestimmt keinen Schaden anrichten. Was Dr. Siegfried Mayer betraf, so hätte der sich fast selbst zum Diner eingeladen, auch er nutzte die Technik des Überraschungsangriffs. Zu diesem Mann, der in Deutschland früher einflussreich und wichtig gewesen war, hatte Kangarow einst gute Beziehungen unterhalten, er hatte ihn häufig auf verschiedenen Konferenzen getroffen und war Gast in seinem Haus gewesen. Nun war Siegfried Mayer im Exil und litt offenbar Not. Ihm seine Bitte abzuschlagen, hielt Kangarow für würdelos – «Man darf kein Schwein sein» –, außerdem berief sich Dr. Mayer auf eine geschäftliche Angelegenheit: Er hatte das dringende Bedürfnis, Wislicenus zu treffen, von dessen Aufenthalt in Paris er erfahren hatte.

Als er den Namen Wislicenus hörte, schrillten bei Kangarow die Alarmglocken. Er hatte nicht die geringste Lust, den Mann aus dem Lux zum Diner zu bitten. Aber eine Weigerung wäre ebenfalls heikel gewesen: «Wenn sie etwas zu besprechen haben, sagen sie womöglich, dass ich das sabotiert hätte ...» Über Wislicenus' Stellung in Moskau kursierten unterschiedliche Gerüchte: Die einen sagten, er erfreue sich großer Gunst, andere versicherten ihm, seine Karriere sei zu Ende. Beides war möglich. Nach Andeutungen aus besonders gut unterrichteten Kreisen war Kangarow allerdings geneigt zu glauben, dass Wislicenus' Stellung wankte. «Besser wäre, ihn nicht einzuladen. Und überhaupt, dieses Diner wächst wie eine Lawine», dachte der Botschafter unzufrieden und entschloss sich nach kurzem Schwanken dennoch, der Bitte Mayers nachzukommen. «Aber keine Menschenseele mehr, es reicht ...» Er tat so, als veranstalte er das Diner nur deshalb, weil dies unbedingt erforderlich war. In Wirklichkeit war Kangarow von Natur aus sehr gastfreundlich. Außerdem wollte er sich nach der jüngsten, noch nicht gänzlich verflogenen Aufregung ein wenig zerstreuen, «sich selbst vergessen», wie er zu Nadeschda Iwanowna gesagt hatte, ohne übrigens die Ursache der Aufregung zu nennen: «Ach, alles schnuppe ...» Die Vorbereitungen für das Diner lenkten ihn in der Tat ab. Dass die Gesellschaft ein bisschen bunt zusammengewürfelt war, brachte ihn nicht in Verlegenheit: Er war schon vor langer Zeit zu dem Schluss gekommen, dass es unnötig war, großes Gewese um Menschen wie diese Gräfin zu machen, und er zitierte gern die Worte von Lord Kitchener[72], die er in einer Zeitung gelesen hatte: «Ich hatte zwei schreckliche Feinde im Leben: die afrikanischen Mücken und die Damen der Gesellschaft.»

Als der Geschäftsführer ihm den Entwurf des Menüs zeigte, sagte Kangarow zufrieden: «*Ça va, ça va*»*, und wies ihn lediglich an, die Cocktails zu streichen und an ihrer Stelle einen fünfzig Jahre alten Sherry aus den Spezialvorräten auszuschenken, der sowohl vom Preis als auch von der Wirkung her umwerfend war. «Jedenfalls wird es Spaß machen.» Er wusste aus Erfahrung, dass bei den bedeutendsten geschäftlichen und politischen Arbeitsessen Verlauf und Erfolg der Verhandlungen – nicht in der Hauptsache, wohlgemerkt, aber in wesentlichen Details – oft davon abhängen, ob die Atmosphäre und besonders der Wein eine gute, wohlwollende Stimmung erzeugen. Während dieses Diners war übrigens kein Arbeitsgespräch vorgesehen: Mit dem Bankier war bereits fast alles erörtert und entschieden worden, es galt nur noch, die guten Beziehungen zu pflegen.

Kangarow traf etwa zehn Minuten vor der vereinbarten Zeit im Restaurant ein, für den Fall, dass einer der Gäste früher kommen würde. In Begleitung des Geschäftsführers und des Maître d'hôtel betrat er den reservierten Salon, warf einen besitzergreifenden Blick auf den gedeckten Tisch und war sehr zufrieden. Alles war perfekt. Auf einem Beistelltisch kühlten, in einem Eimer mit Eis, Champagner und Rheinwein. Der Kaviar war nicht schwarz, sondern grau, grobkörnig, die Sorte, die er besonders schätzte. Die Sherryflasche war so staubig, als hätte man sie nach fünfzig Jahren gerade ausgegraben. Der Geschäftsführer und der Maître d'hôtel nahmen letzte Anweisungen entgegen und fügten respektvoll an: «*Oui, Votre Excellence*» – «*Oui, monsieur l'ambassadeur...*» Die Tür ging auf, und den Salon betrat Nadeschda Iwanowna in Begleitung von Armeekommandeur Tamarin. Sie erschien Kangarow strahlend schön. «Ich bin eindeutig verliebt, verliebt wie ein Jüngelchen!» Im Gegensatz zu Tamarin

---

* In Ordnung, in Ordnung

192

bemerkte er sogleich die revolutionäre Veränderung in Nadjas Gesicht, er erstarrte vor Entzücken und drohte ihr mit dem Finger. Aber Nadja erwiderte sein Lächeln nicht einmal, so aufgeregt war sie. «Angst vor den Burschui!», schalt sie sich ärgerlich. Die Augen gingen ihr über. Der gedeckte Tisch, lang und schmal wie der Salon, machte einen überwältigenden Eindruck. «Neben wem werde ich sitzen? Hoffentlich neben jemandem von den Unsrigen ... Und was ist dort hinter der zweiten Tür?» Der Salon verfügte neben dem Vorraum über ein kleines, mit einer Portiere abgetrenntes Separee mit einem Sofa. «Hier finden sicher die *Orgien* statt», dachte Nadeschda Iwanowna mit ungenierter Neugier. An den Wänden hingen Spiegel; Nadja hatte sich schon im Vorraum in einem Spiegel des Salons erblickt. «Nein, alles in Ordnung», entschied sie und war sowohl mit ihren Augenbrauen als auch mit ihrer Toilette und dem Emaille-Schächtelchen in ihrer Handtasche zufrieden.

«Fesch, sehr fesch», sagte Kangarow zärtlich-salopp. «Sind wir nicht großartig? *Très chic* und famos, immer elegant[73] ... Habe die Ehre, Kommandeur Iwanowitsch, ich danke Ihnen. Und – was sagen Sie zu den Ereignissen in Spanien? Wie zieht sich unser Ferdinand[74] aus der Schlinge?»

Tamarin wollte gerade mit seinen Erklärungen beginnen, als Cerisier und der Bankier den Salon betraten. «Kommandeur Iwanowitsch, Sie werden uns das alles bei Tisch erzählen, aber bitte auf Französisch, Russisch ist streng verboten», sagte der Botschafter, während er sich von ihm entfernte.

Er machte die Gäste miteinander bekannt, und als er Tamarin vorstellte, fügte er hinzu: «Einer unserer besten Generäle» – auf Französisch durfte man auch das Wort «General» verwenden. Der Bankier sah den Armeekommandeur neugierig an. «Wir haben gerade über die Ereignisse in Spanien gesprochen.» – «Ich glaube, nach der Einnahme von Badajoz[75] durch die Aufständischen ...», begann Tamarin und stockte. «Woher weiß ich denn, was das für Leute sind?» – «Äußerst interessant, die Meinung eines sowjetischen Experten zu hören», sagte aufmunternd der berühmte Jurist. Das Gesicht des Bankiers zeigte keine Regung, aber im Stillen dachte er sicher: «Ja, sie haben Badajoz eingenommen, und sie werden auch alles andere einnehmen, und eure Leute werden sie, gottlob, alle aufhängen. Aber bis dahin können wir Geschäfte machen und dinieren, vor allem an einem Ort wie diesem.» Nadeschda Iwanowna versuchte, ihre Aufregung verbergend, sich noch einmal in dem großen Wandspiegel zu betrachten, aber so, dass niemand diese peinliche Aktion bemerkte. «Ach, was für ein Schuft, der reinste Ustascha![76]», dachte Kangarow verärgert: Den Salon betrat der Mann aus dem Lux, in einem provokanten, verblichenen, abgewetzten Jackett mit einem provokanten, lässigen schlaffen Hemdkragen. «Was für ein Ignorant, was für ein Mistkerl und Flegel!», sagte der Botschafter in Gedanken, während er Wislicenus fest und *kameradschaftlich* die Hand drückte.

XVI

Zu diesem Zeitpunkt verließ Louis Etienne Vermandois gerade erst seine Wohnung. Seine Arbeit war an diesem Tag eher ungewöhnlich verlaufen. Der Roman aus dem alten Griechenland hatte eine unerwartete Wendung genommen. Eine der Figuren begegnete Lysander nun in einem anderen, viel vorteilhafteren und glaubwürdigeren Umfeld; es ergab sich irgendwie von selbst, aber um es plausibel erscheinen zu lassen, musste der Held eine Tat vollbringen, die er ursprünglich nicht vollbracht hatte; diese Tat erwies sich bei näherer Betrachtung als vollkommen natürlich, sie passte sehr gut zu dem Helden; sein Charakter war nun viel lebensechter, die Handlung spannender, es war ein Gewinn für den gesamten Roman. Unterm Strich konnte man es als Inspiration bezeichnen, und Vermandois durchlebte Minuten wahren Glücks. «Aber wieso ist mir das nicht früher eingefallen? Im Übrigen habe ich im Grunde genommen gar nichts damit zu tun: Die Helden der schönen Literatur leben in der Tat ihr eigenes Leben, und was in diesem Zusammenhang über Flaubert, Stendhal oder Tolstoi erzählt wird, sind keineswegs Legenden, die von ihren ehrfurchtsvollen Biografen, tiefsinnigen Kritikern oder gar den Autoren selbst in Umlauf gebracht worden sind.»

Lysander war nun schon seit einem Monat der Name des einstigen Anaximander; nicht nur war der neue Name in der letzten Fassung des Manuskripts überall eingefügt, sondern der alte auch sorgfältig ausgestrichen worden: Aus irgendeinem Grund war es Vermandois peinlich, dass Anaximander zu Lysander geworden war, peinlich gegenüber seinem jungen Sekretär, der den Roman abtippte. «Wie soll ich ihm erklären, dass Lysander nur schlecht ist, während Anaximander schrecklich und unmöglich war?» Zudem rief die Tatsache, dass er überhaupt Romane schrieb, unabhängig von ihren Vorzügen oder Mängeln, bei Vermandois ein Gefühl der Ratlosigkeit und Peinlichkeit gegenüber jedermann hervor: Er wusste selber nicht, wem gegenüber mehr – den Schreibenden oder den nicht Schreibenden, und er dachte, dass zum Beispiel Musiker oder Maler solche Gefühle nicht hatten und auch nicht haben konnten.

Nach den skizzierten Veränderungen nahmen sich Lysanders Gedanken noch düsterer aus als zuvor, und leider schien es so, als wisse er über die Ereignisse, die sich im Europa des zwanzigsten Jahrhunderts, insbesondere nach dem Krieg abgespielt hatten, genauestens Bescheid. Vermandois notierte die Änderungen und neuen Gedanken umgehend in seinem Schreibheft – vieles musste jetzt überarbeitet werden, und wie leicht vergaß man etwas. Gefesselt von seiner Arbeit, schaute er nicht auf die Uhr, und als er fertig war, bemerkte er, dass es nur noch zwanzig Minuten bis zum Diner waren. Sich selbst verwünschend, begann er sich hastig anzukleiden: «Warum nur habe ich die Einladung dieses Herrn angenommen?»

In Paris kursierte seit Kurzem das Gerücht, Vermandois sei in die Kommunistische Partei eingetreten. In Momenten, da ihm die Welt, die Verleger und das, was er, wie andere auch, «bürgerliche Literatur» nannte, besonders zuwider waren, erklärte Vermandois, dass er sich demnächst endgültig den Kommunisten anschließen würde. Er klang, als würde er jemandem drohen. Im Übrigen wusste er genau, dass das sowohl seinen Freunden als auch seinen Widersachern in der literarischen Welt vollkommen gleichgültig war: *«Avez-vous entendu la dernière de Vermandois ... ? Elle est bonne, n'est-ce pas?»** Was die Politiker betraf, so hatten sie ihn (auch das wusste er) bei aller Verehrung nie wirklich ernst genommen. Sie baten ihn häufig, Vorworte zu Sammelbänden ihrer Reden oder Aufsätze zu schreiben, aber auch das nur, weil *une préface de Vermandois*** den Verlegern immer noch etwas bedeutete: fünfhundert zusätzliche Exemplare. In der Regel schlug er den Politikern die Vorworte auch nicht ab, wobei er die Sammelbände, die seinen Abscheu hervorriefen, über die Maßen lobte, sodass Menschen, die ihn nicht persönlich kannten, verwundert die Schultern hoben und er von noch mehr Politikern um Vorworte gebeten wurde.

---

* Haben Sie schon das Neueste von Vermandois gehört ...? Gut, nicht wahr?
** ein Vorwort von Vermandois

Er trat jedoch nicht in die Partei ein. Es gab viele Für und Wider. «Der einzelne Mensch ist heute völlig machtlos», sagte Vermandois manchmal in Gesellschaft, «es gibt nur noch den einen Kampf in der Welt, und man muss sich für die eine oder die andere Seite entscheiden. Nuancen spielen keine Rolle. Bei uns treten immer zehn bis fünfzehn Parteien mit unterschiedlichen Namen zur Wahl an, wobei die wichtigste rechte Partei sich als linke Republikaner[77] bezeichnet – das sind alles leere Worte. So führt die schönste Straße in Paris Felder im Namen, doch niemand glaubt ernsthaft, dass dort Weizen wächst oder Kühe weiden. In Wirklichkeit kämpfen in Frankreich immer nur zwei Parteien gegeneinander, die eine vertritt die Reaktion, die andere den Fortschritt (bei diesen Worten runzelte er unwillkürlich die Stirn). Und auch in dem großen Kampf, der sich heute in der Welt abspielt, in einer Welt, die in eine Periode der sozialen Revolution und der sozialen Katastrophen eingetreten ist, darf man sich nicht von Worten und Nuancen in die Irre führen lassen: Wenn du der Sache dienen willst, dann tritt in die Partei ein ...»

Das war das wichtigste «Für». Aber auch das verborgene «Wider» war von Bedeutung. Es lag nicht einmal an dem in Russland um sich greifenden Terror, der wahrscheinlich – wer kannte sich da schon aus? – unumgänglich war und aus einer Entfernung von ein paar tausend Kilometern Vermandois nicht besonders schreckte: Die Hinrichtung von Menschen, die er nicht kannte, vermochte ihn nicht mehr aufzuregen als ein Erdbeben auf Martinique oder eine Choleraepidemie in China. Viel schlimmer war die Tatsache, dass die Kommunisten eine unerschütterliche Doktrin hatten, die nicht nur für das Fußvolk verbindlich war – damit konnte man sich noch abfinden –, sondern auch an der Parteispitze mit vollem Ernst für genial gehalten wurde. Vermandois las angestrengt eine Reihe Bücher über diese Doktrin, rief sich den Inhalt weiterer ins Gedächtnis – und gestand mit einem Seufzer, dass das eine Philosophie für Köchinnen war. «Nun, auch Köchinnen brauchen irgendeine Philosophie, und vielleicht besteht der Sinn des politischen Lebens darin, unter mehreren platten Systemen das am wenigsten platte oder das am meisten inspirierende zu wählen? Aber ich bin keine Köchin, und es gibt keine Garantie, dass das am wenigsten platte System das richtige ist. Für die allgemeine und rasche Verdummung, die alle zu Kriechern und Köchinnen macht, ist die deutsche Philosophie von heute noch besser geeignet: Darin sind die Deutschen unübertroffene Meister ...» Außerdem ahnte er, dass er, wenn er in die Partei eintreten würde, mindestens dreimal im Jahr zu Versammlungen gehen müsste, man könnte es ja nicht ständig bei Unterstützerschreiben belassen, er würde Telegramme verschicken und zu Beerdigungen von wichtigen Persönlichkeiten gehen müssen. «Besser, ich warte noch ...» Vermandois erklärte den zuständigen Leuten, er fühle sich noch nicht reif für einen so wichtigen Schritt. Er blickte dabei betroffen, aufgewühlt und ein wenig geheimnisvoll, gerade in dem Maße wie erforderlich, und seine Worte hinterließen einen starken Eindruck.

Der steife Kragen ließ sich problemlos knöpfen, die Schnürsenkel waren diesmal im Nu gebunden (es fiel ihm in letzter Zeit immer schwerer, die Schuhe anzuziehen), und um Punkt acht trat Vermandois auf die Straße. Eigentlich hätte er auch die Metro nehmen können, fünfzehn oder zwanzig Minuten Verspätung wären nicht schlimm gewesen. Aber um zum Restaurant zu gelangen, musste man umsteigen; die Fahrt unter der Erde, die langen Gänge und Treppen strapazierten seine Geduld – es half alles nichts, er würde Geld für ein Taxi ausgeben müssen. Vermandois kaufte die Abendzeitung und überflog sie, während er im Automobil Platz nahm: «Immer noch dasselbe!» Frankreich schlug den anderen Mächten vor, über die Frage der Nichteinmischung und die Eindämmung des spanischen Konflikts zu sprechen. Dieser Vorschlag, so die Zeitung, werde «in den politischen Kreisen aller europäischen Hauptstädte lebhaft diskutiert ...» – «Nein, besser, ein Land wird von Gaunern regiert. Es gibt eine besondere Art von wohlanständigen Menschen, derentwegen ganze Staaten zugrunde gehen und die größten historischen Katastrophen eintreten.»

Der Zeitungsausträger hatte einen finsteren Blick auf Vermandois' Smoking geworfen, als er das Geld entgegennahm. *«Non, vous avez beau dire, c'est un fameux type, ce Hitler!»**, sagte ein junger Mann neben ihm. «Ja, in der Tat, sie haben auf ihre Art recht. Wenn ich zusammen mit meinem Lysander ihnen nichts anderes als eleganten Pessimismus zu bieten habe und wenn die Deklaration der Menschenrechte hauptsächlich Typen wie Stavisky[78] zugute kommt, dann haben sie recht, wenn sie einen Hang zu Gewalt, Brutalität und Impertinenz entwickeln und auf alles andere pfeifen.» – «Das Volk stürzt sich mit Freude in die Knechtschaft, *ruit in servitium*», erinnerte er sich an die Worte von Tacitus[79] und dachte ärgerlich, dass ihm sein Gedächtnis, welches ihm ständig Zitate in Erinnerung rief, das Leben vergiftete. «Was soll man machen, es ist alles schon längst gesagt. Aber wenn mein Gedächtnis schlechter funktionierte, würde ich, wie die Unwissenden, der Illusion ‹neuer Wörter› erliegen. Als gäbe es neue Wörter unter der Sonne!» Er blickte in den Himmel. Die Sonne war bereits verschwunden. Der verglühende Sonnenuntergang überraschte ihn, als sähe er ihn zum ersten Mal. «Wie arm ist die Sprache selbst der größten Meister! In der Jugend war ich überzeugt, dass man, um das zu beschreiben, sich irgendwelche neue, treffende Vergleiche, Bil-

---

* Nein, man kann sagen, was man will, aber dieser Hitler ist schon ein toller Typ!

der und Attribute ausdenken müsste, und ich zerbrach mir den Kopf, wie man den Sonnenuntergang, den Wald oder das Meer auf neue Weise beschreiben könnte. Wie ein Verrückter! Mein ganzes Leben habe ich wie ein Verrückter gelebt!»

Ihm kamen die gleichen Gedanken, wie sie seit dreitausend Jahren allen Menschen, gescheiten wie dummen, gelehrten wie unwissenden, beim Anblick des Himmels oder eines Friedhofs kommen. «Ja, und dieser spanische Aufstand und alles, worüber die Zeitungen berichten, hat für mich jetzt keine größere Bedeutung als das Diner bei diesem Herrn, dem Kaviar und Ananas nicht genügen, er will sich auch noch im ‹Glanze von Vermandois' funkelndem Wort› sonnen (so lautete das gängige Klischee ihm wohlgesinnter Journalisten). Ich habe wahrscheinlich noch zwei oder drei Jahre zu leben, im besten – oder schlimmsten – Fall fünf oder sechs. Auf etwas Neues kann ich schon lange nicht mehr hoffen. Und so töricht, ja idiotisch das auch ist, den Rest meines Lebens werde ich wahrscheinlich damit verbringen, bei Diners im Kreise ungebildeter, unwissender Menschen zu ‹brillieren› (er beschloss augenblicklich, den ganzen Abend nur über das Wetter zu reden). Im Grunde könnte ich – trotz der heute empfundenen Euphorie – gut und gerne ohne den brillanten Griechen Lysander auskommen, ohne das brillante Buch Nummer siebenunddreißig, die vorausgegangenen sechsunddreißig liest zum Glück kaum noch jemand, vielleicht noch ein Franzose unter fünftausend. Vor dreihundert Jahren wurden die wenigen, nur selten erscheinenden Bücher von Menschen gelesen, die um ihr Seelenheil besorgt waren. Vor dreißig Jahren, als ich einer der gefragtesten Schriftsteller Europas war, wurden meine Bücher gelesen, damit man in Gesellschaft Eindruck mit einem Zitat schinden und den Damen ein verzücktes Lächeln entlocken konnte: ‹Das sind Vermandois' Worte.› Heute blättern jene ‹fünftausendste› aus Gewohnheit durch meine

Bücher – irgendetwas muss man schließlich lesen –, oder aus Langeweile, wenn man weder ins Theater gehen noch Bridge spielen kann. Mein Ruhm gleicht dem verarmten Adel, *dormit, non extinguitur**. Aber man sollte sich nichts vormachen: Es gibt keinen Provinzjournalisten, der nicht überzeugt wäre, dass nicht irgendwo Leser existieren, die seine Artikel ausschneiden und sich Auszüge daraus machen, und, was am schlimmsten ist – der Provinzjournalist hat recht. Aber meine ‹Verehrer› wie meine Feinde unter den Lesern glauben zu wissen, dass ich schon alles gesagt habe und jetzt nur Altes widerkäue (das war das Klischee, das die wenigen ihm feindlich gesinnten Feuilletonisten pflegten). Dass ich jetzt viel besser schreibe als in meiner Jugend, dass ich erfahrener, gelehrter, klüger bin, dass meine Formulierungen reiner, präziser, solider sind, das erkennt niemand außer ein paar Verrückten wie mir, Menschen, die meine neuen Werke mit Feindseligkeit lesen, um endlich offen verkünden zu können: ‹*Il est fini, Vermandois!*›** Und doch sind sie unaufrichtig. Ach, Gott mit ihnen! Wie Lord Holland[80], den in letzter Minute noch sein ärgster Feind besuchen wollte, werde ich vor meinem Ende sagen: ‹Er soll nur kommen: Wenn ich noch am Leben bin, werde ich mich freuen, ihn zu sehen; und wenn ich schon tot bin, wird er sich freuen, mich zu sehen.›»

Er dachte, dass er bei Gelegenheit auf dieses Zitat zurückkommen sollte, aber natürlich nicht heute. Streng genommen hatte er keine verschworenen Feinde unter den Kritikern. Es gab Kritiker, die ihm gegenüber nicht respektvoll genug oder weniger respektvoll als gegenüber anderen berühmten Schriftstellern waren. Er seufzte: «Ja, natürlich, jeder von uns wünschte sich, dass es wie in Versailles zuginge, wo man sich in Anwesenheit

---

* er schläft, ist nicht erloschen
** Es ist aus mit Vermandois!

von Ludwig XIV. vor niemand anderem verbeugen durfte ...» Es gab Kritiker, die auf freundliche Weise unverschämt waren; wenn sie Bücher von Bergson, Anatole France oder ihm selbst besprachen, schrieben sie: *«unser Philosoph»* oder *«unser Romancier»*. Es gab auch Kritiker, die ständig und ohne ersichtlichen Grund in ihrer Haltung ihm gegenüber von «wohlmeinend» zu «bissig» wechselten, mehr aus eigener Nervosität, so wie die Helden und Heldinnen Dostojewskis in Momenten besonderer Anspannung plötzlich aus irgendeinem Grund (das hatte er immer komisch gefunden) zum «Du» wechseln: «‹Ah, du lügst also! Ich sehe ... du hast gelogen›, schrie sie.» Es gab – vor allem in der letzten Zeit – auch Kritiker, die formal zwar freundlich waren, aber stets beiläufig erwähnten, dass seine Bücher leider nicht mehr den Erfolg hätten, den sie durchaus verdienten. «Man müsste wirklich so etwas wie das ‹Diner der ausgepfiffenen Autoren›[81] Flaubert, Turgenjew und Daudet veranstalten – höchst amüsant, wenn die ausgepfiffenen Autoren Flaubert, Turgenjew und Daudet sind.» Schließlich gab es auch noch durchaus vernünftige und gewissenhafte Kritiker – diejenigen, die ihn stets überschwänglich lobten. «Schade, jeder von uns beklagt sich gern über *Intrigen* ... Vor allem, wenn es gar keine Intrigen gibt ...»

Diese Überlegungen beschäftigten ihn, und er konnte nicht gleich zu dem vorherigen Gedankengang zurückkehren: «Wozu soll man denn unter solchen Umständen leben, zusammen mit solchen Menschen? Goethe sagte zu Eckermann, dass alle im Rückschreiten und in der Auflösung begriffenen Epochen dem geistigen, inneren Leben besonders förderlich wären.[82] Aber wovon soll man leben? Nun, man müsste wegfahren, irgendwohin in die Provinz, wo das Leben billig ist, wo es einen See und einen Wald gibt – und nicht sechstausend Bücher mitnehmen (auch das ist eine Manie), sondern nur hundert, aber die richtigen, die sogenannten ewigen. Sich dort niederlassen für den Rest seiner Tage. Natürlich nicht, um ‹dem Volk und seiner Kultur nahe zu sein›, wie das in der letzten Zeit eine gewisse Gattung neuer oder, besser gesagt, periodisch wiederkehrender Snobs fordert, die vermutlich nur kundtun wollen, dass sie für das Parlament kandidieren – nein, weggehen, um in den letzten Jahren seines Lebens weder Snobs noch Biedermänner, weder Dumme noch Kluge, weder Feinde noch Verehrer um sich zu haben, und in Gesellschaft jener hundert Menschen leben, denen als erste beschieden war, die Wahrheit über das Leben und den Menschen auf lange Zeit, auf ewig in kraftvolle Worte zu fassen. Vielleicht noch nicht einmal schreiben, sondern einfach leben, aus demselben Grund, aus dem Rabelais König werden wollte: ‹*Afin de faire grande chère, pas ne travailler, point ne me soucier, et bien enrichir mes amis et tous gens de bien et de scavoir.*›*[83] Nun, seine Freunde und alle *gens de bien* reich auszustatten – darauf könnte man auch verzichten ...»

Aber er spürte, dass er schwerlich in die Provinz fahren würde: Er war sich unsicher, ob er dort, trotz des Waldes, des Sees und des Umgangs mit großen, aber toten Menschen, nicht Sehnsucht nach der weitaus weniger illustren Pariser Gesellschaft bekommen würde, und er dachte, dass er wohl bis an sein Ende, bis zu *jenen* schrecklichen Tagen, Wochen oder Monaten – daran durfte man nicht denken! –, genau so leben würde, wie er es schon zwanzig Jahre lang tat. Wieder schien es ihm, als würde die ganze Zivilisation ihrem Ende entgegengehen. Es würde wahrscheinlich eine neue geben, die aber lausig und noch viel miserabler als die gegenwärtige sein würde. Und falls diese neue Zivilisation nicht entstehen sollte, dann nur weil sich die Wis-

---

* Auf dass ich tüchtig tafeln kann, nicht zu arbeiten und mich nicht zu sorgen brauche, und meine Freunde und alle tugendhaften und gelehrten Leute reich ausstatten kann (altfranz.)

senschaft einmischt und es den Wilden erlaubt, alles endgültig zu zerstören, auch sich selbst, denn die zerstörerische Kraft der Wissenschaft ist unermesslich größer als ihre Abwehrkraft. In diesem Moment spürte er mit besonderer Klarheit, dass die Wilden, die äußeren wie die inneren, nahe waren, sehr nahe, dass er von Wilden umzingelt war und dass in der schönsten, zivilisiertesten Stadt der Welt in diesem Augenblick, da die Nacht hereinbrach, dunkle, geheimnisvolle, schreckliche Gestalten sich anschickten, durch die Straßen zu streifen und fürchterliche Verbrechen zu begehen. Als er bezahlte, fand er, dass der Chauffeur ein brutales Gesicht hatte, und auch der heraneilende Bedienstete, dessen Livree eine Art Demütigung auszudrücken schien, hatte denselben Gesichtsausdruck, ebenso wie der Maître d'hôtel, der ihn respektvoll in einen separaten Salon führte, welcher ihm seit mehr als vierzig Jahren vertraut war. Beinahe erschrocken begrüßte er einen seltsamen Mann in einem verblichenen Jackett und die anderen Gäste. Mit einem süßlich-konfusen Lächeln erging er sich in Entschuldigungen und machte allen den leisen Vorwurf, nicht schon in seiner Abwesenheit Platz genommen zu haben. «Aber ich bitte Sie, lieber Maître, wir sind alle gerade erst eingetroffen, Sie haben sich überhaupt nicht verspätet», sagte Kangarow freundlich und stellte die Anwesenden dem berühmten Gast vor, der nur den Bankier und das Grafenpaar kannte. «Was heißt hier nicht verspätet! Ich bitte vielmals um Verzeihung, meine Herren ...» – «*Akademische Viertelstunde*»*, bemerkte Dr. Siegfried Mayer und übersetzte seine Worte selbst in ein schreckliches Französisch. «Das Mädchen hat kein brutales Gesicht, sie sieht entzückend aus, was kann es Schöneres auf der Welt geben», dachte Vermandois und lauschte angewidert auf den Akzent von Mayer (er war sich bewusst, dass sich das

* im Original deutsch

nicht gehörte, aber er konnte die Deutschen nicht ausstehen: die Linken genauso wenig wie die Rechten und alle anderen). «Zu Tisch, meine lieben Freunde, zu Tisch! Ich empfehle Ihnen den Sherry», sagte Kangarow-Moskowski fröhlich.

XVII

D er Mord war auf 21 Uhr 15 festgelegt. Er hatte die Zeit genau berechnet und einen Plan aufgestellt: Bei einem solchen Vorhaben war das richtige *Tempo* sehr wichtig. Der Zug nach Louveciennes war um diese Zeit fast immer voll, ebenso wie der für die Rückfahrt, der jene Pariser in die Stadt zurückbrachte, die bis spät in ihren Landhäusern gewesen waren. Der Zug kam um Punkt neun am Bahnhof Louveciennes an, und vom Bahnhof zur Villa lief man sieben Minuten. Ungefähr genauso lange plante er für das Gespräch ein: Er konnte ja nicht gleich im Flur schießen, schon nach den ersten Worten. Die folgende Viertelstunde war für die Suche nach dem Geld bestimmt plus zehn Minuten *zur Sicherheit*, für alle Fälle, und sieben Minuten für den Rückweg. Die Vorortzüge verkehrten auf dieser Strecke mit absoluter Pünktlichkeit.

Später wunderte sich Alvera, dass er diesen Tag im Großen und Ganzen ziemlich ruhig verbracht hatte, äußerlich fast so wie immer. Am Vorabend war er um elf Uhr zu Bett gegangen. Vor dem Einschlafen fragte er sich erschaudernd: Soll ich es lieber bleiben lassen? Vor einem Monat wäre das durchaus noch möglich, wenn auch nicht einfach gewesen. «Jetzt geht es nicht mehr. Warum soll ich es denn bleiben lassen? Tut er mir etwa leid? Der alte Geizhals zählt am Ende jeder Seite die Leerzeilen, um auszurechnen, wie viel Centimes er mir abziehen kann, ansonsten kann ich ihm nichts Böses nachsagen ... Aber wenn man so denkt, dann darf man überhaupt niemanden umbringen. Vom Darwin'schen Standpunkt aus verdient er als Erster, getötet zu werden, denn er ist degeneriert: Das sieht man auch an seinem Tic.» In der Tat litt Monsieur Chartier an einem wiederkehrenden Zucken der Gesichtsmuskeln am linken Auge. Dieser Tic vergällte ihm offensichtlich das Leben: Er wendete sich stets schnell ab, als schämte er sich für sein Gebrechen, und versuchte es zu verbergen. «Seltsam, was für Dinge den Menschen das Leben vergällen ...» Alvera dachte über all das *wie nebenbei* nach, nicht ernsthaft, nicht wirklich: Worauf es tatsächlich ankam, war allein die Prüfung der technischen Einzelheiten. Auch hier hatte er alles gründlich durchdacht: Er ließ kein einziges Detail unberücksichtigt. Jetzt ging er sie in Gedanken flüchtig, beinahe mechanisch ein letztes Mal durch. «Ja, natürlich ist es für einen Rückzug zu spät», sagte er sich erneut. Er wusste selbst nicht, warum es zu spät war und seit wann es zu spät war. Aber so war es. Im Bett zwang er sich, noch zu lesen: Lacenaires Memoiren[84]. Alvera verachtete den Mann zutiefst, aber als er zu der Stelle kam: «Jetzt begann mein Kampf gegen die Gesellschaft. Ich entschloss mich, zur gesellschaftlichen Geißel zu werden», vergoss er aus Freude und Rührung beinahe eine Träne. Seine letzten Zweifel schwanden. «Ja, selbstverständlich, es ist beschlossene Sache!» Er schlief sofort ein, und er schlief, wenn auch nicht völlig normal, beinahe ruhiger als gewöhnlich.

Trotzdem spürte er Entsetzen, als er am Morgen erwachte. Er setzte sich im Bett auf und saß ein paar Minuten mit weit aufgerissenen Augen da: «Heute! ...» Er wusste, dass sein Entschluss nun unumstößlich war. Ihm schien sogar, dass er nicht mehr von ihm abhinge. Vom Morgen an und den ganzen Tag über musste er ständig gähnen, so als hätte er eine schlaflose

Nacht verbracht. Alvera wusch und rasierte sich, wobei er sich nicht verletzte – «das heißt, meine Hände zittern nicht, und sie *werden nicht* zittern» –, zog sich an und dachte, während er den Kragen zuknöpfte, dass er *in diesem Zustand* noch weitere zwölf Stunden durchhalten musste. Für einen Moment verließen ihn die Kräfte. Er nahm sich zusammen und beschloss, nicht von seiner gewohnten Routine abzuweichen: Wenn er von seinen Gewohnheiten abwiche, könnte sich das zudem als indirektes Indiz gegen ihn erweisen. «Obwohl, wenn es dazu kommt, bin ich verloren ...» Alvera trank eine Menge Kaffee; nach Essen war ihm nicht zumute, und er musste immer wieder gähnen. Er schrieb einen Brief an seinem Schneider – das war eine zweischneidige Sache: «Einerseits feilscht ein Mann, der einen Mord begehen will, nicht mit einem Schneider um zwanzig Francs; andererseits wird sich dieser Umstand im Falle eines Scheiterns erschwerend auswirken: Was für eine Kaltblütigkeit! Ein abgebrühter Schurke!»

Um zehn Uhr fuhr er zu Vermandois. Der Alte schien entgegen seiner Gewohnheit sehr in seine Arbeit vertieft zu sein. Zerstreut grüßte er den Sekretär, und zerstreut, ohne den Blick vom Schreibtisch zu heben, sagte er: «Ja, ja, schreiben Sie ihnen in dieser Art, mein Freund», offenbar wollte er so bald wie möglich in Ruhe gelassen werden. Vor ihm auf dem Tisch lag die aufgeschlagene Mappe mit dem griechischen Roman, er schrieb irgendetwas in ungewöhnlicher Eile. Aus der Anrede *«mon ami»* schloss Alvera, dass der alte Idiot mit irgendetwas sehr zufrieden war, wahrscheinlich mit seiner Arbeit, sonst hätte er zurückhaltender *«mon cher ami»* gesagt.

Im Nachhinein konnte sich Vermandois nicht verzeihen, dass er an jenem Morgen seinem Sekretär keinerlei Aufmerksamkeit geschenkt hatte: Es wäre die einzige Gelegenheit gewesen, mit einem Mann zu sprechen, der sich anschickte, am Abend desselben Tages einen Mord zu begehen. «Wieso ist mir, einem professionellen Beobachter, nichts an ihm aufgefallen?» Er musste sich eingestehen, dass er absolut nichts bemerkt hatte; alle seine Gedanken waren mit der Verabredung Lysanders in Korinth beschäftigt gewesen. Alvera blickte voller Verachtung auf den Alten: Zu seiner eigenen Überraschung vermittelte ihm sein Vorhaben das Bewusstsein einer großen moralischen Überlegenheit gegenüber Menschen, die zu etwas Ähnlichem nicht fähig waren. Und wieder malte er sich vergnügt aus, wie überrascht Vermandois sein würde, wenn am nächsten Tag plötzlich die Polizei bei ihm auftauchen und ihm mitteilen würde, dass sein Sekretär einen Menschen getötet hatte, um diesen zu berauben. Es war beinahe schade, dass dies nicht geschehen würde: Das Verbrechen wird unaufgeklärt bleiben.

Nachdem er seinen Sekretärspflichten nachgekommen war, schlenderte Alvera durch die Straßen, das nervöse Gähnen hörte nicht auf; er aß eine Kleinigkeit in einem billigen Restaurant. Er zwang sich, nicht zu viel zu essen (er wusste von jedem Gericht, wie viel Kalorien es beinhaltete), verzichtete auf Wein – «gerade Alkohol ist einer solchen Sache abträglich» –, trank aber viel Wasser. Er kaufte Schinken für das Abendessen und ging nach Hause. Zu Hause gab es nichts zu tun: Gewöhnlich verbrachte er diese Stunden mit Abschreiben oder Lesen. Er versuchte zu lesen, aber das war unmöglich. Er blätterte in der Zeitung und dachte daran, was morgen darin stehen würde, hier, an dieser Stelle ... Er setzte sich an den Schreibtisch und begann, in Ermangelung einer anderen Aufgabe, erneut, die Kette seiner Schlussfolgerungen zu überprüfen.

Verbrecher konnten, wie er wusste, auf verschiedene Weise überführt werden: durch Geständnis, durch Zeugenaussagen, durch Beweise und Indizien. «Von Geständnis kann keine Rede sein, gestehen kann meinetwegen der Idiot bei Dostojewski. Was ist mit Zeugen? In diesen Zug steigen am Bahnhof durchschnittlich acht bis zehn Personen ein. Wenn sich alle gegenseitig an ihre Gesichter erinnern, muss sich der Verdacht auf vier oder fünf Personen konzentrieren: Man kann in der Tat annehmen, dass die anderen aus dem einen oder anderen Grund unverdächtig sind. Aber warum muss die Spur ausgerechnet zu diesem Zug führen? Der Mord wird am nächsten Morgen entdeckt, falls die Haushälterin an diesem Tag zu Monsieur Chartier kommt. Anderenfalls wird der Mord noch später entdeckt werden. Die Ärzte können den Todeszeitpunkt nur grob bestimmen ... Mégnin[85], Basisdaten, Leichenfauna ...», blitzten in seinem Kopf Wörter auf, die er in wissenschaftlichen Artikeln gelesen hatte. «Obwohl man hier kaum von Leichenfauna wird sprechen können ... Nehmen wir an, sie stellen fest, dass der Mord zwischen sieben und zehn Uhr abends passiert ist. In diesem Zeitraum halten ungefähr zehn Züge in Louveciennes. Das heißt, in Verdacht geraten vierzig bis fünfzig Personen. Das könnte man sogar mathematisch genau ausrechnen ... Nein, mathematisch genau lässt sich das nicht berechnen, die Annahmen sind zu ungenau: Warum sollte gerade die Hälfte der Passagiere nicht unter Verdacht stehen? Vielleicht ist es ein Drittel? Oder zwei Drittel? Wenn man Zugfahrten an verschiedenen Tagen und zu verschiedenen Zeiten betrachtet, wie kann man dann sicher sein, dass im Durchschnitt zehn Personen in den Zug steigen und nicht acht oder fünfzehn? ... Wie dem auch sei, das ist kein Problem. Schlimmer wäre, wenn in Louveciennes jemand auf mich aufmerksam wird. Wo könnte das passieren? Auf dem Weg, der von der Hauptstraße zur Villa von Monsieur Chartier führt, habe ich noch nie jemanden getroffen. Sollte ich da ausgerechnet heute jemanden treffen? (Das würde den Verdacht enorm verstärken.) Auf der Hauptstraße dagegen sind an einem Sommerabend immer viele Menschen unterwegs, sowohl Orts-

ansässige als auch Pariser – und weil es so viele sind, macht das nichts. Der gefährlichste Moment ist der Wechsel vom Fußweg auf die Straße. Aber erstens ist es dort nicht sehr hell, die Straßenlaterne ist weit weg. Und zweitens werde ich versuchen, schnell auf die Straße zu huschen, wenn niemand vorbeigeht. Es kann eigentlich nicht mehr als drei Polizisten im Ort geben. Ich habe während der ganzen Zeit nur einmal eine Fahrradstreife gesehen, und die schienen auf dem Weg nach Saint-Germain zu sein ...»
Er ging in den Flur, füllte Wasser in die Karaffe, trank ein Glas in einem Zug aus und kehrte zu seinen Gedanken zurück:

«Aber nehmen wir einmal an, jemand wird aus irgendeinem Grund aufmerksam. Nehmen wir an, er liest von dem Mord, er hat einen Verdacht und meldet ihn der Polizei, obwohl die Leute solche Aussagen nur sehr ungern machen: Es ist lästig, man muss zur Vernehmung und zum Prozess erscheinen und lenkt womöglich den Verdacht noch auf sich selbst! (Anders sieht es aus, wenn ich gefasst werde. Dann werden meine Fotos in den Zeitungen erscheinen, und die Leute werden mich *wiedererkennen*, selbst wenn sie mich noch nie gesehen haben.) Aber nehmen wir einmal an, jemand bemerkt etwas und geht zur Polizei. Was wird er aussagen? Dass er einen jungen Mann in einem dunklen Anzug und mit Brille gesehen hat? Aber ich werde den dunklen Anzug während der nächsten Monate nicht mehr tragen, und die Brille lockt die Ermittler nur auf eine falsche Fährte ... Außerdem werden sie zunächst sicher unter den Einwohnern von Louveciennes suchen ...»

Er probierte wieder seine Brille an. Er hatte bereits eine gewisse Gewohnheit entwickelt: Wenn er sie jetzt aufhatte, war das nicht mehr so seltsam und unangenehm wie zu Beginn. Der Kauf war nicht ganz reibungslos verlaufen. Der Optiker hatte ihm zunächst geraten, erst einen Arzt zu konsultieren: «Sie scheinen eine Bindehautentzündung zu haben.» – «Ja, ich bin bei einem

Arzt in Behandlung, der hat mir geraten, bei der Arbeit eine Brille zu tragen ...» – «Welche Sehstärke?» – «Das weiß ich nicht mehr, aber ich bin leicht kurzsichtig.» – «Der Arzt hat Ihnen nicht gesagt, welche Stärke sie brauchen?» Der Optiker zuckte mit den Schultern und ließ ihn gegenüber einer Tafel mit verschieden großen Buchstabenreihen Platz nehmen. Alvera gab vor, nur die kleinsten Buchstaben nicht lesen zu können. Die Brille wurde erworben, aber es blieb ein unangenehmes Gefühl zurück: Das war unüberlegt gewesen, bei einem wissenschaftlichen Mord musste auch eine solche Kleinigkeit im Voraus und sorgfältig bedacht werden. Die Brille zu tragen war seltsam, aber auch hier gab es eine Überraschung. Er hatte befürchtet, dass er mit Brille schlechter sehen würde; es stellte sich jedoch heraus, dass er besser und alles irgendwie *neu* sah: Menschen, Bäume, Dinge erschienen ihm anders. Trotzdem beschloss er, die Brille abzunehmen, wenn er das Haus von Monsieur Chartier betreten würde, da er noch nie mit Brille geschossen hatte. «Außerdem könnte er misstrauisch werden ...» Alles in allem erwies sich die Brille als der schwächste technische Einfall: Und besonders stark veränderte sie das Erscheinungsbild eines Menschen auch nicht.

Er ging im Zimmer auf und ab, gähnte, trank wieder Wasser und rückte ein Buch im Regal zurecht. Er überlegte sogar, ob er nicht an seinem «energetischen Weltverständnis» arbeiten sollte. Es wäre der höchste Triumph des Willens und des Geistes: an einem Tag wie diesem zu arbeiten, als wäre nichts gewesen! Er setzte sich jedoch nicht an die Arbeit – es lohnte nicht mehr – und wandte sich wieder den möglichen Beweisen zu. Fingerabdrücke würde es nicht geben. Er wusste, dass diese die größte Gefahr darstellten, also beschloss er, bei allem, was er tat, Handschuhe zu tragen. «Das ist eine elementare, zuverlässige Maßnahme, und wenn Kriminelle relativ selten zu ihr greifen, dann zeigt das nur, auf welch niedrigem Niveau sich die Technik des Verbrechens bewegt. Die Fahndung hat ihre Sherlocks, und die haben es viel leichter; ihre Sache ist nicht das Töten, sondern das Aufspüren, sie verstoßen weder gegen die menschlichen noch gegen die sogenannten göttlichen Gesetze. Ein Mörder muss im Gegensatz zu einem Detektiv mit allem Möglichen rechnen: mit den Gesetzen, mit seiner Angst, mit den Umständen, mit der Zeit, mit seinen ‹Gewissensbissen›, und er hat keinen Apparat zur Verfügung.» Alvera musste lachen. «Vielleicht wird mein Verbrechen der erste wissenschaftliche Mord in der Geschichte sein! ...» An die Handschuhe hatte er sich ebenfalls gewöhnt: Beim letzten Mal hatte er im Wald mit Handschuhen geschossen, zu Hause trug er die Handschuhe, wenn er Papiere aus der Schublade nahm. Um bei seinem Auftraggeber keinen Argwohn zu wecken, hatte er, als er ihm vorgestern seine Arbeit übergab, die Handschuhe nicht ausgezogen und das mit einer Hautkrankheit erklärt, was er sofort bereute: «Was, wenn er überängstlich ist, sich anzustecken fürchtet und mir das weitere Abschreiben des Manuskripts untersagt? ...» Aber Monsieur Chartier bekam gerade wieder sein Zucken im Gesicht: Er wandte sich rasch ab und verlor kein Wort über die Hautkrankheit.

Es konnte auch keine Indizienbeweise geben. Der Alte kannte seinen Namen nicht. Alvera war über eine Zeitungsannonce an ihn geraten, er fuhr immer zu ihm, um die Arbeit abzuliefern – nur bei ihrem ersten Zusammentreffen hatte er undeutlich so etwas wie einen Namen gemurmelt. Dem Nuscheln nach zu urteilen, mit dem Chartier das Wort «Monsieur» begleitete, wenn er ihn ansprach, wusste er gar nicht, wie sein Kopist hieß. «Er kann es gar nicht wissen ... Dieser alleinstehende Geschäftsmann wird kaum jemandem erzählt haben, dass er irgendwelche Papiere zur Abschrift an einen Schreiber gibt: Das sind alles Geschäftsunterlagen, über solche Dinge spricht man nur ungern. Und selbst wenn er es jemandem erzählt hat, was für einen Zusammenhang sollte es zwischen dem Kopieren der Dokumente und dem Verbrechen geben? Aber gehen wir einmal vom Schlimmsten aus: Nehmen wir an, dass er zum Beispiel seiner Haushälterin gesagt hat, dass ein Kopist seine Arbeit zu ihm nach Hause bringt. Es gibt Tausende von professionellen Schreibern in Paris, ich bin keiner von ihnen, niemand weiß, dass ich so etwas mache: Ich bin der Sekretär des Schriftstellers Vermandois, das ist alles. Soll die Polizei doch unter den professionellen Schreibern suchen – noch eine falsche Spur, ausgezeichnet. Es stimmt, jede Schreibmaschine hat so etwas wie ihr individuelles Schriftbild. Aber sie können das Schriftbild meiner Remington nur dann herausfinden, wenn sie meine Wohnung durchsuchen. *Dann* wäre das ein wichtiges Indiz, aber in diesem Fall spielt das keine Rolle mehr ... Warum werden die meisten Verbrecher überhaupt gefasst? Vor allem weil sie unerfahren und leichtsinnig sind: Sie sind nicht in der Lage, etwas im Voraus zu bedenken. Hinzu kommt ihre Geschwätzigkeit; es sind Leute aus dem ‹Milieu›, wo die Polizei viele Informanten hat. Schließlich die Fingerabdrücke. Ein wissenschaftliches Verbrechen sollte in neun von zehn Fällen ungesühnt bleiben. In meinem Fall ist das Gefährlichste, die Beute loszuschlagen.»

Er seufzte: Das war der schwächste Punkt in seinem so gut durchdachten Plan. Alvera nahm an, dass sein Auftraggeber wohlhabend war; das schien aus den Geschäftspapieren hervorzugehen, die er abzuschreiben hatte. Er lebte nicht im Luxus; sicher, er besaß eine eigene Villa in Louveciennes, die um die hundertfünfzigtausend gekostet haben musste, aber er hielt sich keine Bediensteten: Ein paar Mal in der Woche kam eine Haushaltshilfe. Das Mittagessen nahm er in Paris zu sich, wo er den Vormittag und den frühen Nachmittag verbrachte. Zu Abend aß er bei sich zu Hause, offenbar allein. «Junggeselle oder Witwer?

Eher Witwer ... Bekannte hat er sicher nur in Paris. Aber auch wenn Monsieur Chartier reich ist – was beweist denn, dass er größere Summen zu Hause aufbewahrt?» Wenn er ihn bezahlte, befanden sich in seinem Portemonnaie ziemlich dicke Bündel Geldscheine, und nicht nur Hunderter: Vorgestern war da ein Bündel mit großen Scheinen gewesen. Aber vielleicht ist es heute nicht mehr da? Die Brieftasche war die letzten drei Male voll gewesen, warum sollte sie es heute nicht sein? In der Schreibtischschublade musste sich auch noch Geld befinden. Wenn nicht Geld, dann Wertpapiere ... Alvera hatte eine sehr vage Vorstellung von Wertpapieren. «Könnte man die verkaufen? Oder sind die Nummern irgendwo hinterlegt? ... Ein paar Tausend sind jedenfalls garantiert, zusammen mit den Wertpapieren, bei etwas Glück, vielleicht fünfzigtausend ...»

Grinsend erinnerte er sich daran, dass nach den Angaben irgendeines Kriminologen ein Mord in Frankreich dem Mörder im Durchschnitt vierzig Francs einbrachte. «Nun, ich werde nicht im Durchschnitt liegen: Bei mir ist alles anders, und auch das ist anders ... Einen Tresor habe ich bei ihm nicht gesehen. Wer weiß, wo der alte Sack sein Geld versteckt ... Sein Brillantring ist sechs- bis siebentausend wert, wenn nicht mehr. Es muss noch andere Wertsachen geben ... Ja, sicher, das ist eine Schwachstelle ... Ich denke, theoretisch kann ich wahrscheinlich mit zehntausend rechnen (dann lohnt es sich natürlich nicht!), maximal mit fünfzig-, vielleicht sogar hunderttausend, wenn man die Sachen vernünftig veräußert.» Auch was die Veräußerung betraf, hatte er ein ausgeklügeltes Konzept, darüber dachte er jetzt nicht nach: alles zu seiner Zeit. «Jedenfalls darf ich während der ersten sechs Monate nichts an meinem Lebensstil ändern. So fliegen die grünen Jungs auf: Die morden und rauben – und rennen dann gleich ins Freudenhaus, wo sie gefasst werden. Vermandois, der Concierge, überhaupt allen muss ich sagen, dass ich in die Provinz ziehe: Das Klima, die schlechte Luft in Paris haben meine Gesundheit zerrüttet, das wird mir jeder Arzt bestätigen. Und von der Provinz aus kann man dann vielleicht in einem halben Jahr, wenn alles veräußert ist, etwas richtig Großes in Angriff nehmen ...» Auch hier gab es wieder so etwas wie ein schwaches Kettenglied: «Lohnt sich das? Ich sollte mir nichts vormachen: Am Ende läuft es auf die Guillotine hinaus, das ist so gut wie sicher ...»

Und wieder stellte er sich, wenn auch nicht mehr so besessen wie zuvor, zum wahrscheinlich tausendsten Mal die Verhaftung, das Gefängnis, den Prozess, das Warten auf die Guillotine und die Hinrichtung vor, in allen Einzelheiten, die ihn zuvor beunruhigt hatten, dieses «Fassen Sie Mut, Alvera, die Stunde der Sühne ist gekommen», das Glas Rum, sein Lächeln, seine Repliken. «Anscheinend kein Grund zur Furcht, aber auch kein Anlass zur Freude. Und auch wenn das Handwerk eines Mörders nicht so gefährlich ist wie das eines Bergmanns, so sollte man sich dieses Handwerk angesichts seiner Gefahren nicht ohne vernünftigen, wohlüberlegten Grund aussuchen.» Außerdem fragte er sich träge: «Ist das nicht alles Irrsinn, ist das nicht die fixe Idee eines Verrückten?», und verwarf auch diese Annahme. Er gähnte tief. «Für solche Überlegungen ist es jedenfalls zu spät», sagte er laut und erschrak: Diese schlechte und gefährliche Angewohnheit musste er unbedingt ablegen.

Er hatte immer noch keinen Hunger, aber er dachte, dass er nicht zur Tat schreiten könnte, ohne sich zu stärken: «Was, wenn mir schwindlig wird oder wenn ich in Ohnmacht falle oder irgendetwas in der Art – dann bin ich verloren!» ... Er zwang sich, ein Stück Schinken zu essen. Dann schaute er auf die Uhr, gähnte, reckte sich fast fröhlich, prüfte den Revolver, zog die Handschuhe an und machte sich auf. Als er unterwegs an einer Buchhandlung vorbeikam, tat er so, als mustere er mit kurzsichtigen Augen aufmerksam die Bücher, holte das Etui hervor und setzte die Brille auf. Niemand schenkte ihm Beachtung – «vollkommen natürlich» ... Das war ein wenig improvisiert: Bei aller Vorsicht sollte auch ein bisschen Einfallsreichtum erlaubt sein. Er war mit sich zufrieden. Mit einem leicht peinlichen Gefühl, das von der Brille herrührte, an die er sich trotz allem noch nicht recht gewöhnt hatte, begab er sich zum Bahnhof. Alvera war ruhig, nur das Gähnen war unerträglich geworden. Und er hatte das angenehme Bewusstsein, dass keiner der zahllosen Menschen, die an ihm vorübergingen, auch nur das Geringste von seinen Absichten und Gefühlen ahnte. «Ja, ja, ich bin dabei, menschliche und göttliche Gesetze zu brechen, und keiner von euch merkt etwas, und ich verachte euch alle, so wie der Wolf die Schafe verachtet ...»

XVIII

Wenn das so ist, mein lieber Vermandois», sagte der Bankier, «können Sie mir dann nicht auch das Datum des Weltuntergangs mitteilen? Das sollte für die Börse nicht ganz unwichtig sein.»

«Die heute übrigens schlecht zu stehen scheint», bemerkte leichthin Cerisier in einem halb fragenden Tonfall. Der Bankier zuckte lächelnd mit den Schultern und hob den Blick zur Decke. Er sprach über Geschäfte immer so, als würden sie ihn überhaupt nicht interessieren und nur ein wenig amüsieren: als verfolge er sie nur zum Scherz oder unterwerfe sich Gottes Willen oder tue jemandem einen Gefallen. «Sherry ist ein vorzüglicher Wein, er lässt sich eigentlich zu allen Speisen trinken.»

«Warum glauben Sie denn nicht an das Ende der Welt, meine Herren?», fragte Vermandois mit einem halbherzigen Lächeln, das zu seinem halb scherzhaften Tonfall passte: Der Privatsalon eines Restaurants war nicht der richtige Ort für ein ernsthaftes Gespräch über solche Dinge. «Die Wissenschaft scheut sich natürlich, über das Thema zu sprechen, weil es ihr unangenehm ist: Wer wird dann noch für sie aufkommen? Aber ich erinnere mich, wie vor einiger Zeit in einer wissenschaftlichen Zeitschrift ein Streit zwischen zweien meiner Freunde, sehr angesehenen Naturforschern, ausgetragen wurde. Der eine behauptete, dass die Erde aufgrund der Erschöpfung der Sonnenenergie unweigerlich den Kältetod sterben würde. Der andere, der sich auf die Arbeiten des großen Clausius[86] berief, argumentierte, dass die Erde an nichts anderem als an übergroßer Hitze zugrunde gehen würde.»

«Diese Meinungsverschiedenheit spendet uns immerhin einen gewissen Trost», warf Cerisier ein. «Vielleicht bleibt die Erdtemperatur, um die beiden großen Wissenschaftler zu versöhnen, mehr oder weniger normal.»

«Ich bevorzuge die Kälte. Ich liebe den Wintersport über alles und fühle mich nirgends wohler als in St. Moritz», sagte die Gräfin de Bellancombre. «Und Sie?»

«Alles in allem», fuhr Vermandois fort, «kennen die sogenannten exakten Wissenschaften, das heißt die Wissenschaften, die etwas weniger unexakt sind als die anderen, eine Reihe trauriger Umstände, unter denen das Leben auf diesem schönen Planeten unweigerlich aussterben muss. Der Verlust von Sauerstoff in der Luft ist der eine; das Absinken der Kontinente ein zweiter; der Zusammenstoß zweier Sonnen ein dritter; der Zusammenstoß der Erde mit einem Kometen ein vierter. An die anderen kann ich mich nicht erinnern, aber ...»

«Geben Sie sich keine Mühe, lieber *Maître*, die ersten vier

Möglichkeiten reichen völlig aus, um uns den Appetit zu verderben.»

«Dann protestiere ich», sagte Kangarow, «auf uns wartet Ente mit Orangen.»

«O-oh!»

«Hoffen wir, dass die Erde nicht mit einem Kometen zusammenstößt, bevor man uns die Ente serviert.»

«Sie sollten nicht scherzen, Gräfin. Ist Ihnen bekannt, dass die Erde beinahe mit dem Kometen des Jahres 1811 zusammengestoßen wäre? Was umso bemerkenswerter ist, als Tolstoi dadurch in die Lage versetzt wurde, den ersten Band von ‹Krieg und Frieden› mit einem der schönsten Effekte in der Literaturgeschichte zu beenden; er nannte ihn sogar, um des stärkeren Eindrucks willen, den Kometen von *1812*. Hätte der Zusammenstoß stattgefunden, wären Napoleon und Zar Alexander gemeinsam verbrannt, und mit ihnen die gesamte Menschheit.»

«Dass wir von einer solchen Katastrophe verschont geblieben sind, sollte uns freudiger Anlass sein, mit dem Trinken fortzufahren», schlug der Bankier vor. «Umso mehr, als uns dieser Komet einen berühmten Wein geschenkt hat.»[87]

«Ja, aber was, wenn er zurückkommt? Ich glaube, er wird unweigerlich zurückkommen. Das würde gut zum rationalen Charakter der aktuellen Ereignisse passen.»

«Wie bedauerlich», sagte Cerisier und nahm einen Schluck Wein. «Ich fühle mich zu einer Laufbahn à la Jeanne d'Arc oder Giordano Bruno überhaupt nicht fähig. Sie vielleicht?»

«Warum verschmähen Sie den Rheinwein, meine Herren? Wenn es um Weißwein geht, bin ich germanophil», sagte Kangarow. «Nicht doch, um Himmels willen, rauchen Sie nicht, bevor der Käse kommt ...»

«Ich werde auch noch in der Minute des Weltuntergangs rauchen.»

«Ohne Scherz», sagte die Gräfin, «ich glaube nicht an all diese Schreckensszenarien. Gott wird das nicht zulassen!» Sie legte ihre Hand auf den Ärmel von Kangarows Smoking. «Ich weiß, dass Sie ein Ungläubiger sind. In der Politik sympathisiere ich mit Ihnen, wenigstens zu drei Vierteln; jeder denkt, ich sei eine Bolschewikin. Aber Gott werde ich niemals hergeben», sagte sie mit einem Lächeln, «um nichts in der Welt!»

«Meine liebe Gräfin, ich werde von Ihnen nicht verlangen, dass ... Kindchen, wie lautet das französische Wort für Opfer?» Der Botschafter wandte sich an Nadeschda Iwanowna, die ihm gegenüber am anderen Ende des Tisches saß.

Nadeschda Iwanowna hatte zunächst der Mut verlassen, als das gräfliche Paar im Salon erschien. Die Gräfin war eine Frau von mittlerem Alter – «und von sehr mittlerer Schönheit» –, sie trug eine schwarz-braune Fuchspelerine und ein schwarzes Kleid. «Schwarz, wie meins, aber anders! Oh, mein Gott!», dachte Nadja mit einem Seufzer. Die Sautoir-Kette[88] am Hals der Gräfin war sensationell, was Länge und Qualität der Perlen betraf, und Armreife trug sie so viele, dass Nadja beinahe einen Ruf des Erstaunens ausgestoßen hätte. Wäre es irgendeine Bankiersgattin gewesen, hätte Nadja die vielen Armreife als Geschmacklosigkeit abgetan: Sie wusste aus Büchern und aus dem Kino, dass sich Bankiersgattinnen im Gegensatz zu Aristokratinnen *geschmacklos* kleideten. «Aber die hier ist eine echte Gräfin!» Die Armreife, die Sautoir-Kette und der schwarz-braune Fuchs der Gräfin de Bellancombre lagen jenseits von Nadeschda Iwanownas Möglichkeiten und Träumen; dafür prägte sie sich alles andere ein: die Handtasche, die Strümpfe und vor allem die seltsamen grünlichen Handschuhe, die Nadja sich nie gekauft hätte, weil sie ihr geschmacklos erschienen. «Nun, einer alten Frau helfen auch keine Armreife!», tröstete sie sich.

Kangarow hatte den Gästen keine feste Sitzordnung vorgeschrieben und bat lächelnd alle Platz zu nehmen, «wo und wie immer Sie wollen». Es ergab sich aber von selbst, dass die ehrwürdigsten Gäste, die Gräfin und Vermandois, rechts und links vom Gastgeber saßen; sie waren es auch, denen sein süßestes Lächeln galt. An die andere Seite der Gräfin setzte sich Wislicenus, gefolgt von Dr. Mayer, dem Grafen und Nadeschda Iwanowna. Neben Vermandois nahmen der Bankier, Cerisier und Tamarin Platz. Auf diese Weise erfüllte sich Nadeschda Iwanownas Wunsch nur zur Hälfte: Zu ihrer Rechten hatte sie Konstantin Alexandrowitsch, zu ihrer Linken aber saß ein Franzose und noch dazu ein Graf! Nadeschda Iwanowna hatte noch nie mit einem Grafen gemeinsam an einem Tisch gesessen. «Worüber soll ich mit dem Alten reden?», dachte sie entsetzt und warf Tamarin einen flehentlichen Blick zu. Der alte Graf erwies sich jedoch als gar nicht so schrecklich wie gedacht. Er unterhielt sie freundlich mit einfachen Fragen: Wie lange sie schon in Frankreich sei, ob ihr Paris gefalle? Manchmal sprach er mit seinem Tischnachbarn zur Linken, dem Deutschen; er fand offenbar auch nichts dabei, zuweilen ein oder zwei Minuten zu schweigen.

Der Kellner schenkte den Sherry aus. Nadeschda Iwanowna trank das Glas in einem Zug aus, erst hinterher fiel ihr ein, dass das unvernünftig war. Sie fühlte sich sogleich sorgloser und vergnügter. In Moskau kam es vor, dass sie fünf oder sechs Gläschen Wodka oder Likör trank, und nur ein einziges Mal in ihrem Leben war sie betrunken gewesen: als sie zum ersten Mal von Sascha Pawlowski geküsst wurde, der sagte, sie hielte beim Trinken «mit ihm Schritt». Zum Fisch wurde noch ein Weißwein ausgeschenkt, aus wunderschönen langen, schmalen Flaschen, wie Nadja sie noch nie gesehen hatte. Nadja wollte ihn probieren, aber sie wusste nicht, wie sie das anstellen sollte: Vor ihr standen mehrere Gläser – in welches sollte sie einschenken? –, wieder schämte sie sich sowohl dafür, dass sie die Regeln der Reichen nicht beherrschte, als auch dafür, dass ihr das peinlich war: «Wieso muss ich auf ihre chinesischen Zeremonien Rücksicht nehmen?» Der Kellner schenkte ihr von dem Wein ein, der ihr ein wenig bitter vorkam – Wodka schmeckte besser –, dafür fühlte sie sich jetzt ganz gelöst. Nadja verfolgte aus den Augenwinkeln, wie der alte Graf den kompliziert zu tranchierenden Fisch aß, verfuhr genauso wie er, und alles klappte perfekt, inzwischen hatte sie keine Angst mehr vor dem Alten, sie stellte ihm sogar selber höfliche Fragen. «Ein Graf ist auch nur ein Mensch. Sie sind schon komisch, die Franzosen», flüsterte Nadeschda Iwanowna Tamarin zu. Die alten Männer sahen viel häufiger zu ihr hin als zur Gräfin, und ihr schien sogar, dass das der Gräfin nicht besonders gefiel. Das freute Nadeschda Iwanowna sehr. «Geschieht ihr recht, der alten Hexe!»

«Was für ein Irrtum, meine Liebe!», sagte Vermandois zur Gräfin. «Beim Propheten Jesaja heißt es: *Vox multitudinis in montibus quasi populorum frequentium. Ululate quia prope est dies Domini: quasi vastitas a Domino veniet ... Ecce dies Domini veniet crudelis. Et visitabo super orbis mala. Et pretiosior erit vir auro et movebitur terra de loco suo ...*»

«Was für ein Gedächtnis dieser Mann hat! Verzeihen Sie unsere Unwissenheit und lassen Sie sich herab, uns das zu übersetzen.»

«Ich zitiere und übersetze nicht wörtlich: ‹Lärm ist auf den Bergen von vielen Völkern. So heulet, denn der Tag des Herrn ist nahe. Zerstört werden wird fast alles. Ich will die Welt heimsuchen um ihrer Bosheit willen, und der Mensch wird teurer sein denn Gold, und erbeben wird die Erde an ihrer Stätte ...› Es gibt keinen Publizisten, der aktueller wäre als die biblischen Propheten: Denn was er sagt, sagt er über unser Heute. Schakale, sagt

Jesaja weiter, werden in den verlassenen Palästen wohnen und Schlangen in den Lustgärten ... Hier mag er vielleicht übertreiben. Aber auch beim Propheten Joel heißt es: ‹Was die Raupen übrig ließen, das fraßen die Heuschrecken, und was die Heuschrecken übrig ließen, das fraßen die Larven, und was die Larven übrig ließen, das fraßen die Schmeißfliegen ... Weint, ihr Weintrinker, um den Most, denn er ist euch vor eurem Munde weggenommen!› – Solange weder Heuschrecken noch Schmeißfliegen lauern, lassen Sie uns noch etwas Rheinwein trinken», fügte Vermandois hinzu. Alle außer Wislicenus und Tamarin lachten. «Und ich habe immer gedacht, im betrunkenen Zustand Gott zu lästern, sei ein typisch russischer Charakterzug», ging dem Armeekommandeur durch den Kopf.

Ihm war ein wenig langweilig. Wie schön wäre es gewesen, in sein vertrautes, bequemes, einsames Hotelzimmer zurückzukehren und sich mit einem Buch ins Bett zu legen! Im Übrigen versuchte Konstantin Alexandrowitsch, da er nun einmal bei diesem Diner anwesend sein musste, das Beste daraus zu machen, und würdigte die Weine, insbesondere den Sherry: «So einen habe ich seit Ewigkeiten nicht mehr getrunken ...» Anfangs hatte er Nadja ermuntert. «Nur Ihretwegen, damit Sie nicht gekränkt sind», sagte Nadja, die vom Wein immer couragierter wurde. «Auf Papa ... Und jetzt auf Mama ...» Dann hatte Tamarin den Eindruck, dass seine Tischnachbarin mehr trank, als ihr zuträglich war, und er hörte auf, ihr einzuschenken.

«Ihre Zitate sind nicht überzeugend, Monsieur Vermandois», sagte Cerisier, der es vermied, das Wort «Maître» zu benutzen: Sie waren beide «Maîtres», wenn auch in unterschiedlicher Eigenschaft. «Die hebräischen Propheten hatten bestimmte Ereignisse im Leben des jüdischen Volkes vor Augen: vielleicht die Zerstörung Jerusalems oder Babylons oder etwas Ähnliches, aber keinesfalls das Ende der Welt.»

«Sie Ärmster!», erwiderte Vermandois und schüttelte niedergeschlagen den Kopf. «Das Folgende stammt aus einer anderen Quelle, ist da etwa auch von Babylon die Rede? *Audituri enim estis praelia et opiniones praeliorum. Videte ne turbemini, oportet enim hau fieri, sed nondum est finis. Consurget enim gens in gentem, et regnum in regnum; et erunt pestilentiae et fames, et terral motus per loca. Haec autem initia sunt dolorum.*»* Sein Gesicht war ein wenig blass geworden, und seine Stimme klang ungewohnt. Alle schwiegen, obwohl niemand das Zitat verstanden hatte. «Ich glaube, diesmal habe ich fehlerfrei zitiert. Es gibt, in jeder Beziehung, selbst was den reinen *Klang*, das *spezifische Gewicht der Worte* anbelangt, nichts Stärkeres und Bedeutenderes als diese Zeilen. Bis heute habe ich den unmittelbaren Sinn des rätselhaften Kapitels nicht begriffen, nicht begreifen können. Erst jetzt beginne ich zu verstehen: *Nondum est* finis. *Haec autem* initia** … Man beachte, dass die gesamte *wahre* Literatur, die kirchliche wie die weltliche, die künstlerische wie die philosophische, überhaupt alles, worüber die klügsten Menschen dreitausend Jahre nachgedacht haben, Eschatologie in ihrem wahrsten und schrecklichsten Sinne ist. Wenn man sich die theologische Literatur ansieht – sie ist unermesslich, ich kenne kaum ein Tausendstel von ihr –, so haben alle Kirchenväter, mit Ausnahme des heiligen Irenäus, behauptet, dass die Welt alt ist, dass die Welt gebrechlich ist, dass die Welt auf ihr Ende zugeht, dass die Welt ein sterbender Leib ist, den in der Stunde seines Todes unheilbare Krankheiten befallen haben, dass die Welt ein hinfäl-

---

* Ihr werdet hören von Kriegen und Kriegsgeschrei; seht zu und erschreckt nicht. Denn es muss geschehen. Aber es ist noch nicht das Ende. Denn es wird sich ein Volk gegen das andere erheben und ein Königreich gegen das andere; und es werden Hungersnöte sein und Erdbeben hier und dort. Das alles aber ist der Anfang der Wehen. (Matth. 24, 6–8)

** Aber es ist noch nicht das Ende. Das alles aber ist der Anfang …

liges Haus ist, von dem schon die Steine herabstürzen, dass der Untergang der Welt gekommen ist: *in occasu saeculi summus ...*»

«Man kann auch zeitlich nähere Beispiele anführen», warf in einem sehr schlechten Französisch Dr. Siegfried Mayer ein, der schon lange das Gefühl hatte, auch etwas sagen zu müssen. «Friedrich Nietzsche sagt geradewegs, dass bald Konvulsionen die ganze Erde erschüttern werden und dass er der letzte Philosoph ist: ‹*Den letzten Philosophen nenne ich mich, denn ich bin der letzte Mensch ...*›»[89]

«Seine Stimme hat zwei Haupttonlagen, die an das Signalhorn der Pariser Feuerwehr erinnern», dachte Vermandois, der auch während seiner Monologe nicht aufhörte, Beobachtungen anzustellen.

«Ein schrecklicher Gedanke: Was, wenn sie alle nur schauerlichen Unsinn erzählen?», flüsterte Nadja Tamarin zu. Der Armeekommandeur sah sie an und seufzte.

«Wie wunderbar sind diese Worte Nietzsches!», sagte die Gräfin und wandte sich dem Deutschen zu. Sie überlegte, ob sie ihn nicht zu einem der nächsten Dienstage einladen sollte. «Aber er spricht so schlecht Französisch ... Wir werden sehen ...» Die Gräfin war in guter Stimmung. Das Diner des sowjetischen Botschafters war rundum gelungen. Dieses philosophische Gespräch, geführt von ungewöhnlich links eingestellten Menschen, hatte etwas sehr Poetisches, etwas von den letzten Römern oder Byzantinern oder von irgendwelchen alten Kirchengelehrten, die in einer von Barbaren belagerten Stadt einen heiklen gelehrten Disput führten. Die Gräfin hatte keine genaue Vorstellung davon, wer die Barbaren waren oder wer wen belagerte, aber sie war sehr zufrieden.

---

* im Original deutsch

Ihre hohe gesellschaftliche Stellung verdankte die Gräfin de Bellancombre hauptsächlich ihrer außergewöhnlichen Fähigkeit, sich zu erregen und ihrer Erregung bei den verschiedensten, vor allem politischen Anlässen besonders nachdrücklich Ausdruck zu verleihen. Sie hatte noch andere Gaben, die zu ihrer glänzenden Stellung beitrugen, aber ohne diese eine Fähigkeit hätte keine von ihnen ihr zu dieser Stellung verhelfen können. Sie war südamerikanischer Herkunft. Vermandois, der in ihrem Haus als enger Vertrauter galt und sich deshalb nicht nur hinter ihrem Rücken, sondern auch ganz offen ironische Bemerkungen über die Hausherrin erlauben durfte, meinte, sie solle ihren Lebenslauf am Tag ihrer Ankunft in Paris beginnen lassen: «Ihre frühe Jugend sollten Sie auslassen, so wie Mommsen in seinem berühmten Werk[90] die gesamte Frühphase der römischen Geschichte auslässt, die aufgrund ihres legendenhaften Charakters nicht die Aufmerksamkeit eines ernsthaften Historikers verdient.» Die Gräfin tat so, als wäre sie verärgert: Ihren eigenen Worten nach gehörte sie einer spanischen Adelsfamilie an, die aus irgendeinem Grund ihren Titel verloren hatte und vor langer Zeit nach Südamerika ausgewandert war; vor dem Sturz der Monarchie habe sie Anspruch auf einen Stuhl am Hof von Madrid gehabt; ihr Vater durfte in Gegenwart des spanischen Königs den Hut aufbehalten. Sie wurde in einem französischen katholischen Kloster erzogen und war fromm, wobei ihre Frömmigkeit mit ungewöhnlich linken Ansichten einherging. Ihre Ehe mit dem Grafen de Bellancombre hatten ihre Eltern aus Berechnung arrangiert. Sie brachte ihrem Mann als Mitgift ein großes, wenn auch nicht riesiges Vermögen ein. Ihr Ehemann, der viel älter war als sie, verschaffte ihr einen Titel, der zwar klangvoll, aber nicht besonders glanzvoll war. Die Ehe erwies sich als unglücklich: Freunde sagten, der Graf sei seiner Frau so oft und so lange untreu gewesen, «wie es ihm möglich war»; es hieß auch, die Eheleute könnten einander nicht ausstehen, und sie machten auch fast kein Hehl daraus.

Die Persönlichkeiten aus der Politik, die im Salon der Gräfin de Bellancombre verkehrten, führten ihr hohes Ansehen auf Adelsstand und Reichtum zurück; die Adligen und Reichen schrieben sie der Intelligenz und Bildung der Gräfin zu. Ihr Salon wurde bald als «der erste politische Salon von Paris» bezeichnet, was sich auf sein Niveau bezog, bald galt er als «der letzte politische Salon von Paris», was sich auf die gängige Meinung stützte, dass die Salons im Schwinden begriffen waren oder eines Tages ganz verschwinden würden. Dies sagte man übrigens auch über ein Dutzend anderer Häuser. Im Salon ging es nicht um politische Ideen, sondern um politische Personen, wobei es bei der Gräfin keine anerkannte Leitfigur gab, als welche in ähnlichen Salons Clemenceau, Jules Lemaître[91] oder Anatole France figurierten. Ihr Salon galt als links, er wurde aber auch von konservativ eingestellten Persönlichkeiten besucht. Der Graf de Bellancombre gehörte der Republikanischen Föderation an, mit anderen Worten, er war ein Monarchist. Im Übrigen schenkte ihm niemand Aufmerksamkeit. Den Journalisten, die die Gräfin unaufhörlich behelligten und ihr, wie sie sagte, das Leben schwer machten, wäre nie eingefallen, sich an den Grafen zu wenden – außer mit Fragen über Bridge, worin er hohes Ansehen genoss. Aber da die Gräfin sich selbst als «zu drei Vierteln Bolschewikin» bezeichnete und der Graf mit den Monarchisten sympathisierte, trafen in diesem Salon Menschen aufeinander, die sich sonst kaum begegnet wären – es hieß, nur Madame de Bellancombre könne sich eine solche Mischung unterschiedlicher Gäste leisten. Das war eine Besonderheit ihres Salons, die ihn sowohl bei den Linken als auch bei den Rechten beliebt machte: Diese wie jene waren ihrer eigenen Kreise überdrüssig; seinen Feinden in einer nicht feindseligen Atmosphäre zu begegnen, fühlte sich aufregender an; viele zogen es vor, eher ihren Feinden als ihren Freunden Komplimente zu machen. Bei der Gräfin de Bellancombre legten zwei sehr namhafte Politiker ihren Streit bei, was den Ruhm ihres Salons befestigte und ihm fast historischen Charakter verlieh.

Die Gräfin kannte bis vor Kurzem kein Alter. Ihre Domäne war die Jugend des Geistes; sie zählte sich entschieden zur Jugend, und bis zu einem bestimmten Zeitpunkt war das auch gut gegangen; aber zuletzt hatten die jungen Damen, mit denen gemeinsam sie auf Wohltätigkeitsbasaren Champagner verkaufte, mit wahrem Eifer zu ihr gesagt: «Sie sind jünger als wir alle!», und etwas an ihrem strahlenden Lächeln war der Gräfin nicht ganz geheuer vorgekommen; die Jugend des Geistes wirkte trotz allem nur bis zu einer gewissen Grenze. Die Gräfin war sehr großzügig, sie veranstaltete häufig Wohltätigkeitssoireen, verschickte Eintrittskarten und reichte Unterschriftenlisten herum; sie spendete auch selbst Geld, aber keine größeren Summen: Ihr Beitrag bestand überwiegend aus Initiativen und Ratschlägen, aus gesellschaftlichem Elan. Man sagte ihr übrigens nach, dass sie manche Menschen heimlich unterstütze, um sogleich hinzuzufügen, dass das sowohl in religiöser als auch in wirtschaftlicher Hinsicht das Beste sei.

Der Salon der Gräfin hatte auch ein paar nebensächlichere Besonderheiten. Gespeist wurde in ihrem Haus nach alter Manier, eine halbe Stunde früher als anderswo. Von den Speisen waren zwei oder drei eigens von einem bekannten Gastronomen kreiert worden, der Gast im Salon gewesen war. Ausländer fanden leichter Zutritt zu ihrem Salon als Franzosen, so wie Ausländer angeblich leichter als Franzosen Mitglied der Ehrenlegion werden. Überhaupt galt der Salon als nicht besonders exklusiv – wer talentiert war, durfte auf Aufstieg hoffen –, im Hause der Gräfin war jeder willkommen, der einen Namen hatte oder sich feste Hoffnungen auf zukünftigen Ruhm machen konnte, sich zu benehmen wusste und bestimmte, wenn auch sehr weit gezogene, politische Grenzen nicht überschritt. Diese Grenzen waren jedoch nicht ein für alle Mal festgelegt und verschoben sich mit dem allgemeinen Lauf der Geschichte allmählich. So hätten berühmte Deutsche noch 1920 vom Salon der Gräfin nicht einmal träumen dürfen, wurden aber ab 1922 zugelassen. So tauchten auch die Bolschewiki in ihrem Haus nicht sofort auf und anfangs auch nur zum Tee und nicht zum Diner. Die Gräfin war eine der fünf oder sechs Damen, von denen jede einzelne stolz behauptete, dass sie als erste begonnen habe, die Bolschewiki zu empfangen, und dass die anderen es ihr nachgemacht hätten (so wie die Höflinge von Versailles begannen, sich Fisteln entfernen zu lassen, nachdem eine solche Operation an Ludwig XIV. durchgeführt worden war). Bei sowjetischen Funktionären wurde, als Vorbedingung, Renomee durch eine gehobene Position in der Partei oder besondere Kompetenz auf dem Gebiet der internationalen Politik ersetzt: Sowjetische Diplomaten wurden neuerdings mit Gold aufgewogen. Französische Kommunisten hatte die Gräfin noch nicht empfangen. Ihre bolschewistischen Sympathien entsprangen zum Teil ihren Sympathien für Russland, zum Teil vermischten sie sich mit diesen. Vermandois riet ihr, sich mit *Amou Daria* und *Cuir de Russie* zu parfümieren und auf einem kleinen Tisch im Salon einen Band von Dostojewski auszulegen – «aber, Gott bewahre, nicht einen seiner großen Romane – am besten den ‹Ewigen Gatten›, der ist jetzt furchtbar gefragt».

Er sagte dies wohlmeinend, weil er die Gräfin de Bellancombre mochte oder ihr gegenüber zumindest weniger Abneigung verspürte als gegenüber den meisten anderen Menschen. Außerdem hatte er sich an ihr komfortables, gut geführtes Haus gewöhnt. Ihre snobistischen Eigenheiten interessierten ihn wenig;

er kannte sie in- und auswendig und meinte, dass sie eigentlich nicht erwähnenswert waren. Was ihn an der Gräfin jedoch überraschte, waren ihre Augen – schön, tiefgründig, schwarz, mit Schatten «nicht von der Art, wie sie bei Nierenleiden auftreten»; noch mehr überraschte ihn, dass sie ungewöhnlich musikalisch war, aber ohne jede Affektiertheit, ohne Rücksicht auf irgendwelche Moden, ohne den Wunsch, unbedingt ein Genie entdecken zu wollen, so wie Pauline Metternich[92] «Wagner entdeckt» hatte. Die Gräfin konnte sich stundenlang mit unverstelltem Genuss die komplizierteste, schwer zugängliche Musik anhören. In ihrem Salon fanden zuweilen musikalische Soireen statt, die immer erstklassig waren und gewisse Anforderungen an die Zuhörer stellten, denen manche nicht gewachsen waren: Viele entfernten sich diskret oder wechselten ins Billardzimmer. Die Gräfin saß auf einem Stuhl und hörte zu, in einer seltsamen, legeren Pose, leicht zur Seite geneigt, die rechte Hand auf der linken Schulter, und ihre Augen nahmen einen Ausdruck an, den man gewöhnlich als jenseitig bezeichnet. «Falsch vergeistigte Augen? Oder hat der Herrgott etwas durcheinandergebracht, als er die Seele dieser nicht eben klugen Frau erschuf?», hatte Vermandois damals gedacht, während er sie betrachtete.

«Ich kannte diesen Ausspruch von Nietzsche nicht», sagte er zu dem Deutschen, dessen Gesicht sofort einen Ausdruck annahm, als freute er sich, einem berühmten Mann ein wertvolles Geschenk gemacht zu haben. «Genau das wollte ich gerade sagen: Neben der religiösen hat es auch eine andere Literatur gegeben, die das ausgesprochen hat, eine, die nicht im Verdacht steht, besonders fromm zu sein. Erstere kann man konformistisch auslegen, obwohl es auch bei ihr starke nicht konformistische Äußerungen gibt. Die andere, säkulare Literatur lässt eine solche Interpretation jedoch auf keinen Fall zu. Ein mehr oder weniger klares Bewusstsein vom nahen *Ende* hatten die größten Denker der Welt. Sie trösteten sich, so gut sie konnten. Platon äußert irgendwo[93] die Hoffnung, dass die Welt in fünf- oder zehntausend Jahren wiedergeboren wird; die menschliche Seele wählt sich einen neuen Körper und aufersteht zu neuem irdischen Leben ... Hoffen wir», fügte er seufzend hinzu, «dass es so kommt, fünf- oder zehntausend Jahre übersteht man schon irgendwie. Ich wäre auch jetzt nicht abgeneigt, Augen und Ohren für eine gewisse Zeit zu verschließen. Es würde in der Tat nicht schaden, wenn man während der nächsten fünftausend Jahre keine Zeitungen (und Romane meines Freundes Émile, wollte er hinzufügen, verzichtete aber aus kollegialem Anstand darauf) mehr lesen würde. Andererseits könnte es auch ein wenig langweilig sein, wenn man in einer neuen, fremden und ungewohnten Welt aufersteht, während man sich an die vergangene erinnert. Was meinen Sie, lieber Freund? Übrigens, vergessen Sie nicht, dass nach Platon die Frist für jede Seele von den Qualitäten und Verdiensten des Menschen abhängt, in dessen Körper sie gewohnt hat. Denken Sie daran», ermahnte er den Bankier, er spürte, dass es längst Zeit war, den Gesprächston etwas zu lockern.

«Aber meinen Sie nicht, dass es hier einen gewissen Widerspruch gibt?», fragte in demselben heiter-ironischen Ton Cerisier. «Ihren Worten nach haben alle klugen und gelehrten Menschen stets geglaubt, dass die Welt untergehen wird. Aber die Welt existiert, Gott sei Dank, mit Weh und Ach noch immer. Haben womöglich die dummen und unwissenden Menschen recht gehabt?»

«Das ist natürlich ein nicht unmaßgebliches Argument. Clemens von Rom antwortete wie folgt darauf: Die Zweifler sagen: Dies haben wir gehört auch schon zur Zeit unserer Väter, und siehe, wir sind alt geworden, und nichts davon ist uns zugekommen. – Vergleicht euch mit dem Baum, erwidert Clemens ihnen, zuerst verliert er die Blätter, dann ...»[94]

«Um Himmels willen, genug von Clemens!», rief Cerisier aus, der weder Vermandois noch sonst jemandem zutraute, ernsthaft Clemens von Rom zu lesen. «Er wird kaum nach dem Original zitieren. Obwohl, ihm ist alles zuzutrauen ...»

«Umso mehr, als wir gar nicht wissen, wer dieser achtbare Mann war. Ich zumindest habe keine Ahnung», sagte der Graf de Bellancombre. Nadeschda Iwanowna lachte laut auf. Alle Augen richteten sich auf sie. Kangarow drohte ihr liebevoll mit dem Finger.

«Kinder sollten den Mund halten», sagte er auf Russisch, «besonders wenn von solchen Dingen die Rede ist. Hast du gehört, dass es bald überall Schakale und Schlangen geben wird? Und du redest von Gehaltserhöhung! Es ist an der Zeit, sich um seinen Kram zu kümmern ... Sie entschuldigen mich», wandte er sich fröhlich an seine Gäste, «ich lese dem Mädchen die Leviten.»

«Sie hat völlig recht, wenn sie lacht», trat Vermandois für Nadja ein. «So haben vermutlich die jungen Mädchen in Troja gelacht, als sie die wahnsinnige Kassandra vom Turm singen hörten.»

«Das habe ich mir schon gedacht, dass Sie Kassandra sind», sagte der Bankier. «Es gibt keine vornehmere und schönere Rolle als diese.»

«*Je combien que indigne y fus appellé*»*[95], wie unser Lehrer Rabelais sagt.»

«Damit bin ich nicht einverstanden», wandte die Gräfin ein. «Sie hat in einem Turm gesessen und traurige Lieder gesungen, nicht wahr? Was soll daran gut sein?»

«Wenig, wenig», bestätigte Vermandois lachend. «Bei Euripides tanzt die taktlose Frau sogar auf den Ruinen Trojas; alles trat so ein, wie sie es vorhergesagt hatte. Aber dann kamen

---

* Man rief mich herbei, obwohl ich dessen unwürdig bin. (altfranz.)

Ajax und Agamemnon und waren nicht sehr freundlich zu ihr. Ich möchte das vor der netten jungen Dame nicht näher ausführen», fügte er hinzu und schenkte Nadja ein süßes Lächeln. («Noch ein alter Mann!», dachte sie triumphierend und senkte die Augen, damit es wie mädchenhafte Scham aussähe.)

«Man muss ein Theologe oder ein Vermandois sein, um sich das alles zu merken: Euripides, Clemens», sagte die Gräfin verzückt und rechnete im Eifer auch Euripides den Theologen zu.

«Ich wiederhole meinen demütigen und simplen Einwand», sagte Cerisier, der mit der bescheidenen Rolle, die ihm bei diesem Tischgespräch zufiel, nicht ganz zufrieden war: Der berühmte Anwalt war dem berühmten Schriftsteller ebenbürtig. «Sie behaupten, dass die Welt zur Hölle fährt, und alle großen Denker hätten das zu allen Zeiten gesagt. Meine Antwort lautet: Erstens, die Welt ist noch nicht zur Hölle gefahren; zweitens, das haben kaum *alle* großen Denker gesagt; drittens, die großen Denker neigen dazu, ihre eigene Epoche falsch zu beurteilen – zuweilen haben sie ihre Zeit geschmäht und verflucht und alle möglichen Schrecken vorhergesagt, und dann stellte sich nach fünfzig oder hundert Jahren heraus, dass es eine glorreiche, große, segensreiche Epoche war, die eine enorme Rolle für die Menschheit auf dem Weg in eine bessere Zukunft gespielt hat. So war es bei der englischen Revolution und erst recht bei der unseren.»

«Selbstverständlich!», sagte Kangarow in einem energischen Tonfall und wischte sich das Lächeln aus dem Gesicht; er spürte, dass nach diesen philosophischen Plänkeleien das Gespräch politisch und damit ernst zu werden drohte und auch die Bolschewiki betreffen könnte. «Selbstverständlich! Diese Epochen sind es, die das Reich des Geistes geschaffen haben», platzte er aus irgendeinem Grund noch heftiger heraus.

«Sie sehen, meine Herren, wir haben in unserem Streitgespräch, wie so häufig, ein wenig die Akzente verschoben», sagte

Vermandois gut gelaunt mit einem Lächeln. Das Versprechen, das er sich selbst gegeben hatte, nur über das Wetter zu reden, war schon zu Beginn des Abends vergessen. Er führte das Gespräch im gewohnten Stil jener gelehrten, taktvollen Witzeleien, wie sie bei feierlichen Versammlungen zwischen den alten und den neu aufgenommenen Mitgliedern der Académie Français ausgetauscht werden. Aber hier und heute hatte Vermandois mit Rücksicht auf das bescheidene Niveau des Publikums diesen Stil ein wenig vereinfacht, was ihm behagte: So hatte Mallarmé von einer Mitarbeit am «*Petit Journal*»[96] geträumt. «Wir haben vom Ende der Welt gesprochen. Jetzt sprechen Sie davon, wie die Menschheit in eine bessere Zukunft schreitet. Formulieren wir die Frage einmal so: Die Welt existiert fort und folgt ihrem heutigen festen Kurs. Ich frage Sie ehrlichen Herzens: Hat sie es wirklich nötig, *dafür* weiterzuexistieren? Die kurze Herrschaft des Geistes, von der Sie sprechen, mein lieber Botschafter», wandte er sich sanft lächelnd Kangarow zu, «war eigentlich immer eine durchaus konstitutionelle, mit streng reglementierten Rechten für den Monarchen. Doch inzwischen hat der Monarch sogar den fiktiven Anschein der Macht eingebüßt. Der Welt ist eine Lektion erteilt worden, die in der modernen Pädagogik, wenn ich nicht irre, als objektgebundener Unterricht bezeichnet wird. Der Mensch besitzt große Tugenden; leider ist er aber äußerst dumm. Und euch Bolschewiki kommt ein unbestreitbares Verdienst zu: Ihr wart die Ersten in der neueren Geschichte, die uns das mit solch pädagogischer Anschaulichkeit vor Augen geführt haben. (Kangarow lächelte schwach und wusste nicht, wie er sich gegenüber Vermandois' Worten verhalten sollte.) Über das allgemeine Wahlrecht sollte man jetzt besser nicht sprechen oder höchstens hinter vorgehaltener Hand und möglichst, ohne dem Gesprächspartner in die Augen zu schauen. So kann man es natürlich auch weiter halten: Das ist der einzige Trost, der uns

233

bleibt. Vielleicht außer jenem, dass der Mensch, der heute aller Rechte beraubt ist, als Ausgleich (sagen wir, bis zum Zusammenstoß mit dem Kometen) rasch die sogenannte ‹Macht über die Natur› vergrößert; ja, ja, Flugzeuge fliegen heute fünfhundert Kilometer in der Stunde, und bald werden es wahrscheinlich tausend sein. Aber ich mag diese Flugzeuge genauso wenig wie die Menschen, die mit ihnen fliegen. Diese Wundervögel dienen dazu, mit irrsinnigem Risiko für den Briefträger, die Post aus Australien herbeizuschaffen und außerdem, bei passender Gelegenheit, Paris in Brand zu setzen. Aber ich bekomme nur selten Briefe aus Australien, und die sind auch nicht besonders eilig; Paris hingegen ist mir aus Gewohnheit einigermaßen lieb. In der Wissenschaft stehen die Plus- und Minuspunkte unmittelbar nebeneinander, wie die *mariages* und *deuils** in den Gesellschaftsspalten der Zeitungen ...»

«Die Frage der Fortexistenz der Welt hat keinen rationalen Sinn», unterbrach ihn der Anwalt. «Die Welt existiert, und sie wird – ich will Ihnen nicht zu nahe treten – auch weiterhin existieren. Damit stellt sich die Frage sowohl nach dem sozialen als auch nach dem geistigen Fortschritt. Und wenn Sie mich totschlagen – ich sehe keine Anzeichen für einen bevorstehenden Zusammenstoß der Erde mit einem Kometen; aber wenn dieser Zusammenstoß unausweichlich sein sollte, so können wir absolut nichts dagegen tun. Anders verhält es sich mit der Einrichtung der Gesellschaft.»

«Sie werden sehen, es kommt folgendermaßen: Die Erde wird mit dem Kometen akkurat dann zusammenstoßen, nachdem Sie, mein Freund, zusammen mit der Französischen Sozialistischen Partei eine ideale Gesellschaftsordnung errichtet haben. Ich werde mich köstlich amüsieren, wenn ich in dem Durcheinander

* Hochzeits- und Todesanzeigen

aus dem Grab gekugelt werde», sagte Vermandois und lockerte den Gesprächston wieder ein wenig; er tat dies immer zur rechten Zeit und wurde so seinem Ruf als brillanter Causeur gerecht.

«Sie werden selbst im Grab noch mit einem sarkastischen Lächeln liegen», sagte die Gräfin. «*Dors-tu content, Voltaire, et ton hideux sourire – Voltige-t-il encore sur tes os décharnés ...?*» – «Lieben Sie diese göttlichen Verse?» – «*... Eh bien, qu'il soit permis d'en baiser la poussière – Au moins crédule enfant de ce siècle sans foi – Et de pleurer, ô Christ! sur cette froide terre – Qui vivait de ta mort, et qui mourra sans toi!*»*, trug sie leise vor. «Sie sehen, auch ich kann zitieren.»

«*Hideux sourire* – was für unschöne Worte! Das hätte ich von Ihnen nicht erwartet!»

«Ein Vergleich mit Voltaire, selbst bei diesen Worten, kann gar nicht unschön sein», sagte der Graf. «Außerdem bin ich, wie Sie wissen, für meine Frau nicht verantwortlich. Schicken Sie mir daher bitte keine Sekundanten.»

«Meine Herren, die Ente ist im Anmarsch!», rief Vermandois. «Ich verkünde eine kurze Pause in unserem Gespräch.»

«Schenken Sie mir noch etwas Wein ein, von dem da», sagte Nadja leise zu Tamarin.

«Wird das nicht zu viel, Nadeschda Iwanowna?»

«Was soll man hier denn machen außer essen und trinken?»

«Essen Sie, so viel Sie wollen, aber trinken sollten Sie lieber nicht so viel.»

«Ich will nur kosten: Den habe ich noch nicht getrunken ...»

* Voltaire, schläfst du denn auch zufrieden und gelassen? – Grinst auch dein Lächeln noch um die entfleischten Zähne? ... Zu küssen diesen Staub – verwehr' es nicht, mein Heiland, – Dem glaubensärmsten Sohn der glaubensarmen Welt! – Und laß beweinen mich dies kalte Welteneiland, – Das nur dein Tod belebt, das ohne dich zerfällt! (Alfred de Musset, aus der Verserzählung «Rolla», 1833, deutsch von Ludwig Ganghofer)

XIX

A uf der Hauptstraße begegnete er dieses Mal nur sehr wenigen Menschen. Lediglich aus einem Café in der Nähe des Bahnhofs vernahm man fröhliches Stimmengewirr. Eigentlich war es gar nicht gut, dass so wenige Menschen unterwegs waren: Das widersprach seinen Annahmen. «Alles Unerwartete ist ärgerlich: Wenn ich mich in diesem Punkt irre, könnte ich mich auch bei wichtigeren Dingen irren …» Alvera war kaum aufgeregt, was ihn sehr stolz machte; sogar sein Gähnen war verschwunden. Erst als er an die Stelle kam, wo der Fußweg abbog, stockte ihm der Atem. Wie geplant, ging er zunächst auf der Hauptstraße weiter und warf nur rasch einen verstohlenen Blick auf den Pfad. Dort zeichnete sich, ungefähr auf halber Wegstrecke, ein verschwommener Lichtfleck auf dem Boden ab: Das Licht fiel aus dem Fenster der Villa von Monsieur Chartier, es gab kein anderes Haus an dem Weg. Alvera ging noch etwa hundert Schritte auf der Straße weiter (das gehörte zum Plan), dann kehrte er mit einer ärgerlichen Bewegung um, als hätte er etwas vergessen (obwohl niemand in der Nähe war). «Niemand! Alles in Ordnung …» Rasch bog er in den Weg ein und ging auf das unregelmäßige, breiter werdende Viereck zu, welches das weiche Licht auf den Boden zeichnete.

Plötzlich hörte er Musik und erstarrte: Nichts hätte ihn stärker verblüffen können. «Was ist das? Was ist das für eine Musik? Woher kommt die Musik? …» Im selben Moment fühlte Alvera, dass ihn eine unaussprechliche Freude überkam, eine Freude, deren Ursache er nicht gleich verstand. «Wenn er Gäste hat, heißt das, das Vorhaben muss verschoben werden: Nein, es zerschlägt sich, und es ist nicht meine Schuld! … Aber er hat doch gar kein Instrument!», dachte er, und stöhnend begriff er:

«Ein Radio! Wenn es ein Radio ist, dann ist er vielleicht allein zu Hause ... Gleich wird sich alles entscheiden ...» Alvera hielt fünfzehn Schritte vor der Gartenpforte inne und legte mit einer etwas unnatürlichen, opernhaften Geste die Hand auf sein Herz: Es stand fast still. Man hörte eine Männerstimme singen, die Worte waren deutlich zu vernehmen: «... *Et puis, cher, ce qui me décide – À quitter le monde galant ...*»*, schmetterte der Sänger in einem scherzhaften, vorgetäuscht fröhlichen Tonfall. Der Radioapparat verblüffte Alvera: Er schwankte noch, ob es von Vorteil war oder nicht, aber er ahnte, dass es ohne Radio besser wäre. «Vielleicht schaltet er es ja aus ...» Unentschlossen machte er ein paar Schritte und sah, dass im Arbeitszimmer von Monsieur Chartier das Fenster offen stand! «Wieso nur habe ich *das* nicht vorhergesehen! Es ist doch nicht verwunderlich, dass das Fenster an einem warmen Abend offen steht! Das ist wichtig, sehr wichtig! ... Denn so hört man vielleicht den Schuss. Aber es gibt kein bewohntes Gebäude in der Nähe, und niemand nutzt diesen Fußweg ... Jetzt könnte das Radio von Vorteil sein: um den Schuss zu übertönen ... Der Knall ist ja sehr schwach ...» Alvera nahm die Brille ab, blinzelte ein paar Mal und zog die Handschuhe an. Er schaute auf die Uhr: Abweichend vom Zeitplan, hatte er zwei Minuten Verspätung; das machte nichts: Das Zeitpolster war mehr als ausreichend. «*C'est que ta bourse est vide, vide, – Vide que c'en est désolant*»**, sang die Stimme. Er schaute sich noch einmal um – niemand war zu sehen – und entsicherte den Revolver mit schon gewohntem Handgriff. «Ich werde sagen: Sie haben wohl Besuch, Monsieur Chartier? Dann will ich Sie nicht stören: Hier ist das Manuskript, abrechnen

---

* Fürs Erste treibt mich mein Gewissen, dass ich verzicht auf Saus und Braus (Jacques Offenbach, «Pariser Leben», hier und im Folgenden basierend auf der Übersetzung von Josef Heinzelmann)

** Doch zweitens hätt' ich's so schon müssen, denn leider geht das Moos mir aus!

können wir beim nächsten Mal ... Dieses nächste Mal wird es wahrscheinlich nicht geben: Er wird sich kaum noch einmal mit mir abends verabreden. Und würde ich denn einen weiteren Monat oder auch nur eine Woche eines solchen Lebens aushalten? ...» – «*Or pour peu qu'on y réfléchisse, – Quand on n'a pas le sou, vois-tu ...*»* Alvera öffnete rasch die Pforte, ging durch den Vorgarten und läutete. Man hörte, gedämpft durch die Musik, sich langsam nähernde Schritte. «Wer ist da?», fragte der Alte hinter der Tür. «Ich bin es. Ihr Kopist», antwortete Alvera (er atmete nicht ganz so ruhig wie gewöhnlich). «Ah, Sie sind es, hm ... Das hatte ich ganz vergessen», sagte Monsieur Chartier und öffnete die Tür. «... *Il est temps de lâcher le vice – pour revenir à la vertu ...*»**

«Guten Abend, junger Mann, ich hatte völlig vergessen, dass Sie kommen. Treten Sie ein ...» Auf der Garderobe lag ein Hut. Gehörte der ihm oder jemand anderem?

«Ich komme wohl ungelegen? Sie haben Besuch, Monsieur Chartier?», fragte Alvera und lächelte sogar. Seine Stimme zitterte, aber nur ein wenig, und er brachte ein ansehnliches Lächeln zustande ...

«Ein alter Mann wie ich hat abends um zehn keine Gäste mehr», sagte Monsieur Chartier aufgeräumt und mit lauter Stimme, um die aus dem Arbeitszimmer dringende Musik zu übertönen. «Nein, ich bin allein, das ist das Radio: Ich habe mir auf meine alten Tage einen Apparat zugelegt.»

«... Wirklich? Da gratuliere ich Ihnen», sagte Alvera. Für einen Moment stockte ihm der Atem ganz und gar. «Na großartig, das war's dann! ...»

---

* Das muss uns auch den Spaß verleiden, denn wenn der Mensch kein Geld mehr hat ...
** Dann sollte er das Laster meiden und folge streng der Tugend Pfad!

«Ein ausgezeichneter Apparat. Sieben Röhren, drei Wellenbereiche ... Kommen Sie herein ...»

«Es ist mir unangenehm, Sie zu stören ...»

«Aber wieso denn? Mir sollte es unangenehm sein, dass Sie
wegen mir hergekommen sind. Es stimmt zwar, die Arbeit eilt,
aber Sie hätten sie ja auch mit der Post schicken können. Haben
Sie mir nicht gesagt, Sie kommen wegen der guten Luft her?
Bitte.»

Sie gingen ins Arbeitszimmer. Das war ein ziemlich großer
Raum mit einem Velourssteppich, ausgestattet mit einfachen, billigen Möbeln, das Fenster ging in den Vorgarten. Auf der Kommode stand ein nagelneuer, lackglänzender Radioapparat aus
Palisanderholz. Monsieur Chartier führte seinen Gast zu dem
Apparat, er freute sich offenbar noch immer über die Neuer-
werbung. «Ich muss schießen, wenn er seine Brieftasche herausnimmt», erinnerte sich Alvera. «Und das Fenster? Könnte man
das nicht unauffällig schließen? Nein, das geht nicht.»

«Sie haben alles mitgebracht? Danke», sagte der Alte und
beugte sich, ohne die Antwort abzuwarten, über das Radio.
«Jetzt vielleicht ... Nein, lieber nicht vom Plan abweichen: Wenn
er seine Brieftasche herausnimmt ...» Monsieur Chartier drehte
am Knopf und wandte sich lächelnd um. Die Töne wurden etwas leiser.

«Ein Superheterodyn-Empfänger mit Antifading», sagte
er und hatte anscheinend Freude an den neuen Begriffen, «der
letzte Schrei der Technik.»

«Ich kenne mich damit leider nicht aus. Aber wenn er sieben
Wellenbereiche hat, dann können Sie sicher auch Amerika empfangen?»

«Drei Wellenbereiche», antwortete Monsieur Chartier
lachend, «sieben Röhren. Selbstverständlich, Amerika, die
Kolonien, Moskau – ich bekomme alles herein. So, dann geben

Sie mir mal die Sachen. Zweiunddreißig Seiten. Dann stehen Ihnen achtundvierzig Francs zu. Wollen Sie die jetzt oder alles zusammen zum Schluss?»

«Wenn es geht, jetzt. Ich muss die Miete bezahlen.»

«Die Miete?», fragte der Alte erstaunt. «Wer zahlt denn jetzt die Miete? Wir haben doch noch nicht Oktober.»

«Ich habe ein Zimmer. Ich bezahle monatlich.»

«Warum nehmen Sie nicht lieber eine Wohnung zur Jahresmiete? Das kostet Sie weniger.»

«Da muss man drei Monate im Voraus bezahlen und eine Kaution leisten, und ich habe nie Geld übrig.»

«Kein Geld übrig», brummelte Monsieur Chartier ungläubig. Offensichtlich fiel es ihm schwer zu glauben, dass es Menschen gab, die *so viel* Geld nicht hatten. «Das kann doch nicht so viel ausmachen? Wie viel zahlen Sie?»

«Hundertfünfzig im Monat ...» – «Was wird das? Die Zeit läuft mir davon», dachte er wütend und spürte, dass er diese unerwartete, nicht vorhergesehene Unterhaltung nicht mit einem Schuss beenden konnte. «Hundertfünfzig im Monat.»

«Na, sehen Sie», sagte Monsieur Chartier, «das sind tausendachthundert im Jahr. Und eine Wohnung mit Küche bekommen Sie für tausendzweihundert, mit etwas Glück sogar für tausend. Man findet heutzutage sicher auch eine ohne Kaution. Haben Sie nicht wenigstens dreihundert Francs?»

«Nein», antwortete Alvera mit dumpfer Stimme und ließ die Hand erschauernd in seine Tasche gleiten. Monsieur Chartier dachte nach.

«Hören Sie», sagte er (Alvera ließ den Griff des Revolvers in der Tasche los, als ob dieses «Hören Sie» ihn zur Fortsetzung des Gesprächs verpflichtete). «Ich habe noch jede Menge Aufträge für Sie. Sie leisten vortreffliche Arbeit, das kann ich nicht anders sagen. Wenn Sie wollen, gebe ich Ihnen zweihundert

Francs im Voraus. Sie können sich eine Wohnung mieten und zahlen mir nach und nach alles zurück, ja? Sie sind ein tüchtiger junger Mann, Sie bringen mir die Abschriften nach Hause, das ist sehr bequem für mich. Ich bezahle Ihnen später auch die Fahrten, denken Sie nicht, dass ich das vergessen habe», sagte er, anscheinend einem Impuls von Großzügigkeit nachgebend, und ging wieder zur Kommode. Der Apparat krächzte. «Dideridi», schnatterte der Chor. Eine Frauenstimme sang:

«*Hier à midi, la gantière*
Vit arriver un Brésilien ...»*

Eine männliche Stimme erwiderte:

«*Il lui dit: Voulez-vous, gantière,*
Vendre des gants au Brésilien?»**

«Herrlich!», sagte Monsieur Chartier und lachte auf: «Mögen Sie Operetten, junger Mann? Das ist eine von Offenbachs besten ...» Er drehte am Knopf des Geräts, die Töne wurden lauter. «Es ergibt keinerlei Sinn, ein Zimmer monatlich zu mieten», sagte der Alte mit Überzeugung, er sprach wieder etwas lauter und lauschte lächelnd den Sängern. «*C'est mon état, dit la gantière, – Quelle couleur, beau Brésilien?*»***, wiederholte er die Worte der Sängerin und begleitete den Gesang mit einem Lächeln, einem Anheben der Schultern und einem leichten Wippen mit dem Fuß. «Hundertfünfzig oder zweihundert Francs könnte ich Ihnen geben, den Rest werden Sie schon ir-

---

* Gestern, da kam ein Brasilianer mittags zur Handschuhmacherin.
** Handschuh' bestellt der Brasilianer. «Gern!», sprach die Handschuhmacherin.
*** «In welcher Farb', Herr Brasilianer?», fragte die Handschuhmacherin

gendwie auftreiben. Sie werden Ihr eigenes Nest haben, ausgezeichnet.» – «*Sang de bœuf, charmante gantière, – Lui riposta le Brésilien ...*»* – «Also achtundvierzig? Dann bekomme ich zwei Francs Wechselgeld.» Er griff nach seiner Brieftasche. Plötzlich verzerrte sich seine linke Gesichtshälfte zu einer schrecklichen Grimasse, die Muskeln verkrampften und begannen wieder und wieder furchtbar schnell zu zucken. Monsieur Chartier drehte sich eilig weg. Und als hätte der Tic des Alten Alveras letzte Zweifel beseitigt, zog er seinen Revolver und schoss dem alten Mann in den Hinterkopf. Der Schuss erschallte viel lauter als damals im Wald. Monsieur Chartier drehte sich mit einem Ächzen herum, sein Gesicht zuckte noch immer, und seine Augen traten hervor. Er öffnete den Mund, machte einen kleinen Schritt nach vorn, hob die Hand und fiel um. Alvera warf einen entsetzten Blick auf das Fenster. Monsieur Chartier wand sich krampfhaft zuckend auf dem Teppich und erstarrte. Er war auf der Stelle tot. Ohrenbetäubender Chorgesang drang ins Zimmer und wiederholte freudig triumphierend die Worte des Sängers:

«... *Et dans la main de la gantière
Tremblait la main du Brésilien ...*»**

Die Fahrradpatrouille der Polizei, die auf der Straße in Richtung Paris unterwegs war, hörte ein lautes, scharfes Geräusch: wie von einem Schuss oder einem geplatzten Reifen. Sie bremsten und lauschten. Es war nichts Besorgniserregendes zu hören. «Ich glaube, das kam aus der Richtung von Monsieur Chartiers Villa ...» Aus der Ferne hörte man Musik. «Er hat sich vor Kurzem einen Radioapparat gekauft», sagte neidisch einer der

---

* «Ochsenblut», sagt der Brasilianer zur lieben Handschuhmacherin
** Und zitternd reicht der Brasilianer die Hand der Handschuhmacherin

beiden Polizisten, der selbst von einem Radio träumte und die Werbeprospekte der Radiogeschäfte sammelte, «er hat zweitausendzweihundert bezahlt, auf einen Schlag, nicht auf Raten.» – «Er hat sein Vermögen an der Börse gemacht, hat auf fallende Kurse gewettet», sagte der andere Polizist. «Wollen wir uns ein paar Takte Musik gönnen? Scheint etwas Fröhliches zu sein ...» – «Eigentlich ist es ein Privatweg, aber was soll's, fahren wir.» Sie bogen in den Weg ein und fuhren bis zur Villa. Es gab nichts Verdächtiges. Aus dem offenen Fenster erklangen fröhliche Couplets. «Ein ausgezeichneter Apparat! Elektrodynamischer Lautsprecher, Push-pull», sagte der erste Polizist betrübt, «so einen hätte ich auch gerne! Die Reichen haben es gut.» – «Selbst geschenkt würde ich kein Radio wollen, das ist noch schlimmer als ein Kanarienvogel ...» Mit der Musik passierte plötzlich etwas Seltsames, sie verwandelte sich in ein wildes Kreischen. «Was für ein Trottel! Kauft sich so einen Apparat und weiß nicht, wie man ihn bedient! Monsieur Chartier!», rief er durch das Fenster. «Sie drehen am falschen Knopf! ...» Ein Schatten glitt an der Wand entlang und verschwand. «Monsieur Chartier!», rief der Polizist erneut. Der Schatten schnellte zur Seite – etwas zu rasch für einen alten Mann. Die Polizisten wechselten besorgte Blicke. Der erste lehnte sein Fahrrad mit entschlossener Miene gegen einen Baum.

Die erste Schreckminute, hauptsächlich durch den lauten Schuss hervorgerufen, war vorüber. Er horchte triumphierend in sich hinein. Er hatte die Prüfung mit Bravour bestanden. Alvera empfand weder Reue noch Entsetzen. Wie er schon angenommen hatte, war das alles Unsinn: vor allem die von *ihnen* erfundenen *Gewissensbisse*. Nur das Atmen fiel ihm etwas schwerer als sonst. Später schien ihm, dass das, was er getan hatte, in dieser Minute noch nicht in sein Bewusstsein *vorgedrungen* war, dass er das

Geschehene noch nicht erfasste. Aber er sagte sich, dass dies gar nicht sein könne: Alles war nach Plan verlaufen, er war die Empfindungen, die ein Mörder haben musste, vor dem Mord wieder und wieder durchgegangen, und als es darauf ankam, hatten sie sich als zutreffend erwiesen.

Immer noch kaltblütig, steckte er den Revolver ein und beugte sich über die Leiche: Der Alte war tot. «Der Anblick ist natürlich unangenehm, doch genauso unangenehm wäre es, wenn ich ihn im Kampf oder Duell getötet hätte.» Er dachte auch, dass aus rein technischer Sicht alles bestens gelaufen war: Er hatte ihn mit einem einzigen Schuss getötet, auf Anhieb, es war nicht nötig gewesen, ein zweites Mal zu schießen. Er hatte auch diese Möglichkeit vorgesehen – er hätte ihm dann irgendwie *den Rest geben* müssen, natürlich mit einem weiteren Schuss, was das Risiko erhöht hätte: Er spürte, dass er nicht die Nerven gehabt hätte, ein Messer oder einen Schlagring zu benutzen.

Alvera schaute auf die Uhr: Er lag beinahe im Zeitplan. Für die Suche nach dem Geld blieben ihm noch dreizehn Minuten. Er schaute sich um, hob vorsichtig (obwohl da wenig Blut war) die Brieftasche auf, die der Alte fallen gelassen hatte, und warf einen kurzen Blick hinein: «Ja, es scheint eine ganze Menge Geld zu sein. Soll ich es zählen? Nein, später.» Er steckte die Brieftasche ein, sah sich um und dachte, dass er mit der Suche in der mittleren Schublade des Schreibtischs beginnen sollte – da steckte der Schlüssel im Schloss. «Ja, alles läuft ausgezeichnet», wiederholte er in Gedanken, verschnaufte kurz, warf noch einen Blick auf den Alten, zuckte zusammen und entfernte sich hastig, als könnte der Alte von unten nach ihm fassen.

Er schlich zur Tür (eigentlich gibt es keinen Grund zu schleichen, dachte er) und schaute in den nächsten Raum, offenbar das Esszimmer. Was könnte es hier geben? Silber? ... Das Silber sollte man besser nicht anrühren, das lässt sich nur schwer losschlagen. Also die Schreibtischschubladen durchsuchen und dann ins Schlafzimmer gehen, das sich offenbar neben dem Esszimmer befand. Aber wie sollte er das alles in einer Viertelstunde schaffen? Erst jetzt wurde ihm klar, dass mit seinem Zeitplan etwas nicht stimmte: Es war undenkbar, in fünfzehn Minuten ein Haus zu durchsuchen, ohne genau zu wissen, wo was aufbewahrt wurde! «Wie konnte mir nur ein so grober Fehler unterlaufen», dachte er besorgt, und zum ersten Mal verließ ihn seine Kaltblütigkeit. «Es läuft ausgezeichnet, ausgezeichnet ...» Er schaute sich noch einmal um, ging wieder auf Zehenspitzen an der Leiche vorbei und blickte in das Gesicht des Alten. Ihm schien, es sei von dem Tic entstellt. Aus irgendeinem Grund verstörte ihn das. Seine Hände begannen zu zittern.

Das offene Fenster versetzte ihn zunehmend in Unruhe. «Vom Weg aus kann man nicht hereinschauen, das Fenster ist zu hoch. Soll ich es schließen? Das könnte riskant sein: Was, wenn jemand vorbeikommt und mich sieht? Niemand hat den Schuss gehört, es gibt kein Wohnhaus in der Nähe. Und dann das Radio! ...» Er stöhnte: als hätte er erst jetzt bemerkt, dass das Radio immer noch plärrte! «*Partez, s'écria la gantière, – Partez, séduisant Brésilien*»*, sang eine Frau. Alvera überkam plötzlich ein leichtes Zittern. «Quatsch», dachte er und versuchte sich zu beruhigen. «Alles hat bestens geklappt. Die Zeit ist knapp? Schlimmstenfalls bleibe ich bis zum nächsten Zug. Der fährt eine halbe Stunde später. Der hat zwar weniger Fahrgäste, aber das ist nicht so wichtig ... Damit bleiben mir fünfundvierzig Minuten für die Suche, das ist mehr als genug.» Aber die Vorstellung, *hier* eine weitere Dreiviertelstunde verbringen zu müssen, erschien ihm sehr unangenehm, fast unerträglich: Er verspürte den Drang, etwas zu unternehmen, schnell und energisch zu handeln: «So-

* «Gehn Sie, ruft die Handschuhmacherin, Sie fescher Brasilianer!»

fort mit der Suche beginnen, sofort, in dieser Sekunde! Wenn ich in dreizehn – jetzt nur noch zwölf – Minuten etwas finde, dann gehe ich, wenn nicht, bleibe ich bis zum nächsten Zug … Dann muss ich natürlich genau sieben Minuten vor Abfahrt des Zuges losgehen. Ich darf nicht vergessen, das verdammte Radio auszuschalten, bevor ich gehe! Sonst plärrt es die ganze Nacht, die Nachbarn werden es bemerken, und der Vorsprung ist hin. Eigentlich kann ich es jetzt schon ausschalten: Selbst falls jemand vorbeikommt, wird es ihm nur natürlich vorkommen, dass der Alte nach neun Uhr abends die Musik abstellt. Ja, natürlich, ich werde es jetzt ausschalten», dachte er mit einem vagen Gefühl wachsenden unerklärlichen Unbehagens. Seine Hände zitterten immer mehr. Alvera näherte sich auf Zehenspitzen dem Radioapparat und horchte erneut. «… *Tu veux donc, cruelle gantière*…»*, sang eine närrische Stimme. «Seltsam, irgendwo wird eine Operette gespielt, die Leute hören zu, amüsieren sich, und ich höre ebenfalls zu … Und auch sie können ja mich hören!…» Er schalt sich sogleich für diese Dummheit: Man konnte ihn keineswegs über das Radio hören. «Ich glaube, ich verliere langsam die Selbstkontrolle … Ja, ich muss das verdammte Radio unbedingt und sofort ausschalten!…» Alvera betätigte auf gut Glück einen der Drehknöpfe des Apparats. Zu seinem größten Entsetzen verstummte das Gerät nicht nur nicht, sondern begann, im Gegenteil, einen Mordskrach zu machen. Alvera ließ den Knopf los, griff ihn erneut und drehte daran. Die Stimme des Brasilianers heulte fürchterlich auf, wie zum Hohn. Entsetzen packte Alvera. «Was ist das!», fragte er sich keuchend. «Das alarmiert doch die Leute! Nicht weiter drum kümmern? Es plärren lassen? Nein, nein, das geht nicht, das gibt noch einen Auflauf …» Er packte die Knöpfe mit beiden Händen, zog an ihnen, drückte

* »Grausam bist du, Handschuhmacherin …«

246

sie. Der Brasilianer, der ihn zu verspotten schien, brüllte immer grässlicher: «... *Tu veux la mort du Brésilien* ...»* Wütend schlug er aus aller Kraft mit der Faust auf den Apparat, stieß ihn gegen die Wand, griff sich ans Herz, nicht mehr opernhaft, nicht gespielt – er spürte, dass er keine Luft mehr bekam. Und im selben Moment vernahm er eine Stimme, nicht aus dem Radioapparat, sondern von draußen, keine mechanische, keine tote, sondern eine lebendige, echte, heisere Stimme: «Monsieur Chartier ...»

Den Rest hörte er nicht mehr. Alvera erstarrte vor Schreck. Er ging in die Hocke, rutschte zur Seite, lief in eine Zimmerecke. Er lehnte sich an die Wand, zog den Revolver aus der Tasche und umklammerte krampfhaft den Griff. «Ich habe noch vier Patronen ...» Jetzt begriff er, dass die Rufe von dem Fußweg kamen. Sein Verstand arbeitete angespannt. Sollte er rufen: «Ich gehe zu Bett, lassen Sie mich in Ruhe?» Aber sie würden merken, dass es nicht Chartiers Stimme war. Überhaupt nicht reagieren? Zum Fenster gehen und den Mann töten? Am besten gar nicht reagieren ... «Vielleicht wird er noch ein bisschen rufen und dann weggehen. Auch dann nicht reagieren, wenn er klingeln sollte. Und wenn er die Polizei holt? Bevor die kommt, kann ich verschwinden.» – «... *Et voilà comment la gantière* ...»**, brüllte der Brasilianer mit fürchterlicher Stimme. Von draußen drang ein Geräusch herein, das nicht mehr vom Weg, sondern aus dem Vorgarten kam; da versuchte anscheinend jemand, zum Fenster hochzuklettern. Alvera hob den Revolver. So wie Personen auf einer Kinoleinwand langsam Gestalt annehmen, erschien im Fenster erst ein Käppi, dann ein schnauzbärtiges Gesicht, ein Paar blauer Schultern. «Die Polizei!», dachte er mit aussetzendem Atem. «Wieso die Polizei?» Über das Gesicht mit dem

---

* «Wohlan, so stirbt der Brasilianer ...»
** ... Und durch die Handschuhmacherin ...

Schnauzbart huschte Erschrecken. Ein Schuss hallte, der Polizist schrie auf und tauchte ab oder sackte zusammen. Alvera rannte zur Tür, verfolgt von dem aufheulenden, wiehernden Chor:

«... *Et voilà comment la gantière*
Sauva les jours du Brésilien ...»*

Er machte die Tür auf und lief durch den Vorgarten. An der Gartenpforte wankte jemand zur Seite. Alvera rannte den Fußweg entlang. Hinter ihm, durch das Plärren des Radios hindurch, erschallten pausenlos gellende, lang gedehnte Pfiffe. «Sie jagen mich! Alles ist verloren!», dachte er und keuchte. Er lief auf die Hauptstraße, jemand drückte sich an eine Hauswand. «Mein Gott, was ist das?», kreischte eine Frauenstimme. Irgendwo gingen die Lichter an, irgendwo wurden die Fensterläden geöffnet. «*À l'assassin ...*»**, ertönte ein verzweifelter Schrei. Alvera rannte, er wusste bereits, dass es sinnlos war, dass es keine Rettung gab: die Guillotine! Die Rufe hinter ihm nahmen zu. Besonders schrecklich waren die grässlichen, unablässigen, immer lauter werdenden Pfiffe. In der Ferne blinkten die Lichter des Cafés. Von der Seite, wo die Bahngleise waren, ertönte das Signalhorn einer Lokomotive. «Das ist mein Zug! ... Aufspringen ... Fahrschein ... Ich zahl die Strafe», dachte er wie im Wahn. Von hinten hallte ein Schuss. Alvera schaute sich im Laufen um: Der Polizist auf dem Fahrrad war zwanzig Schritte von ihm entfernt. Er schoss auf den Polizisten, kaum dass er zielte, warf seinen Revolver nach ihm und rannte weiter, aus letzter Kraft. Jemand presste sich entsetzt an einen Zaun. Alvera erinnerte sich an die Stromschiene. «Ja, es bleibt kein anderer Ausweg ... Sing Sing ...

---

* «Und durch die Handschuhmacherin gerettet ist der Brasilianer! ...»
** Ein Mörder!

Ich muss es schaffen! ...» – «*À l'assassin!*», schrien wütende, verzweifelte Stimmen. Vor der Tür des Cafés erschien ein Mann mit einer Flasche in der erhobenen Hand. «Wenn ich den Polizisten nicht getötet habe, schicken sie mich vielleicht nicht auf die Guillotine», dachte Alvera. Er spürte einen Schlag, einen scharfen Schmerz im Mund, im Kopf, fasste sich ans Kinn, taumelte und stürzte blutend zu Boden.

XX

Cuviers[97] Gehirn wog 1800 Gramm, und darauf gründete man vorschnell die Hypothese, dass die Genialität eines Menschen vom Gewicht seines Gehirns abhängt. Später stellte sich jedoch heraus, dass das Gehirn des Dieners von Cuvier noch 200 Gramm schwerer war. Ich befürchte, das Gleiche könnte auch mit Ihrer historischen Mission des Proletariats passieren: Was, wenn sich plötzlich herausstellt, dass eine andere soziale Gruppe noch besser ist als das Proletariat? Nun, nicht viel besser, aber immerhin besser? Zum Beispiel Hitlers Sturmabteilungen?»

«Sie vereinfachen die Dinge ein bisschen. Ich denke, dass jene psychophysiologische Theorie nicht allein auf Cuviers Gehirn beruhte. Was die wissenschaftliche Theorie des Fortschritts betrifft, so wurde sie von Marx auf der Grundlage einer ausreichend großen Menge von Tatsachen entwickelt.»

«Eine wissenschaftliche Theorie des Fortschritts ist gar nicht möglich, mein lieber Monsieur Cerisier», sagte Vermandois. «Sie ist deshalb nicht möglich, weil alle sozialen Erscheinungen auf dem Menschen beruhen, das heißt auf etwas Unbestimmtem,

Veränderlichem und Widersprüchlichem. Indes betrachtet Ihre Wissenschaft den Menschen als eine feststehende und unveränderliche Entität, zumindest über einen relativ langen Zeitraum hinweg. Ihre Wissenschaft gibt zwar zu, dass der Mensch in der Steinzeit oder etwa vor fünfhundert Jahren ein anderer war als heute. Aber für die Gegenwart bedient sie sich des fiktiven Begriffs vom Menschen der neueren Geschichte, den sie willkürlich nach Klassenmerkmalen definiert und dessen allgemeine Eigenschaften sie willkürlich als unveränderlich betrachtet. Ihre Wissenschaft verwendet die Begriffe Bourgeois, Bauer, Proletarier ungefähr so, wie die Chemie Sauerstoff und Stickstoff definiert. Aber Stickstoff und Sauerstoff sind immer gleich, sie werden auch in tausend Jahren noch die Gleichen sein wie heute. Der Mensch hingegen, ob Proletarier oder Bourgeois, ist nur darin unveränderlich, als er jeden Tag seine kollektive Seele wechselt. Heute will er Demokratie, morgen Hitlerei, übermorgen wieder etwas anderes (Vermandois schielte auf Kangarow). Auf einen so unsicheren Begriff kann man keine Theorie des Fortschritts gründen. Ihre Wissenschaft glaubt, der Mensch wisse, was er wolle, dabei weiß er es gar nicht. Ihre Wissenschaft glaubt, der Mensch werde von seinen Interessen geleitet, dabei wird er weiß der Teufel wovon geleitet.»

«Im Gegenteil», sagte Cerisier, der seine Verärgerung kaum verbergen konnte. «Meiner Ansicht nach spricht schon Ihr Vergleich gegen Sie. Stickstoff und Sauerstoff haben bei einer Temperatur von 500 Grad und einem Druck von 500 Atmosphären wahrscheinlich nicht die gleichen Eigenschaften wie bei normaler Temperatur und bei normalem Druck. In derselben Weise hängt das Verhalten der Menschen von den Bedingungen ab, in die sie von der Geschichte gestellt werden. Bei einer abnormen Temperatur in der Gesellschaft, bei einem abnormen sozialen Druck kann aus einem Arbeiter ein Hitleranhänger werden. Die

Soziologie untersucht die Auswirkungen der sozialen Bedingungen auf den Menschen, so wie die Chemie die Eigenschaften von Stoffen unter verschiedenen physikalischen Bedingungen untersucht.»

«Sie vergessen, dass die Eigenschaften von Sauerstoff bei einer bestimmten Temperatur und einem bestimmten Druck immer die gleichen sind. Der Chemiker kennt sie oder kann sie präzise untersuchen. Der Soziologe weiß letzten Endes nichts: Unter identischen Bedingungen kann es einen Menschen ein und derselben sozialen Kategorie, sagen wir, ein und derselben Klasse – auch wenn die Grenzen zwischen den Klassen heute ganz anders verlaufen als zu Marx' Zeiten – genauso gut in Hitlers wie in Stalins Arme treiben», sagte Vermandois, der nicht an sich halten konnte.

«Meinen Sie nicht, meine Herren», schaltete sich eilig Kangarow ein, «Cuviers Diener hätte ein genialer Mann sein können, wenn ihn nicht eine ungerechte Gesellschaftsordnung daran gehindert hätte? Ist es nicht möglich, dass er ... Wie soll ich sagen ... Wie sagt man, dass Cuviers Diener potenziell ein genialer Mann war?», wandte er sich auf Russisch an Nadja. «Was heißt ‹potenziell› auf Französisch? Übersetze das für diese Herrschaften.»

«Ich weiß noch nicht einmal, was das auf Russisch bedeutet», sagte Nadeschda Iwanowna lachend.

«Werd nicht frech! Du bist wohl betrunken? Na warte ...»

«Ich weiß, es ist heute üblich, den Marxismus zu belächeln», begann Cerisier und machte mit seinem Tonfall deutlich, dass er nun zu sprechen beabsichtige und sich nicht unterbrechen lassen würde. «Er redet wie ein Radiosprecher», dachte Vermandois und machte eine Miene, als höre er aufmerksam zu. «Der Marxismus hat durchaus nicht vor, alles auf der Welt zu erklären ...»

«Doch, doch, genau das hat er vor.»

«Lassen Sie mich ausreden, ich bin noch nicht fertig», sagte der Anwalt ärgerlich. Alle sahen ihn erstaunt an. «Sicher schießen die Anhänger des Marxismus manchmal übers Ziel hinaus, aber eine junge Lehre kommt selten ohne Extreme aus. Was, meine Herren, haben Sie unseren Ansichten denn entgegenzusetzen? Ich beabsichtige nicht darüber zu sprechen, dass irgendwelche Sonnen zusammenstoßen, dass der Sauerstoff zu Ende geht oder andere Schreckensszenarien eintreten: Das ist nicht besonders interessant. Hiervon abgesehen, bringen Sie Ideen gegen uns vor, die sich dadurch auszeichnen, dass sie völlig unstrittig sind. Die Worte ‹Gott›, ‹höchstes Wesen›, ‹höhere Vernunft›, ‹lenkende Instanz› haben alle mehrere Bedeutungen, und jeder, der sie verwendet, gebraucht sie, wie ich immer wieder festgestellt habe, in verschiedenen Bedeutungen, je nachdem, mit wem er spricht und welche von ihnen besser zu seinen Gedankengebäuden passt. Hier hat es seit der Erschaffung der Welt nichts als Gemeinplätze gegeben – auch bei Adam waren es Gemeinplätze», setzte er mit einem Lächeln hinzu, in der Art, wie er zuweilen in den pathetischsten Reden vor Gericht einen Witz oder ein Lächeln einschob. «Es ist bloß so, dass während mancher Geschichtsperioden die Gemeinplätze von Monsieur Homais[98] dominieren, während zu anderen Zeiten entgegengesetzte Gemeinplätze vorherrschend sind. Und so eine Zeit erleben wir gerade wieder, eine Zeit *Ihrer* Gemeinplätze», kam er zum Schluss und verriet durch seinen Tonfall, dass er nun bereit war, das Wort *à son honorable adversaire et ami** zu überlassen. Aber sowohl sein Ton als auch sein Lächeln und seine Worte waren so unangenehm, dass alle peinlich berührt waren. «Ein verbitterter Mann. Ach ja, er hat es wieder nicht in den Vorstand der Anwaltskammer geschafft», dachte Vermandois.

---

* seinem ehrenwerten Gegner und Freund

Menschen, die Cerisier gut kannten, behaupteten gern, dass seine Misserfolge ihm den Charakter verdarben. Rein äußerlich konnte man ihn schwerlich einen Versager nennen. Cerisier verdiente als Anwalt viel Geld, und in der Politik nahm er eine nicht unbedeutende Stellung ein. Ein Verlierer war er nicht im Vergleich mit den meisten anderen Menschen, sondern gegenüber der Person, die er hätte werden sollen, wenn es nach den Wünschen (oder Befürchtungen) der Menschen gegangen wäre, die ihn vor fünfzehn Jahren gekannt hatten. Er gehörte nicht zur *ersten* Riege seines Berufsstandes; ihm gebührte ein Platz in der *zweiten*. Cerisier hatte vor Kurzem zum dritten Mal für den Vorsitz der Pariser Anwaltskammer kandidiert und eine recht beachtliche Anzahl von Stimmen erhalten, die jedoch nicht ausreichten, sodass seine Kritiker schadenfroh erklärten: «Das ist eine Katastrophe für ihn! Er ist am Boden zerstört!» Er war Minister gewesen, aber ohne Glanz, in einem unbedeutenden Ressort, und zu allem Überfluss hatte er einem außerordentlich kurzlebigen Kabinett angehört, sodass es ihm später ein wenig peinlich, obschon angenehm war, in der Öffentlichkeit «*monsieur le ministre*» genannt zu werden. Cerisier wurde auch nicht Vorsitzender der Sozialistischen Partei. Im Gegenteil, seine Beziehungen zur Partei kühlten mit der Zeit merklich ab; zuletzt hielt er sogar eine gewisse Distanz zu ihr. Hier spielten vielerlei Dinge eine Rolle. Für den Vorsitz der Sozialisten war Cerisier zu stark durch seine Anwaltskanzlei gebunden, hatte zu wenig freie Zeit und verdiente zu viel Geld. In das unglückselige Regierungskabinett war er zwar nicht gegen den Willen der Partei eingetreten, aber ohne ihren Segen; und inzwischen war im Grunde nicht mehr ganz klar, ob er noch Sozialist war oder nicht: In den Veröffentlichungen der Partei wurde er immer noch Genosse genannt, aber es war deutlich zu spüren, dass der Tag nicht mehr fern war, da man zu guter Letzt den verhängnisvollen Buchstaben M.[99] vor seinen Namen setzen würde. Man brauchte Cerisier nicht in der Partei, oder man brauchte ihn kaum. Jüngere, energische Leute stießen ihn ohne großes Aufsehen, ohne Skandale zunächst langsam, unter Ehren und Reverenzen, schließlich immer rascher und barscher auf der Karriereleiter der Partei nach unten. So war er selbst einst mit dem ehemaligen Parteichef Chazal verfahren, aber ihm schien, dass das damals etwas ganz anderes gewesen war: Damals war das ein ideeller Kampf.

Vor allem aber widerfuhr Cerisier das schlimmste Unglück, das einem in seiner Karriere treffen konnte: Ohne ersichtlichen Grund wurde er plötzlich nicht mehr ernst genommen. Er trat in großen und aufsehenerregenden Prozessen auf, erhielt enorme Honorare, durfte sich von Rechts wegen für den Rest seines Lebens «monsieur le ministre» nennen und befand sich anscheinend in den obersten Rängen des französischen Parlamentarismus. Aber wenn sein Name erwähnt wurde, erschien ein dezentes Lächeln auf den Gesichtern der Anwesenden – eine irreparable Katastrophe für einen Mann. Das Lächeln schien zu bedeuten, dass man etwas über ihn wusste, das so eindeutig und unumstritten amüsant war, dass niemand daran zweifeln konnte. In Wahrheit gab es nichts dergleichen: Cerisier hatte sich keine besonderen Verfehlungen zuschulden kommen lassen, hatte sich von seinen politischen Überzeugungen nicht losgesagt und war nie an irgendwelchen zwielichtigen Prozessen beteiligt gewesen (obwohl er manchmal Rechtsvertretungen übernahm, von denen er Abstand genommen hätte, wenn das Honorar wesentlich niedriger ausgefallen wäre). Man konnte seinen Ruf nicht als schlecht bezeichnen, aber er galt als nicht seriös – was noch schlimmer war. Zu allem Unglück hatte er auch noch stark zugenommen, er war fast lächerlich dick geworden. Und allen war nun klar, dass Cerisier niemals von der zweiten in die erste

Riege aufsteigen würde. In lichteren Momenten spürte er das auch selbst. Er hatte drei ehrgeizige Ziele in seinem Leben: Vorsitzender der Anwaltskammer von Paris zu werden, Parteivorsitzender zu werden und Regierungschef zu werden. Er erkannte, dass keines dieser Ziele in Erfüllung gehen würde.

Vermandois breitete resignierend die Hände aus.

«Sie haben mich vergeblich zu überzeugen versucht, mein lieber Freund», sagte er, als wolle er mit seiner Liebenswürdigkeit den anmaßenden Ton des Anwalts hervorkehren. «Ich kann für die ‹Kräfte der Vernunft› in der Welt keine Verantwortung übernehmen. Was Ihre junge, fast hundert Jahre alte Lehre anbelangt, habe ich nichts gegen sie einzuwenden, und selbst wenn, so würde ich Ihnen und unserem liebenswürdigen Gastgeber keinen Kummer bereiten. Alle anderen sozialen Religionen sind in demselben Maße gescheitert wie diese, und die sozialen Religionen, die an ihre Stelle treten, werden wahrscheinlich ebenfalls scheitern. Das Debakel der sozialen Theorien ist darauf zurückzuführen, dass sich die Geschichte immer als dümmer erweist als die dümmste aller Theorien ...» – «Mögen Sie das Kino, liebe Gräfin?», fragte er und bemühte sich, mit der Routine eines erfahrenen Redners, seinem Monolog den Charakter eines Gesprächs zu verleihen; ohne sich ihre Antwort – «Ich kann es nicht ausstehen, ich gehe nie ins Kino!» – zu Ende anzuhören, fuhr er fort: «Ich liebe es sehr, aber anscheinend verstehe ich es nicht: Ich muss nie lachen, wenn ich die Charlots* und *dessins animés*** sehe, bei deren Anblick sowohl die Massen als auch die Elite vor Freude völlig aus dem Häuschen sind. Mir bereiten diejenigen Filme Vergnügen – ja, ich ziehe sogar Nut-

* Clowns
** Trickfilme

zen aus ihnen –, in denen auf Pferden geritten, aus Brownings geschossen und aus Flugzeugen gesprungen wird. Da lernt man natürlich etwas über Gangster, aber gleichzeitig auch etwas über Willenskraft. Anspruchsvolle Theaterstücke schaue ich mir nicht an, aber ins Kino gehe ich mindestens einmal pro Woche. Was ist der Unterschied zwischen mir und meiner Concierge? Meine Concierge versteht immer alles auf Anhieb, selbst in den verworrensten Liebesgeschichten oder Kriminalfilmen: Sie versteht sofort, was vor sich geht und was die Motive der handelnden Personen sind, warum der Baronet den Räuber vergiften will und warum die Modistin ein Verbrechen auf sich nimmt, das sie nicht begangen hat. Ich begreife die Kabale nicht so schnell, und manchmal verlasse ich das Kino, ohne dass ich alle Verwicklungen verstanden hätte. Das liegt daran, dass ich den Albernheiten der Handlung nicht zu folgen vermag: Unter all den unwahrscheinlichen und albernen Kombinationen fällt es mir schwer, sofort die eine, die unwahrscheinlichste, albernste und idiotischste auszumachen, die der Drehbuchautor sich normalerweise ausdenkt. Aus genau demselben Grund versetzen mich historische Ereignisse immer noch in Erstaunen. Ich glaube, von der Geschichte ist nichts Gescheites, nichts Gutes zu erwarten. Sie entscheidet sich ständig für etwas, das in seiner Dummheit und Abscheulichkeit so ungeheuerlich ist, dass mir nichts anderes übrig bleibt, als die Hände über dem Kopf zusammenzuschlagen: Das habe ich nicht geahnt, das habe ich nicht gedacht, das habe ich nicht vorhergesehen!»

«Gestatten Sie mir, sozusagen in der Rolle Ihrer Concierge, Widerspruch einzulegen», sagte Cerisier und lachte gereizt. «Auf diese Weise können Sie gleich Ihr eigenes Lehrbuch der Weltgeschichte schreiben. Ich kann Ihnen die Überschriften für einige Kapitel vorschlagen: Der Aufstand vom 14. Juli 1789 wird von der Staatsmacht niedergeschlagen. Kommandant de

Launay[100] jagt den randalierenden Pöbel mit ein paar gezielten Schüssen auseinander. Oder diese: Die deutschen Truppen besetzen am 11. November 1918 Paris. Wilhelm II. wird in Versailles zum Weltherrscher gekürt ...»

«Für das Schlusskapitel», sagte die Gräfin, «schlage ich vor: Nach dem Urteil des wiedereingesetzten Inquisitionsgerichts werden die Bücher von Louis Etienne Vermandois auf dem Scheiterhaufen verbrannt. Anschließend wird er selbst verbrannt, wobei ihm vorher die Zunge herausgeschnitten wird.»

«Ihn auf dem Scheiterhaufen zu verbrennen, kann nicht schaden», sagte der Bankier mit einem Anatole-France-Lächeln, «aber warum die Zunge herausschneiden? Er spricht recht unterhaltsam.»

«Man sollte ihn lieber abschwören lassen, wie Galilei. Er soll unter der Folter gestehen: In der Geschichte triumphiert die Vernunft.»

«Ich verspreche Ihnen ein ohrenbetäubendes *eppur si muove** ... – Ließe sich die Ananas nicht nach meinem System zubereiten?», wandte sich Vermandois an den Maître d'hôtel. «Zwei Löffel Kirschwasser, dann Zucker, Maraschino und ein Tropfen Armagnac, nur ein Tropfen.»

«Das hat meine vollste Billigung, das ist besser als Ihre Geschichtsphilosophie, mein lieber Monsieur Vermandois», sagte Cerisier, milde gestimmt vom Erfolg seines Scherzes. «Sie haben es sich offensichtlich zum Lebensziel gemacht, den Menschen die Hoffnung zu rauben.»

«Ich, zum Beispiel, lebe allein in der Hoffnung, dass die Gesellschaft zur sozialistischen Ordnung übergeht – und er will mir auch noch diese Hoffnung rauben!», bemerkte der Bankier. Alle lachten.

---

* und sie bewegt sich doch (ital.)

257

«Meine Herren, bei uns werden heute in der Tat Bücher auf dem Scheiterhaufen verbrannt», sagte mit Mühe Dr. Siegfried Mayer. «Vielleicht sogar Ihre», wandte er sich an Vermandois.

«Wirklich? Welch eine Reklame für seinen Verleger!»

«Ich glaube, diese Ehre ist mir noch nicht zuteilgeworden», sagte achtlos Vermandois, dem der familiäre Ton des Gesprächs missfiel: Nicht nur der Bankier, sondern auch die anderen Gäste, mit denen er nicht vertraut war, sprachen wenig respektvoll in der dritten Person von ihm. «Ich bin sehr froh, dass Sie das gesagt haben, Monsieur», wandte er sich an den Deutschen, dessen Namen er nicht wusste. «Sie wären sicher überrascht gewesen, wenn Ihnen vor zehn Jahren jemand gesagt hätte, dass in Deutschland Hitler an die Macht kommen wird?»

«Ich persönlich wäre nicht überrascht gewesen», erwiderte Mayer aufgeschreckt. «Ich kenne Deutschland, ich kenne die vermeintlichen Republikaner, die bei uns an der Macht waren, und so habe ich immer gesagt, dass ...»

«Dann sind Sie ein Mann von außergewöhnlichem Scharfsinn. Ich hätte mir das nicht vorstellen können, so wie ich im Kino nicht ahnte, dass die Marquise sich tätowieren lässt und ins Meer stürzt, um den Verdacht ihres Gemahls auf eine anrüchige Schönheit zu lenken.»

«Und doch bewegt sich die Geschichte, mit Rückwärts- und Seitwärtsbewegungen, auf eine sozialistische Ordnung zu, sosehr Sie auch darüber spotten mögen, mein lieber Freund», sagte Cerisier. «Was vorbei ist, ist vorbei. Schauen Sie sich den österreichischen Anstreicher an, der sitzt fest auf dem Hohenzollernthron und ist offenbar nicht abgeneigt, sich auch den Habsburgerthron einzuverleiben, selbst er denkt nicht daran, die Monarchie wiederherzustellen oder die Kapitalisten mit Samthandschuhen anzufassen, zumindest nicht öffentlich, zu den

Ideen des Manchesterkapitalismus ist er nicht zurückgekehrt. Die ungerechten Gesellschaftsformen sind überall langsam auf dem Rückzug.»

«Sie werden für eine Weile in der historischen Versenkung verschwinden und nach einer gewissen Zeit womöglich wohlbehalten, wenn auch nicht ohne Würmer, wiederauferstehen: Gewähren Sie doch einer Generation eine Atempause oder lassen Sie eine andere heranwachsen. Historische Grüfte werden im Gegensatz zu echten mit dem Kalkül der Auferstehung angelegt.»

«Und weil er sich immerzu dreht, kommt er zurück, der Wind? Das ist ein bisschen alt.»[101]

«Und nicht ganz richtig. Der zurückkehrende Wind ist nicht ganz derselbe wie vorher: Er ist ärger oder zumindest unangenehmer, er ist nicht mehr so frisch, ihm fehlt die Unschuld des ersten Zephyrhauchs ... Vielleicht wird diese reizende junge Dame die Wiederherstellung des Kapitalismus in ihrem Heimatland erleben. Aber ich fürchte, der neue Kapitalismus wird ohne rücksichtsvolle, humane Ziehmeister und ohne Streikrecht auskommen müssen.»

«Bei uns wird es niemals irgendeinen Kapitalismus geben!», sagte Nadja forsch und kam mit dem französischen Satz gut zurecht. «Gar nicht schlecht, habe ich gut hingekriegt.»

«Hören Sie das, Sie unverbesserlicher Misanthrop?», warf Kangarow leicht besorgt ein und ließ seinen Blick unbestimmt über die Runde schweifen.

«Niemand kann mit Gewissheit sagen, wovon sich die Menschheit in ihrem romantischen Drang verführen lassen wird, wenn die sozialistische Ordnung erst einmal etabliert ist. Ich räume gern ein, dass das Volk seinem inneren Wesen nach zur Wiederherstellung der sozialen Ungleichheit neigt, sei es durch einen Umsturz oder durch sukzessive Evolution. Es werden revolutionäre und evolutionäre Kapitalisten auftauchen; jede dieser Gruppen wird ihre eigene Theorie des sozialen Fortschritts entwickeln. Wer kann sie daran hindern, ihre eigene Auffassung vom Fortschritt zu haben? Was auch immer mit der Welt geschieht, eines kann man jedenfalls mit Sicherheit sagen: Schlimmer als jetzt kann es nicht kommen. Wahrscheinlich hat es zu keiner anderen Zeit in der Geschichte eine so hässliche Diskrepanz zwischen schönen Worten und abscheulichen Taten gegeben wie in unseren Tagen. In der Vergangenheit – ich will sie gar nicht idealisieren – haben die einen schöne Worte verloren, ohne ihnen bewusst unschöne Taten folgen zu lassen; die anderen taten bewusst unschöne Dinge, ohne darüber schöne Worte zu verlieren. Zumindest war diese Diskrepanz früher weniger auffällig. Wenn alles so weitergeht wie heute und wenn das einundzwanzigste Jahrhundert anbricht, werden unsere politischen, unsere philosophischen Ideen bis zur Lächerlichkeit nutzlos sein, so wie schöne Sommerpaläste mit Terrassen und offenen Galerien in Ländern mit polarem Klima bis zur Lächerlichkeit nutzlos sind. Die Diktatoren vergangener Jahrhunderte setzten sich bestimmte Ziele, in den meisten Fällen vernünftige: Die Römer hatten sogar ein Gesetz, das besagte, dass ein Diktator zu einem bestimmten Zweck gewählt wurde: *dictator rei gerundae causa.* Passend zu den wilden Sitten, herrschen heute in Europa wild gewordene Möchtegern-Zaren: All das wird, wie einer meiner Freunde sagt, enden wie die Marne: in Charenton[102]. Natürlich in einem universellen Charenton. Und wahrlich, wir sollten heute, wo Hitler in Berlin sitzt und ... (und Stalin in Moskau, wollte er hinzufügen, besann sich aber rechtzeitig) nicht mit dem 14. Juli[103] oder dem 11. November[104] auftrumpfen. Von den Ideen, die wir mit diesen beiden Daten verbinden, ist nichts mehr übrig, und vielleicht wird leider bald auch nichts mehr von ihrer materiellen Substanz übrig sein. Das

Elsass wechselte zweimal von den Deutschen zu den Franzosen und wieder zurück und wird vermutlich noch zweiundzwanzig weitere Male die Seite wechseln. Am Ende werden es irgendwelche Mongolen erobern, weil von Europa nur noch mehr oder weniger interessante, obschon lächerliche Ideen übrig sind, aber keine lebendigen Menschen.»

«Kassandra, tanzen Sie nicht auf den Ruinen eines Troja, das noch nicht in Trümmern liegt. Was Sie auch sagen mögen – was sich überlebt hat, kommt nicht zurück.»

Vermandois schaute die Gräfin an und lächelte ihr liebevoll zu.

«Ich weiß, ich langweile Sie alle. Lohnt es, sich selbst und andere zu verdrießen? Es gibt wundervolle Frauen, wundervolle Bücher, wundervolle Länder. Was sich überlebt hat, kommt nicht zurück? Ich bin geneigt, das zu bedauern. Ich ärgere mich, dass ich so unvorsichtig war, Gottes schöne Welt im neunzehnten Jahrhundert zu betreten. Ich wäre gern vor dreihundert Jahren geboren worden. Dann wäre ich Ninon de Lenclos'[105] Liebhaber gewesen, hätte Ritter in Harnischen gekannt und wäre Päpsten mit langen Bärten begegnet. Und anstelle spitzbübischer Verleger hätte Ludwig XIV. für meinen Unterhalt gesorgt.»

«Vielleicht wäre das auf kurze Distanz gar nicht so angenehm gewesen.»

«Da mögen Sie recht haben. Aber die Menschen lieben Abwechslung. Goethe sagte, die Menschheit werfe sich wie auf dem Krankenlager von einer Seite zur anderen, um Ruhe zu finden[106]. Luther drückte es noch anschaulicher aus: ‹Die Welt ist wie ein trunkener Bauer. Hebt man ihn auf einer Seite in den Sattel, so fällt er zur anderen wieder herab›[107] ...»

«Mein lieber Freund, Sie treiben wirklich Missbrauch mit Zitaten.»

«Das ist das schlimmste meiner Laster ... Ich würde mich nicht im Geringsten wundern, wenn in Deutschland an Hitlers Stelle ein deutscher Stalin treten würde ...»

«Amen!», rief Kangarow. Aber die Franzosen verstanden seinen Ausruf nicht, denn er klang wie *amigne*[108].

«... Und in Russland wird Stalin von einem russischen Hitler abgelöst», vervollständigte der Bankier Vermandois' Gedanken; er hatte keine besonderen Hemmungen gegenüber dem Gastgeber: Das Abkommen war bereits unterzeichnet.

«Das sagen *Sie*, ein unverbesserlicher Bourgeois», sagte Vermandois in einem versöhnlichen Ton.

«Wie von Ihnen empfohlen, Maître? Kirsch, Maraschino und Armagnac?», fragte Kangarow wiederum hastig und sah sich mit einem unguten Gefühl nach Wislicenus um.

XXI

B evor der Kaffee serviert wurde, tauschten die Gäste am Tisch ihre Plätze. Kangarow verließ den seinen, nahm den Stuhl mit und setzte sich bald zu dem einen, bald zu dem anderen Gast: Er unterhielt sich mit der Gräfin, mit Cerisier und setzte sich dann zwischen Tamarin und Nadja; das war das eigentliche Ziel seines Manövers. Das Diner war ein voller Erfolg, und die Gäste erhielten alles, worauf sie hoffen konnten, von Vermandois' Gedankenflut bis zu Sherry und Champagner; jetzt konnte sich der Gastgeber auch seinem eigenen Vergnügen widmen, zumal die allgemeine Unterhaltung keinen Moment lang verstummte. Nur Wislicenus beteiligte sich nicht daran. «Er könnte wenigstens anstandshalber ein paar Worte sagen.

Ach, soll ihn der Teufel holen ...», dachte Kangarow, nicht übermäßig verärgert: Er war mit seinem Abend zufrieden.

«Ein wunderbares Menü, Kommandeur Iwanowitsch, nicht wahr?», fragte er und setzte sich zwischen Tamarin und Nadeschda Iwanowna. «Ich glaube, wir können uns jetzt auch ein bisschen auf Russisch unterhalten, sie bekommen es nicht mit.»

«Das Essen war ausgezeichnet, hier verstehen sie ihr Handwerk», erwiderte Tamarin und fügte vorsichtshalber hinzu: «Zumindest dem heutigen Menü nach zu urteilen.» Man sollte nicht denken, dass er manchmal auch allein ein so teures Restaurant aufsuchen würde. Tamarin war in der Tat seit fünfundzwanzig Jahren nicht mehr hier gewesen; zu Beginn des Abendessens versuchte er sich zu erinnern, wann genau und mit wem er das letzte Mal in diesem Restaurant gewesen war. Es war seltsam, sich heute an die versunkene Welt zu erinnern. Am meisten irritierte ihn hier, wie bunt zusammengewürfelt die Gesellschaft war; sein ganzes Leben hatte er in sehr einheitlich zusammengesetzten Gemeinschaften verbracht, zunächst unter den Gardeoffizieren, später in der sowjetischen Bürokratie. Und obwohl Nadeschda Iwanowna durchaus nicht zu seinen gesellschaftlichen Kreisen gehörte, suchte er hier naturgemäß ihre Nähe, so wie Christen, die zufällig in eine Synagoge oder Moschee geraten sind, sich instinktiv zusammendrängen und den Anschein erwecken, als fänden sie alles interessant und großartig.

«Dafür wird also das Geld verschwendet, das dem Volk gehört!», sagte Nadja. Richtiger, ihre Zunge, die ihr nicht mehr recht gehorchen wollte, sprach diese Worte irgendwie von selbst aus, wahrscheinlich nach dem Prinzip des minimalen Kraftaufwands: Sie hatte sie schon öfter sagen müssen. Ohne den Wein hätte sie sich hier auch zum Spaß nicht erlaubt, so etwas zu sagen, trotz Kangarows väterlichen Verhältnisses zu ihr. Aber der Botschafter war ihr nicht böse.

«Eigentlich müsste ich dir die Ohren lang ziehen für solche Worte», sagte er liebevoll. «Natürlich hast du im Prinzip recht, aber wenn man unter Wölfen lebt, muss man mit den Wölfen heulen ... Trotzdem war es köstlich», fügte er mit einem leichten Seufzer hinzu, der auszudrücken schien, dass ihm der Gedanke an das Geld des Volkes das Vergnügen am Essen verdarb. «In Zukunft werden alle so essen, jeden Tag. Für mich ist das – ich verhehle es nicht, obwohl ich mich ein wenig dafür schäme – ein großes Vergnügen. Wie hat dir die Ente mit den Orangen geschmeckt?»

«Geschmeckt hat sie schon, aber die Orangen waren überflüssig. Und in Moskau sind die Enten auch fetter.»

«Fetter», äffte Kangarow sie nach und spürte wieder, dass das Lächeln dieses Mädchens, ihre Augen – jetzt beschwipst und frech – ihm teurer und wichtiger waren als alles andere auf der Welt. «Fetter! ...» Jemand berührte ihn von hinten an der Schulter, und er sah sich ungehalten um; hinter seinem Stuhl stand mit verschwörerischer Miene Dr. Siegfried Mayer.

«*Moment*», sagte er, «*ein Moment.**» Kangarow stand widerwillig auf und ging mit ihm zum Fenster.

«Was gibt es?»

«Ich hoffe, Sie haben es nicht vergessen?», fragte der Deutsche in einem geheimnisvollen Ton und wies mit den Augen auf Wislicenus.

«Was nicht vergessen? Ach ja, Sie wollten mit ihm sprechen. Aber ich habe Sie doch mit Absicht neben ihn gesetzt», log Kangarow.

«Ich würde gerne unter vier Augen mit ihm sprechen ... Zwei sind ein Paar, drei sind einer zu viel», sagte Mayer und lächelte breit.

---

* im Original deutsch

«Gehen Sie in den Korridor», schlug der Botschafter ärgerlich vor. Die Angelegenheit, aus der ihm gegenüber ein Geheimnis gemacht wurde, ging ihm auf die Nerven. «Ich glaube, er spricht Deutsch, die Bediensteten werden nichts mitbekommen ... Oder noch einfacher, gehen Sie in dieses kleine Separee, da kann Sie keiner belauschen», fügte er hinzu und deutete auf die Portiere. Mayer nickte. – «Ich sage es ihm gleich.»

Während Wislicenus mit mürrischer Miene Mayer in den Raum hinter der Portiere folgte, setzte sich Kangarow neben die Gräfin; nachdem er sich ein wenig mit ihr unterhalten hatte, zog er sie in das Gespräch der Männer über die spanischen Ereignisse und kehrte dann zu Nadeschda Iwanowna zurück. «Jetzt muss ich bloß den hier noch loswerden», dachte er und wandte sich Tamarin zu:

«Diese Herrschaften sind begierig darauf, Ihre Meinung über den Fall von Badajoz zu hören, Kommandeur Iwanowitsch. Mir ist sie bekannt. Vielleicht erläutern Sie sie ihnen?»

«Machen Sie dem Sowjetland keine Schande, Konstantin Alexandrowitsch», sagte Nadja, selbst überrascht von ihrer Ungeniertheit.

«Ja, in der Tat, repräsentieren Sie unsere strategische Schule. Sie sind ja der beste Kenner. Setzen Sie sich ins rechte Licht, brillieren Sie!»

«Was für eine Strategie kann es in diesem Krieg schon geben?», entgegnete Tamarin, der zugleich geschmeichelt und verlegen war. Er verstand es ganz allgemein nicht zu brillieren, und hier musste man auch noch auf Französisch brillieren. Dennoch setzte er sich gehorsam auf den Stuhl von Wislicenus und beteiligte sich an dem Gespräch, das ihn schon nach einer Minute gefangen nahm, obwohl der Armeekommandeur vollkommen überzeugt war, dass seine zivilen Zuhörer gänzlich inkompetent waren. Die Schrecken des Spanienkrieges riefen Tamarins Bedauern hervor – «aber welcher Krieg ist ohne Schrecken?» –, und dennoch versetzte ihn dieser Krieg in freudige Erregung. Er verfolgte ihn anhand der Zeitungsmeldungen, so wie ein Schachspieler, der an einem internationalen Turnier nicht teilnehmen kann, darauf achtet, ob seine eigenen Ideen von anderen umgesetzt werden.

«Ich habe sie mit Badajoz geködert, jetzt haben wir ein halbes Stündchen Zeit für uns!», sagte Kangarow leise und beugte sich zu Nadeschda Iwanowna. Aus irgendeinem Grund hatte er große Hoffnungen in diesen Abend gesetzt. Mit Entsetzen und Entzücken spürte er, dass er die Fassung zu verlieren drohte. «Egal! Alles andere ist mir egal! Jetzt oder nie! ...» – «Ich hoffe, Badajoz interessiert dich nicht besonders?»

«Nein, nicht besonders. Und Sie?»

«Mich interessierst nur du, und das weißt du ganz genau, du schlimmes Mädchen», sagte er, ohne seine Worte mit dem üblichen süßen Lächeln zu mildern. Sie öffnete naiv-erstaunt den Mund. «Diese Lippen, ich verliere den Verstand! ...» Der Ohnmacht nahe, brachte er sein Gesicht ganz nah an das ihre.

«Willst du noch etwas Bénédictine, Kindchen? Das ist mein Lieblingslikör.»

«Ich will.»

«Trink ... Aber doch nicht so, Dummerchen. Komm, ich trinke mit dir ... Und dann sag ich dir etwas ...»

«Nichts werden Sie sagen, das gehört sich nicht ... Warum schenken Sie sich in mein Glas ein? Sie haben Ihr eigenes!»

«Ich kenne alle deine Gedanken. Willst du meine wissen?», sagte Kangarow fast flüsternd. Vermandois warf von Weitem seinen professionellen Blick auf sie. «Ist sie schon seine Geliebte, oder wird sie es demnächst?», fragte er sich neidisch. «Er sieht sie an wie Fragonards Amor, der einer Schönen das Hemdchen abstreift ...»

Wislicenus schwieg tatsächlich während des gesamten Diners trotz aller Versuche der Gräfin, ihn ins Gespräch zu ziehen. Seine Stimmung hatte sich gleich in dem Moment verdüstert, als er das Restaurant betrat. Schon von der Tür des Salons aus sah er Nadeschda Iwanowna und war selbst erschrocken, so sehr freute er sich. «Wie hübsch sie geworden ist! ...» Er winkte ihr zu, begrüßte den Gastgeber, und kaum dass er den Gästen (die bei seinem Anblick ihr Erstaunen zu verbergen suchten) einen seiner Namen – den erstbesten, der ihm einfiel – genannt hatte, trat er zu Nadja. Es schien ihm jedoch, als freue sie sich gar nicht, ihn zu sehen, was nicht stimmte: Im Gegenteil, in ihrer anfänglichen Verwirrung war Nadeschda Iwanowna über jedes vertraute Gesicht froh; aus ihrer Ratlosigkeit heraus täuschte sie mondäne Gelassenheit vor.

«Ich freue mich sehr, Sie zu sehen!», sagte Wislicenus und drückte ihr fest die Hand.

«Ich freue mich auch», antwortete sie kühl und dachte bei sich: «Er ist alt geworden! Ein alter Mann. Oder ist er krank?» – «Sind Sie schon lange hier?»

«Ich? Nein, noch nicht sehr lange ... Erst kurz», sagte Wislicenus stockend.

«Und bleiben Sie länger in Paris?»

«Ja ... Sie sehen aus wie das blühende Leben», sagte Wislicenus und war überrascht von der Abgeschmacktheit seiner Worte. «Sicher bleiben Sie länger in Paris?», fragte er dasselbe wie sie. «Wie *geht es* so?»

«Danke der Nachfrage», antwortete Nadeschda Iwanowna ebenso salopp. Tamarin gesellte sich zu ihnen, auch er suchte in dieser bunten, ungewohnten Umgebung die Nähe der Russen. Er begrüßte Wislicenus freundlich und begann, sich halblaut, nicht sehr lebhaft, mit ihm auf Russisch zu unterhalten; Nadja gab hin und wieder unpassend profane Kommentare ab. Dann

267

erschien der alte französische Schriftsteller, und alle setzten sich zu Tisch. Wislicenus zögerte einen Moment, die Plätze neben Nadeschda Iwanowna waren schon besetzt.

Er setzte sich auf den erstbesten freien Stuhl, neben die Gräfin de Bellancombre. Aufgrund des verblichenen Jacketts und des Aussehens ihres Tischnachbarn vermutete die Gräfin, dass er hier der Linkeste war – «ein bolschewistischer Fanatiker!». Sie hatte schon viele Bolschewiki gesehen, war aber noch nie einem Fanatiker begegnet, deshalb gab sie sich besonders liebenswürdig. Kangarow, der zunächst einen besorgten Blick auf sie geworfen hatte, beruhigte sich bald. «Stimmt, mit Frack und Smoking kann man sie nicht verblüffen. Vielleicht besitzen dieses Jackett, der schlaffe Kragen und die gelben Stiefel sogar einen gewissen Charme für sie.»

Während des Mahls aß Wislicenus wenig und trank viel, alles, was der Kellner einschenkte: Sherry, Rheinwein, Rotwein, Champagner, Liköre. In seiner Jugend hatte es Phasen gegeben, da hatte er Alkohol in großen Mengen getrunken, später hörte er ganz damit auf. In Moskau hatte er irgendwann erneut zu trinken begonnen, wieder aufgehört und in den letzten Jahren überhaupt nicht mehr getrunken. Wein vertrug er immer noch gut; Wislicenus wurde nicht betrunken oder lustig, er wurde nur noch blasser, und sein Herz begann, schneller zu schlagen. Er antwortete der Gräfin einsilbig und beinahe schroff und murmelte etwas Unverständliches als Antwort auf die Ausführungen seines Tischnachbarn zur Rechten, der auf Deutsch über den unvermeidlich bevorstehenden Sturz Hitlers sprach.

Schon von dem Moment an, da der Sherry ausgeschenkt worden war, bestand für Gäste, die nicht am Gespräch teilnehmen wollten, auch keine Notwendigkeit mehr, dies zu tun. Vermandois riss das Gespräch an sich und sprach fast ohne Unterbrechung, sodass der Armeekommandeur mit Genugtuung feststellte: «Nun, der lässt sich die Initiative nicht aus der Hand nehmen.» – «Was habe ich denn erwartet? Dass sie sich mir an den Hals wirft? Natürlich bin ich ihr fremd, und ich müsste schon völlig die Selbstbeherrschung verlieren, um von irgendwelchen Dummheiten zu träumen ... Kränkt mich das? Ach, das Leben der meisten Menschen besteht aus Kränkungen, Demütigungen und Beleidigungen. Bei den einen mehr, bei den anderen weniger ...» Wislicenus versuchte, nicht auf Nadeschda Iwanowna zu schauen – und sah sie die ganze Zeit: Ihm gegenüber hing ein Spiegel an der Wand. «Ja, es ist Zeit, mit den Dummheiten aufzuhören, wenn man mit einem Bein im Grab steht, und Gott sei Dank, dass man noch steht ...» Manchmal zwang er sich, Vermandois zuzuhören, was ihn noch mehr verstimmte, wahrscheinlich deshalb, weil er in dessen Gedanken eine gewisse Ähnlichkeit zu seinen eigenen entdeckte.

«Nicht das, *was* er sagt, ist platt, sondern die Art, *wie* er es sagt», dachte Wislicenus und warf Vermandois hin und wieder verstohlen einen finsteren Blick zu. «Allein sein kokettes Lächeln! Er, ein großer, genialer Schriftsteller, liebt das Kino! Er geht ins Kino wie ein Normalsterblicher! Aber natürlich dann doch nicht wie ein Normalsterblicher ... Das Ende der Welt, das Ende der Zivilisation – warum sollte man nicht auch darüber sprechen? Er hätte genauso gut das Gegenteil behaupten können, nämlich dass die Welt niemals untergehen wird und dass die Zivilisation einen nie da gewesen Aufschwung erlebt. Das beste Argument für das Ende der Zivilisation ist er selbst. Und die ernsthaftesten seiner Gedanken stocken, indem er sie ausspricht, so wie Blut außerhalb des menschlichen Körpers gerinnt ... Diese Salonschwätzer urteilen über die Inquisitoren in der festen Überzeugung ihrer moralischen Überlegenheit. Doch die ersten, die *wahren* Inquisitoren wurden in den Schmutz gezogen – so wie die ersten wahren Bolschewiki in den Schmutz gezogen wurden. Im Gegensatz zu dem, was man über sie denkt, glaubten sie zweifellos an das, was sie sagten und taten. Auch wir haben uns nicht sofort in eine atheistische Inquisition verwandelt. Die wahren Bösewichte vergießen Blut zu ihrem eigenen Vorteil, aus Gewohnheit, aus Gleichgültigkeit ...» Wislicenus erinnerte sich mit Häme daran, was er vor dem Diner in der Abendzeitung über das Weltgeschehen gelesen hatte. «Sie haben weniger Blut, aber sicher mehr Dreck am Stecken als wir. Und auch nicht weniger Blut: Bei ihnen gibt es keine Tscheka[109], aber der Krieg, den sie gerade vorbereiten, wird nicht zehn Millionen Menschenleben kosten wie der letzte, sondern zwanzig oder dreißig. Der Blut*saldo* wird womöglich zu unseren Gunsten ausfallen, auch wenn wir Millionen von Bauern haben verhungern lassen, teils absichtlich, teils aus Dummheit, Unvermögen und Ungeschick», dachte er aus seinem Hang zu Bilanzen und Definitionen heraus. «Aber selbst wenn dieser gelehrte Schwätzer recht hat, wenn die Zivilisation untergeht, ist das dann für solche wie mich, die schon bald, sehr bald in die Kiste steigen werden, nicht völlig egal?» Wislicenus wunderte sich plötzlich über diesen Ausdruck, als hörte er ihn zum ersten Mal. *«In die Kiste steigen»* ... «Ein schamloser, zynischer, trefflicher Ausdruck, eine der schönsten Errungenschaften unserer Sprache ...»

Zweimal wurde er über den Tisch hinweg von Tamarin etwas gefragt, einmal auch von Nadja: «Wie geht es Ihnen denn?» – «Sie hat anscheinend meinen Vor- und Vatersnamen vergessen», dachte er und wollte antworten: «Geht so, werde wohl bald in die Kiste steigen», sagte aber: «Geht so, danke, und Ihnen?» Aber sie sprach bereits mit dem französischen Alten. Dann, gegen Ende des Diners, setzte sich Kangarow zu ihr, was Wislicenus aus irgendeinem Grund als äußerst unangenehm empfand. Er wandte sich ab, seine Miene verfinsterte sich, und er trank immer mehr. «Dummheiten, natürlich ... Wie viele grobe Naturen neigt er zu platonischen Schwärmereien. Ekelhaft, dieser Geruch nach Essen, Wein und Zigarettenqualm ... Alles ist ekelhaft! ...» Plötzlich wurde ihm schwindlig, er spürte wieder, wie sich von oben ein Pfahl in seine Brust bohrte, sein Arm tat weh, und sein Herz hämmerte so schrecklich wie noch nie. «Wenn ich jetzt hier in die Kiste steige, bekommt dieser Schuft große Unannehmlichkeiten», dachte er. «Dafür wird sich jemand anderes sehr freuen ...»

Und wieder, wie damals in dem Café, aber auf andere Weise, durchzuckte ihn der Gedanke an die in Moskau erschossenen Männer, seine alten Genossen, die jetzt in einem namenlosen Grab verwesten. «Ich habe kaum einen von ihnen geliebt. Aber was für Menschen sie auch immer waren, sie hatten ihr ganzes Leben der revolutionären Idee geopfert – und sind nun in Schimpf und Schande gestorben, mit Dreck beworfen.» Vor dem Krieg hatte es einen Revolutionär gegeben, der zwanzig Jahre in der Festung Schlüsselburg[110] eingekerkert war und anschließend, nachdem er freikam, in die Dienste der Ochrana[111] trat. Sie hatten ihr Leben fast ebenso vernünftig eingerichtet. In der Atmosphäre dieses teuren Restaurants, an einem mit Flaschen vollgestellten Tisch war der plötzliche Gedanke an die im Kerker gestorbenen Menschen besonders unsinnig und schrecklich. Sein Herz raste immer schneller. Wislicenus schaute in den Spiegel und erblickte über der Glatze des Bankiers sein eigenes Gesicht. Ja, mehr tot als lebendig ... Plötzlich tauchte im Spiegel eine *Kiste* auf – nein, kein Sarg, eine Kiste, und sie sah eigenartig aus, klobig, grob gezimmert, gelblich, wie für Geschirr, mit Stroh darin. Unbegreifliches Entsetzen packte ihn. «Ich glaube, ich fange wirklich an, den Verstand zu verlieren. Die zweite Halluzination an einem Tag! ...»

«Genosse Dakocchi, dieser ehrenwerte Teutone würde Sie gern unter vier Augen sprechen», sagte eine unangenehme

Stimme hinter ihm. «Was ist mit Ihnen? Fühlen Sie sich unwohl?»

«Nein, es ist nichts, ich habe ein bisschen mehr getrunken, als ich sollte. Gut, ich kann mit ihm sprechen. Aber wo?»

«Wenn Sie wollen, gehen Sie mit ihm dort hinein. Da wird Sie niemand stören. Das kleine Separee mit dem Sofa hat den Großherzögen und ihren Damen sicher nicht zu politischen Unterredungen gedient. Damals die Herzöge, Genosse Wislicenus, heute wir, Sie und ich ... Am besten Sie gehen da hinein. Wenn es nicht zu lange dauert, wird es auch niemand bemerken.»

Während Kangarow mit Mayer und Wislicenus sprach, wurde Nadja sehr liebenswürdig vom Grafen de Bellancombre unterhalten. Aber im Unterschied zu den anderen alten Männern empfand er offensichtlich weder Erregung noch Freude über ihre Nähe – Nadja hatte das, wie immer, sofort gespürt und ärgerte sich ein wenig. «Vielleicht existieren für ihn nur Gräfinnen und Fürstinnen? Dann soll er sich mit seiner Madame amüsieren!...» Übrigens amüsierte sich der Graf nicht allzu sehr mit seiner Madame: Er sah sie fast nie an, und wenn er sie ansah, war sein Blick nicht besonders zärtlich. Der Graf aß sehr wenig, trank nur Mineralwasser und hörte dem, worüber bei Tisch gesprochen wurde, überhaupt nicht zu. «Er ist sicher unzufrieden, weil er in schlechte Gesellschaft geraten ist», dachte Nadja und gestand sich zu ihrem eigenen Verdruss, dass, ungeachtet ihrer Überzeugungen, der Grafentitel des Alten – nun, nicht Respekt, aber doch eine Art gesteigertes Interesse bei ihr hervorrief.

Sie irrte sich. Der Graf fühlte sich unter den Gästen des Diners, einschließlich seiner Frau, tatsächlich in schlechter Gesellschaft, aber das war ihm völlig gleichgültig, weil er sich fast immer in schlechter Gesellschaft befand: in den verschiedenen Gremien, wo er im Vorstand saß oder in denen er Mitglied war, in den Klubs, wo er mit Bankiers, Industriellen sowie vermeintlichen und wirklichen Aristokraten Bridge spielte, alles Männer, die sein Großvater nur wenig sympathischer gefunden hätte als Bolschewiken und Sozialisten. Die Gespräche bei Tisch interessierten den Grafen nicht; er musste sich ein- oder zweimal pro Woche im Salon seiner Frau dieselben oder nur wenig interessantere oder langweiligere Gespräche anhören. Vermandois, das wusste der Graf, konnte mühelos und gelehrt, mit Zitaten und Aphorismen brillierend, über alles Mögliche reden. Die Frauen interessierten den Grafen schon lange nur noch theoretisch, und selbst das nur in Maßen. Sein Verhältnis ihnen gegenüber war liebevoll-ironisch, verkompliziert durch angenehme Erinnerungen und den Verdruss über ihre Begriffsstutzigkeit beim Bridge (keine von ihnen war sich bewusst, dass sie keine Ahnung von dem Spiel hatte). Und da die Ärzte dem Grafen strikt verboten hatten, Alkohol zu trinken, ihm eine Diät verordnet und ihm eindringlich geraten hatten, abends nur wenig, wenn möglich nur Obst und Gemüse zu essen, langweilte er sich bei allen Diners, ob nun mit Bolschewiken oder mit Herzögen.

Ihn beschäftigte vor allem eine Frage: Wann würde das Diner zu Ende sein? Wenn die Gäste um elf Uhr auseinandergingen, hätte er noch in den Klub fahren und ein paar Robber spielen können. Der Graf galt als einer der besten Bridgespieler Frankreichs, ein *impasse* war nach ihm benannt, und den Klubs war es eine besondere Ehre und Freude, wenn sie ihn für eine Partie gewinnen konnten, was er scherzhaft ihrem «Masochismus» zuschrieb: Wer mit ihm spielte, hatte bei einer zufälligen Paarung vielleicht eine Chance von zwanzig zu achtzig, wenn der Graf zusammen mit einem festen Partner spielte, war man gegen ihn gänzlich chancenlos. Er spielte immer sehr ruhig, ohne zu diskutieren (im Übrigen hätte es niemand gewagt, mit ihm zu diskutieren), ohne Tadel, ohne Kommentare, er spielte die schwierigsten Kombinationen, fast ohne nachzudenken, äußerst rasch und mit solcher Bravour, dass im Klub noch am nächsten Tag ehrfürchtig über sein Spiel gesprochen wurde.

Er spürte es, die Chancen, dass der Abend des sowjetischen Botschafters um elf Uhr zu Ende sein würde, standen schlecht. Die erste, nicht ganz ernst gemeinte zaghafte Wortmeldung, dass es an der Zeit sei aufzubrechen, würde noch auf sich warten lassen, sie würde vermutlich von Vermandois kommen: Um dem Gastgeber die gebührende Dankbarkeit für das Diner zu erweisen, waren nach dem genossenen Mahl anderthalb bis zwei Stunden reger Gespräche nötig. Der Graf wusste auch, dass dieser erste zaghafte Vorschlag aufzubrechen sofort entschlossen, beinahe wortlos zurückgewiesen werden würde, das Gesicht des Gastgebers würde nichts als Entsetzen, Kränkung und Verzweiflung ausdrücken. Etwa zwanzig Minuten später könnte ein zweiter Versuch unternommen werden, auf den der Gastgeber mit weniger entschlossenem Protest reagieren würde, und nach weiteren zehn Minuten würden sich die Gäste wirklich verabschieden und aufbrechen. Aber zu diesem Zeitpunkt, nach Mitternacht, wird seine Frau natürlich verlangen, dass er mit ihr nach Hause fährt. Daher war an diesem Abend nicht mit einer Bridgepartie zu rechnen. Der Graf aß seinen Salat, trank sein Vichy, richtete ab und zu ein paar Worte an seine Tischnachbarn, tat manchmal so, ohne besonders überzeugend zu wirken, als verfolge er aufmerksam ein kluges Gespräch, und dachte, wenn die verdammte Einladung und wenn seine Frau nicht gewesen wären, könnte er jetzt im Klub am Tisch frohgemut die Karten austeilen oder unter der konzentrierten Aufmerksamkeit aller Anwesenden eine schwierige Partie spielen – die Leute versammelten sich für gewöhnlich hinter seinem Stuhl und sahen seinem Spiel zu; er nahm das als selbstverständlich hin und ärgerte sich auch dann nicht, wenn Personen auftauchten, die ihm bekanntermaßen

Unglück brachten. «Wie kommt es nur, dass die Menschen nicht den Mut aufbringen, anstatt einem so albernen und geheuchelten Vergnügen sich den wahren, ehrlichen und unverfälschten Freuden hinzugeben?»

Als sein Blick den von Tamarin traf, der sich nach seinem Bett und Clausewitz sehnte, erkannte der Graf instinktiv einen Verbündeten in ihm und lächelte: Er wusste, dass es bei allen festlichen Diners stets eine Regierungspartei und eine Oppositionspartei gab; während erstere mit allem sehr zufrieden war, übte sich letztere darin, das Diner und die Gastgeber, nicht ohne Ironie, zu tadeln oder (je nach Temperament) gar zu verwünschen. Er hatte das Gefühl, dass die Opposition hier aus ihm selbst, dem alten General und dem seltsamen Mann bestand, der neben seiner Gemahlin saß.

Er sah auch, dass der seltsame Mann die Gräfin interessierte. «Der wird sicher bald in unserem Salon auftauchen.» Der Graf seufzte und fragte seinen Tischnachbarn zur Linken leise, wer dieser Mann sei. Als er erfuhr, dass es sich um einen bekannten Revolutionär, Mitglied der Kommunistischen Internationale, handelte, der sich gegenwärtig Wislicenus nannte, nickte der Graf zustimmend und zog die Augenbrauen leicht nach oben, um anzudeuten, dass er es vernommen, verstanden und gewürdigt hatte. Es war nun klar, dass der Mann in dem verblichenen Jackett auf jeden Fall Ehrengast in ihrem Haus sein würde. «Wofür braucht sie das nur? Als sie sich um Lord Balfour[112] bemühte, habe ich das noch verstanden ... Aber inzwischen sind doch schon alle bei uns gewesen.» Er dachte noch träge daran, dass er sich bei jemandem hätte erkundigen sollen, wer sein Tischnachbar zur Linken war. «Aber eigentlich ist das völlig egal ...»

Wislicenus überwand den starken Schmerz (der sich jetzt zum Schulterblatt verlagert hatte) und hörte dem Deutschen verdrossen zu. Er hatte eine grundsätzliche Abneigung gegenüber Liberalen, Radikalen und gemäßigten Sozialisten. Die deutschen Demokraten waren ihm besonders unsympathisch, weil sie Hitler die Macht überlassen hatten, ohne dass ein einziger Schuss gefallen war, ohne dass sie den geringsten Versuch unternommen hatten, Widerstand zu leisten, und auch deshalb, weil sie früher auf jede erdenkliche Art und Weise mit den Bolschewiki kokettiert und sie mit Liebenswürdigkeiten überschüttet hatten (auch wenn sie gelegentlich Vorbehalte gegen «Exzesse» äußerten). Progressive Juristen, die sich mit der russischen Seele genauso gut auskannten wie mit machiavellistischer Außenpolitik; demokratische Bankiers, die gegen Junker und Gutsherren wetterten und fürstliche Diners ausrichteten, bei denen hinter jedem Stuhl ein Bediensteter in Kniehosen und Seidenstrümpfen stand; liberale Schriftsteller, die Lenin für zu gemäßigt hielten; von Geschäftemachern aufgekaufte Zeitungen, die sich tagtäglich prostituierten und in einem höheren Sinn verlangten, dass Russland sein großes soziales Experiment unter allen Umständen zu Ende führen müsse – alles das verursachte ihm ein Gefühl, das an Abscheu grenzte. All diese Menschen glaubten an die Freiheit, solange sie ihnen eine angemessene gesellschaftliche Stellung garantierte. Vielleicht hatten sie ihre eigene Klasse auch gar nicht verraten – ihr Programm war, was Deutschland betraf, durchaus gemäßigt und bürgerlich: Das Ausufernde ihrer Wesensart machte sich nur in Bezug auf Russland bemerkbar. Und dennoch waren es typische Verräter: Sie verrieten jene, wenn auch miserable Idee, der sie angehangen hatten – die Idee des Liberalismus des 19. Jahrhunderts. Natürlich konnte und musste man ihre Dienste in Anspruch nehmen, solange sie die herrschende Klasse stellten; doch seit Hitlers Machtübernahme ertappte sich Wislicenus dabei, diesen Männern gegenüber Schadenfreude zu empfinden.

Dr. Mayer war seiner Meinung nach einer ihrer charakteristischen Vertreter. In den Tagen, da Mayer noch großes gesellschaftliches und politisches Ansehen genoss, war Wislicenus zwei oder drei Mal bei ihm gewesen. Mayer, der Minister gewesen war (aus dieser sagenhaften Zeit fiel auch jetzt noch ein heller Schein auf sein Leben), hatte damals «halb Berlin» bei sich empfangen. In der Folge gaben sich dieselben Leute, die es bis vor Kurzem noch als große Ehre und Anerkennung empfunden hatten, von Siegfried Mayer eingeladen zu werden, den Anschein, ihn nicht mehr zu kennen, wenn sie ihm auf der Straße begegneten. Er floh in die Tschechoslowakei, zog weiter in die Schweiz und dann nach Frankreich und litt, wie man sich erzählte, in allen drei Ländern Not. Am erstaunlichsten, fand Wislicenus, war die Tatsache, dass dieser Mann es nicht fertiggebracht hatte, sein Geld ins Ausland zu schaffen.

Mayer begann damit, dass er wieder einmal das große Experiment lobte (von «Exzessen» war keine Rede mehr) und die Meinung äußerte, die demokratische Welt müsse sich auf die UdSSR stützen – es wäre töricht, im Kampf gegen den gemeinsamen Feind auf einen so mächtigen Verbündeten zu verzichten. Er ließ wissen, dass er sich glücklich schätzen würde, nach Moskau zu fahren.

«Was will er? Warum spuckt er es nicht aus?», fragte sich Wislicenus missgestimmt. Im Übrigen war er sich fast sicher, dass sein Gesprächspartner Geld wollte, aber er wusste nicht, wie viel, wofür und in welcher Form. «Hat er ein Buch geschrieben und will es an ‹Gosisdat›[113] verkaufen? (Das war die verbreitetste Form von Bestechung.) Aber eigentlich schreibt er keine Bücher …» Nachdem er ein paar Minuten lang über allgemeine Themen gesprochen hatte, sagte Mayer, er sei im Besitz wichtiger Dokumente, die für die sowjetische Regierung oder die Kommunistische Internationale von größtem Interesse sein könnten –

«oder für beide Institutionen», fügte er mit einem wissenden Lächeln hinzu. «Das ist es also», dachte Wislicenus. Auch das war für ihn nichts Außergewöhnliches. Solche Ankäufe waren früher zum Teil in seine Zuständigkeit gefallen, und alle, die sich dafür interessierten, wussten davon. Nachdem er ihn kurz über den Inhalt der Dokumente informiert hatte, erklärte Mayer, dass sie sich im Besitz einer dritten Person befänden, die bereit sei, sie ihm unter bestimmten Bedingungen zu *überlassen*. Wislicenus nickte ungeduldig: Sowohl das Wort «überlassen» als auch die «dritte Person» waren in solchen Fällen fast obligatorisch.

Er fand den Vorschlag interessant: Es ging um Dokumente, die für die deutsche Regierung sehr unangenehm waren. Er antwortete, wie er es bei solchen Vorschlägen immer tat: Warum nicht, man könnte die Papiere ankaufen, aber er müsse einen Blick auf die Dokumente werfen, er könne die Katze ja nicht im Sack kaufen – er kannte keinen fremdsprachigen Ausdruck, der dieser russischen Redewendung entsprochen hätte, und übersetzte sie gewöhnlich wortwörtlich, und alle Verkäufer verstanden ihn auf Anhieb, auch wenn einige eine beleidigte Miene aufsetzten. Auch das Gesicht von Dr. Siegfried Mayer nahm einen leicht pikierten Ausdruck an.

«Für die Echtheit der Dokumente und das außerordentliche Interesse, das sie darstellen, bürge ich persönlich», sagte er, wobei er das letzte Wort betonte, und hielt einen kurzen Moment inne. In seinem Gesicht spiegelte sich eine verborgene Scheu: die Scheu eines Mannes, der gesellschaftlich tief gefallen war und jeden Augenblick mit Beleidigungen rechnete. Traurig fiel ihm ein, dass er nur noch Geld für drei Monate besaß. Wislicenus sagte nichts und bekundete in Bezug auf die erwähnte Garantie weder Vertrauen noch Misstrauen. «Ich weiß nicht, ob mein Bekannter bereit ist, Ihnen die Dokumente zu zeigen, ohne sicher zu sein, dass sie gekauft werden …»

«Wenn er dazu nicht bereit ist, lassen wir es», erwiderte Wislicenus achselzuckend, ganz nach Kaufmannsart. «Die Dokumente sind nicht allzu wichtig: Sie haben keinen aktuellen Bezug und sind eher von historischer Bedeutung.»

«Die Methoden dieser Herrschaften haben sich nicht geändert, und hier geht es um die Aussagen eines Augenzeugen, der an den Ereignissen beteiligt war ...»

Er nannte einige Details, und Wislicenus überzeugte sich überrascht, dass die «dritte Person» tatsächlich existierte. Mayer rechnete offenbar nur mit einer Provision für die Vermittlung des Verkaufs. Daran gab es nichts auszusetzen, er war ein Mann, den man um sein Eigentum gebracht hatte und der hilfebedürftig war. Offenbar gab es keinen Grund, an der Echtheit der Dokumente zu zweifeln (eindeutig gefälschte Dokumente wurden nur selten, in Ausnahmefällen und zu einem niedrigen Preis angekauft). Nach kurzer Verhandlung wurde beschlossen, sich erneut zu treffen, dann würde auch die dritte Person hinzukommen.

«Meinerseits stelle ich nur die Bedingung, dass die Dokumente, sobald sie erworben sind, sofort veröffentlicht werden. Das verlangen die Interessen der weltweiten Demokratie!», sagte Dr. Mayer energisch und wurde rot: An dem Gesichtsausdruck von Wislicenus erkannte er, dass er nicht in der Position war, *Forderungen* zu stellen, und dass es ihm nicht anstand, die weltweite Demokratie zu verteidigen. Sie tauschten ihre Telefonnummern aus und kehrten beide mit einem unguten Gefühl in den Salon zurück.

Nadeschda Iwanowna ging unbemerkt in den Vorraum, holte vor dem Spiegel die Emaille-Dose aus ihrer Handtasche und bewunderte sie wieder; sie puderte sich Nase, Stirn und das Grübchen am Kinn, atmete genüsslich den noch ungewohnten

Geruch des neuen, teuren Puders ein, richtete etwas an ihren Haaren und fuhr sich etwas unsicher mit einem neuen Utensil über die Augenbrauen, mit einem anderen über die Lippen. Sie sah, dass es nichts ernsthaft zu richten gab, alles war in Ordnung. Ihr schwirrte der Kopf, sie war beschwingt, so beschwingt wie schon lange nicht mehr. «Was, um Himmels willen, ist denn Großartiges passiert? Gut, ein erstklassiges Essen, Wein, Liköre. Doch nicht etwa ihre Erfolge bei den alten Herren, oder? Der Ambassadeur hat heute fast ein bisschen zu viel Erfolg ... Warum haben sie die Spiegel so eigenartig aufgehängt, einen hier und einen im Salon? Man kann von hier aus sehen, was im Salon vor sich geht, sogar in dem kleinen Zimmer ... Bei Orgien ist das schlecht ...» Aus irgendeinem Grund erinnerte sie sich an den gut aussehenden jungen Mann, der im Café am Nachbartisch gesessen hatte. «War das wirklich ein Weißgardist? Schade ...»

Im Spiegel tauchte die Gestalt von Kangarow auf, der das Vorzimmer betrat. Er sah irgendwie eigenartig aus, verwegen, übermütig-spitzbübisch, als pirsche er sich an. Nadeschda Iwanowna tat zunächst so, als würde sie ihn nicht bemerken, und dann, als wäre sie – sie *seufzte leise* – unzufrieden.

«Ach, auch Sie hier», *stieß sie hervor*, so wie in bestimmten Romanen stolze, unnahbare Schönheiten verächtliche Bemerkungen «zwischen den Zähnen hervorstoßen». Und da sie in diesem Augenblick das neue Utensil über ihre Lippen zog, klang ihre Stimme sonderbar unnatürlich.

«Auch Sie hier», äffte sie Kangarow nach und beugte sich zu ihr herunter. Er roch stark nach Wein, aber das war Nadeschda Iwanowna nicht unangenehm, ebenso wenig wie seine Nähe oder der Ausdruck in seinen Augen. «Hier kann man uns nicht sehen, und selbst wenn – es ist mir egal!», dachte er, während er immer mehr in übermütig-spitzbübische Stimmung geriet. «Wenn schon Skandal, dann richtig! ...»

«Sie lassen Ihre Gäste im Stich? Sie sind mir ein schöner Gastgeber», sagte Nadja und verbarg die Emaille-Dose in ihrer Handtasche.

«Ja, ich lasse sie im Stich. Bist du zufrieden, Kindchen? Amüsierst du dich?», fragte er leise, und sein Ton schwankte plötzlich zwischen übermütig und väterlich.

«Ja, sehr sogar. Ehrlich! Ich bin Ihnen schrecklich dankbar, dass Sie mich eingeladen haben ...»

«Wenn du mir dankbar bist, dann zeig es mir auch», flüsterte er und küsste sie im Nacken, am Haaransatz. Sie *seufzte* erneut leise, diesmal ungekünstelt. «Oho! ...» So etwas hatte es zwischen ihnen noch nicht gegeben. Sie hätte empört sein sollen, aber es gelang ihr nicht. «Er ist schon ziemlich unverschämt!», sagte sie im Stillen und wollte gerade etwas nicht im Stillen sagen, aber da hatte Kangarow den Vorraum bereits verlassen. Aufgeregt und glücklich glitt er – er glitt tatsächlich, wie auf Schlittschuhen – zurück zu seinen Gästen. Im selben Augenblick begegnete Nadeschda Iwanowna im Spiegel dem Blick von Wislicenus, der soeben aus dem Separee in den Salon trat. Es schien ihr, er sei *an der Tür wie angewurzelt stehen geblieben*. «Hat er es etwa gesehen?»

Wislicenus hatte den Kuss nicht gesehen und blieb nicht wie angewurzelt an der Tür stehen. Aber er sah Kangarow aus dem Vorraum kommen, wo er mit Nadja allein gewesen war, er konnte erkennen, dass beide verlegen waren und einen eigenartigen Gesichtsausdruck hatten. Das Gefühl des Abscheus, das Wislicenus während des gesamten Diners empfunden hatte und das sich durch das Gespräch mit dem Deutschen noch verstärkt hatte, wurde unüberwindlich. Er setzte sich für ein paar Minuten zu Tamarin und unterhielt sich notdürftig mit ihm – in dieser Gesellschaft war der Armeekommandeur der Einzige, der ihm keinen Abscheu und keinen Groll einflößte –, dann begab er sich, ohne sich zu verabschieden, in den Korridor und gab dem Jungen, der von seinem Stuhl aufgesprungen war, seine Marke. Im Korridor erschien Kangarow, der ihm gefolgt war.

«Was denn, mein Lieber, Sie wollen uns *à l'anglaise*[114] verlassen?», sagte der Botschafter mit gespielter Entrüstung. «Warum denn so früh? Nein, ich lasse Sie nicht gehen.»

«Entschuldigen Sie, ich bin sehr müde.»

«Aber es ist doch noch furchtbar früh! Ich hoffe, Sie hatten Gelegenheit, mit Mayer zu sprechen?»

«Ja, hatte ich.»

«Ich bin sehr froh, dass mein unglückseliges Diner wenigstens zu etwas nütze war», sagte Kangarow und wiegte lächelnd den Kopf, was bedeutete: «Ach, man hat es schwer! Sie sehen ja selbst, mit was für unangenehmen Dingen ich mich beschäftigen muss ...» Er ließ eine halbe Minute verstreichen, als erwarte er, dass Wislicenus sagte: «Nicht doch, was sagen Sie da! Der Abend war wunderbar!» Aber Wislicenus sagte nichts, nahm den zerknitterten grauen Hut mit dem ausgeblichenen Band, den der Junge ihm verwirrt reichte, und gab einen Franc Trinkgeld. «Der kompromittiert einen nur!», dachte Kangarow und sagte mit großem Bedauern in der Stimme:

«Sie wollen wirklich gehen? Sie müssen zur Metro? Sie wissen, gleich links, es ist ein Katzensprung. Haben Sie es weit?»

«Weit.»

«Es ist noch früh, bis zum letzten Zug ist noch jede Menge Zeit, auch wenn Sie zweimal umsteigen müssen. Vielleicht bleiben Sie doch noch ein Weilchen? Und auch Nadja haben Sie doch seit einer Ewigkeit nicht mehr gesehen. Wirklich, Komintern Iwanowitsch, bleiben Sie noch ein Weilchen, Ihnen war doch nicht langweilig, oder?», sagte Kangarow halb fragend. Er war so beschwingt, dass er sich in der Tat beinahe gefreut hätte, wenn dieser unangenehme Gast noch hätte bleiben wollen.

Die Wut, die Wislicenus mühsam unterdrückt hatte, brach plötzlich aus ihm heraus.

«Es war nicht langweilig, es war widerwärtig, mehr als widerwärtig», sagte er und ging zur Tür, wobei er im Gehen ein «Auf Wiedersehen» fallen ließ. Kangarow war verdutzt. «Was war das? Ist er übergeschnappt?», fragte sich der Botschafter und war zunächst hauptsächlich erstaunt. Er wollte Wislicenus sogar etwas nachrufen, aber die Tür hatte sich bereits hinter ihm geschlossen. Es dauerte eine Minute, bevor die Verwunderung des Botschafters in Empörung umschlug. «So ein Rüpel und Schuft.»

«Wünschen Monsieur ebenfalls seine Sachen?», fragte lässig der Junge, der unzufrieden mit dem Trinkgeld war. Kangarow schaute ratlos zur Tür. Die fröhliche Stimmung war mit einem Mal wie weggeblasen. «Was für ein Grobian und Rüpel! Wie hat er das gemeint? Wie vom Hafer gestochen! Nein, das lass ich ihm so nicht durchgehen!», dachte er in Rage.

«Wünschen Monsieur seine Sachen?», wiederholte der Junge.

«Ich bin nicht Ihr Monsieur, sondern Seine Exzellenz!», unterbrach ihn Kangarow wütend, machte *auf dem Absatz kehrt* und ging zurück in den Salon. An der Portiere stand Nadja. «Und was, wenn dieser Herr in sie verliebt ist?! Nein, damit kommt dieser *Trotzkist* nicht durch, dem lege ich das Handwerk!», sagte er entschlossen zu sich selbst.

«Meine Herren, niemand trinkt etwas», sagte der Botschafter betrübt, er gab sich einen Ruck und verfiel mechanisch in seinen draufgängerisch-scherzhaften Gastgeberton. «So geht das nicht, meine Herren, das ist ein Skandal! Soll ich noch eine Flasche Cognac öffnen lassen, ja? Keine Einwände? Stattgegeben.»

«Wir haben dieses Erzeugnis aus der Zeit des großen Kaisers durchaus zu würdigen gewusst.»

«Oh, wie leichtgläubig ist der Mensch! Glauben Sie wirklich, dass es auf der Welt noch napoleonischen Cognac gibt? Die Menschheit hätte Verstand genug haben müssen, um ihn im Laufe eines Jahrhunderts auszutrinken.»

«Hören Sie das? Unser lieber Vermandois spricht von menschlichem Verstand!»

«Er glaubt weder an den Sozialismus noch an den Cognac.»

«Der Cognac ist beileibe nicht übel, aber die wahre Sensation war meiner Meinung nach ihr Sherry.»

«Nicht *war*, sondern ist. Ich trinke ihn jetzt anstelle von Likör.»

XXII

Die Gäste verabschiedeten sich etwas früher, als der Graf vorhergesehen hatte. Um Viertel vor elf sagte Vermandois unentschlossen: «Es ist spät geworden, meine Herren. Vielleicht sollten wir langsam aufbrechen, auch wenn es hier sehr angenehm ist ...» In Kangarows Gesicht stand geschrieben: «Nun, wenn Sie mich denn unglücklich machen wollen, dann brechen Sie auf» – aber irgendetwas an dieser Äußerung ließ beim Grafen die Hoffnung auf den Klub aufkeimen. «Nein, nein, lieber Maître, wir lassen Sie nicht gehen. Sie werden uns nicht des Vergnügens berauben wollen, Ihnen weiter zuzuhören», sagte Kangarow. Vermandois fügte sich widerspruchslos und dachte verärgert, dass er das Taxi nach Nachttarif würde bezahlen müssen. Die Gräfin fing ein letztes politisches Streitgespräch mit dem

Gastgeber an, dem nur halbherzig zugehört wurde: Es hatte an diesem Abend genug Diskussionen gegeben. «Ja, ja, Sie haben in vielerlei Hinsicht recht, ich würde sogar sagen, Sie haben in fast allem recht», sagte die Gräfin mild, «aber ich sehe nicht, dass in der URSS (sie sprach die Abbreviatur ein wenig demonstrativ französisch aus) wirkliche Pressefreiheit herrscht, wir sind doch Ihre Freunde, und es schmerzt uns, dass Sie sich bei manchen Dingen faschistischer Methoden bedienen ... Seien Sie mir nicht böse: Vielleicht schätze ich die Situation in Ihrem schönen Land nicht richtig ein, das muss ich einräumen ...» – «Sie sieht wie eine Spionin im Kino aus, die es bereut, dass sie sich in einen Agenten der feindlichen Abwehr verliebt hat», dachte Vermandois. «Könnte mich die alte Närrin nicht in ihrem Automobil mitnehmen? Aber das wird sie nicht machen.»

Eine halbe Stunde später unternahm der Graf den verzweifelten Versuch, es doch noch in den Klub zu schaffen: Das erste Ansuchen, von einem anderen Gast geäußert, erleichterte ihm seinen eigenen Versuch. Der Graf erhielt unerwartet Unterstützung von den anderen Gästen: «Ja, in der Tat, es ist spät geworden, brechen wir auf.» Kangarow diskutierte noch ein bisschen, machte dann dem Maître d'hôtel ein heimliches Zeichen und begab sich mit ihm in eine Ecke des Salons. Die Gäste begannen sofort, sich angeregt untereinander zu unterhalten. Der Botschafter nahm die Rechnung vom Tablett und entsetzte sich im Stillen – «Das sind Banditen!» – und bezahlte. Obwohl es fast immer staatliche Mittel waren, die er ausgab, machte er jedes Mal, wenn es ans Bezahlen ging, ein Gesicht, als gäbe er seine letzte Kopeke aus.

Anschließend wandte sich der Gastgeber mit einem netten Lächeln wieder seinen Gästen zu. «Sie wollen also wirklich aufbrechen? Warum denn so früh?» Genügend Beharrlichkeit vorausgesetzt, hätte man die Gäste noch zwanzig Minuten bei der

Stange halten können. Doch Kangarows Stimmung hatte sich durch den Vorfall mit Wislicenus eingetrübt. «Was heißt hier früh? Ich begebe mich normalerweise um elf zur Ruhe», ließ der Bankier wissen. «Ich liege immer schon um zehn mit einem Buch im Bett», ergänzte Cerisier. Seltsamerweise stellte sich heraus, dass jeder der omnipräsenten Weltmänner schon um zehn oder elf mit einem Buch im Bett lag. «Ein außergewöhnlich netter Abend. Auf Wiedersehen, wir hoffen, in Bälde», sagte die Gräfin bedeutungsvoll, ohne jedoch ihre Hoffnung näher zu erläutern; sie hatte vorläufig nicht die Absicht, Kangarow zum Essen einzuladen; außerdem stand Cerisier neben ihm, und den gedachte die Gräfin auf keinen Fall einzuladen. Der berühmte Anwalt drehte sich weg und sprach mit dem Bankier. «Sehr gern ... in Bälde», wiederholte Vermandois euphorisch, wenngleich unbestimmt; das verpflichtete zu nichts, und es war auch unklar, wer wen einlud. Er scherzte noch über irgendetwas, gab sich aber aufgrund der späten Stunde keine besondere Mühe zu brillieren. Er griff in seine Westentasche in der Hoffnung, drei Francs zu finden, und als er die nicht fand, gab er dem Hausdiener, der ihm den Mantel reichte, verdrießlich fünf. Auch unten lief alles so ab wie vorhergesehen. Der Bankier und der Graf sagten liebenswürdig, aber in sicherer Erwartung seiner Ablehnung in der Stimme: «Können wir Sie mitnehmen, lieber Maître?», und er antwortete ebenso liebenswürdig: «Aber nein, wir müssen ja in ganz unterschiedliche Richtungen.»

Im Taxi lehnte er sich im Sitz zurück, streckte die Beine aus und erlaubte sich, endlich hemmungslos und *zynisch* zu gähnen. «Gott sei Dank, geschafft! Jetzt ein Bad und ins Bett ...» Ausgestreckt verharrte er fast den ganzen Weg über in einem Zustand des halben Glücks, während er den des vollkommenen herbeisehnte. Ihm ging durch den Kopf, dass das Essen ausgezeichnet gewesen war, dass er nicht so viel Wein hätte trinken sollen und dass das Mädchen, das sich als Sekretärin des Botschafters vorgestellt hatte, allerliebst war – der Mann hatte wirklich Glück! Als das Automobil an einer Straßenlaterne vorbeifuhr, schaute Vermandois misstrauisch-finster auf den Zähler, konnte auf dem Zifferblatt aber nichts erkennen. «Fünfzehn bis zwanzig Francs, wenn es ein ehrlicher Chauffeur ist und er keinen Umweg fährt ...» Träge und mit einer gewissen Verwunderung dachte er daran, dass er in der Vergangenheit diese zweistündigen Mahlzeiten mit sieben Gängen und einem mörderischen Durcheinander verschiedenster Getränke geliebt und seiner Stellung gemäß in den nicht verstummenden Tischgesprächen brilliert hatte. Nicht ohne Genugtuung stellte er fest, dass er auch an diesem Abend ausreichend brillant gewesen war, vor allem wenn man berücksichtigte, was für Zuhörer er gehabt hatte. «Es war zweifellos eine eher durchschnittliche Gesellschaft. Aber wir (er meinte die Schriftsteller) müssen immer auf der Hut sein: Von den Kollegen erwartet man nichts als Sticheleien, unerfreuliche, ja harsche Worte; untereinander sind wir respektlos, feindselig, von Hass erfüllt. Zumindest davon war heute nicht das Geringste zu spüren gewesen: Die einen hatten ihm mit Bewunderung zugehört, die anderen mit Gleichgültigkeit, wieder andere hatten überhaupt nicht zugehört, wie das Mädchen, mit dem er keine zwei Worte hatte wechseln können, aber niemand hegte Groll, von niemandem waren Unannehmlichkeiten zu erwarten. War das unterschiedliche intellektuelle Niveau schuld? Aber in unseren Kreisen reden wir meistens über irgendwelche Gerüchte, über Verleger, über Honorare. Ich fände es schlicht verrückt, mit Émile über das Ende der Kultur oder über das sozialistische Gesellschaftssystem zu diskutieren – wahrscheinlich würde er schadenfroh denken, dass ich nun völlig den Verstand verloren habe!»

Die Nachtluft, die halb liegende Position erfrischten Vermandois. Er kehrte in Gedanken zu seinem Roman zurück. «Morgen früh werde ich mich gleich um sieben an den Schreibtisch setzen. Hoffentlich schlafe ich gut ...» Er wusste, dass ihm der Wein nicht mehr als drei oder vier Stunden Schlaf bescheren würde. «Soll ich eine Gardenal nehmen? Aber dann wird es schwierig mit dem Arbeiten am Morgen.» Er wünschte sich, dass es bald Tag würde, es zog ihn zu seinem Roman, der eine neue Wendung genommen hatte. Schließlich hielt das Automobil; der Zähler zeigte achtzehn Francs an; der Chauffeur erwies sich als Mann von durchschnittlichem moralischem Charakter.

Vermandois schloss die Tür auf und betrat den Flur mit einem etwas eigenartigen Gefühl, wie fast immer nachts: Die Menschenleere dieser vergleichsweise großen Wohnung bedrückte ihn ein wenig. Die Anordnung der Zimmer war ungünstig und unbequem. Vom Flur aus gelangte man in das Wohnzimmer, einen Raum, den er weder mochte noch brauchte. Es war vor langer Zeit eingerichtet worden, als etwas zusätzliches Geld hereingekommen war. Die Möbel waren altmodisch und vermutlich nicht echt. An der Wand hing ein Van Loo, er wusste nicht genau, welcher; gekauft wurde er als Carle[115], war aber nach Aussage besonders sachverständiger Personen eher ein Jean Baptiste[116], wenn nicht gar ein Jules César[117]. Eine weitere Attraktion des Raums war ein ungewöhnlicher, zu nichts zu gebrauchender kleiner Tisch, von der Art, die im 18. Jahrhundert Athener Tisch genannt wurde: aus vergoldeter Bronze, mit einer Tischplatte aus Porphyr. Er war wohl auch wegen seines Namens gekauft worden; die subtileren unter seinen Gästen, denen Vermandois seine Antiquitäten zeigte, wussten das und gaben das durch ihr Lächeln zu verstehen: Wo denn sonst sollte ein Athener Tisch aus dem 18. Jahrhundert stehen, wenn nicht bei Louis Etienne Vermandois?

Im Dunkeln ging er vorsichtig durch das Wohnzimmer; auch die elektrischen Schalter waren ungünstig angebracht: Man konnte das Licht nur an der Schwelle zum Arbeitszimmer einschalten. Trotz seiner Routine stieß Vermandois gegen etwas, glitt aus und murmelte einen Fluch. Er tastete nach dem Schalter und knipste das Licht im Wohnzimmer an. Auf dem Athener Tisch neben der Tür lag nichts. Die Alte pflegte die mit der letzten Post eingetroffenen Briefe auf den Tisch zu legen, sie meinte wohl, dass dieser nutzlose Gegenstand für irgendetwas gut sein müsse. Vermandois erinnerte sich, dass die letzte Post gekommen war, bevor er zum Diner gefahren war. Er schaltete das Licht im Arbeitszimmer ein und löschte es im Wohnzimmer. «Das Reich der Lüge neben dem Reich der Wahrheit: Im Wohnzimmer ist alles verlogen und prätentiös; im Arbeitszimmer will kein Gegenstand etwas anderes sein als er selbst; der einfache rote gemütliche Veloursteppich, die Regale, der drehbare Bücherständer, der amerikanische Schreibtisch, alles ernsthaftes, nützliches, echtes Zeug.» Das Arbeitszimmer war der *ehrliche* Raum in seiner Wohnung.

Mit ungeheurer Erleichterung legte er den engen Kragen ab und zog seinen Smoking aus, schlüpfte in seine Hausschuhe, knöpfte Weste und Hose auf und versank beinahe in dem tiefen Ledersessel mit dem dunkelgelben Kissen neben dem Schreibtisch. Das war eine einstweilige Verschnaufpause, bevor er ins Bett ging. «Im Grunde sind die größten Freuden im Leben ganz elementar: nach fünf Stunden Folter diesen idiotischen Kragen abzulegen, dessen einziger Zweck es ist, einem Mann den Hals einzuschnüren ... Oder an einem heißen Tag ein Glas eiskaltes Wasser auf einen Zug auszutrinken ...» Auf der Suche nach weiteren elementaren Freuden fiel ihm die Sekretärin des sowjetischen Botschafters ein, und er seufzte: «Woran habe ich gedacht? Soll ich es aufschreiben? Ja, das Arbeitszimmer ist ein

ehrlicher Raum. Hier bin ich in meiner natürlichen und rechtmäßigen Umgebung, wie ein Tier im Wald oder wie der Papst
in der Sixtinischen Kapelle ... Obwohl es dem Papst in der Sixtinischen Kapelle vielleicht manchmal auch etwas peinlich ist ...»

So dazuliegen, ohne Kragen, das Kinn auf der Brust, tat gut.
Dennoch dachte Vermandois träge, dass er ins Bad gehen sollte;
im Bett würde es ihm noch besser gehen. «Oder soll ich mich
etwa an die Arbeit setzen? Das wird erst einmal schwierig sein,
aber ich werde schon hineinfinden ...» Er blickte unentschlossen auf den Schreibtisch. Seitlich lag gut sichtbar die Mappe mit
dem Romanmanuskript. «Nein, um ein Uhr nachts loszulegen,
hat keinen Sinn, aber ich könnte mir ansehen, was ich heute Vormittag geschrieben habe ...»

Er stand schwerfällig auf, indem er sich auf die Armlehnen
des Sessels stützte, und erschrak über die Anstrengung, die ihn
das kostete, wechselte auf den Schreibtischstuhl, setzte die Brille
auf und zog die Mappe zu sich heran. Erst jetzt verstand Vermandois, dass seine gute Laune während des Diners und seine Redseligkeit nicht nur vom Wein, sondern auch von dem verborgenen,
halb bewussten Freudenvorrat herrührten, dessen einzige Ursache die Korrekturen am Roman, die neuen Möglichkeiten waren,
die sich durch Lysanders Verabredung in Korinth ergaben. Letzten Endes hing Vermandois' geistige Befindlichkeit, trotz seiner
Verachtung für die Literatur, in erster Linie vom Fortgang seiner
Arbeit ab. «Ja, das war eine gute Idee!», dachte er frohgemut,
während er die mit einer Klammer zusammengehaltenen, kreuz
und quer beschriebenen Blätter aus der Mappe nahm.

Er begann zu lesen. Seine Miene verfinsterte sich. Was war
denn das? ... Die neue Version des Kapitels war offensichtlich
nicht nur nicht besser, sondern deutlich schlechter als die alte!
Vermandois bekam einen Schreck. Er ließ vom eigentlichen
Text ab und begann die Korrekturen zu lesen, die Hinweise und

Kürzel, Gedächtnisstützen, die er am Rand oder von unten nach oben schräg über die Zeilen des Haupttextes geschrieben hatte. Fast nichts davon taugte etwas. Und ihm fielen immer mehr Gründe ein, warum Lysanders Verabredung in Korinth unglücklich, unvorteilhaft, ja einfach unmöglich war. «Aber das ist ja schrecklich! Warum ist mir das nicht gleich aufgefallen? Ich muss eine geistige Umnachtung gehabt haben, eine echte Umnachtung! ...»

Beinahe verzweifelt legte Vermandois die Seiten in die Mappe zurück. «Mein Gott, was soll ich jetzt machen?» Zum hundertsten Mal nahm er sich vor, dieses schreckliche, beschämende Handwerk eines Geschichtenerfinders ein für alle Mal aufzugeben, und zum hundertsten Mal sagte er sich, dass das unmöglich war: Der ganze Sinn seines Lebens lag in der Berufung zum Schreiben, fast all seine Lebensfreude entsprang dem, was man teils bedingt, teils durchaus zutreffend als Inspiration bezeichnet. «Und wenn ich es mir morgen anschaue, und es erscheint mir wiederum anders? Ich war doch kein Idiot vor fünf Stunden! Ich sollte schlafen gehen und mich morgen früh mit klarem Kopf an die Arbeit setzen ...» Aber er wusste, dass er jetzt auf keinen Fall einschlafen würde.

Vermandois seufzte tief, legte das Manuskript zurück in die Mappe und ging ins Bad. Im Vorübergehen warf er einen angewiderten Blick in das unehrliche Wohnzimmer. «Ja, natürlich, ein Jules César, und zwar ein schlechter! Und wenn es doch ein Carle ist, dann ist das auch kein besonderer Grund zur Freude. Was ist das überhaupt für ein Name: Warum *Carle* und nicht Charles? Das Athener Tischchen ist Schund, und all die Meister, welche die Möbel des 18. Jahrhunderts, diese ‹Wunder des französischen Geschmacks› geschaffen haben, waren Fremde, in der Mehrzahl Deutsche: Riesener, Jacob, Cramer, Weisweiler, Beneman, Schwerdfeger[118] ... Man sollte dieses ganze Zeug so schnell wie möglich verkaufen, noch kann es – der menschlichen Dummheit sei Dank – eine Menge Geld einbringen!»

Im Badezimmer setzte er sich auf einen unbequemen Holzstuhl mit gerader Rückenlehne und starrte geistesabwesend auf den Wasserstrahl, der aus dem Hahn floss. Er dachte an viele Dinge gleichzeitig, aber hauptsächlich daran, dass es unmöglich und sinnlos war, dieses elende, künstliche Leben fortzuführen: Seine Nerven lagen völlig blank, das kleinste Missgeschick erschien ihm als Unglück, ein nur wenig ernsteres – als Katastrophe. «Was ist denn heute passiert? Ja, die Verabredung in Korinth war keine gute Idee. Aber noch gestern hatte es sie gar nicht gegeben, und das war auch in Ordnung ...» Diese Überlegung spendete ihm keinen Trost. Alles erschien ihm in düsteren Farben, vor allem die Menschen, vor allem er selbst. «Auch bei diesem idiotischen Diner habe ich mich aufgeplustert wie ein alter Pfau und Unsinn geredet. Mit dieser närrischen Gräfin, mit Cerisier, mit diesem Halunken von einem Botschafter habe ich über das Ende der Welt gesprochen und ‹ brillante Paradoxien versprüht › – das ist mein Markenzeichen, so wie es die Ente im Tour d'Argent[119] ist. Ich habe eschatologische Gedanken abgesondert, als wäre Eschatologie für einen Siebzigjährigen die passende Profession! Ich habe Hunderte Autoren zitiert – wen habe ich nicht alles zitiert! Das werde ich nie, nie mehr machen, das verspreche ich», sagte er wohl auch zum hundertsten Mal mit einem Gefühl der Scham völlig aufrichtig zu sich selbst.

Entgegen der Vereinbarung mit dem Vermieter war das Wasser nicht heiß, sondern höchstens lauwarm: So konnte man nicht in der Badewanne sitzen, und an Schlaf war dann auch nicht mehr zu denken. Dies ärgerte ihn sehr. «Ich muss ihm morgen schreiben – Alvera soll den Brief auf der Maschine tippen, sonst verkauft er ihn noch als Autograf, dieser Halunke! ... Von kaltem Wasser kann man nach so einem Essen einen Schlaganfall bekommen ...» Obwohl er wusste (oder weil er wusste), dass er in dieser Nacht kaum einen Schlaganfall erleiden würde – sein Blutdruck lag bei 160 –, stellte er sich in aller Klarheit vor, wie er keuchend in der Wanne sitzen würde, bis am Morgen die Alte käme. «Sie wird nach der Concierge rufen, die Concierge wird herbeieilen, sie werden mit vereinten Kräften versuchen, mich hochzuheben und ins Bett zu tragen ...» Die tragisch-hässliche Szene beeindruckte und beschäftigte ihn. «Eine halbe Stunde später wird der Arzt kommen, den Tod feststellen und mit feierlicher Miene die nötigen Anrufe tätigen: Louis Etienne Vermandois ist gestorben! Eine Stunde später kommen die Journalisten angerannt, irgendjemand legt ein Buch aus (oder nein: eher schwarz umrandete Blätter), und die Freunde beginnen, sich einzutragen. Jener junge Psychopath wird den Reportern alle Einzelheiten meines Lebenswandels schildern, seine Stimmung wird zwischen Trauer – ‹es wird kein Gehalt mehr geben› – und Freude – ‹du bist zu deinen Ahnen gegangen, und ich habe noch fünfzig Jahre vor mir!› – schwanken. Die Gräfin, seine ‹engste Freundin›, wird ihr *stimmloses Schluchzen zurückhalten* und die Vertreter des Präsidenten der Republik und des Ministers für nationale Bildung empfangen. ‹Noch gestern Abend haben wir mit ihm zusammengesessen, er war fröhlich und unterhaltsam wie selten ...› In der Akademie wird die Aufregung groß sein: Plötzlich ist ein Platz vakant, auf den keiner seiner Kollegen hoffen durfte ... Émile wird mit bigotter Miene ankommen, seinen Schnörkel ins Kondolenzbuch kritzeln und ausrufen: ‹Was für ein Verlust!› Die Journalisten werden das sofort notieren: ‹Was für ein Verlust!, sagte er.›»

Trotz des ironischen Untertons wühlten ihn diese Gedanken auf: Ihm schien sogar, er habe in der Tat eine Art *Anfall* erlitten. Aber das war nur Einbildung, er wusste, dass er keinen Anfall gehabt hatte und dass sein Blutdruck bei 160 war. «Nun, wenn nicht heute, dann in einem Jahr, vor allem dann, wenn ich mich wie ein Verrückter über alles aufrege. Ja, ich muss Paris wirklich den Rücken kehren, den Van Loo und das ganze Porzellan- und Porphyrzeug verkaufen, so viel wie möglich herausschlagen, zum Glück steigt der Wert der Sachen durch meinen Ruhm: ‹Aus der Kollektion von Louis Etienne Vermandois›, und wegfahren. Romane soll bis an sein Lebensende mein Freund Émile schreiben! ...» Wie immer tröstete sich Vermandois ein wenig mit dem Gedanken, dass Émile jetzt schlecht, ja, sehr schlecht schrieb, mit jedem neuen Buch schlechter. «Wenn ich jetzt wirklich sterben sollte, wäre es mir ein kleiner Trost, dass ich Émile nie wiedersehe ...» Er zog sich aus, versuchte dem Anblick seines greisen Körpers, der ihm Abscheu einflößte, zu entgehen und setzte sich in die Badewanne.

Seine Stimmung verdüsterte sich immer mehr. Die ironische Grundierung seiner Gefühle war wie weggeblasen. Jetzt hatte er tatsächlich einen Anfall: einen Anfall völliger, scheinbar grundloser Verzweiflung. Er sah nirgends einen Lichtblick: Alles war abscheulich, platt, schrecklich, es gab nichts, an das er ohne Schamgefühl zurückdenken konnte. Und im Vergleich zu seinem eigenen, persönlichen Zustand trat die Tatsache, dass die Welt am Abgrund stand – nein, nicht zurück, sie verwob sich so eng mit seinem eigenen Leben, dass es unmöglich war, das eine vom anderen zu unterscheiden. Das Wasser war so kühl, dass Vermandois mit den Zähnen klapperte; er erhob sich mit dem gleichen moralisch-schwerfälligen Kraftaufwand wie eben, beendete seine Nachttoilette, ging ins Schlafzimmer und legte sich ins Bett. Er löschte das Licht und lag, in der Hoffnung einzuschlafen, eine Viertelstunde wach; dann fühlte er, dass er nicht einschlafen würde und keine Kraft mehr hatte, gegen seine Schwermut anzukämpfen. Er schaltete die Lampe wieder ein und nahm ein Buch vom Nachttisch.

Es war eine französische Ausgabe von Goethes Unterhaltungen mit dem Kanzler Friedrich von Müller – kein schlechtes *livre de chevet**, das man getrost in einem tiefschürfend-vertraulichen Gespräch mit einem Reporter erwähnen konnte. Erst letzte Woche hatte Vermandois in der Tat einem Journalisten, der eines tiefschürfend-vertraulichen Gesprächs wegen zu ihm gekommen war, gesagt, dass er dieses Buch Eckermann vorziehe: «Bei Eckermann haben wir einen imposanten Goethe in der Vorstellung eines beschränkten, wenn nicht gar dummen jungen Mannes. Bei Müller ist Goethe unfrisiert und kapriziös, im Streitgespräch mit einem klugen, lebenserfahrenen und kultivierten Mann.» Hinterher tat es ihm leid, dass er Eckermann einen beschränkten jungen Mann genannt hatte, das war ein Klischee, das nicht stimmte. Drei Tage später las er mit Entsetzen und Abscheu das mit seinem Porträt geschmückte Interview, in dem von *«cet immense bonhomme de Johann-Wolfgang vu par Louis-Étienne Vermandois»*** die Rede war, und man konnte noch nicht einmal sagen, ob das einfach eine platte Formulierung oder eine respektvoll vorgetragene raffinierte Gemeinheit war – die Augen und das Lächeln des Interviewers hatten hinterlistig ausgesehen.

Er blätterte mit einer bewussten Voreingenommenheit, mit einem bestimmten Ressentiment durch das Buch, «so sollte man eigentlich alle großen Schriftsteller lesen, wenn man sich ihnen nicht unterwerfen will ...» – «Er sprach vom Leben der Frau von Krüdener: So ein Leben ist wie Hobelspäne; kaum ein Häufchen Asche ist daraus zu gewinnen zum Seifensieden ...»[120] Das war eines von den Bildern, die nur für ein Gespräch oder

* Handbuch, Vademekum
** von der großen Persönlichkeit Johann Wolfgangs aus der Sicht von Louis-Étienne Vermandois

eine Rohfassung taugten, in Goethes fertiges Manuskript hätte so etwas keinen Eingang finden können. Und über welches menschliche Leben könnte man nicht dasselbe sagen? ... – «Die Deutschen seien nur noch allenfalls im Auslande erträglich und man müsse sie wie die Juden in alle Welt zerstreuen ...»[121] Das war auch so ein «brillantes Paradoxon», und der Politiker, Kanzler Müller, lauschte Goethe wahrscheinlich mit verzagt-ergebener Miene: Man kann einen großen Mann, der zudem schon achtzig ist, nicht daran hindern, noch jeden Unsinn von sich zu geben. «Die Zensur nötigt geistreich zu sein, und dies ist ein sehr großer Vorteil ... Direkt und grob seine Meinung herauszusagen, mag nur entschuldigt werden können und gut sein, wenn man durchaus recht hat ...»[122] – «Mag sein. Aber das ist ein vorsätzlich erfundenes Argument zur Rechtfertigung der Weimarer Zensoren. Er hat an die Freiheit des Geistes und an den Segen der Zensur geglaubt, an die erhabenen Ziele der Französischen Revolution und an die Größe des Hauses Rothschild, er hat sich über die Unsterblichkeit der Seele lustig gemacht, und er fand, dass die Welt unterginge, wenn ein Oberhofmarschall und eine Jüdin kirchlich getraut würden[123] ... Sicherlich sagte er auch vieles seinen Gesprächspartnern zum Trotz: Das intelligente Gesicht von Kanzler Müller muss ihn noch mehr gereizt haben als die verzückt-naive Miene von Eckermann: ‹Nur keinen genialen Gedanken Seiner Exzellenz verpassen ...› Am bemerkenswertesten ist, dass unter so absurden Umständen, aus diesen jahrelangen täglichen Unterhaltungen äußerst interessante und wertvolle Bücher hervorgegangen sind.»

Selbst in den seltenen Momenten professionellen Größenwahns, der ihm eigentlich fremd war, vermied es Vermandois, sich mit Goethe zu vergleichen. Aber es freute ihn zu sehen, dass dieser auf alle Zeiten, in aller Welt berühmte Mann unter ebensolchen Umständen gelebt hatte wie er, dass Goethe seine

Mitmenschen genauso zur Last gefallen waren, dass er genauso wenig ohne sie ausgekommen war, dass er genauso unter ihren Kränkungen gelitten, sich den Anforderungen seiner Gesellschaft genauso unterworfen hatte wie er selbst. «Sein Mephisto ist ein volkstümlicher, konformistischer Teufel: Nicht ohne Grund berauscht sich die deutsche Jugend seit Generationen voller Leidenschaft an ihm, und nicht ohne Grund verliert er in der Oper so wenig gegenüber der Dichtung...

Er nahm sich das Recht heraus, an nichts zu glauben, und in Momenten der Aufrichtigkeit machte er auch kein Hehl daraus, dass er an nichts glaubte. Er machte sich über die Dummheit der Könige lustig, über die Grausamkeit der Revolutionen, über die Wahrheiten der Offenbarung, über den Glauben und über seinen eigenen Unglauben. Und am meisten beneidete er Menschen schlichten Gemüts, ob das nun Schneider oder Künstler waren. Als Haydn gefragt wurde, warum seine Messen so fröhlich seien, antwortete er: Weil, wenn ich dem lieben Gott danke, ich immer so unbeschreiblich froh werde. Als der alte Goethe das hörte, brach er in Tränen aus.»[124]

In tiefer Schwermut legte Vermandois das Buch zur Seite. «Nein, so kann man nicht weiterleben ... Wie soll man leben? Wofür soll man leben? Angenommen, ich würde jetzt sterben: Wird der nahende Tod meine Seele erheben? Wohl kaum, und daran ist nicht allein meine eigene Nichtigkeit schuld, dieser Mann, einer der größten auf dieser Welt, war fast genauso in jämmerlichen Gefühlen gefangen wie ich selbst – nun, nicht genauso, meinethalben anders, auf seine Weise, aber gleichwohl gefangen –, und in Momenten unnötiger Offenheit hat er das auch eingestanden – nicht nur vor sich selbst, sondern auch vor anderen. Du alter Mann, der du so viel wusstest, der du über alles im Leben nachgedacht hast, was kannst du einen anderen alten Mann, der auch nicht mehr lange zu leben hat, *wirklich* lehren –

ohne ‹Paradoxien›, ohne Verse und klangvolle Worte? Ohne in deine Bücher zu schauen, nur an deine reine Gestalt denkend, ohne deine Worte zu benutzen, an deiner statt zu denken wagen, jenseits deiner Bücherweisheit versuchen, zu deiner *wahren* ‹Weisheit› vorzudringen ...

Im Leben seine Arbeit tun, so gut wie irgend möglich, wenn sie nur irgendeinen, und sei es den geringsten, sinnvollen Zweck erfüllt oder man einen Sinn in sie hineinlegen kann. Als Schneider die besten Kleider nähen, als Schriftsteller seine ganze Seele ins Werk legen ...

Nicht beteuern, dass man es nur für sich selber tut – auch er hatte doch von einem großen Auditorium geträumt und denen, die nicht auf eine Million Leser hoffen durften, unumwunden geraten, die Finger vom Schreiben zu lassen ... Nicht an Vorurteilen rütteln, zumindest nicht allzu unsanft, nicht gegen Windmühlen oder gar fahrende Ritter kämpfen, es sei denn, es ist dein Beruf, der Beruf eines politischen Don Quijote, im Grunde genommen auch kein anderer als der eines Schuhmachers oder Veterinärs ... Der Gasse nicht allzu viel durchgehen lassen und nicht mit ihr kämpfen: So wenig wie möglich an sie denken, keine Rücksicht auf sie nehmen, nicht auf ihre Besserung hoffen. Aber nach besten Kräften daran mitwirken, dass die elementaren, unbestreitbaren Grundsätze des Guten sich in der Welt durchsetzen. Ein berühmter Arzt hat am Ende seines Lebens gesagt, er vertraue nur auf fünf oder sechs bewährte Arzneimittel, wie zum Beispiel Chinin. Von den unbestrittenen Grundsätzen des Guten gibt es fast ebenso wenige ... Was einen selbst, was die wenigen freien Menschen betrifft, so kann man noch weiter gehen. Die ‹kalte Betrachtung› hat ihren Wert. Im Denken wie im Leben erhebt man sich umso höher, je niedriger das geistige Fieber ist. Die gewöhnlichen Glückskinder des Lebens ‹fiebern›, Napoleons Herz machte sechzig Schläge in der Minute.

Und wie das Blut, das durch die Venen zum Herzen zurück-fließt und auf dem Wege dorthin seine Nährstoffe abgibt, so sind die zum Herzen *zurückfließenden* und nichts anderes nährenden Wahrheiten das Allerkostbarste. Diese Wahrheiten gilt es auch dann für sich zu bewahren, wenn man auf nichts anderes mehr wartet als auf respektable Nachrufe. Ein ruhiges Leben führen, im Wissen darum, dass das Böse in der Welt ist. Sich an dem wenigen Guten freuen und das ewige Böse als das allgemeine Gesetz der Welt akzeptieren.»

Erneut schlug er das Buch auf. Nichts von dem fand sich darin wieder.

ZWEITER TEIL

I

In der Villa des berühmten Arztes gab es keinen Fahrstuhl. Wislicenus stieg langsam die Treppe hinauf. Er hatte festgestellt, dass die Schmerzen (er weigerte sich hartnäckig, sie *Anfälle* zu nennen) am häufigsten während des Treppensteigens auftraten. «Was will man mehr», sagte er sich mit einem Anflug von Selbstironie, die er sich seit Kurzem angewöhnt hatte, als wäre er ein eingebildeter Kranker. «Das passt doch gut zusammen: ein *Invalide* in einer *Pattsituation* ...»

Im ersten Raum der Beletage saß ein hässlich aussehendes Mädchen in einem schwarzen Kleid, mit einem Gesichtsausdruck, als wäre sie auf alle Zeit erschrocken. Nachdem sie ihn nach seinem Namen gefragt hatte, sah sie nervös in ihrem ledergebundenen Heft nach und sagte dann sichtlich erleichtert: «Ja, Sie haben einen Termin um drei Uhr dreißig. Aber Sie müssen warten: Ein Patient ist gerade beim Professor, und ein anderer wartet im Vorzimmer. Der Professor kann nie genau sagen ...» Sie sagte «Professor», ohne Nachnamen, als gäbe es keine anderen Professoren auf der Welt. Sie sprach mit leiser Stimme, wie in einem Krankenhaus, und unwillkürlich tat Wislicenus es ihr nach und fragte ebenso leise, wo der Warteraum sei. «Die erste Tür links», sagte sie erstaunt, als müsste er das selbst wissen.

«Nein, sie ist nicht gekommen», dachte Wislicenus mit einer gewissen Enttäuschung, als er den Warteraum betrat. Der Raum sah eher wie eine Bibliothek aus. An den Wänden waren Regale mit Büchern. In der Mitte des Raums stand ein Tisch mit einer einzelnen Ausgabe einer illustrierten Zeitschrift; außerdem gab es einige Sessel und Stühle, die wie auf der Bühne eines modernen Theaters angeordnet waren. Neben dem Kamin saß ein älterer Mann, der aus irgendeinem Grund helle Handschuhe in der Hand hielt. Wislicenus verbeugte sich leicht und ärgerte sich, als er dafür einen irritierten Blick erntete. «Es gibt immer mehr unmanierliche Menschen auf der Welt», dachte er, wandte sich ab und setzte sich ans Fenster. «Es geht zur Straße. Mal sehen, was der *Erbsenmantel*[125] macht ... Ja, nach wie vor zur Stelle.» Der Beschatter, der ihm unablässig gefolgt war, seit er das Haus verlassen hatte, trug einen grauen Mantel, keinen erbsenfarbenen, aber es gefiel ihm, ihn so zu nennen, wie in seiner Jugendzeit. Der kleine, unscheinbare Mann ging auf dem Bürgersteig der anderen Straßenseite langsam auf und ab, und man konnte anhand seines Aussehens nicht erkennen, welcher Nationalität er angehörte.

«Was für ein Trottel», dachte Wislicenus und grinste. Er ärgerte sich über die infantile Art der Beschattung. «Dieser Schnüffler observiert mich so einfallslos und plump, als wäre ich nicht ein alter Revolutionär, sondern irgendein Schnösel von Student.» Er dachte in der antiquierten Sprache seiner Jugend: Die *Spitzel* von damals riefen heute eine gewisse Sentimentalität bei ihm hervor. Er musste plötzlich an die Zeit der Verbannung denken – an den Jenissei, an die vierzig Grad Frost, an Marja Wassiljewna, an das überheizte Zimmer mit dem durchgesessenen Kattunsofa, an den heißen Tee mit Erdbeermarmelade, an das Buch von Beltow[126] in einem roten Kalikoeinband – an alles auf einmal, an alles zusammen, und er spürte eine solche Wehmut, als wäre das die schönste Zeit seines Lebens gewesen. «Vielleicht war es wirklich die schönste Zeit.»

Gegen romantische Erinnerungen an die Verbannung und die Spitzel von damals halfen am besten, wie er aus Erfahrung wusste,

Ironie und Sachlichkeit. «Na schön, und wer ist nun dieser nicht eben romantische Spitzel von heute? Ich bin mir sicher, ich habe ihn sofort bemerkt, Gott sei Dank habe ich da eine gewisse Erfahrung. Trotzdem ist meine Annahme nicht ganz schlüssig – ich habe ihn zwar bemerkt, aber die Beschattung kann auch schon viel früher begonnen haben. Gestapo oder GPU?», fragte er sich wohl zum hundertsten Mal und versuchte kaltblütig zu bleiben; im ersten Moment, als er bemerkt hatte, dass er beschattet wurde, fühlte er einen Stich im Herz, Atemnot und starke Beklemmung – genau das, was er sich weigerte, einen Anfall zu nennen. «Was regen Sie sich auf, junger Mann? Eigentlich sollten Sie das doch gewohnt sein! Unter allen Breitengraden, sozusagen. Ja, ich *war* es gewohnt, seit Kurzem aber nicht mehr. In den letzten Jahren habe ich immer öfter selbst die Observierung anderer organisiert ... Wenn man zwischen dem Lager der Revolution und dem der Regierung hin und her wechselt, hat das natürlich zwangsläufig etwas Tragikomisches. Ich glaube, das ist ein neueres Phänomen: Früher wäre das nicht möglich gewesen, zumindest nicht in diesem Ausmaß ... Ach, zum Teufel mit ihnen!»

Er ging zum Tisch, nahm sich die Illustrierte und kehrte an seinen Platz zurück. Der auf die Untersuchung wartende Alte sah ihn neugierig an. «Wenn sie raffinierter vorgehen würden, müsste dieser Patient, der vor mir gekommen ist, der Spitzel sein, wie in einem Kriminalroman. Technisch ließe sich das unschwer einrichten ...» Aus Langeweile begann er sich vorzustellen, wie genau dies zu bewerkstelligen wäre: einen Spion im Wartezimmer des Arztes zu platzieren, um eine Person zu überwachen, die zur Sprechstunde kommen würde. «Die Fantasie der Polizeichefs speist sich fast immer aus Kriminalromanen, und sie sind alle ganz versessen auf diese Romane. Felix hat sie geliebt und auch Genrich[127], der Dreckskerl ... Und ich selbst habe sie auch geliebt: zu Zeiten, da ich Jagdwild war, und zu Zeiten, da ich

selbst zum Jäger wurde. Ja, diese Wechsel haben etwas Tragikomisches an sich! Nun, der Gejagte zu sein, steht mir besser zu
Gesicht, das passt besser zu meinem Leben», dachte er und
widersprach sich: «Nein, das stimmt nicht, das ist schlechter,
viel schlechter. Aber sie konnten auf keinen Fall wissen, dass ich
die *Nummer eins in der Welt* aufsuchen werde, wer auch immer
sie sind. Es sei denn, Nadja steht in ihren Diensten», sagte sich
Wislicenus und lächelte.

Seine Augen glitten träge über die Reklame – Helden in Fuß-
balltrikots, Schönheiten, die strahlend aus Automobilen heraus
lächelten, Prominente, die Mineralwasser, Zahnpasta und Rasier-
apparate anpriesen. Er fand Gefallen daran, es war ein sinnloses,
unbedeutendes, aber amüsantes Zeugnis der Abgeschmacktheit
und Käuflichkeit der bürgerlichen Welt. «*Ne pas connaître Unic
c'est aller nu-pieds …*», «*Le Burberry est chaud. Le Burberry est
frais …*»*, las er. Dann wurde ihm langweilig, und er schaute
in den politischen Teil. Japanische Generäle, deren Namen auf
«a» endeten, errangen Siege in Fernost; die Zeitschrift würdigte
das Talent der Generäle, die mithilfe ihrer Flugzeuge jeden Tag
tausend oder auch zweitausend wehrlose Menschen umbrachten,
eher zurückhaltend. Etwas ganz Ähnliches passierte in Spanien,
aber da endeten die Namen der Generäle auf «o». Und irgendjemand machte jemand anderem *energische Vorhaltungen*, und
irgendjemand erklärte jemand anderem seinen *entschlossenen
Protest.*

Er legte die Zeitschrift in den Schoß und dachte nach. «Alles
ist schrecklich, alles ist abscheulich – alles, politisch, persönlich,
einfach alles. Das Asthma – ich kann von Glück sagen, wenn
es Asthma ist –, das was in Spanien und Japan passiert, die Be-

---

* Unic nicht zu kennen, das ist wie Barfußlaufen … – Ein Burberry wärmt. Ein
Burberry kühlt …

schattung, der Triumph des Bösen in der Welt.» Gleichzeitig dachte er wieder, dass Nadja hätte herkommen können, obwohl das jetzt keinen großen Unterschied mehr machte. «Nein, ich liebe sie nicht mehr. Meine Carmen. Ja, ich habe aufgehört, den Narren zu spielen. Wahrscheinlich auch das wegen des Asthmas und wegen Moskau.»

Nadeschda Iwanowna hatte ihn vor drei Tagen angerufen. Er freute sich, als er ihre Stimme hörte, wenn auch nicht so, wie er sich vor einem Jahr gefreut hätte. Nadja erzählte ihm, dass sie für kurze Zeit nach Paris gekommen sei («natürlich mit ihm», dachte er) und dass sie ihn unbedingt sehen wolle. «Ich habe gehört, Sie sind nicht ganz auf der Höhe? Was ist los mit Ihnen? Macht die Gesundheit Sperenzchen?» – «Ja, die Gesundheit lässt zu wünschen übrig.» – «Bei wem sind Sie in Behandlung?» – «Bei niemandem.» – «Ich bitte Sie, das geht doch nicht!» – «Es geht, wie Sie sehen. In Moskau hat mir der Arzt gesagt, dass ich Asthma habe und dass man da nichts machen kann.» – «In Moskau! Sie machen Witze! Moskau, wie lange ist das her! Sie müssen sofort einen Arzt aufsuchen, und zwar einen guten, einen richtigen.» – «Das fehlte noch! Ich lasse mich nicht verhätscheln.» – «Das hat nichts mit Verhätscheln zu tun, Sie müssen unbedingt zum Arzt. Ich arrangiere das für Sie, und vorher will ich Sie gar nicht erst sehen. Ich rufe Sie morgen wieder an. Auf Wiedersehen.» Sie hatte den Hörer aufgelegt. Am nächsten Vormittag rief sie wieder an: «So, es ist alles geregelt. Übermorgen um fünfzehn Uhr dreißig bei Fouquot.» – «Was für ein Fouquot? Was soll der Unsinn?» – «Das ist kein Unsinn, machen Sie, was ich Ihnen sage, sonst will ich nichts mehr von Ihnen wissen. Hören Sie, es kostet Sie 300 Fränkelchen, aber bei so etwas darf man nicht knausern. Kalkulieren Sie das ein, und wenn Sie das Geld jetzt nicht haben, strecke ich es Ihnen vor!» – «Was für dreihundert Francs, wofür? Für den Doktor?» – «Für den berühmten Professor. Fouquot, haben Sie wirklich noch nie von dem gehört? Er ist weltweit die Nummer eins bei Herzkrankheiten und verlangt sechshundert, aber ich habe für Sie dreihundert ausgehandelt.» – «Ich bitte Sie, was soll ich bei dem? Ich habe garantiert nichts Ernstes.» – «Na, dann wird er eben sagen, dass Sie garantiert nichts Ernstes haben. Dann bin ich wenigstens beruhigt. Nicht nur die Partei braucht Sie, auch ich brauche Sie. Außerdem habe ich Sie schon angemeldet, und wenn Sie sich weigern, muss ich vollkommen umsonst selber dreihundert Fränkelchen auf den Tisch legen. Nein, wirklich, gehen Sie, mir zuliebe, damit ich beruhigt bin!» – «Sie Heuchlerin, so besorgt sind Sie um mich? Dabei haben Sie mir in der ganzen Zeit nicht eine einzige Zeile geschrieben.» – «Briefeschreiben liegt mir nicht. Bei Gogol heißt es: ‹Briefe werden von Apothekern geschrieben.›[128] Ich schreibe etwas anderes ...» – «Was denn?» – «Auch Sie haben mir keine einzige Zeile geschrieben. Sie gehen also?» – «Na gut, wenn Sie darauf bestehen.» – «Ich bestehe darauf, ich bestehe kategorisch darauf! Danke, mein Lieber!» (Dieses «mein Lieber» berührte ihn sehr; in Wahrheit konnte sie sich in diesem Moment nicht an Wislicenus’ Vor- und Vatersnamen erinnern.) «Also übermorgen, um halb vier.» – «Und warum bekomme ich bei diesem Fouquot einen Nachlass?» – «Ach, das ist eine längere Geschichte ... Ich bin doch mit dem Ambassadeur hier», sagte sie, und er meinte Groll in ihrer Stimme zu hören, «Sie wissen es, nicht wahr?» – «Nein, das wusste ich nicht (so war es), aber was hat das damit zu tun?», fragte er distanziert. «Damit, dass der Ambassadeur ebenfalls bei diesem Professor Fouquot in Behandlung ist. Er hat nichts anderes als seine Krankheiten im Kopf, obwohl er kerngesund ist. Ich bin fatigiert*, ich kann

---

* fatigieren: ermüden, langweilen, lästig fallen, von franz. *fatigue*: Erschöpfung, Ermüdung

Ihnen gar nicht sagen, wie fatigiert ich bin. Der Ambassadeur zahlt natürlich den vollen Preis, sechs Scheinchen, für Sie habe ich über unseren Botschaftsarzt eine Ermäßigung bekommen.» – «Das war völlig unnötig. Ich will kein alimentiertes Anhängsel Ihres Ambassadeurs sein.» – «Erstens: Sie sind nicht alimentiert. Zweitens: Und wenn Sie Fouquot zwölfhundert zahlen, das ist mir egal. Und drittens: Er ist nicht *mein* Ambassadeur ... Wenn Sie wüssten, wie ich ihn gefressen habe! Und so sind sie alle! Die sind ja so was von impertinent! Aber darüber kann man am Telefon nicht reden. Und was das Arzthonorar angeht, so gewährt Fouquot immer einen Nachlass, wenn es zwei Patienten sind», log sie spontan; in Wirklichkeit hatte ihr der Professor geantwortet, dass Geld keine Rolle spiele. «Was ist? Nur damit das klar ist: Wenn Sie nicht hingehen, will ich nichts mehr von Ihnen wissen!» – «Schon gut, seien Sie mir nicht böse, Sie sind sehr nett. Ich hoffe, wir können uns sehen?» – «Selbstverständlich, nicht können, sondern müssen! Ich rufe Sie an, und wir verabreden uns. Notieren Sie sich die Adresse von Fouquot, aber er steht natürlich auch im Annuair* ...»

Wislicenus verließ das Telefon mit einem Lächeln: Das war natürlich sehr nett von ihr. Aber früher, vor einem Jahr, hätte ihn ihre Fürsorglichkeit viel mehr berührt und aufgewühlt. In ihren Worten klang auch etwas an, das ihm unangenehm war, ein neuer, forscher Ton, bis hinein in ihre Sprache: Es war ein von Ausländischem gefärbter sowjetischer Jargon, der in Russland nicht gesprochen wurde – so drückte sich jene sowjetische Jugend aus, die ein Jahr in Frankreich gelebt hatte und überzeugt war, dass sie die westliche Kultur durchschaut und insbesondere alles Pariserische restlos begriffen hatte. «Stimmt, aber wirklich unangenehm ist etwas anderes ... Ob es wahr ist?» Vor ungefähr

* hier: Telefonbuch

zwei Monaten hatte er sich anhören müssen, wie ein sowjetischer Funktionär erzählte, dass Kangarow-Moskowski mit seiner Sekretärin *zusammenlebe*. «Nein, das sind Gerüchte. Er lebt nicht mit ihr zusammen, da war nur ein kleines Techtelmechtel», hatte ein anderer darauf gesagt. «Sie denken, er hat nur mal genascht?» Wislicenus schwieg; es hätte etwas Töricht-Ritterliches an sich gehabt, wenn er einen Skandal vom Zaun gebrochen hätte. Er glaubte es nicht, aber er erinnerte sich hinterher noch öfter mit fast körperlichem Abscheu an das Gespräch.

Dass es notwendig sein könnte, sich ernsthaft in Behandlung zu begeben, hatte er schon selbst erwogen: In den letzten zwei Monaten hatte er dreimal Herzschmerzen gehabt, von Mal zu Mal schlimmer. In einem zufälligen Gespräch mit einem Bekannten, der zwar kein Arzt war, sich aber für Medizin interessierte, hatte dieser gesagt, dass die Symptome nicht auf Asthma, sondern eher auf *falsche* Angina Pectoris hindeuteten. «Vielleicht ist sie gar nicht falsch, sondern echt?», hatte Wislicenus ungeschickt und unfroh gescherzt. «Kann sein, aber ich glaube, eher nicht», hatte der Bekannte achselzuckend geantwortet, «und selbst wenn – auch die kann heute gut behandelt werden.» Wislicenus war beinahe froh, dass die Sache nun von selbst in Ordnung kam. «Dreihundert Francs sind keine kleine Summe, aber auch was das Geld anbelangt, ist *jetzt* alles in der Schwebe: Wenn sie meine Bezüge streichen, ändern die dreihundert Francs nicht das Geringste.»

«Vielleicht war mein Brief *doch* zu scharf formuliert?» Er überschlug noch einmal die zeitlichen Abläufe. «Der Brief muss vor dreizehn Tagen in Moskau eingetroffen sein. Dass ich observiert werde, habe ich vorgestern festgestellt. Elf Tage reichen natürlich, um eine Entscheidung zu treffen und die Beschattung anzuordnen. So schnell? Aber bei *ihm* geht alles schnell. Dass ich ein Kampfgefährte von Iljitsch war, spielt heute keine Rolle mehr: Das spricht eher für diese Hypothese ...» Wislicenus spürte ein Stechen in der Brust. «Nein, nein, es ist die Gestapo», sagte er sich und wiegte den Kopf. Dafür, dass es die Gestapo war, gab es ebenfalls gewichtige Argumente: Er hatte das bewusste Dokument von Siegfried Mayer erworben, und Mayer stand sicher unter Beobachtung, das Treffen war observiert worden, und für den Fall der Fälle hatte man seine Beschattung in die Wege geleitet. Durchaus möglich. Sogar einleuchtend ... Desinteressiert dachte er, dass Mayer vielleicht selbst in den Diensten der deutschen Geheimpolizei stand. Wislicenus war in seinem Leben so vielen verschiedenen Provokateuren und Menschen begegnet, die ein Doppelleben führten, dass er das als normal betrachtete, ja, es interessierte ihn nicht einmal sonderlich, zumal es sich nach seiner Erfahrung fast immer um die gleichen langweiligen und keineswegs schwer zu durchschauenden Menschen handelte. Wenn er in seiner früheren revolutionären Tätigkeit mit ihm bis dahin unbekannten Genossen zusammentraf, ging er meist sogar vorsichtshalber davon aus, dass es sich um Provokateure handelte. Er empfand ihnen gegenüber noch nicht einmal besonderen Abscheu, und im Übrigen bezweifelte er, ob das Gefühl von Abscheu, das Menschen gegenüber anderen Menschen zeigten, überhaupt echt war. «Nein, es ist trotz allem unwahrscheinlich, dass Mayer ein Gestapo-Agent ist. Wahrscheinlich haben sie vom Verkauf des Dokuments Wind bekommen. Es ist durchaus von Interesse für sie, wenn auch nicht von großem – was das Volk von ihnen denkt, ist ihnen egal –, aber immerhin. Eine Beschattung konnte da nicht schaden. Wenn ich das eine gekauft habe, heißt das, ich könnte auch noch etwas anderes kaufen: Sie wollen herausfinden, ob es noch weitere Verkäufer gibt. Das ist ihnen wichtig, sehr wichtig ...»

Der andere Patient schaute noch immer interessiert in seine Richtung. Wislicenus bedachte ihn mit einem angewiderten und feindseligen Blick (der Patient wandte sich sofort ab). Er stand auf, ging durch den Raum und blieb vor den Bücherregalen stehen. «Seltsam!» Da standen irgendwelche Bücher über Zauberkunst, über schwarze Magie, über die mittelalterlichen Hexenprozesse. Sie nahmen jedoch nur eine Reihe ein; dann kamen medizinische und naturwissenschaftliche Werke, Zeitschriften und Bücher über Herzkrankheiten. «Wenn ich ein Herzleiden habe, brauche ich mir keine Sorgen darüber zu machen, wer mich beschattet. Durch meine Krankheit verliert alles andere an Bedeutung.» Trotzdem schaute er, als er zu seinem Platz zurückging, noch einmal aus dem Fenster. Der Beschatter ging noch immer auf dem gegenüberliegenden Trottoir auf und ab. «Was für eine miese Technik! Auch hier scheint alles drunter und drüber zu gehen. Dabei war das bei uns nicht übel organisiert. Sieht nicht wie ein Deutscher aus. Das beweist gar nichts. Jedenfalls muss ich darauf vorbereitet sein, den Dienst zu quittieren ... Aber wenn ich abtrete, alles sausen lasse, die Partei, die Komintern – wohin dann? Zu Trotzki?» Er konnte Trotzki nicht ausstehen, und außerdem wusste er, dass hinter der Vierten Internationale[129] keinerlei Organisation stand: Die existierte nur in der Einbildung der Polizei. An die Zweite Internationale[130] dachte er nur flüchtig: «Nur nicht zu diesen gefühlsduseligen Humanisten, die seit fünfzig Jahren alles und jeden anprangern, um dann ihre eigene Erbärmlichkeit zu demonstrieren: Die haben nun wirklich all ihre Schlachten verloren! Und wir? ...»

Wieder überkamen ihn die alten, inzwischen fast schon vertrauten schwermütigen Gedanken, dass alles umsonst gewesen war, dass das ganze Leben ein Irrtum war, dass von den früheren Überzeugungen fast nichts mehr übrig war, bei niemandem. Diese Gedanken hatten überhandgenommen, nachdem er das Dokument von Mayer erworben hatte. «Und wo ist der Unterschied? Sie haben einen Pferdestall mit arischen Rennpferden, wir haben ein kommunistisches Gehege oder meinetwegen auch einen Pferdestall, in dem ziehen wir Rennpferde in der Art von Kangarow heran, und ebendiese Kangarows sind es auch, die darin die Oberaufsicht haben. Sollen wir auf die Zukunft hoffen? Aber was für eine Zukunft kann aus einer *solchen* Gegenwart erwachsen? Wir haben auf der Welt die erste, die beste Schule für jede Art von Halunken geschaffen – wir brauchen uns keine Illusionen über die Zukunft zu machen! ‹Planwirtschaft›? ‹Wohlstand›?, ‹billiger Wohnraum›? Oder ‹Emanzipation› und ‹freie Bahn für Talente›? Die Deutschen haben das alles besser gemacht als wir: Sie sind satter, ihre Häuser sind sauberer, ihr Plan ist praktischer, und ihre ‹Talente› brechen sich zuverlässiger Bahn. Am Ende werden sie uns wahrscheinlich verschlingen. Vielleicht hat Iljitsch sein ganzes Leben für den Bau des arischen Pferdestalls gearbeitet. Zu allen Zeiten haben die moralischen und politischen Bankrotteure verkündet, dass es nicht ihre Schuld war, wenn ihr Experiment schiefging, dass ihnen die Zukunft gehört, dass die Nachwelt ihnen recht geben, dass die Geschichte ihr Urteil noch sprechen wird. Und wir – wenn wir am Leben bleiben – werden natürlich dasselbe Lied anstimmen. Aber heute, was sollen wir heute machen? Wo ist der Ausweg? Gibt es überhaupt einen Ausweg? Ich selber kann jedenfalls nirgendwohin. Patt! Kein Schachmatt, nein, das Leben hat mir – und da bin ich nicht der Einzige – ein Patt beschert ...»

Aus dem Zimmer des Professors drangen Stimmen; offenbar war die Innentür geöffnet worden. Wislicenus fuhr auf. «Also keine Gefahr?» – «Nicht im Geringsten, Mademoiselle, nicht im Geringsten, das habe ich Ihnen ja schon beim letzten Mal klar gesagt», vernahm man eine gelangweilte, leicht gereizte Altersstimme, «der Herr Botschafter ist ein außergewöhnlich gesunder Mann.» Auf der Schwelle erschien Nadja, gefolgt von

Kangarow und dem alten Professor. Der verbeugte sich leicht vor den im Warteraum sitzenden Leuten und warf ihnen einen fragenden Blick zu: Wer ist der Nächste? Der Patient am Kamin stand entschlossen auf, um zu signalisieren, dass er niemanden unberechtigt vorlassen würde. «Auf Wiedersehen, Mademoiselle. Auf Wiedersehen, Herr Botschafter, Sie können völlig beruhigt sein», sagte der Professor, während er den neuen Patienten einließ. Die Tür schloss sich hinter ihnen.

Nadja zuckte fast zusammen, als sie Wislicenus erblickte. «O Gott, er ist kaum wiederzuerkennen! Er ist um fünfzehn Jahre gealtert! ...» Kangarow-Moskowski war außerordentlich verlegen, diese Begegnung kam für ihn völlig überraschend, im ersten Moment trat er sogar einen Schritt zur Seite und überließ die beiden sich selbst, sodass sie sich in der gleichen Lage befanden wie die Kugeln zu Beginn einer Billard-Karambolage. «Wir sind uns nach dem Vorfall im Restaurant aber schon einmal begegnet», dachte Wislicenus verwundert, als er Nadeschda Iwanowna begrüßte und die Verwirrung des Botschafters bemerkte. Sie waren sich tatsächlich bei Kangarows letztem Besuch in Paris begegnet und hatten kühl ein paar Worte gewechselt. Wislicenus ahnte – und er verfügte über entsprechende Informationen –, dass er sich Kangarow zum Todfeind gemacht hatte. «Halt es, wie du willst: Wenn du mir die Hand geben willst, dann tu's, wenn nicht – umso besser ...» Kangarow machte zögernd zwei Schritte nach vorn, drückte ihm die Hand und zog sich wieder auf die Position der ersten, das Billardspiel eröffnenden Kugel zurück. Er war offenbar sehr verstimmt über die Begegnung. Nadja begann über mehrere Dinge gleichzeitig zu sprechen: über Wislicenus' Gesundheitszustand – «Sie sehen gar nicht so schlecht aus» –, über Paris – «ach, was für eine Stadt! Auch wenn es nicht Moskau ist, ich freue mich jedes Mal riesig, wenn ich herkomme!» –, über den Professor – «wirklich ein bemer-

314

kenswerter Mann: Er versteht alles auf Anhieb und durchschaut es bis auf den Grund!»

«Wirklich bis auf den Grund? Wir werden sehen. Ich bin nur gekommen, weil Sie darauf bestanden haben: Ich habe kein großes Vertrauen in Ärzte und begebe mich ungern in Behandlung.»

«Es gibt Ärzte und Ärzte. Der hier ist eine weltberühmte Kapazität. Und sehr aufmerksam! Er hat eine halbe Stunde lang mit uns geredet! Sie werden mir dankbar sein!»

«Woran leiden Sie?», fragte Kangarow trocken und sah sich nervös nach allen Seiten um.

«Die Symptome deuten angeblich auf falsche Angina Pectoris hin. In Moskau hat man gesagt, es sei Asthma.»

«Aber soviel ich weiß, sind das unterschiedliche Dinge.»

«Deshalb bin ich hergekommen, um es abzuklären, auf Drängen von Nadeschda Iwanowna. Im Übrigen ist es Jacke wie Hose.»

«Ich wünsche Ihnen eine gute Diagnose. Mein Kind, wir müssen uns beeilen.»

«Ja, richtig. Sagen Sie», wandte sich Nadja an Wislicenus, «sind Sie morgen Abend frei?»

«Kind, du scheinst zu vergessen, dass wir morgen Abend nicht in der Stadt sind.»

«Ah, wir fahren zu der alten Närrin ... Das hatte ich völlig vergessen. Dann fädeln wir es für übermorgen ein. Ich rufe Sie an. Neun Uhr morgens ist nicht zu früh für Sie? Gut, dann klingle ich übermorgen um neun. Halt, wie erfahre ich denn, was Ihnen Fouquot sagen wird?»

«Das erfahren Sie, wenn wir uns sehen.»

«Übermorgen? Nein, das will ich früher wissen. Aber heute sind wir in der Tat die ganze Zeit unterwegs, ich kann Sie unmöglich anrufen. Also gut, übermorgen. Ich bin jedoch sicher, dass Sie völlig gesund sind. Sie sehen ganz passabel aus, nur ein bisschen erschöpft, das stimmt, Sie ...»

«Nadja, ich bin in Eile.»

«Wenn Sie es eilig haben», sagte Nadja ärgerlich und wandte sich Kangarow zu, «dann brauchen Sie heute auch keine Dolmetscherin mehr, oder?» Sie betonte das Wort «Dolmetscherin». «Dennoch werde ich jetzt brav mit Ihnen gehen. Die *consignes** eines strengen Vorgesetzten wollen befolgt werden», wandte sie sich mit einem gezwungenen Lächeln Wislicenus zu. Sagen Sie mir noch eins: Stehen Sie sich gut mit unserem Armeekommandeur Tamarin?»

«Ich sehe ihn so gut wie nie.»

«Aber ich darf Sie beide zusammen einladen?»

«Das würde mich freuen.»

«*Jawohl*, wie einer unserer Mitarbeiter immer sagt. Ich lade Sie zusammen ein ... mal sehen. Wir bleiben wahrscheinlich länger in Frankreich als geplant. *Jawohl*!»

Mit einem strahlenden Lächeln streckte sie ihm beide Hände entgegen. Wislicenus sah sie traurig an: Auch *davon* war nichts mehr übrig. «Nicht zu hundert Prozent geheilt, aber zu fünfundsiebzig. So müsste das auch beim Asthma sein! Ist sie inzwischen eine andere, oder bin ich ein anderer, oder sind wir es beide?», dachte er, während er ihnen nachblickte. Kangarow wollte ihm offensichtlich entfliehen. «Er scheint irgendetwas zu ahnen. Gleich wird er ihr die Leviten lesen ... Im Übrigen scheint auch sie nicht besonders erpicht darauf zu sein, mich zu sehen: ‹Ich lade Sie zusammen ein› – da erledigt sie die beiden Alten auf einen Streich.» Er trat ans Fenster, und als er seinen Beschatter erblickte, dachte er lächelnd, dass, falls der unscheinbare Mann von der GPU war, in seinem Bericht auch Kangarow

---

* Anweisungen, Instruktionen

erwähnt werden würde. «Sie werden annehmen, dass er hier ein konspiratives Treffen mit mir arrangiert hat.» Der Gedanke bereitete ihm Vergnügen. Nadja und Kangarow traten aus dem Hauseingang. Sie gingen schweigend. «Vermutlich hat er ihr im Treppenhaus eine *Szene* gemacht. Und dieses ‹wenn Sie es eilig haben› hat ebenfalls nach familiärem Zwist geklungen, obwohl sie wahrscheinlich demonstrieren wollte, dass er *nur* ihr Vorgesetzter war. Demonstriere, was du willst, wenn du schon etwas demonstrieren musst. Das ist mir egal. Oder fast egal ...»

II

Professor Albert Fouquot, ein älterer kinderloser Witwer, der äußerlich Clemenceau ähnelte und diese Ähnlichkeit seit 1918 beinahe unbewusst ein wenig betonte, arbeitete seit dem frühen Morgen in seinem Kabinett. Bevor er ins Krankenhaus fuhr, las er gewöhnlich Zeitschriften und Studien, die verschiedene medizinische Fachgebiete betrafen, vor allem solche, auf denen er eine anerkannte Autorität war. Sein Name tauchte ständig in den Arbeiten anderer auf, fast immer mit den schmeichelhaftesten Beiworten. Schmeichelhafte Worte standen auch in der Arbeit, die ihm heute Morgen in die Hände gefallen war. Sie äußerte jedoch Kritik an seiner Theorie, eine Kritik, die ebenso hart in der Sache wie höflich und respektvoll im Ton war. Der Artikel verletzte Professor Fouquot zutiefst. Obwohl er während des Lesens, wie es seine Gewohnheit war, ärgerlich brummte: «Was für ein Esel! ... Was für ein Ignorant aber auch!», spürte er, dass das eine ernst zu nehmende Arbeit war, mit der er sich gründlich würde auseinandersetzen müssen.

Um Punkt 8 Uhr 30 klopfte der Hausdiener furchtsam an die Tür und teilte mit, dass das Automobil bereitstünde. Auf dem Weg ins Krankenhaus dachte der Professor über seine Vorlesung nach. Eigentlich hatte er nicht die Absicht, über das Thema zu sprechen, auf das sich die Einwände in dem Artikel bezogen. Doch nun beschloss er, es zu behandeln, zunächst nur ins Unreine gesprochen, und genoss schon im Voraus, wie er auf die Kritik antworten würde.

Im Krankenhaus löste das Eintreffen von Professor Fouquot, wie immer, Panik aus: Alle nahmen sich zusammen, die Assistenten, die Ärzte, die Krankenschwestern, die Pfleger, sogar die Kranken. Professor Fouquot ging von Bett zu Bett, musterte die Patienten mit einem kühlen, durchdringenden Blick, der sofort alles erfasste, stellte kurze Fragen, untersuchte die neuen Patienten und stellte Diagnosen, wobei er den respektvollen Ausführungen des ihm schüchtern folgenden Arztes fast keine Beachtung schenkte. Trotz der Furcht und Abneigung, die er bei den meisten Menschen in seiner Umgebung auslöste (die Studenten und Ärzte nannten ihn *l'animal**), hörte man dem Professor mit Ehrfurcht, zuweilen sogar mit wirklicher Bewunderung zu: Er wusste alles, verstand alles auf Anhieb und erfasste während weniger Minuten, was Menschen, die den Patienten monatelang beobachtet hatten, nicht zu bemerken vermochten. Im Krankenhaus und in der medizinischen Welt umgab ihn eine Atmosphäre von Devotion und Ehrfurcht, von Neid und Bewunderung; abgesehen davon, dass fast alle Ärzte in der einen oder anderen Weise von ihm abhängig waren, was Bewerbungen, Dissertationen, Stellen und Praktika betraf, galt er als der Stolz der französischen Wissenschaft, als brillanter Diagnostiker und weltweit als Nummer eins unter den Ärzten für Herzkrankheiten.

* das Tier

318

Dennoch rief seine Vorlesung bei den begabtesten seiner Hörer, die ihm nicht völlig blind vertrauten, am Ende eine gewisse Verwirrung, Seufzer und Kopfschütteln hervor. Er sprach sehr gut und ließ bei der Verteidigung der Theorie, die seinen Namen trug, die gewohnte Klarheit des Denkens, die gewohnte logische Brillanz erkennen. Die Argumente des alten Professors waren überzeugend und wurden durch seine enorme Autorität noch verstärkt. Doch selbst in seinem eigenen Krankenhaus hielten die besten Ärzte Fouquots Theorie für veraltet, unrichtig und durch neuere Daten der französischen, österreichischen und amerikanischen Wissenschaft widerlegt. Sein engster Schüler – derjenige, der nach einer stillschweigenden Übereinkunft einmal das Krankenhaus und den Lehrstuhl übernehmen sollte – hörte ihm zu und dachte betrübt, dass der große Diagnostiker auf seine alten Tage immer mehr zu einer Gefahr für das freie Denken und zu einem Hindernis für die Entwicklung der Medizin wurde: Jeder wusste, dass er vor Kurzem die Karriere eines jungen, sehr begabten Arztes, der es gewagt hatte, Fouquots Theorie zu widersprechen, rücksichtslos zerstört hatte.

Der Vormittag im Krankenhaus verlief ruhig: Es gab keine Donnerwetter, keine Rangeleien, keine Maßregelungen. Anschließend machte der Professor zwei Hausbesuche. Beide Besuche brachten ihn auf. Der erste Patient war ein gesunder Mann, der offensichtlich glaubte, sein Reichtum gäbe ihm das Recht, einem Professor Fouquot die Zeit zu stehlen. Der zweite Patient hingegen lag im Sterben – hier hatte man den alten Professor, wie so oft, im allerletzten Moment gerufen: Wenn er nicht helfen könne, dann könne es niemand. Der Alte breitete nur ratlos die Arme aus, zog sich zur Beratung mit dem behandelnden Arzt des Patienten zurück und sagte verärgert, ohne dass er seinen Kollegen auch nur aus Höflichkeit um seine Meinung gefragt hätte, es sei völlig sinnlos gewesen, ihn zu rufen: «*Vous finirez par me faire voir le pante refroidi ...»** Er liebte den ruppigen Medizinerjargon. «Man kann es dir einfach nicht recht machen, du Tier!», dachte der Arzt mit Befremden. «Kommt für zehn Minuten, kriegt ein enormes Honorar, wie man es sonst niemandem zahlt, aber von Dankbarkeit keine Spur ...»

Nachdem Professor Fouquot in seine Villa zurückgekehrt war, gönnte er sich ein ausgiebiges zweites Frühstück. In seinem Alter hätte er etwas weniger essen sollen, aber er wollte sich nicht um dieses letzte Vergnügen bringen: Zu seinem eigenen Verdruss stellte er fest, dass dieses Vergnügen immer mehr Platz in seinem Leben einnahm. Als Zugeständnis an die Medizin, oder genauer die Chemie (an sie glaubte er mehr als an die Medizin), aß er vitaminreiche Kost – er hatte durchaus nicht sofort an die Vitamine geglaubt, aber dann tat er es vorbehaltlos. Nach dem Essen legte er sich für eine Viertelstunde hin; sein Kammerdiener war stets angewiesen, ihn in genau fünfzehn Minuten zu wecken; er schlief sofort ein, das kurze Nickerchen erfrischte ihn. Dann setzte er sich an den Schreibtisch und begann zu lesen: Die verbleibende Zeit bis zu seiner Sprechstunde verbrachte er mit der Lektüre von Büchern, die nichts mit Medizin zu tun hatten. Er las vor allem Werke über die Geschichte der menschlichen Dummheit sowie Bücher von allgemein anerkannten Denkern, welche die Bewährungsprobe der Jahrhunderte bestanden hatten. Jetzt las er Spinoza, den er besonders liebte: Er verstand ihn auf seine eigene Weise, und zwischen den Zeilen von Spinozas Werken nahm er eine Weltanschauung wahr, die seiner eigenen sehr nahekam.

«Ferner gibt es», las er an diesem Tag, «eine ordentliche und eine außerordentliche Macht Gottes. Die ordentliche erhält die Welt in einer gewissen Ordnung; die außerordentliche ist die,

---

* sinngemäß: Am Ende holen Sie mich noch, damit ich eine Leiche kuriere.

wobei Gott etwas außerhalb der Ordnung der Natur tut, z. B. alle Wunder, wie das Sprechen der Eselin, die Erscheinung der Engel und dergleichen, obgleich man über diese Erscheinung billig in Zweifel sein könnte, da es ein größeres Wunder sein dürfte, wenn Gott die Welt immer nach einer und derselben festen und unveränderlichen Ordnung Gottes regiert, als wenn er die Gesetze, die er für die Natur als die besten und aus reiner Freiheit gegeben hat, wegen der Torheit der Menschen aufhöbe.»[131] – «*Sacré Juif*»*, brummte der Professor und grinste. Er war sehr froh, eine neue Bestätigung seines Verständnisses von Spinoza gefunden zu haben, und beschloss, diese Seite seinen Philosophenkollegen zur Kenntnis zu bringen. Er machte sich kein Exzerpt, denn sein Gedächtnis, von Natur aus horrend und durch zahllose schwierige Examina geschärft, funktionierte auch jetzt, am Ende seines siebten Jahrzehnts, ohne Probleme, genauso fehlerlos wie vor dreißig Jahren. Er glaubte, dass auch sein eigenes Leben nach ein für alle Mal vorgegebenen Gesetzen verlief. Wenn in diesem umfangreichen, nach Stunden abgemessenen Tagwerk eine Störung aufträte, würde alles zu Staub zerfallen: «Die Eselin beginnt zu sprechen ...»

Es fiel ihm schwer, sich von dem Buch loszureißen, doch um 2 Uhr 30 begann die Sprechstunde in seinem Haus. Die Sekretärin reichte ihm ängstlich die Liste. Er warf einen ärgerlichen Blick darauf: «Es gibt jede Menge reiche Dummköpfe auf der Welt ...» Der Professor verdiente sehr viel Geld – es hieß, er besäße fünfundzwanzig oder dreißig Millionen –, und er brauchte nicht einmal ein Viertel seines Einkommens zum Leben, was selbst in Frankreich selten vorkam. Geld interessierte Fouquot wenig, zumal seine Erben irgendwelche Neffen und Großnichten waren (den größeren Teil seines Vermögens hatte er dem Institut

---

* Verdammter Jude!

Pasteur vermacht). Von den Patienten, die er bei sich zu Hause empfing, nahm er gewöhnlich sechshundert Francs; manchmal wunderte er sich selbst, warum es ausgerechnet sechshundert waren – irgendwie war es eine krumme Zahl. Allerdings wich er oft von der Regel ab, vor allem, wenn der Patient eine interessante Krankheit hatte. Nicht selten schickte er reiche Patienten zu seinen Schülern, dagegen behandelte er arme Leute vollkommen unentgeltlich. Nicht alle, die ihn wegen seiner Schroffheit und Strenge *l'animal* nannten, wussten, dass er hohe Summen für wohltätige Zwecke spendete und Bittsteller unterstützte, und zwar ohne jedes Aufsehen. Werbung hatte er nicht nötig: Er war Mitglied zahlreicher Akademien und wissenschaftlicher Gesellschaften, besaß das große Offizierskreuz der Ehrenlegion und mehrere ausländische, hauptsächlich exotische Orden; er wurde wiederholt von verschiedenen Königen, Schahs und Maharadschas ins Ausland oder in die Kolonien gerufen, ebenso wie zu Menschen, die einfach ungeheuer reich waren.

Der erste Patient, der sowjetische Botschafter, kam schon zum zweiten Mal, obwohl er ihm sofort eine vollkommen beruhigende Diagnose gestellt hatte: «Es gibt nichts, wovon dieser Herr kuriert werden müsste, außer von seiner unheilbaren Hypochondrie und seiner ebenso unheilbaren Dummheit ...» Die Menschen an sich interessierten Professor Fouquot wenig, aber um ihre Krankheiten ergründen und, wenn möglich (das heißt vergleichsweise selten), heilen zu können, musste man die mentale und seelische Verfassung eines jeden Patienten verstehen. Der Professor besaß in der Tat außerordentlichen Scharfsinn. So merkte er sich nach der ersten Untersuchung von Kangarow nicht nur ein für alle Mal die in medizinischer Hinsicht wenig interessanten Besonderheiten seines Körpers, sondern schätzte auch sehr zutreffend den Charakter des Patienten ein. Er fragte sich, in welcher Beziehung zu diesem Herrn die sehr nette und hübsche junge Frau stand, die ihn begleitete, und es war vor allem ihretwegen, weshalb er dem Botschafter dessen freudig vorgetragene Bitte nicht abgeschlagen hatte: «Herr Professor, gestatten Sie mir, Sie demnächst erneut mit der Bitte um Elektrokardiogramm und Analyse zu behelligen?» – «Ich wäre sehr erfreut, obwohl keinerlei Notwendigkeit besteht», sagte er trocken. Deshalb musste er jetzt wieder eine halbe Stunde seiner Zeit opfern, die er viel lieber mit der Lektüre von Spinoza verbracht hätte.

Der zweite Patient war ein wenig interessanter. Er litt an ganz gewöhnlicher, klassischer Angina Pectoris, ohne Komplikationen, nicht sonderlich bemerkenswert und nicht übermäßig gefährlich. Professor Fouquot verordnete Ruhe, eine leichte Diät, Tabak- und Alkoholabstinenz und bei Anfällen Trinitrin. Dabei dachte er, dass jeder Arztanfänger für ein Honorar von dreißig Francs, ohne Röntgenapparat oder Elektrokardiograf genau das Gleiche verordnet hätte. «Die Diagnose ist durchaus günstig, versuchen Sie dennoch, jede Aufregung zu vermeiden ... Sie haben Ihre Handschuhe vergessen ... Es besteht kein Anlass, mich erneut aufzusuchen», sagte er dem Patienten noch einmal, während er die Tür öffnete und mit einer leichten Kopfbewegung Wislicenus in das Kabinett bat.

«Dann bin ich mal gespannt, wie sich die weltweite Nummer eins anstellt», dachte Wislicenus, als er das Kabinett betrat. «Man sieht es ihm an, dass er Mitglied in allen möglichen philanthropischen und anderen Gesellschaften zur Rettung des Seelenheils ist. Aber ein kluges Gesicht ... Ich glaube, die Ärzte seiner Generation haben früher Bart getragen.» Er stimmte sich ironisch ein, in Wirklichkeit war er jedoch aufgeregt – und genierte sich deswegen. «Gleich werde ich erfahren, was los ist ... Sein Wartezimmer sieht aus wie eine Bibliothek, das Behandlungszimmer ähnelt einem Physikinstitut. Das hier ist ein

Röntgenapparat, und was für ein Ding ist das da?» Es gab keinen Schreibtisch. In der Zimmerecke stand ein niedriger runder Tisch mit zwei Stühlen, ohne Schreibutensilien: Nur auf dem Kaminsims, neben dem Röntgengerät, lag ein Haufen angespitzter Buntstifte.

«Bitte setzen Sie sich», sagte der Professor und wies auf einen der Stühle am Tisch. «Das Wetter ist miserabel, nicht wahr?» Nachdem er sich vergewissert hatte, dass der Patient Französisch sprach, fragte er ihn, ob er schon lange in Paris sei, ob ihm Frankreich gefalle und wie die Dinge in Russland stünden. Der Professor achtete kaum auf die Antworten (die übrigens sehr knapp ausfielen) und schaute den Patienten aufmerksam an. Noch bevor er ihn untersucht und die erste medizinische Frage gestellt hatte, fast ohne Beweismittel, allein durch Intuition erkannte er augenblicklich, dass dies ein schwer kranker Mann war, der offenbar ein anstrengendes Leben geführt hatte und dessen Organismus stark verschlissen war, vermutlich ein hoffnungsloser Fall. Er hatte schon eine erste intuitive Vermutung, was die Krankheit betraf: ebenfalls Angina Pectoris, aber bedeutend schlimmer und gefährlicher als bei dem vorherigen, uninteressanten Patienten. «Wie viele Einwohner hat Moskau denn heute?», fragte er und holte eine Karteikarte aus der Schublade. «Sind es wirklich dreieinhalb Millionen? ... Wie schreibt man übrigens Ihren Nachnamen – mit Ts oder Zett? Es gab da einen berühmten Chemiker ... Moskau holt Paris also langsam ein?» Im weiteren Verlauf des Gesprächs bat er den Patienten um verschiedene Angaben und notierte sie mit einem Füllfederhalter: Alter, Nationalität, Wohnort. «Sind Sie verheiratet? ... Und Sie waren auch nie verheiratet? Gut ... Vor dem Krieg waren es nur anderthalb Millionen, nicht wahr? Sehr interessant, sehr interessant ... Und was sind Sie von Beruf?» – «Ich bin Revolutionär», sagte Wislicenus und begriff selbst, dass das eine dumme

Antwort war. «Aber was für einen Beruf soll ich denn nennen?»,
dachte er ärgerlich und korrigierte sich: «Sowjetangestellter.»
Der Professor legte die Karteikarte auf den Tisch und starrte
den Patienten an. In seinen fünfundvierzig Jahren Praxis hörte
er eine solche Antwort zum ersten Mal.

«Das ist sehr interessant», sagte er ernst, mit demselben Gesichtsausdruck, mit dem er die Tatsache zur Kenntnis genommen hatte, dass Moskau jetzt dreieinhalb Millionen Einwohner
hatte. «Natürlich, ein Beruf wie jeder andere. Uns Franzosen ist
er nur fremd geworden. Ist das nicht auch bei Ihnen ein bisschen
der Fall? Vielleicht verschleißt Ihr Beruf die Menschen mehr als
andere?» Er schwieg einen Moment lang und sah sein Gegenüber fragend an. Wislicenus sagte nichts. «Diese nette junge
Dame hat mir gesagt, dass Sie Herzbeschwerden haben ... Sie ist
wohl eine Verwandte Ihres Botschafters?»

«Nein, seine Dolmetscherin und Sekretärin», antwortete er
knapp. Der Professor sah ihn an.

«Sie ist sehr nett und hübsch ... Aha, Dolmetscherin und
Sekretärin», sagte der Professor gleichgültig, während er den
Patienten ansah. «Sie haben also Herzbeschwerden? Schmerzen,
ja?»

Er begann mit der ärztlichen Befragung. Er stellte kurze
Fragen. Er erfasste die Antworten nach wenigen Worten oder
legte sie dem Patienten gar in den Mund, dabei unterbrach er
sofort dessen bemühte Erklärungen und übersetzte sie in medizinische Fachausdrücke. Es schien, er wisse besser als der Patient
selbst, was dieser erlitt. «*Douleur précardiale avec sensation de
constriction thoracique ... Irradiations bronchiales ... Sensation
d'angoisse allant jusqu'à l'impression de mort imminente*»*,

* Präkardialer Schmerz mit einem Engegefühl in der Brust, bis in die Bronchien
hinein ... Angstgefühle bis zur Empfindung des nahenden Todes

sagte er offensichtlich nicht ohne Befriedigung und mit einem Ausdruck vollkommener Billigung, als wäre das alles vortrefflich und erfreulich für den Patienten. «Ihre Erklärungen sind nicht vonnöten», unterbrach der Professor ihn frostig, als der Patient ihm die eigene Sichtweise auf seine Krankheit erläutern wollte. Wislicenus wurde ungewollt verlegen. «Hatten Sie Syphilis?», fragte Fouquot ihn sachlich, als handle es sich um etwas Selbstverständliches. «Keine Syphilis?», wiederholte er seine Frage, halb erstaunt, halb enttäuscht. «Also wahrscheinlich nicht? Aber Sie haben sicher Ihr Leben lang Angst vor Syphilis gehabt. Sie haben Gicht, nicht wahr? Anzeichen von Gicht, aha ... Ausgezeichnet. Kommen Sie bitte hierher, zum Röntgenapparat.»

Er nahm einen Buntstift vom Kaminsims, setzte den Apparat in Gang und begann etwas zu zeichnen. Er stellte mit Genugtuung fest, dass seine intuitive, vorläufige Diagnose vollkommen richtig war: Angina Pectoris mit schwerer Schädigung der Aorta und weiteren Komplikationen. «Er hat noch drei Monate, wenn es hochkommt – vier», dachte er und empfand beinahe Genugtuung über die Genauigkeit seiner Voraussage: Das Gefühl des Mitleids war ihm schon längst abhandengekommen, so wie es jedem normalen Menschen abhandengekommen sein musste, der in seinem Leben so viel Leid, Qualen und Tode gesehen hatte wie er. «Sehr gut, sehr gut», wiederholte er mehrmals.

Wislicenus sah ihn hoffnungsvoll an. Sein Selbstwertgefühl verbot ihm zu fragen, ob eine unmittelbare Gefahr bestünde: «Macht nichts, ich habe so lange gewartet, da machen fünf Minuten mehr oder weniger auch nichts aus! Also mach weiter mit deinem Hokuspokus ...» Dennoch war er beunruhigt und unangenehm überrascht, dass der Alte nicht als Erster irgendetwas sagte, so als wolle er seine Courage und Geduld auf die Probe stellen. Der Professor schaltete das Licht ein. Der gelangweilte Ausdruck war aus seinem Gesicht gewichen, und er sah Wislicenus freundlich, dankbar, fast liebevoll an. Es war ein sehr interessanter Fall, mit einer seltenen Kombination von Komplikationen. «Sehr gut, ausgezeichnet», wiederholte er.

«Besteht Gefahr, Herr Professor?», fragte Wislicenus, der es nicht mehr aushielt.

«Ich werde es Ihnen gleich sagen. Ich habe mir noch keine endgültige Meinung gebildet. Ich möchte Sie bitten, hierherzukommen, zum Elektrokardiografen.»

Er begleitete den Patienten zu dem Apparat in der Mitte des Raums, ließ ihn auf der Liege Platz nehmen, bat ihn, ein Hosenbein hochzukrempeln, bedeckte ihn mit einer Art Korkstoff, legte etwas Feuchtes auf sein Bein, setzte den Apparat in Gang und begann erneut mit seinem Hokuspokus. «Das sind Elektroden ... Ein bisschen weiß ich das noch aus dem Physikunterricht: Elektroden, Elektronen ... Natürlich muss ich in Betracht ziehen, dass er mit meinem Misstrauen rechnet», dachte Wislicenus müde. «Wenn er sagt, dass er keine besondere Gefahr sieht, heißt das, die Krankheit ist gefährlich. Wenn er ‹gefährlich› sagt, bedeutet das meinen Tod. Aber wann? In einem Jahr? In zwei?» Er dachte noch, dass die Bemühungen derer, die ihm den «Erbsenmantel» auf den Hals geschickt hatten, vielleicht völlig umsonst waren. Der Professor hielt den Apparat an. Ihm war alles vollkommen klar: Er wusste jetzt genau, wie der Patient sterben würde, er wusste beinahe untrüglich, wann er sterben würde. Dieser seltene und wertvolle Fall stimmte aufs Schönste mit der Theorie von Professor Fouquot überein.

«Ich sehe keine besondere Gefahr», sagte er entschieden. «Sie haben Angina Pectoris ... Sie können sich anziehen.»

Er ließ den Patienten auf einem Stuhl am Tisch Platz nehmen und erläuterte ihm kurz, sachlich und präzise die Maßnahmen. «Keine alkoholischen Getränke, außer in sehr geringen Mengen. Sie dürfen auch nicht rauchen. Essen können Sie, was Sie wollen, natürlich ohne zu übertreiben. Versuchen Sie, nervliche Belastung und Aufregung zu meiden», sagte er und wunderte sich selbst über die psychologische Absurdität seines Ratschlags. «Leben Sie allein?»

«Ja.»

«Aber vielleicht gibt es jemand, dem ich die Maßnahmen näher erläutern könnte? Jemand, der mich anrufen oder zu mir kommen kann? Eventuell diese nette junge Dame? Nein? Sie sind nicht vertraut mit ihr? Na gut ... Das ist kein Problem. Könnten Sie aufs Land fahren? Das wäre großartig. Frische Luft ist sehr gut fürs Herz.»

«Ich fürchte, das ist nicht möglich.»

«Nun, dann bleiben Sie in der Stadt. Die hat auch ihre Vorteile («*Le Burberry est chaud. Le Burberry est frais*», sagte sich Wislicenus). Und für Anfälle gebe ich Ihnen ein Medikament.»

«Muss ich unter Beobachtung eines Arztes sein?»

«Das kann sicherlich nicht schaden. Ihr Doktor ist ein erfahrener Mann», sagte der Professor. Er hielt diesen Arzt für einen Ignoranten und Versager, aber dieser Meinung war er auch, was die allermeisten anderen Ärzte betraf: Bei keinem von ihnen erkannte er die Intuition eines echten Diagnostikers und auch keine wirkliche wissenschaftliche Kultur: In Chemie und Bakteriologie kannten sich fast alle nur sehr schlecht aus; einige von ihnen hätten aufgrund ihrer Arroganz, ihrem Unverständnis und ihrer Unwissenheit durchaus die Strafkolonie verdient: Sie hatten erheblich mehr Tode auf dem Gewissen als Troppmann oder Landru[132]. «Ich würde mich freuen, Sie in einem halben Jahr wiederzusehen», sagte er, wohl wissend, dass dieser Mann in sechs Monaten im Grab liegen würde. Er dachte, dass er sich wegen seines Todestages beim Botschaftsarzt erkundigen müsste, für seine Tabellen. Der Professor begann wieder über

Politik zu sprechen. «Er ist viel klüger und bedeutender als sein Botschafter», schlussfolgerte er – nicht aus den Repliken des Patienten, die kurz und völlig uninteressant waren, sondern aus seinem Aussehen, seinem Gesichtsausdruck. «Schade, dass sie die Krankheiten nicht tauschen können.» Er konnte die Kommunisten nicht ausstehen, aber er hatte eine Schwäche für kluge Leute. Ohne das Gespräch zu unterbrechen, schrieb der Professor etwas auf ein Blatt Papier. «Hier habe ich alles aufgeschrieben.» Er erhob sich von seinem Stuhl.

«Ich danke Ihnen sehr», sagte Wislicenus, stand auf und legte dreihundert Francs auf den Tisch. «Man hat mir gesagt, Herr Professor, dass Sie mir aus irgendeinem Grund eine Vergünstigung eingeräumt haben ... Ich bin natürlich ...»

«Das hat keinerlei Bedeutung», unterbrach ihn Fouquot. «Wenn es Ihnen schwerfällt, brauchen Sie gar nichts zu bezahlen.»

«Aber nein, nein», sagte Wislicenus errötend. «Nochmals vielen Dank.» Der Professor begleitete ihn zur Tür. Im Wartezimmer saßen bereits zwei neue Patienten. «Es hat mich sehr gefreut, Sie kennenzulernen. Wenn Sie etwas brauchen, zögern Sie bitte nicht, Sie können sich jederzeit an mich wenden. Ich bin Ihnen gern zu Diensten ... Bitte», wandte er sich mit einer leichten Verbeugung an einen der neuen Patienten.

III

Endstation, wie es aussieht», dachte Wislicenus erschöpft, als er die Treppe hinunterging. «Vor allem, dass er mit jemandem sprechen will, der mir nahesteht ... Nun, das habe ich erwartet, und ich habe keine Angst ...» Er war so durcheinander, dass er vergaß, nach dem Schnüffler Ausschau zu halten; er erinnerte sich erst wieder an ihn, nachdem er in eine Seitenstraße eingebogen war. «Er scheint verschwunden zu sein ... Zum Teufel mit ihm! Was spielt das jetzt noch für eine Rolle! ...»

Die Lichter waren bereits an. Es war windig. «Es ist kalt ... Man müsste in ein Café gehen und trotz des Verbots etwas Hochprozentiges trinken, einen Pernod vielleicht ...» Er mochte dieses Getränk, weil es ihn an Absinth und damit an seine Jugend, an die Zeit vor dem Krieg erinnerte, damals hieß es: *«L'heure sainte de l'absinthe ...»**[133] Nun, wenn es die *Nummer eins in der Welt* sagt, gibt es keinen Grund, daran zu zweifeln: *Angina* Pectoris. Klingt nicht schön.»

Mit angewiderter Miene legte er die Hand auf die Brust, als verberge sich dort tatsächlich irgendeine Angina. Ein gelbes Blatt fiel von einem Baum auf das Bodengitter. «Ein passendes poetisches Bild, wenn auch etwas abgegriffen ...» Auf einmal spürte er den bekannten, urplötzlich einsetzenden, rasend anwachsenden Schmerz, Atemnot, Verzweiflung, schreckliche Todesangst. «Ein Anfall ... Das ist das Ende! ... Nein, nur nicht jetzt! Nur noch ein wenig, nur noch ein paar Tage! ...»

Er blieb keuchend stehen und lehnte sich an die Hauswand. Ein Passant schaute ihn befremdet an und beschleunigte den Schritt. Der Schmerz wuchs noch immer, wuchs ins Unerträgliche, noch eine Sekunde, dachte er, und sein Herz zerspringt! Er starrte stumpf auf das gelbe Blatt, auf das nasse Gitter unter dem Baum. «Passiert es wirklich *hier*? Passiert es wirklich *in dieser Minute*? Das kann nicht sein! ...» Ihm fiel noch ein, wenn er jetzt sterben würde, wäre das die Folge des Arztbesuchs und der

---

* die heilige Stunde des Absinths

Aufregung, und mit unaussprechlicher Erleichterung spürte er, dass der Schmerz nachließ ... «Es geht vorüber ...»

Taumelnd löste er sich von der Wand. «Nein, ich bin nicht umgefallen ... Da ist eine Bank, bis zu der muss ich es schaffen. Ja, es geht vorüber.» Wislicenus sank hilflos auf die Bank gegenüber einer Schusterwerkstatt. Im schwachen Licht des schwindenden Tags erkannte er im Schaufenster sein verzerrtes Gesicht zwischen den in Reih und Glied aufgestellten hohen Stiefeln. Die Atemnot hatte nachgelassen, aber er konnte noch keinen klaren Gedanken fassen. Er war schweißgebadet. «Einen so heftigen Anfall habe ich noch nie erlebt ... Vielleicht sogar schade, dass ich nicht in die Kiste gestiegen bin.» Ein riesiger schwarzer Schatten querte rasch den Lichtfleck, den das beleuchtete Schaufenster auf den nassen, bräunlichen Boden des Gehwegs warf. Im Fensterglas spiegelte sich die Silhouette eines großen Mannes mit hochgeschlagenem Kragen, der hinter der Bank über die Straße ging. «Er kommt mir bekannt vor», dachte Wislicenus mit Schrecken, «aber wo habe ich ihn gesehen? ...» Er nahm all seine Kräfte zusammen und drehte sich um. Der große Mann war um die Ecke verschwunden. «Nein, Unsinn ... Das ist sie, die *impression de mort imminente* ... Der Schmerz lässt nach, gleich ist er ganz weg ... Noch ist er da, aber er geht weg, gleich ist es vorbei ...» Er erhob sich, ließ sich erneut auf die Bank fallen, stand dann auf und ging schwankend weiter.

C erisiers Automobil hielt vor dem Gefängnistor. Trotz langjähriger Gewohnheit betrat der Anwalt das Gefängnisgebäude stets mit einem äußerst unangenehmen Gefühl, das an körperlichen Widerwillen grenzte. Dieses Mal, am Vorabend der Verhandlung, fiel ihm der Besuch beim Angeklagten besonders schwer. Er mochte solche Fälle generell nicht. Hier konnte man nicht auf Argumentation, Dialektik, Beweisprüfung setzen; und es gab auch keine Chance auf Erfolg. In Anbetracht der offensichtlichen Aussichtslosigkeit des Falls würde man dem Verteidiger allerdings keine Vorwürfe machen können. Ungeachtet dessen, dass der Fall so viel Staub aufgewirbelt hatte, bedauerte Cerisier aufrichtig, dass er die Verteidigung übernommen hatte.

Am Morgen nach dem Mord kam die Polizei im Rahmen ihrer Ermittlungen zu Vermandois. Er war völlig fassungslos, und es dauerte lange, bis er sich von seiner Überraschung und dem Schreck erholt hatte. Er hörte sich alles an, machte große Augen, stöhnte und schrie auf; auf die respektvollen Fragen der Ermittlungsbeamten antwortete er verworren und betreten, als lege man ihm selbst etwas zur Last, als lägen Schuld, Schmach und Verantwortung teilweise auf seinen Schultern. Nachdem die Polizei gegangen war, fielen die Reporter über ihn her. Das Verbrechen war an sich schon sensationell (zu allem Ärger gab es an diesem Tag keine anderen Sensationen), das Interesse an diesem Fall wurde jedoch noch dadurch gesteigert, dass es sich bei dem Mörder um den Sekretär eines berühmten Schriftstellers handelte. Vermandois war endgültig erbost. In seiner Fassungslosigkeit empfing er den ersten Reporter, dann den zweiten, schließlich befahl er der Alten haareraufend, niemanden mehr vorzulassen, und schaltete das Telefon ab.

Allein in seinem Arbeitszimmer, konnte er sich nicht gleich beruhigen. «Was bedeutet das, was ist das für ein Mensch? Und wie kommt es, dass ich nichts bemerkt habe? Richtig, ich habe ihn immer für einen Psychopathen gehalten, aber doch nicht in diesem Sinne! ... Da will ich mich in die Seele irgendeines Lysanders versetzen, und neben mir spaziert ein Mörder herum, verbringt Stunden in meiner Nähe, und ich bemerke nichts, rein gar nichts! ...» Ihm kam in den Sinn, dass Alvera ihn selbst hätte töten können. Er schauderte. «Ein solches Ende hätte mir gerade noch gefehlt! ...»

Die Alte brachte die Zeitungen. In allen gab es, in leicht unterschiedlichen Formulierungen, riesige Schlagzeilen: «Doppelmord in Louveciennes». Obwohl Vermandois nur zwei Reporter empfangen hatte, fanden sich Interviews mit ihm in sechs oder sieben Zeitungen. In manchen war sogar sein Foto abgedruckt, neben dem des Mörders in Handschellen. In einem der Artikel hieß es, er wolle für die Verteidigung Alveras aufkommen. «Ja, ich muss wirklich mit jemandem sprechen! ...» Ihm fiel Cerisier ein, mit dem er am Vortag bei Kangarows Diner zusammengetroffen war. Eigentlich gab es geeignetere Personen für die Verteidigung eines Mörders. «Egal, Cerisier taugt auch! Die sind einer so viel wert wie der andere. Cerisier wird aus Gefälligkeit nicht ganz so viel verlangen ...»

Auf ein Honorar verzichtete Cerisier noch während ihres ersten Telefongesprächs. Eigentlich übernahm er ungern Fälle umsonst: Das fehlende Honorar schmälerte die Freude an der Verteidigung. Aber er hatte feste Regeln. «Bezahlung kommt nicht infrage, mein lieber Freund.» – «Warum nicht?» – «Weil Sie keinerlei Grund haben, für die Sünden dieses verheißungsvollen jungen Mannes aufzukommen. Wieso sollte ich Geld *von*

Ihnen annehmen? Und ich sage Ihnen auch ganz offen, meine Begeisterung über diesen Fall hält sich in Grenzen. Außerdem bin ich kein Spezialist für diese Art von Fällen, obwohl ich gelegentlich auch als Strafverteidiger auftrete ...» – «Ihre Plädoyers bei Strafprozessen sind wahre Wunder an Gedankentiefe und Stil», sagte Vermandois, «ich lese sie in den Zeitungen und bin hingerissen.» – «Alter Lügner! Du bist doch nur froh, dass ich kein Geld verlange», dachte Cerisier, dem die Bemerkung gleichwohl schmeichelte. «Ich danke Ihnen von Herzen, aber Sie hätten sich besser an einen Spezialisten wenden sollen.» – «Ich glaube an Sie und nur an Sie!» – «Lassen Sie mich nachdenken. Bisher habe ich die Zeitungen nur überflogen. Wenn ich die Verteidigung übernehme, dann aus professionellem Pflichtgefühl und um Ihnen gefällig zu sein.» – «Nun, darüber sprechen wir noch!», verkündete Vermandois mit vieldeutig drohender Stimme, als er merkte, dass es ihn nichts kosten würde. Sosehr er es auch gewohnt war, dass man in seiner Person der französischen Kultur die Ehre erwies, so war er doch gerührt. Cerisier lächelte und dachte: «Er würde tausend Francs lockermachen, und anschließend hätte ich keine Ruhe mehr vor ihm, und er würde allen erzählen, dass ich ihm ein Vermögen abgeknöpft hätte.» – «Ich werde mich in den Fall einlesen und dann sofort zu Ihnen kommen.» – «Soll ich vielleicht lieber zu Ihnen kommen? Es wäre mir eine Freude.» – «Nein, nein. Ich habe heute ohnehin in Ihrer Gegend zu tun.»

Cerisier las die Zeitungsmeldungen. Die Abendzeitungen berichteten, dass der verwundete Polizist unter schrecklichen Qualen gestorben sei. «Worauf soll man da seine Hoffnung setzen?», dachte er und seufzte. Für einen Rückzug war es aber zu spät. Er fuhr zu Vermandois und hörte ihm lange staunend zu.

«Ja, Sie haben keine besonders glückliche Hand bei der Wahl Ihres Sekretärs gehabt, mein Lieber», sagte er lächelnd.

«Ach, ich bin aufs Äußerste entsetzt! Ich wäre nicht erstaunter gewesen, wenn man mir gesagt hätte, dass Sie einen Mord begangen haben. Oder ich selbst.»

«Er hat sich also zuweilen seltsam benommen? Sie denken, er war verrückt?»

«Ich denke gar nichts. Und ich verstehe gar nichts.»

«Ach, was ist das nur für eine Jugend heute!», rief Cerisier aus und gab seine Gedanken über die Jugend und ihre übertriebene Begeisterung für den Sport, den schädlichen Einfluss der Zeitungen und insbesondere des Kinos zum Besten. «Dieser vielversprechende junge Mann hätte ja auch Sie töten können.»

«Daran habe ich nicht gedacht! Warum ist er nur so weit gefahren, bis nach Louciennes? (Vermandois sagte wie früher: Louciennes, nicht Louvenciennes; Cerisier machte sich das sofort zu eigen.) Diese paar Sous, da wäre er auch bei mir fündig geworden. Aber was glauben Sie, besteht Hoffnung, seinen Kopf zu retten?»

«Eine sehr geringe. Genauer gesagt, gar keine, nach dem Tod des Polizisten. Sagen Sie selbst, was für mildernde Umstände kann es hier denn geben? Ich muss wahrscheinlich beweisen, dass er verrückt ist. Ich will jedoch nicht verhehlen, dass das heute nur eine geringe Wirkung auf die Geschworenen hat, vor allem in Paris. Der Fall wird wahrscheinlich vor einem Gericht in Versailles verhandelt, das ist fast dasselbe. Hat er wenigstens eine Mutter?»

«Das weiß ich nicht. Ich erinnere mich, dass er sagte, er habe niemanden.»

«Schade. Wir müssen also ohne die *Tränen der betagten Mutter* auskommen. Übrigens ziehen die heute auch nicht mehr, ebenso wenig wie die Tatsache, dass ‹der unglückliche junge Mann nie elterliche Zuneigung erfahren hat›. Jedenfalls werde ich für Ihren Raskolnikow tun, was ich kann. Und Sie werden uns natürlich einen Roman schreiben», sagte Cerisier und lachte.

«O ja, ja. Paul Bourget[134] hätte unweigerlich einen Roman geschrieben und den Jungen zum unehelichen Sohn eines Herzogs gemacht, der von einem Freimaurer vom rechten Weg abgebracht wird. Bedauerlicherweise ist Paul Bourget tot. Und was Raskolnikow betrifft, so sollten Sie dieses Meisterwerk unbedingt wieder einmal lesen: In dieser großen Stadt, in der Hauptstadt, dort kennt jeder jeden, und alle treffen ständig aufeinander: dieser Swi..., Swi... – wie heißt er noch mal? – wohnt durch einen glücklichen Zufall in der Nähe dieser engelsgleichen Prostituierten und belauscht natürlich, wie der edle Mörder der engelsgleichen Prostituierten sein Verbrechen beichtet. Ich bin natürlich nicht Dostojewski, aber ich wäre vor dieser für einen Romanschriftsteller so glücklichen Fügung zurückgeschreckt: Es hat doch sicher mehr als zwei möblierte Zimmer in Petersburg gegeben, oder? Und sein schreckliches Französisch, auf das er offensichtlich stolz war, ständig baut er französische Sätze in den Text ein: Unsere Übersetzer haben sie ehrfürchtig stehen gelassen, sie sind ihnen heilig! Das hat ihn nicht davon abgehalten, uns zu verachten und zu hassen, wie übrigens alle anderen Völker auch. Er war überzeugt, dass er, nachdem er zwei Wochen in Paris gelebt hatte, Frankreich und die Franzosen, die Besonderheiten und Geheimnisse unseres Charakters durchschaut, dass er alles, aber auch alles verstanden hätte. Und am meisten hat ihn in Westeuropa erstaunt, dass es überall so dreckig war: Er hatte sich in Sibirien, in der Katorga, ja so an die Sauberkeit gewöhnt ... Aber ich schweife ab: Ich mag diesen Mann nicht, obwohl ich den großen Schriftsteller bewundere. Die Mordszene ist großartig, lesen Sie ‹Verbrechen und Strafe›, lesen Sie es unbedingt vor dem Prozess. Obwohl schon drei Generationen von Anwälten vor Gericht auf Raskolnikow setzen ... Nebenbei bemerkt, das heißt nicht nebenbei, mein lieber Freund: Ich bestehe darauf, dass Sie ein Honorar annehmen.»

«Ich wiederhole, das kommt nicht infrage. Sie werden Ihrem reizenden Sekretär einen anderen Gefallen tun: Sie werden selbstverständlich Hauptzeuge der Verteidigung sein.»

«Was sagen Sie da? Muss ich dann nicht vor Gericht erscheinen?»

«Was sonst? Sie werden ihn durch Ihre bloße Anwesenheit im Gerichtssaal verteidigen.»

«Hören Sie auf! Kann man nicht darauf verzichten?»

«Vollkommen unmöglich.»

«Oh, mein Gott! Damit habe ich überhaupt nicht gerechnet!»

«Mein lieber Freund, damit mussten Sie rechnen! Das ist entscheidend.»

«Entscheidend, aber äußerst unangenehm. Was, wenn ich nicht in Paris bin? Ich fahre doch häufig weg.»

«Dann werden Sie selbstverständlich eigens dafür zurückkommen müssen. Sie werden das *Gewissen* der Geschworenen sein!», sagte der Anwalt begeistert.

Cerisiers erster Eindruck vom Täter war äußerst unvorteilhaft, obwohl er natürlich nichts Gutes erwartet hatte. Abgesehen von seinem abstoßenden Äußeren, war Alvera arrogant und anscheinend selbstverliebt. Sein intellektuelles Niveau war aufgrund seiner Schweigsamkeit schwer zu beurteilen. Auf Fragen antwortete er einsilbig; Versuche, sich ihm *emotional* zu nähern, waren nicht erfolgreich: Das Gesicht des jungen Mannes spiegelte nur Erbitterung. «Vielleicht haben Sie Hunger gelitten?», fragte Cerisier. «Ich hatte jeden Tag mein Frühstück und Mittagessen.» – «Hat Sie vielleicht die Liebe zu einer Frau, der Sie helfen wollten, zu dem Verbrechen getrieben?» Alvera lachte auf.

Er erklärte, dass er Chartier getötet habe, weil er ihn ausrauben wollte. Im Grunde war nicht einmal klar, worin sein Anarchismus bestand oder worin er sich von einem gewöhnlichen Kriminellen unterschied. Während des Gesprächs gähnte er, man wusste nicht, war es ein natürlicher Reflex oder Großtuerei. In allem spürte man, dass der junge Delinquent wenig auf seine Verteidigung gab und nicht besonders betrübt gewesen wäre, wenn er hätte ohne Anwalt auskommen müssen. «Ein verkommenes Subjekt», dachte Cerisier.

So hatte er es Vermandois noch am selben Tag am Telefon gesagt. «Wie ist es möglich, dass er *Ihr* Sekretär war?» – «Ich versichere Ihnen, er ist mit seinen Aufgaben hervorragend zurechtgekommen. Er ist Bakkalaureus, hat einen guten Abschluss am Lyzeum gemacht und sehr viel gelesen.» – «Ich weiß nicht. Auf mich wirkt er bösartig, stumpfsinnig und verkommen. Vielleicht liegt es daran, dass er bei seiner Verhaftung brutal niedergeschlagen wurde; er bietet einen fürchterlichen Anblick. Wie sehr ich mich auch bemüht habe, irgendetwas herauszufinden, was für ihn spräche, es ist mir nicht gelungen. Die Aussagen, die er vor dem Untersuchungsrichter gemacht hat, werden ihn zweifellos ins Verderben stürzen.» – «Der Unglückliche! Kann man denn wirklich nichts machen?» – «Ich werde dafür plädieren, dass er bei seinen ersten Aussagen nicht im Vollbesitz seiner Geisteskräfte war, sie dürfen nicht berücksichtigt werden. Es genügt zu wissen, dass er den Tatbestand des geplanten Vorsatzes ohne Wenn und Aber zugegeben hat!» – «Wie furchtbar!» – «Mal sehen, was die Gutachter dazu sagen. Aber ich wiederhole es noch einmal: Dieser Fall ist hoffnungslos.» – «Lieber Freund, tun Sie, was Sie können. Ich verlasse mich ganz auf Sie.»

Cerisier sah seinen Mandanten später noch zweimal. Entweder verstand Alvera seine vorsichtigen Andeutungen nicht richtig, oder er hatte gar kein Interesse an seiner Verteidigung. Auch das Gutachten, das dem Mörder bescheinigte, ein ganz normaler Mensch zu sein, bedeutete nichts Gutes. Als er die Schlussfolgerungen der Gutachter las, zuckte Cerisier nur mit den Schultern.

Jetzt, vor Beginn der Verhandlung, hielt er es als gewissenhafter Anwalt für seine Pflicht, noch einmal mit dem Angeklagten zu sprechen. Er hatte sich einen Verteidigungsplan zurechtgelegt, musste aber erkennen, dass dieser Plan nicht viel wert war: Das jugendliche Alter des Täters – er war fast noch ein Kind –, schwierige Lebensverhältnisse, die fehlende Familie, ungute Erbanlagen, schlechte Lektüre, absurde Ideen, oft vermischt mit sozialistischem Gedankengut, schließlich der zwanghafte Gedanke, sich an der Gesellschaft rächen, einen Mord begehen zu müssen, zunächst rein theoretisch – und schließlich, an jenem verhängnisvollen Abend, in einem plötzlichen Anfall von Wahnsinn ... Cerisier glaubte selbst kaum an all das; zudem erkannte er, dass der Staatsanwalt, fatalerweise ein fähiger Mann, seine Argumente mit Leichtigkeit entkräften würde: Von Armut konnte keine Rede sein, ungute Erbanlagen ließen sich nur schwer definieren, der Delinquent war ein junger Mann, aber beileibe kein Kind. Cerisier fiel keine andere Verteidigungsstrategie ein. Die Lage seines Mandanten wurde noch dadurch erschwert, dass er einen Polizisten getötet hatte; das schloss die Möglichkeit einer Strafmilderung durch den Staatspräsidenten beinahe aus. Zu allem Überfluss trug der Mörder einen ausländischen Namen, auch wenn er die Geschworenen nicht mit ausländischem Kauderwelsch reizen würde. Das Motiv für das Verbrechen, was auch immer er über Anarchismus sagen würde (lohnte es sich überhaupt, das vorzubringen?), war das denkbar abstoßendste: Raub. Cerisier selbst würde, wäre er einer der Geschworenen, kaum Nachsicht mit einem solchen Mörder üben. «Keine Chance, seinen Kopf zu retten, nicht eine unter hundert», dachte der Anwalt, als er das düstere Gebäude betrat. In seiner Vorstellung blitzte alles auf, was zu solchen Fällen dazugehörte: das Warten auf das Urteil, die mitfühlenden Worte des Trostes, das theatralische Händeschütteln, womöglich eine Ohnmacht («Bringt ihm Wasser!»), die für beide Seiten gleichermaßen unangenehme Vorsprache beim Präsidenten der Republik und schließlich der Schlussakt, bei dem der Verteidiger üblicherweise anwesend zu sein hatte. Bei seiner Gutmütigkeit und Emotionalität machte ihm das alles ungemein zu schaffen.

Es roch unangenehm in den Gefängnisfluren, Cerisier rümpfte die Nase und ging ins Parloir[135]. Er setzte sich an einen Tisch und überlegte schweren Herzens, wie er seinen Mandanten überreden könnte, in seinem Sinne auszusagen: «Ich bin ohne Hintergedanken zu Chartier gefahren, und plötzlich – ich weiß gar nicht, wie mir geschah ...» Einem Mandanten Aussagen *in den Mund zu legen*, gehörte sich nicht. Zugegeben, das machten viele Anwälte; Cerisier gefiel das nicht, aber er sah keinen anderen Ausweg. Ein plötzlicher Anfall geistiger Umnachtung bot vielleicht noch eine kleine, winzige Hoffnung, Alveras Kopf zu retten. Dabei musste man bei dem jungen Psychopathen auf Überraschungen gefasst sein: Möglich, dass er sich starrsinnig auf seinen Anarchismus und den Hass auf die bürgerliche Welt berief, möglich auch, dass er stolz auf seine Tat war, möglich, dass er, im Gegenteil, völlig den Mut verlor und bei den Geschworenen nichts als Abscheu erregte. Cerisier, der seinen Mandanten eine ganze Weile nicht mehr gesehen hatte, fürchtete sich auch jetzt vor einem Tränenausbruch; er wusste, wie eine lange Haft einen Menschen brechen konnte. Wenn der Junge vor Gericht weinen würde, in einem passenden Moment, gut gespielt, könnte das vielleicht noch von Nutzen sein. Aber hier, im Parloir, waren Tränen völlig unangebracht.

V

A lvera befand sich nun schon seit mehr als einem Jahr im Gefängnis. Die Haft war nicht so, wie er sie sich vorgestellt hatte: in mancherlei Hinsicht besser, in anderer schlechter. Er war davon ausgegangen, dass er Tag und Nacht über das Schicksal nachdenken würde, das ihn erwartete; in Wirklichkeit dachte er nur selten und, wie ihm schien, fast desinteressiert über sein Los nach. Im Gefängnis litt er vor allem an den schlechten Lebensbedingungen, an Langeweile und Untätigkeit.

Er hatte sich stark verändert. Es war nicht so sehr sein Verbrechen oder die Erwartung der Hinrichtung, die diese Veränderung bewirkt hatte, sondern die Folge des schrecklichen Schlags mit der Flasche bei seiner Festnahme. In den ersten Tagen überwältigte der unerträgliche Schmerz all seine anderen Sinne; anfangs machte er seine Aussagen, ohne zu begreifen, was er überhaupt sagte. Der Gefängnisarzt meinte, der Gefangene werde ins Delirium fallen oder eine Gehirnhautentzündung bekommen und in ein Krankenhaus verlegt werden müssen. Aber er fiel nicht ins Delirium und blieb in seiner Zelle.

Ein Zahnarzt entfernte ihm die Wurzeln seiner abgebrochenen und ausgeschlagenen Zähne, aus seinem Mund floss kein blutiger Speichel mehr, die Schmerzen und die Schwellung in seinem Gesicht ließen allmählich nach – soweit er das durch Betasten und sein Spiegelbild auf glänzenden Oberflächen beurteilen konnte, die ihm gelegentlich unter die Augen kamen (in seiner Zelle gab es solche Gegenstände nicht, wohl aber beim Untersuchungsrichter). Dennoch waren die Auswirkungen des Schlags erheblich. In den seltenen Momenten, da er in sein *altes* Seelenleben zurückfand, meist nachts, hatte er das Gefühl, dem Wahnsinn zu verfallen – oder war er ihm schon verfallen? «Vielleicht hat dieser Schlag nur den Wahnsinn befördert, der schon vorher in mir war?», dachte er höhnisch grinsend. Aber da er das selber dachte, glaubte er nicht recht daran.

Seine Situation überdachte er *nüchtern*, und über sein Los machte er sich keine Illusionen, vor allem nachdem er erfahren hatte, dass der von ihm angeschossene Polizist gestorben war. Für sich genommen machte das keinen großen Eindruck auf ihn, aber er begriff, dass es *vorbei* war, dass er keine Chance mehr hatte, am Leben zu bleiben: Er war ein Räuber, hatte zwei Menschen getötet, darunter *ihren* Polizisten, er war ein Ausländer, ein *sale étranger**. Eine Chance gab es übrigens, eine auf tausend: wenn sich unter den Geschworenen eine Mehrheit von Feinden der bestehenden Ordnung fände, Kommunisten, Anarchisten, Linkssozialisten. Das war äußerst unwahrscheinlich: «Sechs – oder gar sieben? – von zwölf! Nun, *sie* werden schon die richtigen Leute für ihr Gericht auswählen ...» Mehr als einmal kam ihm der Gedanke an Selbstmord. Es schien nur eine Möglichkeit zu geben: sich den Kopf an der Wand einzuschlagen. Er schaute sich oft die Wand an, die unten bis zu einer Höhe von zwei Metern aus irgendeinem Grund schwarz gestrichen war und nach Kreosot[136] roch. Wenn man die Arme auf dem Rücken verschränkt und den Kopf mit Anlauf gegen die Wand rammt? Aber was für einen Anlauf kann man schon aus drei Schritt Entfernung nehmen, die Kraft wird nicht reichen, man wird wahrscheinlich nicht sterben, sondern sich nur eine schwere Verletzung zufügen und sich endgültig in einen Idioten verwandeln. Das war es nicht wert: Ein solcher Tod ist qualvoller als die Guillotine. Sich zu erhängen, war äußerst schwierig: Die Behörden hatten entsprechende Vorkehrungen getroffen. Sich die Adern aufzuschneiden? Ebenfalls fast unmöglich. Der Fri-

---

* dreckiger Ausländer

342

seur, der einmal in der Woche zu den Gefangenen kam, gab sein Rasiermesser nicht aus der Hand. Alvera lehnte es aus Ekel ab, sich rasieren zu lassen: Er ekelte sich vor den Rasierutensilien im Gefängnis. Er ließ sich einen Bart wachsen – das kaschierte auch die Narben des Schlags. Anfangs strich er sich den ganzen Tag nervös über die Bartstoppeln, dann gewöhnte er sich daran. Nachdem er *alles* erwogen hatte, gab er den Gedanken an Selbstmord auf.

Seltsamerweise kehrte er innerlich kaum noch zu seiner Tat zurück. In der ersten Nacht erinnerte er sich, halb im Fieberwahn, an das Arbeitszimmer von Monsieur Chartier, erschauerte schwach – und verbot sich fortan, daran zu denken, damit er nicht schwach würde: Wenn ihn die Erinnerung heimsuchte, schüttelte er sich, warf den Kopf hin und her und schaffte es tatsächlich, die Gedanken an diese Szene zu verscheuchen, was er sich hoch anrechnete. Er verhielt sich genauso, wie er es damals beschlossen hatte, als er die Möglichkeit eines Misserfolgs in Betracht zog: Damals hatte er beschlossen, im Falle seines Scheiterns ein *hochmütiges Grinsen* aufzusetzen, und das tat er auch, allerdings mehr anhand von Erinnerungsbildern. So hatten sich Henry, Caserio[137] und andere berühmte Anarchisten verhalten. Manchmal schien ihm jedoch, dass die Taten von Caserio oder Henry vorteilhafter gewesen waren: Vielleicht hätte er den unglücklichen Alten, der noch nicht einmal reich gewesen war, nicht töten sollen. Aber das spielte keine große Rolle – Ravachol[138] hatte genau solche Morde begangen, ganz zu schweigen von Lacenaire. Alvera versuchte, an all das nicht zu denken, und schottete sich mit seinem hochmütigen Grinsen von allem und jedem ab. Manchmal brütete er über dem Entwurf einer Verteidigungsrede: Er wollte *ihnen* die ganze Wahrheit sagen. Im Gefängnis gab es keine Zeitungen, und er wusste nicht, ob sein Verbrechen viel Aufsehen erregt hatte. Aber in den Gefängnisfluren musterten ihn die Leute, wenn er zum Untersuchungsrichter geführt wurde, mit Entsetzen und Neugier, einige steckten den Kopf aus den Türen, und Fotografen ließen ihre Kameras klicken. Er vermutete daher, dass es viel Aufsehen gegeben hatte. Er spürte das auch an der unbestimmt-respektvollen Haltung seiner Mitgefangenen ihm gegenüber. Alles das empfand er eher als angenehm. Als der erste Fotograf seine Kamera auf ihn richtete, machte Alvera nicht den üblichen grotesken Versuch, das Gesicht hinter seinen Händen mit den Handschellen zu verbergen, sondern blieb vielmehr stehen und grinste: «Immerzu, fotografiere nur – tue mir den Gefallen.»

Gleich am ersten Tag erhielt er auf Umwegen Angebote von zwei Anwälten, die seine Verteidigung übernehmen wollten. Auch das zeugte von dem Wirbel um seine Person. Selbst in seinem Zustand begriff er, dass es sich wahrscheinlich um junge Anwälte handelte, welche die Aufmerksamkeit, die der Fall hervorrief, für ihre Karriere ausnutzen wollten. Dann tauchte irgendwoher plötzlich Cerisier auf. Er kannte den Namen aus den Parlamentsberichten der Zeitungen, aber er war sich nicht sicher, ob der dicke Rechtsanwalt derselbe war, es konnte auch ein Namensvetter sein. Ihn zu fragen war ihm peinlich: Eine solche Frage hätte, das spürte er, einen weltmännischen Beiklang gehabt und wäre deshalb seiner Lage nicht angemessen gewesen. Später, beim Spaziergang im Hof, erfuhr er von einem Mitgefangenen, dass es *ebendieser* Cerisier war. «*T'as de la veine, c'est un as! Un ancien ministre!*»*, sagte der Gefangene zu ihm und tat so, als würde er ihn beneiden. Wirklich beneidet wurde er natürlich von niemandem; jeder im Gefängnis verstand, dass seine Messe gelesen war. Er lächelte spöttisch, war aber zufrieden – allerdings mehr aus Eitelkeit. Aus irgendeinem Grund interessierte ihn

---

* Du hast Glück, er ist ein Ass! Ein ehemaliger Minister!

auch, ob und wie viel Geld der Anwalt von Vermandois erhalten hatte. Aber auch das zu fragen war ihm peinlich.

Das erste Gespräch mit dem Verteidiger hatte nur eine Viertelstunde gedauert. Alvera wusste kaum noch, worüber sie im Einzelnen gesprochen hatten. Er erinnerte sich vage daran, dass Cerisier zu *seiner Seele vordringen* wollte und offenbar unzufrieden war, als ihm das nicht gelang. Der Anwalt sagte, dass *alles* von der Zusammensetzung der Jury abhänge: Man könne nichts vorhersagen.

«Es gibt keine hoffnungslosen Fälle, mein Freund», erklärte er lebhaft und energisch und gab indirekt und beiläufig zu verstehen, dass er sich in seiner Verteidigung auf plötzliche geistige Umnachtung berufen würde. «Auf plötzliche?», fragte Alvera und verstummte. Zum Abschied sprach Cerisier ihm Mut zu und erklärte ihm, dass er lange im Gefängnis sitzen würde (und gab damit zu verstehen, dass bis zur Hinrichtung auf jeden Fall noch viel Zeit war).

«Einstweilen wird meine Gehilfin Sie besuchen. Sie ist eine sehr tüchtige, verständige Dame und wird mir detailliert und korrekt Bericht erstatten. Sie können sich darauf verlassen, dass ich mich mit äußerster Sorgfalt um Ihren Fall kümmern werde. Zu gegebener Zeit komme ich wieder zu Ihnen ...»

«Sie wissen, ich kann Sie nicht bezahlen», sagte Alvera mürrisch und *grinste*. «Ich hatte zwar ein paar hundert Francs, aber das reicht nicht für Sie, und ich weiß auch nicht, wo die jetzt sind. Das, was man bei mir gefunden hat, ist *sein* Geld. Darüber kann ich offensichtlich nicht verfügen, und auch Ihnen wäre das sicher unangenehm.»

«Lassen wir das», erwiderte der Anwalt trocken (ganz schön unverschämt – oder völlig gewissenlos, dachte er). «Ich verteidige Sie nicht eines Honorars wegen ... Nun denn, Sie können mir *alles* über Mademoiselle Mortier ausrichten.»

345

Er verabschiedete sich und gab ihm die Hand irgendwie demonstrativ, als müsste er sich aus höheren Erwägungen dazu überreden. «*Du courage, du courage ...*»*, sagte Cerisier noch einmal.

Am nächsten Tag erschien eine junge und gut aussehende Dame bei Alvera im Gefängnis; sie war gerade erst in die Pariser Anwaltskammer aufgenommen worden und schätzte sich glücklich, dass sie dank besonderer Protektion zu Cerisier gekommen war (der berühmte Anwalt war übrigens stets von Frauen umgeben). Mademoiselle Mortier erhob sich rasch, als der Delinquent ins Parloir gebracht wurde, und begrüßte ihn ungestüm. Aber in ihrer Miene spiegelte sich Entsetzen, womöglich verursacht durch sein kaputtes, geschwollenes Gesicht mit dem riesigen Bluterguss. Alvera schien, die Verteidigerin habe Angst vor ihm: Sie sah sich besorgt nach den Wärtern um. Sie sprach schnell, in einem übertriebenen *Allerweltston*, so als spräche sie über die gewöhnlichsten Dinge. Mademoiselle Mortier liebte ihren Beruf, die Anwaltskammer, Cerisier, den Bâtonnier[139], das Gesetzbuch und vor allem die Robe, die sie schon viermal bei Gericht getragen hatte (außerdem probierte sie sie häufig zu Hause an).

Aus dem Gedächtnis, aber vollkommen korrekt (sie hatte kürzlich die Prüfungen abgelegt und, bevor sie ins Gefängnis fuhr, nochmals ins Strafgesetzbuch geschaut), hatte sie Cerisier erklärt, dass die Herbeiführung des Todes eines Menschen nach Buchstaben und Sinn des Gesetzes laut Paragraf 295 ff. eine Tötung, *homicide,* ist; wenn diese vorsätzlich geschieht, wird *homicide* als *meurtre* bezeichnet; wenn eine vorherige Planung nachgewiesen werden kann, spricht man nicht mehr von *meurtre*, sondern von *assassinat*. Darüber hinaus gibt es besondere Arten wie Vatermord, Kindsmord oder Vergiftung; und schließ-

---

* Nur Mut, nur Mut ...

lich gibt es noch den Hinterhalt, *guet-apens*. Aber da man unter *parricide* die Ermordung des Vaters oder der Mutter und unter *infanticide* die Ermordung eines Säuglings versteht, träfen die Paragrafen 299 und 300 auf keinen Fall zu, erklärte sie in einem fröhlich-aufmunternden Ton. Auch Paragraf 298 über den Hinterhalt träfe nicht auf Alvera zu, denn nach dem genauen Wortlaut dieses Paragrafen heiße es: «*Le guet-apens consiste à attendre plus ou moins de temps, dans un ou divers lieux, un individu soit pour lui donner la mort, soit pour exercer sur lui des actes de violence.*»* All das entsprach nicht dem Sachverhalt. Auf ihn traf entweder Paragraf 295 zu, *meurtre*, falls ihm der geplante Vorsatz nicht nachzuweisen war, oder Paragraf 302, *assassinat*, falls man ihm einen solchen beweisen konnte.

«Und was macht das für einen Unterschied für mich?», fragte Alvera mürrisch. Er schämte sich, weil sein Gesicht ramponiert war und weil er undeutlich sprach, er lispelte wegen der ausgeschlagenen Zähne und des aus dem Mund sickernden Bluts.

«Auf *assassinat* steht nach Buchstaben und Sinn von Paragraf 302 die Todesstrafe», sagte Mademoiselle Mortier in einem schuldbewussten Ton, aus dem herauszuhören war, dass sie diesen Paragrafen keinesfalls billigte.

«Und auf *meurtre*?»

«Die Strafe für *meurtre* ist lebenslange Zwangsarbeit. Daraus können Sie erkennen, wie wichtig für *uns* die Frage des geplanten Vorsatzes ist.» Sie erläuterte ihm ausführlich, was unter geplantem Vorsatz nach dem Gesetz und in der Rechtspraxis zu verstehen sei und wodurch sich *préméditation*** von *volonté criminelle**** unterscheide. Diese Erklärungen, die sie sich erst

---

* Ein Hinterhalt besteht darin, an einem oder mehreren Orten einer Person aufzulauern, um sie entweder zu töten oder Gewalt gegen sie auszuüben.

** Vorsatz

*** kriminelle Absicht, geplanter Vorsatz

vor Kurzem selbst angeeignet hatte, bereiteten ihr großes Vergnügen. Alvera hörte fast unbeteiligt zu und dachte, dass die Frage des geplanten Vorsatzes bei dem Mord an *ihrem* Polizisten bedeutungslos wäre. Die junge Verteidigerin entschwand *wie ein Engel des Trostes* und sagte ebenfalls, ähnlich wie Cerisier, aber in einem anderen, singenden Tonfall: «*Du courage! Du courage!*» Dann gab es noch die medizinische Begutachtung. Man stellte ihm jede Menge dummer Fragen. Alvera spürte, dass man ihn auch dann für gesund erklärt hätte, wenn er wirklich verrückt gewesen wäre, denn *sie* verteidigten die bestehende Ordnung und waren davon überzeugt, dass alle Kriminellen nur vorgaben, geisteskrank zu sein, das Ganze war für sie sterbenslangweilig.

Das gewöhnliche Gefängnisleben zog sich dahin, unkompliziert, eintönig, dröge. Um 5 Uhr 30 wurde man mit einem Signalton geweckt, um sechs bekam man eine Tasse schwarzen Kaffee und Brot für den ganzen Tag, um neun gab es Suppe mit Fleisch, um vier Uhr nachmittags die gleiche Suppe noch einmal. Das Essen reichte aus, um am Leben zu bleiben, aber im Tagesverlauf verspürte Alvera Hunger. Dann erfuhr er, dass auf seinen Namen zweihundert Francs von Vermandois eingegangen waren und dass er sich mit dem Geld etwas im Gefängnisladen bestellen konnte. Als sich am nächsten Morgen die Zellentür öffnete und man ihm Wurst und eine Tafel Schokolade vom Gefängniswägelchen reichte, stürzte er sich gierig darauf und spürte auf einmal, dass er erst jetzt richtig im Gefängnisalltag angekommen und ein richtiger Strafgefangener geworden war.

Dem Essen galt nun im Grunde das Hauptinteresse in seinem Leben. Er wusste, welche Suppe es an den verschiedenen Wochentagen gab, welche Lebensmittel im Gefängnisladen die besten und billigsten waren. Wie peinlich es ihm auch war, er fragte sich besorgt, was passieren würde, wenn das Geld von

Vermandois aufgebraucht wäre, und ob er neues schicken würde. Drei Tage später kamen hundert Francs, und von Zeit zu Zeit gab es weiteres Geld.

Neben dem kargen und schlechten Essens litt Alvera vor allem unter Langeweile. Man konnte sich Bücher in der Gefängnisbibliothek ausleihen, die wurden aber nur einmal pro Woche ausgegeben. Am schlimmsten war es abends und nachts. Das Licht wurde sehr früh gelöscht. Er schlief schlecht, wegen des Kreosotgeruchs (er hatte fast immer Kopfschmerzen), wegen der kratzigen Bettwäsche und wegen der Wanzen; der Kampf gegen sie war eine der Hauptbeschäftigungen der Häftlinge und eines der Hauptgesprächsthemen während der Hofspaziergänge. Die Gefangenen gingen in einem runden Hof spazieren, der durch radial auseinanderlaufende Mauern unterteilt war: In der Mitte des Kreises befand sich ein Wärter, der so alle Sektoren gleichzeitig überwachen konnte. In jedem Abschnitt gingen zwei oder drei Personen umher. Als offenkundiger und einziger Todeskandidat war Alvera die Hauptattraktion des Gefängnisses und genoss nicht nur bei den Häftlingen, sondern auch bei den Wärtern ein gewisses Ansehen. Er wurde, wie alle anderen auch, höflich behandelt. Einige seiner Mitgefangenen versuchten, ihn über seine *Tat* auszufragen. Er wich ihren Fragen beharrlich aus und lenkte das Gespräch auf die Suppe oder die Wanzen.

Von seinem *hochmütigen Grinsen*, das spürte er, war nicht mehr viel übrig – und konnte man denn hochmütig grinsen, während man an die Wanzen oder die Wurst denken musste oder daran, ob Vermandois, der Schuft, ihm aus Mitleid ein Almosen zukommen lassen würde? Alvera kam allmählich zu dem Schluss, dass es sinnlos war, sich *jetzt* darüber Gedanken zu machen: Henry und Caserio hatten sicher ebenso empfunden. Besser, man lebte einfach so weiter, *stückchenweise*, von einem Tag zum anderen. War er jetzt ein anderer Mensch? Ja, ein anderer, aber einer, der seine Gedanken der Welt bereits kundgetan und seine Furchtlosigkeit ausreichend bewiesen hatte. Um von seinem Plan nicht abzuweichen, setzte er nach wie vor sein hochmütiges Grinsen auf, wenn er zu einem Verhör oder zu einem Treffen mit seinem Verteidiger ging, aber er dachte immer weniger an seine Verteidigungsrede. Nach wie vor verbot er sich, an den Mord zu denken. Manchmal, wenn auch immer seltener, hatte er nachts quälende Momente *wachen Bewusstseins*.

VI

Das Guckloch öffnete sich, und jemand spähte herein, dann wurde auch die Tür geöffnet. Der eintretende Wärter sagte, dass der Rechtsanwalt da sei: Alvera solle ins Parloir gehen. «Kann ich machen», entgegnete Alvera lässig. Er war froh, vor allem über die Abwechslung, und es freute ihn auch, dass man ihn nicht vergaß. Es kränkte ihn beinahe, dass ihn in den Gängen niemand beäugen wollte, dass keine Fotografen da waren: «Wenn schon ein Prozess, dann lieber ein Sensationsprozess ... Aber wo sollen hier im Gefängnis die Fotografen herkommen?»

Mit einem leicht ironischen Lächeln, das er sich zurechtgelegt hatte, betrat er das Besuchszimmer, verbeugte sich lässig vor seinem Verteidiger und schaute ihn fragend an: Noch mehr schlechte Nachrichten? Cerisier erhob sich und sagte: «Guten Tag, mein Freund», und bemühte sich, so viel Wärme wie möglich in seinen Ton zu legen. Der Wärter verließ den Raum. Sie setzten sich an den Tisch.

«Wie geht es Ihnen?», fragte der Rechtsanwalt. «Es geht so, danke», antwortete Alvera. Er wollte sagen: «Und Ihnen?», aber er sah ein, dass das peinlich gewesen wäre. «Ich freue mich, dass Sie guter Dinge sind. Morgen ist also die Verhandlung ...» – «Ja, die Verhandlung.»

«Es gibt da noch etwas, worüber ich mit Ihnen vor Prozessbeginn sprechen möchte. Lassen Sie mich gleich zur Sache kommen.» Cerisier machte eine Pause und fuhr dann besonders eindringlich fort. «Ich will ganz offen zu Ihnen sein. Sie sind ein ... gebildeter (er wollte sagen: vernünftiger) junger Mann, Sie wissen, dass Ihr Fall schwierig ist, sehr schwierig ...»

«Ich weiß.»

«Sie müssen auf alles gefasst sein.»

«Ich bin auf alles gefasst.»

«Das heißt aber nicht, dass ich Ihre Situation für hoffnungslos halte ...»

«Ich halte sie dafür.»

«Sie irren sich. Es besteht Hoffnung. Selbstverständlich nur auf mildernde Umstände.»

«Sie meinen auf lebenslängliche Zwangsarbeit?»

«Vielleicht nicht lebenslänglich, sondern, sagen wir, zwanzig Jahre», sagte Cerisier nüchtern, unzufrieden mit dem Ton der Frage («er hat doch nicht etwa erwartet, dass er für so eine Tat einen Orden bekommt?»).

«Ich bevorzuge die Guillotine.»

«Ja, ja, ja, ich weiß. Das höre ich oft, aber es stimmt nie. Sie sind sehr jung; Sie können zwanzig Jahre verbüßen und als gar nicht so alter Mann ins Leben zurückkehren. Die Bedingungen in den Strafkolonien sind heute viel besser als vor dreißig Jahren. Außerdem können alle möglichen unvorhergesehenen Ereignisse eintreten, eine Amnestie, eine allgemeine Strafverkürzung.»

«Zum Beispiel, wenn der Präsident einen Sohn bekommt?»

«Nein, nicht wenn der Präsident einen Sohn bekommt», sagte der Anwalt schon gereizt. Er zügelte sich aber sofort, da er wusste, dass er es mit einem Verdammten zu tun hatte. «Stellen Sie sich etwa einen neuen 11. November[140] vor. Der Krieg kann jeden Tag ausbrechen. Es ist durchaus möglich, dass viele unschuldige Pariser viel früher sterben als die Sträflinge in Cayenne[141]. Dort wären Sie wenigstens vor Luftangriffen sicher», fügte er mit einem Lächeln hinzu. «Und außerdem, mein Freund, Sie wussten doch, worauf Sie sich einließen, als Sie in einem *Augenblick geistiger Umnachtung* (er betonte diese Worte) dieses schreckliche Verbrechen begingen ...»

«Hier gibt es einen logischen Widerspruch, Maître», sagte Alvera mit einem ironischen Lächeln. «Wenn ich gewusst hätte, worauf ich mich einlasse, hätte es diesen Augenblick geistiger Umnachtung nicht gegeben; und wenn ich einen Anfall geistiger Umnachtung gehabt hätte, dann hätte ich nicht gewusst, was ich tue.»

«Und was stimmt nun?», fragte Cerisier verblüfft und bereute die Frage sofort; in solchen Fällen war es besser, den Mandanten nicht zur Offenheit zu drängen; das konnte die Möglichkeiten der Verteidigung einengen.

«Es stimmt, dass ich vollkommen gesund war und das auch jetzt bin.»

«*Entendons-nous*»*, sagte der Anwalt eindringlich (das konnte man auf zweierlei Art verstehen), «ich sage natürlich nicht, dass Sie im eigentlichen Sinne des Wortes verrückt sind. Aber ich bin auch nicht damit einverstanden, was Sie jetzt aus jugendlichem Stolz heraus behaupten.» Alvera zuckte mit den Schultern. «Sie sind nicht Richter in eigener Sache. Vielleicht verstehe ich besser als Sie selbst, in welcher geistigen Verfassung Sie sich in *jenem Augenblick* befanden. Ich bin sicher, Sie können das überhaupt nicht verstehen. Ich bin völlig überzeugt», sagte

---

* «Einigen wir uns» oder «Lassen wir keine Missverständnisse aufkommen»

Cerisier pointiert, «dass Sie mit den friedlichsten Absichten nach Louciennes gefahren sind (‹warum Louciennes?›, fragte sich Alvera unangenehm überrascht). Ich weiß, ich weiß, Sie hatten diese fixe Idee – Mord, Rache, Anarchismus, ich weiß. Die forensische Psychopathologie kennt solche Fälle.» Alvera zuckte erneut mit den Schultern. «Aber ohne diese plötzliche geistige Umnachtung hätten Sie Chartier nie und nimmer getötet. Sie hätten ihm das Manuskript gegeben und wären friedlich nach Hause zurückgekehrt ... Davon bin ich überzeugt, mein Freund, vollkommen überzeugt, und meine Hauptaufgabe wird darin bestehen, auch die Geschworenen davon zu überzeugen. Dafür habe ich Beweise, zahlreiche Beweise, Sie brauchen gar nicht zu lächeln. Zum Beispiel haben Sie tadellose Kopien von den handschriftlichen Papieren des alten Mannes angefertigt. Wenn Sie vorgehabt hätten, einen Mord zu begehen, hätten Sie sich dann die Mühe gemacht und alles fein säuberlich abgetippt? Kann man denn in so einem Zustand dreißig Seiten abschreiben, ohne jeden Tippfehler? Sie hätten einfach ein paar Seiten zusammengepackt und Chartier erschossen, bevor er sie hätte anschauen können. Und diese Geschichte mit dem Radioapparat!» In Alveras Gesicht zuckte es plötzlich. Cerisier hielt einen Moment inne, sah ihn an und fuhr dann fort: «Hätte ein normaler Mensch denn plötzlich am Knopf des Apparats gedreht und so riskiert, dass sich halb Louciennes unter dem Fenster versammelt? Ein normaler Mensch hätte den Apparat nicht angerührt, oder er hätte den Stecker gezogen. Jedes Kind weiß, dass man den Apparat nur vom Strom zu trennen braucht, und er hört auf zu spielen ... Sehen Sie, Sie sind ganz blass geworden, und in Ihrem Gesicht zuckt es bei dem bloßen Gedanken daran ... Schon allein dass Sie krampfhaft zusammenzucken, wenn Sie sich daran erinnern, könnte die Jury für Sie einnehmen. (‹Ich hoffe, das hat er verstanden›, dachte Cerisier.) Eines jedenfalls müssen

Sie sich merken, mein Freund», sagte der Anwalt eindringlich, «die *einzige* Hoffnung, Ihr Leben zu retten, besteht darin, die Geschworenen, genauso wie mich, davon zu überzeugen, dass Sie in einem Zustand geistiger Umnachtung gehandelt haben. Und selbstverständlich dürfen Sie nicht den Beleidigten spielen, wenn ich vor Gericht bei der Beschreibung Ihres Geisteszustandes noch über das hinausgehe, was meiner tatsächlichen Überzeugung entspricht. Wenn Sie vor Gericht aus Starrsinn und Überheblichkeit erklären, dass Sie bei normalem Verstand waren, auch wenn ich das nicht glaube, beweisen Sie *mir* erst recht, dass Sie geistesgestört sind. Aber die Geschworenen und das Gericht lassen sich auf solche Feinheiten nicht ein, vor allem nicht bei einem so ungünstigen Gutachten wie dem *unseren*. Merken Sie sich das! Wenn ich den Geschworenen jedoch beweisen kann, dass Sie im Zustand der Unzurechnungsfähigkeit gehandelt haben, und wenn die Geschworenen an Ihre Reue glauben, hoffe ich stark, sehr stark auf mildernde Umstände. Welche Beweise kann es für einen geplanten Vorsatz geben? Den Revolver? Aber vielleicht haben Sie ja immer einen Revolver bei sich getragen ... Vielleicht ist das eine Ihrer vielen Marotten ...»

«Genauso ist es. Drei Monate habe ich ihn ständig mit mir herumgetragen.»

«Wirklich? Aber warum haben Sie mir das denn nicht früher gesagt? Das ist doch sehr wichtig ... Hat Sie jemand mit dem Revolver gesehen? Kann das jemand bezeugen? Das ist äußerst wichtig.»

«Nein, ich habe ihn natürlich niemandem gezeigt.»

«Warum haben Sie ihn gekauft? Etwa wegen Ihrer anarchistischen Überzeugungen? Weil ein Anarchist bewaffnet sein muss? Oder weil Sie ein jugendlicher Waffennarr sind und an die Romane von Louis Boussenard[142] und Gustave Aimard gedacht haben?»

«Ich habe den Revolver gekauft, um Chartier zu töten.»

Cerisier sah ihn gereizt an.

«Sie wissen es natürlich besser. Aber wenn Sie vorhaben, meine Aufgabe vor Gericht zu erschweren, dann sagen Sie es mir lieber gleich! Ich kann von Ihrer Verteidigung zurücktreten, dann müssen Sie sehen, wie Sie ohne Verteidiger auskommen, oder Sie beauftragen jemand anderes … Sie haben sich durch Ihre Aussagen vor dem Untersuchungsrichter schon genug geschadet.»

«Ich bin Ihnen sehr dankbar, Maître», sagte Alvera hastig.

«Wenn Sie mir dankbar sind, dann versuchen Sie zu verstehen, was ich sage. Ich sage Ihnen zum x-ten Mal, dass Ihre *einzige* Hoffnung darin besteht, die Geschworenen davon zu überzeugen, dass kein geplanter Vorsatz vorliegt. Wenn sie auf geplanten Vorsatz erkennen, haben Sie keine Chance, dann werden Sie hingerichtet», sagte Cerisier erzürnt: Eigentlich hätte er das nicht sagen dürfen. «Wenn Sie in Ihre Zelle zurückkehren, denken Sie über alles gründlich nach … Und jetzt müssen wir noch eine Kleinigkeit besprechen …»

Er brachte ein zusätzliches Gutachten ins Spiel. Eigentlich war das ein Vorwand: Er wollte sich nicht eingestehen, dass er gekommen war, um den Angeklagten zu instruieren, welche Aussagen er zu machen habe. Nachdem sie zehn Minuten gesprochen hatten, stand Cerisier auf und verabschiedete sich. Alvera machte irgendeine Bewegung. Der Anwalt hatte Mitleid mit ihm. «Was muss dieser Unglückliche für Nächte durchmachen!», dachte er und sagte mit munterer Stimme: «Verlieren Sie die Hoffnung nicht, mein Freund. Ich hoffe wirklich sehr auf mildernde Umstände. Ein Geschworenenprozess ist immer eine Lotterie, aber ich habe Grund zu der Annahme, dass die Geschworenen Ihre *aufrichtige Reue* und Ihr jugendliches Alter berücksichtigen werden … Übrigens sollten Sie sich rasieren. Es wird dem Staatsanwalt schwerfallen, Ihnen geplanten Vorsatz nachzuweisen, es sei denn, Sie helfen ihm dabei ... Auf baldiges Wiedersehen, mein Freund», beeilte er sich zu sagen und verließ den Raum mit einem Gefühl großer Erleichterung. «Gott sei Dank, es ist ohne Tränen abgegangen ...»

«Ja, ja, das weiß jedes Kind!», dachte Alvera, nachdem er in seine Zelle zurückgekehrt war. «Ein einziger Moment der Verwirrung hat alles zunichtegemacht. Aber wer konnte denn *ahnen*, dass da ein Radioapparat war? Die Tat war wissenschaftlich geplant, in allen Einzelheiten, mit Ausnahme eines einzigen Details, das niemand auf der Welt vorhersehen konnte. Natürlich, wenn ich den Apparat nicht angerührt hätte, wären die Nachbarn frühestens in zwei Stunden aufmerksam geworden oder sogar erst am nächsten Morgen. Und wenn ich den Stecker gezogen hätte, wäre überhaupt niemand aufmerksam geworden, bis die Haushaltshilfe gekommen wäre. In beiden Fällen wäre ich gerettet gewesen. In Paris hätten sie mich nicht aufspüren *können*. Aber reich wäre ich nicht geworden, nein, auch da habe ich mich geirrt ...» Aus den Verhören wusste er, dass man bei ihm nur 1500 Francs gefunden hatte, in der Brieftasche von Monsieur Chartier. Das hatte ihn im ersten Moment verwundert: Auch hier hatte er sich also verrechnet! «Was soll's, ich habe mich verkalkuliert, habe es verbockt wie ein dummer grüner Junge. Jetzt muss ich ‹meine Schuld gegenüber der Gesellschaft begleichen›. Wie viele Male wird es bei der Verhandlung und *danach* in den Zeitungsberichten heißen: *Il paya sa dette à la société*.»* Er brummte: «*Meine* Schuld gegenüber ihrer Gesellschaft! Eine schöne Art, Schulden zu begleichen! ...»

* Er hat seine Schuld gegenüber der Gesellschaft beglichen.

Zu seiner Verwunderung kam der Wärter früher als gewöhnlich in die Zelle und ließ die Pritsche, die am Morgen an der Wand befestigt wurde, für die Nacht herunter. «Wahrscheinlich ist das kein Zufall, dass ich *jetzt* solche Vergünstigungen bekomme», dachte er fast fröhlich. Gleich nachdem der Wärter gegangen war, zog Alvera sich aus und legte sich hin. In der Zelle war es ziemlich kalt. Er wärmte sich unter der Decke und erinnerte sich zufrieden daran, dass das menschliche Leben aus einzelnen Bruchstücken besteht. «Ja, ja, das stimmt, und ich bin wirklich dankbar für dieses Stückchen hier, für meine letzte Nacht ... Obwohl, nicht die letzte: Die Verhandlung wird sich wahrscheinlich länger als einen Tag hinziehen. Und werden nach dem Urteil nicht noch andere Tage und Nächte kommen? ... Ich weiß doch, was für ein Urteil mich erwartet ... Was soll sich denn ändern? Der Anwalt hat pathetisch erklärt, dass er Beschwerde einlegen will, Kassationsklage oder Berufungsklage, oder wie das bei ihnen heißt. Ich lasse mich *anstandshalber* breitschlagen – obwohl: wieso anstandshalber? – und bin einverstanden: soll er. Das wird mindestens einen Monat dauern.» Mehrmals hatte er Cerisier fragen wollen, wie viel Zeit gewöhnlich zwischen einem Urteil in erster Instanz und der Abweisung der Berufung in zweiter Instanz vergeht; aber es war ihm peinlich zu fragen, und so unterließ er es. «Lohnt es sich wirklich, Berufung einzulegen? Die Antwort lautet vernünftigerweise: natürlich nicht. Für ein paar Wochen Leben – und was für ein Leben! – lohnt es sich nicht, auf die schöne Formulierung zu verzichten: ‹Er hat es abgelehnt, Berufung einzulegen.› Andererseits nützen auch solche schönen Formulierungen nichts, und ein Satz in einem Zeitungsartikel, den ich noch nicht einmal lesen werde, hat keinerlei Bedeutung. Trotzdem werde ich darüber nachdenken müssen ...» Er wusste jedoch genau, dass er sich bereit erklären würde, Berufung einzulegen. «Man kann gar nicht anders, als

357

einverstanden zu sein: So bleibt mir noch ein ganzer Monat an *Lebensstücken*. Vielen anderen bleibt nicht einmal das. Und wenn es wirklich Krieg gibt, werden Millionen von ‹unschuldigen› Franzosen einen viel schrecklicheren Tod sterben, zerfetzt, verbrannt, vergast werden, und gut so, und gebe Gott, dass ein ebensolcher – nein, ein schlimmerer – Tod Millionen Deutsche ereilt! Sollen *sie* sich alle gegenseitig ausrotten, das ist ihre Bestimmung, die Bestimmung ihrer Gesellschaft, der gegenüber ich bald meine ‹Schuld› begleichen werde ...»

Er hatte lange darüber nachgedacht, wann genau seine «Schuld» begonnen hatte – vielleicht noch vor seiner Geburt ... Aus bestimmten Dokumenten ging eindeutig hervor, dass sein Vater im Jahr vor seiner Geburt erkrankt war. Alvera erinnerte sich grinsend daran, wie viel Kummer und Entsetzen ihm diese Dokumente, Briefe, Rezepte und Blutanalysen bereitet hatten. Das war damals ganz plötzlich über ihn hereingebrochen. «Damit hat alles angefangen. Daraus ist ‹meine Schuld gegenüber der Gesellschaft› geworden.» Heute lösten diese Gedanken weder Entsetzen noch Abscheu in ihm aus. «Ja, die Erbanlagen eines Syphilitikers auf dem Weg zum Idioten, ins Irrenhaus ... *Kératite interstitielle, convulsions épileptiformes* ... Es gab keinen anderen Weg für ihn. Nein, was seine Philosophie betraf, gab es keinen Irrtum. Das Leben ist das Produkt aus Masse und Spannung ... $A = U + T^{dA/dT}$», erinnerte er sich, und er freute sich, dass er das noch wusste. «Wo ist mein Heft jetzt? ... Der ganze Sinn des Lebens besteht darin, die Spannung zu erhöhen, ein möglichst spannendes, gefährliches und wildes Leben zu führen, ganz egal, wie. Und das ist mir gelungen! Ein dummer Fehler hat alles zunichtegemacht, und der Multiplikator der Masse ist auf ein Minimum geschrumpft, aber auf den Multiplikator der Spannung hat das keinen Einfluss. Welchen Wert soll ich für den Multiplikator der Masse einsetzen: zwanzig Jahre? Oder den verbleibenden Monat?» Plötzlich erinnerte er sich daran, dass man nach der Ablehnung der Appellationsbeschwerde immer noch ein Begnadigungsgesuch beim Präsidenten der Republik einreichen konnte. «Das bringt mindestens eine Woche! Noch eine Woche Leben!» Freude überkam ihn: Jemand schenkt ihm plötzlich eine Woche Leben. «Ist es nicht peinlich, um Gnade zu bitten? Unsinn! Der Rechtsanwalt reicht das Gesuch *gegen meinen Willen* ein ...» Eine weitere Woche voller Lebensstückchen, so wie jetzt: Es war warm, es gab keine Wanzen, was wollte man mehr?

Die Lampe erlosch. Er schlummerte bald ein. Er träumte einen schrecklichen Traum, einen Traum, den er schon einmal geträumt hatte, von einem Hirten, der mit der Sonne in Streit geraten war. Die Sonne nahm Rache an dem Hirten. Der Hirte spielte auf irgendeinem Instrument, war das eine Panflöte? Er spielte etwas Grauenvolles. Alvera bekam weder Melodie noch Worte mit. «*Du courage, du courage*», sang die entzückende Mademoiselle Mortier. Er zerrte sie fort und dachte begeistert, das ist wunderbar, gab sich Liebe und Gewalt hin ... «*Défense de déposer et faire des Ordures*», drang eine strenge Stimme von dem Fußweg jenseits des Zauns herüber, von *jenem* Fußweg. Zwei Mädchen, die sich an den Händen hielten, liefen in einem schwarz-gelben Dreieck. Ein Automobil raste vorbei und hupte, und plötzlich wurde das Hupen immer lauter, immer furchterregender und verschmolz mit dem Flötenklang, und Alvera vernahm die Melodie und rannte entsetzt davon, aber das Auto verfolgte ihn und plärrte: «... *Tu veux donc, cruelle gantière, – Tu veux la mort du Brésilien!* ...»

Er erwachte schreiend und richtete sich nach Luft ringend auf. Irgendwo rasselten die Schlösser. Nachts gingen die Wärter alle zwei Stunden durch das Gefängnis und öffneten und schlossen die Türen; der Lärm hallte im ganzen Gefängnis wider. «Sie kommen mich holen!», dachte er und zitterte vor Angst. Im selben Augenblick sah er Monsieur Chartier vor sich auf dem Boden, zuckend, mit seinem Tic, mit hervorquellenden Augen. «Junger Mann, ich gebe Ihnen zweihundert Francs im Voraus, Sie können sich eine Wohnung mieten, Sie sind ein tüchtiger junger Mann», sagte Monsieur Chartier zuckend. Die Schlösser rasselten. Alvera warf den Kopf zurück, stieß ihn mit aller Kraft gegen die Wand und verlor das Bewusstsein.

VII

D er dicke, bullige, ungewöhnlich lebhafte Sänger verneigte sich bereits vor seinem ergriffenen Herz. Die Vorspeisen waren sehr gut. «Natürlich nicht wie beim verblichenen Donon, aber besser als in den meisten französischen Restaurants, da bekommt man so etwas nicht», sagte Armeekommandeur Tamarin angenehm überrascht zu Nadja. «Sie sollten stets auf mich hören, ich überrede Sie schon zu nichts Schlechtem», sagte Nadja. «Da, sie singen unsere Lieder. Wenn schon *sie* unsere Lieder singen! ... Ich bin jedenfalls sehr zufrieden mit dem Abend, Sie nicht auch?» – «Ich erst recht», antwortete der Armeekommandeur vollkommen aufrichtig.

Kangarow hatte plötzlich beschlossen, seinen gesamten Urlaub in einem abgelegenen Sanatorium außerhalb von Paris zu verbringen. Seufzend teilte er allen mit, dass so die strikte Anweisung der Ärzte laute: «Nichts zu machen, Genossen, Albert Fouquot höchstpersönlich hat es aufs Strengste angeordnet: Das Herz zickt herum.» In Wirklichkeit hatte der Professor auf seine

Frage, ob er sich nicht für eine Weile in ein Sanatorium begeben sollte, geantwortet, dass er nichts dagegen habe. «In welches, Herr Professor?» – «In welches auch immer Sie wollen.»

Kangarow war in den letzten Monaten sehr wehleidig geworden. Nadeschda Iwanowna hielt sich nicht zurück und sagte, er leide an Verfolgungswahn, sich selbst erklärte sie das mit den Moskauer Prozessen. Die Ereignisse wirkten sich in der Tat auf seine körperliche Verfassung aus: Er fürchtete sich vor allen und jedem, ging den Menschen aus dem Weg und bemühte sich, möglichst selten Briefe zu schreiben; wenn er in sowjetische Zeitungen schaute, wurde er blass und las zuweilen mit blankem Entsetzen. Zunächst hatte Nadja den Eindruck, er täusche eine schwere Krankheit vor, um im Falle einer Vorladung die Reise nach Moskau ablehnen zu können. Später musste sie einsehen, dass er selbst davon überzeugt war, schwer krank zu sein. Gelegentlich wurde er von wahren Tobsuchtsanfällen heimgesucht. Nadja raunzte zurück, aber schwach: Die Fiktion seiner *krankhaften Hitzigkeit* wurde auch von ihr offiziell anerkannt; Kangarow sprach nicht mehr normal, sondern *maulte* nur noch; er hielt sich vor niemandem zurück.

Es fiel ihr immer schwerer, an seiner Seite sein zu müssen. Nadeschda Iwanowna war nicht die Geliebte von Kangarow; schon der Gedanke daran rief ihren Abscheu hervor. Aber unter dem Vorwand seiner väterlichen Zuneigung, und schließlich auch ohne jeden Vorwand, erlaubte er sich, wenn er mit ihr allein war, Dinge, die man nicht mehr als Scherz abtun konnte. Das hätte sie am Anfang leicht unterbinden können. «Hätte ich ihm gleich gesagt, dass er sich zum Teufel scheren soll, dann wäre das gar nicht erst passiert!» Nadja begriff selber nicht, warum sie das nicht sofort getan hatte: «Bin ich vielleicht doch verdorben?» Mehr als einmal hatte Kangarow ihr mit vielsagendem Blick gesagt: «Stille Wasser sind tief.» Mit der Zeit wurde es immer schwieriger, den Freiheiten, die er sich erlaubte, Einhalt zu gebieten, und «irgendwie wäre das auch töricht». Später gab es noch eine heftige Szene mit Jelena Wassiljewna, Nadja weinte zwei Tage lang vor Kränkung und Zorn. Sie erfuhr, dass alle ihre Kollegen dachten, sie sei die Geliebte von Kangarow. Sie war überrascht: «Wie dumm, das ist einfach lächerlich!», und nahm sich vor: «Einfach ignorieren!» Es stellte sich jedoch heraus, dass es nicht nur lächerlich, sondern auch sehr unangenehm war.

Plötzlich wurde sie befördert: Ihre Stellung als Stenotypistin wurde irgendwie mit den Aufgaben einer Dolmetscherin und Privatsekretärin kombiniert, es wurden eine oder sogar zwei neue Planstellen geschaffen, und ihr Gehalt wurde verdoppelt. Wegen des Geredes hatte die Beförderung einen unguten Beigeschmack. Auf das doppelte Gehalt, das ihr die Möglichkeit gab, sich – endlich – anständig zu kleiden, konnte und wollte sie jedoch nicht verzichten, zumal sie sich keiner – oder fast keiner – Schuld bewusst war, außerdem war sie für Kangarow in der Tat Stenotypistin, Dolmetscherin und Sekretärin in einem: «Es wäre dumm, darauf zu verzichten, nur weil ein paar Schufte und Halunken schlecht über mich reden!» In letzter Zeit war der Gedanke an all das für Nadeschda Iwanowna zu einem wahren Albtraum geworden. Sie weinte in den Nächten und nahm sich vor, ihre Versetzung nach Moskau zu beantragen, aber sie brachte es nicht fertig und wusste nicht einmal, wie sie das bewerkstelligen sollte: über Kangarow? An ihm vorbei?

Einmal entschloss sie sich, ihn vorsichtig auf eine Versetzung nach Russland anzusprechen – er lief sofort rot an, und seine Augen wurden gelb. «Du bist wohl verrückt geworden? Hat dich der Hafer gestochen? Nach Moskau? In was für ein Moskau? Auf was für eine Stelle? Wer wird dich einstellen, wenn du bei mir kündigst, nach allem, was ich für dich getan habe? Du willst mich wohl vollkommen ruinieren? Ich werde dich niemals gehen lassen, schlag dir das augenblicklich aus dem Kopf!» Er versuchte sie zu überzeugen, legte Liebe, Verzweiflung, Drohung in seine Stimme. Er tat Nadja leid, sie fand es sowohl lächerlich als auch beängstigend. Sie glaubte nicht, dass er sich rächen würde, wenn sie ihn verließ, sie war sich sogar sicher, dass er das nicht tun würde, aber sie wusste, dass es nicht einfach sein würde, ohne seine Zustimmung eine Stelle in Moskau zu bekommen. In der Tat war Nadeschda Iwanowna nicht versessen darauf, zurückzukehren; oder besser gesagt, mal wollte sie, mal verging ihr wieder die Lust: Die Nachrichten, die aus Russland kamen, waren nicht gerade erfreulich – wenn die korrupte kapitalistische Presse zu drei Vierteln log, war vielleicht das letzte Viertel wahr? Und noch etwas: Kangarows Liebe rührte sie ein wenig – ein ganz klein wenig nur –, obwohl das verrückt war. «Der Mann ist von Sinnen! …»

An diesem Abend kam er zu ihr und sagte mit Tränen in der Stimme immer wieder, dass er so gut wie entschlossen sei, sich von Jelena Wassiljewna scheiden zu lassen, aber er müsste auf jeden Fall noch etwas warten. Er erläuterte seinen Gedanken mit Verve, aber wenig verständlich. Nadja verstand, dass er sich *in einer Zeit wie dieser* vor Handlungen fürchtete, die ihm als persönliche Sittenlosigkeit oder etwas in der Art hätten ausgelegt werden können, so als habe er sich die Moral der Klassenfeinde zu eigen gemacht. Dabei sah er sie vielsagend an – Nadja erkannte, dass er sie nach der Scheidung heiraten wollte. Auch das war sowohl komisch als auch abstoßend und beinahe rührend. «Was, wenn er wirklich krank ist und mir noch stirbt, wenn ich ihm den Laufpass gebe?», sagte sie sich. Alles blieb beim Alten. Aber bei jeder Anspielung, bei jedem Lächeln ihrer Kollegen fuhr sie zusammen und musste an sich halten. «Eine Riesenfrechheit.» Nadeschda Iwanowna spürte manchmal, dass sie selbst von dieser «Frechheit» angesteckt wurde, dass sie, teils unwillkürlich, teils aus Koketterie, bereits einige sprachliche Eigenheiten ihrer Kollegen angenommen hatte.

Sie nahm die Mitteilung über das Sanatorium mit kaum verhohlener Verärgerung auf. Wenn sie Kangarow in den Urlaub begleitete, dann um zunächst eine Woche in Paris zu verbringen und anschließend «irgendwo an der Côte d'Azur oder, noch besser, in Italien, wo es weniger weißgardistischen Abschaum gibt ...» Reisen in seiner Gesellschaft hatten bei ihr auch früher keine Begeisterung hervorgerufen; für die Riviera, für Italien konnte das ja noch angehen. Aber zusammen mit ihm den verregneten Herbst in irgendeiner Einöde fern der Stadt zu verbringen, war ein beinahe unerträglicher Gedanke.

Dann fand sie, dass das vielleicht gar nicht so schlecht wäre: «Ich werde täglich nach Paris fahren, für den ganzen Tag ...» Offiziell begleitete sie den Botschafter als seine persönliche Sekretärin. In Wirklichkeit hatte sie fast nichts zu tun, besonders seit Kangarow von Menschen wie Briefen Abstand hielt. «Er wird es nicht wagen, mich anzuketten. Im Sanatorium lässt man sich behandeln, da braucht man keine Sekretärin. Wenn er verrücktspielt, werde ich nicht zögern, ihm zu sagen, dass ich kündige, und ich werde wirklich kündigen: Und wenn er sich auf den Kopf stellt, ich gehe zurück nach Moskau.»

Sie hatte noch einen anderen kleinen Trost. In den anderthalb Jahren ihres Auslandsaufenthalts hatte Nadja mancherlei ausprobiert – sie wollte schließlich nicht ewig Stenotypistin oder höchstens noch Sekretärin sein. Sie probierte es mit Aquarellen, Brandmalerei auf Holz und interessierte sich sogar für die Abendschule. All das führte zu nichts. Vor lauter Kummer begann sie, Tagebuch zu führen, und schrieb alles auf, was «im Laufe des Tages so passiert». Zuerst machte sie nur kurze Einträge, später begann sie viel ausführlicher zu schreiben, mit Abschweifungen. Und noch später schien ihr, dass einige Seiten wirklich gut gelungen waren, ganz wie in den Büchern echter Schriftsteller, in denen echte Tagebücher vorkamen. «Wie wäre es, wenn ich eine Erzählung schreibe und sie über Schenka an eine Redaktion schicke!» Sie verbrachte den ganzen Abend und einen Teil der Nacht mit Träumereien von literarischem Ruhm und machte sich früh am Morgen an die Arbeit. Jetzt, auf dem Land, im Herbst, konnte man die Erzählung in die gebührende Form bringen – alle Schriftsteller hatten vor allem auf dem Land gearbeitet: Puschkin, Tolstoi und einige andere schienen im Herbst am besten zu schreiben, so stand das auch in den Zeitungen.

Sie lud Wislicenus ein, sie im Sanatorium zu besuchen. Nach ihrem Zusammentreffen beim Professor hatte Kangarow Nadja eine richtige Szene gemacht, die tatsächlich schon auf der Treppe begonnen hatte. Als er erfuhr, dass sie Wislicenus auch noch ins Sanatorium eingeladen hatte, wurde er wütend. «Wie du willst!», schrie er mit verzerrtem Gesicht, während seine Augen gelb wurden. «Ich werde diesen unverschämten Trotzkisten jedenfalls nicht über meine Schwelle lassen!» – «Er wird auch nicht über Ihre Schwelle kommen, sondern über *meine.*» – «Das macht keinen Unterschied! Du unterhältst Verbindungen zu allen meinen Feinden, das ist die reinste Verschwörung!» – «Was für eine Verschwörung? Besinnen Sie sich! Ein Mann kommt zu mir zum Tee, und Sie sprechen von Verschwörung.» – «Eine Verschwörung gegen meine Seelenruhe, ich bin krank und brauche Ruhe! Ich will nicht, dass du mit diesem Flegel Tee trinkst. Ich will nichts mit ihm zu tun haben, und ich werde ihm nicht die Hand geben!» – «Ich wiederhole, er kommt nicht zu Ihnen. Wenn Ihnen sein Anblick so unangenehm ist, dann lassen Sie sich nicht blicken oder fahren für diesen Tag eben nach Paris. Er kommt am Mittwoch gegen fünf.» – «Genau das werde ich auch tun, wenn du so mit mir umspringst!» – «Dann ist es ja gut! Da sehen Sie, alles klärt sich, kein Grund herumzuschreien», sagte sie betont ruhig mit kaum verhohlenem Triumph; sie verstand, dass er zu allem Überfluss auch noch eifersüchtig auf Wislicenus war. «Und da Sie sich meine Verabredungen so zu Herzen nehmen, will ich Sie, um weitere Missverständnisse zu vermeiden, auch gleich noch fragen: Darf ich Konstantin Alexandrowitsch zu uns einladen?» – «Wer zum Teufel ist Konstantin Alexandrowitsch?» – «Armeekommandeur Tamarin.» – «Den dämlichen Alten kannst du von mir aus jeden Tag einladen.» – «Gut, dann weiß ich jetzt Bescheid.»

Aber Nadeschda Iwanowna lud Tamarin nicht ins Sanatorium ein. Eigentlich hätte sie die beiden Alten gern in einem Aufwasch abgefertigt, aber sie hatte Wislicenus' Tonfall entnommen, dass sie getrennt eingeladen werden mussten. Außerdem war Nadja nicht sehr beschäftigt, und jüngere Bekannte hatte sie in Paris nicht. Der Umgang mit Wislicenus war immer schwierig für sie. Mit Tamarin gab es keine Schwierigkeiten, es war nur ein wenig langweilig mit ihm: «Er ist wirklich sehr charmant, unser Armeekommandeur, aber nur in Maßen zu ertragen, wie die Kantschus[143] nach Meinung von Gogols Seminaristen ...» Sie beschloss, einen ganzen Abend an Tamarin zu *verschwenden*, und um allzu lange Gespräche zu vermeiden, schlug sie am Telefon vor, gemeinsam ins Theater zu zu gehen.

Tamarin freute sich sehr. «Ins Theater, mit Ihnen? Mit Vergnügen! In welches denn, Nadeschda Iwanowna?» – «Ihnen ist egal, in welches? Dann lassen Sie uns ins ...» – sie nannte ein Theater. «Das mit den Horrorstücken?[144]» – «Ja, ja, aber da gibt es nicht nur Horror, es soll entzückend sein. Ich kenne alle Pariser Theater, aber in diesem war ich noch nie. Einverstanden?» – «Wie immer Sie wollen.» – «Dann bis morgen, wir treffen uns um drei viertel neun an der Kasse.» – «Jawohl.» – «Also dann, bis bald.» – «Nicht bis bald, sondern auf Wiedersehen.» Sie lachte: «Daran erkenne ich Sie, mein lieber Mentor. Erinnern Sie sich, wie Sie mich erzogen haben, als der Ambassadeur in Amsterdam war? Und ich vergesse immer wieder, dass Sie ein Zeitgenosse von Aksakow und Karamsin sind.»

Sie begrüßten einander freudig und küssten sich sogar, zur Verlegenheit und Freude des Armeekommandeurs und zum Erstaunen des Publikums an der Kasse (es wurde sogar gekichert). Eine Weile plauschten sie flapsig: «Wie geht es Ihnen?» – «Wie soll es gehen? So lala, trotz allem» – «Wieso trotz allem?» – «So ist es eben» ... Dann kauften sie die Eintrittskarten: «Heute zahle ich, schließlich habe ich Sie eingeladen.» – «Kommt nicht infrage!» – «Ach, was sind Sie nur für einer, Konstantin Alexandrowitsch, nirgendwohin kann man Sie einladen!» – «Das sollten Sie doch wissen.» – «Darf ich Ihnen ein feierliches Abkommen vorschlagen, *sur un pied d'égalité absolue**, wie zwischen Großmächten – ich bezahle die Karten, und Sie laden mich nach dem Theater zum Essen ein: Ich gestehe, ich bin nicht zum Mittagessen gekommen, ich habe nur ein Sandwich im Café gegessen.» Tamarin lachte: «Was für ein Zufall! Stellen Sie sich vor, auch ich habe heute nicht zu Mittag gegessen, aber nicht unabsichtlich, sondern mit Vorsatz: Ich wollte Sie bitten, mir den Gefallen zu tun, mit mir zu speisen.» – «Ist es möglich?! Sie sind der beste aller Armeekommandeure. Übrigens kenne ich keinen anderen Armeekommandeur ... Aber in diesem Fall bezahle ich die Eintrittskarten.» – «Kommt nicht infrage! Sie kommen von auswärts, folglich sind Sie mein Gast ...» Das Gespräch endete damit, dass Nadeschda Iwanowna ihre Eintritts-

* auf absoluter Augenhöhe

karte bezahlen durfte und sie sich für ein etwas bescheideneres Restaurant entschied.

Tamarin war, in Nadjas Worten, «verstimmt», als er die gewölbte Eichendecke des Saals, die Engelsstatuen und die schmalen, kreuzförmigen Türen sah. «Soll das etwa die Parodie einer Kapelle sein?», fragte er missgestimmt; er konnte solche Dinge nicht ausstehen. Als auf der Bühne ein grausamer mittelalterlicher *Bâtard*[145], der seine Feinde wollüstig quälte, eine Folterkammer und Menschen mit nackten, blutüberströmten Oberkörpern erschienen, entrüstete Konstantin Alexandrowitsch sich noch mehr. «Was für ein Unsinn», sagte er, «da haben Sie ja ein schönes Theater ausgesucht, Nadeschda Iwanowna.» – «Im Gegenteil, ich finde es sehr interessant», sagte Nadja, «ein herrliches Spektakel.» – «Wo in aller Welt gibt es solche *Bâtards*! Und selbst wenn es sie im Mittelalter gegeben hat – heute haben wir kein Mittelalter mehr!» Als in einem anderen Stück chinesische Boxer[146] in eine Festung eindrangen und anfingen, ihren Gefangenen die Augen auszustechen, protestierte Tamarin energisch: «Nadeschda Iwanowna, meine Liebe, ich kann mir diesen Unsinn nicht länger ansehen! Finden Sie das wirklich interessant?» – «Schrecklich interessant, und ich würde um nichts in der Welt gehen, aber ich muss gestehen, ich habe furchtbaren Hunger.» – «Ja, das passt doch! Gehen wir, meine Liebe. Lassen wir die *Bâtards* und die Boxer sausen!»

«Ich dachte», sagte der Armekommandeur draußen, «das wird ein kleines Nachtmahl, aber jetzt sieht es so aus, als ob wir richtig zu Abend essen werden: es ist noch nicht zehn Uhr. Wohin wollen wir gehen? Mögen Sie Austern?»

«Austern?», fragte Nadja und überlegte. «Nein, mir ist nach Schaschlik! Und außerdem will ich Wodka mit Ihnen trinken. Nicht Eau de vie, sondern richtigen Wodka! Und ich will Vorspeisen zum Wodka haben: nicht französische Horsd'œuvres von Muscheln, Kraut und Kartoffeln mit Provence-Öl, ich will Salm, Auberginenkaviar und Salzhering als Vorspeise, echten Donauhering! Und ich will auch ...»

«Meine Liebe», sagte Tamarin lachend, «wir sind zwar zu verschiedenen Zeiten, aber unter dem gleichen Stern geboren: Auch ich liebe das alles. Aber Sie vergessen, dass wir nicht in Moskau und nicht in Tmutarakan[147] sind, sondern in Paris.»

«Und Sie vergessen, dass es in Paris russische Restaurants gibt. Und eins davon befindet sich ganz in der Nähe, und dort gibt es alles, wonach mir der Sinn steht. Da gehen wir zusammen hin!»

«Ich bitte Sie! Das ist ein Emigrantenlokal.»

«Mir ist es egal, was für Schaschlik sie haben, Emigranten-schaschlik oder Sowjetschaschlik, und was für Wodka, Revolutionswodka oder Weißgardistenwodka. Aus der Botschaft sind schon alle da gewesen, warum sollten wir da nicht auch hingehen?»

«Irgendwie ein bisschen peinlich.»

«Das ist überhaupt nicht peinlich! Ich sage Ihnen doch, die Botschaftsleute gehen da häufig hin.»

«Angeblich.»

«Nicht angeblich, das ist eine Tatsache. Den Ambassadeur würde ich nicht dorthin mitnehmen, das ginge nicht wegen seiner Position, aber Sie und ich, wir sind kleine Leute und fallen nicht auf.»

«Man könnte mich erkennen.»

«Sie? Nehmen Sie Verstand an! Nach zwanzig Jahren? Sie haben mir selber gesagt, dass Sie damals noch Koteletten getragen haben! Und selbst wenn Sie erkannt werden, dann pfeifen wir drauf. Haben Sie etwa Angst?»

«Ich habe keine Angst, aber ich werde nicht gerne angepöbelt.»

«Niemand wird Sie erkennen, und niemand wird Sie anpöbeln, das garantiere ich Ihnen. Denken Sie an den Schaschlik!»

«Schaschlik, sagen Sie? Schaschlik ist etwas Großartiges, keine Frage.»

Zehn Minuten später betraten sie das Restaurant. Tamarin war sehr verlegen – sollten sie lieber Französisch sprechen? –, aber Nadja sprach sofort Russisch, wenn auch nicht laut. Man wies ihnen einen kleinen Tisch in einer Ecke zu, der mit einem bunten Tischtuch bedeckt war; auf den Tellern lagen zu Dreiecken gefaltete bunte Servietten. Auch Nadeschda Iwanowna war ein wenig verlegen: «Sicher alles Weißgardisten» – das war interessant und auch ein bisschen beängstigend.

Der Kellner reichte ihnen ein Blatt, auf dem zwischen den gedruckten Zeilen Handschriftliches stand. Tamarin musterte den Kellner verstohlen – «nein, Gott sei Dank, kein Offizier» – und vertiefte sich in die Karte, auf der auf Französisch verschiedene *kilkis, pirojoks, bitkis* und *pelmenis* aufgeführt waren. «Dann bestellen wir erst mal von den Vorspeisen, Nadeschda Iwanowna?» – «Machen wir», sagte sie, ohne seinen Vor- und Vatersnamen anzufügen. «Und Wodka nehmen wir auch?» – «Wodka auch, das muss sein. Was für welchen haben Sie?» – «Wir haben Subrowka, polnischen, Belaja Golowka.» – «Belaja Golowka, tatsächlich?» – «Ja, genau.» – «Bringen Sie uns den.» – «Sehr wohl. Was für Vorspeisen möchten Sie? Hering, Pilze, Salm, Vorschmak?» – «Ja, ausgezeichnet», sagte der Armeekommandeur und wunderte sich unwillkürlich selbst: «Ganz so wie früher, nur dass sie nicht ‹Ihre Exzellenz› zu mir sagen und ich sie nicht duze.» – «Möchten Sie Kaviar? Wir haben frischen, wirklich ganz ausgezeichnet.» – «Wie wäre es mit Kaviar, Nadeschda Iwanowna?» – «Nein, den mag ich nicht besonders», sagte Nadja, die Tamarin nicht arm machen wollte: Sie ahnte, dass er diesmal kein Geld von ihr annehmen würde. «Nun, dann lassen wir es», sagte der Armeekommandeur mit einer gewissen Erleichterung. «Was den Schaschlik betrifft, hatten Sie recht: hier – *chachliks caucasiens*, steht alles in der Mehrzahl bei ihnen.» – «Der Schaschlik ist von bester Qualität. Dürfen es zwei Portionen sein?» – «Ja, natürlich, doch nicht eine für zwei.» Der Kellner lächelte respektvoll und trat zurück. Tamarin atmete erleichtert auf. «Alles sehr nett hier, wirklich ...» Er sah sich um und entdeckte an den Wänden Porträts von Generälen in Uniformen der alten Armee. Das waren alles Männer, die er einmal gekannt hatte, einige sogar sehr gut, jedenfalls viel besser, als die Wirtsleute sie kannten. Er fühlte sich unwohl dabei. «Und Wein?», fragte Nadeschda Iwanowna. «Ja, natürlich», antwortete er geistesabwesend und klopfte mit dem Messer an sein Glas. Der Kellner stand ein paar Schritte entfernt an der Theke, doch obwohl er kein Offizier war, wäre es unpassend gewesen, ihn laut zu rufen. «Bitte bringen Sie uns die Weinkarte.» – «Sehr wohl ...» – «Trotz allem hat die Lokalität etwas angenehm Vornehmes, nichts von einer Kneipe, obwohl es hier nach Kneipe aussieht: eine Atmosphäre zerbrochener Leben», dachte Tamarin: Das hätte er nicht einmal Nadeschda Iwanowna gesagt – «wir sind alle gleich unglücklich.»[148] – «Ich sehe, Sie haben kaukasische Weine!», sagte er erfreut, «‹*Kardanach*› – das ist doch Kardanach?» – «So ist es, den finden Sie in ganz Paris nur bei uns, wir haben durch Zufall welchen bekommen.« – «Bringen Sie uns eine Flasche ... Das war einmal mein Lieblingswein», erklärte er Nadja aufgeregt, «ich habe ihn auch in Petersburg getrunken, bei Cubat[149] gab es die großen französischen Weine, während es bei Pivato[150] einen wunderbaren Kardanach gab, ebenso in Kislowodsk und dann noch in Moskau, auf der Twerskaja, in einer Schänke, an die Sie sich gar nicht erinnern können, weil Sie da noch nicht auf der Welt waren, dort bekam man nur Wein und Käse. Aber wie sind sie hier an den Kardanach gekommen? Ob der auch echt ist? Ein sehr angenehmer Wein, der geht einem nicht in den Kopf, sondern in die Beine.»

Nach dem Wodka, der sich als ausgezeichnet erwies, nach dem ersten Glas Kardanach, der sich als echt erwies, nach dem Beginn des Unterhaltungsprogramms, das sich als recht manierlich erwies, stieg ihre Stimmung. Sie unterhielten sich über die Theatervorstellung, und der Armeekommandeur sagte, so etwas sei Unsinn: «Ich bin nun über siebzig, aber solche Horrorszenen habe ich noch nie gesehen.» – «Wer weiß, vielleicht bekommen Sie sie noch zu sehen.» – «Wohl kaum. Nein, nein, geben Sie es zu, das Theater war ein Fehlgriff.» – «Dafür ist das Restaurant aber kein Fehlgriff. Sie bereuen es nicht mehr, dass wir hier eingekehrt sind?» – «Im Gegenteil, ich bin Ihnen sehr dankbar. Es ist wirklich sehr nett hier, und das Essen ist erstklassig. Und selbst die Atmosphäre ...» Er stockte. «Was ist mit der Atmosphäre? Als wüsste ich nicht, dass in Ihnen ein Epaulettenträger steckt!» – «Was reden Sie da, ich bitte Sie, Nadeschda Iwanowna.» – «Nennen Sie mich nicht Nadeschda Iwanowna, das ist komisch. Sagen Sie Nadja zu mir.»

Nach weiteren zehn Minuten hatten sich ihre Zungen gelöst. Tamarin gestand Nadja, dass er gemeinsam mit einem der an der Wand hängenden Epaulettenträger die Militärakademie absolviert hatte und mit ihm per Du gewesen war und dass er unter dem Kommando eines anderen von ihnen fast den ganzen Krieg verbracht hatte. «Was waren das für Männer?» – «Vielleicht, meine Liebe, waren sie im Irrtum, aber ...» – «Wie? Nur vielleicht?» – «Sicher im Irrtum», korrigierte sich der Armeekommandeur lachend (ohne Wodka und Kardanach hätte er sich auch unter vier Augen mit Nadja nicht erlaubt, an dieser Stelle zu lachen). «Sie haben natürlich geirrt und eine Menge Fehler gemacht, aber sie waren hochanständige Männer und Pa-

trioten! ...» Im Gegenzug – Offenheit gegen Offenheit – gab
Nadja zu verstehen, dass sie Kangarow verabscheute und ihn nur
schwer ertrug.

«Glauben Sie, ich weiß nicht, was über mich erzählt wird?»,
fragte sie, während sie heftig errötete. «Verstehen Sie, wovon ich
spreche?»

«Nein, meine Liebe, das weiß ich nicht ...»

«Wahrscheinlich wissen Sie es und wollen es mir nur nicht
sagen, weil Sie ein Gentleman sind, während alle anderen ... Nun,
mit einem Wort, es heißt über mich, ich lebe mit Kangarow zusammen ...»

«Meine Liebe, was sagen Sie da!»

«Ich dachte, auch Sie haben es gehört (Tamarin hatte es in
der Tat gehört und war sogar, nachdem er davon erfahren hatte,
verwirrt gewesen). Alle behaupten es, dabei ist es eine glatte Lüge
und Verleumdung! Ich schwöre es Ihnen», fuhr Nadeschda Iwanowna fort und legte dem Armeekommandeur die Hand auf den
Arm, als misstraute Tamarin ihr, «ich schwöre es Ihnen, nichts
daran ist wahr!» Sie trank ein Glas Wein auf einen Zug aus. Tamarin sah sie erschrocken an. «Ihnen kann ich es ja sagen, er ist
in der Tat zudringlich geworden, und er ist auch weiter zudringlich. Er ist wirklich verliebt in mich! Ich könnte wahrscheinlich
dafür sorgen, dass er sich von seinem Pferdegesicht scheiden
lässt und mich heiratet. Aber davon will ich nichts wissen. Er ist
doch ... (Sie wollte sagen: «Er ist doch ein alter Mann», besann
sich aber gerade noch.) Ich liebe ihn nicht. Nicht als Mensch
und überhaupt. Ist es meine Schuld, dass er mich nicht gehen
lässt? Ich bin seine Sekretärin, und ich muss ihn begleiten, wenn
er darauf besteht und keine Rücksicht auf meinen Ruf nimmt.
Verurteilen Sie mich?»

«Ich bitte Sie. Nicht im Geringsten.»

«Sie verurteilen mich nicht, weil Sie ein Gentleman sind, weil

Sie Anstand besitzen ... Aber alle anderen ... Wie gehen wir denn miteinander um? Wir hassen einander doch alle, wir denken von den anderen stets das Schlechteste, wir fallen übereinander her ... Nein, ich werfe alles hin und fahre nach Russland! Das will ich schon lange, aber er lässt es nicht zu.» Sie hatte Tränen in den Augen. «Ich halte das nicht länger aus!»

«In Russland ist es besser?»

«Vielleicht nicht besser, aber anders. Auch dort gibt es das, aber da ist auch noch etwas anderes, eine andere Atmosphäre, ich weiß nicht, wie ich es sagen soll. Dort arbeiten alle viel härter als hier. Und schließlich ist es der Ort der Jugend, der echten Jugend. Seien Sie mir nicht böse, wenn ich das sage. Ich mag Sie wirklich sehr. Aber um mich herum sind nur ältere Leute, der Jüngste ist vierzig ... Aber reden wir nicht mehr darüber, hören wir lieber zu, was da gesungen wird. Wieder vom Herz!» – «Schlafe, du mein armes Herz ... was vergangen, kehrt nicht wieder»[151], sang der Sänger. «Jeder singt von seinem Herz, aber wer weiß, vielleicht haben wir alle gar kein Herz.»

«Warum so düsterer Stimmung, liebe Nadeschda Iwan ... Nadja?», fragte Tamarin liebevoll. Sie tat ihm wirklich leid, und er fand ihre Worte über Kangarow sehr sympathisch. «Sie sind jung ...»

«Meine Jugend geht dahin, Konstantin Alexandrowitsch. «Was vergangen, kehrt nicht wieder», wiederholte sie die Worte des Sängers. «Ja, ich gehe zurück nach Moskau und beginne ein richtiges Leben ... Jeder gehört an seinen Platz, ich an meinen, Sie an Ihren, Wislicenus an einen dritten ... Übrigens, wussten Sie, dass der Arme sehr krank ist?»

«Nein, das wusste ich nicht. Was hat er?»

«Ich habe ihm einen Termin bei Professor Fouquot verschafft. Sie wissen schon, die Nummer eins in der Welt, was Herzkrankheiten betrifft. Der Ambassadeur ist bei ihm mit all seinen eingebildeten Krankheiten in Behandlung. Bei Wislicenus sind sie nicht eingebildet ... Ich wollte ihn erst einladen, heute Abend mit uns ins Theater zu gehen, aber ich habe mich nicht getraut, weil ich nicht wusste, wie Sie zu ihm stehen.»

«Aber wieso denn? Ich habe absolut nichts gegen ihn.»

«Und Sie haben auch nichts über ihn gehört? Es heißt, er sei in Ungnade gefallen.»

«In Moskau? Nein, das habe ich nicht gehört.»

«Der Ambassadeur ist richtig wütend, dass ich mich um Wislicenus kümmere. Aber ich behaupte meine Unabhängigkeit: Ich habe ihn in Anwesenheit aller zu uns ins Sanatorium eingeladen, absichtlich in der Botschaft, vor allen Leuten. Er kommt am Mittwoch zum Tee zu mir. Der Ambassadeur hat natürlich ein Mordsspektakel veranstaltet: Erstens hätte ich ihn generell nicht einladen dürfen; zweitens hätte ich ihn nicht in das Sanatorium, in dem der Ambassadeur residiert, einladen dürfen; und drittens hätte ich, wenn ich ihn schon einlade, das nicht öffentlich tun dürfen. Ich hätte ihn, den Ambassadeur, degonfliert*! Sind wir denn Sklaven? Konstantin Alexandrowitsch, wollen Sie am Mittwoch nicht auch zu mir kommen? Es ist ein wundervolles Plätzchen. Weitab von jeglichem Verkehr, still, einsam, herrlich! Sie kommen?»

«Nein, lieber nicht ... Ich fürchte, ich muss mich entschuldigen.»

«Nun, wie Sie wollen.» Sie sah ihn an und lächelte. «Noch etwas Wein, ja?»

«Warum nicht? Aber es ist nichts mehr übrig. Wir haben zusammen die ganze Flasche ausgetrunken.»

«Das muss ich richtigstellen: Drei Viertel der Flasche haben Sie getrunken. Wollen wir noch eine bestellen? Was soll's!»

* von franz. *dégonfler,* hier: bloßstellen

Sie sprachen noch lange freundschaftlich-vertraut über die verschiedensten Dinge. Nadja hatte sich völlig gefangen: Tamarins ganze Erscheinung strahlte etwas angenehm Beruhigendes aus, und sie war auch sehr froh darüber, dass er die Gerüchte über sie nicht kannte («er scheint die Wahrheit zu sagen: Konstantin Alexandrowitsch ist nicht fähig zu lügen») und ihrem Bericht keinerlei Bedeutung beimaß («alles nicht der Rede wert, und es lohnt nicht, sich darüber Gedanken zu machen»). Unerwartet für sie selbst, erzählte Nadeschda Iwanowna Tamarin, dass sie angefangen hatte zu *schreiben*. Er verstand das zunächst nicht. «Wie, schreiben, meine Liebe?» – «Einfach so, stellen Sie sich vor, ich schreibe eine Erzählung oder sogar einen ganzen Roman.» – «Wozu denn?» – «Was heißt wozu?», fragte Nadja verblüfft, «wozu schreiben denn Schriftsteller?» – «Aha. Das ist interessant, sehr interessant. Wollen Sie es mir nicht vorlesen?» – «Auf gar keinen Fall!» – «Das ist schade.» Konstantin Alexandrowitsch dachte jedoch, dass Nadja vielleicht doch etwas vorlesen würde, wenn er sie sehr darum bat. «Sehr schade. Wo spielt Ihre Geschichte?» – «Ich werde Ihnen nichts verraten, um nichts in der Welt.» – «Soso! Warum nicht? Sie wollen also Schriftstellerin werden?» – «Und wenn? Man weiß nie, wie es kommt.»

Sie erzählte ihm von ihren neuesten Plänen. «... So oder so, früher oder später boxe ich meine Versetzung nach Moskau durch, von Europa bin ich fatigiert.» – «Sagen Sie nicht ‹fatigiert›. Sie wollen doch eine Schriftstellerin werden, da geht es doch in erster Linie um die richtige Wortwahl und all so was ...» – «Sie haben völlig recht. Alle in der Botschaft reden so, es ist die reinste Seuche. Ein Grund mehr, nach Russland zurückzukehren. Aber unterbrechen Sie mich nicht. Ich werde also zurückgehen. Für ein, zwei Monate wird mein Geld reichen. Dann gibt es zwei Möglichkeiten. Entweder ich habe kein Talent, was soll man machen? Dann werde ich weiter in der Tretmühle stecken, aber zu Hause in Moskau. Zwei Jahre Berufspraxis und drei Sprachen. Kein Pappenstiel, oder?» – «Kein Pappenstiel», bestätigte Tamarin. «... Oder aber ich habe – wenn schon kein Talent, so doch irgendetwas in der Art, und meine Erzählung wird angenommen. Dann quittiere ich sofort den Dienst und bin frei und werde – ach, davon träume ich! – eine richtige Schriftstellerin!» – «Das werden Sie.» Sie erzählte ihm auch, dass ein junger Mann ihr einen erstaunlichen Brief aus Moskau geschickt hätte. «Na, das ist doch schön. Ist er nett?» – «Sehr. Ein Ingenieur, ist gerade mit dem Studium fertig. Aber, um Himmels willen, denken Sie nicht, dass da irgendetwas ist! Da ist absolut nichts, und das ist jetzt drei Monate her. Seitdem habe ich nichts mehr von ihm gehört.» – «Ich denke gar nichts. Ich habe nur gefragt, ob er nett ist.» Nadja lachte: «Ungeheuer nett! Und Sie sind auch ungeheuer nett. Und wissen Sie, Sie sind der Einzige, dem ich meine Erzählung vorlesen würde!» – «Da würde ich mich freuen.» – «Vielleicht irre ich mich ja, aber meine Erzählung ist wirklich nicht schlecht. Sie gefällt mir höllisch gut. Nur mit der Intrige hapert es.» – «Intrige gegen wen?» – «Nein, nicht Intrige – Fabel! Ich bekomme keine richtige Fabel hin ... Aber genug von mir. Erzählen Sie lieber von sich. Ich habe Sie noch gar nichts gefragt.» – «Was soll ich alter Mann schon groß von mir erzählen?»

Dennoch berichtete Tamarin, dass seine Arbeit sich ausweitete, dass eines der Kapitel – über die Taktik der motorisierten Einheiten in Spanien – bereits erschienen war und Aufmerksamkeit erregt hatte: Es war zweimal in ausländischen Fachpublikationen zitiert worden. «Daher habe ich vor zwei Wochen in Moskau um die Verlängerung meines Dienstaufenthalts ersucht: Es handelt sich ja um eine fundamentale und wichtige Arbeit. Ich habe absolut alle verfügbaren Materialien berücksichtigt, bei uns kennt sich da kaum jemand aus, und selbst im Westen hat die Erfahrung des spanischen Kriegs noch keine Beachtung gefunden. Sie werden sagen: Was gibt es denn dort für motorisierte Einheiten! Doch an der Extremadura-Front ...» – «Wollen Sie wirklich, dass Ihre Dienstreise verlängert wird?» – «Und ob!», sagte er leidenschaftlich und erklärte, sich korrigierend: «Es wäre schade, wenn diese Arbeit unvollendet bliebe, und hier stehen mir alle Quellen zur Verfügung ...» Nadja hörte sich geduldig an, welche Bedeutung die Erfahrung des Spanienkriegs für die Taktik der motorisierten Einheiten hatte.

Erst gegen Mitternacht bat Tamarin um die Rechnung. Sosehr er sich auch bemühte, die obere Hälfte des geknickten Blatts auf den Teller zu drücken, als enthielte es etwas in höchstem Grade Obszönes, erhaschte Nadja dennoch einen Blick darauf und stieß einen Schrei aus: «Ich habe Sie zugrunde gerichtet!» – «Aber nein, im Gegenteil, der Betrag ist durchaus angemessen, und ich habe mich so wohlgefühlt ...» – «Und ich erst! Ich habe seit Langem keinen so schönen Abend mehr verbracht ... Selbstverständlich bleibt das alles unter uns, Konstantin Alexandrowitsch, vor allem mein heimliches Laster, die Literatur ...» – «Ich bitte Sie, als ob ich das nicht verstehe.» – «Ich habe nur Ihnen davon erzählt, weil ich noch nie im Leben einen solchen Gentleman wie Sie getroffen habe ... Oh, wenn nur alle so wären!» Ihre Augen füllten sich wieder mit Tränen, aber diesmal war eher der Wein schuld.

Tamarin warf einen letzten verlegenen Blick auf die Porträts an den Wänden. Er und Nadja wurden mit Verbeugungen und in Ehren verabschiedet. «Das Essen war vorzüglich», sagte der selbstsicherer gewordene Armeekommandeur zum Wirt und gab dem Mann, der ihm den Mantel reichte, ein großzügiges Trinkgeld. «Soll ich Ihnen ein Taxi rufen?», fragte der Mann. «Ja, das wäre gut. – Ich bringe Sie nach Hause, meine Liebe», sagte Tamarin («meine Liebe» ging ihm leichter über die Lippen als das ungewohnte «Nadja»). – «Kommt nicht infrage! Die Metro funktioniert ausgezeichnet, ich muss nur einmal umsteigen ...» Er begleitete sie zur Untergrundbahn. Für ihn war es bequemer, von einer anderen Station zu fahren, und er wollte auch noch ein paar Schritte gehen. Nadja umarmte und küsste ihn zum Abschied erneut. «Sie sind furchtbar lieb, ein vollendeter Gentleman!», sagte sie, offenbar zufrieden mit dieser für sie ungewohnten Feststellung. «Also bis bald. Oh, Entschuldigung: auf Wiedersehen! Trotzdem schade, dass Sie nicht zusammen mit Wislicenus zu mir kommen wollen. Sie auch!», sagte Nadeschda Iwanowna spitzbübisch und lief die Treppe hinab.

VIII

E in sehr nettes Mädchen», dachte Tamarin, den ihre letzten Worte nicht wirklich verletzt hatten, «ein reizendes Mädchen. Verdorben, natürlich, durch das scheußliche Leben um sie herum, aber von reizendem Wesen.» Die angenehmen Eindrücke des Abends, der Kardanach und der Kuss verfehlten nicht ihre Wirkung auf den Armeekommandeur. Er schritt sogar noch zügiger aus als sonst, in so strammer Haltung, dass ein Blinder gemerkt hätte: ein altgedienter Offizier! «Und da beklagen sich die Leute über das Leben! War dieser Abend nicht wundervoll?» Trotz seiner Sparsamkeit und obwohl er es nicht mehr gewohnt war, Ausgaben in dieser Höhe zu tätigen, bedauerte er die hundertvierzig Francs, die er bezahlt hatte, nicht. «Wozu sparen? Das ganze Gehalt auszugeben, schaffe ich gar nicht, und was meine Stellung anbelangt – die scheint mir sicher zu sein ...»

Nicht so erfreulich war lediglich gewesen, was Nadja am Ende gesagt hatte. «Sie zieht mich auf, als hätte ich Angst vor diesem ... wie heißt er noch? ...» Er zuckte mit den Schultern. «Es wäre mehr als dumm, *alles* aufs Spiel zu setzen, sich nur um des Vergnügens willen mit einem verrückten Subjekt zu treffen, der das Pech hat, bei anderen Verrückten in Ungnade gefallen zu sein. Und Courage ist ein sehr relativer Begriff.» Tamarin wusste von sich, dass er ein tapferer Mann war – er war im Krieg oft unter Beschuss gewesen und hatte den Soldaten ein Beispiel an beherrschtem Mut gegeben. Er wusste aber auch, dass er Skandale nicht ausstehen konnte und alles tun würde, um diese zu vermeiden und seinen Posten zu behalten, auf dem er Russland und der russischen Armee von Nutzen sein konnte. «Ich wüsste nicht, wofür ich mich schämen müsste. Na ja, sie hat es so *dahingesagt.*»

Gut gelaunt trat er auf den von gleißenden Reklametafeln hell erleuchteten Platz[152], auf dem einem berühmten Bildhauer von einer Vielzahl zweifelhafter Etablissements namentlich die Ehre erwiesen wurde. «Was für ein seltsamer Platz», dachte Tamarin, der fast nie in diesem Stadtteil gewesen war. Alle Häuser unterschieden sich in Größe, Farbe und Stil, als hätte hier jede Epoche ihren Fingerabdruck hinterlassen wollen. Es war ihnen schlecht gelungen ... Auf dem Boulevard war es nur noch halb so hell, und aufwärts gingen fast schon dunkle, geheimnisvolle, verwaiste und triste Straßen oder Sackgassen ab, in denen einsame Gestalten umhergingen, die nichts Gutes ahnen ließen. Am Boulevard waren längs der Gehsteige zahlreiche Automobile geparkt, alle ohne Chauffeur, und Tamarin fragte sich, wo die Chauffeure abgeblieben waren – so wie in der Geschichte vom Kaufmann Basarga[153] dreihundertdreiunddreißig Schiffe am Ufer liegen, und auf keinem ist auch nur eine einzige Menschenseele. Er ging den Boulevard entlang und bestaunte alles mit wohlwollender Nachsicht: den Verkehr, die Menschen, die Aushänge, die wahnwitzig beleuchteten Bars mit zweideutigen Namen, ein Lokal, dessen Eingang einen zähnefletschenden Rachen darstellte, ein anderes, vor dem ein schwarzes Sargtuch hing, die auch nachts geöffneten Geschäfte: «Nun, bei Lebensmitteln verstehe ich das noch», dachte er und betrachtete die Würste und das glitschige Fleisch mit dem Widerwillen eines Mannes, der zu reichlich gegessen hat, «ah, eine Apotheke, das verstehe ich, Blenyl und Santal Bleu[154] sind hier durchaus angebracht – manchen ein Trost, anderen ein *Memento mori* ... Aber niemand, der bei Verstand ist, wird doch nachts Bücher kaufen, einen Füllfederhalter reparieren lassen oder eine Überseereise buchen ...» Seltsame, für die Jahreszeit ungewöhnlich gekleidete, verwegen aussehende junge Männer liefen an ihm vorbei, manche nur im Jackett, die Hände in den Taschen, Schals um den Hals geschlungen, alle mit einer schräg im Mundwinkel hängenden Zigarette. «Natürlich kann man nicht nach dem Aussehen gehen: Vielleicht sind es grundehrliche junge Männer, aber vielleicht haben sie auch gerade ein altes Mütterchen umgebracht und gönnen sich hier, wo man im *cinema permanent*[155] gezeigt bekommt, wie man nach allen Regeln der Kunst alte Mütterchen umbringt, gerade eine Pause ... Wie soll man sich da nicht freuen, dass solch ein Juwel ‹*permanent*› ist! ...» Auf einem Filmplakat war ein Bösewicht abgebildet, ein Mulatte – und ein ebensolcher Bösewicht, ebenfalls ein Mulatte, ging hier mit einer Frau Arm in Arm die Straße entlang, der Frau stand Ergebenheit und Glück ins Gesicht geschrieben: Für diesen Adonis geht sie durch Feuer und Wasser! «*C'est fantastique, je te dis, chéri, que c'est fantastique! ...*»*, sagte die Frau. Friedlich ging ein Ehepaar spazieren, offenbar Anwohner des Viertels, ihr kleiner

---

* Das ist fantastisch, sag ich dir, Schatz, das ist fantastisch!

Sohn klammerte sich an die Hand seines Vaters, wohlwollend beäugt von einem Mann mit weißer Haube, der hier wahrscheinlich schon seit einem halben Jahrhundert Kastanien verkaufte und alle Mörder kannte, die von dieser Straße ins Gefängnis und aufs Schafott gewandert waren. «Ja, *c'est fantastique*, wie sich das alles fügt. Im Grunde ist das Laster hier nur Schein; wie überall in Frankreich wird den ganzen Tag über ehrlich gearbeitet, es ist ein normales, fast provinzielles Leben. Es gibt wohl nirgendwo sonst auf der Welt einen solchen Kontrast zwischen dem Leben am Tag und in der Nacht wie hier ...»

Seine Gedanken kehrten zu Nadja zurück. Er freute sich sehr, dass sie ihn gebeten hatte, sie Nadja zu nennen, und dass sie nicht Kangarows Geliebte war. «Ich würde fast meinen Kopf darauf verwetten, dass das nichts als üble Nachrede ist!», dachte er und schämte sich selbst für sein gedankliches «fast». «Und sie hat mir zweimal einen Kuss gegeben.» Ihm fiel ein, dass sein Leben vielleicht doch noch nicht ganz zu Ende war. «Ach, Unsinn, Unsinn ...» Auch als er in der Metro saß, musste er noch vergnügt lächeln. Um dem Anschein eines sorglosen Lebens in Reichtum die Krone aufzusetzen, hatte er einen Erste-Klasse-Fahrschein gekauft.

Der Portier war noch wach – Tamarin vermochte nicht zu begreifen, wann dieser Mann schlief. Sie grüßten sich freundschaftlich – der Armeekommandeur galt im Hotel als der beste, solideste und ruhigste Gast; er bezahlte seine Rechnungen am selben Tag, an dem sie ihm vorgelegt wurden. «*On vous a fait parvenir un paquet*»*, sagte der Portier und unterstrich mit seinem Tonfall, dass das Päckchen von einer wichtigen Person kam. Er erklärte, es sei, zehn Minuten nachdem Tamarin das Hotel verlassen hatte, gebracht und gegen Quittung ausgehändigt

---

* Da ist ein Päckchen für Sie.

worden. Der Portier zog einen großen Umschlag heraus, den er nicht in Tamarins *casier** gelegt, sondern in der Schublade des Schreibpults verwahrt hatte. «Was kann das sein?», fragte sich Tamarin besorgt. Er bedankte sich beim Portier und öffnete den Umschlag noch im Aufzug. Im ersten Umschlag befand sich ein zweiter. «Richtig, die Antwort aus Moskau!», dachte Tamarin und verbarg den ersten aufgerissenen Umschlag mechanisch in seiner Tasche. Seine Hände zitterten ein wenig. Er versuchte zu erraten, ob Moskau der Verlängerung seines Dienstaufenthalts zugestimmt hatte – «Hoffentlich!» –, gab es aber auf. Der Aufzug stoppte. Tamarin öffnete die Tür seines Zimmers – seine Hände zitterten immer stärker –, schaltete das Licht ein, öffnete, ohne sich zu setzen und den Mantel abzulegen, den zweiten Umschlag und erbleichte. Er enthielt den Befehl, unverzüglich nach Spanien zu reisen.

IX

D ie Gerichtsverhandlung begann um ein Uhr mittags, zur ungünstigsten Zeit: Was sollte aus dem Mittagessen werden, wenn er nach Versailles fahren musste? Vermandois beschloss, in Versailles zu essen, in einem Restaurant, dessen Besitzer, ein anständiger Mann, hervorragende Lammkoteletts zubereitete und zu Preisen anbot, die für einen armen, ja, sehr armen, aber berühmten Schriftsteller erschwinglich waren. Der Vorschuss für den noch nicht erschienenen griechischen Roman war längst aufgebraucht, und es war völlig unbegreiflich, wo das

---

* Fach

Geld abgeblieben war. Ein gutes Essen, allein, mit einer halben Flasche Bordeaux (mehr war nicht erlaubt), war in der letzten Zeit eine der wenigen verbliebenen Freuden in seinem Leben.

Ein leichtes Seitenstechen hatte ihm jenes festtägliche, längst vergessene Gefühl vergiftet, das sich einstellt, wenn man am Morgen aus der Stadt fährt. Dieses Mal entsprach dieses Gefühl ganz und gar nicht dem Grund der Reise. Am Vortag hatte ihn die Gräfin de Bellancombre angerufen und angeboten, ihn in ihrem Auto mitzunehmen. «Eine Katastrophe!», dachte er entsetzt, während er eilig nach einem Vorwand suchte, um ablehnen zu können. «Ich würde mich glücklich schätzen! ... Aber gestatten Sie, warum fahren denn Sie zu dieser Verhandlung?» – «Ach, es interessiert mich sehr. Sie stimmen mir sicher zu, der Fall ist sowohl in sozialer als auch in psychologischer Hinsicht bemerkenswert. Das ist doch ein Raskolnikow! Vor allem aber will ich Sie hören!» – «Meine liebe Freundin, Sie klingen, als würde ich die Rolle des Siegfried singen! Ich bin kein Tenor, ich bin ein Zeuge.» – «Aber Sie sind kein ganz gewöhnlicher Zeuge. Wollen wir zusammen fahren?» – «Ich bin untröstlich ... Wann fahren Sie?» – «Punkt elf.» – «Das ist furchtbar! Ich habe um zwölf einen Termin.» – «Wie schade!», sagte die Gräfin. «Wir nehmen Cerisier mit, er hat uns die Eintrittskarten besorgt. Er ist wirklich sehr nett, mein Vorurteil ihm gegenüber war unangebracht.» – «Ein äußerst netter Mann. Wenn er sich nur nicht als Sozialist bezeichnen würde.» – «Lassen Sie das, bitte. Sie können es also nicht einrichten? Können Sie den Termin nicht verschieben? Wir könnten gemeinsam im Trianon[156] essen ...» – «Ich bin untröstlich, aber das ist unmöglich: Der verflixte Termin, mit einem sterbenslangweiligen Menschen, ist für Punkt zwölf angesetzt.» – «Nun, dann werden wir zusammen zu Mittag oder zu Abend essen, je nachdem, wann dieser schreckliche Prozess zu Ende ist ... Aber vielleicht mögen Sie Cerisier nicht besonders?» – «Ich verehre ihn!» («Hat es der Führer des Proletariats nun doch ins gräfliche Haus geschafft», sagte sich Vermandois und dachte, dass man über ihn selbst wohl ähnlich sprach.) «Dann bis morgen. Sie können sich gar nicht vorstellen, wie mir dieser Fall und dieser unglückliche junge Mann zu Herzen gehen. Ich habe seit zwei Nächten nicht mehr geschlafen.» – «Ich kenne die Zartheit Ihrer engelsgleichen Seele.» – «Oh, machen Sie keine Scherze, das ist alles entsetzlich! Was ist das nur für eine Jugend heutzutage! Also bis morgen.» – «Bis morgen, auf Wiedersehen, meine Liebe.» Er war erleichtert.

Natürlich gab es Plus- und Minuspunkte. Positiv war, dass er sich nicht drei Stunden lang mit der alten Närrin, ihrem idiotischen Ehemann und dem Führer des Proletariats unterhalten musste. Auf der Negativseite stand, dass er auf eigene Kosten ein Automobil würde mieten müssen. Andererseits hätte er der alten Närrin schon längst einmal ein wenig *politesse** erweisen sollen. Vermandois stand auf so freundschaftlichem Fuß mit der Gräfin, dass er fast nie Blumen mitbrachte, und wenn doch, dann billige, eher als *charmante pensée***: «Meine liebe Freundin, ich habe heute die ersten Veilchen gesehen und musste an Sie denken.» Diese *charmante pensée* kam auch bei anderen Damen zum Einsatz, bei denen er dinierte (übrigens fast immer auf ihre beharrlichen Bitten hin); je nach Jahreszeit wurden die Veilchen durch andere preiswerte Blumen ersetzt: «Meine liebe Freundin, heute gab es zum ersten Mal Maiglöckchen, ich hoffe, Sie hatten noch keine.» Bei aller Sparsamkeit durften die freundschaftlichen Beziehungen nicht überstrapaziert werden, die Notwendigkeit, etwas zu unternehmen, rückte bedrohlich näher. «Wenn ich in ihrem Auto mitfahre und mit ihnen im Trianon speise,

* Höflichkeit
** hier: charmante (kleine) Aufmerksamkeit

wäre das jener *letzte Tropfen*, der das Fass zum Überlaufen bringt. Ich müsste sie dann wenigstens zu mir zum Abendessen einladen! ...» Es waren nicht so sehr die Kosten der Einladung, die ihn abschreckten; in letzter Zeit sagte Vermandois sich immer öfter, dass es nun, da vom Leben nur noch sehr, sehr wenig übrig war, seltsam und dumm wäre, seine Zeit auf den Umgang mit Menschen zu verschwenden, die auch noch uninteressant waren. «Die Einladung kann warten: Wir sind noch beim *vorletzten* Tropfen. Das Minus enthält zusätzlich ein kleines Plus ...»

Auf dem Weg nach Versailles dachte er missmutig darüber nach, wie viel Platz absolut unwichtige Dinge und Erwägungen in seinem Leben einnahmen, Fragen, mit denen sich wahrscheinlich jeder beliebige Krämer oder Marquis beschäftigte. «Man muss sein Herz erheben», dachte er (obwohl er das ernsthaft und betrübt dachte, vermochte er solche Worte selbst in Gedanken nur in Anführungszeichen auszusprechen). Die wenigen Freunde Vermandois' fanden, dass er sich in den letzten Jahren stark verändert hatte, dass er äußerst nervös und reizbar geworden war. «Sie verstehen das nicht – er hat einen wirklichen seelischen Umbruch erlitten! Das ist eindeutig eine *Krise*», sagte die Gräfin mit freudig-erschrockener Miene, als handele es sich um eine schwere Krankheit, die zum Glück eine günstige Wendung genommen hatte.

Es hieß, dass er auch gesundheitlich stark angeschlagen war. So stellte sich bei einem turnusmäßigen Arztbesuch völlig unerwartet heraus (er wäre nie auf den Gedanken gekommen!), dass auf einmal seine Nieren, die Leber und noch irgendetwas Probleme machten und sein Blutdruck plötzlich 200 betrug und dringend gesenkt werden musste. «Aber beim letzten Mal war doch alles in Ordnung!», sagte Vermandois kummervoll-erstaunt und mit einem Ausdruck von Unmut und Vorwurf in der Stimme. Der Arzt, der sich offenbar keiner Schuld bewusst war, zuckte mit den Schultern: «Erstaunlich ist allein, dass bisher alles in Ordnung war. Vergessen Sie nicht, dass Sie inzwischen über siebzig sind ...» Diese Feststellung, obwohl zweifellos zutreffend, gefiel Vermandois nicht: Wie taktlos sich Menschen ausdrücken können! *«Un septuagénaire»** – allein das Wort war unangenehm! «Sie brauchen sich aber keine Sorgen zu machen», erklärte der Arzt, «es besteht keinerlei Gefahr. Die Organe des menschlichen Körpers können mit siebzig Jahren nicht mehr so gut funktionieren wie mit zwanzig. In Ihrem Alter lebt ein Mann fast immer von seinem Kapital, nicht von den Zinsen; das Kapital Ihres Körpers ist groß, und wenn Sie sorgsam mit ihm umgehen, wird es lange reichen.» Der Arzt drückte sich gerne bildhaft aus. Er verschärfte verschiedene Verbotsmaßnahmen und verschrieb ihm Medikamente, die den Blutdruck bald auf 180 senkten. Wenn er jetzt in den Zeitungen die Worte *«septuagénaire»* oder *«vieillard»*** (manchmal schrieben sie noch abstoßender: *«un septuagénaire robuste»****) las, runzelte Vermandois mit einem äußerst unguten Gefühl die Stirn. «Ja, plötzlich ist das Alter da! Wie konnte ich es nur so weit kommen lassen! ...»

Und als hätte der Arzt es beschrien, spürte er unmittelbar nach seinem Besuch bei ihm ein leichtes Seitenstechen, *vorläufig* ein sehr leichtes. Darüber hinaus hatte sich Vermandois' Abneigung gegen die Menschen aufgrund der politischen Weltereignisse weiter verstärkt und zugespitzt. Das war im Grunde, wie er sich sagte, die einzige konstante Größe in seiner geistigen und seelischen Gleichung: Alles andere veränderte sich unaufhörlich, mit einer Schnelligkeit, die ihn selber überraschte und beunruhigte. Auch finanziell standen die Dinge nicht gut: Da

* ein Siebzigjähriger
** Greis, alter Mann
*** ein rüstiger Siebzigjähriger

er den griechischen Roman noch nicht beendet hatte, konnte er keinen Vorschuss für einen weiteren nehmen. Alles in allem war schwer zu sagen, was jetzt seine Hauptsorge war: das Seitenstechen, der Blutdruck, den man nicht sah, den man nicht spürte und der doch irgendwo sein Unwesen trieb, der Geldmangel oder das, was in der Welt vor sich ging – oder genauer, all das zusammen. Vermandois' Freunde bemerkten, dass sich der Ton, in dem er sprach, der früher fast immer nachsichtig-spöttisch bis zum Überdruss gewesen war, verändert hatte: Seine Äußerungen waren schroff, er begann seine frühere Redseligkeit zu verlieren, und manchmal (wenn auch nicht allzu oft) schwieg er den ganzen Abend über, besonders in jenen Häusern, in die er nur eingeladen wurde, um ihn den Versammelten zu präsentieren, so wie man Feinschmeckern einen alten Cognac kredenzt. «Sollen Sie sich mit meinem Namen begnügen! ...»

Auch seine politischen Weggefährten beklagten sich über Vermandois: Den Kommunisten und ihren Sympathisanten fiel seine zunehmend greisenhafte Teilnahmslosigkeit auf. Zwei Einladungen zu Kundgebungen hatte er – mehr aus Vergesslichkeit – unbeantwortet gelassen. Zwar unterzeichnete er immer noch Proteste, aber nur widerwillig. Wegen einer Unterschrift unter ein aktuelles Protestschreiben war der deutsche Emigrant Siegfried Mayer zu ihm gekommen, er hatte in einem fürchterlichen Französisch auf ihn eingeredet, und Vermandois musste mit *leidenschaftlicher Anteilnahme* zuhören und ihm zum Abschied gefühlvoll die Hand drücken, was er auch tat, doch der deutsche Emigrant war ihm in höchstem Maße zuwider. «Ich musste an mich halten, um nicht ‹Heil Hitler› zu sagen ... Übrigens, wenn ein Reaktionär zu mir käme, würde es mich jucken, umgehend ein Grußtelegramm an Stalin zu schicken ...» Vor Kurzem hatte er eine Einladung nach Moskau erhalten, wobei am Rande erwähnt wurde, dass, falls er ein Buch über die Reise schreiben würde, der Staatsverlag erfreut wäre, eine russische Übersetzung zu veröffentlichen, natürlich zu den besten Bedingungen. Obwohl er das Geld gut gebrauchen konnte, antwortete er höflich-ausweichend. «Ja, der Mensch ist schwach, und in Momenten besonderer Gefahr sollte er irgendein anschauliches, abschreckendes Bild vor Augen haben, so wie Autofahrer vor gefährlichen Kurven durch Verkehrsschilder mit Totenkopf und gekreuzten Knochen gewarnt werden ...» In Alltagsdingen offenbarte sich seine bolschewistische Stimmung jedoch noch stärker als zuvor. Er hielt sich für die einzige Berühmtheit in ganz Frankreich, die kein Vermögen besaß, und manchmal dachte er lange darüber nach, was er machen würde, wenn er in der staatlichen Lotterie ein paar Millionen gewinnen würde (allerdings kaufte er keine Lose, es sei denn, sie wurden ihm zufällig aufgedrängt). Die Reichen aber hasste Vermandois immer mehr.

Hinter Saint-Cloud wurde sein Wagen von einem großen, eleganten Automobil überholt, in dem ein Herr und eine Dame saßen. Obwohl er die Leute nicht kannte, überkam ihn auch diesmal ein Gefühl von Hass. Natürlich brauchte die Literatur, wenn man von Boulevard, Vaudeville oder Kino absah, letzten Endes niemand, Literatur war der Zeitvertreib einer vergangenen Epoche, anderenfalls hätte auch ein bejahrter Schriftsteller sein eigenes Automobil gehabt, so wie all die Flegel und Spekulanten. Er spürte es und sah *es in allen Einzelheiten* vor sich: Da fuhr ein reicher, kerngesunder, ungehobelter, gerissener Börsenhändler, einer, der gerade Millionen gescheffelt hatte, mit seiner Geliebten aufs Land. Oder waren sie vielleicht auf der Flucht nach Amerika? Der Krieg war ja nicht mehr fern. Diese Menschen, die in die Strafkolonie gehörten, genossen den Schutz der Gesetze und der sozialen Ordnung. Sie empfingen Minister und Schriftsteller, sie spendeten Geld für wohltätige Zwecke, sie erhielten Orden, sie stellten die Gesellschaft dar, die Intelligenz, sie räsonierten über Literatur. «Ich bin sicher, in seinem Koffer liegt ein Roman von Émile (ich hoffe, nicht von mir). Ja, ich kann Alvera gut verstehen», dachte Vermandois blutrünstig, «einen von diesen Herren zu töten – was ist das schon für ein Verbrechen! Nach und nach wird man sie alle an Laternen aufhängen, so wie sie es verdienen. Nur schade, dass viele von ihnen schon vorher eines natürlichen Todes sterben ...»

Dann hörte das Seitenstechen auf, und seine Gedanken wurden moderater. Spöttisch lächelnd musste er zugeben, dass er sich nicht zu den Opfern der gesellschaftlichen Ordnung zählen konnte, auch wenn er nicht mit seinem eigenen Automobil, sondern mit einem Taxi fuhr. «All das gibt es nicht erst seit gestern, viele kluge Leute haben sich darüber Gedanken gemacht, und es ist ihnen nichts eingefallen, wenn man einmal von den Laternen absieht. Zum Teufel mit ihnen, den Spekulanten! ...» Dieses «zum Teufel mit ihnen» beruhigte ihn immer ein wenig.

Es war ein schöner Herbstmorgen – «einfach eine Naturbeschreibung einfügen, wie es Émile auf jeder zehnten Seite seiner kunstgewerblichen Fabrikate macht». Vermandois las die Straßennamen mit zusammengekniffenen Augen (auch seine Sehkraft ließ nach) und fand, dass die Namen – Sèvres, Viroflay, Versailles – etwas Anmutiges, anrührend Zärtliches an sich hatten, das es so in keinem anderen Land gab. Diese Straße war einmal die Hauptverkehrsader der Welt gewesen. Heute klammerte sich entlang diverser Avenues de Versailles und Avenues de Paris armseliges, graues, langweiliges Leben an jeden Stein, an zerfallende Häuser, an dreihundert Jahre alten Schuppen, oder es schuf, nachdem es sie niedergerissen hatte, etwas Eigenes, ebenso Armseliges, Graues, Plattes und Langweiliges. «Ja, das Schicksal Europas wurde einst zwischen den Tuilerien und Versailles entschieden. Waren das schlechte Entscheidungen gewesen? Immer noch ein wenig besser als die heutigen! ...» Das Automobil bremste und ließ ein entgegenkommendes Fuhrwerk vorbei, das von einem braunen Kaltblut gezogen wurde. Der Anblick des imposanten, schweren, gemächlichen und ungewöhnlich *sympathischen* Pferdes hatte etwas Beruhigendes, das unzweifelhaft die Überlegenheit der alten gegenüber der neuen Zeit veranschaulichte.

In Versailles bat Vermandois den Chauffeur, vor dem Schloss zu halten, und spürte verärgert, dass es keinen Sinn hatte, ins Restaurant zu gehen: Er hatte überhaupt keinen Appetit. Bis zum Beginn der Verhandlung war es noch über eine Stunde. Er schlenderte ein wenig durch die Stadt, blieb aus unbezwinglicher Gewohnheit vor dem Schaufenster einer Buchhandlung stehen und erblickte Émiles neues Buch. Auf der Papierbanderole stand: *«Vient de paraître. Enfin le livre qu'on attendait.»** Vermandois stieß einen Fluch aus. «Er schreibt jetzt alle sechs Monate einen Roman. Was für ein Glück, dass er schon fünfundsiebzig ist!» (In Gedanken machte er Émile immer drei oder vier Jahre älter und freute sich, dass er selbst noch nicht so alt war wie Émile). Er ging in den Park und dachte, dass er vielleicht zum letzten Mal in seinem Leben hier war: «Ich sollte mich verabschieden ...» Er verabschiedete sich ziemlich oft von verschiedenen berühmten Orten. Bei Sevilla oder Venedig war das durchaus natürlich. Aber im Stillen glaubte er nicht, dass er sich für immer von Versailles trennen könnte: so sehr war es ein Teil *von ihm*, wie Wurzeln, mit denen er untrennbar verbunden war. Vermandois blieb auf der Treppe stehen und bewunderte zum tausendsten Mal das herrlichste Panorama der Welt.

«Versailles, was ist Versailles?», dachte er. «Ordnung? Die Vernunft Frankreichs? Französische Harmonie? Der französische gesunde Menschenverstand? All das hat die Dragonaden,

---

* Soeben erschienen. Das Buch, auf das wir alle so lange gewartet haben.

die Aufhebung des Edikts von Nantes[157] und die sinnlosen Kriege nicht verhindert. Aber die Ordnung von Ludwig XIV. büßt im Vergleich mit dem Chaos der Gegenwart in der Tat nicht das Geringste ein. Racine musste nicht fürchten, eines schönen Abends mit Giftgas umgebracht zu werden. Er wusste auch, dass er niemals von einem rebellischen Mob aufgehängt werden würde. Racine lebte in seinem Haus, mit seinem Garten, seinen Pferden, seinen Hunden. Natürlich kann man die Welt nicht allein aus der Sicht von Racine betrachten. Aber selbst ein einfacher französischer Bauer lebte damals friedlicher als heute, selbstverständlich nur, wenn er katholisch war. Warum sollte er Protestant werden? Von Luther verstand er genauso wenig wie von Bossuet[158] ... Eigentlich steht Bossuet als Schriftsteller über Luther, als Denker sind beide durchaus ebenbürtig ... Es heißt, die monarchistische Idee gehört der Vergangenheit an – wie, wenn ihr auch die Zukunft gehört? Das ist wenig wahrscheinlich? Ich habe Dinge erlebt, die noch viel weniger wahrscheinlich waren.

Im Grunde fehlt diesem Schloss, diesem Park die Klarheit, die ihnen gewöhnlich zugeschrieben wird, dennoch strahlen sie eine außergewöhnliche Erhabenheit und eine außergewöhnliche Gewissheit aus – sie wurden von einem Mann erbaut, der wusste oder zumindest davon überzeugt war, dass er für die Jahrhunderte baute. Weder unsere Demokratie, die in die Binsen zu gehen droht, noch Hitler oder Stalin haben diese Gewissheit: Welchen Sinn hat es, heute mit dem Bau des Versailler Schlosses (in jedem nur möglichen übertragenen Sinne) zu beginnen, wenn am kommenden Dienstag eine Interpellation[159] droht? Wozu Versailles bauen, wenn man womöglich lange vor seiner Fertigstellung an einem Laternenpfahl baumeln wird? Versailles ist einzigartig, so wie der Markusplatz oder Notre-Dame de Paris einzigartig sind. Unter Ludwig XIV. drohte dem nicht die geringste Gefahr, während heute alles innerhalb weniger Minuten durch Flugzeuge zerstört werden kann. Ohne Zweifel, die Menschheit entwickelt sich zurück, trotz oder gerade wegen des technischen Fortschritts. Absolut gesehen, nimmt das Böse auf der Welt mit unglaublicher Geschwindigkeit zu. Relativ betrachtet, also durchschnittlich auf einen einzelnen Menschen bezogen, lässt sich das nur schwer einschätzen. Wahrscheinlich ist es ebenfalls mehr geworden seit der Zeit Ludwigs, denn der feste Glaube an ein Leben nach dem Tod wog damals die fehlende Pockenimpfung und das Nichtvorhandensein von Eisenbahnen bei Weitem auf ...»

Solche desperaten Gedanken, mit einem Anflug von Zynismus, beruhigten ihn immer ein wenig, genau wie «zum Teufel mit ihnen». Vermandois ging durch den Park. Das war ganz bestimmt kein *Abschiednehmen*, aber der Anblick von Versailles verfehlte seine übliche Wirkung nicht. «Nur wir Franzosen spüren das, und nur wir waren fähig, es zu erschaffen. Ludwig XIV. hat eigentlich nichts damit zu tun. Das französische Volk hat es erschaffen. Der König, in dessen Adern höchstens ein Zehntel rein französischen Blutes floss, hat das vielleicht weniger gespürt als der Gärtner dort drüben, der sein ganzes Leben damit verbracht hat, die Hecken in diesem zauberhaften Garten zu beschneiden. Und sicherlich weniger als ich. Ist uns das Genie unserer Vorfahren abhandengekommen? Vielleicht haben schon die Urahnen dieses Gärtners hier unter Ludwig gearbeitet, und warum hätten sie ihren Nachfahren überlegen sein sollen? Etwas anderes hat sich verändert: Das gemeine französische Volk, welches die irdischen Freuden eines Suppenhuhns[160] schätzen gelernt hat, jenes Huhns, von dem Heinrich IV. einst nur träumte (eine Lüge – er war nur auf seinen Nachruhm bedacht) und das ihm immerhin von der Demokratie geschenkt wurde, dieses Volk zeugt heute weniger Nachkommen pro Nacht als früher. Und nach dem unerbittlichen Gesetz der großen Zahlen betreten andere, weit weniger begabte Völker, die sich auch weniger um das Suppenhuhn für ihre Kinder und Enkel kümmern, die Bühne der Weltgeschichte. Unter der Leitung ihrer schwachsinnigen Führer bauen sie in Rekordzeit (sie sind vom Schicksal für idiotische Rekorde ausersehen) ein Braunes Haus, doppelt so groß wie das Schloss von Versailles.»

Vermandois ging zurück und blickte angewidert auf die Touristen, die sich am Eingang des Schlosses versammelt hatten. Es waren überwiegend Menschen, die sich nicht sonderlich um das sonntägliche Suppenhuhn ihrer Nachkommen kümmerten. «Sie sind gekommen, um sich zu ergötzen, und bald kommen sie vielleicht angeflogen, um alles niederzubrennen ...» Er ließ seinen Blick über die Schar der Deutschen (oder derer, die er für Deutsche hielt) gleiten, und ihn überkam erneut heftiger Zorn. «Ja, ich kann meinen Zorn rational begründen: Es fällt mir in der Tat schwer, die zu lieben, die morgen erscheinen werden, um *meine* Reichtümer in Brand zu setzen. Aber es geht nicht allein um die rationale Begründung. Was soll man machen, wenn einem das im Blut liegt, wie bei Hunden die Abneigung gegen Katzen, wenn diese idiotische Rassenlehre entfernt eine biologische Grundlage hat? Wenn mir dieses Gefühl selber nicht fremd ist – wie kann ich mich dann über diesen primitiven Anstreicher empören? Was Hitler plant, haben seit Menschengedenken schon andere gemacht, allen voran auch Franzosen, und man kann nicht behaupten, die Zeiten hätten sich geändert; die Menschen waren Bestien, und Bestien sind sie geblieben. Wo ist der Unterschied, den ich nur erahnen kann und der für mich doch unumstößlicher ist als ein mathematisches Axiom? Mit welcher *Idee* lassen sich die Eroberungen Ludwigs XIV. verbrämen? Mit der Universalität der französischen Kultur? Nun, so nötig war es denn doch nicht, dass holländische und deutsche Krämer in der Schule unsere göttliche Sprache lernten, um sie dann ein Leben lang zu verunstalten. Aber eins weiß ich: Es macht einen Unterschied, ob ich es mit Ludwig oder erst recht mit Napoleon zu tun habe oder mit einem ungebildeten Banausen, der ein abgeschmacktes Buch geschrieben hat. Vielleicht wird sich dieses Buch sogar als geniale Vorhersage der Ereignisse erweisen und die menschliche Vernunft, oder was von ihr noch übrig ist, verhöhnen und vorführen, jene Vernunft, die das achtzehnte Jahrhundert so aufgeblasen hat. Natürlich wird sich unser Gefühl für Ästhetik nicht mit einer etwaigen deutschen Weltherrschaft abfinden, weder im Allgemeinen noch mit dem heutigen Deutschland im Besonderen. Aber das Gefühl für Ästhetik ist ein unzuverlässiger Maßstab. Wie ärgerlich, dass durch ein Versehen Goethe und Schopenhauer in ihrer Mitte geboren wurden! Schiller und Kant können sie meinetwegen behalten ...»

Er ließ sich auf der Terrasse des Cafés nieder. Er hatte immer noch keinen Hunger – «ja, bald bin ich auch dieser Freude beraubt»; er bestellte ein Sandwich und einen Kaffee, der wider Erwarten gar nicht übel war. Plötzlich rief ihn eine vertraute Stimme beim Namen. Vermandois sah sich ärgerlich um und erblickte die Gräfin de Bellancombre. Sie wurde von ihrem Ehemann begleitet, dessen lächelndes Gesicht auszudrücken schien, er erwarte gleich etwas äußerst Geistreiches zu hören. «Wie? Sie sind schon hier? Und Ihre Verabredung?» – «Liebe Gräfin, ich bin gerade angekommen.» – «Ich verstehe! Sie wollten mich nur los sein», sagte die Gräfin lachend, in einem Ton, der deutlich zu verstehen gab, dass sie eine solche Annahme für abwegig hielt. Vermandois lächelte, und sein Lächeln bezeugte dasselbe: «Wie kann man nur so etwas annehmen.» – «Sie sehen hinreißend aus!», sagte er aus Gewohnheit, obwohl er kaum zur Kenntnis nahm, wie die Gräfin gekleidet war. «Haben Sie es wirklich ins

Trianon geschafft?» – «Natürlich, wir haben uns glänzend unterhalten, Ihr Freund Cerisier ist überaus nett. Wir haben einen Spaziergang gemacht, weil es noch zu früh ist. Wir haben ihn zuerst zum Gericht begleitet. Ach, er genießt ja überall solchen Respekt: Die Anwälte, die Beamten, alle sind zu ihm gekommen und hätten sich ihm fast vorgestellt ...» – «So hat jeder amerikanische Bürger das Recht, dem Präsidenten der Vereinigten Staaten die Hand zu geben.» Die Gräfin lachte. Ihr Lachen, ihr Lächeln waren sehr sympathisch, kindlich. «Ich bin froh, dass Sie wieder bei guter Laune sind ... Und was für ein Glück, mein lieber Freund! Ich habe immer davon geträumt, *unser* Versailles einmal unter Ihrer Führung zu besichtigen!» – «Sehr schmeichelhaft, dieses ‹unser› ...» Der Graf de Bellancombre dachte mürrisch, dass sowohl seine exotische Frau als auch dieser gelehrte Enkel eines Krämers das gleiche Recht hatten, *sein* Versailles «unser» zu nennen. «Es reicht, meine Liebe, Sie kennen hier alles genauso gut wie ich.» – «Ich kenne es, aber selbstverständlich nicht so wie Sie. Wie schade, dass uns nur eine Viertelstunde bleibt, bevor wir zum Prozess dieses Unglücklichen müssen.» – «Liebe Gräfin, Sie haben scheinbar die Absicht, einem progressiven Romancier oder dem Reporter einer sozialistischen Zeitung ein Thema schmackhaft zu machen: ‹Der Anblick der vielen *aufgetakelten Damen*, die gekommen waren, um sich an dem Spektakel eines Verdammten zu weiden, war widerwärtig.› Ich verstehe freilich nicht, wozu die progressiven Zeitungen derart ausführliche Berichte über solche Prozesse drucken, wenn sie das Schauspiel so abstoßend finden.» – «Sie kommen vom Thema ab. Ich bitte Sie, erklären Sie, erzählen Sie. Sie sind trotz Ihrer Überzeugungen ein Mann des achtzehnten Jahrhunderts. Wenn ich mich mit Ihnen unterhalte, denke ich immer: Gleich holt er eine Schnupftabakdose heraus. Warum tragen Sie nicht einen Kaftan und Pantoffeln mit roten Absätzen? ...»

Der Graf dachte zufrieden, dass sich die Unterhaltung jetzt einfacher gestalten würde: Der gebildete wie der ungebildete Leierkasten waren in Gang gesetzt. In der Tat erzählte Vermandois auf dem Weg zum Gericht in seinem gewohnten Tonfall Anekdoten über Versailles, ohne sich jedoch allzu große Mühe zu geben: Er wusste, dass man diesen Gesprächspartnern aufgrund ihrer völligen Unwissenheit auch allgemein Bekanntes auftischen konnte. «... Von hier aus hat sich die erste Montgolfiere erhoben.» – «Wie, das war in Versailles?» – «Ja, hier hat jenes fatale Ereignis stattgefunden, das die Zivilisation endgültig zugrunde richten wird. Übrigens wird die Zivilisation bald von sich aus eines natürlichen Todes sterben.» – «Wer wird sie zugrunde richten? Heißluftballons?» – «Sagen wir, Flugzeuge, was macht das für einen Unterschied? All diese Herrlichkeit wird niedergebrannt und zerstört werden ... Erinnern Sie sich an die fantastische Geschichte von Sébastien Mercier?» – «Ich bewundere immer wieder Ihre galante Art, sich auszudrücken: Nein, ich <erinnere> mich nicht, sondern ich kenne sie nicht, was ich ehrlich zugebe.» – «Es gibt blamablere Geständnisse. Sébastien Mercier, ein Pamphletist des achtzehnten Jahrhunderts, schrieb ein Buch mit dem Titel <Das Jahr 2440>[161]. Der Autor, müssen Sie wissen, wacht im Jahr 2440 in Versailles auf und erkennt nichts wieder: ein Trümmerhaufen, auf dem weinend ein grauhaariger Bettler sitzt – vom schönsten Schloss der Welt, das Genie und Stolz eines einzigen Mannes geschaffen haben, ist nichts mehr übrig.» – «Und warum weint der Bettler? Was kümmert es ihn?» – «Eine durchaus triftige Frage – dieser Bettler ist natürlich Ludwig XIV., der ebenfalls im Jahr 2440 auferstanden ist.» – «Wie furchtbar!» – «Das Bemerkenswerteste an diesem schwachen Buch ist, dass es ein paar Jahre vor der großen Revolution geschrieben wurde. Erinnern wir uns – einer der Schwachköpfe aus dem Nationalkonvent hatte vorge-

schlagen, am Schloss von Versailles eine Tafel mit der Aufschrift
<*Maison à louer*>* aufzuhängen, und ein anderer forderte, das
Gelände des Tyrannenschlosses umzupflügen. Umzupflügen!
Damals gab es noch keine Flugzeuge.» – «Wenn man mit Ihnen
spazieren geht, wird es gleich amüsant. Doch wie viel Zeit geben
Sie uns? Wenn Sie uns eine Frist bis 2440 einräumen, bin ich
einverstanden.» – «Nein, nein, die Redewendung <nach uns
die Sintflut> ist veraltet. Wir werden noch gemeinsam auf den
Wellen der Sintflut reiten.»

Sie gingen in einem gemächlichen Tempo, Vermandois
redete unaufhörlich: Er kannte in Versailles wirklich zu jedem
Stein eine Geschichte. Es war einfacher zu erzählen, als sich mit
der Gräfin zu unterhalten, welche die Initiative übrigens nicht
kampflos dem Gegner überlassen wollte. «Geben Sie zu, dass
es ohne Ludwig XIV. nichts von alledem gäbe! Er war es, der
den grundsätzlichen Stil von Versailles geschaffen hat.» – «Natürlich. Das bestreite ich nicht. Wissen Sie übrigens, woher der
Stil dieser alten Häuser kommt, Quadersteine im Wechsel mit
Ziegeln? Um die Edelleute zu demütigen, verbot Ludwig ihnen,
ihre Häuser ganz aus behauenem Stein zu errichten: Sie sollen
es nicht wagen, mir nachzueifern! Und so hatten damals unsere
genialen Architekten diesen reizenden Einfall: Stein und Ziegel.
So kam der architektonische Stil des siebzehnten Jahrhunderts
in die Welt.» – «Und die Gärten?» – «Die Gärten hat nicht
der König, sondern Le Nôtre geschaffen.» – «Und dafür hat
ihn der König in den Adelsstand erhoben», sagte der Graf trocken. «Das stimmt. Le Nôtre hat dann darum gebeten, dass
auf seinem Adelswappen ein Spaten und eine Sichel dargestellt
werden sollten, er war ein Mann von großer Würde.» – «Mein
lieber Ankläger aller Tyrannen, was Sie auch immer sagen mö-

---

* Haus zu vermieten

gen, ich werde dem Sonnenkönig ewig dankbar sein, dass ihm zu unser aller Freude die schöne Idee kam, Versailles zu erbauen.» – «Ich auch. Diese Idee kam dem Sonnenkönig übrigens, weil er von seinem Schloss in Saint-Germain auf die Königsgräber von Saint-Denis schaute: Er wollte nicht ständig den Ort seiner zukünftigen Ruhestätte vor Augen haben. Die Launen von Despoten können zuweilen die überraschendsten und segensreichsten Auswirkungen auf die Kunst haben. Sehen Sie, der Graf ist unzufrieden mit Stalin, aber vielleicht schreibt gerade jetzt ein unbekannter sowjetischer Dichter zu Ehren des Diktators eine Ode, die sich als ein Wunder der Dichtkunst erweist.» – «Was für ein Paradox!», sagte der Graf, der verstand, dass er auf zehn Bemerkungen seiner Begleiter wenigstens eine eigene setzen musste. «Der bolschewistische Diktator und Ludwig XIV.! Jedenfalls können Sie nicht leugnen, dass es unter dem Sonnenkönig nicht eine solche Verantwortungslosigkeit und einen solchen Machtmissbrauch gab, wie sie heute auf der ganzen Welt üblich sind. Immerhin wurde Nicolas Fouquet[162] wegen Veruntreuung von Staatsgeldern für neunzehn Jahre in eine Festung gesperrt, in der er auch starb. Ist das heute denkbar? Damals gab es einen Mann, der auf niemanden angewiesen und über jeden Verdacht erhaben war. Gibt es solche Männer heute?» – «Ludwig XIV. hatte es in der Tat nicht nötig, Privatpersonen in die Tasche zu greifen: Er plünderte völlig ungehindert und unverhohlen den Staat», sagte Vermandois, der sofort vergaß, worüber er eben noch nachgedacht hatte. «Ach, ich liebe die Königlichen Ställe!», bemerkte eilfertig die Gräfin, die spürte, dass sich eine gewisse Gereiztheit ins Gespräch geschlichen hatte. Vermandois berichtete, wie viele Pferde und was für Kutschen Ludwig XIV. gehabt hatte, und wer auf Pferden welcher Fellfarbe ritt, *gris perle* oder *feuille morte*[163]. «Wenn Sie einmal nicht mehr sein werden, wird es auch kein Versailles mehr geben: Wer außer Ihnen ...» – «und einem Dutzend anderer Verrückter» – «Wer außer Ihnen kennt denn das alles? Die Jugend interessiert sich nur für Sport. Apropos, was die Jugend betrifft, müssen wir uns beeilen.» – «Ja, ja», antwortete Vermandois und runzelte die Stirn. Er musste plötzlich daran denken – und er hatte ein unangenehmes Gefühl dabei –, dass er gleich als Zeuge aussagen sollte. «Da ist das Gerichtsgebäude. An dieser Stelle hat *le grand veneur** ...» – «Es wird langsam Zeit, dass der Leierkasten anhält!», dachte ärgerlich der Graf, der überhaupt sehr schlecht gelaunt war: Er hatte nicht die geringste Lust auf die Gerichtsverhandlung – wenn sie sich hinzöge, müsste er das Bridgespiel an diesem Abend abschreiben.

Am Eingang des Gebäudes kontrollierten der Gerichtsdiener und Polizisten die Eintrittskarten. In der Galerie waren auf die Schnelle mehrere Telefonbuden aufgestellt worden. Die Fotografen erkannten Vermandois. Sofort flammten die Magnesiumblitze auf. Die Gräfin erstarrte in einem bezaubernden Lächeln: So war es also, wenn man sich zufällig in Gesellschaft eines berühmten Mannes befand! «Die Zeugen bitte hier entlang. Bitte, Maître», sagte der Gerichtsdiener respektvoll und gab damit zu erkennen, dass er wusste, mit wem er es zu tun hatte. Vermandois setzte eine dem Anlass entsprechende Miene auf und *schritt* zu den für die Zeugen reservierten Plätzen. Der durch die Tasse starken Kaffees ausgelöste Erregungszustand verflog im Nu. Nur wenn man Krankenhäuser, Polizeistationen und Gerichte betrat, dachte er, hatte man dieses unangenehme Gefühl.

* der große Parforcereiter (Jagdreiter)

X

S timmengewirr erhob sich im Saal. Alvera betrat in Begleitung eines Polizisten das für den Angeklagten abgeteilte,
käfigähnliche Gelass. Man wich von der üblichen Regelung ab:
Der Vorsitzende Richter erlaubte den Fotografen, noch vor Beginn der Verhandlung einen Blick auf den Straftäter zu werfen.
Die Fotografen, die an allen möglichen Stellen Position bezogen
hatten – im Gang vor der Bank mit den Anwälten, hinter dem
Richtertisch, auf dem Geländer des Geschworenenbereichs –,
ließen ihre Kameras zu den Magnesiumblitzen klicken.

Der Straftäter stand mit gesenktem Kopf an seinem Platz.
Er machte gleich einen äußerst ungünstigen Eindruck. Die
erfahrenen Gerichtsreporter wollten in Alvera sofort einen
Simulanten erkannt haben. «Sie werden sehen, er wird den
Dummen markieren», flüsterte jemand neben der Verteidiger-
bank. Mademoiselle Mortier, sehr hübsch und elegant in ihrer
neuen Robe, warf dem Kommentator einen entrüsteten Blick zu.
Cerisier war noch nicht erschienen. Die Zeugen nahmen ihre
Plätze ein. «Gott sei Dank sind es nur vier. Bis zum Abendessen
sind wir fertig», sagte der Reporter der Abendzeitung ziemlich
laut. «Na, wer weiß. Lassen Sie uns überschlagen: eine Stunde
für den Staatsanwalt, anderthalb für den Verteidiger ...» – «Der
wird keine anderthalb brauchen, aus so einem Fall kann man
nichts herausholen.» – «Er wird es versuchen. Bei einem Todesurteil ist es ihnen peinlich, weniger als anderthalb Stunden zu
reden ...»

Vermandois blickte mit Erstaunen und Entsetzen auf seinen
ehemaligen Sekretär. «Ein ganz anderer Mensch, nicht wiederzuerkennen! Wieso habe ich das nicht gesehen, dieses verkom-
mene Gesicht? Und diese erloschenen irrsinnigen Augen! ...»

Sein Blick traf den von Alvera, dieser zuckte zusammen und wandte sich ab. Vermandois nickte bemüht mit dem Kopf und mimte ein munteres, einladendes Lächeln. Das Publikum, das die beiden Ränge des Auditoriums füllte, war offenbar enttäuscht von dem Straftäter. «Wie beim Stierkampf, ein wenig interessanter Stier wird mit Pfiffen empfangen ...» Auch die Geschworenen tuschelten, ohne zu wissen, ob sie tuscheln durften.

Zwei Schläge ertönten, ein Klingelzeichen, alle standen auf. Die Richter betraten den Saal. Der Vorsitzende, ein grauhaariger, friedfertiger alter Mann mit Brille, setzte sich auf seinen Stuhl, musterte die Plätze für das Publikum, die Geschworenen und die Journalisten, zuckte beim Anblick der Fotografen, die jetzt Aufnahmen vom Richtertisch machten, mit den Schultern und begann mit seinem Nebenmann zu flüstern, während er darauf wartete, dass sich die Unruhe legte. Man sah ihm deutlich an, dass er all das für äußerst ungebührlich hielt, aber was sollte man machen? Dem Vorsitzenden Richter war völlig unverständlich, warum die Öffentlichkeit ein solches Interesse an Gerichtsverhandlungen im Allgemeinen und an diesem konkreten Fall im Besonderen hatte. Natürlich war es erforderlich, dass er zusammen mit dem Staatsanwalt, dem Verteidiger und den Geschworenen alles tat, was vonnöten war, aber am Ausgang des Prozesses konnte es nicht den geringsten Zweifel geben. Der Vorsitzende wusste auswendig, was alles der Staatsanwalt und was alles der Verteidiger sagen würde. Es könnte noch ein paar Veränderungen in den Aussagen des Angeklagten geben (die ebenfalls feststanden und längst bekannt waren), aber auch das hatte nicht die geringste Bedeutung. Nachdem er mit seinem Nebenmann getuschelt hatte, schenkte der Alte in seiner Robe Cerisier und noch einigen anderen im Saal ein flüchtiges Lächeln; dann sah er sich den Angeklagten wachsam, aber ohne jegliches Interesse an und kam ebenfalls zu dem Schluss, dass man es hier mit vorgetäuschtem Irrsinn oder Schwachsinn zu tun hatte. Eine solche Variante war grundsätzlich unvorteilhaft für den Angeklagten und im vorliegenden Fall angesichts des eindeutigen Gutachtens völlig aussichtslos. Jedenfalls handelte es sich um einen einfachen Prozess, der keinerlei besondere Anstrengung seitens des Vorsitzenden Richters erforderte. Er war froh darüber, nicht aus Faulheit – er war es gewohnt, den ganzen Tag fleißig zu arbeiten –, sondern weil er, ein sehr gutmütiger Mann, die strengen und voreingenommenen Verhöre nicht mochte, die er pflichtgemäß durchzuführen hatte. Vor Gericht bevorzugte er einen gelassenen, fast väterlichen Ton; in Mordprozessen war ein solcher Ton jedoch unangebracht. Der Vorsitzende wartete bis zum Ende des Rummels, warf den Fotografen einen vorwurfsvollen Blick zu und wandte sich dann an Alvera. Das Gesicht des Alten nahm sogleich einen Ausdruck an, der ungefähr zu besagen schien: «Du kannst lügen, so viel du willst, aber halte uns nicht auf.»

«*Accusé, voulez-vous donner vos nom et prénom?*»*

Kaum dass er die Antwort vernommen hatte, stellte er die zweite Frage:

«*Entendez-vous bien quand je vous parle?*»**

«*Oui, monsieur le président*»***, sagte Alvera etwas lauter. Alle hörten ihm gespannt zu. Der Vorsitzende schaute ihn über seine Brille hinweg an: «O ja, er hat vor, den Idioten zu markieren.» Nachdem er gefragt hatte, wo und wann der Angeklagte geboren wurde, sagte er: «Setzen Sie sich!» («Hinsetzen! Hinsetzen!», flüsterte der Polizist), und wandte sich mit einem

---

* Angeklagter, würden Sie uns Ihren Vor- und Familiennamen nennen?
** Können Sie verstehen, was ich sage?
*** Ja, Herr Vorsitzender

greisenhaften Stakkato an Cerisier: «*Je rappelle au défenseur les termes de l'article 311 et l'invite à s'y conformer ...*»*

Dabei lächelte der Vorsitzende dem berühmten Anwalt wieder flüchtig zu: Was soll man machen, so will es das Gesetz. Dann drehte er sich nach rechts und sagte in einem ganz anderen, aber nicht weniger üblichen Ton:

«*Messieurs les jurés, voulez-vous vous lever.*»**

Die Geschworenen standen auf. Langsam und feierlich artikulierte der Vorsitzende aus dem Gedächtnis:

«*La Cour va recevoir votre serment. Vous jurez et promettez devant Dieu et devant les hommes d'examiner avec l'attention la plus scrupuleuse les charges qui seront portées contre l'accusé Alvera Ramon Gregorio Gonzalo* (er zuckte unmerklich mit den Schultern) *de ne trahir ni les intérêts de l'accusé, ni ceux de la société qui l'accuse; de ne communiquer avec personne jusqu'après votre déclaration, de n'écouter ni la haine ou la méchanceté, ni la crainte ou l'affection; de vous décider d'après les charges et les moyens de défense, suivant votre conscience et votre intime conviction avec l'impartialité et la fermeté qui conviennent à un homme probe et libre ...* (er hielt inne, schwieg und sah die Geschworenen scheinbar fragend an) *À l'appel de son nom, chacun des jurés répondra en levant la main: ‹Je le jure.›*»***

---

* Ich erinnere den Verteidiger an Artikel 311 und fordere ihn auf, sich daran zu halten.[164]

** Meine Herren Geschworenen, bitte erheben Sie sich.

*** Das Gericht wird Sie jetzt vereidigen. Sie schwören und geloben vor Gott und den Menschen, die gegen den Angeklagten Alvera Ramon Gregorio Gonzalo erhobenen Beschuldigungen mit größter Sorgfalt zu prüfen (...) Sie schwören, sowohl die Interessen des Angeklagten als auch die der Gesellschaft, die ihn anklagt, zu achten; Sie schwören, bis zu dem Augenblick, da Ihr Schuldspruch bekannt gegeben wird, mit niemandem in Kontakt zu treten, weder Hass noch Zorn noch Furcht oder Sympathie zu bekunden; Sie schwören, Ihre Entscheidung nach Prüfung aller Argumente der Verteidigung und der Anklage zu treffen, indem Sie Ihrem Gewissen und Ihrer

Nachdem die Geschworenen nach Nennung ihres Namens alle nacheinander «*Je le jure*» gesagt hatten, forderte der Vorsitzende den Angeklagten auf, sich alles aufmerksam anzuhören, und ordnete die Verlesung der Anklageschrift an.

Alvera hörte nicht hin. Er hatte quälende Kopfschmerzen. Er hatte sich den Kopf in der Nacht schwer verletzt. Aber abgesehen von einer riesigen Beule unter den Haaren, gab es keine äußeren Spuren. Am Morgen bemerkte der Wärter, dass der Todeskandidat in einem anderen Zustand war als gewöhnlich, aber da sich an diesem Tag sein Schicksal entscheiden sollte, war das nur natürlich. «Vielleicht täuscht er das auch nur vor?» Als der Wärter feststellte, dass der Gefangene Kopfschmerzen hatte, holte er ihm eine Kapsel Calmin aus der Apotheke. Es gab keinen Grund, einen Arzt zu rufen, und es war auch keine Zeit mehr dafür. Ohne fremde Hilfe zog Alvera anstelle der Gefängniskluft seine eigene Kleidung an. Er erfasste vage, was vor sich ging, aber alles war sehr, sehr nebulös und wurde von Minute zu Minute nebulöser. Er war nicht hungrig und rührte sein Essen kaum an, obwohl das Essen an diesem Tag viel besser war als gewöhnlich. Bevor er über den Innenhof ins Gerichtsgebäude geführt wurde (das Gefängnis befand sich unmittelbar neben dem Gericht), bekam Alvera eine Tasse Kaffee, und er fühlte sich für kurze Zeit etwas wacher.

Während der seltsam gekleidete Mann gelangweilt und monoton die Anklageschrift verlas, sah sich Alvera im Saal um. Der Einzige, der ihn interessierte, war Vermandois; er fragte sich hastig, ob er sich verbeugen sollte, und entschied sich dagegen: Er wandte sich ab und machte eine Miene, als hätte er ihn nicht

inneren Überzeugung folgen, leidenschaftslos und entschlossen, wie es freien und ehrlichen Menschen ansteht ... (...) Wenn sein Name aufgerufen wird, hat jeder Geschworene seine Hand zu heben und zu sagen: Ich schwöre.

gesehen. Erst viel später dachte er wieder an seinen ehemaligen Arbeitgeber – und konnte ihn nicht mehr ausfindig machen; er versuchte sich zu erinnern, wann genau die Zeugen aus dem Saal geschickt worden waren: vor der Vernehmung oder danach oder vor der Verlesung der Anklageschrift.

Außer dem Verteidiger und seiner Gehilfin kannte er niemanden. Alvera fiel auf, dass alles hier im Saal anspruchslos und irgendwie billig war. Die Wände waren gelb gestrichen, mit einer braunen Bordüre – er fand, die beiden Farben, Braun und Gelb, passten nicht zusammen: «Was hätte man nehmen müssen? Blau? Schwarz?» Ihm gegenüber befand sich eine hohe, ebenfalls braune Tür – wohin führte sie, was verbarg sich hinter ihr? Er bemerkte, dass von den sechs Lampen, die an Stangen von der Decke herabhingen, nur vier brannten; die beiden, die sich weiter weg vom Vorsitzenden Richter befanden, brannten nicht. «Warum? Etwa aus Sparsamkeit? Oder sind sie kaputt? Wie soll man hier denn die Glühbirnen auswechseln? Mit einem Stuhl kommt man nicht hoch genug, man braucht sicher eine Leiter. Aber auch mit vieren ist es hell genug, es müssen starke Glühbirnen sein …» Er bemerkte auch, dass sich der Lichtschalter hinter dem Stuhl des Vorsitzenden befand: «Schaltet er sie etwa selber aus?» Hinter dem Richtertisch hing, etwas weiter weg, ein Zettel mit irgendeinem Schriftzug darauf, aber von der Anklagebank aus konnte man nicht erkennen, was da stand. An den Wänden hingen große Pappschilder: «*Défense absolue de fumer et de cracher*»* – eines davon hing neben einem Bord, auf dem die Marmorbüste einer Frau mit aufgelöstem Haar stand. Alvera vermutete, dass das Themis, die Göttin der Gerechtigkeit, war; ihm fiel ein, dass sie irgendwessen Tochter sein müsse, Jupiters vielleicht, nein, nicht Jupiters, und dass sie gewöhnlich mit

---

* Rauchen und Spucken strengstens verboten

verbundenen Augen dargestellt wurde, mit einer Waage in der einen und einem Schwert in der anderen Hand, er erinnerte sich an eine Abbildung aus einem Buch im Lyzeum. Aber die hier hatte anscheinend weder Schwert noch Waage. Das störte ihn: «Wenn es nicht Themis ist, wer dann? ...» Danach musterte er die an den Tischen sitzenden Männer in ihren roten und schwarzen Roben, jene Menschen, die ihn zum Tode verurteilen sollten.

Sie machten keinerlei Eindruck auf ihn. «Schade, dass sie keine Perücken tragen, sie haben ja Glatzen, da wären Perücken besser ...» Auch der Richtertisch war irgendwie armselig: Das grüne Tuch hing kaum über die Tischkante hinab, als hätte das Geld für ein größeres Stück Tuch nicht gereicht, und auf dem Tisch standen einfache Keramikgefäße und billig aussehende Lampen. Alvera überschlug im Geiste: dreißig Francs, nicht mehr. «Meine hat neunzehn Francs neunzig gekostet.» Für einen Moment zog sich ihm das Herz zusammen: Er dachte an sein kleines Zimmer, an die Dinge, die er mit so viel Hingabe gekauft hatte; wie lange hatte er sich in den Geschäften umgesehen und überlegt, was am billigsten und besten war. Aber im nächsten Moment ließ er von den Erinnerungen ab und begann, wieder geistesabwesend das Publikum zu mustern. Ein Teil befand sich unten hinter der Barriere, der andere auf der Empore. «Hätten sie nicht Stühle oder wenigstens Bänke für sie aufstellen können? Seltsam ... Dann werden sie also bis zum Abend so dastehen, eng zusammengedrängt?» Er dachte, dass er selbst auf jeden Fall bis zum Ende hier sitzen müsste, das heißt bis gegen sechs oder sieben. «Wahrscheinlich werden wir heute nicht fertig ...» Er richtete sich auf der harten Bank ein, als komme es für ihn allein darauf an, mit Unbequemlichkeit und Langeweile fertigzuwerden. Er setzte sich leicht seitlich hin und stützte seinen immer stärker schmerzenden Kopf auf die linke Hand. Das Publikum stand ziemlich weit von ihm entfernt, und mit seiner zunehmenden Kurzsichtigkeit konnte er die Gesichter kaum erkennen. Dann versuchte er dem zuzuhören, was der seltsam gekleidete Mann undeutlich und gelangweilt verlas, aber es gelang ihm nicht: Es war unangenehm, sinnlos. Und dennoch, als in der Anklageschrift zum ersten Mal sein Name genannt wurde, fuhr er zusammen – so wie im Lyzeum, wenn er plötzlich an die Tafel gerufen wurde. Von diesem Moment an begann sich sein Bewusstsein rapide zu trüben. Am Ende der Verlesung der langen Anklageschrift begriff er kaum mehr, was vor sich ging. Er wollte nur noch schlafen.

Cerisier erhob sich und stellte seinem Mandanten flüsternd eine Frage zu einem unwichtigen Detail. Augenblicklich sprang auch Mademoiselle Mortier auf, die neben ihrem Patron saß und über alle Maßen glücklich war: Ihr Name tauchte jetzt ständig in den Zeitungen auf; so wie die Fotokameras ausgerichtet waren, konnte sie sicher sein, dass sie auf allen Fotos zu sehen sein würde. Mademoiselle Mortier beugte sich ebenfalls zu Alvera, sie machte eine Miene, als hinge von Cerisiers Frage absolut alles ab. Alvera sah seine Verteidiger mit trübem Blick an, wollte etwas erwidern – und blieb stumm. «Was ist heute mit ihm los?», dachte Cerisier verwundert (er wusste nicht, was in der Nacht geschehen war). Die zusammenhangslosen Antworten von Alvera auf die ersten Fragen des Vorsitzenden Richters hatten den Anwalt überrascht. «Offensichtlich hat er beschlossen, den Idioten zu spielen – das ist allzu plump! Außerdem ist er sowieso verloren», dachte Cerisier. Als er keine Antwort erhielt, machte er eine Geste, die besagen sollte: «In Ordnung, später», und ließ sich auf die Bank fallen.

Im Publikum befanden sich viele Anwälte aus Versailles, die gekommen waren, um den berühmten Kollegen aus der Hauptstadt zu hören. Eine Dame von männlichem Aussehen, in Robe, mit Brille, bösen Augen und ausladender Haarpracht, sah Mademoiselle Mortier feindselig an und erklärte einem Bekannten halblaut, aber doch noch deutlich vernehmbar, dass Cerisier für einen solchen Fall als Verteidiger völlig ungeeignet sei. «Man hätte sich an ... wenden sollen», sagte sie und nannte mehrere Namen. «Cerisier ist doch zweite Wahl.» – «Ob ihm Vermandois viel gezahlt hat?» – «Wahrscheinlich. Umsonst macht Cerisier nichts.» – «Auf jeden Fall ist es ein schöner Zug von ihm.» – «Von Vermandois? Bei seinen Einkünften spielen fünf- oder auch zehntausend keine Rolle.» – «Was für ein kluges Gesicht er hat!» – «Alvera? Wie bitte? Das ist das Gesicht eines kompletten Idioten!» – «Nicht doch, ich spreche von Vermandois.» – «Ah, Vermandois, ja ... Übrigens, so außerordentlich ist er nun auch wieder nicht. Kein besonders guter Schriftsteller, er wird völlig überschätzt ...» – «Sagen Sie das nicht, er hat großartige Sachen geschrieben ...» – «Welche denn?» – «Nun, zum Beispiel ... Mir fallen die Titel gerade nicht ein, aber sie sind sehr interessant.» – «Kein einziges interessantes Buch. Kein einziges. Der ist längst leer geschrieben.»

XI

D ie Zeugen boten Vermandois respektvoll den besten Platz in dem ihnen zugewiesenen Raum an, den Stuhl unter der Lampe. Er bedankte sich und wechselte, in demokratischer Manier, ein paar freundliche Worte mit ihnen. Es waren alles einfache Leute: der Polizist, der Alvera verhaftet hatte, der Bäcker, der ihm den schrecklichen Schlag mit der Flasche verpasst hatte, die Concierge des Hauses, in dem er gewohnt hatte.

Nachdem er dem Demokratismus Genüge getan hatte, schlug Vermandois die Mittagszeitung auf. Aber ihm war nicht nach Lesen zumute. Unangenehm berührt, verzog er immer wieder die Stirn, wenn er an das Gesicht des Mörders dachte ... «*C'est malheureux quand même! Quelle figure qu'il a!*»*, sagte halblaut die Concierge.

Bald wurde der erste Zeuge in den Saal gerufen und nur fünf Minuten später der zweite. «Gott sei Dank, die Befragung dauert nicht allzu lange, die Verhandlung kommt gut voran ...» Schließlich bat der Gerichtsdiener, der respektvoll den Kopf neigte, Vermandois hinein. Zögerlich, mit kurzen Schritten ging er zum Zeugenstand. Ein Raunen ging durch den Saal, die Magnesiumblitze flammten wieder auf, die Fotoapparate klickten. Der Vorsitzende wartete geduldig, seufzte und wandte sich respektvoll an den Zeugen. Er vereidigte Vermandois, ohne nach Namen und Beruf – er nannte sie selbst – gefragt zu haben.

«... Was haben Sie zu diesem Fall auszusagen?»

«Ich würde es vorziehen, auf Ihre Fragen zu antworten.»

«Der Angeklagte war bis zu dem Tag, an dem er das Verbrechen beging, Ihr Sekretär. Sie kannten ihn. Was für eine Meinung hatten Sie von ihm?»

«Die allerbeste. Er machte stets einen ausgezeichneten Eindruck auf mich. Er war in seiner Arbeit äußerst korrekt und gewissenhaft, er kam vortrefflich mit seinen Aufgaben zurecht und war immer höflich und zuvorkommend («Das ist schon ein Meineid», dachte Vermandois). Ich glaube, ich hatte nie einen korrekteren und gescheiteren Sekretär.»

«Keine Nachfragen?», wollte der Vorsitzende wissen und unterdrückte ein Gähnen.

---

* Ach, der Arme! Und wie er aussieht!

«Haben Sie bei Alvera jemals Anzeichen von geistig anormalem Verhalten festgestellt?», fragte der Staatsanwalt.

«Nein. Er war ein sehr netter, kultivierter und intelligenter junger Mann», antwortete Vermandois – und besann sich plötzlich. Cerisier kam ihm sofort zu Hilfe:

«Seine geistigen Eigenschaften machten also einen durchaus günstigen Eindruck auf Sie?»

«Einen äußerst günstigen.»

«Sie, einer unserer berühmtesten Schriftsteller (Vermandois machte eine verlegene Geste und neigte den Kopf zur Seite), Sie, einer der reputabelsten Kenner des menschlichen Herzens, sollten sich in der menschlichen Psychologie auskennen. Was für eine Erklärung haben Sie für dieses Verbrechen?»

«Ich kann nur eins sagen: Ich war völlig verblüfft! Ich kam aus dem Staunen gar nicht mehr heraus. Ich konnte die schreckliche Tat in meinem Kopf überhaupt nicht mit dem netten jungen Mann zusammenbringen, den ich kannte ... Ich kann mir sein Verbrechen nur durch eine plötzliche geistige Umnachtung erklären.»

«Meine Herren Geschworenen, bitte merken Sie sich diese Worte, die für uns umso wertvoller sind, als wir wissen, von was für einer Persönlichkeit sie kommen», sagte Cerisier mit eindringlicher Stimme.

«Ich möchte eine weitere Frage stellen», sagte der Staatsanwalt. «Litt Alvera Not?»

«Das kann ich Ihnen nicht sagen. Ich glaube, er hat mich nie um einen Vorschuss gebeten, obwohl ich ihm einen solchen sicher nicht verweigert hätte.»

«Er hat nie einen Vorschuss in Anspruch genommen, obwohl er das hätte können? Daraus ist doch klar ersichtlich, dass der Angeklagte keine Geldsorgen hatte.»

«Das weiß ich nicht», erwiderte Vermandois verwirrt: Wieder eine unglückliche Aussage. Cerisier machte ein unzufriedenes Gesicht.

«Darf ich Sie fragen, wie viel Gehalt er von Ihnen bekommen hat?», fragte der Staatsanwalt mit sanfter Stimme.

«Zeuge, Sie haben das Recht, Fragen nicht zu beantworten, wenn Sie das nicht wünschen», erläuterte der Vorsitzende Richter.

Beide spürten ein gewisses Unbehagen. Die Geschworenen spitzten die Ohren: Das war eine interessante Frage, aber alle wussten, dass es das unbestrittene Recht eines jeden Bürgers war, auf solche Fragen nicht zu antworten: Darauf beruhte die staatliche Ordnung.

«Er hat von mir fünfhundert Francs im Monat bekommen. Das ist natürlich keine große Summe in diesen Zeiten. Allerdings hat er als mein Sekretär auch nur zwei Stunden am Tag gearbeitet. Ich wollte sein Gehalt von mir aus erhöhen, er hatte nicht darum gebeten, aber dazu ist es nicht mehr gekommen ...» («Ja, der große Schriftsteller hat nicht gerade üppig gezahlt», dachte Cerisier.)

«Hatte er noch eine andere Arbeit?»

«Das weiß ich nicht. Soweit ich mich erinnern kann, hat er irgendwelche Dokumente abgetippt oder so etwas in der Art.»

«Ich verstehe sehr gut, dass Sie für eine so geringe Arbeit nicht mehr zahlen konnten», sagte der Staatsanwalt mit noch sanfterer Stimme. Er war froh, den Zeugen der Verteidigung für seine Zwecke einspannen zu können, umso mehr, als ihm hier der Zufall in die Hände spielte. «So möchte ich den Märchengeschichten über die *Armut* dieses jungen Mannes ein für alle Mal ein Ende setzen. Er hat von Ihnen fünfhundert Francs im Monat erhalten. Das ist kein geringer Betrag, meine Herren Geschworenen. Jeder von ihnen wird ehrbare Menschen kennen, die selbst das nicht verdienen. Außerdem hatte Alvera, wie der Zeuge ausgesagt hat, noch andere Einkünfte ...»

«Das stimmt nicht», mischte Cerisier sich ein, «das hat der Zeuge nicht ausgesagt. Er hat gesagt, er habe keine Kenntnis von anderen Einkünften des Angeklagten.»

«Verzeihen Sie, der Zeuge sagte, dass Alvera noch weitere Einkünfte habe: aus Abschriften und anderem. Das wussten wir übrigens schon vor der Aussage des Zeugen. Es war die Verfertigung solcher Abschriften, die den Angeklagten mit dem unglücklichen Chartier zusammenbrachte, den der Herr Verteidiger nicht vergessen sollte ...»

«Ich vergesse nichts!», sagte Cerisier, der aufstand und seine Stimme hob (allen war klar, dass sich ein Zwischenfall anbahnte). «Ich vergesse nichts! Der Gedanke an das Opfer ist uns ebenso heilig wie dem Vertreter der Anklage, und wir werden niemandem erlauben, uns das Gegenteil vorzuwerfen (Mademoiselle Mortier, die ebenfalls aufgestanden war, sah den Staatsanwalt entrüstet an: Nein, das erlauben wir niemandem!). Aber das gehört jetzt nicht zur Sache, Herr Staatsanwalt! Der Nebenverdienst von Alvera war verschwindend gering. Der unglückliche Mann, das werde ich in meinem Plädoyer beweisen, führte eine Existenz hart am Rande der Not. Und ich protestiere entschieden gegen jeden Versuch, den Aussagen des Zeugen einen Sinn zu unterstellen, den sie nicht besitzen und nicht besitzen können!»

«Und ich protestiere aufs Schärfste», sagte der Staatsanwalt, der ebenfalls aufgesprungen war und seine Stimme hob, «gegen die Versuche der Verteidigung, der Staatsanwaltschaft, die das öffentliche Interesse vertritt, hier irgendetwas zu unterstellen! Ich verdrehe die Zeugenaussagen nicht, Maître Cerisier!»

«Das habe ich nicht behauptet!»

«Doch, genau das haben Sie behauptet! Das haben alle gehört!»

Geschrei und Lärm erhob sich. Der Reporter der Abendzeitung schrieb freudig das Wort «Zwischenfall» in die Zeilen-
mitte, unterstrich es zweimal und begann mit einer Geschwindigkeit von hundert Worten pro Minute zu schreiben: «*Brusque
sursaut de flammes. L'avocat général acère ses griffes, mais il a af-
faire à forte partie. Maître Cerisier bondit. La voix, si riche d'accents, du célèbre avocat, gronde. Dans un superbe mouvement
d'éloquence il conjure son éminent adversaire …*»* Der Staatsanwalt und der Verteidiger schrien sich im Stehen an, und die
sonore Stimme Cerisiers brachte es tatsächlich fertig, die seines
Gegners zu übertönen: «*Il ne me plaît pas que …*» – «*Maître, je
ne suis ici ni pour vous plaire ni pour vous déplaire! …*» – «*Tant
qu'il s'agira de parier pour l'infortune, il sortira de mon cœur des
accents …*» – «*Maître, vos accents ne m'ôteront pas le courage de
mon devoir!*» – «*… Monsieur l'avocat général, je représente ici les
intérêts sacrés! Je m'appelle la Défense! …*»** Es gab eine *starke
Bewegung* im Saal. Der Vorsitzende Richter war der Einzige, der
gleichgültig, ohne das geringste Interesse zuhörte. Er wusste,
dass solche *Zwischenfälle* ganz allgemein und in einem Prozess
wie diesem ganz besonders notwendig waren: Sowohl der Staatsanwalt als auch der Verteidiger wollen die Debatte beleben und
die Stimme freibekommen. Nachdem sie sich zwei oder drei
Minuten lang angeschrien hatten, gerade so lange wie nötig, er-
suchte sie der Vorsitzende, sich zu beruhigen. Zunächst wollte

---

* Plötzlich kochen die Emotionen hoch. Der Staatsanwalt fährt die Krallen aus,
aber er hat es mit einem starken Gegner zu tun. Monsieur Cerisier springt auf. Die
nuancenreiche Stimme des berühmten Anwalts erschallt. In einem Schwall von Eloquenz redet er beschwörend auf seinen mächtigen Gegner ein.
** «Mir gefällt nicht, dass …» – «Maître, ich bin nicht hier, um Ihnen zu gefallen
oder zu missfallen! …» – «Wenn ich einen Menschen in Bedrängnis verteidige,
bleibt mein Herz nicht unberührt.» – «Maître, Ihre Gefühle vermögen nicht, mich
des Bewusstseins meiner Pflicht zu entheben!» – «Herr Staatsanwalt, ich vertrete
hier unantastbare Interessen! Und deren Name ist Verteidigung!»

er der Ordnung halber selbst ein wenig aufbrausen, überlegte es sich dann aber anders.

«Alvera», wandte er sich an den Angeklagten. «Würden Sie uns selbst sagen, wie viel Sie im Monat verdient haben?» («Aufstehen, aufstehen!», flüsterte der Polizist neben dem Angeklagten.) Alvera stand auf und starrte den Vorsitzenden mit trübem Blick an. Der wiederholte die Frage.

«Ich ... ich habe eine Menge verdient», sagte Alvera dumpf und setzte sich. Ein Gemurmel ging durch den Saal. «Ein schlechter Simulant», knurrte ein Journalist. Der Staatsanwalt ließ seinen Blick vielsagend über die Geschworenenloge und die Bänke mit den Journalisten gleiten.

«Meine Herren Geschworenen», sagte er in betont ruhigem Ton, «die Frage nach den Einkünften des Angeklagten werden wir später ausführlich behandeln, so wie das auch mein beredter Kontrahent verspricht. Dennoch möchte ich, dass Sie sich die Tatsachen einprägen. Alvera erhielt von dem Zeugen regelmäßig ein durchaus ordentliches Gehalt von fünfhundert Francs pro Monat. Außerdem arbeitete er als Kopist und erhielt anderthalb Francs für eine Schreibmaschinenseite. Er selbst hat während der Voruntersuchung ausgesagt, dass er für das Manuskript, das er für den von ihm grausam ermordeten Mann, der ihm den Lebensunterhalt sicherte, am Tag des Mordes achtundvierzig Francs erhalten sollte. Das war der letzte Teil eines größeren Auftrags. Insgesamt brachte der Auftrag des unglücklichen Chartier dem Mörder um die zweihundert Francs ein. Nehmen wir einmal an, dass er solche Aufträge nicht jeden Tag bekam ... Obwohl es in Paris keine Mühe macht, an Schreibaufträge zu kommen – es gibt Menschen und sogar ganze Büros, die von nichts anderem leben ... Nehmen wir an, die Abschriften brachten dem Angeklagten insgesamt fünfhundert, vierhundert oder vielleicht dreihundert Francs im Monat ein. Er hatte also ein Einkommen von achthundert; das ist für einen alleinstehenden Mann nicht wenig. Ich weiß natürlich nicht, was einer der berühmtesten Anwälte Frankreichs unter ‹ verschwindend geringen › Einkünften versteht», sagte der Staatsanwalt sarkastisch (Cerisiers Gesicht zeigte Entrüstung, obwohl ihn die Worte seines Kontrahenten freuten), «aber nicht alle französischen Bürger besitzen Millionen, meine Herren Geschworenen. Auch Sie werden nicht alle Millionäre sein, und natürlich kennen Sie und ich Menschen in Frankreich, die tagein, tagaus ehrlicher Arbeit nachgehen und mit achthundert oder noch weniger Francs im Monat zurechtkommen und die nicht morden und stehlen, ganz im Gegensatz zu diesem ausländischen jungen Mann, der uns unsere Gastfreundschaft auf solche Weise vergilt.»

Er setzte sich. Ein zustimmendes Murmeln ging durch die Reihen der Geschworenen und verstummte sofort wieder. Cerisier fühlte, dass er in diesem Punkt eine vollständige Niederlage erlitten hatte, vielleicht sogar eine verhängnisvolle; im Übrigen hatte er nach wie vor ohnehin nicht die geringste Hoffnung, den Kopf des Angeklagten retten zu können.

«Lassen wir es dabei, und lassen wir die Demagogie», sagte er mit *zurückgehaltener Entrüstung* (seine Stimme und sein Gesichtsausdruck zeigten deutlich, dass er die Entrüstung zurückhielt). «Für Sie, meine Herren Geschworenen, kann und darf es keinen Unterschied machen, ob der Angeklagte Ausländer ist oder nicht. Wir befinden uns in Frankreich, Herr Staatsanwalt, in Frankreich, das eine tausendjährige Rechtstradition hat (diese Worte hätten unter Umständen zu einem neuen Zwischenfall führen können, aber die beiden Kontrahenten waren mit dem ersten zufrieden und nicht erpicht auf einen zweiten). Und außerdem, was ist Alvera schon für ein Ausländer? Sie haben ihn gehört, meine Herren Geschworenen, er spricht Französisch

wie Sie und ich ... Ich möchte mich wieder meinem Zeugen zuwenden und ihn bitten, uns die Persönlichkeit des Angeklagten
etwas ausführlicher zu schildern.»

Vermandois seufzte und begann zu sprechen. Er war jetzt
sehr vorsichtig, als hätte er es mit Betrügern zu tun – aber er
musste dem einen Rechtsverdreher gegen den anderen zu Hilfe
kommen. Er erwähnte kurz die schrecklichen Umstände von
Alveras Kindheit und die neuartige psychologische Befindlichkeit der Menschen nach dem Krieg. «Sie werden verstehen,
was ich meine, meine Herren Geschworenen», sagte er und
versuchte, so klar, natürlich und verständlich wie möglich zu
sprechen, «in diesen schrecklichen vier Jahren gewöhnten sich
die Menschen an den Gedanken, dass es sehr einfach ist, einen
anderen Menschen zu töten (durch den Saal ging erneut ein
leichtes Raunen: Bei einem anderen Schriftsteller wäre ein solch
vorsichtig formulierter Gedanke vielleicht problemlos durchgegangen, aber die kommunistischen Sympathien von Vermandois waren allzu bekannt. Der Staatsanwalt zuckte mit den
Schultern). Sie verstehen, meine Herren Richter, ich vergleiche
das Handwerk des Soldaten nicht mit dem eines Mörders, sondern ich spreche von der Atmosphäre, in der diese unglückliche
Generation aufgewachsen ist ...» Dann kam er auf die schädliche Rolle des Kinos zu sprechen (die Zeitungen erwähnte er
nicht; es waren viele Journalisten im Saal, und man durfte die
Presse nicht verärgern). Er erwähnte auch die Verlockungen
der Großstadt, die für einen armen jungen Mann, der sich nur
das Allernötigste leisten konnte, besonders gefährlich waren.
Schließlich kam er auf Alveras außergewöhnliche Nervosität
zu sprechen. «Er machte auf mich immer den Eindruck eines
sehr anständigen Mannes (der Staatsanwalt zuckte erneut mit
den Schultern), der jedoch unausgeglichen und hochsensibel
gegenüber den sozialen Gegensätzen und Ungerechtigkeiten

war.» Vermandois verwandte fünf Minuten auf dieses Thema, und er sprach gut, obwohl es ihm unangenehm war. Der Saal hörte ihm wachsam, fast ein wenig feindselig zu. Nur zwei hörten ihm nicht zu: Alvera, der immer noch zur Seite gebeugt dasaß und das Gesicht mit der linken Hand bedeckte, und der Vorsitzende Richter: Der hatte das alles schon tausendmal gehört, kannte alles auswendig und interessierte sich nicht im Geringsten dafür: Man musste das über sich ergehen lassen, so wie man die Zeugen fragen musste: «Schwören Sie, die Wahrheit zu sagen, die ganze Wahrheit und nichts als die Wahrheit?»

«Vielen Dank», sagte Cerisier gerührt, als Vermandois geendet hatte. «Wir wollen nicht vergessen, dass diese glänzenden Worte voller Menschlichkeit, Güte und Weisheit nicht nur von einem Schriftsteller kommen, der der Stolz Frankreichs ist, sondern von einem in der ganzen Welt hoch angesehenen Kenner der menschlichen Seele. Meine Herren Geschworenen, vielleicht stimmen Sie mit mir darin überein, dass die psychologischen Beobachtungen von Herrn Louis Etienne Vermandois mindestens so viel wert sind wie die Schlussfolgerungen von drei mittelmäßigen Ärzten und Sachverständigen, besonders wenn man in Erwägung zieht, dass die Herren Sachverständigen zehn Minuten mit dem unglücklichen Alvera gesprochen haben, während unser berühmter Schriftsteller ihn über längere Zeit sehr gut kannte. Ich habe keine weiteren Fragen», sagte der Anwalt und setzte sich mit einer Miene, als könne es jetzt nicht mehr den geringsten Zweifel an einem Freispruch geben.

Als der Vorsitzende vernahm, dass auch der Staatsanwalt keine weiteren Fragen hatte, dankte er dem Zeugen und teilte ihm mit, dass er jetzt das Recht hätte, im Gerichtssaal zu bleiben. Vermandois verbeugte sich, wählte einen Platz nahe am Ausgang und ging nach etwa drei Minuten unauffällig hinaus.

Draußen kam er wieder etwas zu Atem, aber die Bedrückung und der Ekel nahmen weiter zu. Er erblickte ein Café und trat eilig ein, nahm in der hintersten Ecke Platz und verlangte trotz des ärztlichen Verbots und trotz seines hohen Blutdrucks ein großes Glas Armagnac.

XII

Zur großen Freude der Reporter kam die Verhandlung schneller voran als erwartet. Es gab nur wenige Zeugen, die Gutachter waren nicht sehr redselig, und der Staatsanwalt sprach nur eine halbe Stunde. Man war sich einig, dass er ein sehr starkes Plädoyer gehalten hatte. «Er wird es weit bringen! Ein hervorragender Redner», bemerkte ein Mitarbeiter der Abendzeitung in respektvollem Ton, obwohl er in langen Jahren sowohl wortgewandter Staatsanwälte als auch wortgewandter Verteidiger überdrüssig geworden war. Er hatte seinen Bericht über den ersten Teil der Verhandlung bereits in der Zeitung überflogen (der Redaktionssekretär hatte nichts weggelassen, der *Zwischenfall* brachte nicht weniger als sechzig Francs ein). «Die Schlagzeilen kriegen *Sie,* für die Morgenausgabe», sagte er aufgeräumt zu seinem Nachbarn. «Mit ein bisschen Glück können wir gegen sieben mit dem Urteil rechnen.» – «Das glaube ich nicht. Bei einem Todesurteil haben die Geschworenen immer Gewissensbisse, wenn sie sich nur kurz beraten; sie werden den Eindruck erwecken, als würden sie alles aufs Sorgfältigste abwägen.» – «Was gibt es hier denn abzuwägen?» – «Selbstverständlich nichts. Der Staatsanwalt hätte sich auf einen Satz beschränken können: ‹Ich fordere seinen Kopf›, das wäre vollkommen ausreichend gewesen.» – «Cerisier scheint heute in Fahrt zu sein.» – «Wie ich diesen Kerl satthabe, das kann ich Ihnen gar nicht sagen. In der Anwaltskammer und in der Partei nimmt keiner mehr Notiz von ihm, hier aber führt er das große Wort: Hier ist man verpflichtet, ihm zuzuhören.» – «Da ist Vermandois. Ich dachte, er wäre nach Hause gefahren, aber jetzt ist er zurück.» – «Man muss doch Mitgefühl zeigen ...»

Der Publikumsbereich war jetzt nicht mehr so voll wie zu Beginn der Verhandlung: Es war ermüdend, so lange zu stehen, der Straftäter war eine Enttäuschung und der Fall nicht besonders interessant; es handelte sich im Grunde um einen gewöhnlichen Raubmord, kaschiert mit irgendwelchen anarchistischen Mätzchen, auf die der Angeklagte vor Gericht anscheinend ganz verzichtete. Seine Antworten waren in absurder Weise nichtssagend; falls er simulierte, dann sehr ungeschickt. Der Graf de Bellancombre verließ das Gericht in schlechtester Laune. Es kam zwar nicht zum Streit mit seiner Frau, aber die Stimmung war frostig: Sie wollte unbedingt bleiben. «In diesem Fall schicke ich Ihnen einen Wagen, ich bin sehr müde, ich fahre nach Hause.» – «Seien Sie mir gefällig.» – «Wenn Sie gleich nach dem Plädoyer von – wie hieß er noch, Ihr Freund? – mitkommen, kann ich auf Sie warten.» – «Ich bleibe bis zum Schluss: bis zum Urteil.»

Der Vorsitzende Richter erteilte dem Verteidiger das Wort. Es gab wieder *Bewegung* im Saal. Cerisier stand auf, strich mit gewohnter Bewegung die Ärmel seiner Robe glatt und ließ seinen Blick langsam über die Menschen im Saal schweifen. Seine Plädoyers vor Gericht fanden in der Presse nicht die gleiche Resonanz wie seine politischen Reden. Dennoch war er sehr aufgeregt, vor allem aus Mitgefühl: Es ging um das Leben eines Menschen. Als erfahrener Anwalt wusste er nur zu gut, dass allein ein Wunder Alvera retten konnte. Dies änderte jedoch

420

nichts an seiner menschlichen und professionellen Pflicht: Er musste alles, absolut alles versuchen, um den Kopf seines Mandanten zu retten. Der Plan für das Plädoyer war längst fertig, der Verlauf der Gerichtsverhandlung änderte kaum etwas, aber der Verteidiger wusste noch immer nicht, wie er die Geschworenen gewinnen könnte, so genau er sie auch während der Verhandlung beobachtet hatte. Cerisier bezog seine Position gegenüber den anderen Akteuren: dem Staatsanwalt, den Geschworenen, den Journalisten, dem Publikum –, schwieg fast eine Minute lang – im Saal trat völlige Stille ein – und begann mit leiser Stimme:

«*Messieurs de la Cour, messieurs les jurés ...*»* – so begann er, etwas altmodisch, immer seine Plädoyers. Er verharrte zunächst noch in Schweigen und begann dann langsam zu sprechen, wobei er anfangs nach jedem zweiten, dritten Wort eine Pause einlegte: «*Très brèves ... très sincères, très simples ... seront les observations que j'ai à vous présenter ...*»** – «Das bedeutet nicht weniger als anderthalb Stunden», entschied der Vorsitzende für sich.

Vermandois blieb sehr lange im Café. Er dachte nicht mehr an seinen Blutdruck und bestellte, entgegen den Anweisungen seines Arztes, nach dem ersten Glas Armagnac ein zweites, und obwohl er es beinahe in einem Zug austrank, verbesserte sich seine Laune nicht. «Ich habe nichts ausgesagt, wofür ich mich schämen müsste», dachte er missmutig. «Und wenn ich etwas gesagt habe, das ich besser hätte nicht sagen sollen, habe ich das sofort korrigiert. Ich habe vernünftig gesprochen, nicht herumgedruckst, mich nicht gewunden. Ich habe getan, was ich konnte, und dieser Mann mit der flinken Zunge (gemeint war Cerisier)

* Meine Herren Richter, meine Herren Geschworenen
** Meine Bemerkungen, die zu prüfen ich Sie bitte, werden sehr kurz, sehr aufrichtig und sehr einfach sein.

wird meine Aussagen zweifellos verwenden können. Und wenn die Zeitungen unzufrieden sind, dann ist mir das, bei Gott!, völlig egal. (Er kontrollierte sich in Gedanken: Wirklich bei Gott? Nun, das war fast gleichgültig.) Was ist los mit mir, warum habe ich das Gefühl, an etwas Verwerflichem beteiligt zu sein? Ist es das Gerichtsverfahren? Das Recht zu strafen? ‹Richtet nicht, auf dass ihr nicht gerichtet werdet›? Nein, all das betrifft mich nicht, kann mich gar nicht betreffen. Ich bin ein staatstreuer Bürger, ich habe die Autorität des Gerichts nie infrage gestellt.»

Er holte die Zeitung aus der Tasche: Der Todeskampf von Gijon[165] ... Die Flugzeuge von General Franco haben erneut einen englischen Dampfer versenkt ... Nach den in Tokio veröffentlichten Zahlen haben die Chinesen seit Beginn des friedlichen Einmarschs der Japaner in China mindestens hunderttausend Mann verloren ... In Berlin sind Adolf Rembte und Robert Stamm[166] hingerichtet worden, weil sie versucht hatten, die Kommunistische Partei wiederaufzubauen ... In Weißrussland haben vierzehn Sowjetangestellte gestanden, Glassplitter in das Mehl für die Rote Armee gemischt zu haben, sie sind zum Tode verurteilt worden ... Die letzte Nachricht fand Vermandois besonders verstörend: Sie passte nicht in die Rubrik der faschistischen Gräueltaten. Aber auch unabhängig davon überraschte ihn eine solche Konzentration des Bösen in einer einzigen Ausgabe der Zeitung, ungeachtet der in den letzten Jahren erworbenen Unempfindlichkeit. «Ja, der Teufel tut, was er kann, er ist auf direktem Weg zur absoluten Macht ...»

Ein Zeitungsjunge stürmte in das Café und brachte die Abendzeitung. Unerklärlicherweise gab es darin bereits einen Artikel über seinen Auftritt vor Gericht. Das Wortgefecht zwischen Staatsanwalt und Verteidiger war besonders dramatisch geschildert, mit einer dicken Schlagzeile – Vermandois hatte gar nicht mitbekommen, dass das alles so dramatisch gewesen war.

Sie hatten auch ein Foto von ihm untergebracht, allerdings ein altes. «Das stammt aus ihrem Fundus für den Fall meines unerwarteten Ablebens. Ein miserables Foto, ich muss ihnen ein anderes geben. Eine Aufnahme aus dem Gerichtssaal wird sicher in die nächste Ausgabe kommen. Oder waren das die Fotografen der Morgenzeitungen gewesen?» Der Reporter schrieb über seine Zeugenaussage ohne Feindseligkeit: Es war eine eher rechte Zeitung, aber Vermandois verstand sich sehr gut mit dem Chefredakteur, die Zeitung hatte sogar einmal eine Erzählung von ihm gedruckt. Dem Artikel lag die Idee zugrunde, dass der berühmte Schriftsteller mit der ihm eigenen Menschlichkeit sehr edle und erhabene Gedanken entwickelt hatte, der Übeltäter aber hingerichtet werden müsse. Vermandois wurde *«le célèbre écrivain»** genannt. Das kränkte ihn ein bisschen: sie hätten ruhig *«l'illustre écrivain»*** schreiben können ...

Er zahlte und begab sich wieder ins Gericht. Er wurde respektvoll durchgelassen, ohne dass man ihn nach der Eintrittskarte fragte. Und wieder erfasste Vermandois ein Gefühl, wie es ein gesunder Mensch beim Betreten eines Krankenhauses mit seinem Arzneigeruch und seiner hygienischen Sterilität empfindet: Man möchte so schnell und so weit wie möglich davonlaufen. Als er auf Zehenspitzen den Gerichtssaal betrat, begann Cerisier gerade mit seinem Plädoyer. Vermandois setzte sich nicht auf den alten Platz, sondern rückte näher zum Ausgang. «Ich muss in einem passenden Moment flüchten ...» Eine gewisse Zeit musste er sitzen bleiben, der Gräfin zuliebe und vor allem aus Respekt vor dem Rechtsanwalt, der unentgeltlich die Verteidigung übernommen hatte. «Hören wir uns an, was er zu sagen hat ...»

* bekannter Schriftsteller
** berühmter Schriftsteller

Cerisier sprach von dem elenden, freudlosen Leben des unglücklichen jungen Mannes, von der schrecklichen Atmosphäre, in der
die junge Generation der Armen aufwuchs, von den sozialen
Unterschieden zwischen dem beispiellosen Luxus der Menschen,
die im Krieg ein riesiges Vermögen gemacht hatten, und der Armut der unteren Klassen. «Das ist natürlich riskant», dachte
Vermandois trübe, «für die morgige Ausgabe der sozialistischen
Zeitung geht das in Ordnung, aber wie werden die Geschworenen reagieren? Im Übrigen habe ich dasselbe gesagt, und etwas
anderes kann man auch gar nicht sagen ...»

Er sah die Geschworenen an. «Sie hören scheinbar aufmerksam zu, aber ihrem Gesichtsausdruck nach zu urteilen, hat die
Rede wohl eine gegenteilige Wirkung auf sie. Vor allem der da
drüben: sieht aus wie Torquemada[167].» Vermandois ließ den
Blick zum Richtertisch schweifen. «Die hören überhaupt nicht
zu, vor allem der Vorsitzende nicht. Er hat das alles in der Tat ja
schon tausendmal gehört: Das waren auch im achtzehnten Jahrhundert schon Gemeinplätze, und heute hat jeder Rechtsanwalt
Hunderte solcher Schablonen parat, nicht nur vorgefertigte
Gedanken, sondern ganze vorgefertigte Sätze. Man kann die
humanen Passagen leicht an der hervorstechenden Schönheit
und dem Ebenmaß erkennen, so wie man auch falsche Zähne
an ihrer hervorstechenden Schönheit und ihrem Ebenmaß
erkennt. Hier kann man nicht von Plagiaten sprechen, wort-
wörtliche Anleihen sind hier unumgänglich: Auf der Welt
sind Hunderttausende von Verbrechen begangen worden, und
Hunderttausende von Anwälten haben darüber ihre Plädoyers
gehalten, und über mehr als die Hälfte aller Straftäter könnte
man ungefähr dasselbe sagen, was jetzt gerade Cerisier sagt. Er
ließe sich leicht durch ein Grammofon ersetzen, genau wie der
Staatsanwalt ... Und ebenso ist hier *alles* vorherbestimmt: das
Urteil, die Strafe, die Hinrichtung. Ein seelenloser Apparat, der

seine völlige Gefühllosigkeit sorgfältig, wenn auch ungeschickt verbirgt und noch dazu vorgibt, besonders human zu sein. Aus diesem Grund erweckt der Funktionsablauf dieser seit Jahrhunderten eingespielten, feierlichen, äußerlich schönen, aber im Wesen hässlichen Maschine den Eindruck einer überflüssigen, makabren Komödie ...» Er erschauderte, als er seinen Namen hörte. «... *Monsieur Louis-Étienne Vermandois*», sagte Cerisier einschmeichelnd-respektvoll, «... *avec son intelligence supérieure de grand écrivain, avec sa lucidité de psychologue connaissant les abîmes de l'âme humaine, Monsieur Vermandois, gloire des lettres françaises, n'est-il pas venu vous demander miséricorde pour le pauvre déséquilibré ... Ah, messieurs les jurés, Dieu sait s'il y a des heures poignantes dans le ministère que je tâche de remplir* (er hob die Stimme). *C'est une noble mission que la nôtre, messieurs les jurés! Quand un homme, un malheureux, est abandonné par ses amis, traqué par les pouvoirs publics, maudit par tout le monde, c'est une noble mission, vous dis-je, que de le défendre contre tous! C'est ainsi, messieurs les jurés, qu'un prêtre se dresse devant le condamné, s'attache à lui et l'accompagne jusqu'au lieu de l'exécution à travers les clameurs et les hurlements de la foule qui ne veut pas comprendre ...*»*

---

* Monsieur Louis Etienne Vermandois (...), ausgestattet mit dem überlegenen Geist eines großen Schriftstellers, dem Scharfsinn eines Psychologen, der in die Abgründe der menschlichen Seele zu blicken vermag, Monsieur Vermandois, der Stolz der französischen Literatur, ist hier anwesend, um Sie zu bitten, einem armen Geistesgestörten gegenüber Barmherzigkeit walten zu lassen ... Meine Herren Geschworenen, Gott allein weiß, wie traurig zuweilen die Aufgabe ist, die zu erfüllen ich mich anschicke (...) Es ist eine edle Aufgabe, vor die wir gestellt sind, meine Herren Geschworenen! Wenn ein Mensch, ein unglücklicher Mensch von allen Freunden verlassen ist, von den Behörden verfolgt, von aller Welt verdammt, dann, so sage ich Ihnen, ist es eine edle Aufgabe, ihn gegen alle seine Widersacher zu verteidigen! So, meine Herren Geschworenen, gesellt sich der Priester zum Verurteilten und weicht nicht mehr von seiner Seite bis zur Stätte seiner Hinrichtung, durch die Schreie und das Gebrüll der Menge hindurch, die nichts verstehen will ...

Durch die Reihen des Publikums lief sofort eine Welle verstohlener Begeisterung. «Er spricht wirklich sehr gut. Da kann ich nicht mithalten ... Was ich mit wenigen Worten gesagt habe, wird er eine Stunde lang – und wenn nötig, auch drei Stunden lang – auswalzen, und er wird genauso mühelos sprechen wie gerade jetzt, mit den richtigen Argumenten, Zahlen, grammatischen Modi und Genera, und er wird kein einziges Mal von seinem abscheulichen rhetorischen Jargon abweichen, und er wird die Stimme im Wechsel modulierend heben und senken, wozu ich nicht einmal unter Androhung der Todesstrafe fähig wäre. Warum nur reizt er mich so? Er hat sich gewissenhaft mit dem Fall beschäftigt, seine Verteidigungsstrategie ist hervorragend, er investiert seine Zeit, er verzichtet auf ein Honorar. Sicher, er macht es für mich, und er würde es wahrscheinlich nicht machen, wenn Alvera nicht mein Sekretär gewesen wäre. Sicher, er hätte genauso gut das Plädoyer der Anklage halten können, wenn er als öffentlicher Ankläger bestellt worden wäre. Sie fordern Freispruch oder die Todesstrafe, je nachdem, wer sie als Erster bestellt hat ... Aber es ist ungerecht von mir, jetzt daran zu denken ... Die hübsche junge Dame, seine Gehilfin, ist offensichtlich verliebt in ihn – bei meinen Leserinnen vermisse ich dieses Entzücken in den Augen, wenn sie mich anschauen ... Der Staatsanwalt macht sich Notizen – er hat ebenfalls noch eine Glanznummer parat; sie erinnern mich an Corneille und Racine, die ihre ‹Bérénice›[168] einer dem anderen zum Trotz geschrieben haben. Aber der Staatsanwalt weiß, dass ihm der *Sieg* sicher ist. Außerdem hat Cerisier mir gesagt, dass er nicht die geringste Hoffnung auf mildernde Umstände hat ... Alles steht fest, also ist alles Komödie. Und überhaupt konnte man von Justiz nur sprechen, solange sich der Staat nicht wie eine Horde von Banditen aufführte. Heute, da von den ‹rechtmäßigen Regierungen› ungestraft die ungeheuerlichsten, schamlosesten

Verbrechen begangen werden, ist das Strafgericht nichts als ein Triumph der Heuchelei. Aber das kann der Herr Rechtsanwalt nicht sagen ...» Er hörte genauer hin. Cerisier ging dazu über, die Beweise auseinanderzunehmen. Nachdem er den allgemeinen sozialphilosophischen Teil seines Plädoyers beendet hatte, suchte er nachzuweisen, dass keine vorgefasste Absicht bestanden hatte und dass Alveras eigenes Geständnis hier nicht von Belang war: « ... *Avoué, monsieur l'avocat général? Oui, monsieur l'avocat général, Alvera a tout avoué! La volonté criminelle? Il l'a reconnue. La préméditation? Il l'a reconnue aussi. Il a tout reconnu, il a tout reconnu, la tête fracassée par un terrible coup de bouteille, il a tout reconnu après un interrogatoire dont je n'ai pas été témoin, après un interrogatoire de quelques heures dans lequel il ne fut pas soutenu par son défenseur ...* (der Staatsanwalt zuckte entrüstet mit den Schultern). *Ah, monsieur l'avocat général, si la torture existait aujourd'hui, si un homme se présentait dans cette enceinte, dégagé de ses fers, mais la figure ensanglantée et les os brisés, lui diriez-vous en voyant couler son sang, lui diriez-vous: tu n'as rien à dire: tu as avoué! ...*»[*]

Der Staatsanwalt sprang entrüstet auf. Sogar der Vorsitzende spitzte die Ohren. Alle Reporter im Saal begannen fieberhaft zu schreiben, die Unruhe im Publikum verstärkte sich. Aber es kam zu keinem Zwischenfall. Cerisier zog sich unter Abwehrbewegungen zurück: Er gab zu, dass Alvera während des Verhörs nicht

---

[*] Er hat gestanden, Herr Staatsanwalt? Ja, Herr Staatsanwalt, Alvera hat alles gestanden. Die kriminelle Absicht? Hat er gestanden. Den Vorsatz? Hat er ebenfalls zugegeben. Er hat alles gestanden. Er hat gestanden, nachdem man ihm durch einen fürchterlichen Schlag mit einer Flasche das Gesicht zerschlagen hatte, er hat gestanden nach mehreren Stunden Verhör, bei dem er keinen Beistand durch seinen Verteidiger hatte ... (...) Oh, Herr Staatsanwalt, wenn heute noch die Folter angewandt würde und ein Mann, seiner Fesseln zwar ledig, aber mit blutverschmiertem Gesicht und gebrochenen Knochen vor Ihnen stünde, würden Sie es dann fertigbringen, ihm, der da blutend vor Ihnen steht, zu sagen: ‹Sei still, du hast gestanden!› ...

427

körperlich misshandelt worden war, wies die Geschworenen jedoch auf den starken moralischen Druck hin, dem der labile junge Mann, dessen Bewusstsein durch den schrecklichen Schlag bei seiner Verhaftung getrübt war, ausgesetzt gewesen sein musste. Dann ging er in klaren, verständlichen und logischen Sätzen auf die Fragen im Zusammenhang mit den Manuskriptabschriften, dem Revolver und der gestohlenen Geldsumme ein und legte dar, dass kein Vorsatz vorgelegen habe. Seine Argumente waren klug und überzeugend. Cerisier sprach jetzt ohne Pathos, ganz einfach, im Geiste der neuen Schule von Henri Robert[169]. Er ging von der Frage des Vorsatzes zu dem Gutachten über und nahm die Sachverständigen gehörig auseinander: Er machte ihnen ein paar sehr verhaltene Komplimente, die eher wie Spott klangen, und gab den Geschworenen gekonnt zu verstehen, dass es sich bei den Gutachtern keineswegs um Wissenschaftler handelte, sondern um zweitklassige Ärzte, im Grunde genommen um einfache Beamte, die den Fall zudem nicht sehr gewissenhaft geprüft hatten: Er hatte in Erfahrung gebracht, dass sie nicht mehr als eine Viertelstunde für Alveras Untersuchung aufgewendet hatten – sicher, die Zeit dieser Säulen der Wissenschaft war kostbar, aber hier stand ein Menschenleben auf dem Spiel! ... Er zitierte etwas aus dem Buch einer wirklichen Säule der Wissenschaft, des berühmten Professors Fouquot: In dem Buch war von der immensen Leichtfertigkeit bei forensischen Gutachten die Rede, wofür einige überzeugende Beispiele angeführt wurden. Dieses Zitat wurde von Cerisier immer dann hervorgeholt, wenn er den Eindruck, den ein Gutachten hervorgerufen hatte, erschüttern wollte; für gegensätzliche Fälle zitierte er aus dem Werk einer anderen Berühmtheit. Und schließlich erinnerte er die Geschworenen in einem bedächtigen, eindringlichen Ton, von Pausen unterbrochen, daran, dass die Meinung von Sachverständigen für sie nicht bindend sei: Das war ein Grundprinzip der gesamten französischen Rechtsprechung. Cerisier wechselte auf das Gebiet des Zivilrechts, mit dem er weitaus besser vertraut war, und las Artikel 323 vor, der dem Gericht nachgerade vorschrieb, ein Gutachten zu ignorieren, wenn dieses der inneren Überzeugung der Richter widersprach: «*Quant au Code d'instruction criminelle, il n'avait même pas à affirmer cette règle qui est le corollaire indiscutable du régime des preuves morales ...*»* Mit Ausnahme des Vorsitzenden hörten ihm alle sehr aufmerksam zu. Die Rede war ein klarer und großer Erfolg. «Er ist einfach genial! Ein wunderbares Plädoyer! Jetzt sind die mildernden Umstände sicher, das garantiere ich Ihnen!», flüsterte die Gräfin de Bellancombre begeistert ihrem ihr unbekannten Nebenmann zu.

«Ja, ohne mildernde Umstände wäre es sicher viel schlimmer», dachte Vermandois, der ganz mit dem Verteidiger versöhnt war, «und seine Worte über die Folter waren im Grunde berechtigt. Unser Justizapparat ist unvergleichlich besser als jener, der vor der Revolution existierte, und unvergleichlich besser als in den Ländern mit faschistischer Diktatur (mit Unbehagen musste er wieder an die nicht in diese Rubrik passenden Menschen denken, die erschossen worden waren, weil sie Glassplitter in das Mehl für die Rote Armee gemischt hatten). Ein Geschworenengericht, so stumpfsinnig die Geschworenen auch sein mögen (er blickte auf Torquemada), ist zweifellos das beste aller existierenden Gerichte. Aber mit unserem Schematismus haben wir es fertiggebracht, es in eine tote, seelenlose Maschine zu verwandeln. Und ungefähr dasselbe lässt sich über alle unsere freien Institutionen sagen. Bei all ihrer Unvollkommenheit, bei all ihren enormen Mängeln sind es die besten auf der Welt. Aber das Problem, und es ist ein großes Problem, besteht darin, dass

---

* In der Strafprozessordnung muss diese Regel gar nicht festgeschrieben werden, denn sie geht unbestreitbar aus dem Regelwerk der moralischen Beweisführung hervor.

ihnen der Geist der Humanität, der ihre größte Stärke war, abhandengekommen ist, dass wir den Stolz auf unseren Bürgersinn verloren haben, dass wir die Worte ‹Erklärung der Menschenrechte› nicht ohne Ironie aussprechen können, obwohl jedes Wort in dieser Erklärung blutgetränkte Wahrheit ist. Das Problem ist, dass Schematismus, Gleichgültigkeit, Eigennutz und Intrigen unsere Institutionen zersetzt haben, dass wir es fertiggebracht haben, sie ihres geistigen Kerns zu berauben, und sie damit in eine lächerliche und unnütze Pantomime verwandelt haben. Die Menschen, welche die freien Institutionen schufen, ahnten nichts von jenem Geist, in dem diese Einrichtungen von einer Generation verwaltet werden würden, die sich allein für Geld interessiert oder ständig dem Neuesten, Ungewöhnlichsten und Allermiserabelsten hinterherjagt. Es heißt, dieses Neue sei ‹untypisch für den französischen Charakter›. Nun, wenn sich infolge tragischer Umstände eine genügend große Horde bewaffneter Räuber mitten unter das waffenlose Volk mischt, werden sie auf unseren Nationalcharakter pfeifen oder ihn umformen ...»

Er musste an die Worte denken, die er während Kangarows Diner zitiert hatte: «*Non dum est finis. Haec autem initia* ...» Und im gleichen Moment fiel ihm ein, dass er heute von bolschewistischen zu monarchistischen und von diesen wieder zu demokratischen Ideen gewechselt war, auch wenn letztere von besonderer Art waren. «Ich sollte mich wirklich behandeln lassen ...» Aber er sagte sich sofort, dass ihm keine Arznei helfen würde. «Mein Markenzeichen werde ich wohl niemals verändern, aber meine Ansichten für den internen Gebrauch werde ich häufig ändern, manchmal, so wie heute, innerhalb weniger Stunden ...» Plötzlich traf sein Blick den der Gräfin de Bellancombre, die ihm überschwänglich zulächelte und mit den Händen ausholte, als wolle sie applaudieren. Im Übrigen war nicht ganz klar, auf wen sich ihre Begeisterung bezog: auf seine Aussagen im Zeugenstand oder auf das Plädoyer des Verteidigers? Die Gräfin machte ihm Zeichen, dass sie aufs Äußerste aufgewühlt sei und dass sie so schnell wie möglich zusammenkommen müssten. Vermandois nickte, er habe verstanden: «Unbedingt, unbedingt. Er kommt gleich zum Schluss ...» Cerisier hob erneut die Stimme. Der wohlüberlegte Übergang von der streng logischen Analyse zum hohen Pathos war eine Besonderheit seines Talents. Alle spürten, dass sein Plädoyer aufs Ende zuging.

«... *L'heure est venue pour vous, messieurs les jurés, de tendre une main secourable à un pauvre dément. Si vous trouvez que l'action qui vous est dénoncée est due à un cœur endurci et sanguinaire ... Si vous trouvez que cet enfant de vingt ans n'a pas été assez malheureux, alors condamnez-le sans pitié. Mais une erreur de jugement est vite commise, messieurs, et les morts ne reviennent pas. Le couperet de la guillotine tombe dans un sens unique, l'échafaud est, hélas, irréparable. Je vous abandonne une âme malade et tourmentée, je vous livre Gonzalo Alvera, triste victime d'une triste fatalité! Serez-vous inflexibles? Ah, puissé-je vous épargner un repentir! Au milieu des incertitudes morales, mettez la main sur votre conscience et prononcez. J'ai rempli mon devoir ... Messieurs les jurés, allez remplir le vôtre ... Nous attendons de vous la vie ou la mort ... Allez! ...»**

---

* ... Meine Herren Geschworenen, es ist an der Zeit, dass Sie einem armen Irren die rettende Hand reichen. Wenn Sie der Meinung sind, dass die Tat, von der hier die Rede war, einem hartherzigen, blutrünstigen Herzen entspringt, wenn Sie der Meinung sind, dass dieser zwanzigjährige Junge noch nicht unglücklich genug war, dann sprechen Sie Ihr mitleidloses Urteil ... Aber ein Fehlurteil, meine Herren, ist leicht gefällt, und die Toten kommen nicht zurück. Das Fallbeil der Guillotine bewegt sich nur in eine Richtung; das Schafott bedeutet unwiderruflich den Tod. Ich gebe eine kranke und geschundene Seele in Ihre Hände, ich vertraue Ihnen Gonzalo Alvera an, das traurige Opfer eines traurigen Schicksals! Werden Sie unbeugsam sein? Oh, könnte ich Sie von Ihren Gewissensqualen befreien! Überwinden Sie Ihre Unentschlossenheit, hören Sie auf die Stimme Ihres Gewissens und verkünden Sie Ihre

Die letzten Worte waren in einem gehauchten Flüsterton gesprochen, der ihnen äußerlich gerecht wurde. Cerisier sank schwer auf die Bank, erschöpft und glücklich. Natürlich gab es keinen Applaus im Saal, aber am Ausdruck der Gesichter, an den unsichtbaren *Wellen* der Begeisterung, die ihm entgegenschlugen, und auch an seinem eigenen Gefühl erkannte er, dass er hervorragend gesprochen und einen starken Eindruck hinterlassen hatte, dass er alles für die Rettung des unglücklichen Verbrechers getan hatte. Mademoiselle Mortier streckte ihm nur die Hände entgegen – Worte waren überflüssig. Er wischte sich mit einem Tuch über die Stirn, drehte sich zu Alvera, der ihn unverändert schweigend und mit trübem Blick anstarrte, und sagte ein paar aufmunternde Worte zu ihm.

Der Staatsanwalt, der sich des Ausgangs des Prozesses völlig sicher war, beschränkte sich auf einen kurzen Einspruch: Er legte Protest gegen die seltsamen Anspielungen an die Adresse der Ermittlungsbehörden ein und widersprach den Argumenten des Verteidigers hinsichtlich des fehlenden Vorsatzes. Auch Cerisier verlor nur wenige Worte, er wusste, dass er dem Plädoyer nichts mehr hinzuzufügen hatte. Und obwohl der Staatsanwalt von «*insinuations qui ne sauraient atteindre la justice française*»[*] sprach und der Verteidiger ausrief: «*Pourquoi cette affirmation inexacte, indigne de vous et de nous, monsieur l'avocat général?*»[**], war der Ton beider Kontrahenten durchaus liebenswürdig, und jeder von ihnen äußerte sich in höchsten Tönen über das Talent des anderen.

Entscheidung. Ich habe meine Pflicht getan ... Tun Sie nun die Ihre, meine Herren Geschworenen ... Wir erwarten Ihre Entscheidung über Leben oder Tod ... Sie haben das Wort! ...

[*] Unterstellungen, die der französischen Justiz nichts anhaben können

[**] Was soll diese unzutreffende Behauptung, die Ihrer und unserer nicht würdig ist, Herr Staatsanwalt?

Vermandois musterte die Geschworenen. «Torquemada ist missmutig und schweigt. Der lässt sich nicht bewegen ...» Er schlich sich auf Zehenspitzen in die von zwei Lampen schwach erleuchtete Galerie und stieß mit der Gräfin de Bellancombre zusammen, die den Gerichtsdiener anflehte, sie zum Verteidiger durchzulassen. Die Gräfin war äußerst erregt. Als sie Vermandois erblickte, eilte sie auf ihn zu und fasste ihn an den Händen. «Ach, das war großartig! Ich habe noch nie im Leben so ein Plädoyer gehört! Ich bin überwältigt! Sie nicht auch?» – «Ich auch, meine Liebe.» – «Oh, das sind nicht die richtigen Worte! Er hat sich selbst übertroffen. Und ich bin nicht die Einzige, die so denkt: Die Leute neben mir waren hellauf begeistert, obwohl sie die Sozialisten wahrscheinlich nicht mögen.» – «Ja, ich stimme Ihnen zu. Ein sehr gutes Plädoyer.» – «Nicht ein sehr gutes – ein großartiges!», rief die Gräfin aus und fügte – offenbar erklärte sie sich sein zurückhaltendes Lob auf ihre Weise – hinzu: «Ihre Zeugenaussage war aber auch ganz außergewöhnlich! Wie schade, dass Sie nur vier Minuten gesprochen haben: Ich habe auf die Uhr gesehen. Sie waren das Gewissen des Gerichts, und ich bin vollkommen überzeugt, dass Ihre Aussage und das Plädoyer ihm den Kopf retten, da bin ich absolut sicher!» – «Machen Sie sich keine Hoffnungen, meine teure Freundin, die Chancen sind gleich null.» – «Sie irren sich! Ich bin sicher, dass Sie sich irren. Sie haben nicht viel von der Verhandlung mitbekommen, nicht wahr?» – «So ist es, erst saß ich im Zeugenzimmer fest, dann bin ich nach draußen gegangen, um frische Luft zu schnappen. Es ist wie im Kino, wenn auf die Schnelle und unzusammenhängend die spannendsten Szenen aus dem Film für die nächste Woche gezeigt werden ... Wo ist der Graf?» – «Er ist weggefahren. Er hat versprochen, mir einen Wagen zu schicken, aber ich fürchte, so lange werde ich nicht warten können, ich hoffe, in diesem Fall kann ich auf Sie bauen?» («Der Gipfel des Glücks», dachte Vermandois, «ich werde sie eine Stunde am Hals haben und auch noch für das Automobil zahlen.») – «Ich werde mich glücklich schätzen ...» Sie eilte plötzlich zur Tür. Dort zeigte sich Cerisier. «Jetzt flüchten? Nein, das geht nicht: Ich habe absolut keine Ausrede.» Er ging auf den Anwalt zu und machte ihm ebenfalls Komplimente.

« ... Das ist eines der besten Plädoyers, die ich je in meinem Leben gehört habe.»

«Übertreiben Sie nicht, Sie machen mich verlegen.»

«Glauben Sie, es besteht Hoffnung?»

«Nicht die geringste.»

«Das kann nicht sein! Das glaube ich nicht!», sagte die Gräfin. «Sie werden sehen, sie werden ihm mildernde Umstände zubilligen! Ich will unbedingt dabei sein, wenn das Urteil verkündet wird. Wann wird es gefällt, was glauben Sie?»

«Ich bitte Sie, woher soll ich das wissen?»

«Haben wir eine Stunde Zeit?»

«Ich denke, die haben wir. Jedenfalls hat man für die Geschworenen eine Mahlzeit bestellt.»

«Wenn das so ist, könnten wir dann nicht zu dritt in ein Restaurant gehen?»

«Das ist leider nicht möglich. Ich darf das Gerichtsgebäude nicht verlassen. Man kann nie wissen.»

«Dann wir beide, mein lieber Freund?»

«Ich würde mich freuen», sagte Vermandois ohne Begeisterung: Das hieß, sowohl für das Essen als auch für das Automobil zu zahlen. «Dafür muss sie auf einen Empfang bei mir zu Hause noch warten.»

«Vielleicht jetzt gleich? Wir haben ja sehr zeitig zu Mittag gegessen ... Halt», sagte sie und wandte sich an den Anwalt. «Was ist mit diesem Unglücklichen? Bekommt er etwas zu essen?»

«Ja, natürlich.»

«Kann man nicht etwas für ihn tun? Vielleicht eine Flasche Wein, etwas Süßes? Ich flehe Sie an ...» Sie holte eilig hundert Francs aus ihrer Tasche. «Sie vermögen alles, Sie herrschen hier, das habe ich gesehen. Können Sie ihm das Geld nicht geben?»

«Ihm direkt nicht, aber über die Gefängnisleitung geht es, sie haben da eine Kantine, und ich weiß, dass ihm schon jemand Geld geschickt hat», sagte Cerisier, der zu erkennen gab, dass er von Vermandois' Zuwendungen wusste. «Auch ich habe etwas für ihn getan. Ich lasse ihm das Geld zukommen.»

«Ausgezeichnet, ich danke Ihnen! Wenn es möglich wäre, dass er heute etwas bekommt, Wein oder Cognac, ja? Ich danke Ihnen, mein lieber Freund!» («Er ist auch schon der liebe Freund. Was für ein schneller Aufstieg in der Rangordnung.») «Lassen Sie uns gehen ... Aber ich warne Sie, ich werde so auf die Schnelle nur eine Kleinigkeit essen können. Gehen wir also besser nicht ins Trianon, sondern irgendwohin in der Nähe. Wenn Sie mir etwas Aufschnitt mit Salat und ein Glas Champagner bestellen, werde ich Ihnen ewig dankbar sein ... Ich bin mit den Nerven am Ende! ... Und diese Beleuchtung hier ...» – «Der Aufschnitt geht in Ordnung. Aber sie will auch noch Champagner haben!», dachte Vermandois und war im Übrigen nachsichtig: Er wollte selbst etwas essen und trinken. «Wissen Sie, ich war schon ewig nicht mehr bei einer Gerichtsverhandlung, und ich habe mir alles vorgestellt wie in Tolstois ‹Auferstehung›. Erinnern Sie sich?»

«Wer erinnert sich nicht daran?»

«Aber das ist eine Karikatur, nicht wahr, mein lieber Freund?»

«Das finde ich nicht, aber wie Sie wissen, sind mir christliche Vorstellungen fremd. Außerdem wählte Tolstoi den Weg des geringsten Widerstands, indem er einen Justizirrtum als Vorlage für seinen Roman nahm. Schließlich ist ein Justizirrtum nicht die Regel in unseren Institutionen. Und schließlich haben mich

435

die humanistischen Klischees, selbst die von Tolstoi, immer deprimiert», sagte Vermandois und bedauerte, dass er das gesagt hatte: An den humanistischen Klischees könnte, neben Tolstoi, heute auch Cerisier und sogar er selbst schuld sein.

«Ich vermute, Sie haben überhaupt ein ironisches Verhältnis zur Justiz. Das ist ein großer Fehler», sagte der Anwalt und überspielte seine leichte Gereiztheit mit einem Lächeln: Der Tonfall von Vermandois gefiel ihm nicht. «Verzeihen Sie mir, aber zu ironisieren ist sehr leicht, und komische Seiten kann man allem Möglichen abgewinnen. Die humanistischen Klischees gefallen Ihnen nicht, aber die Bestrafung gefällt Ihnen ebenso wenig. Was wollen Sie also? Ich denke, beim Humanismus muss man Maß halten. Die Herren Skeptiker haben genauso wie die radikalen Humanisten, die das Recht zu verurteilen und zu strafen ablehnen, bislang nichts erfunden, was besser wäre als ‹unsere Institutionen›, als das Schwurgericht und das Strafgesetzbuch. Und bis sie etwas Besseres erfinden, sind wir befugt, nicht allzu viel auf ihre spöttisch-feindselige Haltung gegenüber dem Gericht und der Anwaltschaft zu geben. Ich bin grundsätzlich gegen die Todesstrafe, aber ich finde nicht, dass Mörder freigelassen oder in Krankenhäuser eingewiesen werden sollten, es sei denn, sie sind tatsächlich geisteskrank.»

«Ach, sagen Sie nicht so etwas, um Gottes willen!», sagte die Gräfin. «Wir gehen jetzt ins Restaurant und trinken Champagner, und dieser Unglückliche wird in seine Zelle gebracht, wo er einen oder zwei Monate auf seine Hinrichtung warten muss? ... Nein, nein, das glaube ich nicht! Ich kann das einfach nicht glauben, nach Ihrem Plädoyer, nach Ihrer Zeugenaussage!» Die Augen halb geschlossen, führte sie ihre Hände an die Schläfen. Plötzlich traten ihr Tränen in die Augen. Sie wollte noch etwas sagen und begann zu weinen. Vermandois sah sie überrascht an. «Ja, sie ist sehr empfindsam, und ich sollte mich wirklich nicht über sie lustig machen ...» – «Verzeihen Sie, ich bin eine Närrin», sagte die Gräfin mit Mühe, «aber ich nehme alles musikalisch wahr, auch das hier, und das ist ja so furchtbar, nicht wahr? Ich bin sicher, Sie verstehen ... Dieses trübe Licht hier ... In Alveras Zelle ist sicher auch so ein seltsames Licht ...»

Cerisier entfernte sich verstört, auch er war sehr erstaunt. Er nahm nichts musikalisch wahr, aber auch ihm graute. Die Genugtuung über sein brillantes Plädoyer war wie weggeblasen. Er dachte daran, was Alvera jetzt wohl empfand. «Ich muss zu ihm gehen und irgendetwas sagen, ein paar aufmunternde Worte ... Was denn für Worte? Man wagt es gar nicht, etwas zu sagen. Ja, diese Stunden, wenn man auf das Urteil wartet, sind die schlimmsten ...» Und es war auch nicht einfach, mit einem Mann zu sprechen, den er gerade erst öffentlich als Halbidioten und Schwachsinnigen bezeichnet hatte («sicher, ich hatte ihn gewarnt, dass das für die Geschworenen ist»); aber noch bedrückender war, dass die aufmunternden Worte über alle Maßen falsch klingen mussten: Er hatte nicht die geringste Hoffnung, den Kopf des Verbrechers zu retten. Cerisier hegte keinen Zweifel, dass Alvera den Verrückten spielte. «Als ich gestern mit ihm sprach, machte er noch einen durchaus vernünftigen Eindruck ...» Die Vorstellung, dass ein Mensch innerhalb eines Tages eine tiefgreifende Wandlung durchmachen könnte, war dem Anwalt fremd. Er setzte ein munteres Lächeln auf und begab sich rasch zu dem Angeklagten.

XIII

S ein Leben floss schnell dahin, wie das Leben vieler Pariser und das der zahlreichen Ausländer, die nach Paris kommen. Um neun Uhr, kaum dass er aus dem Bett gesprungen war, befand er sich bereits in einem prächtigen Café mit modischen Fresken hinter Glas und einer goldglänzenden Decke. Auf den Tischen lagen Stöße von umfänglichen Journalen und Zeitungen, und ein nobler Aufwärter ging mit einer prächtigen silbernen Kaffeekanne in der Hand unter den Besuchern umher. Hier trank er mit sybaritischer Wonne seinen öligen Kaffee aus einer riesigen Tasse, während er sich auf einem weich gefederten Sofa rekelte ...»[170]

Wislicenus lachte und legte den dickleibigen Band von Gogol aufgeschlagen zur Seite, mit dem Rücken nach oben. «Ich wusste gar nicht, dass die Pariser Cafés so glamourös sind. Auf die gleiche Weise hat er die Schönheit des Dnjepr und den Himmel über Rom beschrieben ... So gebe auch ich mich der ‹sybaritischen Wonne› hin. Dieses Hotelzimmer ist natürlich nicht so prächtig, es gibt keine modischen Fresken hinter Glas und keinen noblen Aufwärter respektive Garçon, aber auch ich rekle mich auf einem weich gefederten Sofa, und wenn ich heute früh genug fertig werde, gehe ich am Abend in ein goldglänzendes Kino. Sybaritentum existiert nun wirklich für alle Altersgruppen und alle Geldbeutel ...»

Er war bester Laune. Er fühlte sich bedeutend besser, wahrscheinlich weil er das Rauchen aufgegeben hatte. Zunächst hatte er beschlossen, mit einem Schlag aufzuhören, ein für alle Mal, dann erlaubte er sich, schrittweise vorzugehen: fünf Zigaretten am Tag, drei, zwei. Jetzt rauchte Wislicenus eine Zigarette am Tag, die er sich zwischen fünf und sechs gönnte, und er wartete vom Morgen an auf diesen Moment. Einen Herzanfall hatte er schon ziemlich lange nicht mehr gehabt. «Ja, das heißt Glück», dachte er und erinnerte sich an den schrecklichen, ins Unerträgliche anwachsenden Schmerz, an die *«sensation de mort imminente»*. «Das Glück besteht aus einfachen und elementaren Dingen: Wenn man nicht krank ist, wenn man keine Not leidet, dann bedeutet das praktisch Freiheit, jene Freiheit, die für die Menschen – wie sehr sie das auch leugnen mögen – unvergleichlich wertvoller ist als das Recht, an der Farce der Wahlen teilzunehmen oder schlechte Bücher und Zeitungen zu lesen.»

Obwohl es ihm ein wenig peinlich war, musste er sich eingestehen, dass zu seinem Seelenfrieden auch beitrug, dass er nicht länger beschattet wurde. Auf der Straße fiel ihm der unscheinbare Mann unbekannter Nationalität nicht mehr auf. Die Beschattung rief bei ihm nicht Angst, sondern innere Unruhe hervor, vor allem weil die Frage «Gestapo oder GPU?» immer noch ungeklärt war. «Gut jedenfalls, dass sie diese unnützen Ausgaben gestrichen haben: Das gerissene Raubtier ist altersschwach geworden, ist keine Gefahr mehr, begeht keine Missetaten mehr. Nachdem es seinen Raubtierpelz abgestreift hat, ist das gerissene Raubtier jetzt frei ...»

«Ja, frei», dachte Wislicenus, «und vor einem Monat habe ich noch an Selbstmord gedacht. Menschen, die Angst vor dem Tod haben, behaupten, Selbstmord sei ein feiger Ausweg. Das ist natürlich Unsinn. Ich habe eine ganze Reihe von Menschen gekannt, die Selbstmord begangen haben, und es war kein einziger Feigling unter ihnen, während diejenigen, von denen sie der Feigheit bezichtigt wurden, durchaus nicht immer zu den Mutigsten gehörten. Ich habe auch jetzt keine theoretischen Einwände gegen den Selbstmord: Es kann im Leben, und zwar gar nicht so selten, Situationen geben, da einem nichts anderes übrig bleibt. Ein *ehrenhafter* Tod, vielleicht sogar der einzig ehrenhafte ... Aber was mich betrifft – warum sollte ich mich jetzt umbringen? Aus Angst? Das wäre doch eine Dummheit: Angina Pectoris ist kein Krebs, da drohen keine besonderen Qualen, man stirbt in einer Minute. Oder wegen des *Patts*? Ich habe doch einen Ausweg gefunden. Ist der etwa blamabel? Nein, nichts daran ist blamabel. Es gibt nichts, dem ich abschwören müsste. Und mein Leben war auch kein Irrtum. Es war kein Fehler, als ich ehrlichen Herzens oder *beinahe* ehrlichen Herzens in der Volksmasse aufgehen wollte, als ich irgendwelchen, ebenfalls *beinahe* ehrlichen ‹Volksfreunden›[171] folgte und die Fackel oder das Licht oder irgendetwas in der Art hochhielt. Alles andere ergab sich logisch aus dieser Fackel, inspiriert von Leuten wie Engels und Beltow, deren intellektuelle Zweitklassigkeit mir damals nicht auffiel. Aber vielleicht waren wir auch gar nicht so erpicht darauf, in der Masse aufzugehen? Ja, es stimmt, Iljitsch war ein großer politischer Schachspieler, und er liebte die Menschen, auch seine eigenen Anhänger, nicht mehr als Lasker[172] die Bauern in seinem Spiel. Seine Stärke bestand, abgesehen von seinem Genie, in seinem Hass auf alles, was die *Gegenseite* betraf – und ich habe diesen Hass, der leider zu schwinden beginnt oder, genauer gesagt, sich nun auch gegen *uns selber* richtet, geteilt. Aber verlogen waren wir, die *Bauern*, damals nicht. Restlos verlogen war erst die Zeit nach Iljitschs Tod, als das persönliche, über Jahre angehäufte Kapital an Anständigkeit, Glauben und Überzeugungen nach den ersten blutigen Jahren schon fast vollständig aufgebraucht war, während wir weiter ständig von der Fackel sprachen, von der lichten Zukunft, vom revolutionären Aufbruch, von einer Welt in Flammen und Ähnlichem. Trotzki glaubt das bis zum heutigen Tag, oder er versucht, mit Rücksicht auf seinen Biografen, den Anschein zu erwecken, dass er daran glaubt. In Wirklichkeit ist uns allmählich klar geworden, dass der Feind zwar besiegt ist, wir aber ein wüstes Durcheinander angerichtet haben (er benutzte in Gedanken ein stärkeres Wort). Geblieben ist die Angewohnheit, die Welt durch die Brille von Verfassern einschlägiger Broschüren zu betrachten – so wie ein zu Wohlstand gekommener Kleinbürger nicht von der Angewohnheit lässt, das trockene Brot vom Vortag in den Tee zu tunken. Geblieben ist eine Art lächerlicher Jargon, wie im Sport: Ein Tennisspieler hat einen anderen Tennisspieler *geschlagen*, und die starke braune Stute *rächt sich* für ihre Niederlage beim Rennen im letzten Jahr – das darf man nicht wörtlich nehmen ... Die bürgerliche Moral haben wir über Bord geworfen – das ist uns selbstverständlich trefflich gelungen –, aber die sogenannte revolutionäre Moral hat sich sehr schnell verflüchtigt. Tatsächlich ging schon damals, in den kurzen Jahren der Siegesfeiern, alles so zu wie heute. Allerdings mit dem für uns wichtigen Unterschied, dass es unter den Juden, unter Trotzki, Kamenew, Sinowjew, wie vorher unter Iljitsch, keinen Terror gegen die eigenen Leute gab – die Juden sind auf so etwas einfach nicht gekommen; der Georgier hat dann als Erster verstanden, dass man sehr wohl auch gegen die eigenen Leute vorgehen kann: Niemand weiß, wie sich das auf längere Sicht, auf Jahrzehnte hin, auswirken wird, aber gegenwärtig, für die nächsten Jahre oder Monate ist es durchaus von Vorteil ... Ich war damals drauf und dran, nach China zu gehen und die gelbe Rasse wachzurütteln, nachdem uns das so erfolgreich mit der weißen geglückt war ...»

Träge nahm er das Buch in die Hand: Er war dieser Gedanken überdrüssig, deren Tonlage nicht mehr zu seinen Plänen passte. «Ich muss irgendetwas übersehen haben ... Nein, ich bin kein ‹reuiger Bolschewik›, und ich glaube auch nicht mehr an den ‹reuigen Adligen›. Das war ein künstliches Bild, genauso künstlich wie die Ideen der Volksfreunde, hinter denen sich Machtkampf (wie bei den Dekabristen), Ehrgeiz oder einfach sportliche Instinkte und Zeitgeist verbargen; damals fühlte sich die privilegierte Jugend zur Revolution hingezogen wie noch früher zum Dienst in der Garde und heute zu Tennis und Fahrradrennen. Was kommt als Nächstes? Auch wenn wir damals aus solchen Beweggründen nach der Fackel gegriffen haben, ändert das nichts am Wert der Sache. Nein, es gibt nur wenig, von dem ich mich lossage, in erster Linie von den künstlichen Bildern. In meinem Alter hat jedermann das Recht, in Ehren und mit einer Rente in den Ruhestand zu gehen, und es ist nicht meine Schuld, dass ich plötzlich den Wert des einfachen, elementaren Lebens, des einfachen, elementaren ‹Glücks› erkannt habe, etwas, das ich vor lauter Beltows und Engels' übersehen hatte. Meine Revolutionskluft lege ich für immer ab, und meine Rente ist sehr bescheiden: Brot und Suppe, billiger Wein und ein bisschen Sonne für die ein oder zwei Jahre, die mir bleiben. Durchaus möglich, dass das nicht originell ist, dass ich in meiner gewonnenen Freiheit anderen, längst abgetretenen Revolutionären *nacheifere* (wie der heute übliche, idiotische Ausdruck lautet). Glück? Was heißt schon Glück? Gut möglich, dass die jungen arischen Fohlen im rassistischen Pferdestall vollkommen glücklich sind. Die Pferdestallphilosophie mag durchaus Glück bescheren, aber diese Philosophie will ich nicht, und ich will auch keine andere; sollen die einen Scheusale doch die anderen Scheusale ausrotten, ich werde vor meinem Ende vor niemandem katzbuckeln, ob nun Scheusal oder nicht ...»

Er fand auch, dass es keinen Sinn hatte, Nadja zu besuchen. «In ihren Augen war *Schmerz* aufgeflackert, ein Schmerz, der etwas zu ‹sühnen› schien. Vielleicht, weil sie Kangarows Geliebte war? Oder weil sie unbedingt heiraten wollte? Mit mir hat sie sich damals geniert, und sie hat ein Gesicht gemacht wie jemand, der aus der Toilette kommt und mit einer Dame zusammenstößt, die er kennt ... Ich liebe sie nicht mehr, sonst würde ich nicht so zynisch von ihr denken. Sicher, ich habe sie wahrscheinlich auch früher nicht geliebt, und ich habe in meinem Leben überhaupt niemanden wirklich geliebt. Höchstens Marja Wassiljewna, in der Verbannung ... Aber das war aus Langeweile, und ich habe das Physiologische künstlich mit ‹Geistesverwandtschaft› verbrämt, sodass ich noch nicht einmal selbst sagen kann, in wen ich eigentlich verliebt war – in die Frau oder in die Bolschewikin, und ob ich überhaupt verliebt war oder eher ‹einen treuen Kampfgefährten suchte›: Wir haben es damals fertiggebracht, auch uns selber sehr geschickt zu täuschen. Ich habe mir lange eingeredet, dass ein *Kämpfer* keine Zeit für ein Privatleben hat: Die Kämpfer sind die Mönche der Revolution. Womöglich habe ich das Leben oder das Beste im Leben verpasst. Und als ich mich *verliebte* (soll ich das in Anführungszeichen setzen?), war das eine Dummheit und außerdem noch widerlich. Selbst den Dichtern – die sind nun wirklich geschickte und erfahrene Lügner! – ist es nicht gelungen, der Altersliebe einen poetischen Anstrich zu verleihen. Für alte Männer ist das natürlich ein Drama, aber es gibt ja genug abstoßende Dramen auf der Welt. Die Jungen – und die haben hier das Sagen – haben sich immer darüber lustig gemacht, und auch wenn es eine Reihe mehr oder weniger talentierte Werke von älteren Dichtern gibt, ein verliebter Alter ist in der Literatur eine fast ebenso komische Figur wie ein lüsterner *Greis* (oder *alter Knabe*), im Grunde ist da kein großer Unterschied. Schuster, bleib allein bei deinem schlechten Leisten. Womit soll ich mich beschäftigen? Mit Philosophie, mit Kartenspielen, mit Politik, mit Angeln? Soll ich Briefmarken sammeln, über die Unsterblichkeit der Seele nachdenken? ... Es gibt viele Dinge, mit denen man sich beschäftigen kann, und wo steht geschrieben, dass es immer einen bequemen Ausweg gibt?», dachte er wieder. «Nadja hat

443

sich natürlich zu Recht über mich lustig gemacht, und es hilft auch nichts, sich vorzumachen, es wäre viel besser, reiner und edler, wenn Nadja mit mir und nicht mit Kangarow *zusammenleben* würde ... Ja, es ist abgemacht, ich ziehe aufs Land, in die Provinz, etwas anderes bleibt mir nicht übrig. Und ich werde keine Zeitungen mehr lesen, höchstens noch die französischen Lokalblätter. Wenn das Geld da ist, sehen wir weiter. Schließlich wird sich früher oder später auch meine Angina Pectoris melden, wohl eher früher. Auf jeden Fall werde ich nicht mehr das Gefühl haben, in einem Aufzug zwischen zwei Stockwerken festzustecken ...»

Nach der Endabrechnung seiner Dienstgeschäfte blieben ihm achttausend Francs – weit mehr, als er angenommen hatte. Nachdem er die überschüssigen Gelder zurückgezahlt hatte, trug er seinen Anteil zur Bank – er fand es ungewohnt und seltsam, dass er nun sein eigenes Girokonto besaß: Die Verneiner und Feinde der bürgerlichen Zivilisation waren ständig genötigt, ihre *Wohltaten* in Anspruch zu nehmen. Auf dem Rückweg von der Bank machte er am Seine-Ufer halt. Arme Schlucker hielten ihre Angelruten ins Wasser – ein Anblick, der ihn immer zum Lachen brachte: Angeln in der Seine! Er erinnerte sich mit der üblichen Sentimentalität an den Jenissei, und plötzlich nahmen die Gedanken an seine neue *Freiheit*, die ihm schon lange durch den Kopf gingen, Form an. «Ja, *das* kann ich doch!», dachte Wislicenus mit plötzlich aufkommender Freude. «Warum in Paris bleiben, wenn hier achttausend für ein halbes Jahr draufgehen? Dann lieber aufs Land fahren, wo das Leben dreimal billiger und hundertmal friedlicher ist. Der Mensch ist für die Sonne und das Landleben gemacht ...» Irgendwie erinnerte er sich an Castellane, eine kleine Ortschaft in der Provence, durch die er einmal gekommen war, noch vor dem Krieg. Ihm war ein schöner alter Platz in Erinnerung geblieben, in das weiße Licht des Südens getaucht, dass es den Augen wehtat. Ansonsten erinnerte er sich an nichts. «Vielleicht gibt es dort gar keinen Fluss, oder es schwimmt kein einziger Fisch darin? Wie dem auch sei, Fluss und Fische werden sich irgendwo in der Nähe finden, in einem Dorf, das genauso hübsch, genauso sonnenhell und genauso gemütlich ist. Da fahre ich hin, suche mir etwas und lasse mich für den Rest meiner Tage dort nieder. Leben, wo dich niemand kennt, mit dem Morgengrauen aufstehen und bei Sonnenuntergang schlafen gehen. Den ganzen Tag mit Angeln verbringen wie einst am Jenissei? Damals war da Marja Wassiljewna, und im Bücherregal standen alle möglichen Engels' – jetzt geht es auch ohne die Engels'. Stimmt, es gibt auch keinen Jenissei in der Provence, aber es geht ja nicht darum, wie viele Fische man fängt. In jener idyllischen Verbannung gab es noch die Jagd. Mit Angina Pectoris ist einem die Jagd untersagt, und teuer ist sie außerdem, das Angeln kostet fast nichts und strengt nicht an, im Gegenteil. Und wenn mir langweilig wird, schreibe ich meine Memoiren», dachte er schmunzelnd, «ein amerikanischer Verleger ist heute für Politiker im Ruhestand ja so etwas wie ‹der reiche Onkel aus Amerika›. Mit dem Geld komme ich länger als ein Jahr aus. Auf dem Dorf kann man sicher von fünfhundert Francs im Monat leben. Was hat man schon für Ausgaben? Ich miete mir ein Häuschen, das bekommt man in Frankreich jetzt praktisch umsonst. Fleisch sollte man sowieso weniger essen, es wird selbst gefangenen Fisch geben, dazu Kartoffeln, Brot, einen billigen Wein aus der Gegend, der ist manchmal besser als der teure, hochgelobte. Hinzu kommen Ausgaben für Zeitungen, Papier, Angelutensilien und die Petroleumlampe. Ist ja nicht das erste Mal, dass ich von ein paar Groschen leben muss. Mein ganzes Leben vor der Revolution habe ich von fünfundzwanzig Rubeln im Monat gelebt ... Wieso ist mir das nicht

445

früher eingefallen? Nun, früher wusste ich nicht, dass ich acht-tausend übrig haben werde. An einem Ort leben, wo es keinen einzigen Russen gibt, weder GPU noch Gestapo, keine Nadja, keinen Kangarow. Ein Jahr komme ich über die Runden, dann sehen wir weiter. Höchstwahrscheinlich werde ich sterben, und der Bürgermeister wird anordnen, mich auf Gemeindekosten zu beerdigen. Und so wird der Mann, der sich Ney, Tschatski, Uralow, Kirdschali, Dakocchi, Wislicenus und weiß der Teufel noch wie nannte, sein ziemlich turbulentes Leben beschließen ... Natürlich würde es sich gehören, dass man <in jemandes Armen stirbt> (noch so ein idiotischer Ausdruck: Niemand ist jemals in irgendjemandes Armen oder an irgendjemandes <Brust> gestor-ben), doch man kann sehr wohl ohne solche <Arme>, ohne <Ehrenurne>, ohne Reden, ohne Lügen, ohne <Gedenken an einen alten Kämpfer> sterben ...» Er war glücklich wie schon lange nicht mehr.

Am nächsten Tag suchte Wislicenus mehrere Läden auf, die Angelzubehör verkauften; er blieb lange vor den Schaufenstern stehen, ging dann hinein, erkundigte sich nach den Preisen und ließ sich, wenn es welche gab, Preislisten mitgeben. Er kaufte alles, was vonnöten war, gab etwa dreihundert Francs aus und konnte sich, wie hypnotisiert, nicht sattsehen an dem, was er gekauft hatte. «Im Grunde weiß ich selber nicht, was Ursache und was Wirkung ist: Flüchte ich aus einem politischen Patt heraus in ein sinnbildliches Castellane, oder ist das Patt entstan-den, weil ich das Bedürfnis verspürte, das Handtuch zu werfen? In Wahrheit gibt es hier weder Ursache noch Wirkung: Es ist gleichzeitig passiert. Aber ihnen *dienen* kann ich nicht mehr. Alle Verbrechen, alle Gemeinheiten, alles Blutvergießen waren zu ertragen, solange wir daran glaubten, ein neues Leben auf-zubauen. Aber jetzt, wo sich zur allgemeinen Freude oder Scha-denfreude herausstellt, dass alles auf ein wüstes Durcheinander hinausläuft, will ich nichts mehr mit ihnen zu tun haben. Auf die andere Seite wechseln? In der kapitalistischen Presse entlarvende Artikel über unsere Affären und Leute veröffentlichen? Nein, nicht mit mir!», dachte er angewidert.

Mit dem Angeln hing zum Teil auch Gogol zusammen. Wislicenus erinnerte sich daran, wie verführerisch in den «Toten Seelen» der Fischfang bei Petuch beschrieben wird. Er suchte die Stelle, las sie und beschloss dann, noch einmal das ganze Buch zu lesen. «Die besten Bücher sind doch diejenigen, die man liest, wenn man zwischen fünfzehn und achtzehn ist. Ein paar *solcher* Bücher werde ich nach Castellane mitnehmen ...» Zunächst irritierte ihn jedoch vieles: die selbstbewusst unkorrekte Sprache[173] («auch Schriftsteller haben hier keinerlei göttlichen Rechte»); die Tatsache, dass Gogol den Klatsch der aristokratischen Gesellschaft als «*cammérages*» bezeichnete, wobei er das Wort offensichtlich von «Kammer» ableitete; dass er – gewissermaßen als Herausforderung oder zur Belustigung der Leser? – «Schwäher» anstatt «Schwiegervater» sagte und «Skandalon» anstatt «Skandal»; dass von «Fresken» die Rede war, die es im Haus von Kostanschoglo (ein äußerst widerwärtiges Subjekt, wieder so eine Herausforderung) nicht gab; dass die Frauen zum Gutsbesitzer «du mein Silberherz» sagten; dass es von Ulinka hieß, sie sei von «glanzvollem» Wuchs, dass sie «ein Stück Stoff an zwei, drei Stellen zusammenraffte und dieser sich an sie schmiegte und in solchen Falten fiel, dass ein Bildhauer sie sofort in Marmor hätte nachbilden wollen» ... Auch die Geschwätzigkeit irritierte ihn – «Warum nicht auch noch dieses Wort verwenden?» – «Welchem Glückspilz gehörte dieses abgelegene Nest? Nun, es gehörte Andrej Iwanowitsch Tentetnikow, einem Gutsbesitzer im Tremalachanser Landkreis, einem jungen vierunddreißigjährigen Herrn Kollegiumssekretär, einem unverheirateten Junggesellen. Was war er für ein Mensch, von welcher Wesensart, von welchen Eigenschaften und von welchem Charakter war der Gutsbesitzer Andrej Iwanowitsch Tentetnikow? Da muss man selbstverständlich die Nachbarn befragen ...» – «Hier ist alles überflüssig, was man auch nimmt. Wenn der *Herr* vierunddreißig ist, muss man nicht noch erklären, dass er jung ist; und wenn er Junggeselle ist, dann ist er natürlich unverheiratet; und den Landkreis hat er Tremalachansk genannt, weil er witzig sein wollte, das ist im Grunde nicht weit entfernt von ‹Schpreschen Sie deitschen› oder der Anrede ‹Sehr verehrter Herr›, die der Postmeister benutzt, obwohl mehrere Herren im Zimmer sitzen. Kapitän Kopejkin ist eine Parodie des Autors, und der Kapitän versteht es nicht weniger interessant zu erzählen, als Gogol selber schrieb ...» Wislicenus las mit spöttischer Miene weiter (er erblickte jetzt überall Unwahrheiten). «Er war ein sehr begabter, ein genialer Schwindler, aber letztlich eben doch ein Schwindler. Er hatte keinerlei *Ideale*, alles war Schwindel, seine ‹Ideale› waren so falsch wie die noblen Aufwärter in den Pariser Cafés. Mit wahrem Vergnügen hat er nur die Nosdrews und Korobotschkas beschrieben (sie hat er unvergleichlich beschrieben). Und wenn er seinen Lesern versprach, ihnen einen ‹mit göttlichen Tugenden begabten Mann› (wirklich ‹göttlichen›?) vorzusetzen und eine ‹herrliche russische Jungfrau, wie sie sich in der ganzen Welt kein zweites Mal findet›, einen Mann und eine Jungfrau, vor denen ‹die tugendhaften Menschen aller anderen Volksstämme leblos erscheinen› (wirklich gleich alle?), so wäre er selbst der Erste gewesen, der das sterbenslangweilig gefunden hätte, das war eine Finte, die übliche nationale Schaumschlägerei à la Sagoskin[174], und außerdem noch unaufrichtig: Er wollte die Zensoren *schmieren*, so wie Korobotschka den Assessor, und er hatte auch Angst vor den Sagoskins – das war die in jener Epoche übliche Schleimerei. Er dachte, er hätte den ‹Juri Miloslawskis› den Garaus gemacht, aber sein frommer Branntweinpächter Murasow ist um keinen Deut besser als die ‹Juri Miloslawskis›, ja schlimmer, denn Gogol hat Ambitionen, eine Philosophie, will herausfordern: Ihr verachtet mir den Pächter? Dabei ist der hundertmal besser als ihr alle zusammen …»

Nachdem er das Buch zu Ende gelesen hatte, blätterte Wislicenus erneut darin herum und dachte über das Gelesene und, als Folge der Lektüre, seltsamerweise auch über sich selbst, über sein Leben und seine Probleme und über die Bolschewiki nach. «Irgendwelche Herumtreiber verbreiteten unter ihnen das Gerücht, dass eine Zeit kommt, in der die Bauern Gutsbesitzer werden und einen Frack anziehen müssen, und die Gutsbesitzer ziehen Bauernkittel an und werden Bauern … Man musste zu ‹Zwangsmaßnahmen› greifen. Der Fürst war übelster Laune …» – «Das erschien Gogol als Gipfel der Lächerlichkeit und unvorstellbaren Dummheit. Was uns betrifft, so haben wir den Bauern zwar keine Fräcke angezogen, aber die Gutsbesitzer allemal in Bauernkittel gesteckt. Und sein tugendhafter Fürst mit seinen ‹Zwangsmaßnahmen› (eine Anspielung) gleicht dem hochgestellten Stachanow-Arbeiter aus unseren literarischen Meisterwerken aufs Haar, genauso erfunden, genauso dumm und genauso widerwärtig. ‹Es versteht sich von selbst, dass auch eine Menge Unschuldiger leiden werden. Was soll man machen? Der Fall ist zu schimpflich und schreit nach Gerechtigkeit …› Das war die Vorstellung von Gerechtigkeit, die der tugendhafte Fürst und sein Schöpfer hatten! Da sind wir gar nicht so weit auseinander. Bei unseren heutigen kleinen Gogols leiden die Unschuldigen allerdings nie …»

Es war ihm selber peinlich. «Das kann man doch nicht vergleichen! Das ist doch eines der hinreißendsten, erstaunlichsten Bücher, die es auf der Welt gibt! Die ‹Toten Seelen› kann man zehn oder auch fünfzig Mal lesen. Ich habe das Buch zum ersten Mal im Korps gelesen, ich habe es im Exil gelesen, ich habe es im Gefängnis gelesen, ich habe es in der Verbannung gelesen, und jetzt lese ich es hier und immer wieder mit Vergnügen – und nicht, weil da bestechliche Gauner und Betrüger entlarvt werden. Das wollte er *anprangern* und hat es unversehens ‹zu einem Meisterwerk veredelt› – ein abstoßender Ausdruck, aber er stimmt: veredelt. Es ist mir egal, ob seine Beamten bestechlich sind oder nicht, noch jeder von ihnen ist sympathischer als Kostanschoglo – sie hatten ein schönes, erfülltes, glückliches und sogar poetisches Leben, und immer wenn ich dieses Buch las, wünschte ich mir – lange vor meiner neuen *Freiheit* –, ich hätte zu Tschitschikows Zeiten gelebt, wäre in seiner Kalesche gereist, hätte in seinem Gasthof Spanferkel mit Meerrettich gegessen, bei Korobotschka einen Obstschnaps zu den Pfannkuchen getrunken, immer einen Band der ‹Herzogin La Vallière› bei mir gehabt, bei Pjotr Petrowitsch Petuch Fische gefangen und mit ihm geplaudert (er ist ganz reizend) oder wenigstens mit Selifan – jedenfalls lieber als mit Kangarow-Moskowski ...»

«Der Kutscher hieb auf die Pferde ein, aber nichts half: Onkel Mitjai schaffte es nicht. ‹Halt, halt!›, riefen die Männer: ‹Onkel Mitjai, setz dich auf das Beipferd, und Onkel Minjai soll sich auf das Mittelpferd setzen› ...» – «In diesem erstaunlichen Mann steckte, neben einem Dutzend anderer Personen, auch noch ein Zeitungsfeuilletonist. Puschkin oder Tolstoi hätten sich zu solcher Spitzzüngigkeit nicht hinreißen lassen. Er wusste wohl auch selber nicht, weshalb er sich über die Männer lustig machte. Tschitschikow handelt mit toten Seelen, obwohl er eigentlich mit lebenden hätte handeln sollen. Von Onkel Mitjais Standpunkt aus war es vorteilhafter, tote Seelen zu verkaufen, keine lebenden, seine eigene eingeschlossen. Onkel Mitjai hatte allen

Grund, die gedankliche Empörung des Autors nicht zu teilen. Aber wir haben es irgendwie geschafft, die Moral der Geschichte ins Lächerliche zu ziehen: Von dem Prachtkerl Kostanschoglo ist nichts übrig, aber Onkel Mitjai ist, Gott sei Dank, gesund und munter ...»

Erst jetzt begriff Wislicenus, warum er plötzlich in diese unsinnige Polemik mit Gogol geraten war. «Ja, natürlich, er war ein großer, genialer Schriftsteller, und er *hatte* alle göttlichen Rechte und durfte jeden Ausdruck verwenden, den er wollte – so wie Dostojewski ‹aktueller Augenblick› schrieb, obwohl sich heute selbst Provinzjournalisten nicht mehr erlauben, diesen Ausdruck zu benutzen. Das Buch handelt vom Ewigen, aber ganz anders, als es dem Autor vorschwebte. Vom Ewigen, oder vom Langwährenden, und auf jeden Fall auch von uns: Wir sind in diesem Fall Partei. Die Rus stürmte, wie ‹eine uneinholbare Troika›, auch zu seiner Zeit schon nirgendwo mehr hin – aber bei ihm war das ein stilistisches Mittel, während bei uns alles darauf beruhte. An Onkel Mitjais Rus haben wir, die Bolschewiki, kaum mehr verändert als der tugendhafte Fürst und der fromme Pächter. Wir wollten Onkel Mitjai gegen Onkel Minjai aufstacheln, indem wir uns zunutze machten, dass der eine von ihnen eine Dessjatine[175] Land und zwei Kühe mehr besaß als der andere. Aber auch das ist uns nicht gelungen, obwohl wir uns redlich bemüht haben und das Aufstacheln die einfachste Art politischer Agitation ist. Ja, Tschitschikow sitzt selbstverständlich in einer Kommission von Gosplan[176], Manilow schreibt Zeitungsartikel, Kifa Mokijewitsch ist Mitglied im Bund der Gottlosen, die ‹Zwangsmaßnahmen› sind härter geworden, die Enkel des Fürsten heben Kanäle aus – aber Onkel Mitjai ist in seinem Dorf geblieben, und eigentlich hat er sich kaum verändert, obwohl er in die Kolchose eingetreten ist. Wir werden enden wie die Stachanow-Fürsten, aber dieses Meer wird bleiben, und was einmal daraus wird, das weiß niemand. Wahrscheinlich wird am Ende alles so kommen, wie Onkel Mitjai es will – sein heiliger Wille geschehe ...»

Aber es gelang ihm nicht, sich in eine launig-zynische Stimmung zu versetzen. «Was haben wir angestellt? Wozu haben wir unser Leben und uns selbst so besudelt? Wozu haben wir Millionen von Menschen ins Jenseits befördert? Wozu haben wir der Welt diese skrupellose, noch nie da gewesene Bösartigkeit beigebracht? Wir haben verkündet, dass alles erlaubt ist, und wir haben demonstriert, dass alles erlaubt ist, aber am Ende lief alles darauf hinaus, dass Tschitschikow und Kifa Mokijewitsch die Plätze tauschten, freilich ohne das *Organische* von Gogols Welt, ohne seine Behaglichkeit und Ungebundenheit – wohin soll die Troika denn noch jagen, sie ist genug gejagt –, und anstelle eines sozialistischen, mit göttlichen Tugenden begabten Mannes betritt ein strammer Rüpel die Bühne, der in einem Heim für verwahrloste Kinder aufgewachsen ist und seine höhere Bildung im Komsomol erhalten hat ...»

Wislicenus schaute auf die Uhr: Es war Zeit, zu Nadja zu fahren. «Ich werde ein halbes Stündchen bei ihr sitzen, wir werden über Belanglosigkeiten plaudern, sie wird mir sagen, dass ich großartig aussehe, dass Angina Pectoris eine läppische Krankheit ist, dass ich auf dem besten Weg bin, vollständig gesund zu werden, wenn ich mich nur strikt an die Anweisungen von Professor Fouquot halte. Kangarow wird wahrscheinlich nicht da sein: Besser, er begegnet dem in Ungnade gefallenen Bojaren gar nicht erst. Nun, ich fahre, wir haben es ausgemacht. Für sie ist es noch weniger wichtig als für mich, aber so kostbar ist unsere Zeit dann auch wieder nicht. Ich bleibe bis sechs bei ihr, dann fahre ich zurück, esse zu Abend und gehe entweder ins Kino oder lese zu Hause ‹Rom› zu Ende. Schade, das Wetter ist miserabel ...»
Verdrossen erinnerte er sich daran, dass er am Abend mit Sieg-

fried Mayer verabredet war. «Was will der denn noch? Ich habe ihm doch gesagt, dass ich heute aufs Land fahre, ins Sanatorium, dass ich spät zurückkomme und dass ich übermorgen verreise. Nein, er muss mich unbedingt sehen! Irgendwelche Gerüchte, er ist neugierig, muss alles wissen: wo, wann, warum ... Ich sollte ihn anrufen und die Verabredung absagen ...»

Er erhob sich träge vom Sofa (nachdem er *frei* war, hatte sich sogleich diese Trägheit eingestellt) und begann sich anzuziehen: Er hatte ohne Jacke auf dem Sofa gelegen, behaglich, wie bei Gogol. Er warf einen ärgerlichen Blick auf seine Jacke: Flecken, und ein Knopf hing nur noch an einem Faden. Wislicenus holte einen zweiten, neueren Anzug aus dem Schrank. Zerstreut verstaute er Portemonnaie, Füllfederhalter, etwas Kleingeld und Busfahrkarten in den Taschen. Er legte den Kragen um, die Lasche lugte hervor – das machte nichts («vor einem Jahr wäre ich so nicht zu ihr gegangen»). Er schaute in sein Notizbuch, in dem stand, wie er fahren musste. Nadja hatte ihm am Telefon alles genau erklärt. «Mit der Eisenbahn geht es schneller, und vom Bahnhof ist es näher zu uns. Aber die Busverbindung ist ausgezeichnet, ich empfehle Ihnen den Bus, die Fahrt dauert nur fünfzig Minuten plus einen schönen Spaziergang. Sie müssen an der *Taverne du Puits sans vin** aussteigen, ein seltsamer Name ... Der Schaffner wird Ihnen alles erklären, die wissen Bescheid, alle fahren jetzt mit dem Bus hierher, außer den Reichen, die ihr eigenes Auto haben. Von der Bushaltestelle sind es zehn Minuten zu Fuß, ich hoffe, das schreckt Sie nicht ab?»

Wislicenus trat aus dem Hotel und sah sich um: kein Beschatter. Gut gelaunt machte er sich auf den Weg zur U-Bahn, stieg zur Station hinunter – und gleich fiel ihm das Atmen schwerer. «Das kommt nicht von meiner Angina Pectoris, die Metro ist

---

* Taverne zum Brunnen ohne Wein

453

auch für Gesunde schädlich: ein Nährboden für Mikroben, kein Sonnenstrahl dringt hier ein ...» Er dachte daran, dass bald die Stunde der täglichen Zigarette schlagen würde, und bemerkte zu seinem Missfallen, dass er das Zigarettenetui vergessen hatte: In Jackett und Weste hatte er die Sachen aus seinem alten Anzug eingesteckt, aber nicht in die Hose; Zigaretten und Streichhölzer trug er in den Hosentaschen. «Ich kaufe mir unterwegs neue, dann reicht der Vorrat für längere Zeit in der Provence. Und wenn ich einen Monat lang keine Anfälle habe, kann ich die Norm auch ein wenig erhöhen ...»

XIV

Hier müssen Sie aussteigen, Monsieur», sagte der ungewöhnlich redselige Schaffner, der während der gesamten Fahrt nicht verstummt war, «Sie müssen diese Straße hinaufgehen, an der zweiten Abzweigung gehen Sie nach rechts und kommen geradewegs zu dem Wäldchen, hinter dem das Sanatorium liegt, ein großes Gebäude, drei Stock hoch. Findet man auch ohne Blindenführer.» – «Zehn Minuten zu Fuß?» – «Ein Schnellläufer braucht keine fünf Minuten, andere sind froh, wenn sie es mit Gottes Hilfe in einer Viertelstunde schaffen. Bei diesem Wetter macht das keinen Spaß, da bleibt man besser zu Hause.» Ein Fahrgast in einem schwarzen Mantel stieg aus, sah sich um und schlug den Mantelkragen hoch. «Für dieses Sanatorium muss man sich erst mal ein Auto kaufen, dann ist es sehr bequem, ansonsten ...» – «Also auf dieser Straße geradeaus?» – «Auf ebendieser, dann die zweite nach rechts. Wenn Sie es nicht gerade eilig haben, gehen Sie in die Schänke und trinken einen Schluck Wein, sehen Sie, so macht es der Herr dort ...» Ein schwer erträglicher Typ – eine eingefleischte Frohnatur, wahrscheinlich weithin bekannt für seine Spitzzüngigkeit, dachte Wislicenus und spürte, dass ihm die familiäre Vertraulichkeit unangenehm war. Er bedankte sich bei dem Schaffner und stieg aus dem Autobus. «Erfolgreiche Behandlung, Monsieur», wünschte der Schaffner und schien mit besonderer Lust an der Klingelschnur zu ziehen. «Vielleicht ist es wirklich besser, den Regen abzuwarten: lieber etwas später ankommen als in jämmerlichem Zustand. Da ist sie, die *Taverne du Puits sans vin* ...» Es war eine schäbige Schänke in einem alten, halb verfallenen einstöckigen Gebäude. «Das Haus ist um die dreihundert Jahre alt, so etwas gibt es nur in Frankreich.»

Der Mann in dem schwarzen Mantel ließ ihn an der Schwelle vorbei, trat jedoch selbst nicht ein, er hatte es sich offenbar anders überlegt. In dem ungemütlichen, dämmrigen Gastraum unterhielt sich eine Frau, deren Figur an eine Krinoline erinnerte, am Tresen mit einem Arbeiter in einer blauen, völlig durchgescheuerten Arbeitshose. Zwei weitere Personen saßen an einem Tisch in der Ecke. Ansonsten war niemand weiter da. «Ein Glas Glühwein», bat Wislicenus und nahm an einem Tisch in der Nähe des Fensters Platz. «Soll ich mir eine Zigarette anzünden? Nein, lieber später, zum Tee: Da habe ich den ganzen Genuss auf einmal – die Zigarette, Nadja, den Tee ... Ich verfalle schon in den Ton dieses Schaffners.»

Er zog die Gardine zur Seite. Der Himmel hing schwer und hoffnungslos grau, die Gegend wirkte trostlos, fast bedrohlich: dürre, nasse Bäume, die zu dem Wäldchen hinaufführende triste Straße. «Aus welchem Grund hat man hier einen Gasthof aufgemacht? Nur wegen der Busse? Übrigens gibt es in ganz Frankreich Tausende solcher Gasthöfe, ohne dass man wüsste, warum und wozu. Sie ernähren ihre Besitzer, mehr braucht es nicht. *Taverne du Puits sans vin*? In diesem Haus ist vor hundert oder zweihundert Jahren sicher irgendetwas vorgefallen, die Leute haben längst vergessen, was genau, aber die Schänke hat über fünfzig verschiedene Besitzer hinweg immer noch den gleichen Namen.»

Die einer Krinoline ähnelnde Wirtin brachte den Wein, schimpfte über das Wetter und schaltete dem neuen Gast zuliebe das Licht ein. Regale mit unzähligen vollen und leeren Flaschen, stehend und liegend, wurden sichtbar. «*Vous vous ruinez, patronne*»*, sagte der Arbeiter lachend. Wislicenus nippte an dem Wein und dachte wieder über sein neues Leben in der sonnigen Provence nach. «Zu dieser Tageszeit werde ich mich in meinem Häuschen um den Haushalt kümmern, vielleicht eine Fischsuppe kochen ...» Schon allein dieser Gedanke ließ ihn lächeln. «Hab ich auch nicht vergessen, wie man die kocht, seit damals, am Jenissei? Auf dem Tisch wird frisches Brot stehen, Landbutter, gesalzen, wunderbar, eine Flasche Wein, später der Tee. Was braucht es denn mehr zum *Glück*?» Er wurde plötzlich ausgelassen. «Vielleicht kann ich mich an der frischen Luft kurieren? Vielleicht schaff ich noch zehn Jahre – wer weiß, was alles passieren kann ... Manchmal geht es mit dem Teufel zu ... Und wenn Nadja mich besuchen kommt? Schließlich ist auch Kangarow krank. Käme sehr gelegen, wenn er zu den Klängen von ‹Unsterbliche Opfer› auf dem Roten Platz zu Grabe getragen würde ... Erstaunlich, dass jeder von uns einem anderen partout den baldigen Tod wünscht ...»

Er trank den Wein aus und schaute aus dem Fenster – der Regen schien nachzulassen. «Ich kann nicht länger warten: Es wird

---

* Sie richten sich noch zugrunde, Madame.

dunkel, dann sieht man den Weg nicht mehr ...» – «*Quel sale temps*»*, sagte die Wirtin und nahm das Geld entgegen. «Ja, schade, dass man in einer solchen *sale temps* hat leben müssen», dachte er fröhlich, «im einundzwanzigsten Jahrhundert wird es sicher besser. Aber auch im zwanzigsten kann man es aushalten, im Süden, in der Sonne, fern von den Menschen ...» Wislicenus trat aus dem Gasthof und genoss die feuchte Luft – «Landluft!» Er ging in die Richtung, die man ihm gewiesen hatte; die Straße stieg ziemlich steil an: «Nicht dass ich durch den Anstieg noch einen Anfall bekomme, das fehlte noch ...»

Hinter der Schänke zog sich ein Zaun mit verwaisten, zerfledderten Plakaten hin, dann folgten schief gewachsene kahle Sträucher, unglaublich dicht zur Erde gebogen. Ein Radfahrer kam vorbei, offenbar auf dem Weg in die Schänke. Ein weiteres Wohnhaus, in dem ein Fenster beleuchtet war, tauchte auf. Dann kam Brachland. Der Tag ging zur Neige, aber es war noch nicht gänzlich dunkel. In der Ferne pfiff eine Lokomotive – der lange, wütende Pfiff ertönte völlig unerwartet – wo war hier eine Eisenbahn? «Ach ja, sie hat gesagt, dass man auch mit der Eisenbahn ins Sanatorium fahren kann. Wahrscheinlich ist der Bahnhof auf der anderen Seite ...» Wegen des Regens ging Wislicenus ziemlich rasch. «Ach, ich werde völlig nass ankommen, mit dreckigen Schuhen», dachte er. «Der Tee wird hoffentlich heiß sein ...» Er freute sich auf die Zigarette. «Und Nadja? Ja, ich freue mich *trotz allem*, auch Nadja zu sehen ... Jetzt kommt die erste Abzweigung. Die zweite muss da vorn sein, wo dieses unangenehme Licht auf die Straße fällt. Es ist unschön, wenn sich zwei Arten von Licht mischen ...»

* Eigentlich: Was für ein Sauwetter, Wislicenus greift hier die wörtliche Bedeutung auf: dreckige, üble Zeit.

Vor ihm an der Ecke tauchte jemand auf, der sich umsah und dann weiterging, ebenfalls in Richtung der zweiten Abzweigung. «Irgendetwas passiert hier», dachte Wislicenus beunruhigt. In der Ferne, rechts auf der Anhöhe, erschienen plötzlich winzige Lichter in einer regelmäßigen Reihe. «Das muss das Sanatorium sein. Ja, das sind noch zehn Minuten. Ich habe noch nicht einmal die Hälfte geschafft ... Das ist doch der, der mit mir im Bus gesessen hat!», erinnerte er sich plötzlich mit unangenehmem Befremden. «Wo war dieser Typ, als ich in der Schänke saß? ...» Wislicenus blieb stehen, drehte sich um und sah, dass ihm in einer Entfernung von etwa zwanzig Schritt zwei Männer folgten. Sein Herz begann heftig zu schlagen: Das waren dieselben Männer, die gleichzeitig mit ihm schweigend in der Ecke der Schänke gesessen hatten. «Ja, natürlich, das sind sie! ... Kein Zweifel! ...» Trotz der Dämmerung war ein Irrtum ausgeschlossen. «Was bedeutet das? ... Kann es sein ...?» Rasch griff er in die hintere Hosentasche – und erinnerte sich mit Schrecken, dass er zusammen mit den Zigaretten auch seinen Revolver zu Hause vergessen hatte. Er riss sich los und lief eilends weiter. «Wie kann das denn sein? ... Mayer? ... Stimmt, ich habe ihm gesagt, wohin ich fahre. Und wenn es nicht Mayer ist? ...» Das zitternde rötliche Licht auf der Straße an der zweiten Abzweigung wurde heller. «Da kommt jemand gefahren ...» Wislicenus beschleunigte seine Schritte noch stärker und schaute sich um: Auch die Männer liefen schneller. «Kein Zweifel! ...» In Windeseile, fast rennend, lief er in Richtung der Abzweigung. Von rechts, über die Seitenstraße, schon ganz dicht, näherte sich sehr langsam ein großes Auto mit tief liegenden roten Lichtern. «Was ist das?», flüsterte Wislicenus und blieb stehen. Sein Herz schlug immer wilder. Plötzlich verspürte er den Schmerz, den schneidenden, sich mit rasender Geschwindigkeit steigernden Schmerz, den er kannte. «Ein Anfall! Das ist der Tod! Gestapo

oder GPU? Aber wenn es die GPU ist, dann muss Nadja ...!»
Neben dem Chauffeur saß ein rothaariger Mann mit einem
brutalen Gesichtsausdruck. «Das ist *er*. Aber wo, wo habe ich
ihn nur gesehen?!», schaffte Wislicenus noch zu denken und
rang vor unerträglichen Schmerzen nach Atem. Er griff sich ans
Herz. Eine gelbliche Bretterkiste tauchte auf.

XV

Zum Verrücktwerden!», seufzte Nadeschda Iwanowna
und legte den schönen Füllfederhalter mit dem modischen durchsichtigen Tintenreservoir auf den Tisch, er war ein
Geschenk Kangarow-Moskowskis zu ihrem Geburtstag. «Dieser ‹Parker› hat mich arm gemacht», hatte er gesagt, als er ihr
das Geschenk überreichte und sie küsste (ein ganz gewöhnlicher
väterlicher und obendrein geburtstäglicher Kuss), «auch wenn
es sich nicht gehört zu sagen, wie viel ein Geschenk gekostet hat,
dir sag ich es im Vertrauen: dreihundertfünfzig Fränkelchen ...»
Sie schaute auf die Uhr: viertel sechs. Wislicenus hatte versprochen, um fünf zu kommen. Sicher, die exakte Fahrtzeit von
Paris bis zum Sanatorium war schwer abzuschätzen: Die Busse
auf dieser Linie fuhren nicht sehr regelmäßig. «Vielleicht hat
ihn der Regen aufgehalten? ... Er wird sicher anderthalb Stunden bleiben. Vor dem Essen kann ich noch ein wenig arbeiten
und natürlich nach dem Essen, den ganzen Abend! ...» Wenn
man abends arbeitete, konnte man anschließend nur schwer einschlafen, fiel Nadja ein, und sie war ein bisschen stolz: So war
das bei allen Schriftstellern, sogar bei den echten. «Da kann
man nichts machen ...» Sie nahm auch eine schlaflose Nacht in

Kauf – oder besser gesagt, einen schlaflosen Abend –, sie schlief trotz der angespannten geistigen Arbeit gewöhnlich nach einer halben Stunde ein.

Das Warten auf den Gast störte beim Schreiben. «Kaum hat man sich warmgeschrieben, kommt er, unser Held, und man muss ihn nach seinem Befinden fragen und großes Interesse vortäuschen. Wozu habe ich ihn nur eingeladen?», dachte Nadeschda Iwanowna ärgerlich. Sie überwand sich – sie durfte keine Zeit verlieren –, griff wieder zum Füller und begann, das Ende des Kapitels zu korrigieren: «Alles war vom orangenen Feuer des Herbstes umhüllt. Die Pfützen schienen schwer unter den Füßen zu seufzen. Jewgeni Gorski betrat die Werkstatt. ‹Jeremejitsch!›, sagte er hell. ‹Heute rollen wir das einundsechzigste aus. Wir stellen uns dem Wettbewerb, mein Alter. Wir arbeiten schließlich für die Verteidigung, für die Verteidigung unserer sowjetischen Heimat!› – ‹Das machen wir, Jewgeni Jewgenjewitsch›, antwortete Jeremejitsch, ‹davon verstehen wir was, wir sind nicht von ungefähr durch das Feuer des Bürgerkriegs gegangen.› – ‹Du hast Zarizyn also nicht vergessen, mein Freund?› – ‹So etwas vergisst man nicht ...› In den stahlblauen Augen von Kartalinski, der neben dem Motor stand, blitzte ein ungutes Flämmchen auf.»

Mit Kartalinski gab es Probleme. Jemand, der die Betriebsgeheimnisse der sowjetischen Flugzeugproduktion an ausländische Faschisten und Weißgardisten verriet, verdiente offensichtlich keine Nachsicht und durfte auch nicht mit ihr rechnen. Also Höchststrafe? Aber Nadeschda Iwanowna wollte kein Todesurteil verhängen. Vor allem konnte man die Erschießung nicht beschreiben: Das würde nicht gedruckt werden. Nadja wusste auch nicht genau, wie und wo Erschießungen durchgeführt wurden; nur hinter vorgehaltener Hand hatte sie vom «Totenschiff» und vom «Schwarzen Raben» erzählen hören –

das war vermutlich nicht mehr aktuell. Und es war auch nicht angenehm, eine Hinrichtung zu beschreiben, selbst wenn es sich um die Hinrichtung eines Diversanten[177] und Saboteurs handelte. «Zu zehn Jahren verurteilen? Nein, dafür bekommt man nie und nimmer nur zehn Jahre …» Vor allem fand Nadeschda Iwanowna den Mann mit den stahlblauen Augen gar nicht so abstoßend: Sie hatte Mitleid mit Kartalinski.

Nadja hatte gegen ihr Gewissen gehandelt: Sie hatte sich das Thema unter anderem deshalb ausgesucht, weil es die Chancen erhöhte, die Erzählung irgendwo unterzubringen. Schenka, der für eine Moskauer Zeitschrift arbeitete, hatte ihr geraten, der Redaktion zwei Erzählungen zur Auswahl zu schicken: «Die uns besser gefällt, die drucken wir» (Nadeschda Iwanowna verstand natürlich, dass dieses «wir» Schenkas Rolle herausstreichen sollte). Er hatte ihr noch einen weiteren Rat gegeben – eine der Erzählungen sollte von Sabotage handeln: «Wenn es um Saboteure und Diversanten geht, können wir das nur schwer ablehnen, verstehst du, das geht gar nicht.» Das gefiel ihr nicht besonders: Ihre erste Erzählung handelte einfach von der Liebe, eine Geschichte, die einem jungen, sehr schönen sowjetischen Mädchen passierte, das im diplomatischen Dienst im Ausland arbeitete. Da konnte man keine Saboteure und Diversanten anbringen.

Die zweite Erzählung musste anders geschrieben werden. Im Übrigen handelte auch diese Geschichte von einem jungen, sehr schönen sowjetischen Mädchen, es war wieder eine Liebesgeschichte, aber diesmal vor dem Hintergrund von Diversion und Sabotage. Die Handlung spielte in einem Flugzeugwerk. Nadja hatte noch nie im Leben ein Flugzeugwerk gesehen, aber in einem solchen arbeitete Wassili Wassiljewitsch, ein junger Ingenieur, der ihr aus Moskau einen netten Brief geschrieben hatte – «eine Liebeserklärung oder auch nicht, irgendetwas in der Art».

Er tauchte in der Erzählung als Jewgeni Jewgenjewitsch auf (Jewgeni war der Lieblingsname von Nadeschda Iwanowna); nur die Farbe seiner Augen hatte sie verändert, sie waren jetzt schwarz, damit keiner von den Lesern Verdacht schöpfte; wenn es Wassili Wassiljewitsch selber auffiele, dann machte das nichts, sollte er doch. Jewgeni Jewgenjewitsch war ein Flugingenieur. Nadja bekam Zweifel: Gab es überhaupt Flugingenieure? Vielleicht fliegen Ingenieure nie selbst? Aber für die Handlung war das unumgänglich: Ausgerechnet während eines Flugs schleicht sich nämlich ein schrecklicher Verdacht in Jewgeni Gorskis Seele.

«Wo bleibt nur Wislicenus?», dachte Nadja verwundert. Auf dem Tisch stand der Tee, den sie selbst zubereitet hatte, nicht der vom Sanatorium. «Kindchen, sie nehmen für *thé complet** zwölf Fränkelchen pro Nase», hatte Kangarow Nadeschda Iwanowna erklärt, und in seinem Ton spürte man, dass er vor Leuten, die einen so übers Ohr hauten, Respekt hatte, «und zehn für ein Glas miserablen Portwein!» Das hatte sie sich gemerkt. Außerdem wollte sie nicht, dass die Bewirtung ihres Gastes auf die gemeinsame Rechnung gesetzt wurde, obwohl Kangarow ihr alle Freiheiten ließ: «Futtere, was immer du willst, mein Kind. Wenn dir nach Vogelmilch[178] ist, dann bestell sie dir!», sagte er zärtlich-väterlich zu ihr. Im Sanatorium gab es keine Vogelmilch, und das Teegedeck war mies: geröstetes Brot mit Butter – «das hört man kilometerweit krachen, wenn man es kaut» –, Zitrone, Milch und ein paar Kekse. Nadja hatte alles auf eigene Kosten besorgt, alles sehr gut und nicht zu teuer. Am Morgen war sie nach Paris gefahren und hatte *pâté***

---

* Teegedeck (Tee mit Süßigkeiten)
** Pastete

gekauft, gewöhnliche statt Straßburger, roten Kaviar statt gekörnten grauen und Banyuls statt Portwein – «den setze ich ihm als Portwein vor, so ein großer Kenner ist er nicht, er wird es nicht merken». Auf dem runden Tisch standen eine Karaffe, eine Torte, drei Arten von Sandwiches (die dritte war Nadjas Spezialität: von komplizierter, unbestimmter Zusammensetzung, gekrönt von einem Stück Tomate). Das Recht, ihren Tee selbst aufzubrühen, hatte sie sich stillschweigend unter dem Vorwand erkämpft, dass sie den Tee auf russische Art trank. «Oh, der Verwalter ist nicht erfreut: Er schaut unsere Teekanne schief an», hatte Nadeschda Iwanowna beim ersten Mal gesagt. «Dieser Spitzbube und Gauner soll seine schamlosen Augen auf etwas anderes richten», hatte Kangarow-Moskowski entrüstet erwidert.

«‹Spielen Sie nicht verrückt, Stanislaw Michailowitsch›, sagte Olja ruhig und entschieden. Kartalinski verlor die Beherrschung. ‹Das werden Sie bereuen!›, sagte er, seine Stimme klang dreckig. ‹Das glaube ich nicht. Passen Sie auf, dass Sie nichts bereuen müssen. Die Sowjetunion kann Leute wie Sie nicht gebrauchen.› In diesem Moment öffnete sich quietschend die Tür der Motorenwerkstatt und sang ein zärtliches ‹E›, man hörte das angestrengte Dröhnen eines Flugzeugmotors ...»

Mit diesem Satz war Nadeschda Iwanowna zufrieden, es gab nichts zu verbessern. Die *dreckige* Stimme war sehr gut, hoffentlich änderten sie das nicht. Etwas war ärgerlich: Von einer Tür, die die Note «A» sang, so erinnerte sie sich, hatte sie bei einem berühmten sowjetischen Schriftsteller gelesen. «Ach was, im Laufe der Jahre haben es wahrscheinlich alle schon vergessen, und bei mir ist es kein ‹A›, sondern ein ‹E›, nicht alle Türen sind gleich gestimmt, und nicht alle Schriftsteller besitzen ein absolutes Gehör», dachte Nadja schelmisch. Es kam ja nicht so sehr auf die Details an; die Details waren hübsch, wie bei den

besten Schriftstellern. Worauf es ankam, war der Handlungs-
ablauf: Was sollte sie mit Kartalinski machen?

Für einen Moment schweifte sie ab und begann zu träumen.
«Die Erzählung wird angenommen und sofort veröffentlicht, sie
wird Erfolg haben – na ja, keinen übergroßen, keinen *aufsehenerregenden*, aber immerhin – ich werde Geld bekommen, man
wird mich bitten, regelmäßig zu schreiben, es wird Anfragen
von anderen Zeitschriften geben. Von da an kann ich eine Erzählung pro Woche schreiben. Schon bald wird es für ein Buch
reichen ...» Sie stellte sich ein kleinformatiges Bändchen vor, in
einem dunkelblauen Einband mit silberner Schrift oder in einem
grauen mit zweifarbiger Schrift: rot und schwarz, und mit einer
kleinen Zeichnung in einem Kreis und auf der Rückseite ein-
geprägt: «4 R. 50 K.» Sie sah im Geiste die letzte Seite vor sich:
«Verantw. Redakteur ... Tech. Redakteur ... Korrektor ... Auftr.
Glawlit[179] ... Auflage 40 000 ...» Warum sollten es nicht vierzig-
tausend sein? Und dann würde da noch stehen: «Leser! Teile uns
deine Meinung zu dem Buch, zu seinem Inhalt und seiner Aus-
stattung mit. Gib dein Alter und deinen Beruf an.» Nadeschda
Iwanowna stellte sich vor, wie sie Hunderte von Leserbriefen
von Menschen unterschiedlichen Alters und unterschiedlichs-
ter Berufe geschickt bekommen würde. «Einige werde ich beantworten müssen. Nun, damit haben sich Schriftsteller schon
immer beschäftigt ... Aber Kartalinski ... Was mache ich nur mit
Kartalinski?»

Darüber dachte sie lange und beharrlich nach. Sie hatte sich
verschiedene Varianten überlegt. In der ersten tauchten Vertreter der Sonderabteilung[180] im Werk auf, und es blieb dem Leser
überlassen, sich das Los des Diversanten vorzustellen. In der
zweiten Variante würde Kartalinski auf die Frage der Kreisstaatsanwältin Tomilina kühl entgegnen: «Sie haben recht. Ich bin
entlarvt. Weitere Erklärungen halte ich für überflüssig.» Von

der erstarrten Maske seines Gesichts konnte niemand ablesen, was diese schreckliche Karikatur eines Menschen in diesem Moment fühlte. Nadeschda Iwanowna gefiel diese Variante, hier war die schreckliche Karikatur eines Menschen nicht ganz so hoffnungslos abstoßend. «Jewgeni Gorski muss eine Auszeichnung bekommen. Unangenehm … Olja wird das nicht besonders gefallen: Ihr Verlobter bekommt eine Auszeichnung für die Entlarvung eines Mannes, der erschossen wird. Mir zumindest würde das nicht gefallen. Was für eine Auszeichnung bekommt man eigentlich dafür? Das könnte ich Wislicenus fragen; der weiß das sicher.»

Nadeschda Iwanowna schaute wieder auf die Uhr und erschrak: Was war passiert, schon fünf Uhr fünfunddreißig! «Hat er sich etwa im Weg geirrt? Oder hat er es nur vergessen?» Sie wollte ihn anrufen, sagte sich aber, dass das sinnlos war: Falls Wislicenus es vergessen hatte, lohnte es sich nicht, wenn er jetzt noch losführe: Von ihm sind es anderthalb Stunden … «Jetzt kann er lange warten, bis ich ihn wieder einlade! So etwas macht man nicht! … Und wenn es wegen des Regens ist – wozu gibt es denn Regenschirme?» Sie trat an den runden Tisch und aß ein Sandwich, während sie weiter über den Schluss ihrer Erzählung nachdachte. Was den Komplizen von Kartalinski betraf, konnte es keinen Zweifel geben. Nadja kehrte an den Schreibtisch zurück, blätterte durch das Manuskript und las: «‹Das ist gelogen, du fetter Sack mit Brille!›, schrie Zymbal und schlug Schejdler, der sich vorbeugte, mit ungeheurer Wucht auf die Nase. Schejdler stieß einen markerschütternden Schrei aus und fiel zu Boden, über sein Gesicht lief dickes, bläulich dunkelrotes Blut. ‹Was geht hier vor›, flüsterte die alte Matwejewna mit Entsetzen in der Stimme.»

Auch das war nicht schlecht, in der Tat, gar nicht schlecht. Aber Kartalinski? Es gab noch eine dritte Möglichkeit: Die Tomilina hat sich in den Diversanten verliebt. «‹Ihr Schicksal liegt in meinen Händen›, sagte die Kreisstaatsanwältin leise (oder ‹Anwalt›? Nein, ‹Anwältin›). Ich könnte die Einstellung des Verfahrens anordnen oder in der Anklageschrift alles auf Karl Schejdler schieben. Aber …» Sie bezweifelte stark, ob diese Variante vertretbar war: Die Kreisstaatsanwältin würde ein solches Risiko sicher nicht eingehen, und man konnte nicht einen weiteren Sabotagefall – mit der Kreisstaatsanwältin – hineinpacken, die Redaktion würde das kaum drucken. «Es ist zum Verrücktwerden!», sagte sich Nadeschda Iwanowna erneut. Plötzlich hatte sie eine Eingebung. Im Kabinett der Kreisstaatsanwältin hing sicher ein Porträt von Stalin. Wie wäre es, wenn Kartalinski beim Anblick dieses Gesichts in einem Impuls innerer Reue auf die Seite der Sowjetmacht wechselte! Dann könnte man ihn zu drei Jahren Besserungsarbeit verurteilen, er würde sich wandeln und ein neuer Mensch werden!

Nadja zögerte: Es war ihr peinlich. «Warum nicht? So schreiben doch alle! Das ist unglaubwürdig? Eine solche Wendung muss selbstverständlich psychologisch vorbereitet werden. Man könnte zeigen, dass Kartalinski schon lange an den faschistischen Ideen gezweifelt, dass er nur der Erpressung Schejdlers nachgegeben hat. Das muss man alles schön von innen heraus entwickeln, wie das Tolstoi und Dostojewski getan haben. Ich bin natürlich nicht Tolstoi oder Dostojewski, ich spreche von den Methoden … Jedenfalls werden sie es mit diesem Schluss garantiert drucken. Es sei denn, das gibt es schon bei irgendeinem anderen Schriftsteller. Nein, das glaube ich nicht … Etwas Ähnliches gibt es, aber nicht genau so wie bei mir. Und Flugzeugwerke kommen auch nicht gerade häufig vor.» Bevor Nadeschda Iwanowna sich an die Erzählung setzte, hatte sie alle Zeitschriften der letzten drei Jahre durchforstet. «Am wichtigsten ist, dass es auf Anhieb klappt, dass sie es irgendwo drucken. Später werde

ich ganz anders schreiben, ohne jedes Geschleime. Wenn sie es
nur drucken, Himmelherrgott, wenn sie es nur drucken! Na
gut, ein bisschen weit hergeholt, ein bisschen Geschleime, ein
bisschen Schwindelei, aber es ist nur ein Detail, und der Rest
ist wirklich sehr schön. Und außerdem ist es eine Novelle ...»
Das Wort «Novelle» stand tatsächlich als Untertitel über der
Erzählung. Das bedeutete, dass die Geschichte nicht ganz alltäglich war. Das heißt, sie war zwar realistisch, aber mit einer
versteckten symbolischen Bedeutung. «Stimmt, Symbolik hat
sie», dachte Nadja und ärgerte sich schon über die Kritiker, die
sie womöglich zur «Alltagsliteratur» rechnen würden – sie
wusste, dass Erzählungen mit symbolischen Inhalten zur höchsten Gattung gehörten. «Ich wollte damit sagen ... Nun, wie auch
immer, das ist Sache der Kritiker: herauszufinden, was ich damit
sagen wollte ... Was, wenn der Redakteur wegen der Novelle
kalte Füße bekommt? Novellen schreibt doch schon lange niemand mehr. Sie werden sie doch nicht ablehnen? ...» Nadeschda
Iwanowna entschied sich in diesem Moment endgültig für die
vierte Variante. «In diesem Fall werden sie es nicht wagen, sie
abzulehnen! Und auch vom künstlerischen Standpunkt aus
gesehen ist das nicht schlecht: Kartalinski ist ein Mensch, der
durchaus fähig ist, sich zu wandeln. Sollen die Kritiker nur versuchen, über ihn herzufallen ...» Wieder stellte sie sich ängstlich vor, wozu Kritiker im Allgemeinen fähig waren: «Man
merkt der Autorin an, dass sie bemüht ist, aber leider mangelt
es ihr an Talent ...» – «Die Unerfahrenheit und Hilflosigkeit
der jungen Schriftstellerin ruft freundliches Mitleid hervor ...» –
«Schade, dass die Autorin der ‹Novelle› («die werden sie sicher in Anführungszeichen setzen, die Mistkerle») nicht einer
nützlicheren Tätigkeit nachgeht ...» Oder einfach: «Was für
ein abgeschmacktes Zeug steht da im neuesten Heft der Zeitschrift! ...» – «Kann es wirklich sein, dass diese Schufte und

Halunken so etwas schreiben?», dachte Nadeschda Iwanowna entsetzt.

Sie legte das Schreibheft beiseite. «Ich werde heute Abend weiterschreiben, und morgen werde ich bestimmt fertig. Ich werde zwei Exemplare tippen, eins behalte ich für mich, das andere schicke ich Schenka. Oder noch besser, drei: Wenn die eine Zeitschrift sie nicht nimmt, schicke ich sie an eine andere. Sie geben ja keine Manuskripte zurück, das sagen diese Spitzbuben ganz offen ... Wislicenus kommt also nicht? Entweder ist er krank, oder es ist eine große Gemeinheit von ihm! Wenn er um sechs kommt, riskiert er, dem Botschafter über den Weg zu laufen ...» Nadeschda Iwanowna musste lachen, als sie sich diese Begegnung vorstellte. «Und doch gab es eine Zeit, da hat der Botschafter ‹Komintern Iwanowitsch› zu ihm gesagt ...» Sie klaubte ein Stück Zuckergelee von der Torte und aß es. Obwohl Wislicenus sie so schändlich versetzt hatte, war Nadja ausgelassener Stimmung. «Wenn Schenka hier wäre, könnten wir gemeinsam zur Musik aus dem Radio tanzen ...» Nadeschda Iwanowna ging zum Apparat und setzte die Zauberei in Gang. Die gemessene wohlklingende Stimme des Sprechers verlas die Nachrichten: «... *Le duc et la duchesse de Windsor ont terminé leur voyage à travers l'Allemagne, après avoir eu l'occasion de visiter en détail, sous la conduite du docteur Ley, chef du front du travail, la plupart des organisations du parti national-socialiste.*» ... «*On parle beaucoup ces temps-ci d'entente cordiale, de solidarité des démocraties française et britannique. Il convient de signaler le rôle patriotique considérable que jouent les ‹Fines gueules›, cette élite gastronomique française, qui rend aujourd'hui visite à nos amis d'Outre-Manche. Les marchands de vin de la Cité, aux traditions et privilèges séculaires, ont organisé en leur honneur une brillante réception dans une charmante hostellerie des bords de la Tamise, dont le propriétaire, un viel ami de la France, a amassé quelques* *poudreuses bouteilles»* ... *«M. Dominique Cerisier fera signer demain son pourvoi en cassation à Gonzalo Alvera condamné à mort, pour un double assassinat, par la Cour d'assises de Versailles.»* – *«Le célèbre orchestre des Cuban Boys nous est revenu après une tournée triomphale a l'étranger. II nous apporte le ‹Chevere› un lamento nègre d'une rare beauté. Jamais encore l'âme noire, sauvage et sentimentale à la fois, ne s'est exprimée aussi fidèlement et avec une telle puissance ...»**

* Der Herzog und die Herzogin von Windsor sind von einer Deutschlandreise zurückgekehrt, während der sie Gelegenheit hatten, sich unter der Leitung von Dr. Ley, dem Chef der Arbeitsfront, eingehend mit den zahlreichen Organisationen der Nationalsozialistischen Partei vertraut zu machen ... In letzter Zeit wird viel von der herzlichen Verbundenheit und Solidarität zwischen der französischen und der britischen Demokratie gesprochen. Es verdient Erwähnung, dass die «Fines gueules», die Elite der französischen Gastronomie, die heute unsere Freunde auf der anderen Seite von La Manche besuchen, dazu einen beachtlichen vaterländischen Beitrag leisten. Die Weinhändler der City, die auf jahrhundertealte Traditionen und Privilegien zurückblicken, haben ihnen zu Ehren einen glanzvollen Empfang in einem bezaubernden Gasthaus an der Themse gegeben, dessen Besitzer, ein alter Freund Frankreichs, ein paar edle Tropfen im Keller hat ... Morgen wird Maître Dominique Cerisier im Namen von Alvera Gonzalo, der wegen Doppelmordes von einem Geschworenengericht in Versailles zum Tode verurteilt wurde, Berufung einlegen ... Das berühmte Orchester der Cuban Boys kehrt von seiner triumphalen Auslandstournee zurück. Sie bringen uns «Chevere» mit, einen Blues von außergewöhnlicher Schönheit. Nie zuvor hat die wilde und sentimentale schwarze Seele so authentischen und kraftvollen Ausdruck gefunden.[181]

XVI

In den letzten Tagen vor seiner Abreise nach Spanien war Armeekommandeur Tamarin fast ununterbrochen beschäftigt; mit dem Packen begann er erst zwei Stunden vor Abfahrt des Zuges. Er konnte Hektik nicht ausstehen und war in Sorge: Er durfte auf keinen Fall zu spät kommen! Den Koffer, ein einstmals erstklassiges Exemplar, lange vor dem Krieg in einem englischen Geschäft gekauft, hatte er schon am Morgen hervorgeholt. Er packte Schuhe, Bücher, Unterwäsche, Kleidung und ein paar Lebensmittel zusammen – das Ergebnis war nicht sonderlich zufriedenstellend, Konstantin Alexandrowitsch musste seufzend daran denken, dass er einmal einen Burschen gehabt hatte. Aber auch ohne Burschen hätte er alles viel besser verstaut, wenn er nicht so in Eile gewesen wäre. Die in Zeitungspapier eingewickelten Stiefel lagen neben der Wurst und dem Tee, die Bücher auf den Kragen, und die Ärmel der neuen Jacke waren an den Ellbogen nicht doppelt gefaltet. Der Kofferdeckel ließ sich nur mit großer Mühe herunterdrücken. Tamarin musste sich sogar auf den Stuhl setzen, um zu verschnaufen: «Ach, ich werde alt ...» Als er die Riemen schon ganz fest angezogen hatte, sah er, dass an der Seite ein Stück weißer Stoff heraushing: War das ein Taschentuch? So gut es ging, stopfte Konstantin Alexandrowitsch den weißen Fetzen ärgerlich unter den Deckel, schaute auf die Uhr, stöhnte, warf schnell seine Toilettensachen ins Necessaire und schickte nach dem Automobil. Die Schreibmaschine befand sich bereits in ihrem schwarzen Kasten, in den sie mit ihren Füßchen akkurat hineinpasste. In letzter Minute stellte sich heraus, dass das spanische Taschenwörterbuch noch auf dem Nachttisch lag (der Armeekommandeur hatte in den letzten Tagen, so beschäftigt er war, eilig Spanisch gelernt). «Ist sogar besser: Vielleicht brauche ich es unterwegs ...» Er steckte das Wörterbuch in seine Manteltasche. «Hm, was habe ich noch vergessen? Pass, Dokumente, Geld, Schlüssel, alles parat.» Tamarin verabschiedete sich vom Portier: «In einem Monat bin ich zurück, ich will in den Süden, ein wenig ausspannen», nahm die Wünsche für eine gute Reise und gutes Wetter entgegen, reichte dem Hotelpagen ebenfalls die Hand und hatte ein unangenehmes Gefühl dabei: als würde er mit diesem Händedruck jemanden auszeichnen oder ihm etwas beweisen. Die Rechnung inklusive des Trinkgelds für die Bediensteten hatte er bereits am Morgen bezahlt. «Soll ich ihm noch etwas geben?» Konstantin Alexandrowitsch steckte dem Hotelpagen zwanzig Francs zu, zählte seine Gepäckstücke und atmete auf.

Er kam fast eine halbe Stunde vor Abfahrt des Zuges am Bahnhof an. Auch hier gab es ein Ärgernis: Er versäumte es, nach der Nummer des Gepäckträgers zu fragen. «Wo ist dieser Taugenichts abgeblieben? Es sind nur noch zehn Minuten bis zur Abfahrt, und er ist immer noch nicht da! Er ist doch nicht etwa mit meinen Sachen durchgebrannt? ...» Aber der Gepäckträger erschien rechtzeitig auf dem Bahnsteig. Konstantin Alexandrowitsch entlohnte ihn freudig, erkundigte sich sowohl bei ihm als auch beim Schaffner, ob er wirklich nicht umsteigen müsse, zählte seine Sachen – Koffer, Necessaire, Schreibmaschine –, hängte seinen Mantel auf, schärfte sich ein, dass er nun auf vier und nicht nur auf drei Dinge zu achten hatte, und kam schließlich zur Ruhe. Es war ihm selber peinlich: Er war ein vollkommener Provinzler geworden. Aber die Passagiere der zweiten Klasse erkannten in ihm einen Mann der besseren Gesellschaft, der über ihnen stand: Er sah wie immer imposant und vornehm aus.

Der drei Tage im Voraus reservierte Sitzplatz erwies sich als gut gewählt: in einer Ecke und in Fahrtrichtung. Tamarin hatte sich nicht getraut, einen Schlafwagenplatz zu nehmen: Was, wenn sie einen am Bahnhof beobachteten, wer weiß, ob man sich den Schlafwagen leisten durfte. Zunächst las er die Zeitung – er hatte am Morgen keine Zeit zum Lesen gehabt, und die Abendzeitung hatte er nicht gekauft. Dann, gegen zehn Uhr, wurde im Nachbarabteil das Licht gelöscht – wie immer war er unsicher: War es schon Zeit? Und wenn jemand anderes noch lesen wollte? Alle waren sich stillschweigend einig: Es war Zeit.

Konstantin Alexandrowitsch schlief schlecht: Er war das Reisen nicht mehr gewohnt, und er dachte wieder betrübt, dass sich das Alter auch in Kleinigkeiten bemerkbar machte. «Früher wäre ich ohne Reisemütze und Handschuhe nicht in den Zug gestiegen. Das Eau de Cologne habe ich auch vergessen ...» Es gelang ihm nicht, sich in seiner Ecke komfortabel einzurichten: Bald lag der Kopf unbequem, bald schliefen ihm die Füße ein. Er änderte mehrmals die Position, zunächst schien ihm, er säße gut, dann wurde es wieder ungemütlich. Vor allem die immer wiederkehrenden, beunruhigenden Gedanken an diese unglückselige Dienstreise nach Spanien raubten ihm den Schlaf.

Eigentlich war der Auftrag, den er von seinen Vorgesetzten bekommen hatte, plausibel: Er sollte sich mit der Lage an der Madrider Front vertraut machen und für Moskau einen Bericht verfassen. Die Mission war rein militärisch und hatte nichts mit der GPU oder Ähnlichem zu tun ... Es handelte sich sogar um einen ehrenvollen Auftrag, der bezeugte, dass die militärische Führung ihm vertraute. Außerdem war es ein interessanter Auftrag, bot er ihm doch Gelegenheit, noch einmal den Krieg – wenn auch einen miserablen – zu sehen und die Thesen seiner Arbeit über die Rolle der motorisierten Einheiten zu überprüfen. Dennoch hätte Tamarin viel dafür gegeben, von dieser Mission entbunden zu sein: so ruhig und angenehm war sein Leben in

Paris gewesen. «Wenn sie mich nach Spanien schicken, können sie mich anschließend auch nach Moskau beordern ...»

In einer französischen Kleinstadt nahe der Grenze wurde er auf dem Bahnhof in Empfang genommen und sogleich weitergereicht. Ein morgendliches Frühstück, reichhaltig und sehr gut, war vorbereitet. Vor der Auffahrt wartete ein großer, nagelneuer Buick. Konstantin Alexandrowitschs erster Eindruck war positiv: Die Reise war gut organisiert. Nachdem er ein großes Glas Cognac getrunken hatte, stieg er in das Automobil – Koffer, Necessaire, Schreibmaschine – und fuhr aus der Stadt. Es war ein frischer, sonniger Morgen. Tamarin, erschöpft von der Nacht in der Eisenbahn, nickte ein und wachte erst an der Grenze wieder auf.

Das war eine Art Station, aber anscheinend keine Eisenbahnstation. Eine Menge Lastwagen und Automobile unterschiedlicher Art standen herum. Überall hingen Fahnen, Transparente und Plakate. «Der reinste Jahrmarkt», dachte Konstantin Alexandrowitsch und las aufgeschreckt die Schriftzüge, während sich der Buick langsam vorwärts bewegte. «*Partido Socialista Unificado*» ... «*Confederación Nacional del Trabajo*» ... «*Federatión Anarquista Ibérica*»* ...

Das Auto hielt vor einem großen Gebäude, aus dem eine laute, scharfe Stimme erschallte, die anders klang, als Menschen gewöhnlich sprechen: Es war die Stimme eines Redners auf einer Kundgebung. «Was ist hier los? Ein Meeting?» Ein grauhaariger Mann in einem halbmilitärischen Anzug, mit einer schwarzroten Baskenmütze und einem schwarz-roten Schal, näherte sich dem Buick. Der Chauffeur sagte etwas mit halblauter Stimme. Der Mann mit der Baskenmütze salutierte mit geballter Faust.

---

* Sozialistische Einheitspartei, Nationale Gewerkschaftskonföderation, Iberische Anarchistische Föderation

473

Tamarin sah ihn nur erstaunt an – er wusste nicht, wie er darauf reagieren sollte. «Ist das wirklich ernst gemeint? ...» Der grauhaarige Mann nahm die Papiere des Armeekommandeurs an sich und stellte sich auf Französisch vor: Leiter der örtlichen Abteilung der *Investigación* (Konstantin Alexandrowitsch vermutete, dass es sich um die Polizei handelte), ein Anarchist. «Sie bekommen Ihre Papiere gleich zurück», sagte er sehr freundlich und schüttelte seinem Gast kräftig die Hand, «möchten Sie eine Kleinigkeit essen?» – «Danke ... Hier findet wohl eine Versammlung statt?» – «Ja, die Republik hat von der englischen Labour Party ein paar Krankenwagen geschenkt bekommen», sagte der Anarchist kühl. «Und aus Moskau ist auch noch etwas gekommen ... Aber nicht als Geschenk, sondern gegen harte Währung, in bar», konnte er sich nicht enthalten hinzuzufügen. «Wir sind sehr dankbar. Gleich wird dort Ihr Landsmann sprechen. Vielleicht möchten Sie sich das anhören?» – «Das fehlte noch! Dafür nach Spanien zu kommen ...», dachte Konstantin Alexandrowitsch. Der Anarchist sah ihn an und grinste, als hätte er seine Gedanken erraten. «Sie sollten sich nach der Reise stärken. Unser Angebot ist bescheiden, haben Sie Nachsicht.»

Er führte seinen Gast in die Kantine, wechselte ein paar Worte mit dem Büfettier und empfahl sich. Der Büfettier grüßte den Gast ebenfalls mit geballter Faust. Die Auswahl war in der Tat sehr bescheiden: Auf dem Tisch standen zwei Flaschen, Zwieback und Wurst. «Ich kann Ihnen eine Schokolade machen», sagte der Büfettier unschlüssig in gebrochenem Französisch. Tamarin beeilte sich abzulehnen: «Aber ich trinke gerne einen Schluck Wein.»

Es war sonst niemand in der Kantine. «Sind wohl alle dort ... Der Wein ist nicht schlecht, stärker als der französische ... Von der Wurst lass ich lieber die Finger. Hoffentlich sind sie nicht beleidigt ...» Konstantin Alexandrowitsch verhielt sich sehr vorsichtig. «Ich hoffe, sie nehmen hier französisches Geld.» Er wollte den Büfettier zu sich rufen, wusste aber nicht, wie er das machen sollte, «ans Glas zu klopfen ist unhöflich» – er sagte etwas Unbestimmtes und hielt ein Geldstück hoch. Der Büfettier trat zu ihm, lächelte und lehnte die Bezahlung ab. «Ami ... Ami russo», sagte er und bot von sich aus an, seine Francs in Pesetas zu tauschen. «Danke, ja, gern», stimmte Tamarin zu. «Aha, hier wird er mich schröpfen!» Zu seiner Überraschung rechnete der Büfettier mit demselben Kurs, den man Konstantin Alexandrowitsch in Paris genannt hatte. «Zum offiziellen Kurs? Er hat also nichts für den Umtausch genommen? Ein sympathisches Volk!» – «Sie haben noch die alten Münzen?», fragte er, als er das Konterfei von Alfons XIII. auf den Geldstücken sah. Der Büfettier lachte. Hinter der Wand ertönte Beifallklatschen. Die immer noch gleiche Stimme rief etwas besonders Lautes und Fröhliches auf Spanisch. Der Beifall wurde stärker, dann wurde es still, und Konstantin Alexandrowitsch hörte in ungewöhnlicher Stimmhöhe das vertraute «Genossen und Bürger!» – «Das sind sie, unsere Herzchen!» Und unversehens verspürte er ein Gefühl, das an körperlichen Ekel grenzte. Ja, da war es: «Und aus geliebtem Mund vernahm der t-r-rauten Heimat t-r-raute Sprache ich ...» Tamarin hörte einen Moment lang zu: Ausrufe in unnatürlich hoher Stimmlage wechselten sich mit spanischen Sätzen ab, die von einer nur wenig tieferen Stimme gesprochen wurden: Der Dolmetscher versuchte offenbar, die Tonlage des Redners zu treffen. «Das schaffst du nicht, dieser Dummkopf hat sofort mit dem hohen ‹C› begonnen», dachte der Armeekommandeur, der die fremden Münzen auf dem Tisch vor ihm sortierte und beäugte. Der Büfettier sagte etwas, anscheinend etwas Nettes und Freundliches. Konstantin Alexandrowitsch nickte ihm ebenso freundlich zu.

Alles hier war seltsam und amüsant: dass man sich mit geballter Faust grüßte, dass man «*Salud*» sagte, dass die auf dem Tisch liegende Zeitung «*Solidaridad Obrera*»* hieß, dass die Worte auf «-os» endeten: «Mineros Asturios»**, dass durch das Fenster ein schwarz-rotes Plakat zu sehen war, auf dem «... *Miguel Bakunin*» stand. «Und der Büfettier ist kein Büfettier, sondern ein *Caballero*, so würdevoll bewegt er sich. Und auch der Polizist ist eher sympathisch: Er hat ein kluges Gesicht und scheint im Laufe seines Lebens schon so einiges gesehen zu haben. Wie einleuchtend: Die Anarchisten stehen der Polizei vor.» Konstantin Alexandrowitsch schätzte die Polizei als wichtige staatliche Institution sehr, aber er verspürte ihr gegenüber auch eine gewisse Aversion, die seiner adligen Herkunft geschuldet war.

«Hier sind Ihre Papiere», sagte der Chef der *Investigación*, «das ist eine *hoja de ruta*.» – «Was ist eine *hoja de ruta*? Ruta ist der Weg, stimmt doch? Also eine Art Passierschein», begriff Tamarin und nickte erfreut. «Es kann auch passieren, dass Sie unterwegs nach der Parole gefragt werden.» – «Ach, eine Parole?» Der Anarchist beugte sich näher zu ihm hin und sagte halblaut: «*Durruti. Todos para uno.*»*** – «*Durruti. Todos para uno?*», wiederholte Konstantin Alexandrowitsch verwirrt, als wäre es ihm peinlich. Sie gingen hinaus, der Büfettier wünschte ihnen eine gute Reise und drückte Tamarin fest die Hand. « ... den faschistischen Henkern des spanischen Volkes!», schrie eine wütende Stimme hinter der Wand. Es gab tosenden Applaus, der bestimmt drei Minuten anhielt. Dann wurde irgendetwas auf Spanisch angekündigt, es gab erneut Applaus, diesmal spärlicher, und darauf folgte eine gänzlich andere Rede: Eine Stimme, die nicht zu einem Meeting passte, eine menschliche Stimme sagte

* Arbeitersolidarität
** Bergarbeiter Asturiens
*** Durruti. Alle für einen

irgendetwas Einfaches auf Englisch. «Als käme man vom Rummel in anständige Gesellschaft …»

Der Polizeichef riet ihm, den Passierschein dem Fahrer zu geben, verabschiedete sich und wünschte ihm ebenfalls gute Fahrt. «*Salud*», traute sich Tamarin zu sagen. «Das muss man zugeben, ihre Polizei ist zuvorkommend. Nun, die erste Hürde haben wir erfolgreich genommen. Gebe Gott, dass es so weitergeht …»

Eine Reihe von weiteren Plakaten schwebte an ihnen vorbei, sie fuhren unter einer großen rot-gelb-violetten Fahne hindurch, dann unter einer gelb-rot gestreiften und jagten schließlich die Chaussee entlang. Anfangs betrachtete Tamarin alles mit großer Neugier. «Bisher kann man sich nur schwer vorstellen, dass in dem Land Bürgerkrieg herrscht. Ist zwar noch weit von hier, aber trotzdem … Ich darf die Parole nicht vergessen: ‹*Durruti. Todos para uno … Durruti. Todos para uno …*›»

Die Straße war sehr gut, kaum schlechter als die französischen. In der Ferne waren schneebedeckte Berge zu sehen. Der Anblick der Berge ermüdete Konstantin Alexandrowitsch stets, ihm schien, man übertreibe ihre Schönheit. «Das Land scheint arm zu sein, besonders wenn man aus Frankreich kommt …» Ab und zu begegneten sie bärtigen Männern mit Säcken, die diese an schweren Stangen über den Schultern trugen. Dem Automobil kam ein von einem Maultier gezogener, seltsam aussehender Karren entgegen, der mindestens hundert Jahre alt sein musste. Das Maultier wurde von einem kleinen Jungen geführt, und hinten auf dem Gefährt thronte majestätisch ein stattlicher alter Mann mit grauem Bart, mit roter Weste, großem Hut und Dolch. Er betrachtete den Buick gleichgültig, ohne die geringste Neugier, ja, er betrachtete ihn gar nicht: Das Automobil durchquerte sein Sichtfeld, und er wandte nur die Augen nicht ab. «Schön! Geradewegs ein spanischer Grande, obwohl er ein einfacher Mann ist!», dachte voller Bewunderung Konstantin

Alexandrowitsch, der von der frischen Luft, dem Wein und dem hellen Sonnentag in fröhlicher Stimmung war. Die Spanier gefielen ihm immer besser.

Tamarin machte es sich im Auto bequem und begann darüber nachzudenken, wie der Rest des Tages verlaufen würde. Der erste Halt war in einer Stadt geplant, wo er von einer bevollmächtigten Person Informationen über die weitere Reiseroute erhalten sollte. Dieser Halt behagte Konstantin Alexandrowitsch nicht sonderlich. «Hoffentlich ist es kein Tschekist! ...» Der Armeekommandeur schaute auf die Uhr, es war noch jede Menge Zeit. Er streckte seine Beine aus und nickte wieder ein, gelegentlich wachte er auf und betrachtete die Straße, die Felder und die Menschen mit erstauntem Blick.

Es dauerte eine Weile, bevor sie die Stadt erreichten. «Eine schöne Stadt ... Und hübsche Frauen. Aber irgendwie nicht richtig spanisch ... Nicht eine hat einen Hut auf. Und wo sind die Mantillas?» – «Von Sevilla nach Granada»[182], fiel Tamarin träge ein, als sie zum Haus des Bevollmächtigten fuhren. Was für ein Bevollmächtigter das war, wusste er nicht genau. «Vielleicht ein Botschafter, vielleicht ein Konsul, aber sicher kein Tschekist. Ist mir alles egal, selbst wenn es ein Tschekist ist: Er sagt mir, wie ich fahren und wo ich übernachten muss, und das war's, Genosse», sagte sich der Armeekommandeur unsicher und spürte, dass ihm in Wirklichkeit nicht alles egal war.

Der Bevollmächtigte empfing ihn in ansehnlichen Räumlichkeiten, offenbar war das früher ein Kontor gewesen. Hinter einem mit Dokumenten vollgepackten amerikanischen Schreibtisch erhob sich ein noch junger Mann von angenehmem Äußeren und begrüßte Tamarin sehr herzlich. «Nein, das ist kein Tschekist. Ein Russe, ich glaube, ein Großrusse», dachte Konstantin Alexandrowitsch erleichtert. «Ja, man hat mich aus Paris über Ihre Ankunft informiert. Nur schade, dass man das nur einen Tag im Voraus getan hat. Aber ich bin schrecklich froh, dass man Sie endlich geschickt hat. Es wurde Zeit!»

Der Bevollmächtigte machte Tamarin von Beginn an Komplimente. Seine Worte ließen erkennen, dass er wusste, mit wem er es zu tun hatte, dass er Hochachtung vor seinem Gast hatte und seinem Besuch große Bedeutung beimaß: Jetzt würde alles neuen Schwung bekommen. Obwohl Konstantin Alexandrowitsch nicht eitel war, musste ihm der Tonfall des Bevollmächtigten gefallen. Gleichzeitig fühlte Tamarin eine gewisse Verlegenheit: Offensichtlich verband man übertriebene, unangemessene Erwartungen mit seiner Reise. Er wollte umgehend erklären, dass das falsch war, dass er sich auf einer rein informativen Mission befand, aber er ließ es: «Wer weiß, was man ihnen sagen darf und was nicht? Wenn man ihm das so übermittelt hat, dann ist es eben so.» Konstantin Alexandrowitsch waren die sowjetischen Sitten in Paris leicht fremd geworden, aber er wusste genau, dass man, wenn möglich, besser den Mund hielt. «Nein, das ist kein Tschekist. Ein durchaus kultivierter Mann, es könnte einer *aus meinen Kreisen* sein. Das ist die neue Schule: kein Typ wie Kangarow!» Der Bevollmächtigte lächelte, wenn er vom Bürgerkrieg sprach, und sein launiger Tonfall schien zu sagen: «Ein komisches Volk, und der Krieg ist auch komisch bei ihnen, wenn wir nicht wären, würde hier alles den Bach runtergehen.»

«Ach, das müsste man alles ausführlich und in allen Einzelheiten besprechen, von Grund auf», sagte er. «Wann wollen Sie nach Madrid weiterreisen, Konstantin Alexandrowitsch?»

«Oh, Sie kennen auch meinen Vor- und Vatersnamen? Erstaunlich.»

«Daran ist gar nichts erstaunlich, wieso sollte ich die nicht kennen? Sie sind ein bekannter Mann.»

«Ich danke Ihnen ... Wann ich fahren will? Von mir aus sofort.»

«Ich bitte Sie! Das ist die Art von Suworow[183], ich verstehe schon, aber auch Suworow legte doch ab und zu nachts eine Pause ein, nicht wahr? Und Sie müssen auch etwas zu sich nehmen. Wir machen Folgendes. Ich bin froh, dass ich Ihnen etwas zu essen und ein Nachtlager anbieten kann. Es gibt ein Zimmer, es gibt ein Bett. Und morgen fahren Sie bei Sonnenaufgang los, dann sind Sie am Abend in Madrid. Geht das in Ordnung?»

«Ich weiß nicht», sagte Konstantin Alexandrowitsch zögernd. Er hatte große Lust, die Einladung anzunehmen, aber er wusste nicht, ob er das Recht dazu hatte. Auch wenn seine Mission keine besondere Eile erforderte, hatte er doch die Anweisung erhalten, «mit maximalem Tempo» zu fahren. «Ein dehnbarer Begriff ...» – «Ich weiß wirklich nicht.» Tamarin wollte die Verantwortung halb unbewusst dem Bevollmächtigten mit seinen Argumenten zuschieben.

«Sie können natürlich machen, was Sie für richtig halten», sagte der Mann, als hätte er seine Gefühle erraten. «Aber wie wollen Sie denn jetzt fahren? Ein Auto stände allerdings bereit, ein sehr gutes ... Nein, nicht das, mit dem Sie gekommen sind, das muss zurück nach Frankreich, hat man Ihnen das nicht gesagt? So ist es die Regel *bei ihnen*», erklärte der Bevollmächtigte. Dieses «*bei ihnen*» schien sie einander näher zu bringen. Aber beide erschraken sich sofort. «Sie bekommen einen ausgezeichneten Buick von mir, daran soll es nicht scheitern. Mit der Dolmetscherin ist es schon schwieriger.»

«Was für eine Dolmetscherin?»

«Sie sprechen kein Spanisch, oder? Dann brauchen Sie eine Dolmetscherin. Aus irgendeinem Grund haben wir hier nur Dolmetscherinnen und keine Dolmetscher. Sie machen ihre Sache gut und haben keine Angst, obwohl sie sehr jung sind. Bei uns wächst eine fabelhafte Jugend heran. Unglücklicherweise sind meine beiden Dolmetscherinnen beschäftigt. Wenn man mir wenigstens vier Tage vorher Bescheid gegeben hätte, dass Sie kommen ...», sagte der Bevollmächtigte missbilligend. «Wir werden es so machen, Konstantin Alexandrowitsch: Ein Chauffeur steht schon für Sie bereit (er betonte das Wort «Chauffeur» auf der ersten Silbe. – «Nein, keiner aus meinen Kreisen», dachte Tamarin). Ein Deutscher, von den Interbrigaden. Er ist bei Madrid verwundet worden, ich setze ihn als Chauffeur ein. Keine Sorge, der verfährt sich nicht und baut auch keinen Unfall. Er kennt sich aus. Aber er spricht kein Spanisch, nicht einen Brocken. Das heißt ein paar Brocken vielleicht, aber das reicht nicht für Sie. Dafür bekommen Sie einen echten Spanier als Leibwächter, der Französisch spricht. Sie sprechen doch Französisch? Ausgezeichnet. Ein wackerer junger Mann, Parteimitglied.»

«Wozu ein Leibwächter?»

«Das ist so üblich.»

«Ist die Route denn unsicher?»

«Wie soll ich sagen ... Es gibt häufig Bombenangriffe durch Flugzeuge, man muss höllisch aufpassen ... Sie schmeißen Bomben und kommen im Tiefflug mit ihren Maschinengewehren. In den Städten haben wir jetzt Flaks, wenn auch nicht viele, aber entlang der Landstraßen kann man keine Flugabwehrkanonen aufstellen.»

«Und was nutzt da ein Leibwächter?»

«Es kann alles Mögliche passieren», sagte der Bevollmächtigte ausweichend. «Es ist so üblich. Er wird auch Ihr Dolmetscher sein ... Wie lange wollen Sie in Madrid bleiben?», fragte er schnell. «Zwei, drei Wochen? Ausgezeichnet, dann kann er die ganze Zeit bei Ihnen bleiben, auf dem Rückweg geben Sie ihn mir zurück. In Ordnung?»

«Herzlichen Dank.»

«Ich bin Ihnen gern zu Diensten, Eure Exzellenz», sagte der Bevollmächtigte aufgeräumt. («Das hat er wie Kangarow gesagt.») «Warten Sie hier kurz auf mich, Konstantin Alexandrowitsch, ich regle alles, und dann gehen wir essen.» Er ging zur Tür, erinnerte sich aber scheinbar an etwas, hielt inne, kehrte an den amerikanischen Schreibtisch zurück, verschob zerstreut den Aschenbecher, klappte ebenso zerstreut den Schreibtischdeckel herunter und ging schließlich hinaus. «O nein, keiner *aus meinen Kreisen*, nie und nimmer!», dachte Konstantin Alexandrowitsch ohne Groll, aber betrübt, als ob ihm der Bevollmächtigte mit seiner Handlungsweise soeben den Unterschied zwischen dem alten und dem neuen Russland demonstriert hätte. «Gebe Gott, dass sie mich nicht einbestellen!»

«So, alles erledigt», sagte der Bevollmächtigte, als er nach einigen Minuten zurückkam. «Der Chauffeur ist angefordert, das zum Ersten. Der Leibwächter ist angefordert, zum Zweiten. Er ist übrigens hellauf begeistert, dass er Sie begleiten darf. Das Zimmer für Sie ist bereit, zum Dritten. Und das Essen muss jeden Moment fertig sein, das zum Vierten. Kommen Sie zu Tisch, Konstantin Alexandrowitsch. Es wird niemand anderes da sein, nur wir beide.»

Sie gingen in ein anderes Zimmer (anscheinend gab es viele Zimmer). Auf einem mit einem halbwegs sauberen, weißen Tuch bedeckten Tisch erblickte Tamarin zu seiner Freude zwei Flaschen und verschiedene Arten von Vorspeisen, darunter auch Presskaviar.

«Ich bin in der glücklichen Lage, Sie momentan bewirten zu können, wie es sich gehört. Ich habe gerade ein Paket aus Moskau bekommen, mit Wodka, sogar mit Kaviar, der reinste Luxus», sagte der Bevollmächtigte, als wollte er sich rechtfertigen, aber als er sah, dass die Augen seines Gastes liebevoll auf der Flasche mit der klaren Flüssigkeit verweilten, lachte er auf. «Wie schön, dass ich Sie verwöhnen kann! Bei diesem Hundeleben haben wir das verdient! Sie nehmen einen Schluck, Eure Exzellenz? So ist es richtig. Nicht dass es noch heißt: ‹Über Jomini, über Jomini – haben sie den Wodka ganz vergessen›[184]...» Obwohl Konstantin Alexandrowitsch sich inzwischen sicher war, dass der Bevollmächtigte «keiner *aus meinen Kreisen*» war, bewirkten der ehrerbietig-scherzhafte Ton, der alle Wechselfälle der Zeiten überstanden hatte, und der Anblick des Wodkas eine herzliche Vertraulichkeit, beide waren ausgelassener Stimmung.

«Noch ein Gläschen? ... So ist es richtig. Ich bitte von dem Kaviar zu probieren, der war vor einer Woche noch in Moskau. So, nun können wir uns auch wieder Jomini zuwenden. Wollen Sie wissen, was ich denke? Dann gestatten Sie.»

Er schilderte seine Sicht der Lage in Spanien. Der Bevollmächtigte redete flüssig, und Konstantin Alexandrowitsch war von der Mühelosigkeit, mit der er sprach, überrascht. «Ein talentiertes Schlitzohr, sie sind alle talentiert, diese jungen Leute: Die sind durch eine andere Schule des Lebens gegangen als wir.» Er hörte sich aufmerksam an, was der Bevollmächtigte sagte. Vieles schien Tamarin kompletter Unsinn zu sein, aber der junge Mann sprach so geschmeidig, so selbstsicher und vor allem so nachdrücklich, dass Konstantin Alexandrowitsch sich nicht in der Lage fühlte, diesem Druck zu widerstehen, der offenbar nicht so sehr einer inneren Überzeugung entsprach, sondern dem Temperament, der Kehle und den Stimmbändern des Sprechenden geschuldet war. Der Bevollmächtigte schien sagen zu wollen, obwohl er das nicht wortwörtlich sagte, dass die Spanier nicht das Geringste von ihrem Bürgerkrieg verstanden, dass man sie vollständig von der Führung der Operationen abziehen sollte und dass es notwendig war, die Dinge selbst in die Hände zu nehmen. «In welche Hände? In deine etwa?», fragte sich Tamarin in Gedanken, nach dem dritten Glas Wodka eher nachsichtig.

«Und wie sieht es mit der Technik aus?», fragte er vorsichtig, indem er den Moment abpasste, da sein Gesprächspartner sein Glas an die Lippen setzte. «Wie ist das Kräfteverhältnis?»

«Sie haben viel mehr Flugzeuge. Nach unserer Rechnung bis zu siebenhundert, etwa hundert haben sie von den Deutschen bekommen, den Rest von den Itakern. Aber wir haben mehr Bodentruppen, und, was die Hauptsache ist, das Volk steht hinter uns. Das ist im Grunde genommen das Wichtigste.»

«Und wie sieht es mit Panzern und Artillerie aus? Mit dem Offizierskorps?»

«Panzer und Artillerie haben sie ebenfalls mehr. Ihr Offizierskorps besteht aus Ganoven. Sie meinen, bei Franco sind alle Berufsoffiziere? Aber was sind, wenn ich fragen darf, spanische Berufsoffiziere? Die sind überhaupt nicht mit französischen, deutschen oder unseren zu vergleichen, das sind einfache Pronunciamientisten[185], die nichts vom Krieg verstehen. Franco selbst ist eine Schlafmütze hoch zwei.»

«Und es gibt keinen, der etwas taugt?», zweifelte Konstantin Alexandrowitsch (obwohl er im Innern beinahe zustimmte: Es gab niemanden, der sich mit Theorie auskannte). Er nannte mehrere Namen, die er in Zeitungen gelesen hatte. Der Bevollmächtigte sagte jedes Mal selbstsicher: «Schlafmütze», «alte Schlafmütze» oder verwendete andere, derbere Ausdrücke.

«Hm ... Und wie sieht es bei Ihnen aus?», fragte Tamarin und bereute den Lapsus, er hätte «bei uns» sagen sollen.

«Auch bei uns gibt es Nieten, wenn Sie es denn wissen wollen. Die Interbrigaden haben ein paar gute Offiziere, Franzosen, Deutsche. Ein Bataillon oder vielleicht auch ein Regiment, das können sie führen. Dann gibt es noch Modesto, Lister[186], über die muss man keine Worte verlieren», meinte der Hausherr aufgeräumt, wobei sein Tonfall verriet, *was für Worte* er meinte. «Großartige Jungs, aber ich bezweifle, dass sie es schaffen.»

«Und Miaja[187] selbst?»

«...»

«Pardon für den Ausdruck», sagte der Bevollmächtigte lachend, «ich nehme ihn zurück, Miaja ist ein nationaler Held. Aber was kann er allein schon ausrichten? Im Grunde hängt alles davon ab, was Europa macht. Dazu würde mich Ihre Meinung besonders interessieren ...»

Der Braten wurde serviert, und das Gespräch verstummte für ein paar Minuten. Konstantin Alexandrowitsch bekam keine Gelegenheit, seine Meinung über Europa zu äußern: Mit seiner außerordentlichen, bezwingenden Emphase ließ ihn der Bevollmächtigte nicht zu Wort kommen. Er sprach die Namen der europäischen Minister auf seine eigene Weise aus: Das «e» in Daladier[188] sprach er aus wie in «Milieu» (Konstantin Alexandrowitsch zuckte vor Überraschung zusammen), bei Hore-Belisha[189] legte er die Betonung auf das «e», und in seiner Moskauer Aussprache klang noch der längst abgeschaffte Buchstabe «Jat»[190] nach. Er urteilte über die europäischen Minister äußerst selbstsicher, las in ihren Gedanken wie in einem Buch und unterstellte jedem von ihnen ganz besondere, ausnahmslos kriegerische Absichten. Tamarin kannte sich selbst nicht besonders gut in der Politik aus, aber ihm war klar, dass dieser junge Mann keine Ahnung von ihr hatte, genauso wenig wie von militärischen Dingen, über die er sich beiläufig ebenfalls in gelehrten Worten erging. «Ach, wenigstens hier solltest du den Mund halten, was verstehst du Strohkopf schon davon? Die Politik lass ich mir noch gefallen, aber auf meinem Gebiet hast du mir mit deiner marxistischen Analyse gerade noch gefehlt!», dachte Konstantin Alexandrowitsch. Er hörte höflich und geduldig zu, aber als die Sprache auf die Widersprüche zwischen den Interessen der mittleren und der Großbourgeoisie in England kam, erfasste ihn tödliche Langeweile, und er unterdrückte nicht ohne Mühe ein Gähnen; obwohl er die Lippen fest aufeinandergepresst hatte, erschrak er: Was, wenn sein Gegenüber bemerkt hatte, wie sich Kinn und Hals bewegten?

«Ja, ja, die Politik von Paris und vor allem von London ist unklar», sagte Tamarin eilig.

«Unklar? Sie ist mehr als klar! Diese Kreaturen des Kapitals hassen die spanische Revolution, und sie träumen davon, sie zu ersticken. Natürlich aus Hass auf uns!» – «Möglich, natürlich. Was Deutschland und Italien angeht, trifft das zweifellos zu.» – «Von diesem Gesindel spreche ich nicht. Mit Deutschland befinden wir uns im offenen Kampf, auf Leben und Tod. Entweder wir oder sie!», sagte der Bevollmächtigte energisch und schenkte sich Wein nach.

«Und Ihre allgemeine Prognose, was Spanien betrifft?»

Der Bevollmächtigte stellte das Glas auf den Tisch und sah seinen Gast misstrauisch an: «Meine Prognose? Wir werden selbstverständlich siegen! Unweigerlich!»

«Das hoffe ich auch. Ich wollte nur wissen, worauf genau Ihre Hoffnungen beruhen?»

«Das sind keine Hoffnungen, ich bin absolut überzeugt. Und meine Überzeugung beruht darauf, dass das Volk auf unserer Seite ist. Das zum einen. Unsere Soldaten kämpfen wie die Löwen. Allein das Fünfte Regiment ist Gold wert! Ich sage Ihnen, das sind unsere Komsomolzen, die Männer sind spitze! Und auf der Gegenseite haben wir in den Stäben die bekannten Schlafmützen und den ganzen Abschaum. Das zum zweiten. Und das Wichtigste: Wir werden siegen, weil Genosse Stalin es uns befohlen hat – das zum dritten!»

«Ja, natürlich», stimmte Konstantin Alexandrowitsch eilig zu. – «Der Braten ist sehr gut. Was die Verpflegung anbelangt, können Sie vorerst wohl nicht klagen?»

«Nein, man darf nicht verallgemeinern!», sagte der Bevollmächtigte etwas ausweichend. «Warum nehmen Sie so wenig? Noch ein Gläschen?»

«Gerne ... Sie führen Ihren Haushalt selber? Sind nicht verheiratet?»

«Verheiratet, Frau und Kind sind in Moskau», sagte der Bevollmächtigte mit einem Seufzer. «Die haben sie wahrscheinlich als Geiseln zurückbehalten», dachte Tamarin und seufzte ebenfalls mitfühlend. Der Gastgeber schaute ihn aus den Augenwinkeln an. Sie tranken. «Mit Ihrer Erlaubnis verabschiede ich mich nach dem Essen von Ihnen: Ich habe noch bis spät in die Nacht zu tun. Und Ihnen rate ich, früh schlafen zu gehen: Es ist eine lange Fahrt bis Madrid. Ich lasse Sie um sechs Uhr wecken.»

«Könnten Sie mich schon um fünf wecken, falls das möglich ist?», fragte Konstantin Alexandrowitsch, der mit der frühen Stunde wettmachen wollte, dass er sich auf die Übernachtung eingelassen hatte.

«Um fünf geht auch. Dann fahren Sie in aller Frühe, wenn auch nicht in einer Suworow'schen Kutsche, sondern in einem Buick ... Suworow war ein Genie, nicht wahr? Einen solchen Heerführer hat es in Europa nie gegeben, nicht wahr, Eure Exzellenz? Sie sind uns nicht gewachsen! Ehrlich, sie können uns das Wasser nicht reichen ... Wollen wir die Flasche austrinken, Konstantin Alexandrowitsch? Ihr Wein ist nicht schlecht, aber unser Krimwein ist besser.»

«Trinken wir aus. Krimwein habe ich früher nicht besonders gemocht, aber die Weine aus dem Kaukasus sind vortrefflich, vor allem Kardanach, der geht einem nicht in den Kopf, sondern in die Beine», bemerkte Tamarin wehmütig. «Der hier ist aber auch gut. Herzlichen Dank für Ihre Gastfreundschaft. Ich würde Sie gern noch ein paar praktische Dinge fragen.»

«Zu Ihren Diensten. Für das Benzin ist gesorgt, der Chauffeur hat einen entsprechenden Schein. Und er hat auch die *hoja de ruta.* Ja, Sie brauchen die neue Parole. Bis Madrid heißt sie: ‹*Lenin dos dos.*›* »

«Ah, *Lenin dos dos*? Das kann man sich leichter merken, die alte hätte ich fast vergessen. ‹*Durruti. Todos para uno.*› Übrigens hat uns unterwegs niemand danach gefragt. Ergebensten Dank für Ihre Bemühungen. Wo soll ich in Madrid Quartier nehmen?»

«Natürlich kann ich Sie ohne Weiteres in einem Hotel unterbringen. Aber ich rate Ihnen: Steigen Sie dort ab, wo auch ich gewöhnlich absteige. Dort ist es ruhiger und, ehrlich gesagt, auch besser ...» Er nannte die Adresse. «Nein, Sie brauchen es sich nicht aufzuschreiben: Ihr Chauffeur und der Leibwächter kennen das Haus; sie waren schon oft dort, ich sage ihnen Bescheid.»

«Vielen, vielen Dank. Und noch eine Frage ... Es ist nur eine Lappalie, aber ich würde trotzdem gern Ihre Meinung hören. Ich habe meine Uniform dabei, aber ich weiß nicht recht, ob ich Uniform oder Zivil tragen soll. Einerseits leuchtet ein, dass ich mich in Zivil zeigen sollte, andererseits wäre die Uniform passender, wenn ich zu den Militärs und an die Front fahre. Ich habe in Paris vergessen, danach zu fragen, zu ärgerlich.»

Der Bevollmächtigte dachte nach.

«Normalerweise tragen unsere Leute hier Zivil. Aber an die Front fahren sie auch in Uniform, wir haben nichts zu verbergen. Ich denke, Sie können die Uniform anziehen.»

«Das denke ich auch.»

«Man wird mehr Respekt haben. Wir sind jetzt hier die am meisten Geachteten. Noch nie war die Autorität unseres Staates so groß wie heute, Konstantin Alexandrowitsch.»

«So viel ist sicher», sagte Tamarin verzagt.

---

* Lenin zwei-zwei

488

XVII

K onstantin Alexandrowitsch konnte lange nicht einschlafen im Haus des sowjetischen Bevollmächtigten.
Er versuchte, seine ersten Eindrücke von Spanien zu ordnen. Er
überlegte, ob er nicht irgendetwas Wichtiges zu fragen vergessen
hatte oder ob er etwas Überflüssiges gesagt hatte. «Nein, scheint
alles in Ordnung zu sein. Was kann man denn an Eindrücken
erwarten, nach einem Tag im Auto? Es scheint ein wunderbares
Land zu sein, mit wunderbaren Menschen. Sie könnten gut miteinander auskommen, ohne sich gegenseitig zu massakrieren.
Gott allein weiß, wozu sie diesen Bürgerkrieg führen. Vielleicht
wissen sie es selber nicht? Oder sie wissen es, und nur wir verstehen es nicht? Versteht denn in Europa irgendjemand etwas von
unserer Revolution? Oder versteht man denn, was in China vor
sich geht? Obwohl ich täglich die Zeitungen lese, sind bei mir
in den letzten Jahren nur zwei Namen hängen geblieben: Sun
Yat-sen und Chiang Kai-shek. Und noch irgendein ‹christlicher
General›[191], der schlimmste Bandit von allen, glaube ich. Aber
das geht mich alles nichts an: Meine Aufgabe ist es, die Lage vor
Ort zu studieren und Moskau Bericht zu erstatten. Natürlich ist
es nicht einfach, die Lage zu studieren, wenn man kein Spanisch
versteht.

Aber dieser Genosse mit der flinken Zunge hat ein paar interessante Dinge erzählt ... Nein, ich glaube, ich habe nichts
Überflüssiges gesagt», dachte Tamarin, schon im Bett. «Ein
unsinniger Krieg, so viel steht fest. Menschen desselben Bluts,
derselben Sprache, desselben Glaubens schlachten sich gegenseitig ab – im Namen von Ideen, die neun Zehntel von ihnen
überhaupt nicht interessieren. Und dann mischen sich auch
noch unsere Leute ein (er musste wieder an das «Genossen und

Bürger!» an der Grenze denken). Die können bei so etwas nicht abseitsstehen. Und ich arbeite für sie ... Irgendwie ist es sehr kalt in Spanien. Hoffentlich habe ich mich unterwegs nicht verkühlt. Der Wodka bei dem Genossen war sehr gut ...» Tamarin musste an das Abendessen mit Nadja in Paris denken und seufzte. «Wo ist sie jetzt, meine liebe Nadja? Ich habe es nicht einmal geschafft, mich zu verabschieden. Ich muss ihr eine Postkarte aus Madrid schicken. Die Dienstreise ist zwar geheim, aber Nadja wird General Franco schon nichts davon erzählen ...» Er döste bereits, als ein wilder Schrei von der Straße hereindrang. «*Sereno!*», plärrte jemand lustvoll. «Was zum Teufel ist das? Eine Aufforderung, sich schlafen zu legen? ‹*Sereno*› bedeutet ‹ruhig›. Eine schöne Art, die Nachtruhe anzuordnen», dachte Konstantin Alexandrowitsch und lächelte. «Wirklich, sehr, sehr schön. Wie ‹Carmen› in der Oper! ...» Die Rufe des Wächters entfernten sich. Kaum war die Ruhe angeordnet, wurde es auf den Straßen laut. Lastwagen rumpelten vorbei. Tamarin schlief mit einem Lächeln im Gesicht ein.

Er wurde nicht, wie vereinbart, um fünf, sondern um viertel sieben geweckt. Er wusch sich und versuchte keinen Lärm zu machen, dann holte er seine Militäruniform aus dem Koffer. Sie hatte ein paar Knitter und roch ein wenig nach Naphthalin. Das ärgerte Konstantin Alexandrowitsch: Trotz allem vertrat er hier die russische Armee. Er holte eins der englischen Rasiermesser hervor, das beste – «Tuesday», und rasierte sich sehr sorgfältig. Die Stiefel anzuziehen fiel ihm schwerer als früher, in Russland: Er war es nicht mehr gewohnt.

«Jung gewesen, Janitschar gewesen – alt geworden, ist er schlaff geworden ...», erinnerte er sich an einen Spruch, der in seinem Regiment mit starkem georgischem Akzent zum Besten gegeben und Fürst Bagration, dem Helden des Vaterländischen Krieges, zugeschrieben wurde. Trotz der frühen Stunde hatte

490

man für Konstantin Alexandrowitsch ein Frühstück zubereitet. Es wurde auf einem Tablett von dem alten Spanier gebracht, der sie am Vortag bei Tisch bedient hatte. Auch ein Korb mit Reiseproviant stand bereit. «Eigentlich ein wirklich netter und liebenswürdiger Mensch», dachte Tamarin und meinte den Bevollmächtigten; er wunderte sich selbst über sein «eigentlich» – «nein, *einfach* ein sehr netter Mensch. Schade, dass das alte Russland das neue nicht richtig versteht ...» Die Trinkgeldfrage, die Konstantin Alexandrowitsch mehr als sonst zu schaffen machte, klärte sich ganz einfach: Nachdem er zunächst gezögert hatte – durfte man dem spanischen Genossen ein Trinkgeld geben und, wenn ja, wie viel? –, drückte er ihm die Hand und steckte ihm dabei eine Banknote zu, so wie man früher die Ärzte honorierte. Der Spanier antwortete mit einem Händedruck, steckte den Schein weg und dankte sehr schlicht und mit Würde. «Bemerkenswert: ein richtiger Hidalgo», dachte Tamarin aufrichtig erstaunt, als er die Treppe hinunterging. «Seltsam, dass der Hausangestellte des Genossen kein Russe ist: Das ist gegen die Regeln ...»

Als er nach draußen trat, sah er noch schneidiger aus als gewöhnlich: fast wie zu seinen besten Zeiten in der Garde. Bei seiner imposanten Figur fiel der zerknitterte Uniformrock nicht auf. Vor dem Eingang stand ein großes Automobil, ein neuer, sehr guter Buick. Zwei Männer sprangen auf und salutierten mit geballter Faust, einer von ihnen reckte sich und erstarrte zu einer Statue. Der andere, der sich nicht reckte, war noch blutjung. «Aha, der spanische Leibwächter!», vermutete Konstantin Alexandrowitsch und unterdrückte ein Lächeln. Er hatte in seinem Leben noch nie einen besser bewaffneten Mann gesehen: Der Junge hatte ein Gewehr, am Gürtel Handgranaten, einen Säbel, zwei Pistolen und einen Dolch. Das erfahrene Auge des Armeekommandeurs hatte die russischen achtschüssigen Armeepistolen sofort erkannt; das Gewehr war ein ihm unbekannter Typ, die Handgranaten waren klein, entweder polnische oder tschechoslowakische. «Schwer zu begreifen: Sie selbst sind irgendwie Radikale, und sie bekommen Hilfe sowohl von uns als auch von den Demokraten, ja sogar von den Faschisten. Allerdings gegen Geld. Und besonders groß ist die Hilfe auch nicht. «Hier habt ihr ein paar Waffen, und nun lasst uns in Ruhe!», dachte Tamarin, der auf den neuen Gruß flink reagierte, indem er seine Hand hob, sie aber, als Kompromiss, nicht zur Faust ballte – er führte nur die Finger zusammen. Der junge Mann starrte ihn fasziniert an. Trotz seiner üppigen Bewaffnung hatte der junge Spanier nichts Militärisches an sich. Dafür war der Chauffeur, ein unnatürlich blonder Mann von ungefähr dreißig Jahren mit einem roten Aufnäher auf dem Ärmel, ein richtiger Soldat. Auch der Gruß mit der geballten Faust sah bei ihm militärisch korrekt aus. Tamarin ließ seinen Blick nicht ohne Vergnügen auf seiner versteinerten Gestalt ruhen. «Richtig, ein Deutscher!», erinnerte er sich. «Vielleicht ist für einen Militär ein derartiger Gruß gar nicht so dumm.»

«Was haben Sie für Befehle?», hakte Konstantin Alexandrowitsch bei dem Leibwächter nach, der ihm eine Frage auf Französisch gestellt hatte. «Ja, wir fahren jetzt. Sind Sie bereit?»

«O ja!», sagte der Leibwächter verzückt. Der Deutsche sagte auch etwas auf Französisch. Es war nicht ganz leicht, seine Worte zu verstehen, aber sie klangen in etwa wie: «Jawohl – Eure – Exzellenz.» Das war Musik in Konstantin Alexandrowitschs Ohren, seit zwanzig Jahren war er solche Töne nicht mehr gewohnt. «Mit Gott, Jungs!», konnte er allerdings nicht erwidern. Auf Französisch ging das nicht, und es wäre hier auch unpassend gewesen: Hier gab es keinen Gott, und seine «Jungs» waren das auch nicht. Er murmelte etwas Zustimmendes und nahm im Automobil Platz. Der Leibwächter entfernte stolz die Abdeckung des im Wagen montierten Maschinengewehrs und nahm zu Tamarins Freude neben dem Chauffeur Platz. «Gott sei Dank, dann muss ich mich nicht unterhalten.» Auf Bitten des Leibwächters händigte Konstantin Alexandrowitsch ihm den Passierschein aus.

Auf der Straße hatten sich bereits Schaulustige versammelt: Die Uniform des Armeekommandeurs erregte Neugierde. Ein Eselskarren hielt an. Eine furchtbar hässliche Alte krähte: «*Agua! Quien quiere agua!*»* Tamarin betrachtete sie mit Erstaunen, aber auch mit einer gewissen Belustigung: Diese Frau, die einen Esel führte und die mit Wasser handelte, entsprach ganz seiner Vorstellung von Spanien. Der Leibwächter ging zu dem Karren, lüpfte sehr höflich seine Mütze und kaufte eine Flasche Wasser. «*Agua, agua! Más fresca que la nieve*»**, rief die Alte wieder. Der Deutsche blickte unzufrieden, verstaute die Flasche, murmelte etwas und starrte den Armeekommandeur in Erwartung von Befehlen an. «Wir können fahren», sagte Konstantin Alexandrowitsch auf Deutsch. Das Gesicht des Chauffeurs hellte sich auf, er gab wieder undeutliche Laute im vorherigen Tonfall von sich. Das Auto fuhr langsam durch die noch leeren Straßen der Stadt und nahm dann allmählich Fahrt auf. An der Stadtausfahrt hielten sie am Kontrollposten an. Konspirativ und mit offensichtlicher Genugtuung nannte der Leibwächter die neue Parole «*Lenin dos dos*» anstelle der alten «*Todos para uno*» und zeigte den Passierschein vor. Der Chef des Kontrollpostens überflog ihn, gab ihn zurück und salutierte. Der Buick rollte weiter.

Anders als auf der Straße, über die Tamarin von der französischen Grenze aus gefahren war, spürte man den Krieg hier

* Wasser, wer braucht Wasser.
** Wasser, Wasser! Kühler als Schnee.

ständig. Die Kontrollen waren viel strenger. An Brücken und Kreuzungen wurden sie von Patrouillen angehalten. An einer Brücke wollte ein republikanischer Offizier, der den Chauffeur misstrauisch beäugte und ihn offenbar als Deutschen erkannte, seine Papiere sehen. Der Chauffeur holte ein akkurat in Leder gebundenes Büchlein aus seiner Tasche, auf dem links blaue Marken klebten. «*República Española*», «*Brigadas Internacionales*», «*Grado Sargento*»*, las Tamarin, als er sich vorbeugte. Der Offizier wechselte ein paar Sätze mit dem Leibwächter (Tamarin verstand kein einziges Wort) und nickte. Die Soldaten salutierten und ließen den Buick passieren. Der Anblick der republikanischen Armee flößte ihm kein großes Vertrauen ein. Dreimal überholten sie Militäreinheiten, die auf der Straße unterwegs waren. Konstantin Alexandrowitsch musterte sie aufmerksam. Unangenehm überrascht war er von der Vielfalt ihrer Uniformen: Es gab bunte Uniformen noch aus den Zeiten der königlichen Armee, Feldblusen in Tarnfarben, Blaublusen, Lederjacken, afrikanische Burnusse und sogar einige auf seltsame Art übergeworfene alberne Pelerinen. Ebenso vielfältig war die Bewaffnung. Die Soldaten marschierten schlecht: Sowohl der Armeekommandeur als auch der Chauffeur musterten sie missbilligend. «Nun, an sich hat das keine große Bedeutung. Es gibt hervorragende Armeen, die wenig ansehnlich sind, wie zum Beispiel die japanische», dachte der Armeekommandeur, was ein wenig geheuchelt war: Er mochte keine unansehnlichen Armeen, und es fiel ihm schwer, den Kampfwert von Truppen unabhängig von ihrem Aussehen und ihrer militärischen Haltung zu beurteilen. «Egal, was man erzählt, unsere alte Garde hatte neben den alten Preußen die besten Soldaten der Welt. Aber auch die Spanier dürften kein schlechtes Menschenmaterial haben. Ihre

* Spanische Republik, Internationale Brigaden, Dienstrang Sergeant

494

Infanterie hat seit Langem einen guten Ruf ... Schade, dass es mit der Ordnung hapert.»

An Ordnung mangelte es wirklich. Konstantin Alexandrowitsch erkannte an den erschöpften und wütenden Gesichtern der vorbeiziehenden Soldaten, dass sie schon lange unterwegs waren und schlecht verpflegt wurden. An einer Station, an der die Straße einen Bahndamm kreuzte, standen Waggons, die einen leer, die anderen mit Soldaten, und wiederum erkannte Tamarin an verschiedenen, kaum merklichen, dem zivilen Auge verborgenen Anzeichen, dass diese Waggons hier nicht erst einen Tag, vielleicht auch nicht erst eine Woche standen. Bei den Treibstofftanks gab es weder Flugzeuge noch Fliegerabwehrgeschütze. «Nichts ist einfacher, als sie in die Luft zu jagen! Warum greift die Gegenseite nicht an? In einem Bürgerkrieg ist Spionage an der Tagesordnung, es wird eine Menge Sympathisanten geben, auf beiden Seiten. Wenn die anderen die Tanks nicht gesehen haben, bedeutet das, auch bei ihnen sitzen Trottel. Und wenn sie sie gesehen haben und sie trotzdem nicht in die Luft jagen, umso mehr.»

Er dachte auch über seinen Bericht nach. «Ich muss herausfinden, welche Seite die größeren Chancen auf den Sieg hat! Wie bringe ich das in Erfahrung? Angenommen, es gelingt mir in Madrid, Informationen über die ihnen zur Verfügung stehenden Kräfte zu bekommen. Natürlich werden sie, wie gewohnt, aufschneiden, und ich werde das, wie gewohnt, berücksichtigen. Ich werde mir selbstverständlich alle Fronten anschauen, an die sie mich fahren lassen. Aber was ist mit Informationen über die gegnerischen Streitkräfte? Angenommen, sie haben Berichte von Agenten, Einschätzungen, Bulletins. Auf dieses Material kann man sich nicht verlassen. Und selbst wenn diese Informationen heute zutreffend sind – werden sie es auch morgen sein? Die Deutschen und die Itaker können Franco so viele Waffen,

Flugzeuge und sogar Männer bereitstellen, wie sie wollen. Und Frankreich und England? Das sind ‹Demokratien›!» Bei all seinem Liberalismus hatte Konstantin Alexandrowitsch keine allzu hohe Meinung von den militärischen Fähigkeiten der Demokratien. «Aber auch das kann ich nicht einschätzen. Es ist eine Gleichung mit vielen Unbekannten», formulierte er gewohnheitsgemäß. «Aus rein militärischer Sicht kann keine der beiden Seiten mit einem Sieg rechnen: Die eine ist so schwach wie die andere. Die größte Unbekannte in der Gleichung ist der Kampfgeist auf jeder Seite. Wie soll ich das beurteilen können? Dabei habe ich eine große Verantwortung: Wenn ich nun etwas vorhersage, und dann kommt es ganz anders? …»

Tamarin erinnerte sich mit Unbehagen an seine unglückliche Vorhersage hinsichtlich des Krieges in Abessinien. «Stimmt, ich war nicht der Einzige, der sich damals geirrt hat. Die größten militärischen Autoritäten der Welt haben sich geirrt. Einer lag besonders daneben, was hat der nicht alles geschrieben! Aber wenn ein Krieg in Europa ausbricht, wird ausgerechnet er derjenige sein, der die französische Armee befehligt, auch wenn er schon alt ist. Keiner wird ihm seine Vorhersagen unter die Nase reiben. Bei uns laufen die Dinge anders, bei uns kann man auch ohne Krieg an die Wand gestellt werden: Eine Fehleinschätzung zu Amba Alagi, ein weiterer Irrtum bezüglich Spanien – und das war's. Habe ich Angst? Nein, aber es ist unangenehm …» Konstantin Alexandrowitsch fiel ein, was er sich kürzlich über seinen Mut gesagt hatte. Seiner physischen Tapferkeit war er sich absolut sicher. «Aber das, was sie moralische Tapferkeit nennen, ist eine komplizierte Sache.»

Die spanische Landschaft gefiel ihm nicht. Sie war kahl, sonnenverbrannt, farblos – es gab nur verschiedene Grautöne. Genauso war der Himmel: grau-weiß, trübe, wie Wasser mit Milch darin, manchmal gelb-grau, wenn sich, selten genug, die Sonne zeigte –, eine solche Landschaft, meinte Tamarin, sei typisch für Afrika und nicht für Spanien. Aber im Gegensatz zu Afrika war es kalt. «Es gibt schon eine Art *couleur locale**, aber wenig wirklich Hispanisches», dachte Konstantin Alexandrowitsch und kratzte in Gedanken alles zusammen, was er über Spanien wusste. Viel war es nicht: Carmen, Kastagnetten, Mantillas, Dueñas, Strickleitern und die Statue des Komturs. «Die Sonne müsste scheinen. Es ist gegen alle Spielregeln. In Spanien muss die Sonne scheinen ...» Er bibberte in seiner zugeknöpften Uniform. Hunger hatte er noch nicht, aber er hätte gern etwas Hochprozentiges getrunken, um sich aufzuwärmen. Tamarin schaute immer wieder auf den Korb mit dem Reiseproviant. «Was mag da drin sein? Es wird ihnen kaum eingefallen sein, eine Flasche hineinzupacken. Aber wer weiß, vielleicht ist es ihnen glücklicherweise doch eingefallen?»

Gegen elf Uhr kamen sie in eine Ortschaft, die ein großes Dorf oder eine winzige Stadt hätte sein können. Der Chauffeur hielt an der Tankstelle an, zeigte ein weiteres, ebenfalls akkurat zusammengefaltetes Dokument vor und verlangte Benzin. Seine Forderung löste keine Begeisterung bei dem Tankwart aus. Er fügte sich jedoch mürrisch. Während das Auto aufgetankt wurde, vertrat sich Tamarin die Beine, er lief hin und her und versuchte, sich aufzuwärmen. Auf dem Platz gab es eine verriegelte Kirche. «Scheint alt zu sein, und der Stil ist edel», dachte er unentschieden. Baustile waren ihm schleierhaft. «Vielleicht war Cervantes hier oder dieser Lope de Vega ... Ja, so hieß er, aber ich weiß nicht, was er geschrieben hat: Ich habe nichts von ihm gelesen, schade ...» Um ihn drängten sich einige Jungen: Sein Uniformmantel machte auch hier Eindruck – er wusste jedoch nicht, was für einen. Im zweiten Stock eines kleinen Hauses

* Lokalkolorit

schlug eine Frau wütend das Fenster zu und rief etwas vermutlich wenig Schmeichelhaftes. Konstantin Alexandrowitsch entfernte sich. Im Schaufenster des Lebensmittelladens gab es nur Würste von zweifelhaftem Aussehen, schmutziges Gemüse und leere Flaschen. Das Fensterglas hatte einen riesigen Sprung. Tamarin seufzte beim Anblick der Flaschen und blickte auf seine Uhr. «Zeit für Frieschtik.» Er erlaubte sich zuweilen solche Worte: Sein Vater hatte zu einer Generation gehört, die «Frieschtik», «Paschport», «Schtockholm» sagte und in der die Söhne ihren Erzeuger «Väterchen» nannten.

Der Leibwächter fragte Tamarin verlegen, ob er gestatten würde, dass sie eine Pause einlegten und etwas aßen. «Ja, natürlich», stimmte Konstantin Alexandrowitsch hastig zu, «wir haben ja etwas für die Reise mitbekommen. Da ist der Korb ... Wollen wir hier im Auto essen?» Dem jungen Mann schoss das Blut ins Gesicht, und er erklärte stotternd, dass der Korb nicht für sie bestimmt sei: Sie hätten ihr eigenes Essen. Er fügte hinzu, dass es gleich um die Ecke ein Café gäbe. Sie würden dort kaum etwas zu essen bekommen, aber man könne ja einmal schauen. «Ausgezeichnet! Da gehen wir hin.» Der Leibwächter bestürmte den Chauffeur und sagte etwas zu ihm. Der Deutsche war offenbar ebenfalls erfreut, verlor aber, wie es Tamarin schien, sofort den Respekt vor dem Jungen.

Konstantin Alexandrowitsch wollte den Korb nehmen – das Gesicht des Leibwächters drückte ein solches Entsetzen aus, als könnte der schwere Korb den russischen General zerquetschen –, der junge Mann ergriff ihn und trug ihn selbst. Der Chauffeur schloss das Automobil sorgfältig ab, sein Gesichtsausdruck verriet, dass er hier niemandem traute. Es war nicht weit bis zu dem Café. An der Ecke zeigte der Leibwächter dem Armeekommandeur ein Gebäude, das durch einen Luftangriff aufgerissen worden war. Zwei Stockwerke präsentierten sich offen wie die

Regale einer Etagere. Auch das benachbarte Kinotheater war stark beschädigt. An der halb eingestürzten Hauswand hing ein zerrissenes, an den Rändern verkohltes, aber noch farbfrisches Plakat, das Tamarin an irgendetwas erinnerte. «*Stil russe?*» Das Plakat zeigte einen langhaarigen Herkules in einem roten Hemd mit gezogenem Schwert, einen weiteren, blutüberströmten Mann mit ausgestochenen Augen, ein glanzvolles Fest in einer riesigen Halle und noch irgendetwas.

«Oho, wir sind angesagt!», dachte Konstantin Alexandrowitsch mit gemischten Gefühlen. Der junge Mann erzählte aufgeregt, dass er bei seinem letzten Besuch ebendiese russischen Filme hier gesehen hatte, und am nächsten Abend hatte es einen Luftangriff gegeben, bei dem eine Menge Frauen und Kinder umgekommen waren. «Oh, immer diese *Frauen und Kinder*», dachte Tamarin argwöhnisch und setzte ein scheinheilig-erschrockenes Gesicht auf, wie man es üblicherweise macht, wenn man vom Tod fremder Menschen erfährt. Aus Anstand schwiegen sie, während sie weitergingen. Auf ihrem Weg begegneten ihnen in der Tat hauptsächlich Frauen und Kinder. Aber an einer Ecke, vor einem sehr alten zweistöckigen Steinhaus, wimmelte es von Männern in militärischer oder halbmilitärischer Kleidung, in seltsamen Umhängen mit rotem Futter und Schlitzen für die Arme, die meisten waren bewaffnet. Aus Konstantin Alexandrowitschs Unterbewusstsein tauchte für einen Moment *sein* rotes Uniformfutter auf – er seufzte, ohne dass ihm bewusst war, warum. «Pittoresk, das muss man zugeben! Auf jeden Fall ist es hispanisch ...»

Sie wurden neugierig gemustert. Einige der Militärs salutierten vor dem Armeekommandeur, aber nicht alle. Andere wandten sich hastig ab. Das Haus war von höllischem Lärm erfüllt. «Mag sein, dass es ein ganz gewöhnliches Haus ist, aber vielleicht hat hier auch dieser Lope de Vega gewohnt! ...» Im oberen

Stockwerk plärrte, durch Geschrei und Gelächter hindurch, ein Radioapparat. Die Menge strömte in das Haus, der Lärm nahm weiter zu. «Das ist der hiesige republikanische Klub», erklärte der Leibwächter. «Und hier ist jetzt auch der Stab der Brigade ... untergebracht.» Er nannte die Nummer der Brigade. «Wollen Sie nicht hineingehen und fragen, ob es irgendwelche Neuigkeiten gibt?», schlug Konstantin Alexandrowitsch vor. «Wir können alle zusammen reingehen, niemand wird etwas dagegen haben.» Tamarin schaute den Deutschen verwundert an. Der lachte und winkte ab.

Sie stiegen eine Steintreppe hinauf und betraten einen großen Raum mit gewölbter Decke und steinernem Boden, in dem sich die Menschen drängten. In dem Raum herrschte reges Treiben, Schreibmaschinen klapperten, ein Telefon schepperte, das Radio plärrte. Ständig kamen neue Besucher herein, in Pelerinen, in Mänteln und in Stiefeln, die auf Hochglanz poliert waren. Aber selbst diejenigen, die eine Militäruniform trugen, konnte Tamarin nicht ernsthaft als Offiziere ansehen, genauso wenig wie er diesen Laden ernsthaft für einen Stab, und sei es einer noch so unbedeutenden Truppeneinheit halten konnte. Der Raum war von dickem Qualm erfüllt. Konstantin Alexandrowitsch schwindelte es ein wenig. Der Leibwächter kam vom Radioapparat zurück und verkündete, dass ein großer Sieg errungen worden sei, er habe jedoch Mühe gehabt, die Einzelheiten zu verstehen. «*Quatsch*»*, sagte der Deutsche resolut. «Gehen wir», befahl Konstantin Alexandrowitsch. Er war sowohl amüsiert als auch verärgert. «Na ja, wir sind Gott weiß wo, weit weg von der Front ...»

Das Café war genau so, wie Tamarin sich ein spanisches Café vorstellte. In Wirklichkeit war das kein Café, sondern ein Gast-

* im Original deutsch

hof. Der rechte Teil des Hauses war offensichtlich für Tiere bestimmt. «Die Leute kommen wahrscheinlich auch jetzt noch auf Eseln und Maultieren hierher. Don Quijote und Sancho Panza müssen hier gewesen sein ...» Links war die Küche, ebenfalls von der Art, wie sie in alten Romanen beschrieben wird, mit einer großen Feuerstelle, von den Deckenbalken hingen Schnüre herab. «Die sind wohl für die Schinken ...» An die Küche schloss sich ein ziemlich großer Raum mit Holztischen und altertümlichen Stühlen an, ein Tisch für die Wirtin stand auf einem Podest. Die Wirtin, eine ehrwürdige Frau mit Schnurrbart, musterte den militärischen Gast mit unverhohlener Sorge. Nachdem der Leibwächter mit ihr gesprochen hatte, sagte er bekümmert, dass es nichts zu essen gäbe, nur ... Er sprach ein schwieriges, langes Wort aus. «Was ist Avellanos? Na, dann eben Avellanos», stimmte Tamarin nachsichtig zu, «aber hat sie vielleicht auch Wein? Sherry, zum Beispiel?» Diese Frage schien den Leibwächter zu überraschen. Er ging noch einmal zu der Wirtin, und als er zurückkam, verkündete er, dass Sherry da wäre, sie bekämen gleich welchen. Der Deutsche nickte, als wollte er andeuten, dass er dasselbe bestellt hätte. Der Chauffeur und der Leibwächter trauten sich offensichtlich nicht, ohne Aufforderung Platz zu nehmen. «Bitte setzen Sie sich», sagte Tamarin. Er wollte «Bürger»[192] hinzufügen, aber seine Zunge weigerte sich, das französische Wort *citoyens* auszusprechen; auf Russisch war ihm das seinerzeit in Moskau aus irgendeinem Grund viel leichter gefallen, besonders ab 1920: In den ersten Jahren nach der Revolution hatte Konstantin Alexandrowitsch immer gemeint, die Leute machten sich über ihn lustig, wenn sie «Bürger» zu ihm sagten.

Sie wählten einen Tisch in der Ecke. Tamarin setzte sich auf die Bank, seine Begleiter nahmen auf den Stühlen an der anderen Tischseite Platz. Auf einem dritten Stuhl legte der Leibwächter eine seiner beiden Pistolen ab, sein Gewehr stellte er in die Ecke. Von der zweiten Pistole machte er Gebrauch, wie eine Sängerin während einer Gesangsdarbietung von einem Taschentuch oder einer Rose – um irgendwie die Hände zu beschäftigen.

«Sie können ruhig auch die zweite Pistole weglegen, vorläufig besteht keine Gefahr», riet Tamarin ihm nachsichtig. Der Junge lächelte verlegen. Der Deutsche schnürte sein Bündel auf, nahm Brot und Wurst heraus und verbarg die Schnur. Tamarin hob den Deckel des Proviantkorbs an. Seine beiden Begleiter staunten nicht schlecht: Da waren Schinken, ein gebratenes Huhn, Pasteten, Obst; sogar Gabel, Messer und Senf fanden sich. «Wie aufmerksam!», dachte Konstantin Alexandrowitsch wieder und bekam gute Laune. Seine Begleiter versuchten, nicht auf den Korb zu schauen, und das war ihm peinlich «Unsere Leute werden Gott sei Dank besser versorgt als die Einheimischen! ...»

«Wir teilen das alles auf, wie es sich gehört, in drei Portionen», sagte er in einem besonders fröhlichen Ton und begann, den am Papier klebenden Schinken zu teilen. Der Leibwächter errötete. «Sie geben mir dafür etwas von Ihrer Wurst, die sieht appetitlich aus», fügte Konstantin Alexandrowitsch delikat hinzu.

Die Wirtin brachte den Sherry, Gläser und ein sämiges Getränk, eine Art flüssige Schokolade. Tamarin schenkte den Wein ein. «Um Himmels willen, nicht so viel!», rief der Leibwächter ehrlich erschrocken. Tatsächlich nippte er nur an seinem Glas und schob es dann zur Seite. Der Deutsche sah ihn verächtlich an, trank ein volles Glas in einem Zug aus und betrachtete das Etikett auf der Flasche. Konstantin Alexandrowitsch schenkte ihm sofort nach. Zwei alte Spanier betraten das Café und verbeugten sich höflich vor der Wirtin und dann vor Tamarin und seinen Begleitern. Der Chauffeur und der Leibwächter stürzten sich auf ihren Anteil an Schinken, Hähnchen und Pasteten. «Wahrscheinlich lange her, dass sie so ein Festmahl hatten ...»

«Im Kempinski in Berlin gab es auch einen sehr guten Sherry», sagte der Deutsche. Tamarin schenkte ihm nach. «Oh, das habe ich nicht deshalb gesagt», stellte der Chauffeur klar und dankte Konstantin Alexandrowitsch überschwänglich, wenn auch nicht mehr so hektisch. «Seinerzeit, vor Hitler, war ich oft im Kempinski, und ich habe meistens mit Sherry angefangen, manchmal auch mit Kaviar. *Caviar im Eisblock*»*. Eine wunderbare Vorspeise!», fügte er mit einer leichten Verbeugung hinzu, offensichtlich wollte er dem Russen ein Kompliment machen. «Ich kenne keine bessere Vorspeise. Höchstens noch Rheinlachs mit Mayonnaise ...»

Der Chauffeur erzählte, dass er aus Magdeburg stamme und der Sohn eines Beamten sei. Er hatte an der Berliner Universität einen Doktortitel in Philosophie erworben, eine sehr vorteilhafte Position in der Sozialdemokratischen Partei innegehabt und im Parteiapparat gearbeitet, für Zeitungen geschrieben und gute Chancen gehabt, bei den nächsten Wahlen in den Reichstag gewählt zu werden. «Meine Kandidatur wurde bereits in der Partei diskutiert. Aber wegen Herrn Hitler musste ich emigrieren, obwohl ich von Geburt ein hundertprozentiger Arier bin. In meinen Adern fließt kein einziger Tropfen jüdischen Bluts ... Selbstverständlich bin ich kein Antisemit», fügte er hastig hinzu, «ich bin eng mit Juden befreundet. Ich stelle lediglich die Tatsache fest.»

«Sie haben hier den Rang eines Sergeanten?»

«Ich war verwundet, man hatte mich für eine Auszeichnung vorgeschlagen, und vor drei Monaten hätte ich zum Offizier ernannt werden sollen. Aber bei den Zuständen, die in

---

* im Original deutsch

diesem Land herrschen, dauert alles etwas länger», antwortete der Deutsche mürrisch. An seinem Tonfall war unschwer zu erkennen, was er von den hiesigen Zuständen hielt. Tamarin nickte verständnisvoll und wandte sich auf Französisch an den Spanier:

«Sie sprechen kein Deutsch, oder?»

«Nicht ein Wort!», antwortete der Deutsche ärgerlich anstelle des Jungen. «Zum Glück kann ich etwas Französisch, obwohl ich vieles vergessen habe. Wir hatten zu Hause ein Schweizer Kindermädchen.»

«Ausgezeichnet, das heißt, wir haben eine gemeinsame Sprache», sagte Konstantin Alexandrowitsch und brachte das Gespräch auf militärische Angelegenheiten. Der Leibwächter erklärte, dass es nicht den geringsten Zweifel an ihrem Sieg geben könne.

«Warum glauben Sie das?», fragte Tamarin vorsichtig.

«Weil unser ganzes Volk die Faschisten hasst. Sie kämpfen für ihre Klasseninteressen, aber wir haben den Kampfgeist! Und was für einen Kampfgeist!», rief der Leibwächter feurig. «Wir leiden Hunger, wir haben zu wenig Waffen, wir sterben im Kugelhagel, durch Hunger, durch Krankheiten, und dennoch werden wir siegen.»

«Richtig», sagte Tamarin. «Was für Krankheiten gibt es denn hier? Etwa Typhus?», fiel ihm ungewollt ein, und er erinnerte sich an den Bürgerkrieg in Russland, «wenn man schon sterben muss, dann wenigstens nicht durch Läuse ...» Der Spanier erzählte vom Krieg, ziemlich verworren, teils weil er in Gegenwart eines sowjetischen Generals aufgeregt war, teils weil er die Sprache nicht gut genug beherrschte. Im Übrigen sprach er das Französische recht forsch, mit einem amüsanten, weit weniger abstoßenden Akzent als der Deutsche. Aus dem Gespräch ergab sich, dass er der Sohn eines Arbeiters aus Irun war. Er hatte seit seinem zwölften Lebensjahr in einer Werkstatt gearbeitet, sich zunächst den Anarchisten angeschlossen und erst später erkannt, dass das ein schwerer Fehler gewesen war, die Anarchisten waren keine proletarische, sondern eine kleinbürgerliche Gruppe.

«Das stimmt doch?», wandte er sich ehrfurchtsvoll an den Armeekommandeur.

«Selbstverständlich», bestätigte Konstantin Alexandrowitsch energisch, während ihm nicht druckreife Worte durch den Kopf gingen.

«Der Partei habe ich mich erst vor zwei Jahren angeschlossen», fuhr der Spanier fort. Im Folgenden nannte er die Kommunisten einfach «die Partei»; so wie englische Minister, wenn sie von der «Regierung Ihrer Königlichen Hoheit» sprechen, immer nur die britische Regierung meinen und nicht etwa Kabinette anderer Monarchien. «Nach den Anarchisten hatte ich mich den Trotzkisten angeschlossen. Auch das war ein schwerer Fehler.» – «Angeschlossen, angeschlossen ... Junge, was bist du nur für ein Dummkopf!», dachte Tamarin mit Bedauern.

«Kampfgeist ist natürlich eine großartige Sache, wer wollte das bestreiten, aber gegen Panzer und Flugzeuge reicht Kampfgeist nicht aus. Man braucht auch Waffen, Ordnung und Disziplin», sagte er, nicht ganz in Übereinstimmung mit seinen vorangegangenen Worten.

«*Das sag ich ja eben*»*, bekräftigte der Deutsche entschieden und begann sogar, zufrieden zu nicken.

«Ich widerspreche ja gar nicht, aber es muss eine freiwillige Disziplin sein», antwortete der Leibwächter und begann, von den großartigen kämpferischen Fähigkeiten der republikanischen Armee zu sprechen. Der Chauffeur lauschte mit verächtlichem Grinsen.

* im Original deutsch

«Was ist Ihre Meinung?», fragte ihn Tamarin.

«Meine Meinung?», fragte der Chauffeur auf Deutsch nach. «Ich bin der Meinung, dass die Lösung des Konflikts weder von Madrid noch von Franco abhängt. Alles wird in Berlin entschieden. Wenn es Herrn Hitler gefällt, deutsche Truppen zu schicken, dann werden sie natürlich siegen. Aber wenn *sie* (er machte eine abfällige Kopfbewegung zu dem Spanier hin) gegen die italienischen Herren ...» – der Chauffeur winkte ab.

«So denken Sie?», fragte Konstantin Alexandrowitsch, der dem Deutschen im Innern durchaus zustimmte. «Aber auch wenn du dreimal Sozialist bist, von deinem Herrn Hitler sprichst du anders als von den *italienischen Herren**», dachte er und goss sich den Rest Wein ein. Der Spanier fragte plötzlich, ob er Tschapajew[193] gekannt habe, und war offenbar betrübt, als er eine negative Antwort erhielt. Der Film hatte ihm sehr gefallen.

«Und ‹Michel Strogoff›[194] auch. Stimmt es, dass der Zar den Bojaren die Bärte eigenhändig ausgerupft hat?» – «Nur bei besonders schwerwiegenden Verfehlungen. Nicht mehr als zwei Mal im Monat», sagte Konstantin Alexandrowitsch, während ihm erneut nicht druckreife Worte durch den Kopf gingen und er seinen Scherz sofort bereute. Der Leibwächter erzählte mit weit aufgerissenen Augen von den Gräueltaten der spanischen Faschisten. Er berichtete von Menschen, die man bei lebendigem Leib verbrannt hatte, von Folterungen, unter anderem, wie man Gefangenen die Augen ausgestochen hatte. «Und das haben Sie selbst gesehen?» – «Wie man sie ausgestochen hat, habe ich natürlich nicht gesehen, aber die Leichen mit den ausgestochenen Augen, die habe ich gesehen», sagte der junge Mann ein wenig gekränkt. Tamarin erinnerte sich plötzlich an das Spektakel, das er zusammen mit Nadja in dem Pariser Horrortheater gesehen hatte.

* im Original deutsch

«Vielleicht flunkerst du ja auch, Herr Chronist», dachte er unsicher. «Obwohl – es gibt nichts, was es nicht gibt, in der Tat ...»

«Und bei Ihnen? Gibt es da keine Gräueltaten?»

«Nein, die kann es gar nicht geben, das sind Verleumdungen unserer Feinde», antwortete der Spanier, ebenfalls in einem unsicheren Ton. Der Chauffeur zuckte mit den Schultern. «Das sind Lügen! Wir erschießen lediglich Spione», wandte sich der Leibwächter an ihn. «Vermutlich übertreiben beide Seiten», tröstete sich Konstantin Alexandrowitsch. «Da haben wir unser Horrortheater! Auf diese Weise kann man sich den Theaterbesuch sparen ...»

An dem Tisch, wo die beiden Spanier saßen, wurde es plötzlich laut. Die beiden Alten waren aufgesprungen und redeten lauthals aufeinander ein. «Was ist da los? Zum Glück haben sie keine Dolche», sagte Tamarin, «worum geht es?» Der Leibwächter horchte neugierig hin. Die Wirtin des Cafés hatte ebenfalls den Kopf gehoben, wenn auch ohne großes Interesse. Die alten Männer schrien wild durcheinander und fuchtelten mit den Armen, ihre Gesichter waren wutverzerrt. Konstantin Alexandrowitsch, der kein Wort verstand, schien es, dass sie gleich aufeinander losgehen würden. «Na, macht schon», dachte Tamarin, beschwingt vom Sherry. Allmählich ließ die Spannung nach, aus wütenden Schreien wurden moderate, und schließlich herrschte wieder der normale Gesprächston. Die Gesichter der eben noch wütenden Männer erhellte ein Lächeln, sie setzten sich wieder hin und sprachen entspannt und freundlich miteinander. Einer von ihnen drehte sich zur Wirtin um, lüpfte seinen Hut und bestellte zwei Tassen Avellanos. «Das war wohl ein literarischer Streit», erklärte der Leibwächter ohne die geringste Verwunderung. Der Chauffeur zuckte wieder mit den Schultern, schaute in den Korb und sagte mit Bedauern:

«Es ist nichts fürs Abendessen übrig ...»

«Zu Abend essen werden wir in Madrid», erwiderte Konstantin Alexandrowitsch. Er war zufrieden mit dem Imbiss. Der Umgang mit diesen Menschen fast von gleich zu gleich verschaffte ihm eine gewisse Genugtuung, die ihn selbst erstaunte: Trotz Revolution und Sowjetgesellschaft sagte ihm seine Erfahrung, dass ein solcher Umgang mit den niederen Rängen für einen General schädlich und unzulässig war. «Es sind freilich Spanier, und sie sind verantwortungsbewusst ... Als meine Soldaten 1917 Verantwortungsbewusstsein zu zeigen begannen, ist alles zum Teufel gegangen ...»

Der Chauffeur erkundigte sich bei Tamarin, ob er Lenin gekannt habe. Konstantin Alexandrowitsch kam es so vor, als wollte der Deutsche auch Lenin einen Titel zukommen lassen: «Eure Exzellenz, kannten Sie Seine Exzellenz Lenin?»

«Nein, ich bin ihm nie begegnet.»

«Und Stalin?», fragte der Leibwächter aufgeregt. Seine Augen glänzten.

«Kenne ich auch nicht», antwortete Tamarin. Seine beiden Gesprächspartner waren sichtlich enttäuscht. Das Gespräch flaute ab. «Was, wenn ich Nadja eine Postkarte von hier schreibe?», überlegte Konstantin Alexandrowitsch. «Hier gibt es doch sicher einen Briefkasten?», fragte er. «Sehr zweifelhaft», antwortete der Deutsche, «sie hängen die Briefkästen an die Straßenbahnen.» – «Natürlich gibt es hier einen Briefkasten! Genau gegenüber vom Café», widersprach der Leibwächter gekränkt. Er besorgte sich von der Wirtin eine Ansichtskarte mit einem Foto der Stadt. Tamarin holte seinen Füllfederhalter heraus und schrieb ein paar Zeilen. «Ich kann sie einwerfen», erbot sich der Chauffeur. «Ja, bitte», stimmte Konstantin Alexandrowitsch nicht allzu erfreut zu: Er warf, um ganz sicherzugehen, seine Briefe gerne eigenhändig ein. Der Deutsche nahm die Karte, schaute flüchtig auf die Adresse, sah das Wort «Mademoiselle» und lächelte mit dem verständnisvollen Ausdruck eines Gentlemans. «All right», sagte der Chauffeur. Wie fast alle Deutschen war er ein Anglomane, und obwohl er über die Engländer schimpfte, hielt er sie insgeheim für die überlegene Rasse. Als er nach einer Minute zurückkam, teilte er missmutig-ironisch mit, dass der Briefkasten verriegelt war, und gab die Karte zurück.

«Sie haben auf Russisch geschrieben, ja?», fragte er. «Auf Französisch ist es sicherer. Und es ist besser, sie in Madrid einzuwerfen.» – «Warum sollte man von hier nicht auf Russisch schreiben?», fragte Tamarin ärgerlich. «Lassen Sie uns fahren, es wird Zeit. In Madrid werden wir sicher nicht vor sieben sein, oder?»

«Ich hoffe, wir schaffen es bis acht. Und der verdammte Tankwart hat uns nicht genug Benzin gegeben. Er hat geschworen, dass er nicht mehr hat. Wir müssen unterwegs welches auftreiben.»

«Und was passiert, wenn wir keins auftreiben?»

«Vielleicht reicht es ja auch. Unter Umständen müssen wir aber vor Madrid einen Umweg machen ...»

«Warum einen Umweg?»

«Ein Abschnitt der Strecke ist sehr gefährlich. Ich zeige es Ihnen.»

Er nahm ein Notizbuch heraus, auf dessen Pappeinband in Schönschrift «Tagebuch für den revolutionären Kämpfer» geschrieben stand, blätterte darin herum, riss dann aber doch keine Seite heraus, steckte das Notizbuch wieder ein und zeichnete ein paar krumme Linien und kleine Kreise auf ein Stück des Schinkenpapiers.

«*Da haben wir Madrid, Puerta del Sol*»*, sagte er, legte einen Brotkrümel auf den Kreis in der Mitte und begann ein-

---

* im Original deutsch

zelne Positionen aufzuzählen: Morata-Tahuña, Cerro Rojo, Carabanchel Bajo. Konstantin Alexandrowitsch kannte den ungefähren Frontverlauf vor Madrid und konnte sich dennoch nicht vorstellen, dass sie so nahe an den feindlichen Stellungen entlangfahren mussten. «Ihre Versorgungslinien sind ja toll!» Er war überzeugt, dass er, wenn man ihn gefangen nähme, ohne Aufheben sofort erschossen würde. Der Gedanke war weniger unangenehm als unerwartet: In den Kriegen, an denen er teilgenommen hatte, waren gefangene Generäle nicht erschossen worden.

«Wenn wir ankommen, wird es bereits völlig dunkel sein. Zum Glück kenne ich den Weg sehr gut. Ich bin bei Madrid verwundet worden ... Wäre ich an einer anderen Front gewesen, wäre ich jetzt vielleicht schon Offizier. Aber die Madrider Zustände!», sagte der Deutsche und winkte resigniert ab. Der Leibwächter stand auf, straffte seinen Gürtel mit den Handgranaten und warf versehentlich das Salzfässchen um. Er erblasste, öffnete hastig das Fenster und schüttete das restliche Wasser aus seinem Glas in den Hof. Tamarin machte große Augen.

«Das gilt bei ihnen als böses Omen. Wenn man Salz verschüttet, muss man das Wasser ausgießen. Er ist abergläubisch wie ein Weib. Er trägt auch ein Amulett ... Ein schöner Marxist!», sagte der Chauffeur mit Verachtung in der Stimme auf Deutsch.

XVIII

E s wurde bereits dunkel, als sie aus der Ferne Artillerie-
feuer hörten. Konstantin Alexandrowitsch hätte nicht
gedacht, dass diese Laute eine solche Wirkung auf ihn haben
würden: «Nach zwanzig Jahren sehe ich noch einmal einen
Krieg!» In den letzten Jahren war ihm des Öfteren der Gedanke gekommen, dass er von seiner Natur her eigentlich gar
kein Mann des Militärs war, dass, wenn man ihn damals auf
ein Gymnasium statt ins Korps geschickt hätte, auch leicht ein
Professor für Physik oder Geschichte aus ihm hätte werden können. Der Gedanke behagte ihm nicht. Jetzt, da er das entfernte,
dumpfe, unverwechselbare Grollen hörte, verspürte er freudige
Erregung.

Der Deutsche sagte, dass man sich von der Anhöhe einen
Überblick über die gesamte Madrider Front verschaffen könne.
Tamarin stieg aus dem Automobil und holte seinen Feldstecher
und ein Notizbuch heraus. Es war nicht viel zu sehen. Dennoch
skizzierte er so etwas wie eine Karte. Der Leibwächter blickte
ihn begeistert an – so mussten am Vorabend von Austerlitz die
jungen Adjutanten auf Napoleon geblickt haben: in der Überzeugung, dass sie der Geburt genialer Gedanken beiwohnten.
Um ihn nicht zu enttäuschen, zeichnete Konstantin Alexandrowitsch ein wenig länger an der Karte als nötig. Der Chauffeur
kontrollierte das Benzin und fluchte leise vor sich hin.

Es gab jetzt mehr Patrouillen. Die Kontrollen wurden immer
strenger. An Kreuzungen und vor Brücken kontrollierten Offiziere in kakifarbenen Uniformen den Passierschein zunehmend
gewissenhafter. Finster dreinblickend, stellten sie dem Leibwächter offenbar lästige Fragen, denn er bekam einen roten Kopf,
drehte sich nach dem Armeekommandeur um und erklärte hin-

terher verlegen und ausweichend, dass sie nach verschiedenen Lappalien gefragt hätten.

An einer der Kreuzungen holte der Chauffeur, nachdem er angehalten hatte, eine Karte hervor und stellte den Wachen, bei denen kein Offizier stand, sorgenvoll ein paar Fragen. Sie antworteten bereitwillig, zeigten gestikulierend auf die Straße und schüttelten den Kopf. Der Chauffeur schaute auf die Uhr, überlegte einen Moment, drehte sich zu Tamarin um, setzte sich wieder hinter das Steuer, wollte etwas sagen, ließ es aber und fuhr weiter. Die Wachen riefen ihm etwas hinterher, worauf er lediglich das Automobil beschleunigte. Konstantin Alexandrowitsch, der dösend seinen erbaulichen Gedanken nachhing, fröstelte bald vom Fahrtwind. «Ach, nun habe ich mich doch erkältet!», dachte er im Halbschlaf. Nach ein paar Minuten erwachte er von der Kälte und einer plötzlichen Beschleunigung des Wagens. Das Auto jagte mit einer unglaublichen Geschwindigkeit dahin, so schnell waren sie noch nie unterwegs gewesen. Tamarin war überhaupt noch nie in seinem Leben so schnell gefahren. Er blinzelte mit den Augen und begriff bibbernd, was los war. Der Deutsche beugte sich über das Lenkrad wie ein Jockey über ein galoppierendes Pferd. Der Leibwächter neben ihm, mit blasser, sorgenvoller Miene, duckte sich ebenfalls, umklammerte mit einer Hand sein Knie und mit der anderen eine Handgranate. «Was ist los? Was geht hier vor?», Konstantin Alexandrowitsch war es peinlich, den Chauffeur aufzufordern, nicht so zu rasen und unnötig ihr Leben aufs Spiel zu setzen. Plötzlich – nicht sofort – kam ihm der Gedanke an Verrat: Was, wenn diese Männer ihn den Faschisten ausliefern wollten! Im selben Augenblick tauchten zu ihrer Linken Hügel auf, und der Chauffeur begann langsamer zu fahren. Er wechselte ein paar Worte mit dem Spanier, lachte und lehnte sich zurück, das Lenkrad fest im Griff. Der Leibwächter löste die Hände und wandte sich überschwänglich an den Armeekommandeur. «*Ça c'est bien*», sagte er. «*Ça c'est bien ...*»* Der Deutsche erklärte mit zufriedener Miene, dass sie soeben einen äußerst gefährlichen Abschnitt passiert hätten. «Ab jetzt ist alles ruhig. Wir hätten sonst einen Riesenumweg machen müssen, dabei habe ich fast kein Benzin mehr», sagte er. Tamarin wollte ihn rügen: Er hatte nicht das geringste Recht, ohne Absprache ein solches Risiko einzugehen. Aber Konstantin Alexandrowitsch war sein flüchtiger Verdacht von vorhin peinlich, und so erteilte er dem Chauffeur keine Rüge. «Was soll's, über Sieger richtet man nicht», wollte er sagen, tat sich aber schwer, diese Worte ins Deutsche oder Französische zu übersetzen, und nickte nur.

Als sie in Madrid ankamen, war es bereits völlig dunkel. Das Schießen hatte aufgehört. Der Buick manövrierte im Zickzack langsam zwischen Abschnitten einer seltsamen Barrikade hindurch. Tamarin, der den Stadtplan von Madrid schon in Paris eifrig studiert hatte, versuchte zunächst, sich zu orientieren, konnte aber in der Dunkelheit nichts erkennen. Er war vor allem deshalb beunruhigt, weil es sich um eine militärische Ausnahmesituation handelte: eine belagerte Hauptstadt. «Und diese Dunkelheit! So eine Stadt habe ich noch nie gesehen! ...» Brennende Straßenlaternen gab es nur wenige, das Auto fuhr durch beleuchtete Oasen, dann versank wieder alles in Dunkelheit. Man konnte sich kaum vorstellen, wie der Chauffeur es schaffte, das Auto durch die Stadt zu lenken. «Wo sind wir? Sind das noch die Außenbezirke, oder ist das schon das Stadtzentrum?» An den Straßenlaternen standen manchmal Menschen, vor allem Militärangehörige. Aus Häusern mit geschlossenen Fensterläden schienen Stimmen zu dringen. In einem Haus sah man durch

* hier: Gut gegangen!

die einen Spaltbreit offen stehenden Fensterläden Menschen in einem beleuchteten Raum an Tischen sitzen, und irgendwie beruhigte Tamarin der Anblick des Cafés. «Ich schaue mir das alles morgen an, heute Abend hat das keinen Sinn. Etwas essen, schnell unter eine warme Decke kriechen und schlafen ...» Konstantin Alexandrowitsch fühlte sich unwohl und war von der Reise erschöpft. «Wie seltsam! Da hat man allen Komfort, den man sich wünschen kann, hat ein großartiges Automobil allein für sich – und ist erschöpfter als von einer Fahrt im Güterwaggon ...» Allerdings sagte er sich sofort, dass er zum Zeitpunkt seiner Reisen in russischen Güterwaggons zwanzig Jahre jünger gewesen war, und mit einem traurigen Lächeln erinnerte er sich wieder an den Spruch von Fürst Bagration.

Der Wagen hielt in einer kurzen, schmalen Straße, an deren Ende eine Laterne brannte. Tamarin erblickte ein lang gezogenes dreistöckiges, ziemlich düsteres Haus. Die Hauswand war unten mit Sandsäcken geschützt. «Hier ist es», sagte der Leibwächter und sprang aus dem Wagen. Er rannte die Vortreppe hinauf und klopfte an die Tür. Ein bläuliches Licht flammte auf, und auf der Treppe erschien eine Frau mit einer Taschenlampe. Der Leibwächter nahm seine Mütze ab, verbeugte sich, zeigte ein Dokument vor und erklärte etwas mit halblauter Stimme. Die Frau nickte, lächelte und begann schnell auf ihn einzureden. «Gott sei Dank! Das heißt, es ist ein Zimmer frei?», fragte Konstantin Alexandrowitsch, während er aus dem Auto stieg. Unter seinen Füßen splitterte und knirschte es unangenehm. Der Bürgersteig war mit Glasscherben übersät. Die Fenster mit den zerbrochenen Scheiben waren zugehängt oder abgeklebt worden. An zwei Fenstern hingen halb abgerissene Fensterläden. Tamarin wollte den Koffer aufnehmen, aber der Leibwächter stürzte wieder hinzu, als ob gleich ein Unglück passieren könnte. «Ich bringe alles auf Ihr Zimmer», sagte er, «es gibt ein sehr gutes Zimmer für Sie. Im dritten Stock, geht das in Ordnung?» – «Natürlich geht das in Ordnung! Das ist doch unwichtig.» – «Im zweiten Stock gibt es auch noch Zimmer, aber die sind zurzeit belegt. Es sind auch Russen hier», teilte der Leibwächter aufgeräumt mit. Konstantin Alexandrowitsch verzog das Gesicht. «Wahrscheinlich Tschekisten», dachte er. «Und wo werden Sie übernachten?» – «Für uns ist hier kein Platz. Wir schlafen in der Autowerkstatt ...» Die Spanierin mühte sich mit dem Koffer ab, er glitt ihr, schwer, wie er war, aus den Händen und plumpste auf die Glasscherben. Der Chauffeur schickte sie verärgert weg und trug den Koffer und die Schreibmaschine vorsichtig selbst ins Haus. «Hätten sie das Glas nicht auffegen können?», brummte er verärgert auf Deutsch, nachdem er auf die Vortreppe zurückgekehrt war und sich die Glassplitter an der obersten Treppenstufe von den Stiefelsohlen geklopft hatte. «Wann sollen wir Sie morgen abholen?», fragte er Tamarin. «Bitte pünktlich um sieben.» Tamarin verabschiedete sich von seinen Begleitern. Diese, insbesondere der Spanier, waren sichtlich betrübt, sich von ihm trennen zu müssen.

Die Spanierin hob die Taschenlampe über den Kopf und ließ Tamarin vorangehen. Eingetreten, blieb er verwundert an der Schwelle stehen: Er stand im Dunkeln. Sie schloss die Tür hinter sich und schaltete das Licht ein. In dem riesigen Kronleuchter brannte eine einzige Glühbirne. «Sieht wie eine vornehme Villa aus, nicht wie ein Hotel», dachte der Armeekommandeur. Im großen Vestibül gab es Bilder, Statuen und Bodenvasen. Rechts befand sich eine große Tür, vor der ein Bewaffneter stand. «Hier entlang?», fragte Konstantin Alexandrowitsch und deutete auf die Tür. Die Frau schüttelte erschrocken den Kopf, wies auf die Treppe und begann noch schneller zu sprechen. Resignierend bedauerte Tamarin, dass er seine Gefährten hatte gehen lassen: «Wie soll ich die Frau nur verstehen? Aber ansehnlich ist sie ...

Keine Carmen, eher eine Micaëla ... Die andere hieß doch Micaëla?»

Auf dem Treppenabsatz stand ein Bewaffneter in einer Lederjacke, anscheinend kein Soldat, aber er sah auch nicht wie eine Zivilperson aus. Er warf einen weniger neugierigen Blick auf den Uniformmantel des Armeekommandeurs als die anderen und salutierte gleichgültig mit geballter Faust, das Theatralische der Geste kümmerte ihn nicht: Er hob einfach die Hand. Aus dem Korridor hörte man das gleichmäßige Klappern von Schreibmaschinen. «Man kommt nicht darauf, was für ein Haus das ist», dachte Konstantin Alexandrowitsch und sah sich nicht ohne Besorgnis um. Auf dem Treppenabsatz im dritten Stock stand niemand. Sie bogen in den linken Korridor ab. Auch hier klapperten hinter den Wänden Schreibmaschinen. Die Spanierin blieb vor der letzten Tür stehen, schloss sie auf und betätigte den Lichtschalter. Befriedigt erblickte Tamarin ein durchaus anständiges, wenn auch nicht großes Zimmer. «Das ist in Ordnung. *Merci. Gracia*», sagte er und versuchte sich zu erinnern, was Danke auf Spanisch hieß. Die Frau sprach immer noch ungewöhnlich schnell, mit vielen «r»- und «j»-Lauten. «Könnte sie nicht einmal still sein, es ist mir schon peinlich zuzuhören, ohne ein Wort zu erwidern», dachte er und lächelte hilflos. «Kutusow[195] hätte diese Micaëla sofort am Kinn gepackt ...» Vielleicht wäre Konstantin Alexandrowitsch bei anderer Gelegenheit genauso verfahren wie Kutusow, aber im Moment hatte er keinen anderen Wunsch, als dass Micaëla ihn in Ruhe ließe. Er hatte Kopfschmerzen.

Es gab weder Decke noch Kopfkissen. In dem Zimmer stand ein Eisenbett mit einer nackten Matratze. Als Tamarin allein war, untersuchte er als Erstes die Matratze. Er war mit dem Resultat zufrieden. «Um Ungeziefer muss ich mir wohl keine Sorgen machen, das ist die Hauptsache ...» Er ging zum Fenster und zog den schwarzen Vorhang ein wenig zur Seite. Das Fensterglas fehlte, bis auf ein paar Zacken, die noch im Rahmen steckten. Das Fenster ging auf dieselbe schwach beleuchtete schmale abschüssige Straße. Aus dem Erdgeschoss des gegenüberliegenden Hauses waren Stimmen zu hören. In diesem friedlichen Gespräch lag etwas Beruhigendes. «Ein seltsames Leben, aber immerhin ein Leben. Aus der Ferne wirkt alles schlimmer und schrecklicher, als es ist. Sie leben wie wir alle ... Hier zieht es stark. Das ist schlecht ...»

Ohne seinen Uniformmantel auszuziehen, setzte er sich in einen Sessel und saß mit gesenktem Kopf, am ganzen Körper zitternd, zwei oder drei Minuten lang da und dachte mit Grausen daran, was jetzt alles anstand. «Den Koffer auspacken, das Necessaire hervorholen, die Sachen zurechtlegen, die Stiefel ausziehen, mich waschen ...» Auf einem Schemel in der Ecke des Zimmers standen Schüsseln und ein Krug mit Wasser. «Oh, jetzt ein heißes Bad nehmen!», dachte er seufzend und war sich bewusst, dass es sich nicht gehörte, in in einer belagerten Stadt an ein Bad zu denken. Abgesehen von dem altertümlichen Waschtisch, war er mit allem anderen in dem Zimmer zufrieden: ein Schreibtisch mit Schubladen – «der kommt mir zupass» –, ein Regal, ein Spiegelschrank, auf der anderen Seite ein großer Wandspiegel. An den Wänden hingen sogar Bilder. Er überwand sich, zog sich aus und begann sich zu waschen, wobei er versuchte, so sparsam wie möglich mit dem Wasser umzugehen. Doch gerade als er sein Gesicht eingeseift hatte, klopfte es an der Tür. Micaëla, mit blitzenden Zähnen, blieb verschämt auf der Türschwelle stehen und reichte ihm ein Laken, eine Decke und eine Rolle als Ersatz für das Kopfkissen. «Merci. Gracia ... Multo, multo gracia», improvisierte Konstantin Alexandrowitsch und kramte Sprachbrocken aus seinem Gedächtnis hervor, während er mit einer Hand seinen Hals schützte und die Augen zusammenkniff, weil ihm die Seife in den Augen brannte. Er beendete seine Toilette und richtete sich, so gut es ging, das Bett – gar nicht schlecht. Zunehmend vor Kälte bibbernd, hängte er seine Kleidung in den Schrank und legte die Unterwäsche in die Kommode, seine Bücher und die Wurst kamen auf die Kommode. Das Zimmer machte beinahe einen gemütlichen Eindruck. Nur von dem verhängten Fenster zog es ziemlich stark.

Es klopfte erneut. Es war wieder Micaëla, diesmal noch schwerer beladen als zuvor: In der rechten Hand hielt sie einen dampfenden Topf, in der linken ein kleines Stück Brot, Gabel, Löffel und ein Glas, das sie mit dem Finger von innen an das Brot drückte, unter dem Arm eine Flasche. Tamarin bedankte sich, und als er sich verbeugte, verschüttete er ein bisschen Flüssigkeit aus dem Topf. «Wozu die Umstände? Ergebensten Dank», sagte er und wechselte endgültig ins Russische («sie versteht sowieso kein Französisch!»). «Tortillas», sagte die Spanierin stolz. «Tortillas», wiederholte der Armeekommandeur.

In dem Topf befand sich eine Art Reissoße mit spärlichen Fleischstücken, reichlich mit Paprika bestreut. Konstantin Alexandrowitsch erheiterte es, dass er ein Gericht aß, das «Tortillas» hieß. Es war essbar, aber Tamarin hatte keinen Appetit: «Ja, kein Zweifel, ich bin krank ...» Der Wein schmeckte ihm ganz gut. Auf der Flasche war kein Etikett. «Wahrscheinlich hat der auch so einen seltsamen Namen ... Ich werde hier noch zum reinsten Torero.» Auf der Gabel und dem Löffel war eine Wappenkrone eingestanzt. «Das ist es! Das Haus hat wahrscheinlich einem Herzog oder einem Marquis gehört.» Sein Vater, Gott hab ihn selig, hätte das gleich gewusst: wem was für Kronen, wem wie viele Bögen, Reife und Spangen zustanden. «Herzöge haben, glaube ich, acht Spangen ... Wo sind der Herzog und die Herzogin heute? Darauf kommen die nie, dass in ihrem Haus jetzt ein alter zaristischer General wohnt! Seltsam, seltsam ... Das Zimmer ist allerdings nicht herzoglich. Vielleicht hat hier irgendeine Haushälterin oder die Gouvernante gewohnt?» Er blickte zufrieden auf den Schreibtisch, schaute in das Tintenfass, in dem die Tinte ganz eingetrocknet war, offenbar schon vor langer Zeit: «Morgen muss ich als Erstes Tinte kaufen und den Füllfederhalter auftanken.» Er sah sich die Bücher im Regal an. Die meisten von ihnen gefielen ihm nicht: *«La influencia militar en los destinos de Espana»**, *«De octubre rojo a mi destierro por Léon Trotsky»*. Der hatte ihm gerade noch gefehlt. *«De octubre rojo»* – «vom roten Oktober», alles klar. Er schaute in sein Wörterbuch: *«Destino»* ... *«Destillador»* ... *«Destierro»* – «Verbannung». – «Vom roten Oktober bis zu meiner Verbannung, alles klar ... Nach der Gouvernante muss noch jemand anderes hier gewohnt haben.» Konstantin Alexandrowitsch betrachtete das Gemälde über der Kommode, das etwas ihm Bekanntes darstellte. Nicht ohne Mühe entzifferte er in dem schwach erleuchteten Raum die Schrift: «Die Schmiede des Vulkans» von Velázquez. «Sieh einer an!» Er versuchte zu ergründen, was die grimmigen barfüßigen nackten Männer bedeuteten, aber ihm fiel zu diesem Vulkan nichts ein. «Hat es nicht so einen Gott gegeben? Er hat etwas geschmiedet ... Ein Gott, der schmiedet ... ‹Der Gott von Lemnos hat geschmiedet dich›[196] ... Ich kann mich an nichts erinnern ...» Er trat wieder ans Fenster. «Eine Strickleiter, eine Spanierin, eine Herzogin mit Kastagnetten ... Auf einer Strickleiter mit Kastagnetten, geht das denn?» Die dunkle, schmale Straße vermochte in seiner Vorstellung nichts Derartiges hervorzurufen. «Na ja, im Moment ist nicht die rechte Zeit für Spanierinnen und Herzoginnen!», murmelte er verdrossen.

Er zog seinen Pyjama an und legte sich ins Bett, das sich als ziemlich hart erwies. Er hüllte sich in die Decke, streckte sich

* Der Einfluss des Militärs auf die Geschicke Spaniens

behaglich aus, bevor er mit noch größerem Vergnügen seine Muskeln entspannte. «Ja, auch ohne Spanierinnen hält das Alter noch glückliche Momente bereit.» Er wollte aus Gewohnheit noch etwas lesen, aber der Clausewitz war auf der Kommode geblieben: Er hatte vergessen, ihn auf den Stuhl zu legen, den er sich statt eines Nachttisches ans Bett gerückt hatte. Er hatte keine Lust aufzustehen: Es war kalt. Er schaltete das Licht aus, der Schalter befand sich glücklicherweise in Reichweite seiner Hand.

Er erwachte von einem lauten Krachen. Konstantin Alexandrowitsch fuhr auf: «Was ist das?» Von der Straße drangen Schreie herauf, eine große Menschenmenge schien draußen herumzulaufen. Tamarin streckte die Hand nach dem Lichtschalter aus, tastete die Wand ab, fand ihn schließlich und betätigte ihn, aber die Lampe ging nicht an. Es war völlig dunkel, noch dunkler als am Abend. Die Schreie auf der Straße nahmen zu. Plötzlich gab es eine heftige Explosion. «Ein Bombenangriff!» Sein Herz raste. «Ich bin es nicht mehr gewohnt!» Mit zitternder Hand drehte er noch ein paar Mal heftig an dem Schalter – als müsste die Glühbirne durch das ungestüme Drehen angehen – und begriff dann, dass der Strom vom Elektrizitätswerk abgeschaltet worden sein musste. Konstantin Alexandrowitsch suchte nach seinen Schuhen, konnte sie nicht finden und bewegte sich barfuß auf dem Steinboden vorsichtig zum Fenster, streckte die linke Hand aus und orientierte sich mehr am kalten Luftzug. Er stolperte und fiel beinahe hin, aber er erreichte das Fenster und zog den Vorhang zurück. Es wurde kaum heller im Zimmer. Die Schreie kamen von irgendwo links. Offenbar rannten die Menschen weg und verbargen sich. Die furchtbare Explosion wiederholte sich – anscheinend noch näher –, und mit ihr verschmelzend, ertönte ein lang gezogenes, sich ins Unerträgliche steigerndes Donnern, dann hörte man einen Frauenschrei, Kreischen und Weinen. Tamarin begriff, dass ganz in der Nähe ein Haus eingestürzt war. «Vielleicht ist das der Tod! ...» Er bekreuzigte sich und schaute zur Decke, dann überlegte er ruhig, was genau vor sich ging. «Nein, unter Trümmern werde ich nicht landen: Ich befinde mich im obersten Stockwerk ...» Es gab eine dritte Explosion, gefolgt von einer vierten, einer fünften. Die Detonationen, eine nach der anderen, entfernten sich mit unfasslicher Geschwindigkeit, man konnte sich nur schwer vorstellen, wie Menschen sich so schnell fortbewegen konnten. «Es ist höchstens eine Minute vergangen, und es kracht wahrscheinlich schon in Getafe ... Glück gehabt ... Ich bin verschont geblieben ...»

Die Schreie auf der Straße wurden schwächer und klangen jetzt anders. Man hörte fröhliche Stimmen, als würden sich die Geretteten gegenseitig beglückwünschen. Es gab noch einen dumpfen Schlag, aber der war schon weit weg. Plötzlich ging im Zimmer die Lampe an, und irgendetwas tauchte die Straße in ein schwaches blassbläuliches Licht. Fröhliches Stimmengewirr erhob sich: «A-a-h!» Die Straße füllte sich mit Menschen. Ein großes, unschöne Assoziationen weckendes Automobil jagte vorbei. Tamarin wollte wissen, wo es eingeschlagen hatte, ob sich das zerstörte Haus in unmittelbarer Nähe befand, aber es gab niemanden, den er fragen konnte. «Immerhin herrscht bei ihnen Ordnung: Der Rettungsdienst funktioniert, der Strom ist ordnungsgemäß abgeschaltet worden.» Von der Straße drangen vertraute Stimmen zu ihm herauf: Das waren seine Gefährten. «Na so was! Sie sind auch hier?», rief Tamarin erfreut und forderte sie aus unerfindlichen Gründen auf, zu ihm heraufzukommen. Während sie emporstiegen, zog er den Hausmantel an, den er gerade in den Schrank gehängt hatte, und dachte, es sei ein wenig peinlich, sie im Hausmantel zu empfangen. Der Spanier trug jetzt Sandalen an seinen nackten Füßen und hatte auch

weniger Waffen bei sich. Der Chauffeur war genauso formell gekleidet und in genauso strammer Haltung wie am Tage. «Was
war das? Was ist passiert?», fragte Konstantin Alexandrowitsch.
Der Leibwächter erzählte aufgeregt, dass dreihundert Meter
entfernt eine schwere Bombe eingeschlagen sei; ein großes Haus
war eingestürzt, etwa zwanzig Frauen und Kinder seien getötet
und noch viel mehr verwundet worden. «Die fünfte Kolonne
sendet ihnen Signale», sagte er mit geheimnisvoller Miene und
erklärte dem Armeekommandeur den Ausdruck, den dieser
nicht kannte: Heimlich in Madrid zurückgebliebene Faschisten gaben den Fliegern Zeichen. «Einer von ihnen ist gerade
aufgespürt worden: bei ihm brannte eine Lampe.» – «Und
was haben sie mit ihm gemacht?» – «Sie haben ihn aus dem
Fenster geworfen», antwortete der Deutsche fröhlich, «das
ist hier so Sitte, wenn das Haus mindestens sechs Stockwerke
hat.» – «Wir haben Ihre Befehle bereits ausgeführt», beeilte
sich der Leibwächter das Gespräch in eine andere Richtung zu
lenken, «wir haben Benzin besorgt, sind in den Stab gefahren,
haben den Passierschein für Sie beantragt und bekommen.» Er
reichte Tamarin das Dokument. «Großartig, dass das so schnell
gegangen ist. Also morgen um sieben», sagte der Armeekommandeur, der sich über die spanischen Sitten schon nicht mehr
wunderte. «Heute Nacht wird es eine große Schlacht geben»,
sagte der Leibwächter und senkte die Stimme, «ich habe es gerade erfahren. Wir greifen die Klinik in der Universitätsstadt
an. Sie ist in den Händen der Faschisten. Das ist ein großes
Geheimnis.» – «Ich werde es niemandem sagen. Die Universitätsstadt ist doch in der Nähe?» – «Ganz in der Nähe. Die
Straßenbahnlinien 22 und 12 fahren von der Puerta del Sol dorthin.» Tamarin seufzte nur: Klinik – große Schlacht – mit der
Straßenbahn aufs Schlachtfeld! «Für die Erstürmung der Klinik
werden meine strategischen Fähigkeiten nicht gebraucht ...»

Der Leibwächter sah ihn mitfühlend-besorgt an. «Ich hoffe, Sie sind nicht krank?», sagte er. «Hier erkältet man sich leicht. In Madrid gibt es so eine Redewendung: Warm anziehen sollte man sich bis zum einundvierzigsten Mai.» Konstantin Alexandrowitsch lächelte schwach und entließ sie. Er fühlte sich in der Tat immer schlechter.

Tamarin schaute auf die Uhr und erschrak: Es war noch nicht einmal zwölf. Vor ihm lag eine lange, ruhelose Nacht, sein Schlaf war gestört. «Soll ich eine Schlaftablette nehmen?» Konstantin Alexandrowitsch hatte immer eine Reiseapotheke bei sich. Früher war das eine elegante Schachtel mit kleinen Fächern und Gläschen gewesen, jetzt war es eine alte Pralinenschachtel. Auch die Medikamente waren jetzt andere: Vom Phenacetin und Antipyrin seiner Jugendzeit war keine Rede mehr. «Eine Gardenal? Ich warte lieber noch: Wenn ich nicht einschlafe, dann nehme ich eine ...»

Er breitete zusätzlich den Mantel über die Bettdecke und legte sich wieder hin. Er dachte, es wäre gut, wenn er sich auch etwas auf die Füße legte. Die Fieberschauer an sich waren beinahe angenehm – wenn man wüsste, dass man noch lange, sehr lange so daliegen könnte, am besten eine Ewigkeit ... Tamarin fühlte sich jetzt körperlich und geistig so erschöpft, als wäre er hundert Jahre alt. «Herrgott, lass mich hier nicht ernsthaft krank werden! Keine Menschenseele kennt mich hier!», dachte er entsetzt und schüttelte den Kopf. «Gut, dass ich keine Angst gehabt habe. Nur die Schallwirkung ist beängstigend, besonders, wenn ein Haus einstürzt. Die Artillerie ist etwas anderes: Die ist gefährlicher, aber der Eindruck ist vom Geräusch her schwächer, anders.» Es gefiel ihm auch, dass er wieder in einem Krieg war, aber das Gefühl war jetzt viel schwächer als noch ein paar Stunden zuvor. «Ja, ja, Bâtards, Boxer ... Wenn sie die Leute aus dem Fenster werfen, dann stechen sie ihnen vielleicht auch die

Augen aus ... Die einen im Namen Christi, die anderen im Namen der Freiheit ... Und die einen wie die anderen lügen natürlich schamlos. Freiheit! Haben die Menschen die Freiheit denn so verinnerlicht, wie Väterchen und seine Zeitgenossen, sagen wir, die ‹Ehre der Uniform› verinnerlicht hatten? Unsere Väter wussten genau, dass man die Uniform unter keinen Umständen beflecken durfte; dass es Dinge gab, die mit der Uniform unvereinbar und deshalb ausgeschlossen waren; dass man vorbehaltlos für die Ehre seiner Uniform zu sterben hatte, wenn das erforderlich war. Aber was ist denn unvereinbar mit *ihrer* Uniform, der Uniform der Freiheit? Bei ihnen ist der Anteil an Deserteuren, Abtrünnigen und Verrätern nicht zehnmal, sondern zehntausendmal größer als damals ... Und wenn sie siegen, werden sie die Freiheit dann auch einführen? Vielleicht stechen sie wenigstens niemandem die Augen aus, aber selbst das ist nicht sicher ... Natürlich gibt es vernünftige Kriege, aber dieser hier ist sinnlos ... Und am sinnlosesten ist, dass ich hier bin. Wieso nimmt ein Russe, ein ehemaliger Gutsbesitzer aus dem Gouvernement Orjol, ein russischer General, schwer zu sagen, ob ein ehemaliger oder ein derzeitiger, am Spanischen Bürgerkrieg teil? ... Stimmt, mein Großvater hat am Ungarnfeldzug[197] teilgenommen, und Ungarn lag uns damals genauso fern wie heute Spanien. Doch die Offiziere von Nikolaus I. glaubten unbeirrt an alles, woran Nikolaus I. selbst glaubte. Und ich? Mir ist doch im Grunde völlig egal, was Miaja oder Franco wollen, ich sehe keinen Unterschied zwischen ihnen: Beides sind Operettengeneräle.» Ihm fiel auch ein, dass, wenn er in dieser ersten Nacht getötet würde, wahrscheinlich niemand jemals erführe, was mit ihm passiert war. «Was für Protokolle schreiben die denn hier? Wer stellt hier schon Nachforschungen nach einem Fremden ohne Verwandte oder Freunde an? Es sei denn, diese jungen Leute machen Meldung. Sie werden Moskau vielleicht benachrichtigen.» Von unten, aus den Fenstern im Erdgeschoss drangen noch Stimmen, die Menschen hatten sich beruhigt und waren gut gelaunt. Sie begaben sich zur Nachtruhe und riefen sich scherzhaft zu: Heute sind wir davongekommen, wen wird es morgen treffen? «Ach, wie dumm, wie dumm. Seltsam, dass immer die Dummheit dominiert ... Und die Langeweile ...»

Plötzlich erklang von irgendwo unten Musik. Tamarin lauschte verwundert: eine Gitarre? Die Klänge waren ihm vertraut. Zu dem Instrument gesellte sich eine Stimme, ein recht angenehmer Tenor, der auf Russisch sang. «... Ich komme heim am frühen Morgen, – ich bin dem Wodka herzlich zugetan», sang der Tenor. «Unglaublich!» – «Ich lernte ohne Müh' und Sorgen – das, was man bei Zigeunern lernen kann ...» Jemand lachte frohgelaunt auf. «Richtig, es sind ja Russen hier! Ich dachte, das wären Tschekisten. Aber es sind Offiziere!», freute sich Konstantin Alexandrowitsch, obwohl nicht das Geringste zu dieser Annahme berechtigte. «... Oh Rausch, die Troika jagt ins Weite – ich seh' vor mir der Liebsten holdes Bild. – Und da ich bittre Sehnsucht leide – aus meinem trunk'nen Aug die Träne quillt ...»[198] Auch auf Konstantin Alexandrowitschs Wange fiel plötzlich eine Träne. «Er hat eine sehr schöne Stimme. Und er singt ganz so, wie wir früher gesungen haben ...» Plötzlich musste er an eine andere Nacht denken, an eine Nacht vor langer Zeit, ein Fest des Alexanderregiments, vor fast fünfzig Jahren. «... Du im Husarenrock, so feierlich, – die Augen strahlen zauberhaft und schön – Unsterblicher, oh ja, ich kenne dich ...»[199] Tamarin sah den Festsaal vor sich, den mit Flaschen vollgestellten Tisch, die singende Offiziersschar und das fröhliche Gesicht des künftigen Zaren, der im Takt des Liedes die Arme schwenkte. «Ach, wenn es damals einen Weissager gegeben hätte, einen prophetischen Oleg[200]! Wozu war das alles gut gewesen? Für wen?»

Der Gesang brach ab. Man vernahm einen derben russischen Fluch, gefolgt von Gelächter und dem Geräusch von splitterndem Glas. «Die wissen wahrscheinlich, wer ich bin ... Soll ich zu ihnen gehen?», überlegte Konstantin Alexandrowitsch. «Nein, unmöglich: Meine Mission ist geheim. Natürlich, sie müssen meinen Namen kennen. In drei, vier Jahren wird ihn auf der ganzen Welt niemand mehr kennen. Auf der ganzen Welt! ‹Unsterblicher, oh ja, ich kenne dich!› Ich kenne dich nicht, und niemand ist unsterblich, und ich verstehe das alles nicht: Wie kommt das *von dort*, aus meiner Vergangenheit *hierher*? Ohne mein Zutun, beinahe gegen meinen Willen! Als wäre ich gar nicht beteiligt. Aber so geht es ja allen, ausgenommen irgendwelchen außerordentlichen Menschen: Man geht in eine bestimmte Richtung – und kommt ganz woanders an ... Nein, ich kann wirklich nicht zu ihnen gehen. Höchstens im äußersten Notfall, wenn ich tatsächlich schwer krank werde ... Aber ich bin *schon* krank! Nicht dass ich mir doch Typhus eingefangen habe? Eher unwahrscheinlich, Typhus hat eine Inku... Inkubationszeit ...» Das Wort «Inkubation» wollte ihm nicht gleich einfallen. «Gibt es nicht noch andere Wörter mit ‹Inku›? Inkuben ... Inkunabeln. Blödsinn! ... Ich habe großen Durst ... Typhus kann es nicht sein. Es heißt, hier gibt es ein tückisches Fieber, das einen sofort umwirft ...»

Tamarin stand auf, goss sich mit zitternden Händen Wein ein und leerte das Glas in einem Zug. «Vielleicht schlafe ich doch noch ein? Der Wein ist stark ... Soll ich vor dem Einschlafen lesen? ...» Er ließ seinen Blick über die Bücher auf der Kommode gleiten. Es gab einen Band Clausewitz, ein Spanischlehrbuch fürs Selbststudium nebst Wörterbuch, einen Reiseführer für Madrid, es gab den Puschkinband, den er in Paris gekauft hatte. «Gut, dass ich den mitgenommen habe!» Er legte sich wieder hin, wartete ein paar Minuten, damit ihm warm würde, und als ihm nicht warm wurde, überwand er sich und schlug das Buch auf. Besser gesagt, es öffnete sich von selbst, auf der Seite mit dem Lesezeichen, und wieder, aber mit noch viel stärkerer Erregung als damals in Paris, las Konstantin Alexandrowitsch: «Und er sprach zu mir: Sei ruhig – Bald schon, bald schon bist du wert, – In das Himmelreich zu gehen. – Deine Reise auf der Erde – Wird nun bald ihr Ende finden. – Schon beginnt des Todes Engel, – Dir den heiligen Kranz zu winden ...»

XIX

So lag er, in Fieberschauern, mit offenen Augen, schwer atmend lange Zeit da, vielleicht drei, vielleicht vier Stunden. Mehrmals schaltete er das Licht ein, sah auf die Uhr, starrte angestrengt auf die Zeiger und versuchte zu erkennen, wie spät es war, und lag immer wieder falsch. Das Licht fuhr ihm in die entzündeten Augen, und er machte es sofort wieder aus. «Ich bin krank, richtig krank», dachte er niedergeschlagen und überlegte, was er tun könnte. «Nirgendwo auf der Welt gibt es jemanden, der mir nahesteht, und diejenigen, die mir einmal nahegestanden haben, liegen längst in ihren Gräbern. Und hier habe ich noch nicht einmal gewöhnliche Bekannte, die auch nur ungefähr wissen, wer ich bin ...» Am Ende dieser langen Nacht begannen sich seine Gedanken zu wirren. Er merkte, dass er hohes Fieber hatte. «Wahrscheinlich 39, oder sogar 40?» Er verbrachte lange damit, sich zu erinnern, ob das Grad Celsius oder Grad Réaumur waren. Aber es fiel ihm nicht ein, und das beunruhigte ihn sehr. «Und wer Celsius war, weiß ich nicht mehr ... Réaumur, ja ... Als Kind hatte ich furchtbare Angst vor dem Wort ‹Antoniusfeuer›[201]: Was für ein Antonius? Was für ein Feuer? ... Das gehört nicht hierher. Ich habe Fieber oder vielleicht Typhus, mit dem Antoniusfeuer hat das nichts zu tun. Beunruhigend ... sehr beunruhigend ...» Dann fiel ihm zum Glück ein, dass Réaumur Antoine hieß: «Es gibt also eine Verbindung, ich bin noch nicht völlig verrückt!»

Der Geruch der Essensreste im Topf ekelte ihn. Er stand mühsam auf und stellte den Topf in den leeren Flur. Irgendwo klapperte immer noch eine Schreibmaschine, es schien nur noch eine zu sein. «Aha! Hier kann man also bis spät in die Nacht auf die Tasten hämmern!», dachte Tamarin, der an die französischen Gepflogenheiten gewöhnt war. «Vielleicht sollte auch ich mich an die Arbeit setzen? Eine Arznei nehmen und mich an die Arbeit setzen?» Er suchte nach der Reiseapotheke; aus zwei Schächtelchen fielen Pillen heraus. «Sieht aus wie Aspirin», dachte er und schluckte drei Pillen nacheinander mit einem Schluck Wein. «Und was ist in der anderen Schachtel?» Er erinnerte sich daran, dass es sich um Tabletten handelte, die ihm ein Apotheker empfohlen hatte, zur Steigerung der geistigen Aktivität und Energie – die hatte er in Paris gekauft, nachdem er eine gewisse Erschöpfung an sich bemerkt hatte. «Und wenn ich mich geirrt habe? Die Pillen sind sich sehr ähnlich. Von diesen anderen durfte man ‹nur eine pro Tag, auf keinen Fall mehr› nehmen, hatte der Alte an der Ecke des Boulevard Saint-Michel gesagt. Ich glaube, ich habe sie in der Tat verwechselt: Diese Pillen sind ziemlich bitter ...» Er trank, Glas für Glas, den Rest des Weins aus der Flasche. «Ein guter Wein, aber viel stärker als der französische ...»

Die Schreibmaschine stand auf der Kommode. Von der Seite sah sie aus wie ein Panzerkreuzer in Miniaturgröße. «Franco hat Panzerkreuzer, das muss im Bericht vermerkt werden ... Ich habe in meinem Buch geschrieben, dass man den Ausgang des

528

Kampfes zwischen See- und Luftstreitkräften vorerst nicht vorhersagen kann: Es fehlt an Information ... Eigentlich ist mir das alles egal», murmelte Konstantin Alexandrowitsch, der im Allgemeinen nicht die Angewohnheit hatte, Selbstgespräche zu führen. Das Farbband der Schreibmaschine war stark abgenutzt und an einigen Stellen zerfranst, aber er hatte ein Ersatzband dabei. Er begann, es einzufädeln. «Völlig egal», murmelte er, «ob nun Franco oder Miaja ... Wenn diese Seite hier ein wenig anständiger und attraktiver ist, so liegt das allein daran, dass sie sich damit begnügt hat, lediglich die Freiheit zu besudeln – aber die haben nur die ganz Faulen nicht besudelt oder kompromittiert, zum Teufel mit ihr! Sollen sie die Freiheit doch kompromittieren und besudeln! Und die anderen, die Faschisten, begehen ihre Gemeinheiten nicht im Namen der Freiheit, sondern im Namen von etwas anderem, und das ist noch abscheulicher, weil es die reinste Blasphemie ist ... Ein echter Gläubiger kann das nur als Blasphemie bezeichnen ...»

Es gelang Tamarin nur mit Mühe, das Ende des Farbbands in die Spule einzufädeln, obwohl es eine ihm vertraute Prozedur war, die er sogar liebte. Trotz seiner Sparsamkeit wechselte er die Farbbänder in Moskau und Paris sehr oft – er liebte ein klares schwarzes Schriftbild. Er hatte sich an dem neuen Farbband die Finger beschmiert. Es war fast kein Wasser mehr im Krug, er schüttete den Rest in eine Schüssel, aber am Ende verrieb er die Farbe nur auf den Händen, und auf dem Handtuch blieben schwarze Flecken zurück – «peinlich, wenn das diese Micaëla sieht ... Nein, so kann man nicht schreiben! Hm, vielleicht sollte ich lieber nach draußen gehen?»

Konstantin Alexandrowitsch gefiel dieser Gedanke sehr, und er begann sich eilig anzuziehen. «Ich habe einen Passierschein, ich kann gehen, wohin ich will, kann mir ansehen, was ich will. Die Haustür unten ist nur verriegelt, nicht abgeschlossen ...

Vielleicht bekomme ich sogar den Angriff zu sehen! Den nächtlichen Kampf!» Er freute sich immer mehr. Seine Müdigkeit war wie weggeblasen. Aber er überblickte die Situation immer weniger. «Der Wein hat mich aufgewärmt, ein ausgezeichneter Wein ... Ich muss die Ansichtskarte einwerfen!» Die Karte an Nadja befand sich noch in seiner Manteltasche. Nachdem er den Uniformmantel übergezogen hatte, verließ Tamarin auf leisen Sohlen das Zimmer. Die Schreibmaschine klapperte immer noch. «Ist das womöglich eine Halluzination? Nein, ich habe noch nie im Leben Halluzinationen gehabt. Jedenfalls wäre das eine sehr seltsame Halluzination.»

Unten im Vestibül döste der bewaffnete Wachmann auf dem Sofa vor sich hin. Gerade als Tamarin die Treppe hinunterging, hielt ein Automobil vor dem Haus. Ein großer, grauhaariger Mann in einem dunklen, abgetragenen Mantel betrat das Vestibül. «Ich glaube, das ist einer *von den unseren*! Habe ich ihn nicht schon einmal in Moskau gesehen, in irgendeiner Kommission? Ein Lette», dachte Konstantin Alexandrowitsch mit einem sehr unguten Gefühl. Der Wachmann sprang hoch, Schrecken stand ihm ins Gesicht geschrieben. Auch der Posten an der Tür nahm mit erschrockener Miene stramme Haltung an. Der Zivilist tat so, als würde er Tamarin nicht bemerken, und verschwand in der Tür.

Es war eine seltsame Nacht. Vielleicht hatte der nach Spanien übergesiedelte Grieche[202], der rätselhafteste unter den großen Künstlern, in seinen letzten Lebensjahren, zu der Zeit, als ihn der Wahnsinn überkam, hier in den Nächten diesen figurenreichen, fleckigen Himmel gesehen. Ein scharfer Wind trieb die Wolken vor sich her, der riesige rötliche Mond zeigte sich nur für einen kurzen Moment. Tamarin blickte erstaunt in den Himmel und blieb eine Minute lang reglos stehen. Ihm kam der Gedanke, dass er im Fieber fantasierte, dass er sofort umkehren und sich wieder ins Bett legen müsste. «Unsinn! ... Seltsam, alles ist so seltsam», sagte er zu sich selbst, knöpfte seinen Mantel zu und ging rasch nach links. «Hispanisch, sehr hispanisch! So eine Nacht habe ich noch nie gesehen.» Es war sehr kalt, die Straßen waren leer, und Straßenlaternen gab es nur wenige. An einer von ihnen fiel ihm eine Art hoher Kasten auf. Er begriff nicht sofort, dass das ein Briefkasten war, aber er ahnte es. Konstantin Alexandrowitsch warf die Karte ein – «Kein Zweifel, das ist ein Briefkasten» – und verspürte eine große Erleichterung. Auch unter normalen Umständen grämten ihn nicht abgeschickte Briefe immer ein wenig. Jetzt atmete er erleichtert auf, als wäre es ein außerordentlicher Glücksfall, in dieser großen Stadt einen Briefkasten gefunden zu haben. «So geht meine Spur nicht verloren! ... Ja, das Böse triumphiert, und ich bin mittendrin, ein Dummkopf im Dienst von Bösewichten. Im Übrigen sind die anderen nicht besser als sie und nicht schlauer als ich ...»

Nicht weit entfernt ertönte ein Kanonenschuss, gefolgt von einem zweiten, einem dritten. Tamarin war überglücklich. «Ja, ja, da muss ich hin!», sagte er sich und beschleunigte die Schritte. Immer mehr zerstörte Häuser kamen in Sicht. «Geradezu seltsam, dass es so wenige sind! Hätten die Deutschen es richtig krachen lassen, wäre von der Stadt nichts übrig geblieben.» Links tauchte eine hohe Säule mit einer Kugel auf der Spitze auf. «Ein Denkmal?[203] Das hat niemand verdient, wofür denn. Wäre kein großes Unglück, wenn es plattgemacht wird. Und später macht ihr die Denkmäler der anderen Seite platt, und auch das geht in Ordnung», empfahl er – wem auch immer. Konstantin Alexandrowitschs gute Laune nahm noch weiter zu, als er eine schwach beleuchtete Bar mit halb geöffneter Tür erblickte. Er trat ein, murmelte etwas und stupste mit dem Finger auf die erstbeste Flasche. Der Lichtschein kam von einem

Grillrost, auf dem Fisch gebraten wurde. Der Gastwirt, ein alter Mann, schenkte dem Gast das Glas ein, ohne seiner Uniform die geringste Beachtung zu schenken. «Vielleicht würde er, wenn hier plötzlich Hitler in einer deutschen Uniform hereinkäme, dem ebenso wenig Beachtung schenken», dachte Tamarin, «ein wahrer Weiser!» Er leerte das Glas, verlangte ein zweites, bezahlte. Wieder hörte man Schüsse, das Rattern von Maschinengewehren. «Universitätsstadt?», fragte Konstantin Alexandrowitsch in bester Laune, er erinnerte sich ungefähr, wie der Leibwächter den Ort auf Spanisch genannt hatte. Der alte Mann nickte gleichgültig und verschob die Pfanne auf dem Grill. Erst jetzt spürte Tamarin den starken, unangenehmen Fischgeruch und verließ, mit dem Ekelgefühl eines Kranken, fluchtartig die Schänke.

Und als wolle ihn das Leben ein letztes Mal überraschen, kam hinter den Wolken der Mond hervor und übergoss die sterbende Stadt mit seinem rötlichen Schein. Konstantin Alexandrowitsch war starr vor Erstaunen. «Märchenhaft, märchenhaft!», murmelte er. «Ich glaube, ‹märchenhaft› ist das richtige Wort. Man kann sogar die Ladenschilder lesen. Wenn nicht im Mondlicht, dann im Schein der Laternen ... Hier scheint es auch mehr Straßenlaternen zu geben.» – «*Pelluqueria* – Friseursalon!», freute er sich. «*Confiteria, Camiseria**, ich verstehe alles! *Carpinteria*.** Was ist eine *Carpinteria*?» – «*Asegurada da incendios* – ‹feuerversichert›. Jedes Haus ist ‹feuerversichert› ... So viel zu ‹*asegurada*›. Russland war auch ‹*asegurada de incendios*›. Wie wir alle.»

Der Wachtposten an der Ecke machte eine unentschlossene Bewegung in seine Richtung, als er jedoch die Uniform sah, sa-

---

* Konditorei, Hemdengeschäft
** Tischlerei

lutierte er und ließ ihn passieren. Tamarin kam auf einen großen Platz. Überall waren von Mondlicht übergossene Ruinen. Auf der rechten Seite stand ein großes Gebäude in Flammen. Konstantin Alexandrowitsch lachte. «Auch bei ihm, bei Velázquez, gab es ja den Lichtschein des Schmiedefeuers. Ein Scherz! Hier hat sich das Leben einen Scherz erlaubt! ... *Cine Las Flores**. Und es ist versichert! Es ist versichert!»

Vor ihm führte eine schmale Straße bergab, von der auf der anderen Seite der Senke krumme Pfade aufwärts abzweigten. Erst jetzt bemerkte Tamarin, dass auf dem kleinen Hügel mehrere große Gebäude standen. Er vermutete, das war die Universitätsstadt. Er überquerte rasch die Straße und folgte einem Pfad nach oben. Über ihm explodierte eine Granate. «Ich glaube, ich komme gerade rechtzeitig, der Sturm beginnt ...», dachte er. Männer mit Gewehren im Anschlag rannten auf ein Gebäude zu. «Ach, die Dummköpfe! Wie stürmen sie denn! Das Maschinengewehrfeuer wird sie niedermähen!»

An der Spitze der Angreifer lief ein Mann in einer Joppe, der sich ungewöhnlich präzise bewegte, wie in einer Filmsequenz, im Gegensatz zu den anderen verstand er offenbar etwas von diesem Krieg. Nachdem er zwanzig Schritte gelaufen war, schaute er sich um, rief etwas und ließ sich zu Boden fallen. Nicht alle taten es ihm gleich. Im selben Moment begannen die Maschinengewehre zu rattern. Nach ein paar Augenblicken lief der Mann in der Joppe in geduckter Haltung im Zickzack vorwärts und holte mit der rechten Hand, welche eine Handgranate hielt, weit aus. Einige der Männer, die hinter ihm herliefen, stürzten zu Boden. Tamarin stieß einen Schrei aus und lief ihnen nach, im Lauf zog er seinen Säbel. «Jungs! ... *Todos para uno*! ... *Lenin dos dos*!», rief er mit einer Stimme, die ihm nicht zu gehören schien. Es gab

---

* Filmtheater Las Flores

eine heftige Explosion. Tamarin warf sich zur Seite, ließ seinen
Säbel fallen, hob beide Arme und fiel um. Der verhallende Donner der Explosion verschmolz mit dem Maschinengewehrfeuer.

XX

Am Tag von Wislicenus' Verschwinden kehrte Kangarow
um die neunte Stunde ins Sanatorium zurück, absichtlich so spät, um unter keinen Umständen dem Gast zu begegnen.
Er war in sehr schlechter Stimmung. Er meinte, er müsse Charakter zeigen und dürfe mindestens zwei Tage nicht mit Nadja
sprechen. Nicht dass er überhaupt nichts sagen durfte: Ein kurz
angebundenes «Guten Morgen» oder «Brauchst du Geld?»
oder «Hat es schon zum Essen geklingelt?» war natürlich ge-
stattet und verpflichtete zu nichts, aber *unterhalten* würde er sich
nicht. «Sie soll wissen, dass ich wirklich verärgert bin und dass
es ungehörig von ihr war, diesen Rüpel einzuladen! Natürlich
bin ich nicht eifersüchtig, es wäre in höchstem Maße töricht
von mir, überhaupt eifersüchtig zu sein, und wegen dieses Alten
schon gar nicht. Ich weiß genau, dass sie ihn nicht liebt, sie hat
ihn vor lauter Dummheit eingeladen, und außerdem, um mir
ihre Unabhängigkeit zu demonstrieren: Oj, sie ist ja frei, oj, sie
kann doch empfangen, wen sie will!» (Wie viele Menschen
jüdischer Abstammung liebte er es, dieses «oj» und ähnliche
Füllwörter in seine Sätze einzustreuen.) «Noch bin ich nicht
in der Situation, ihr etwas befehlen oder verbieten zu können»,
sagte er sich mit sanft beklommenem Herzen, «aber sie könnte
immerhin begreifen, dass der Status quo nicht mehr lange währt:
Unsere Beziehung beginnt sich zu klären.»

Während der Fahrt wurde er etwas milder gestimmt, und als sich das Automobil dem Sanatorium näherte, war er schon bereit, Nadja das Strafmaß auf einen Tag zu verkürzen: «Am meisten bestrafe ich mich ja selber.» Aber seine Laune besserte sich nicht. «Der Besuch dieses verdammten Wislicenus könnte mir noch große Unannehmlichkeiten bereiten: Sicher werde ich schon observiert!» Zuerst wollte er das selbst nicht glauben, und als er es dann doch glaubte, entsetzte es ihn, dann zweifelte er wieder: «Blödsinn! Was habe ich denn gemacht? Wen interessiert schon Nadja? ... Und überhaupt ist alles unerfreulich, sehr, sehr unerfreulich! ...»

Kangarows Gedanken wechselten zu seiner Gesundheit. Er hatte merklich zugenommen, er aß zu viel, und er erklärte Nadja, dass er *Scheinappetit* habe. Der Arzt des Sanatoriums hatte gesagt, es sei besser, nicht zu sehr zuzunehmen, es sei aber auch kein allzu großes Problem: Das Wichtigste seien die Nerven, vor allem anderen. «Ich möchte einmal sehen, wie es um seine Nerven bestellt wäre, wenn er in meiner Haut stecken würde», dachte Kangarow mit einem bitteren Lächeln, das sich sowohl auf seine politischen Sorgen als auch auf Jelena Wassiljewna, die wahrscheinlich nicht in die Scheidung einwilligen würde, oder auf seinen Gesundheitszustand beziehen konnte. In letzter Zeit hatte er große Angst vor Krebs und untersuchte immer wieder seinen Körper: ob nicht irgendwo Anzeichen einer Wucherung zu sehen waren. «Wie kommen Sie darauf, dass Sie Krebs haben?», fragte Nadja. «Kindchen, du hast wahrscheinlich noch nie gehört, dass achtundvierzig ein Krebsalter ist? Ein Alter, in dem man besonders anfällig für Krebs ist.» – «Das habe ich wirklich noch nicht gehört, aber Sie sind nicht der Einzige, der achtundvierzig Jahre alt ist («ach, es sind mehr»).» – «Dummerchen, mit dir kann man kein ernsthaftes Gespräch führen. Ich werde dir eine Puppe kaufen.» – «Ja, es wäre meiner und ihrer unwürdig, wenn ich eifersüchtig wäre: Sie ist ein reines Kind», dachte Kangarow, als er in den Hauseingang trat, «vielleicht sollte ich schon heute wieder mit ihr reden.»

«Sicher haben schon alle zu Abend gegessen?», fragte er den Portier. «Ja, Herr Botschafter, aber der Koch wartet auf die Weisungen des Herrn Botschafters.» – «Nicht nötig: Sie hätten mir auch einfach etwas Kaltes aufheben können», sagte Kangarow kurz angebunden. Er hatte heimlich auf eine andere Antwort gehofft: «Alle haben schon gegessen, nur Mademoiselle Nadine nicht, sie wartet auf den Herrn Botschafter.» Die Kassiererin verstaute irgendwelche Papiere in einer Schublade, lächelte freundlich und fragte: «Herr Botschafter sind nicht nass geworden? Das Wetter ist miserabel, aber ich bin sicher, wir werden diesen Monat noch schöne Tage bekommen, so ist es immer.» – «Nein, ich bin nicht nass geworden.» («Was waren das denn für Papiere, die sie so schnell versteckt hat, als sie mich sah?») – «Keine Post?» – «Nur die Zeitungen, Herr Botschafter.» Kangarow seufzte erleichtert auf, in der letzten Zeit bekam er nur noch ungern Briefe: Sie enthielten fast immer Unangenehmes. «Ist Mademoiselle Nadine auf ihrem Zimmer?» – «Ich glaube, sie hört Musik, im Salon. Möchten Sie, dass ich sie hole, Herr Botschafter?» – «Nein, schon gut, ich will erst essen, aber bitte lassen Sie mir nur ein Gericht bringen und schicken Sie den Koch nach Hause.» – «Aber ich bitte Sie, Herr Botschafter, er wartet doch auf den Herrn Botschafter. Herr Botschafter verspäten sich so selten.»

Die allgemeine Ehrerbietung, die ihm im Sanatorium entgegengebracht wurde, stimmte Kangarow stets milde. Zu Beginn hatte er, wie alle sowjetischen Menschen, wenn sie in fremde Gesellschaft kommen, besorgt darauf gewartet, dass es Unannehmlichkeiten geben würde. Es gab nicht nur keine Unannehmlichkeiten, sondern der sowjetische Botschafter war der reputabelste

Gast im ganzen Sanatorium. Kangarow ging in den Speisesaal, aß alles gierig auf, trank eine halbe Flasche Wein und wurde immer gnädiger. «Warum hätte sie denn auf mich warten sollen? Die Arme hat anscheinend Hunger gehabt.» Nach dem Essen ging er hinunter in den Salon. Nadja hörte Radio, sodass man sich nicht zu unterhalten brauchte. Der Botschafter nickte ihr mit einem flüchtigen Lächeln zu. Das Lächeln war ausschließlich für die Allgemeinheit bestimmt – im Salon saßen noch einige weitere Personen –, Nadja sollte spüren, dass das Lächeln kühl und er verärgert war. Nadeschda Iwanowna wollte ihm berichten, dass Wislicenus nicht gekommen war und es nicht für nötig befunden hatte, sich zu entschuldigen, was für eine Frechheit! Aber sie zeigte ebenfalls Charakter: Wenn du schweigst, schweige ich auch, mal sehen, wer es länger aushält.

Wer es länger aushielt, war sie. Am nächsten Morgen ließ Kangarow zunächst ein achtloses «Wie geht es uns?» fallen und fügte dann hinzu: «Noch ein Käffchen, dann geht es an die Arbeit.» Auch das *Käffchen* vermochte Nadja nicht umzustimmen: Sie verfiel in den Ton einer Angestellten, die ihre Pflichten kennt und die Anweisungen ihres Vorgesetzten befolgt. Kangarow diktierte ihr einen Brief, der eher dazu diente, ihre Beziehungen wiederherzustellen. Vom Dienstlichen wechselten sie dann irgendwie zum Nichtdienstlichen. Aber über Wislicenus verloren sie kein Wort.

Am Abend überreichte die Kassiererin dem Botschafter die Wochenrechnung; bei der Durchsicht der Extras stellte er überrascht fest, dass kein Teegedeck aufgeführt war. «Haben Sie nicht etwas vergessen? Ich glaube, Mademoiselle hatte gestern einen Gast zum Tee», bemerkte er leichthin. «Nein, Herr Botschafter. Wegen des schlechten Wetters ist gestern überhaupt niemand zu uns gekommen», antwortete die Kassiererin und spitzte neugierig die Ohren: Die Beziehung zwischen dem

Herrn Botschafter und Mademoiselle Nadine interessierte sie sehr. «Dieser Gänserich ist also nicht gekommen? Vielleicht hat sie ihn angerufen und abgesagt? Hat gemerkt, dass ich verärgert war, und ihn angerufen? ...» Freude erfüllte Kangarows Herz. Er fragte Nadja nichts, war aber wieder so liebevoll zu ihr wie vorher.

Ein paar Tage später hatte es sich Kangarow, nachdem er gefrühstückt hatte, auf dem Sofa in seinem Zimmer bequem gemacht und die Zeitung aufgeschlagen. Er las die Zeitungen von vorn bis hinten, eher aus Langeweile: Im Grunde hatte er sehr wenig zu tun, dennoch klagte er zuweilen, er sei überlastet. Auf der vierten Seite stieß er plötzlich auf eine kurze Notiz: «Russe vermisst.» Der Inhaber des Hotels (die Adresse war angegeben) hatte die Polizei informiert, dass ein Russe, der seit Längerem in dem Hotel gewohnt hatte, aus seinem Zimmer verschwunden war (das Datum war angegeben), ohne irgendjemandem Bescheid zu sagen, seine Sachen hatte er im Zimmer zurückgelassen. Der Name war falsch geschrieben, aber Kangarow wusste, dass in diesem Hotel Wislicenus wohnte. Aus irgendeinem Grund beunruhigte die Notiz den Botschafter sehr. Er bekam sogar Herzrasen, kein eingebildetes, sondern echtes. «Ja, es ist exakt der Tag, an dem er hätte zu Nadja kommen sollen!» (Kangarow musste sich erst vergewissern, hatte jedoch sofort *gespürt*, dass das Datum stimmte.) «Aber wo ist der Zusammenhang? Das Datum spielt nicht die geringste Rolle ... Und überhaupt, was hat das zu bedeuten? Gut, er ist verschwunden, und weiter? Vielleicht ist er *einfach* weggefahren, ohne eine Adresse zu hinterlassen. Durchaus möglich, so etwas sieht ihm ähnlich ... Bei dem, was er treibt, ist es nichts Außergewöhnliches, wenn er plötzlich für ein paar Tage verreisen muss. Warum hat er im Hotel nicht Bescheid gesagt? Wer weiß, warum. Vielleicht ist er einfach nicht mehr dazu gekommen. Oder er hat nicht damit gerechnet, dass der Portier gleich die Polizei informieren würde. Alles Mögliche kann passiert sein! Oder er ist weggefahren, weil er die Rechnung nicht bezahlen wollte. Was seine Sachen betrifft, wird er kaum mehr als zwei Paar Hosen gehabt haben ...»

Die Argumente überzeugten Kangarow nicht. Er ging nach unten, holte sich zwei weitere Zeitungen und ging wieder auf sein Zimmer – aus irgendeinem Grund schloss er die Tür ab. Eine der Zeitungen berichtete wortwörtlich dasselbe, nur der Name war anders falsch geschrieben. Die andere Zeitung schrieb nichts über den Vorfall. Irgendwie beruhigte ihn das ein wenig. Er lief im Zimmer auf und ab. «Wahrscheinlich eine Lappalie! Er ist *einfach* weggefahren. Eine andere Erklärung gibt es nicht. Das ist keine Sensation. Würde man denn *so* eine Notiz bringen, wenn ...?»

Er hielt es nicht aus, so lange zu warten, bis die Mittagszeitungen im Sanatorium eintrafen. Er wollte einen Jungen zum Bahnhof schicken, wo sie etwas früher ausgeliefert wurden, überlegte es sich aber anders und ging selbst. Er blickte sich um und schlug die Zeitung noch im Gehen auf: kein Wort über den Vorfall. «Unsinn, natürlich.» Auf dem Rückweg bedachte Kangarow die wenigen Passanten, die ihm entgegenkamen, mit misstrauischen Blicken. Er musterte die Kassiererin aufmerksam – lächelte sie nicht ein wenig seltsam? Er ging auf sein Zimmer, verstaute die Zeitungen, die über den Vorfall berichteten, in einer Schublade, überlegte es sich anders, zerriss sie in winzige Fetzen und spülte sie ins Toilettenbecken. Nadeschda Iwanowna schaute sich die erste und die dritte Seite der Zeitungen erst gegen Abend an, und auch das nur flüchtig und keineswegs immer (was ihn in Erstaunen versetzte: Wie hielt man es bis zum Abend aus, ohne zu wissen, was in der Welt vor sich ging!).

Kangarow klagte Nadja ständig, dass er nachts «kein Auge zumache» – sie bekundete ungläubiges Mitgefühl –, aber diesmal schlief er in der Tat sehr schlecht. Er dachte viel über seine Situation und über die Vergangenheit nach und erinnerte sich voller Schrecken an seinen Artikel «Besinnt euch, ihr Schamlosen!». Am nächsten Morgen fuhr er ohne ersichtlichen Grund nach Paris. Es war unmöglich, nicht mit jemandem über diese Angelegenheit («was für eine Angelegenheit eigentlich?») zu sprechen, Kangarow hoffte, dass vielleicht jemand anderes auf den Fall zu sprechen kommen, das heißt ihm etwas zuraunen würde. Niemand sagte etwas. Auch das konnte man unterschiedlich deuten. Aber er beruhigte sich vorerst ein wenig: Beruhigend war vor allem, dass der Vorfall keinerlei Aufsehen erregt hatte. Weder die Zeitungen noch die Polizei schienen sich dafür zu interessieren. «Was soll denn hier von Interesse sein? ... Trotzdem muss ich über die Situation nachdenken.» Eigentlich gab es auch gar keine *Situation*, und die verworrenen, chaotischen und sprunghaften Gedanken Kangarows konnte man kaum als Nachdenken bezeichnen. Er beschloss plötzlich, dass es Zeit war abzureisen. Das hing allein von ihm ab: Er war aus Krankheitsgründen beurlaubt und konnte seinen Urlaub natürlich verkürzen.

«Kindchen», sagte Kangarow am Abend zu Nadja, «ich habe eine wichtige Neuigkeit für dich: Wir fahren morgen zurück.»

Nadeschda Iwanowna sah ihn überrascht an: «Morgen?»

«Ja, genau. Morgen, definitiv morgen. Was hast du?»

«Nichts. Aber woher die plötzliche Eile? Ihr Urlaub endet doch erst in zehn Tagen, oder? Und Sie wollten sich noch einmal bei Professor Fouquot vorstellen.»

«Nein, ich habe meine Meinung geändert, und eigentlich wollte ich das nie. Er hat mir bereits alles gesagt, was er weiß, und besonders geholfen hat er mir auch nicht. Außerdem habe ich viel zu erledigen, es wird Zeit, sich an die Arbeit zu machen ...

Wolltest du hier etwa mit mir noch herumsitzen? Du hast dich doch schon beklagt, wie langweilig es im Sanatorium ist.»

«Was ich will, tut nichts zur Sache: Sie entscheiden. Aber muss es denn unbedingt morgen sein? Ich würde gerne noch einmal nach Paris fahren.»

«Wozu? Wenn du noch irgendwelche Klamotten brauchst, die kannst du auch bei uns kaufen, oder du hebst dir das für die nächste Reise auf.»

«Ja, ich möchte mir noch ein paar Sachen kaufen und mich mit jemandem treffen.»

«Mit wem denn?»

«Nun, wenigstens mit Wislicenus, den Sie so schlechtmachen», sagte Nadja, um Kangarow zu ärgern.

«Wislicenus? Es heißt, er ist weggefahren», sagte der Botschafter leichthin, erfreut darüber, dass sie nichts von Wislicenus wusste.

«Wohin ist er denn gefahren?»

«Wohl eine Dienstreise. Ich weiß es nicht.»

«Vielleicht ist er ebenfalls nach Spanien abgeschwirrt.»

«Warum ebenfalls?»

Kangarow spürte plötzlich Freude aufsteigen. «Wieso ist mir das nicht gleich eingefallen? Natürlich, er ist nach Spanien abgeschwirrt, das ist es! Nun ist alles mehr oder weniger klar!»

«Weil Armeekommandeur Tamarin nach Spanien gefahren ist. Ich habe heute überraschend eine Ansichtskarte von ihm aus Madrid erhalten. Er ist weggefahren, ohne etwas zu sagen, ohne sich zu verabschieden.»

«Dummerchen! Bei uns gehört es sich grundsätzlich nicht, über Dienstreisen herumzuposaunen, und schon gar nicht über Dienstreisen nach Spanien. Ja, du hast es erraten, Wislicenus stattet Madrid Iwanowitsch einen Besuch ab, das habe ich gehört, aber bitte kein Wort darüber, zu niemandem. Und dieser dumme Alte war nicht befugt, dir eine Ansichtskarte aus Spanien zu schicken. Auch darüber bewahre bitte Stillschweigen. Sonst bekommt er noch Unannehmlichkeiten wegen dir!»

Kangarow spürte vage, dass die Angelegenheit trotz allem noch nicht hinreichend geklärt war – selbst nach Spanien hätte man nicht *auf diese Art* abreisen müssen: Er hätte im Hotel Bescheid sagen können, dass er wegführe, ohne mitzuteilen, wohin; er hätte seine Sachen mitnehmen und die Rechnung bezahlen können. Aber als hätte es in seinem Bewusstsein einen Sprung gegeben, glaubte Kangarow jetzt fest daran, dass Wislicenus nach Spanien gefahren war. Seine Sorge war mit einem Mal gänzlich verschwunden und wurde durch eine Welle von Freude, Elan und Glück abgelöst. «Nadja ist bei mir! Alles andere ist unwichtig!»

«Kindchen!» sagte er strahlend, «mein liebes Kind! Es ist beschlossen und besiegelt, wir reisen morgen ab, das heißt, wir müssen noch heute packen. Lass uns gleich anfangen, ich kümmere mich um alles. Was den Firlefanz angeht – wenn man den in Paris einfach so im Laden kaufen kann, können wir auf dem Weg zum Bahnhof gerne dort anhalten, wo man bekommt, was du brauchst, und es kaufen. Ich begleite dich, ich bin furchtbar gern dabei, wenn du Klamotten kaufst! Wenn du klamm bist, stehe ich dir mit einem Vorschuss zu Diensten. Mach dir schon mal eine Liste mit all dem Firlefanz, den dein Herz begehrt.»

«Mein Herz begehrt keinen Firlefanz», entgegnete Nadeschda Iwanowna ärgerlich.

Eigentlich war ihr alles egal: Das Sanatorium langweilte sie, von Kangarow hatte sie die Nase gestrichen voll, aber auch in der Residenz würde es ihr nicht besser gehen. Kurz gesagt, alles hing jetzt von der Antwort der Redaktion ab: Werden sie die Novelle annehmen? Sie hatte sie zusammen mit einem Begleitschreiben an Schenka geschickt; trotz des unbekümmerten Tonfalls war jedes Wort wohlüberlegt (sie hatte den Brief zweimal überarbeitet). Nadeschda Iwanowna schrieb, dass sie *überhaupt nicht daran glaube*, dass die Erzählung angenommen würde: «Glaub mir, Schenka, ich mache mir nichts vor, ich weiß sehr wohl, dass das keine große Sache ist, eine Bagatelle, und ich schicke sie dir einfach so, aus Übermut, wie du das damals in Sokolniki[204] genannt hast. Ich bin mir ziemlich sicher, dass sie sie ablehnen werden, und zu Recht. Mir ist das völlig egal, ich werde mich nicht ärgern: Ich habe sie geschrieben, weil ich nichts Besseres zu tun hatte ...» Es folgten detaillierte Anweisungen, wie er vorgehen und was er den Redakteuren sagen sollte (Nadja wusste, dass sie viel klüger war als Schenka). Sie schickte das Manuskript und den Brief per Einschreiben. Auf der Post sagte man ihr, es wäre billiger, wenn sie es als *«imprimé»** schicken würde. Nadeschda Iwanowna zögerte, sie hatte nicht viel Geld (völlig unverständlich, wo das immer blieb). Aber sie schickte es in einem verschlossenen Umschlag: Das war sicherer und irgendwie seriöser.

Nun wartete sie auf Antwort. Schon das allein kam Nadja unerträglich banal vor. «Ich glaube, davon schreiben alle: Ein angehender Autor wartet auf die Antwort der Redaktion bezüglich seines ersten Werks. Das mag für die anderen gelten. Für mich hängt jetzt mein Schicksal davon ab.» Für eine Antwort war es noch zu früh, selbst per Telegraf. Nadeschda Iwanowna hatte nicht um eine telegrafische Antwort gebeten, das hätte nicht zu ihrer Gleichgültigkeit gepasst, die sie dem Schicksal der Erzählung gegenüber vorgab. Aber sie wusste, dass Schenka ein Telegramm schicken würde, falls sie angenommen würde: «Er wird alles versuchen: Er war verliebt in mich und hat mir alles

---

* Drucksache

Mögliche versprochen (auch Sokolniki hatte sie nicht zufällig erwähnt: Nadja hatte sich auch das gut überlegt, obwohl es ihr ein wenig peinlich war).» In ihrem Brief hatte sie ihn gebeten, zu niemandem ein Wort zu sagen; aber sie rechnete nicht damit, dass ihre Bitte erfüllt würde: Sie wusste, dass man das von niemandem verlangen konnte, sie selbst würde auch plaudern. «Soll er doch! Was wird denn groß passieren, wenn sie das Manuskript ablehnen? Ninka wird sich lustig machen» – Nadeschda Iwanowna stellte sich die schlimmsten Kränkungen vor, zu denen Ninka bei einem Misserfolg von ihr fähig wäre –, «aber erstens macht sie sich über alles lustig, wenn nicht darüber, dann über etwas anderes, das ist ihr mieser Charakter, das wissen alle. Zweitens ist es keine Schande, wenn die erste Erzählung nicht angenommen wird (Nadja wusste, dass es ohnehin eine zweite geben würde), das passierte den berühmtesten Schriftstellern. Drittens passt die Novelle vielleicht von der Tendenz oder vom Genre her nicht. Viertens: Die erste Erzählung ist schwach, na und? Fünftens: Ninka selbst bringt kaum einen Brief zustande, geschweige denn eine Novelle. Sechstens ...» Sechstens war es trotz allem unangenehm, dass man über sie lachen und schadenfroh sein würde. «Was soll man machen, wer erpicht auf Honig ist, darf keine Angst vor Bienen haben.» Die Bienenstiche spürte sie, was den Honig betraf, war sie sich noch im Unklaren. Nadeschda Iwanowna ging davon aus, dass, falls die Novelle angenommen würde, sie ihren Dienst quittieren, nach Moskau zurückkehren und eine richtige Schriftstellerin werden würde, eine «professionelle» – diesen Ausdruck kannte sie aus den Zeitungen; er schmeichelte ihr, auch wenn sie ihn ein bisschen seltsam fand, sie musste aus irgendeinem Grund an «professionelle Prostitution» denken.

Nadja setzte sich an den Tisch und schrieb: «Schenka, noch ein paar Worte zur Ergänzung. Wir fahren früher als geplant zurück: morgen. Du kennst unsere alte Adresse, ich schreibe sie dir vorsichtshalber noch einmal, da ich weiß, wie es in deinem Kopf aussieht (hier folgte die Adresse). Du wirst sicher bald Antwort auf mein Geschreibsel bekommen. Obwohl ich mir, wie schon gesagt, keine großen Gedanken darüber mache, noch einmal ... (hier wiederholte sie ihre Instruktionen). Ohne deine Hilfe hätte ich wahrscheinlich keine Chance. Da ich deine Verbindungen und deinen Einfluss kenne, mache ich mir ein wenig Hoffnung. Wer weiß, was passiert!» Die «Verbindungen» und der «Einfluss» waren wohlüberlegt. Aus den «paar Worten» waren vier Seiten geworden; Nadja lief noch lange im Zimmer auf und ab, bevor sie schließlich zu packen begann.

Nadeschda Iwanowna ahnte, dass Kangarow auf der Rückreise wieder über die Liebe sprechen würde. Das war schwer erträglich, langweilig und noch nicht einmal komisch; sie spürte, dass sie ihn täuschte, und sie fühlte sich schuldig: «Ich hätte ihn gleich abwimmeln müssen.» Aber Nadja verstand sich nicht aufs Abwimmeln, sie hatte sich in der Geschichte mit Kangarow verheddert und wusste nicht, wie sie aus ihr herauskommen sollte. Außerdem jagte ihr Kangarow in letzter Zeit ein wenig Angst ein: Sie bemerkte seltsame Dinge an ihm. «Er scheint den Verstand zu verlieren. Und er trinkt mehr, als er sollte. Er kann einem leidtun: Er ist doch kein schlechter Mensch.»

So war es auch dieses Mal. Auf dem Bahnhof verhielt sich Kangarow reichlich seltsam: Auf der Treppe und auf dem Bahnsteig schaute er sich ständig nervös nach allen Seiten um, musterte die Passanten, lief im Waggon rasch durch den Gang und schaute in die anderen Abteile. «Was soll das, hat er wirklich Angst, dass er verfolgt wird?», fragte Nadeschda Iwanowna sich verwundert. Kangarow hatte offenbar nichts Verdächtiges entdeckt. Als der Zug losfuhr, hellte sich seine Stimmung sofort auf, er setzte die ihr wohlvertraute verwegen-spitzbübische Miene auf, holte eine Taschenflasche mit Cognac und ein Reiseglas hervor und fragte sie, ob sie einen Schluck wolle. Nadja wusste, dass er gleich sagen würde: «Ich kenne all deine Gedanken», dann würde er zwei Gläschen trinken und fortfahren: «So ein Cognac Iwanowitsch ist etwas Großartiges.» Genauso verfuhr Kangarow auch. «Schade, es fehlt ein kleiner Happen dazu. Aber für dich habe ich etwas Süßes ...» Er holte die Pralinen hervor, eine schöne, große Schachtel, nahm einen langen, gewundenen Schokoladenzylinder heraus, brach ihn in zwei Hälften, steckte ihr eine davon in den Mund und aß die andere selbst. All das kannte sie schon, auch wenn sie es immer ein bisschen unappetitlich fand, aber dann hob er sie plötzlich unversehens an und setzte sie mit einem Schwung auf seine Knie. «Was soll der Unfug! Lassen Sie mich los! Hören Sie, lassen Sie mich auf der Stelle los!», sagte sie und spürte sofort, dass ihr Tonfall, obwohl ärgerlich, nicht resolut genug wer. «Oho, sie ist böse! ...» Er ließ sie nicht gleich los und probierte, ob er sie nicht festhalten könne. Nadeschda Iwanowna riss sich los und setzte sich in die Ecke. «Einfach unmöglich, es wird immer schlimmer!» – «Dummerchen ...» – «Sie sind selber ein Dummkopf!», sagte sie und spürte plötzlich, dass dieses Wort, das ihr unversehens herausgerutscht war, eine Veränderung bedeutete: «Ein neues Kapitel ist aufgeschlagen.» Kangarow nannte sie ständig auf seine väterliche Art Dummerchen, während sie noch nie in die Verlegenheit gekommen war, den bevollmächtigten Vertreter einer Großmacht Dummkopf zu nennen, obwohl das «die reine Wahrheit» war. Der bevollmächtigte Vertreter war zunächst ebenfalls baff, lachte etwas unnatürlich und tätschelte ihr das Knie. «Sie ist beleidigt! Na so etwas ... Hör lieber zu, was ich dir zu sagen habe.» – «Etwas Gescheites wird das nicht sein, sagen Sie lieber nichts.» Nadeschda Iwanowna ging aufs Ganze: Nach dem «Dummkopf» war ihre

Stellung ohnehin futsch. «Freches Mädchen, wie wagst du mit deinem Chef zu sprechen?», flüsterte Kangarow, «mit deinem Chef, der dir ...» – «Der mir was?» – «Der dir Hand und Herz bietet, um es hochtrabend zu sagen.» – «Nicht zu glauben», sagte Nadja ironisch. «Doch, wenn ich es dir sage!» – «Aber Sie sind doch verheiratet.» – «Du weißt genau, dass ich mich scheiden lasse ... Ich lasse mich nicht deinetwegen scheiden, aber ich lasse mich auf jeden Fall scheiden! Was sagst du nun?» – «Ich bin von dieser Ehre so überwältigt, dass mir die Worte fehlen.» – «Ach, lass diesen Ton! Hör zu, Nadja, du bist ein kluges Mädchen, du weißt ganz genau, dass ich in dich verliebt bin. Willst du meine Frau werden?» Beinahe hätte er, in einer Art literarischer Reminiszenz an seine Jugend, hinzugefügt: «Vor Gott und den Menschen.» – «Sag Ja oder Nein!» – «Nein.» – «Du sagst Nein, aber ich fühle, dass du Ja sagst!» – «Fühlen Sie, was Sie wollen, das kann ich Ihnen nicht verbieten.» – «Liebst du mich denn nicht?» – «Ich mag Sie sehr, aber ...» Sie wollte sagen, wie das in ihrer Schulzeit üblich gewesen war: «aber von Weitem.» – «Du willst sagen, wie einen Freund? Ja, ich werde dir auch ein Freund sein. Ich weiß, ich bin doppelt so alt wie du («Nicht dreimal?», korrigierte sie ihn in Gedanken), aber ich fühle mich nicht alt! («Sehr tröstlich.»), ich bin in dich verliebt wie ein Jüngelchen, ich würde alles für dich tun, Nadja!» Sie wollte den ironischen Ton beibehalten, merkte aber, dass das unmöglich war. «Ich bin sehr gerührt.» – «Denk einmal nach», sagte er eindringlich flüsternd, «es stimmt – du bist klug, du bist schön, aber bis jetzt hat dir noch niemand einen Antrag gemacht ...» Nadja errötete heftig. «Was ich sagen will: Du wirst kaum jemand anderes finden, der dir eine so glänzende Partie verspricht wie ich», verbesserte er sich, als er seinen Fehler bemerkte. «Wenn Sie ...» – «Nein, nein, versuche, mich zu verstehen. Ich bitte dich um eins: Sag nicht Nein, nimm mir nicht die Hoffnung, sage: ‹Lassen Sie mich nachdenken.› Wegen der Scheidung mach dir keine Sorgen. Die setze ich durch.» – «Setzen Sie durch, was Sie wollen!» – «Nadja!» – «Und bitte machen Sie sich keine Sorgen um mein hartes Los!» – «Ich hatte unrecht, als ich sagte, du bist klug. Du bist ein Dummerchen: Wie kann man nur so auf einem einzelnen Satz herumreiten? Nadja, meine Liebe, denke nach. Sag: ‹Lassen Sie mich nachdenken›.» – «Lassen Sie mich nachdenken», wiederholte sie spöttisch, seinen Tonfall imitierend. «Aber sage mir so bald wie möglich Ja.» – «Ja-wo-hol.» – «Ach, wie kannst du nur! Ich muss das doch wissen!» – «Wegen der Scheidung? Aber Sie wollen sich doch auf jeden Fall scheiden lassen.» – «Auf jeden Fall!», bekräftigte er freudig. «Jetzt ist alles gut, endlich ist es ausgesprochen. Ich werde keinen Piep mehr sagen ... Wenn du die Zeitung lesen willst, bitte ...» Nadeschda Iwanowna zuckte mit den Schultern. «Aber spann mich nicht zu lange auf die Folter, meine Liebe! Gib schon zu, du hast es schon lange geahnt.» – «Hören Sie auf. Sie haben gerade selber gesagt: keinen Piep mehr.» – «Keinen Piep mehr! Keinen Piep!», wiederholte er euphorisch. «Nur ein Küsschen noch ... Nein, auf die Hand, auf die Hand ... Und keinen Piep mehr ...»

Nadja versteckte sich hinter ihrer Zeitung und dachte irritiert darüber nach, was geschehen war. «Eine idiotischere Liebeserklärung hat es wahrscheinlich noch nie gegeben! Aber ich hatte wirklich keine Ahnung, dass er sich sogar scheiden lassen will: Ich dachte, er wollte einfach so ...!» Im selben Moment wurde Nadeschda Iwanowna sich bewusst, dass eben darin die Peinlichkeit und Scham bestand: «Das heißt, als er es einfach *so* wollte, habe ich es nur lächerlich und abscheulich gefunden, und jetzt?» Sie wusste selbst nicht, was es jetzt war. «Sicher, er hat aus meinem Nein ein Ja herausgehört! Aber ich habe doch Nein gesagt, mag er das nun verstehen, wie er will! Und ich, ich selber, wie habe ich mein Nein verstanden – waren das hundert Prozent Nein oder nur neunzig?»

Nadja war entsetzt. «Habe ich auch nur eine Minute daran gedacht, ihn zu heiraten? Nein, *der* Gedanke ist mir nicht gekommen. Er ist, wie es in alten Romanen heißt, eine ‹glänzende Partie›, und er ist in mich verliebt, und ich finde ihn seltsamerweise nicht abstoßend, aber es ist trotzdem albern, an so etwas zu denken. Ich muss ihm sagen, dass er sich das aus dem Kopf schlagen soll, sonst kommt er womöglich tatsächlich auf die Idee, sich von seiner Schönen scheiden zu lassen. Im Übrigen ist das seine Sache, ich habe Nein gesagt, und damit basta. Und wenn er sich trotzdem von ihr scheiden lässt, kann ich ihm nur gratulieren. Ich kann mir gut vorstellen, was für ein Gesicht sie machen wird! …» Der Gedanke an das Gesicht von Jelena Wassiljewna war das einzig Erfreuliche an der ganzen Angelegenheit. «Und was ist am unerfreulichsten? Schlimm ist, dass er recht hat: Niemand hat mir einen Antrag gemacht, und es besteht auch keine Aussicht. Wassili Wassiljewitsch ist nicht ernsthaft interessiert. Nur die Jungen haben sich in mich verliebt, Saschka und Schenka, und auch die nur so lala. Männer unter dreißig existieren für mich nicht … Und sie dürfen nicht älter als vierzig sein, na gut, fünfundvierzig. Ich bin nicht Puschkins Maria und er nicht Mazeppa[205], und ich würde auch Mazeppa nicht heiraten. Was kommen einem nur für dumme Gedanken», wunderte sich Nadeschda Iwanowna. «Aber es ist wirklich furchtbar! Wenn sich bis jetzt keiner in mich verliebt hat, wird sich in Zukunft erst recht keiner verlieben. Das heißt, da ist nichts …» Nadja hielt die Zeitung noch näher ans Gesicht. «Wenn ich jetzt losheule, wird er denken, es wäre vor Glück … Was soll ich ihm sagen? Ich muss kündigen, den Dienst quittieren. Aber wie soll ich leben? Wovon soll ich leben? Wenn nur bald eine Antwort aus der Redaktion käme! Mein Gott, ich bin zu allem bereit, wenn sie es nur drucken! Soll ich schon vorher kündigen? Aber ich habe nicht einmal genug Geld für eine Fahrkarte, und er wird mich nicht gehen lassen ... In Moskau wird Ninka sagen, dass ich es nicht geschafft habe, mir im Ausland einen Vicomte zu angeln. Soll sie nur. Sie selber hat auch nicht geheiratet, weder einen Vicomte noch jemand anderes!», dachte Nadeschda Iwanowna plötzlich wütend. Aus irgendeinem Grund erinnerte sie sich an den jungen Mann, den gut aussehenden «Weißgardisten», den sie und Tamarin vor dem großen Diner im Café gesehen hatten. Nadja seufzte.

Eine Klingel ertönte, jemand klopfte an die Tür ihres Abteils. Ein Mann in einer blauen Jacke bot Frühstückscoupons für den Speisewagen an. Kangarow fuhr auf und sagte aufgeräumt: «Ja, ja, zwei Plätze. Für den ersten Durchgang ... Wir werden auch einen Schluck Wein zusammen trinken. Wollen wir Champagner bestellen? Aus gegebenem Anlass? Entschuldigung, Entschuldigung, ich weiß, es gibt gar keinen Anlass: Du hast mir keine Antwort gegeben, ich habe es vernommen, jawohl!»

XXI

Nur Eduard Stepanowitsch, der Kangarow vertrauteste aus dem Botschaftspersonal, war am Bahnhof erschienen, um sie zu empfangen. Beim Anblick von Nadeschda Iwanowna lächelte er besonders respektvoll-erfreut, und sein Gesicht verriet: «Ich kann hier nichts, aber auch gar nichts Anstößiges erkennen.»

«... Sie haben ordentlich zugenommen und sehen ein wenig erschöpft von der Reise aus.» – «Nein, nicht von der Reise, ich bin überhaupt erschöpft», stieß Kangarow hervor. «Wie stehen die Dinge? Was gibt es an Unannehmlichkeiten? Berichten Sie, heraus damit!» Es gab anscheinend keine besonderen Unannehmlichkeiten: nur eine Unmenge zu erledigender Aufgaben von höchster staatlicher und diplomatischer Wichtigkeit. Das Gesicht von Eduard Stepanowitsch nahm einen äußerst besorgten, aber auch ausgesprochen würdevollen Ausdruck an. Offenbar wollte er in Gegenwart von Nadeschda Iwanowna nicht über Staatsangelegenheiten sprechen. «Mein Gott, was für ein Langweiler!», dachte Nadja. Eduard Stepanowitsch war ihr nicht unsympathisch; sie wusste, er war ein anständiger Mensch, der anständigste von allen ihren Kollegen: Er würde sie nicht denunzieren, nicht über sie herziehen, keine Gemeinheiten begehen. Aber allein sein Anblick, seine Stimme, seine Redeweise verbreiteten Langeweile. Nach zwei Minuten Unterhaltung auf dem Bahnhof kam es Nadeschda Iwanowna vor, als wäre sie nie weg gewesen, als hätte sie ihr halbes Leben mit Eduard Stepanowitsch verbracht und als würde das immer so weitergehen. «... Was sagen Sie, hat Jelena Wassiljewna ...?» Eduard Stepanowitsch hatte genau genommen gar nichts über Jelena Wassiljewna gesagt. Er wartete rücksichtsvoll einen Augenblick, ob nicht eine *konkrete Frage* folgen würde – man sollte seinen Vorgesetzten nicht unterbrechen. Nachdem er sicher war, dass es keine konkrete Frage geben würde, sagte er – nein, *äußerte er taktvoll*: «Jelena Wassiljewna ist wohlauf. Aber wir waren uns nicht sicher, wann genau Sie ankommen würden.» Seine Miene verriet erneut, dass sein natürliches Taktgefühl ihm verbot, über heikle Themen zu sprechen – so wie er in Gesprächen mit Ausländern verstummte, wenn die Rede zufällig auf die Propaganda der Komintern kam. Eduard Stepanowitsch berichtete von Neuigkeiten aus *gut unterrichteten Kreisen*. «Außerdem rüstet man sich bei Hofe für einen großen Ball mit allem Trallala. Das hat es schon lange nicht mehr gegeben.» – «Wieso ist König Iwanowitsch in so einer Amüsierlaune?» Eduard Stepanowitsch zuckte abgeklärt-diplomatisch mit den Schultern. «Und Sie selbst? Erobern Sie noch immer die Herzen der Frauen?» – «Danke, ich habe schon gelacht», sagte Eduard Stepanowitsch.

Als Nadeschda Iwanowna am nächsten Morgen zum Dienst erschien, erzählte Basarow zwei anderen Angestellten gerade humorig vom Zusammentreffen des Botschafters mit seiner Gattin. «... Blitz und Donner gab es nicht. Aber Lenusja hat sich geweigert, in die Scheidung einzuwilligen.» – «Alles nur Mutmaßungen: Das konnten Sie gar nicht mitbekommen.» – «Natürlich hat er nichts mitbekommen, aber dass sie vor dem Scheidungsrichter landen, ist sicher.» – «Scheint so. Aber mit allzu viel Geld vom Ambassadeur kann Lenusja nicht rechnen, er ist selber nicht gerade üppig versorgt, ihr Unterhalt wird mäßig ausfallen. Es muss doch auch noch etwas für Nadja übrig bleiben ... Ah, Nadeschda Iwanowna, willkommen zurück», wandte sich Basarow lächelnd an Nadja, die in diesem Augenblick das Zimmer betrat. Sie ahnte, dass über sie hergezogen worden war, und wurde rot. «Wie gemein sie alle sind, wie boshaft! Gibt es überhaupt noch anständige Menschen?»

Jelena Wassiljewna reagierte auf das Ansinnen ihres Mannes mit kühlem, beherrschtem Zorn. Kangarow sprach mit *leiser, erregter Stimme* und bemühte sich, in seine Worte möglichst so etwas wie *aufrichtigen Respekt* und sogar *verhaltene Zärtlichkeit* zu legen. Unglücklicherweise komme es vor, dass zwei Menschen, die sich einst innig geliebt haben, plötzlich bemerken, dass sie sich nicht mehr lieben; unter diesen Umständen sei ein weiteres Zusammenleben sinnlos und unmöglich; und daher sollten sich beide Seiten in tiefem Respekt voreinander und unter Beibehaltung sachlich-freundschaftlicher Beziehungen die Freiheit schenken.

Während des Monologs ihres Mannes zeigte Jelena Wassiljewnas Miene keine Regung: Sie hörte ihm zu, ohne ihn zu unterbrechen, ruhig, sogar mit einem flüchtigen Lächeln, das jedoch eher nichts Gutes verhieß. Kangarows Worte kamen für sie nicht unerwartet: Jelena Wassiljewna hatte keinen Zweifel, dass ihr Mann ein Verhältnis mit Nadja hatte. «Was für eine Unverschämtheit!», dachte sie. «Auf keinen Fall!»

«Und wie darf ich ‹die Freiheit schenken› verstehen? Bedeutet das Scheidung?», fragte sie lächelnd.

«Meine Liebe, urteile selbst: Wenn zwei Menschen bemerken ...», begann Kangarow, ermutigt durch ihre Gelassenheit: Er hatte hysterische Schreie erwartet. Jelena Wassiljewna unterbrach ihn:

«Wenn zwei Menschen bemerken, dass Sie mit dieser Putze zusammenleben, werde ich in die Scheidung nicht einwilligen.»

«Lenusja, schämst du dich nicht? Ich verstehe, dass du aufgebracht bist, aber du musst doch begreifen ...»

«Ich bin überhaupt nicht aufgebracht. Warum sollte ich aufgebracht sein? So leidenschaftlich liebe ich Sie dann doch nicht.»

«Ich sage ja, dass unter diesen Umständen ...»

«Unter diesen Umständen sind Sie ein Dummkopf», sagte Jelena Wassiljewna in eisigem Ton. Kangarow war erneut ein wenig verblüfft: Im Verlauf von zwei Tagen vernahm er von beiden Frauen dasselbe. Seine Augen wurden gelb vor Zorn.

«Auf Beleidigungen werde ich nicht antworten!»

«Das ist keine Beleidigung, das ist die reine Wahrheit. Sie gehen auf die sechzig zu, Sie pfeifen schon aus dem letzten Loch – und haben es zugelassen, dass diese Intrigantin mit dem Gesicht einer süßen Putze Sie um den Verstand bringt oder um das, was Sie für Ihren Verstand halten.»

«Auf Beleidigungen werde ich nicht antworten!», wiederholte Kangarow und beherrschte sich: «Ich darf sie nicht reizen.» Seine leise, erregte Stimme passte nicht mehr recht. «Ich werde auch nicht auf Anspielungen antworten, die jeder Grundlage entbehren und die deiner und meiner, die unserer Vergangenheit unwürdig sind», sagte er mit *Nachdruck*. «Ich frage dich, welche logischen Schlussfolgerungen ziehst du aus dem, was du da sagst? Wie können wir noch Mann und Frau sein, wenn du dich so zu mir verhältst? Sollten wir nicht ...»

«Sie verschwenden Ihre Eloquenz. Ich werde in die Scheidung nicht ein-wil-li-gen!»

«Meine Liebe, warum nicht?»

«Darum.»

«Das ist keine Antwort. Lass uns wie vernünftige Menschen reden. Zwei Menschen ...»

«Ich willige nicht ein. Niemals. Geht das nicht in Ihren Kopf: Nie-nie-mals!»

«Dann lass mich dir sagen, dass ich in diesem Fall auch ohne deine Zustimmung auskomme. Wir leben nicht in einer bürgerlichen, sondern in einer sozialistischen Gesellschaft. Bei uns wird man nicht zum Leibeigenen und nicht ...»

Jelena Wassiljewna lachte ihr dämonischstes Lachen:

«Das werden wir sehen! Ich denke, nein, ich bin überzeugt, dass es in Ihrem *eigenen* Interesse ist, einen Skandal zu vermeiden. In Moskau mag man *so etwas* heute gar nicht.»

«Was mag man nicht? Von was für einem Skandal redest du? Worin besteht denn der Skandal? Überleg dir, was du sagst! Lenusja, verstehe doch, ich will nicht mit dir streiten. Warum beleidigst du mich? Ist es denn meine Schuld, dass ... Hat denn irgendjemand Schuld?»

«Sie glauben anscheinend, es wäre Gottes Wille, dass Sie sich nachts nicht heimlich, sondern in aller Öffentlichkeit zu Ihrer

Putze schleichen können? Das ist nicht Gottes Wille! Als Mann sind Sie ihr doch völlig schnuppe. Was für ein Idiot müssen Sie sein, wenn Sie glauben, dass Sie noch attraktiv für Frauen sind, selbst für so eine Putze. Sie möchte Frau Botschafterin werden, das ist alles. In einem Jahr gibt sie Ihnen den Laufpass, nicht ohne Sie vorher ausgenommen zu haben wie eine Weihnachtsgans.»

«Es hat keinen Sinn, dieses Gespräch fortzusetzen!», sagte Kangarow, der sich kaum noch beherrschen konnte. Seine Augen waren safrangelb vor Wut. «Aber da du schon meine offizielle Position erwähnst, muss ich dir noch etwas anvertrauen, das dich direkt betrifft. Ich wollte es dir bis jetzt nicht sagen, aber nun kann ich nicht länger schweigen. Meine Position in Moskau wackelt stark.»

«Warum? Das ist nicht wahr.»

«Ich weiß selbst nicht, warum. Es ist mir egal, dass du mir nicht glaubst, wenn es um persönliche, intime Dinge geht! Aber ich erlaube dir nicht, meine politische Arbeit infrage zu stellen», sagte er mit noch größerem Nachdruck: Sie schien angebissen zu haben. «Wahrscheinlich haben meine Feinde mich verleumdet. Du weißt selbst, was in Moskau los ist. Einiges habe ich jetzt in Paris erfahren.»

«Was hast du erfahren?»

«Das kann ich dir nicht sagen, das ist vertraulich. Aber meine Position, so viel kann ich dir sagen, ist stark gefährdet. Die Schlüsse kannst du selber ziehen. Ich kann jede Minute abberufen werden, und wohl nicht nur abberufen ... Du kennst mich: Wenn ich nach Moskau einbestellt werde, fahre ich noch am selben Tag, egal, was mich dort erwartet. Ich werde das Vertrauen der Partei und des Sowjetstaates, dem ich meine Karriere verdanke, nicht enttäuschen», sagte Kangarow im Tonfall Catos[206], bevor er sich erstach.

«Was hast du über Moskau erfahren? Mir kannst du es sagen.»

«Selbst dir kann ich das nicht sagen. Jedenfalls nichts Erfreuliches ... Nehmen wir einmal für einen Moment an, dass es so kommt. Ich sage nicht, dass es wirklich so kommt», fügte er der größeren Glaubwürdigkeit halber hinzu und dachte sogleich, dass das meiste leider keine Hirngespinste waren. «Nehmen wir für einen Moment an, dass es so kommt: Ich werde nach Moskau beordert. So wie die Dinge nun leider zwischen uns stehen – darf ich in diesem Fall denn dein Schicksal an das meine binden?»

«Und ihres dürfen Sie?»

«Wen meinst du? Lenusja, komm zur Besinnung!»

«Sie wollen mir also weismachen, dass Sie sich nicht deshalb scheiden lassen wollen, um sie zu heiraten? Wozu sonst wollen Sie die Scheidung?»

«Wir wollen nicht abschweifen, ich habe nicht vor, mich mit Ungereimtheiten aufzuhalten. Ich frage dich: Habe ich das Recht, dein Schicksal an das meine zu binden? Bist du dazu bereit?»

Da geschah das Unerwartete. Jelena Wassiljewna stand auf, ging aufgewühlt im Zimmer hin und her, blieb vor ihrem Mann stehen und legte ihm die Hand auf die Schulter.

«Du kannst von mir denken, was du willst, aber ich werde meinen Mann in der Not nicht im Stich lassen!», sagte sie ergriffen. Das stammte nicht aus einer Tragödie, sondern aus der Vita des Protopopen Awwakum: «Wie lange wird diese Qual noch dauern, Protopope? – Bis zum Tode, Markowna. – Gut, Petrowitsch, dann lass uns noch ein wenig gehen.»[207] Aber Jelena Wassiljewna dachte hier nicht an eine ihrer Bühnenrollen, sondern an bestimmte Passagen aus den «Russischen Frauen»[208], die sie manchmal auf literarischen Abenden in Moskau vortrug. Sie war aufrichtig bewegt. «Ich habe im Glück zu dir gestanden, ich werde auch im Unglück zu dir stehen.»

«Glaube mir ... Aber habe ich denn das Recht, dein Opfer anzunehmen, Lenusja?»

«Ob du das Recht hast oder nicht, spielt keine Rolle. Das ist meine Sache, und was du auch immer von mir denken magst, im Unterschied zu anderen ... Lass uns dieses Gespräch beenden!»

«Lenusja, ich bin zutiefst gerührt, aber du musst verstehen ...»

«Lass uns dieses Gespräch beenden!», wiederholte Jelena Wassiljewna und verließ den Raum: Die Königin trennt sich von Graf Leicester, Jermolowas beste Szene.

«Das ist eine Katastrophe!», dachte Kangarow entsetzt und sank aufs Sofa, «das ist eine Katastrophe! Ich war auf alles gefasst, nur auf das nicht ...» Nachdem er zwei Minuten regungslos dagesessen hatte, legte er den Kopf auf die Kissenrolle, wollte die Füße hochlegen, überlegte es sich anders, schaltete die Wandlampe ein und wieder aus. «Was soll ich jetzt machen? Ja, natürlich kann ich mich gegen ihren Willen von ihr scheiden lassen. Soll ich nach Moskau fahren? Aber lassen sie mich dann wieder fort? Und was soll ich in der Zwischenzeit mit Nadjenka machen? Wenn ich sie mitnehme, wird sie nicht wieder mit mir zurückfahren. Ich darf es ihr nicht einmal sagen, dann geht sie auf der Stelle! Und wenn mich Nadjenka verlässt, ist das mein Ende!» Er betrachtete den in Form eines Fragezeichens geschwungenen Haken der Wandlampe. «Sie hat meinen Antrag ja auch so schon fast abgelehnt. Nein, nicht abgelehnt, aber alles hängt am seidenen Faden! Ich habe vor ihr den Helden gespielt, habe vor mir selber den Helden gespielt, und trotzdem hängt alles am seidenen Faden, als ob ich das nicht wüsste! Lenusja, diese Schlange, hat recht, ich bin alt und grau, bald ist Schluss, das ist der Anfang vom Ende! Wer liebt schon alte Männer? ‹Du pfeifst schon aus dem letzten Loch›, hat sie gesagt, und sie hat recht! Ist es nicht ein Verbrechen, wenn ich ein so junges Geschöpf an mein zu Ende gehendes Leben binde?» Verzweifelt dachte Kangarow, dass er von Nadja nicht lassen konnte, selbst wenn das ein Verbrechen war: Sie war der Sinn seines Lebens, der einzige Sinn seines Lebens. «Aber vielleicht liebt sie einen anderen? Wislicenus? Nein, der *war* genauso ein Esel wie ich. Einen anderen, jüngeren, einen von ihren Moskauer Jungs, irgendeinen Petka oder Wanka? Oder diesen stupsnasigen Wassili Wassiljewitsch, dessen Foto auf ihrem Schreibtisch steht? Genau, zu dem wird sie fahren!» Entsetzt und hasserfüllt stellte er sich ihr Zusammentreffen in Moskau vor, in der Wohnung von diesem Wassili Wassiljewitsch. «Wenn das so ist, will ich nicht mehr leben! Dann pfeif ich auf alles!» Sein Herz klopfte wie wild. «Ein Anfall? Nein, was denn für ein Anfall! Irgendwo waren Tabletten ... Was für Tabletten!» Neben dem Sessel stand ein Rolltisch mit Likören. Kangarow schenkte sich aus einer Karaffe ein, leerte das Glas in einem Zug, schenkte sich aus einer anderen ein, trank erneut, lief im Zimmer auf und ab. Er sah den stupsnäsigen dreißigjährigen Mann vor sich, der ihm spöttisch und triumphierend zulächelte, während er auf dem Bett eine spärlich bekleidete Nadja umarmte. «Schluss machen! Sofort! Ich brauche einen Revolver, ich gehe mir einen kaufen, im Ort gibt es einen Waffenladen. Braucht man da nicht einen Waffenschein? Nein, ich werde ihnen meine Papiere zeigen. Ach, das dauert alles zu lange ...» Plötzlich blieben seine blutunterlaufenen Augen wieder an der Wandlampe über dem Sofa hängen. «Ja, eine stabile Wandlampe, die hält fünf Pud aus. Das könnte man versuchen ...» Ihm stockte der Atem. Er erinnerte sich an den Genossen, der sich vor dreißig Jahren in Genf erhängt hatte, in dem Hotel, in dem sie gewohnt hatten. «An seinen Hosenträgern? Nein, ich glaube, mit einem Seil. Ein Seil findet sich, da ist schon eins. Ein Skandal? Ist mir egal, ist mir jetzt alles egal! Und wenn man es von draußen sieht? Und wenn schon! Es gibt Vorhänge.» Mit zitternder Hand zog er den Vorhang des einen

Fensters zu, wollte auch das zweite Fenster zuziehen, überlegte es sich anders, trank in einem Zug noch ein Glas Likör und ging schwankend, ohne den Blick von dem Haken zu wenden, auf die Wand zu. Er stellte sich hinter das Kopfteil und schob das Sofa zur Seite, griff nach dem Haken und zog mit aller Kraft. Der Haken hielt stand. Kangarow packte ihn mit beiden Händen und hängte sich mit angezogenen Beinen an die Wandlampe. Seine Jacke knarzte unangenehm unter den Achseln und stand nach unten hin lächerlich von seinem Körper ab. Der Haken riss aus der Wand, Putz rieselte herab, man hörte Glas splittern. Kangarow stolperte, fiel auf die Knie, stand schnell wieder auf und stierte wie von Sinnen auf den Fußboden.

Es klopfte, Eduard Stepanowitsch trat ein und blieb erstaunt stehen. «Was ist passiert? Die Lampe ist von der Wand gefallen?» – «Die Lampe ist von der Wand gefallen», wiederholte der Botschafter verstört. – «Ich werde gleich Bescheid sagen, dass sie das wegmachen.» Er wollte Kangarow nach seinem Gesundheitszustand fragen, entschied sich aber anders. «Die Qualität lässt hier überhaupt zu wünschen übrig. Ich bin neulich auf einen Stuhl gestiegen, um an ein Buch zu gelangen, und im Nu ist ein Stuhlbein abgebrochen ... Störe ich Sie auch nicht? Ich wollte Ihnen das hier geben, vom König», sagte Eduard Stepanowitsch und überreichte den großen Umschlag so ehrfürchtig und feierlich, als hätte der König ihn gerade persönlich vorbeigebracht. «Darf ich ihn öffnen?» Kangarow nickte. «Es ist ein bisschen dunkel hier. Ja, es ist eine Einladung des Königs an Sie und Jelena Wassiljewna ... Ich würde sie später gern meiner Sammlung hinzufügen, falls Sie so etwas nicht selbst sammeln ... Es heißt, der Ball wird in seiner Pracht alles in den Schatten stellen! Hier wissen sie, wie man so etwas macht, besser als bei uns in der Spiridonowka[209].» – «Besser als bei uns in der Spiridonowka», wiederholte Kangarow.

XXII

H aben sie heute keine Abendgesellschaft?», fragte sich
Cerisier leicht verwirrt, als er die Eingangshalle der Bel-
lancombre-Villa betrat. «Warum in aller Welt war es ihnen so
wichtig, dass ich komme?» Der berühmte Anwalt gehörte nun
schon seit einigen Wochen zum vertrauten Kreis der Gräfin, und
die Einladungen in dieses Haus bereiteten ihm an sich kein Vergnügen mehr: In seinen eigenen Kreisen wusste jeder, dass er das
Vertrauen der Gräfin genoss; das war bereits Teil seines sozialen
Kapitals. Aus irgendeinem Grund hatte er angenommen, heute
fände ein kleiner *Rout* [210] statt, weshalb er im Smoking gekommen war. «Das wäre eine perfekte Vorlage für einen Unterhaltungsroman oder einen Film: Ein glanzvoller *Rout* im Palais
der Gräfin de Bellancombre. Damen in Ballkleidern, Musik,
Champagner. Unmittelbar nach dem Empfang begibt sich der
berühmte Rechtsanwalt Cerisier direkt zur …» Er erschauderte
und dachte, dass er an diesem Abend nicht fähig wäre, sich in
ironische Stimmung zu versetzen, die würde so gewissenlos wie
unangebracht sein. Während der Fahrt zur Gräfin hatte er noch
geschwankt, ob er gestehen sollte, wo er sich im Morgengrauen
einzufinden hatte.

In seiner schwerfälligen, schwankenden Gangart stieg er die
Treppe hinauf und spürte mit leichtem Unbehagen, wie er bereits der *Aura* des Hauses erlegen war. Für diese Aura war er an-
fälliger als andere Menschen. Cerisier passte sich nicht den Wünschen der Hausherren an, bei denen er zu Gast war: Er war ein
unabhängiger Mann, und Liebedienerei lag ihm fern. Dennoch
sprach und verhielt er sich bei den Bellancombres anders als in
den Salons reicher Bankiers und in diesen wiederum anders als
bei Professoren und Schriftstellern. Mehr noch, er *fühlte* sich in

den verschiedenen Häusern als ein jeweils anderer Mensch. Im Haus der Gräfin de Bellancombre fühlte Cerisier sich als linker Sozialist, der das Prinzip des Kollektivismus und der Großen Revolution in einer Gesellschaft von *ci-devants*[211] verteidigte, aber was sollte man machen – diese *ci-devants* waren äußerst nette Menschen, die ihn sehr mochten ... Deshalb mussten die großen Prinzipien, die er vertrat, möglichst unterhaltsam verteidigt werden, auch wenn man gelegentlich die Zähne zeigen durfte. Solcherart war seine Aura in diesem Haus, und es war eine sehr angenehme Aura.

Der alte Graf begrüßte Cerisier im ersten der vier Empfangsräume. Er begrüßte ihn mit einem Gesichtsausdruck, als erwarte er, sogleich etwas sehr Geistreiches und Amüsantes zu erfahren. Diese Miene hatte der Hausherr aus Zerstreutheit aufgesetzt: Sie war eigentlich für Vermandois bestimmt. Der Graf de Bellancombre hatte an diesem Nachmittag im Klub Bridge gespielt, er belohnte sich gewissermaßen im Voraus für den verlorenen Abend und spielte eine Partie, die von den anwesenden Schaulustigen enthusiastisch als genial, klassisch und historisch bezeichnet wurde. Aber wie ein echter Künstler betrachtete er sein Werk kritisch, und jetzt, im Rückblick, kam ihm seine Innovation nicht ganz makellos vor: Wie Napoleon bei Marengo, war ihm das Schicksal zu Hilfe gekommen. Die Gedanken an die historische Partie beschäftigten ihn den ganzen Abend. Auch während des Diners hatte er seiner Frau bereits zerstreut geantwortet. Das passierte ihm nicht oft: Die Konversation des Grafen war nie brillant, aber er hörte seinen Gesprächspartnern mit gebührender Aufmerksamkeit zu, und seine Äußerungen waren klar, plausibel und wohlbegründet und erfüllten die allgemeinen Erwartungen. Um Originalität ging es dem Grafen auch nicht. Außerdem sagte ihm die Erfahrung mit seinem Salon, der als einer der glänzendsten in Paris und das hieß in der Welt galt, dass neun von zehn berühmten Männern in neun von zehn Fällen Allgemeinplätze von sich geben. In dem Moment, in dem der Graf im ersten Raum auf Cerisier traf, dachte er gerade über eine mögliche Variante der historischen Partie nach, und so setzte er versehentlich das falsche Lächeln auf. Als er in den zweiten Empfangsraum zurückkehrte, lenkte er es sofort in die Richtung seiner Bestimmung.

Der große Schriftsteller saß in diesem zweiten Raum, der speziell für die Musik bestimmt war, auf *seinem* Platz; hier gab es ein Klavier, ein Harmonium und einen riesigen Radioapparat.

«Ich bin ja so froh! Wie Sie sehen, haben wir heute keine Gäste außer unserem lieben Freund. Ich habe Sie nur deshalb angerufen, weil ich Sie noch sehen wollte, bevor wir abreisen. Sie hatten für heute Abend wirklich nichts Besseres vor?», sagte die Hausherrin liebenswürdig.

«Es freut mich außerordentlich. Wann reisen Sie?», fragte Cerisier und setzte sich vorsichtig in einen der Sessel. Er wusste, dass diese sechs empfindlichen und hässlichen Sessel zusammen mit den Gemälden von Nattier, Largillière und Rigaud[212] und den Wandteppichen von Lefebvre[213] zu den größten Kostbarkeiten des zweiten Empfangsraums der Gräfin gehörten. Die Sessel waren der Aura sicher zuträglich, aber er fürchtete, dass sie unter seinem nicht unerheblichen Gewicht zusammenbrechen könnten (auch der Hausherr fürchtete das).

«Morgen früh. Die Lesung soll ja am Dienstag stattfinden.»

«Was für eine Lesung?»

«Haben Sie es nicht in der Zeitung gelesen? Man hat unseren Freund eingeladen, aus seinem neuen Roman zu lesen. Die Lesung wird von einer der ersten literarischen Gesellschaften der Welt organisiert. Sie steht unter der Schirmherrschaft der königlichen Familie.»

«Das wusste ich nicht.»

«Es stand in allen Zeitungen», erklärte die Gräfin pikiert, «unser Freund liest nicht oft im Ausland aus seinen Werken. Auch in Paris verwöhnt er uns nicht gerade.» («Natürlich nicht! In Paris finden sich nicht genügend Dumme, um einen Saal zu füllen», dachten der Graf und Cerisier gleichzeitig.)

«Äußerst interessant. Wie schade, dass es mir nicht vergönnt sein wird, Sie lesen zu hören, mein lieber Freund.»

«Da entgeht Ihnen nichts: Wen interessiert das schon?», brummte Vermandois mürrisch. («Natürlich niemanden», waren sich beide in Gedanken sofort einig.)

«Wenn es nicht den gesamten Geistesadel Europas interessieren würde, hätten es die Zeitungen nicht gebracht, und der Impresario hätte Ihnen nicht Bedingungen eingeräumt, die einer Diva zur Ehre gereichen würden», sagte die Gräfin lächelnd und reichte dem neuen Gast die Tasse, «nicht zu stark, ein Stück Zucker, ohne Zitrone, ich weiß.» Sie schenkte den Tee immer selbst ein, und die Tatsache, dass die Gräfin de Bellancombre wusste, wie Cerisier seinen Tee liebte, war ebenfalls Teil seines sozialen Kapitals. «Wir haben gerade über Sie gesprochen. Das letzte Mal, als Sie hier waren, haben Sie Turner einen Baudelaire der Malerei genannt. Wie wahr und tiefsinnig!» Vermandois, der offensichtlich schlecht gelaunt war, schaute den Anwalt nur düster an. «Gerade Baudelaire», wiederholte die Gräfin mit einem nachdenklichen Lächeln, «oder auch Keats, teilweise ... Lieben Sie Keats, mein Freund?»

«Die englische Dichtung kann nur von Engländern beurteilt werden, so wie die französische nur von Franzosen. Überhaupt sollten vielleicht nur Schriftsteller über Literatur sprechen», sagte Vermandois. Die Gräfin lachte verhalten, Cerisier zuckte mit den Schultern. «Auf jeden Fall sind Leute, die über den Stil ausländischer Schriftsteller urteilen, Heuchler oder Scharlatane.»

«Sie werden aber nicht leugnen, mein lieber Freund, dass X. (sie nannte einen berühmten französischen Schriftsteller) die Seele Englands versteht und seine Literatur kennt.»

«Ich habe ihn nicht gelesen, und ich werde ihn auch nicht lesen. Ich habe noch nicht einmal alles von Voltaire gelesen und die Hälfte von Montaigne vergessen; glauben Sie wirklich, dass ich auf meine alten Tage den genialen Monsieur X. studieren werde? Außerdem sind die literarischen Moden schlecht synchronisiert: In London gilt als der letzte Schrei der französischen Kunst, worüber wir uns schon lange lustig machen. Umgekehrt wird es nicht anders sein.»

Die Gräfin seufzte, wandte sich wieder Cerisier zu und versuchte das Gespräch auf politische Fragen zu lenken. «Ich habe wirklich damit gerechnet, dass er eine *fourchette*[214] hat», ging dem Grafen durch den Kopf, «ja, eine sehr seltene Konstellation ...» – «... Aber wer ist denn verantwortlich, wenn nicht Hitler!» – «Hier kann es keine zwei Meinungen geben, aber ein Teil der Verantwortung liegt bei der englischen Politik. Es gibt nur zwei Möglichkeiten: Entweder man erklärt Hitler ...» – «Ach, alles, nur keinen Krieg!», rief die Gräfin aus und schloss entsetzt die Augen, als sähe sie bereits Berge von blutigen Leichen vor sich. «Daran, dass der Krieg schrecklich ist, besteht kein Zweifel, ebenso wenig wie daran, dass er nicht die Lösung ist. Aber wie lässt sich ein Krieg vermeiden? Ich denke, Entschlossenheit gegenüber Hitler ...» – «Das ist natürlich die Hauptfrage: Bis zu welchem Punkt darf man Hitler Zugeständnisse machen», stimmte der Graf geistesabwesend zu und dachte, wie viel klüger und angenehmer es wäre, Bridge zu spielen, als dieses unverbindliche, lästige, immer gleiche Gespräch zu führen. «Ich bin wohl bis zum Ende meiner Tage dazu verdammt, mir anzuhören, was man über Hitler denkt», fand Vermandois. Er erhob sich schwerfällig aus seinem Sessel.

«Meine Liebe, erlauben Sie mir, Ihr Telefon zu benutzen. Der bewusste Herr hat nicht angerufen?»

«Nein, hat er nicht», antwortete die Gräfin verlegen, «da liegt wohl ein Missverständnis vor.»

«Ihr Verleger?», äußerte der Graf halb fragend, halb erläuternd in einem freundlichen Ton. «Kommen Sie, mein Lieber, ich begleite Sie.»

«Ich mache mir große Sorgen um ihn!», sagte die Gräfin halb flüsternd mit erschrockener Miene, als sie mit Cerisier allein war. «Er ist in furchtbarer Stimmung. Wie fanden Sie ihn? Sein Gesichtsausdruck ist in letzter Zeit noch *jenseitiger* geworden.»

«Ich weiß nicht, ob sein Gesichtsausdruck jenseitig ist, aber er sieht wirklich nicht gut aus. Er scheint abzubauen. Was ist los mit ihm?»

«Alles ist auf einmal über ihn hereingebrochen. Wie Sie wissen, war er noch nie ein Optimist. Im Gegensatz zu mir», fügte sie mit einem Lächeln hinzu. «Aber die schrecklichen Ereignisse in der Welt haben einen ungeheuren Eindruck auf ihn gemacht. Er sagt, dass sein Pessimismus noch nie mit dem Leben Schritt gehalten hat, dass die Menschen noch dümmer und gemeiner sind, als er gedacht hat. Er sagt, dass wir den Anfang vom Ende der Kultur und der Freiheit erleben, all jener Ideen, für die wir gelebt haben. Manchmal sagt er sogar, dass es nie eine Kultur gegeben hat, dass sie ein Mythos war, einer der vielen Mythen, die sich die Menschen zur Selbstbeschwichtigung ausgedacht haben. Sie meinen, das ist ein Widerspruch? Nun, mit Widersprüchen kann man ihn nicht in Erstaunen versetzen; er weiß selbst, dass er sich auf Schritt und Tritt widerspricht. Seinen Worten zufolge – ich gebe sie natürlich nur unzulänglich wieder – gab es in den letzten hundert Jahren gewisse Ansätze einer rationalen Zivilisation, aber die urtümlich-primitive Natur des Menschen feiert heute fröhliche Urständ, und jene Ansätze verrotten jetzt, sind von Verfall bedroht, der sich ausbreitet ... Man kann gar nicht wiedergeben, was er alles sagt! ... Außerdem steckt er in finanziellen Schwierigkeiten ...»

«Wirklich?», fragte Cerisier neugierig. «Aha, das ist es also. Daher das Ende der Kultur», dachte er.

«Ich sage Ihnen das, weil ich weiß, wie sehr Sie ihn lieben. Der Verleger nutzt ihn aus. Dabei ist er so pedantisch, wenn es um Geld geht! Wir würden uns glücklich schätzen, ihm unter die Arme zu greifen, aber darüber kann man mit ihm nicht reden. Es ist schwer vorstellbar, dass ein solcher Mann kein Geld hat! Mit seinen siebzig Jahren (es sind mehr, dachte Cerisier) muss er schuften wie ein Pferd. Er, dem wir all diese Meisterwerke verdanken! Ich habe jetzt dafür gesorgt, dass er diese Einladung ins Ausland erhalten hat. Der Impresario zahlt ihm zehntausend Francs für einen Abend, und für die Zukunft verspricht er ihm goldene Berge: eine Reise um die Welt, Radiosendungen ...»

«Da sehen Sie es. Die Armut unseres Freundes ist durchaus relativ», sagte Cerisier. «Zehntausend Francs für anderthalb Stunden Geschwätz über das Ende der Welt», dachte er verdrossen.

«Vielleicht wird ihn die Reise aufmuntern, auch wenn er kein Freund von Lesungen ist. Es wird Bankette und Reden zu seinen Ehren geben, ist es nicht so? Ich habe an unseren Botschafter geschrieben, ich bin mit ihm befreundet, wir werden alle zu einem Ball am Königshof eingeladen. Das wird ihn doch interessieren. Was meinen Sie?»

«Ich meine, es ist sehr schön, eine Freundin wie Sie zu haben!», sagte Cerisier ganz aufrichtig. «Ich werde bei Gelegenheit auch einmal eine Reise mit ihr machen, sie vermag alles», dachte er. «Aber wie wird sich unser Freund mit seinen kommunistischen Sympathien auf dem königlichen Ball vorkommen?», fragte er lachend.

«Ach, seine kommunistischen Sympathien! Ich weiß, was die wert sind. Ich fange selbst an, von den Sowjets enttäuscht zu sein ... Sie haben schon telefoniert, mein Teuerster?», wandte sich die Gräfin an Vermandois, der mit umwölkter Stirn in den Salon zurückgekehrt war. «Sie haben ihn nicht erreicht? Das habe ich mir schon gedacht.»

«Aber hat ihm dieser Verleger nicht selbst die Zeit genannt? Seltsame Manieren!», wandte der Graf launig ein und verstummte sogleich unter dem zornigen Blick seiner Frau.

«Sie werden ihn aufsuchen, sobald wir zurück sind. Er wird Ihren Wünschen zugänglicher sein, wenn er die Berichte über Ihren Auftritt gelesen hat, darauf gebe ich Ihnen mein Wort! ... Wer möchte noch Tee? Sie glauben also, die spanischen Ereignisse sind eine Partie mit ungewissem Ausgang?», fragte sie Cerisier. Die politische Diskussion wurde wieder aufgenommen.

Vermandois tat nicht einmal so, als würde er zuhören. Der Verleger war offensichtlich nicht mit dem von ihm geforderten Vorschuss einverstanden. Ein Nachgeben würde nicht nur einen finanziellen Verlust bedeuten, sondern auch seinen Stolz verletzen. Und wieder musste er daran denken, dass er in ganz Frankreich der einzige berühmte Mann ohne Geld war. «Ich hätte Drehbücher schreiben sollen oder Romane, wie Émile sie schreibt. Wie sie sie alle schreiben! Und was diesen Narziss, diesen geistlosen Anwalt betrifft, so steht natürlich auch bei ihm das Geld an oberster Stelle, obwohl er nicht nur sagt, sondern auch glaubt, dass es bei ihm die ‹Ideen› sind, die an oberster Stelle stehen, ihre billigen, wohlfeilen politischen Ideen.» In diesem Moment (wie übrigens ziemlich oft) hasste er die Reichen aus ganzem Herzen. «Wenn es einen Weltkrieg gibt oder wenn die Kommunisten an die Macht kommen, wird man ihnen, so Gott will, alles wegnehmen. Alles hat zwei Seiten», dachte er und stellte sich vergnügt vor, wie Cerisier kein Geld mehr hat. «Und die kom-

munistischen Sympathien der alten Närrin werden abflauen!»
Im Übrigen reizte ihn die alte Närrin, das heißt die Gräfin, viel
weniger, oder besser gesagt, von ihr war er das eher gewohnt. Der
Graf existierte für ihn nicht. «Aber der Anblick dieses Herrn
geht mir auf die Nerven wie der Bohrer beim Zahnarzt. Das
Widerwärtigste an ihm ist diese Mischung aus korruptem Geist
und ‹politischem Idealismus›. Am amüsantesten daran ist, dass
der politische Idealismus bei ihm – wie bei ihnen allen – beinahe
aufrichtig ist. Wenn sie auf die Tribüne steigen, vergessen sie
tatsächlich ihre Anwaltsgeschäfte und ihre geheimen Machen-
schaften. Die Maskerade ist Teil ihrer Natur geworden. Deshalb
können sie, wenn sie Minister werden, jede beliebige Maske auf-
setzen, zu jeder Zeit. Sie wollen Danton? Dann bin ich Danton.
Machiavelli? Dann bin ich Machiavelli. Cavaignac[215]? Ich kann
auch Cavaignac sein ... Im Übrigen hat wahrscheinlich auch in
Danton ein Cerisier gesteckt. Aber die Männer von 1793 waren
von anderer Statur, das waren keine Zwerge, bei ihnen roch es
weniger nach Warenhaus, und sie spielten die *Premiere*, nicht
die dreihundertste Aufführung, doch in gewisser Hinsicht ist
auch Cerisier ein Urenkel von Danton. Historische Tragödien,
von der Französischen Revolution bis zum Erdbeben von San
Francisco, enden immer als Abgeschmacktheit, auf kinematogra-
fische oder irgendeine andere Art.»

«... Aber Frankreich ist nicht bereit für einen Krieg.» –
«Hitler wird niemals einen Krieg anfangen, glauben Sie mir, das
ist reiner Bluff. Und selbst wenn es kein Bluff ist, glauben Sie
wirklich, dass Deutschland und Italien gegen eine Koalition aus
Frankreich, England und Russland bestehen könnten?» – «Ich
hoffe übrigens, dass Mussolini Hitler etwas vormacht, er ist viel
klüger und subtiler, ein Mann der lateinischen Zivilisation ...»
Vermandois verspürte den gewohnten Drang zu reden, für den
er sich selbst schalt.

«Es gibt heute in Europa nur einen einzigen Mann, der genau weiß, was er will», sagte er in einem kategorischen Ton, «und dieser Mann ist ein stumpfsinniger Schurke, und was er vorhat, ist unvorstellbar dumm, schrecklich und abscheulich. Wenn es *dazu* kommen konnte, dann muss die biologische Bezeichnung *Homo sapiens* schleunigst zurückgezogen werden, denn sie stellt eine schamlose Dreistigkeit dar. Worauf sollen wir dann die Demokratie gründen? Die Klassiker der demokratischen Mythenbildung dachten, sie basiere auf dem Glauben an die menschliche Vernunft. Aber inzwischen hat sich herausgestellt, dass es tausenderlei Gründe gibt, warum das Volk unfähig ist zu herrschen – in erster Linie, weil es außerordentlich dumm ist. Das bedeutet nicht, dass die Anzug- und Krawattenträger» – er schielte auf Cerisier – «wesentlich klüger wären als das Volk. Sie sind für den Aufstieg Hitlers nicht weniger verantwortlich als das Volk, das ihnen die Herrschaft übertragen hat. Unglücklicherweise sind von den gesellschaftspolitischen Programmen, die es heute in der Welt gibt, die grandiosen widerwärtig und idiotisch, während die einigermaßen vernünftigen auf abstoßende Weise armselig und kleinkariert sind. Vor die Wahl gestellt, entweder Hitlers Plänen oder der Erhöhung der Einkommensteuer um fünf Centimes zuzustimmen, hat sich der deutsche *Homo sapien*s für Hitler entschieden. In der Epoche der ‹Volksherrschaft› hat man eine neue (oder längst vergessene) Art von Waffe erfunden. Früher gab es die Infanterie, die Artillerie, die Kavallerie, jetzt ist die Mystik hinzugekommen. Oder, wenn Sie so wollen, die Kavallerie ist verschwunden, und an ihre Stelle ist die Mystik getreten. Und wir haben es versäumt, uns diese Mystik anzuschaffen, so wie wir es 1914 versäumt haben, uns schwere Geschütze anzuschaffen! Im Gegenteil, wir haben rationalisiert, was nur möglich war, bis hin zu den Überresten an Glauben, die es in Frankreich noch gab. Ein simples, aber folgenschweres

Versäumnis. Die Deutschen haben den Mann mit dem Oberlippenbart zum Kult erhoben. Irgend so etwas hätten wir uns auch ausdenken können, das ist gar nicht so schwer. Wie wäre es mit einem Kult um die Frau des Senatspräsidenten? Zwei Jahre Vorbereitung, eine Milliarde, um die Presse zu kaufen – und wir hätten einen großartigen Präsidentengattinnenkult! Dafür hätten wir Geld ausgeben sollen, nicht für die Maginot-Linie. Das ist uns nicht eingefallen. Wie dumm. Deswegen werden wir den Krieg verlieren.»

«Warum muss es denn unbedingt ein *Bärtchen* sein? Zugegeben, Hitler hat so ein kleines Bärtchen, aber Ihr Stalin hat einen großen, ausladenden Schnurrbart», merkte der Graf an. Er konnte Vermandois nicht leiden – weniger wegen dessen bolschewistischen Sympathien als wegen der Tatsache, dass der Freund seiner Frau das gräfliche Haus zu seinem Salon gemacht hatte und ihn vom Bridgespiel abhielt.

«Mohammed wusste, was er tat, als er seiner Person neunundneunzig schmeichelhafte Beinamen[216] zuwies», fuhr Vermandois fort. «Aber erstens ist das nicht genug: warum nur neunundneunzig? Und zweitens hat die Vergötterung von Menschen mit Oberlippenbärtchen oder Schnurrbärten seit Mohammed große Fortschritte gemacht. Die Radioapparate haben der Sache der Freiheit schwersten Schaden zugefügt. Und überhaupt haben sich die Errungenschaften der Wissenschaft als sehr nützlich für die Banalisierung der Kultur erwiesen. Sie werden sehen, es wird eine Zeit kommen, in der Velázquez-Reproduktionen schöner sein werden als Velázquez-Originale.»

«Ich verstehe nicht ganz, was Mohammed und Velázquez mit alldem zu tun haben», sagte Cerisier und zuckte mit den Schultern: Jetzt hatte er Gelegenheit, Vermandois die Zähne zu zeigen. «Nur ein Blinder oder jemand, der vorsätzlich die Augen verschließt, kann behaupten, dass die Demokratie den Menschen nur ‹fünf Centimes› gegeben hat. Haben Sie, mein Teuerster, schon einmal von einem Präsidenten namens Roosevelt und seinem Programm gehört? Ich will jetzt nicht der Frage nachgehen, ob es ... ob es, sagen wir, nicht ein wenig unbescheiden ist, wenn man sich gegen die Menschheit stellt: Die Menschen sind schrecklich dumm, während ich ... Verzeihen Sie mir, aber wenn man sagt, der Mensch sei dumm, so sagt man damit überhaupt nichts: Wenn er dumm ist, sollten wir ihn klüger machen. Damit er *klug wird*, muss dieser dumme *Homo sapiens* über einen längeren Zeitraum frei sein: Unter den Bedingungen von Sklaverei und Unwissenheit wird man nicht klug. Nur indem es seine Rechte wahrnimmt, kann das Volk zu herrschen lernen.»

«Das stimmt vielleicht sogar. Nur leider endet der Kursus, in dem die Volksherrschaft gelehrt wird, in der Regel vorzeitig, noch bevor das Semester zu Ende ist: Leute mit kleinen Oberlippenbärtchen und mit großen Schnurrbärten annullieren den Kursus, bevor das Volk zu herrschen gelernt hat. Übrigens gehören die Leute mit den Bärten, was ihre moralischen und manchmal auch ihre geistigen Eigenschaften betrifft, zum Bodensatz der Gesellschaft, doch ihre Herkunft könnte demokratischer nicht sein: Sie stammen alle aus dem Volk. Hitler ein Anstreicher, Mussolini der Sohn eines Schmieds, Stalin der Sohn eines Schuhmachers. Unser liebenswürdiger Gastgeber ist, glaube ich, der zwölfte Graf in einem alten Geschlecht. Es ist mir äußerst unangenehm, ihn darauf hinzuweisen, dass die Aristokratie keine Diktatoren mehr hervorbringt.»

«Ich muss Sie in zwei Punkten korrigieren», sagte der Graf. «Erstens: Ich bin nicht der zwölfte, sondern der sechzehnte.»

«Mein Freund, Sie vertun eine Chance zu schweigen», sagte lächelnd die Gräfin, obwohl sie seine Bemerkung richtig fand.

«Zweitens: Piłsudski war, wenn auch kein Aristokrat, so doch ein Adliger.» Der Graf entspannte sich: Nach diesem Einwurf brauchte er sich mindestens fünf Minuten lang nicht mehr am Gespräch zu beteiligen.

«Wenn der Mensch schlecht ist, müssen wir soziale Einrichtungen schaffen, die ihn besser machen», sagte Cerisier. «Die Worte über den göttlichen Funken in der menschlichen Seele[217] bleiben doch ewig wahr.»

«Was ist dieser ‹göttliche Funke› denn wert, wenn er nichts anderes als Abscheulichkeiten hervorbringt!», unterbrach ihn Vermandois verärgert. «Ich bin diese göttlichen Funken leid! Und je weniger es von diesen Funken im Volk gibt, desto mächtiger wird es. Nach dem allgemeinen ‹Gesetz der Geschichte› – bei diesem Ausdruck zieht sich mir übrigens der Mund zusammen wie von saurem Wein –, nach dem ‹Gesetz der Geschichte› führt die Kultur eines Volkes, in dem Maße, in dem sie zunimmt, langsam, aber sicher zu seinem Untergang. Die Spartaner siegen über die Athener, die Römer über die Griechen, die Barbaren über die Römer.»

«Im letzten Krieg haben aber die demokratischen freien Völker gesiegt.»

«Sie haben nicht deshalb gesiegt, weil sie frei waren, sondern obwohl sie frei waren. Ab einer bestimmten Höhe der kulturellen Entwicklung verliert das Volk allmählich das Interesse am Krieg, am Militär, am Kriegsruhm. Die menschliche Heuchelei findet sofort eine Ausflucht: Die Liebe zum Militär und zum Kriegsruhm ist angeblich etwas anderes als die Liebe zum Krieg. Das ist Unsinn. Ohne Liebe zum Krieg kann es keine Liebe zum Militär geben. Ein General, der nie Krieg geführt hat, ist ein absolutes Paradox. Ein guter Soldat kann sich nicht wirklich wünschen, dass sein Leben ohne einen einzigen Krieg vergeht. Und das ist natürlich eine der Hauptursachen, wenn nicht *die* Hauptursache für den Ausbruch von Kriegen. Je stärker die Sklavenpsychologie in einem Land verwurzelt ist, desto leichter lässt sich seiner Bevölkerung die Kriegslust anerziehen. Je weniger die Minister von der Öffentlichkeit kontrolliert werden, desto mehr Zeit können sie den technischen Aspekten widmen, anstatt sich mit parlamentarischen Anfragen und politischen Ränkespielen zu befassen. Je unfreier ein Land ist, desto leichter fällt es den Machthabern, ihre Waffen zu verbergen, desto leichter können sie rasche Entscheidungen treffen, desto einfacher ist es für sie, Krieg zu führen. Daher ist es in der Regel, innerhalb der Grenzen eines Kontinents, nicht etwa die höhere Kultur, die die niedrigere besiegt, sondern die niedrigere Kultur besiegt die höhere. Als Folge ihrer Niederlage verlieren die Länder der höheren Kultur natürlich auch ihre Freiheit. Dann beginnt in diesen Ländern eine Umwertung aller Werte, und die geringere Veranlagung zur Idiotie wird als Verfall des Nationalgefühls ausgegeben. Vielleicht sogar mit einiger Berechtigung: Es ist mehr als zweifelhaft, ob dieses halbmythische Gefühl mit den Werten von Vernunft und Moral vereinbar ist. Bei uns in Frankreich war es um das Nationalgefühl dann am besten bestellt, als auf einen gebildeten Franzosen neunundneunzig ungebildete kamen und als ein Hungriger für den Diebstahl eines Huhns geviertelt wurde ... Mit einem Wort: die umgekehrte Darwin'sche Auslese. Die Situation wäre absolut katastrophal, wenn die mächtigste Nation der Welt, die Vereinigten Staaten, nicht durch Zufall gleichzeitig eine Demokratie wäre und zusätzlich einen starken Verbündeten hätte – den Atlantischen Ozean. Aber was hätten die Klassiker der demokratischen Mythenbildung gesagt, wenn durch einen anderen Zufall Deutschland das Land mit den meisten Einwohnern, dem größten Reichtum und den meisten Fabriken wäre? Ein freier Mann *war* ein besserer Soldat als ein Sklave, solange der Sklave mit Pfeil und Bogen und der freie Mann mit einem Gewehr bewaffnet waren. Unter der Voraussetzung einer gleich hohen materiellen Kultur sind sie im besten Fall ebenbürtig. Unglücklicherweise ist die Sklavenordnung in sehr mächtigen Ländern errichtet worden: in Russland und in Deutschland. Solange der Faschismus nur in Italien existierte, machte er niemandem Angst: Solange Mussolini mit seinem ramponierten Pappschwert *herumfuchtelte*, konnte man nachsichtig lächeln. Genauso wäre es gewesen, wenn der Kommunismus zum Beispiel in Portugal gesiegt hätte – er wäre als angenehme Episode in Erinnerung geblieben, als netter Scherz, von kurzer Länge wie alle guten Scherze. Heute ist eine kriegerische Auseinandersetzung sehr wahrscheinlich. Wenn die Welt nur aus freien Ländern bestünde, wäre der Frieden fast garantiert. Wenn sie nur aus Diktaturen bestünde, wäre Frieden zwar möglich, aber unwahrscheinlich. Wenn Diktaturen und Demokratien nebeneinander existieren, ist ein Krieg unvermeidlich.»

«Mein lieber Freund, Ihnen unterläuft ein gefährlicher Lapsus: Sie werfen Faschismus und Kommunismus in einen Topf!»

«Der Lapsus ist leicht erklärt: Eine Diktatur in einem mächtigen Land ist immer dann eine Gefahr für andere Länder, wenn in dem mächtigen Land ein dummes Volk lebt. Deshalb ist die deutsche Diktatur viel gefährlicher als die russische. Eine deutsche Hegemonie in der Welt wäre eine Herausforderung an die Reste von Vernunft, eine Herausforderung, die selbst für meine Geschichtsphilosophie ungeheuer wäre.»

«Das gefällt mir nicht, das steht Ihnen nicht zu Gesicht: ein ganzes Volk zu hassen», sagte die Gräfin streng.

«Alles schön und gut», sagte Cerisier. «Aber die Erfahrung lehrt uns, dass tragische Vorhersagen nicht eintreffen. Tocqueville[218] sagte den nahen Untergang der Vereinigten Staaten vorher. Edgar Quinet[219] sagte den baldigen Untergang Englands vorher. Sie selbst sagen das Ende der Kultur vorher. Mein lieber Freund, Sie sehen zu schwarz!»

«Ich denke immer öfter, dass die Welt eine Kur durch Wahrheit braucht, um von ihren zahlreichen Krankheiten geheilt zu werden. Aber vorher sollte man alles Rosenwasser aus der Wahrheit ausscheiden, mit dem sie aus irgendeinem Grund immer kontaminiert ist. Von dieser Mission habe ich mich auch bei meiner literarischen Tätigkeit leiten lassen. Die Kritik hat mir oft vorgeworfen, ich würde ‹alles schwarzmalen›, nur ‹die dunklen Seiten des Lebens sehen› usw. Gibt es einen griechischen Ausdruck für ‹Therapie durch bittere Wahrheit›?»

«Das weiß ich nicht, aber nicht jede Wahrheit ist bitter, und nicht alles, was bitter ist, ist auch wahr.»

«La Palice[220]?», fragte Vermandois gereizt.

«Meine lieben Freunde», sagte die Dame des Hauses dringlich, «ich möchte einen Vorschlag einbringen ... Ich glaube, so sagt man das bei Ihnen im Parlament, nicht wahr? ... Heute dirigiert N. (sie nannte den Namen eines berühmten Dirigenten) in London Mozarts ‹Requiem›. Die Übertragung beginnt in wenigen Minuten. Was halten Sie davon, wenn wir uns das anhören? Hat jemand etwas dagegen?»

«Nichts würde ich jetzt lieber hören als die Musik des ‹Requiems›»», sagte Vermandois. Auch Cerisier nickte. Lieber das «Requiem» als dieses Gespräch, dachte der Graf. Er ging zu dem Apparat und kümmerte sich um die Einstellung.

«Trotzdem wäre es schön, mein lieber Freund, wenn Sie uns Ihr Programm ein wenig näher erläutern könnten», sagte Cerisier. «Das gemeine Volk ist dumm, und die Anzugträger sind nicht viel klüger. Die Demokratie taugt nichts, aber auch die Diktatur taugt nichts. Um Himmels willen, sagen Sie uns endlich, was Sie wollen.»

«Ich habe nicht gesagt, die Demokratie tauge *zu gar nichts*. Durch die natürliche Auslese kommen in der Regel sowohl in Demokratien als auch in Diktaturen die Gerissenen und Skrupellosen an die Macht. Doch in den freien Ländern begünstigt die Auslese hauptsächlich begabte Intriganten, während sich in den unfreien Ländern begabte Banditen durchsetzen. Ersteres ist ungleich besser als Letzteres. Natürlich ist der prozentuale Anteil an Halunken dank des Gesetzes der großen Zahlen in allen Gesellschaftsordnungen etwa gleich groß. Wer behauptet, eine Diktatur bringe ehrliches Führungspersonal an die Macht, lügt schamlos. Aber in praktischer Hinsicht hat er durchaus recht: Das Führungspersonal einer Diktatur deklariert sich in erster Linie selbst als vorbildlich ehrlich, und da jeder Widerspruch ausgeschlossen ist, erkennt das Volk mit seinem ‹unfehlbaren gesunden Menschenverstand› diesen Vorzug alsbald an – ich glaube, so erklären das die Klassiker der demokratischen Mythenbildung ... Ich denke, man muss zwischen dem Wesen und den Attributen der Demokratie unterscheiden. Das Affentheater der Ministerrunden, der Kult der Inkompetenz, der Triumph der Ignoranz, die Herrschaft des Geldes, die Käuflichkeit in grober wie in subtiler Form, im Offenen wie im Verborgenen – all das ist Demokratie. Aber Demokratie ist auch die Freiheit des Denkens, die Freiheit des Wortes, die Selbstbestimmung des Menschen! Trennen wir das voneinander. Aus irgendeinem Grund dachten wir, dass die Freiheit des Denkens und die Selbstbestimmung des Menschen untrennbar mit der Volksherrschaft verbunden sind. Aber diese prästabilierte Harmonie[221] hat sich als reiner Mythos herausgestellt: Der Durchschnittsmensch schätzt seine eigene Freiheit nicht besonders, und die Freiheit der anderen ist ihm erst recht nicht hoch und heilig. Der Gedanke an eine Tyrannei des Volkes ist nicht neu. Wenn ich mich recht erinnere, stammt er von Blanqui[222], der sich vorteilhaft von den meisten anderen Revolutionären abhob – nicht nur durch seine geistige Lauterkeit, sondern auch dadurch, dass er überhaupt nicht an die eigene Sache glaubte. Wenn die prästabilierte Harmonie ein Mythos ist, dann kann man auch ohne Volksherrschaft auskommen: Diese bietet keine höhere Garantie für ein normales menschliches Leben als eine gemäßigte Monarchie oder eine einigermaßen kultivierte Diktatur. Freiheit, Gleichheit, Brüderlichkeit? Auf die Gleichheit kann ich verzichten, die Brüderlichkeit nehme ich nicht geschenkt, aber die Freiheit ist mir unentbehrlich ... Sie behaupten, wir bräuchten Institutionen. Leider hat die Erfahrung gezeigt, dass Institutionen nichts garantieren können, weil die Menschen in der Regel ihrer bald überdrüssig werden und sie zu verabscheuen beginnen. Das dem Menschen innewohnende Bedürfnis, sich in seinem immerwährenden Halbschlaf von einer Seite zur anderen zu werfen, schließt die Möglichkeit eines kontinuierlichen sozialen und politischen Fortschritts aus.»

*«Mesdames et messieurs, vous allez entendre ...»**, begann der Radiosprecher mit eindringlicher Stimme. Die Gräfin verzog schmerzhaft das Gesicht. Der Graf schaltete den Apparat aus.

«Ich kenne ihn, er wird uns fünf Minuten lang die Entstehungsgeschichte des ‹Requiems› erzählen, das, was jedes Kind weiß!»

«Ja, von dem Diener, der zu Mozart kam, um im Auftrag seines Herrn ein Requiem in Auftrag zu geben. Und davon, dass Mozart den Diener in seiner grauen Livree für einen Abgesandten des Himmels oder der Hölle gehalten hat», sagte Vermandois missmutig. «Mozart starb nicht an düsteren Vorahnungen, sondern an einer prosaischen inneren Krankheit, zu der seine chronische Geldnot nicht unerheblich beitrug. («Er misst dem Geld zu viel Bedeutung bei: Er beurteilt Mozart nach seinen eigenen Maßstäben», dachte Cerisier.) Auch das verleumderische Gerücht, wonach Mozart von Salieri vergiftet

---

* Meine Damen und Herren, Sie hören nun ...

wurde, entbehrt jeder Grundlage. Rimski-Korsakow, der offenbar von einem dubiosen Librettisten in die Irre geführt wurde, hat aus diesem Gerücht eine langweilige Oper[223] gemacht. Viel glaubwürdiger ist da die Legende, die sich um den Text des ‹Requiems› rankt. Überliefert ist, dass die Verse des *Dies Irae*, die in ihrem Rhythmus, in ihrer Kraft und Wortgewalt in der Tat großartig sind, von einem abscheulichen Verbrecher des dreizehnten Jahrhunderts geschrieben wurden, der wegen eines schlimmen Vergehens zum Tode verurteilt worden war …» Über Cerisiers Gesicht lief plötzlich ein Zucken. Vermandois sah ihn überrascht an und fuhr fort: «Den Rest können Sie sich denken: Am Morgen wurde der Verbrecher zur Richtstätte geführt, und auf dem Wege dorthin begann er laut seine Verse zu sprechen, und die erschütterten Inquisitoren begnadigten ihn auf der Stelle … Schade, dass GPU und Gestapo nicht so empfänglich für die Reize der Kunst sind … Aber schalten Sie den Apparat ein, mein lieber Freund: Wir wollen den Anfang nicht verpassen.»

«… *Et le plus grand musicien de tous les siècles expira dans les bras de ses amis inconsolables après avoir entendu les sons de son immortel chef-d'œuvre que vous allez entendre …*»*

* Und der größte Musiker aller Zeiten starb in den Armen seiner untröstlichen Freunde, nachdem er die Klänge seines unsterblichen Meisterwerks vernommen hatte, das Sie gleich hören werden …

XXIII

Q *uid sum miser tunc dicturus ... Cum vix iustus sit secures** ...
Wenn das Gericht so streng ist, dass selbst die Gerechten
kaum auf Rettung hoffen dürfen, warum sollte man da nicht ein
bisschen sündigen?», fragte Cerisier mit einem Lächeln. Die
Gräfin drohte ihm mit dem Finger. «Ja, Sie haben recht, nach
diesem Meisterwerk muss man schweigen. Nicht wahr, mein
lieber Freund?», wandte er sich an Vermandois, der mit geschlossenen Augen schweigend im Sessel saß. Er beteiligte sich
nicht an diesem ersten Gedankenaustausch. «Mein Gott, er ist
alt geworden, er sieht aus wie achtzig!», dachte der Anwalt. Vermandois öffnete die Augen. Die Gräfin blickte ihn erschrocken
an.

«Ich bin auch ganz aufgewühlt», sagte sie. «Als Ungläubige
können Sie das gar nicht nachempfinden.»

«Mozart war Freimaurer», entgegnete Cerisier. «Er schrieb
Musik für seine Loge ... Aber Sie haben recht, worüber kann
man nach dem ‹Requiem› noch streiten ...»

«Unser Streit ist auch schon entschieden», sagte Vermandois
noch düsterer als zuvor. «An diesem Requiem haben Mozarts
Schüler gearbeitet, sie haben es offensichtlich auf ihre Weise
ausgeschmückt. Doch *Dies Irae* und *Tuba mirum* und *Rex tremendae majestatis* – das ist Mozart. Das ist zweifellos einer der
Höhepunkte aller Kunst. Hier ist alles entblößt, das ist äußerste
Selbstoffenbarung, danach fällt es selbst einem so heuchlerischen
Wesen wie dem Menschen zwei oder drei Stunden lang schwer zu
lügen ... Und wie immer ist die Wahrheit äußerst widersprüch-
lich! Die subjektive Wahrheit verkehrt sich ganz leicht und unbe-

---

* Weh, was werd ich Armer sagen ... Wenn Gerechte selbst verzagen?

579

merkt in objektive Lüge. Anders als Bileam[224] wollte er natürlich Segen spenden, dennoch hat man die ganze Zeit den Eindruck, als spräche er eine Verwünschung aus. Mozart hat das Leben geliebt, wie es vielleicht niemand sonst geliebt hat. Und plötzlich geschieht – wer hätte das gedacht – das Unvorstellbare, er stirbt! Mein Gott, wie ist das möglich? Was in aller Welt soll das? Kein Wien mehr, Wien mit all seinen Kirchen, seinem Prater, seinen Gasthäusern, seinem heißen Kaffee, seinem roten Wein, kein Salzburg mehr, Salzburg mit seinen Bergen und seinem Himmel, keine Sonne mehr – keine Musik mehr! Mein Gott, wie ist das möglich! Ich muss mir etwas einfallen lassen! ... Und er ließ sich etwas einfallen. Strohhalme für Ertrinkende gibt es fast immer, und es ist geradezu erstaunlich, wie viele Ertrinkende jedes Jahr auf der ganzen Welt durch die unterschiedlichsten Strohhalme gerettet werden. Damals gab es zwei feste Glauben auf der Welt. Der eine, bewährte, jahrhundertealte, während seiner tausendjährigen Existenz in Stürmen gereifte lag den Menschen immer noch im Blut. Der andere, neue, junge, kämpferische war gerade im Entstehen. Und beide boten ihm ihren Trost an. Sie haben gesagt, dass er Freimaurer war. Ja, Mozart war Freimaurer. Aber er war auch Katholik. Der alte Glaube versprach ewiges Leben in einer besseren Welt, versprach auch so etwas wie Liebe – eine höhere, ewige geistige Liebe. ‹Mein Gott! Das ist nicht das, was ich will. Das ist nicht *die* Liebe, um die ich weine! Das ist doch nur ein Wortspiel! ...› Der alte Glaube versprach auch Musik, die ewige Musik des ewigen Lebens. ‹Aber mir tut es doch um die *andere* Musik leid, mir tut es um *meine* Musik leid, was soll ich mit der tonlosen Musik der Seele anfangen, vielleicht besitze ich, Mozart, ja weder Ohr noch Talent für sie. Schließlich kenne ich *diese*, meine Musik – in *dieser* Musik liegt für mich der höchste Sinn, die höchste Lebensfreude, in *dieser* Musik habe ich Werke geschaffen, wie sie niemand sonst geschaffen hat, und ich will noch mehr davon schaffen! ...> Es gab auch einen anderen Trost: den freimaurerischen, aufklärerischen, <freigeistigen>. Er war schwächer, viel schwächer. Der Glaube an die Vernunft, der Glaube an die Gerechtigkeit, die Hoffnung auf ein irdisches Leben, das fast so angenehm war wie das himmlische. <Was soll ich damit, ich werde es ohnehin nicht erleben.> Hier seufzt der aufklärerische Glaube verstohlen. Aber auch für diesen Glauben steigen Menschen, kluge Menschen, wenn nicht auf den Scheiterhaufen, so doch auf die Barrikaden. Mozart hat sich auch an diesen Strohhalm geklammert. Am Ende hat er sich *abgefunden* – was sollte er machen? Wir alle finden uns ab. Aber im Unterschied zu uns hat er das alles in einem unsterblichen Meisterwerk zum Ausdruck gebracht. Er hat die ganze Wahrheit ausgesprochen und die anderen aufgefordert, nicht zu lügen. Und er scheint vage an den *Rex tremendae majestatis* geglaubt zu haben ... So *war* das zu seiner Zeit, so *war* das noch vor nicht allzu langer Zeit, als ich mein Leben begann. Heute ist das alles aus dem Leben verschwunden: Von dem ersten Glauben ist wenig übrig geblieben, der zweite ist im Schwinden begriffen, und es gibt nichts, was die entstandene Leerstelle ausfüllen könnte: Es gibt keinen dritten Glauben! Was könnte an die Stelle des alten Glaubens treten? Womit ließe sich das <Requiem> ersetzen? Vorschläge gibt es natürlich jede Menge, da herrscht kein Mangel. Aber das ist alles aufgewärmtes Zeug, die siebenundsiebzigste billige Auflage, blasse, seichte Varianten eines sterbenden Glaubens. Man wird niemanden finden, der verrückt genug ist, für das allgemeine Wahlrecht auf den Scheiterhaufen zu steigen oder für die Paradiesgärten am Kristallpalast der GPU – beziehungsweise werden es ausschließlich Verrückte sein, die dazu bereit sind. Die Menschen haben keine Lust mehr, für irgendetwas auf den Scheiterhaufen zu steigen, es hat schon zu viele Scheiterhaufen gegeben, und zu viele Dummköpfe sind

auf ihnen verbrannt worden, nicht wahr, mein lieber Freund?»,
wandte er sich in herausforderndem Ton an Cerisier. «Sie, zum
Beispiel, werden auf keinen Scheiterhaufen steigen, Sie werden
noch nicht einmal auf die ungefährlichsten Pariser Barrikaden
klettern, wenn ein Angriff durch harmlose Pariser Polizisten
droht. Denn erstens könnten Ihnen die Polizisten den Hintern
versohlen, zweitens könnte es für die Barrikaden drei Monaten
Gefängnis setzen, und drittens – wer soll sich denn in der Zwischenzeit um Ihre Anwaltskanzlei kümmern? Und wenn das so
ist, muss man eingestehen, dass man sich der Stabilität des demokratischen Systems nirgendwo mehr sicher sein kann, auch nicht
in diesem unserem müden Land. Und auch der erstere der beiden Glauben könnte bessere Verteidiger gebrauchen», sagte er
und schielte zum Grafen, der im Übrigen nicht wirklich zuhörte.
Cerisier zuckte mit den Schultern und blickte die Hausherrin
an, als wollte er sie auffordern festzustellen, dass nicht er es war,
der inkommodierte, sondern dass er inkommodiert wurde. Die
Gräfin schreckte auf und rüstete sich, in das Gespräch einzugrei-
fen. «O nein. Das hat keinerlei Bedeutung. Ich nehme ihn nicht
ernst», signalisierte ihr das besänftigende Lächeln des Anwalts.

«Erlauben Sie mir, das Argument mit den Barrikaden zu-
rückzuweisen», sagte er. «Wenn nicht ich auf die Barrikaden
gehe – woher wissen Sie eigentlich, ob ich nicht doch gehe, wenn
man mich wütend genug macht, gehe auch ich –, so werden es
höchstwahrscheinlich andere, jüngere tun. Sie begraben die Idee,
die Ihnen nach Ihren eigenen Worten – haben Sie die schon vergessen? – so teuer ist, zu früh. Sie irren sich, wenn Sie glauben,
dass die Idee der Freiheit keine Begeisterung mehr hervorruft.
Ich kann Ihnen versichern, dass sie nach wie vor Begeisterung
hervorruft. Und auch Gleichheit und Brüderlichkeit rufen diese
Begeisterung hervor ... Unvergänglich ist auch die Kultur, was
immer Sie sagen mögen. Sie wird und kann nicht verschwinden,

wie denn? Ein dritter Glauben ist Ihnen bislang nicht eingefallen, aber mir reicht der zweite vollkommen.»

«Und mir der erste», sagte der Hausherr kühl. «Den haben Sie jedenfalls zu früh abgeschrieben, mein Bester. Er wird den zweiten, den dritten und noch den dreiunddreißigsten über-leben.»

«Ich freue mich für Sie, meine lieben Freunde. Mozart hat recht: Denk dir eine schöne Geschichte aus und finde dich ab – nimm diejenige, die dir am meisten zusagt: eine rationale oder eine irrationale, eine irdische oder eine jenseitige, und warte auf deinen ‹Rex tremendae majestatis›. Aber für Sie, meine lieben Freunde, wird es einen *irdischen* ‹Rex tremendae majestatis› ge-ben, und das wird ein Mann mit großem Schnurrbart oder mit kleinem Oberlippenbart sein ... Die Menschheit bewegt sich auf die große Müllkippe zu, und am besten man läuft ihr mit einer Fackel in der Hand hinterher und versichert, dass das keine Müllkippe, sondern ein Kristallpalast ist. Das ist viel angeneh-mer, als im unsicheren Bewusstsein einer zweifelhaften Wahr-heit vom Leben ausgeschlossen zu sein. Was kostet es schon zu sagen: ‹Die Vernunft hat versagt, wir kommen auch ohne Ver-nunft aus!› Aber ich kann das nicht. Offenbar verbindet mich irgendetwas sehr fest mit dem neunzehnten Jahrhundert und mit dem Jahrhundert davor, das noch naiver war. Manchmal be-lächele ich diese Jahrhunderte, aber ich lebe mit ihnen, ich lebe in ihnen, und ich werde mit ihnen sterben ... Und noch etwas», sagte er unerwartet und unpassend, wie allen schien, «man hat mir oft meinen Internationalismus vorgeworfen, und doch ist selbst die beste, glücklichste Welt – nicht Müllkippe, sondern wirklich Kristallpalast – ohne eine führende Rolle Frankreichs, ohne *französische* Kultur und Sprache für mich wertlos und un-interessant! Wir sind ein müdes Land, wir sind ein altes Land, wir sind das älteste Land, das je existiert hat, unsere Zivilisation währte länger als die griechische und stand ihr nicht nach. Und ich hoffe, dass ich sterben werde, ohne Frankreichs ‹Requiem› hören zu müssen!»

Alle blickten ihn erstaunt an. Vermandois stand auf, stützte sich schwer auf den Sessel und verabschiedete sich von der Hausherrin.

«Sie dürfen sich nicht so aufregen. Warum haben Sie es denn so eilig? Im Übrigen sollten Sie heute in der Tat etwas früher zu Bett gehen.»

«Ich glaube, niemand von uns hat die Absicht, Frankreich zu beerdigen», sagte Cerisier verwundert und drückte ihm fest die Hand. «Nun, ich wünsche Ihnen viel Erfolg. Ich bedaure sehr, dass ich nicht zu Ihrer Lesung kommen kann. Gute Reise.» Er wollte ebenfalls gehen, aber die Gräfin hielt ihn zurück.

«Ach, ich mache mir ja solche Sorgen um ihn», sagte sie erneut, nachdem Vermandois in Begleitung des Hausherrn hinausgegangen war. «Ich wollte es Ihnen nicht sagen, aber ich weiß, wie sehr Sie ihn lieben und schätzen. Es geht ihm gesundheitlich nicht gut, überhaupt nicht gut. Obendrein ist er bei einem Idioten oder Mörder in Behandlung. Stellen Sie sich vor, beim letzten Mal hat er unserem Freund mitgeteilt, dass sein Blutdruck 220 beträgt!»

«Das ist noch nicht übermäßig hoch. Es gibt Leute, die haben 260, und heute kann man den Blutdruck auch leicht senken», bemerkte der Anwalt, der sich in letzter Zeit ebenfalls für seinen Blutdruck interessierte.

«Aber wer sagt denn einem Patienten so etwas! Ich habe dem Arzt am Telefon eine Szene gemacht ... Ich hätte nicht gedacht, dass ihn das ‹Requiem› so aus der Fassung bringt ... Haben Sie unseren Freund daran erinnert, dass wir ihn morgen abholen?», fragte sie streng ihren Ehemann, der zurückgekehrt war.

«Ja, ich habe ihn daran erinnert», erwiderte der Graf. Er

hatte sich den ganzen Abend sehr gelangweilt, aber er war froh, dass die Gäste, die ihn vom Bridgespiel abhielten, sich noch mehr gelangweilt hatten.

Die Gräfin blickte Cerisier nachdenklich an. «Was für schöne und gütige Augen sie hat! Dieser leergeschriebene Schriftsteller ist ein Wirrkopf und Spinner, aber sie liebt ihn wirklich! Eine sehr gütige, warmherzige Frau!», dachte Cerisier. Plötzlich erinnerte er sich, wo er im Morgengrauen sein würde, er erschauderte und verabschiedete sich ebenfalls.

XXIV

W ahrscheinlich ist an dem, was der alte Narziss gesagt hat, etwas Wahres», gestand sich Cerisier mit einem unguten Gefühl ein, als er die Treppe seines Hauses hinaufstieg. «Dieses ‹Requiem› entblößt in der Tat die Seele, danach kann man gar nicht anders, als wenigstens sich selbst gegenüber ehrlich zu sein ... Aber was ist denn meine Schuld? Ich habe getan, was ich konnte, um diesen unglücklichen jungen Mann zu retten. Ohne etwas dafür zu verlangen, habe ich ihn verteidigt, als hätte mein Honorar mehrere Hunderttausend betragen.» Er prüfte sich: Das stimmte; er war ein äußerst gewissenhafter Anwalt. «Ich fahre hin, um ihm wenigstens überhaupt irgendwie moralisch beizustehen. Und es ist nicht meine Schuld, dass ich lebe, dass ich am Leben bleibe, nachdem man ihn hingerichtet haben wird. Und dass ich heute zur Gräfin gefahren bin, hat erstens damit zu tun, dass ich sie nicht durch eine Absage kränken wollte, und zweitens wäre es mir völlig unmöglich gewesen, diesen Abend allein zu verbringen. In einem Unterhaltungsfilm könnte man hier natürlich gleich mit einem Klischee kommen: ‹Nach dem glanzvollen Empfang im Haus der Gräfin de Bellancombre kehrt der berühmte Anwalt in seine behagliche, luxuriöse Wohnung zurück und legt sich in sein schneeweißes Bett ...›»

Selbstanalyse war für ihn, wie für die meisten Menschen, eine schwierige, unangenehme und ungewohnte Angelegenheit. Er ging in sein Arbeitszimmer, machte die Schreibtischlampe an, zog Smoking und Weste aus und hängte sie über die Stuhllehne. Er hatte die Gewohnheit, sich vor dem Schlafengehen einen Lindenblütentee aufzugießen. Es gab keinen Grund, heute davon abzuweichen. «Nun gut ... Im Geiste des ‹Requiems› mit seiner Wahrhaftigkeit ...» Cerisier konnte sich nicht guten Gewissens einreden, er wäre am Vorabend der Hinrichtung seines Mandanten *nicht in der Lage*, eine Tasse Tee zu trinken. Er hörte in sich hinein: Das «Requiem» mit seinem Geist der Wahrhaftigkeit brachte in seiner Seele nichts Neues zum Vorschein. «In fünf Stunden wird der junge Mann, der ein schweres Verbrechen begangen hat, einen schrecklichen Tod sterben ... Einen schrecklichen? Krebs oder Schwindsucht, an denen in dieser Nacht Tausende von Menschen sterben werden, sind viel schrecklicher. Er wird lediglich einen ungewöhnlichen Tod sterben. Und es wäre heuchlerisch von mir zu sagen, dass ich deshalb nicht so weiterleben kann, wie ich bisher gelebt habe. Und ich werde morgen all die Dinge erledigen müssen, die ich mir für morgen vorgenommen habe ...» Er verzog das Gesicht und erinnerte sich daran, dass er für den nächsten Tag zwei Geschäftstermine und ein Arbeitsfrühstück vereinbart hatte. Es wäre unmöglich oder zumindest schwierig gewesen, die Termine abzusagen, zumal einer der Klienten zu der Verabredung mit ihm extra aus Fontainebleau anreiste. Mit einem noch unangenehmeren Gefühl dachte er daran, dass seine Bekannten beim Frühstück schon aus den Zeitungen wissen würden, wo er in der Nacht gewesen war.

«Aus Diskretion werden sie zunächst keine Fragen stellen. Aber vielleicht fragen sie auch schon nach den ersten Worten. Im Laufe des Gesprächs werden sie unweigerlich darauf zu sprechen kommen. Was dann? So tun, als ob ich keinen Bissen herunterbekomme? Über mein Mitgefühl sprechen? *Aufgewühlt* und *erschüttert* Bericht erstatten? Ja, der Mensch ist eine heuchlerische Kreatur, und die Wirkung des ‹Requiems› ist von begrenzter Dauer ...» Cerisier dachte mit einer gewissen Erleichterung, dass die Gräfin und Vermandois es nicht lesen würden: Sie reisten am Morgen ab, in den Morgenzeitungen würden noch keine Berichte stehen, höchstens eine korrekte und widerliche Anspielung auf die «*bois de justice*»[225] (was für ein abscheulicher Ausdruck!), auf den Scharfrichter, der ... «Über solche Dinge schreiben sie gewöhnlich nicht im Voraus, aber ein versteckter Hinweis wäre unvermeidlich: Wir wussten durchaus, aber ... Dafür werden sie am nächsten Tag in aller Ausführlichkeit berichten: Da können die Reporter Zeilen schinden. Sie behandeln solche Fälle mit professionellem Gleichmut, und ich kann nicht protestieren, weil ich es genauso mache ... Ja, das ist das Schlimmste: die völlige Gleichgültigkeit des Menschen gegenüber seinen Mitmenschen. Die meisten Menschen sind von Natur aus nicht böse und nicht grausam, sie sind einfach teilnahmslos und außerdem schwach ...»

Nachdem er sich eine Tasse Tee eingeschenkt hatte, kehrte er in sein Arbeitszimmer zurück und erinnerte sich plötzlich stirnrunzelnd, dass er sich einen Anzug zurechtlegen musste. Er hatte an diesem Tag, bevor er den Smoking anzog, einen braunen Anzug mit einer dunkelroten Krawatte getragen. Es gab keine Regeln, und es konnte auch gar keine geben, wie sich ein Anwalt zu kleiden hatte, der zur Hinrichtung seines Mandanten ging. «Im Übrigen, eine Regel gibt es doch: Ich kann weder Smoking noch einen hellen Anzug tragen, so viel ist klar! Ich muss mich so anziehen, als ginge ich zur Beerdigung eines Bekannten. Oder eher noch etwas strenger ...» Er holte ein annähernd schwarzes Jackett und eine dunkelblaue, fast schwarze Krawatte aus dem Schrank. «Ja, abscheulich, entsetzlich, alles ist entsetzlich ... Was soll ich jetzt machen? ...»

Bis zur Hinrichtung waren es noch viereinhalb Stunden. «Ich werde mich nicht hinlegen: Ich würde sowieso kein Auge zutun. Den Rest der Nacht im Sessel verbringen? Ich muss mir ein Buch nehmen, sonst verliere ich noch den Verstand.» Aber im Geiste des «Requiems» war ihm klar, dass er nicht den Verstand verlieren würde. «Menschen verlieren den Verstand durch einen Hirnschaden, einen Schlaganfall oder Syphilis, aber nicht durch Aufregung, vor allem nicht durch Aufregung auf fremde Kosten. Was soll ich lesen? Etwas Philosophisches? Oder einen Unterhaltungsroman?» Cerisier prüfte sich: Nein, so etwas wollte er nicht lesen. Er erinnerte sich an eine wissenschaftliche Arbeit, in der ausführlich beschrieben war, wie Menschen hingerichtet wurden. Bei seinem ausgezeichneten Gedächtnis fiel ihm schnell ein, in welchem Werk das stand; er fand den schön gebundenen, säuberlichen Band in seiner großen Bibliothek und setzte sich in einen tiefen Sessel. Aus irgendeinem Grund fand er es unpassend, seinen Hausmantel anzuziehen. Er knöpfte nur seine Hose und den Hemdkragen auf, rückte die Lampe heran und stellte die Tasse auf das Tischchen neben dem Sessel.

«*Dès qu'un homme est condamné à mort, sa vie devient sacrée ... L'homme est vivement dépouillé de tous ses vêtements, qu'on jette bien vite loin de lui, afin qu'il ne puisse les atteindre, car peut-être y a-t-il caché une arme ou du poison; rien ne trouve grâce, pas même les souliers, pas même les bas. Quand il est nu, comme Dieu l'a créé, on lui fait endosser le costume de prisonnier, la dure chemise, le pantalon, la vareuse de grosse laine grise, les forts chaussons feutrés:*

il a l'habillement complet, sauf la cravate, sauf le mouchoir, car il pourrait essayer de s'étrangler ...»[226]

«Ja, das ist schrecklich, aber ich war schon immer ein Gegner der Todesstrafe», dachte er, «in einer sozialistischen Gesellschaft wird es die nicht mehr geben. Wenn die russischen Sozialisten sie anwenden, tragen wir dafür keine Verantwortung. Wir unterstützen die russischen Sozialisten – in dem Maße, in dem wir sie unterstützen –, weil es ein großes soziales Experiment ist und weil wichtige taktische Überlegungen uns dazu veranlassen ... Und wofür tragen wir Verantwortung?», fragte er sich. Und im Geiste des «Requiems» sagte er sich unerwartet, dass sie für nichts und niemanden Verantwortung trugen, am wenigsten für sich selbst, dass sie heute wahrscheinlich die verantwortungslosesten Menschen auf der Welt waren, obwohl es sehr schwierig war, in dieser Welt den Rekord der Verantwortungslosigkeit zu überbieten. Cerisier schüttelte mit einem sehr unangenehmen Gefühl missbilligend den Kopf, nahm einen Schluck Tee, blätterte die Seite um und las weiter:

«... La tête, séparée vers la quatrième vertèbre cervicale, est lancée dans le panier, pendant que l'exécuteur, d'une seule impulsion de la main, y fait glisser le corps sur le plan incliné. La rapidité de l'action est inexprimable, et la mort est d'une telle instantanéité qu'il est difficile de la comprendre. Le glaive oblique et alourdi de plomb agit à la fois comme coin, comme masse et comme faux; il tombe d'une hauteur de 2,80 m; il pèse 60 kilogrammes, ce qui, en tenant

---

* Von dem Moment an, in dem ein Mensch zum Tode verurteilt wird, gerät sein Leben zum Fluch ... Man zieht ihm schnell die Kleider aus und bringt sie weg, damit er keinen Zugriff auf sie hat, er könnte eine Waffe oder Gift darin versteckt haben; nichts bleibt zurück, nicht einmal seine Schuhe, nicht einmal seine Socken. Wenn er nackt ist, wie Gott ihn geschaffen hat, ziehen sie ihm die Gefängniskleidung an, ein grobes Hemd, eine Hose, eine Jacke aus dickem grauem Flanell, derbe Filzpantoffeln: Er ist vollständig bekleidet, nur Krawatte und Taschentuch fehlen, er könnte ja versuchen, sich zu erdrosseln ...

compte de l'action de la pesanteur, produit un travail équivalant à 168 kilogrammètres. La chute, calculée mathématiquement, dure ¾ de seconde (exactement 0,75562).»

«Der Autor ist ein Wissenschaftler, aber was ist das für eine schreckliche Art von Wissenschaft!», dachte der Anwalt. «Ja, da muss man sich schon schämen für die Menschheit ...» Cerisier sah auf die Uhr und dachte, dass Alvera jetzt noch schlief. Wenn er in seinem Zustand schlafen konnte. Erst in drei Stunden wird man in seine Zelle kommen. Wahrscheinlich wird er durch das Geräusch von Schritten und Stimmen geweckt ... «Alvera, die Stunde der Sühne ist gekommen. Fassen Sie Mut!» Ein Glas Rum, eine Zigarette, der Gang zur Toilette ... Cerisier schauderte, als er sich das vorstellte, und er erinnerte sich an seine Vorsprache beim Staatsoberhaupt, die für beide Seiten gleichermaßen beklemmend gewesen war. «Ich konnte ihm nichts Neues über den Fall erzählen, er war informiert, er ist ein sehr gewissenhafter Mann. Aber wieso muss dieser ehrenwerte Ingenieur[227] über die Gnadengesuche verurteilter Verbrecher entscheiden? Wie muss er sich fühlen, da letztendlich das Leben eines Menschen von ihm abhängt! Die Geschworenen haben ihr Verdikt verkündet, die Richter haben ihr Urteil gefällt, er kann den Verbrecher begnadigen oder auch nicht, es liegt in seinen Händen, er riskiert lediglich, für seine Entscheidung entweder von den rechten oder von den linken Zeitungen gescholten zu werden. Er trifft solche Entscheidungen leicht ... Wer weiß, in was für eine Lage

---

* Der am vierten Halswirbel abgetrennte Kopf fällt in einen Korb, während der Scharfrichter den Körper mit einer Handbewegung das schräge Brett hinabstößt. Die Geschwindigkeit, mit der dies geschieht, ist ungeheuer, und der Tod tritt unbegreiflich schnell ein. Ein abgeschrägtes, mit Blei beschwertes Fallbeil wirkt gleichzeitig wie ein Keil, ein Rammklotz und eine Sichel; es fällt aus einer Höhe von 2,80 m und wiegt 60 kg, was unter Berücksichtigung der Erdanziehung eine Kraft von 168 Kilogrammmeter ergibt. Exakt berechnet, dauert der Fall ¾ Sekunden (genau 0,75562 Sekunden).

das Leben, die heutige Zeit ihn selbst noch bringen wird? Er hat mir gesagt, dass er über den Fall nachdenken wird, und ich habe mich zum Zeichen meiner Ehrerbietung respektvoll vor ihm verbeugt ... Der Präsident hat die Begnadigung abgelehnt. Und auch das hält ihn nicht davon ab, sich nach dem Essen Kaffee und Likör zu gönnen.» Er las weiter und dachte, dass die wissenschaftliche Beschreibung von einem gewissen Punkt an ihre Wirkung auf ihn verlor – oder dass der Geist des «Requiems» nicht länger nachwirkte.

«On traverse les allées pleines de cyprès, où les tombes amoncelées semblent manquer de place et se pressent les unes contre les autres, on franchit une vaste palissade en planches, et l'on pénètre dans la partie réservée aux suppliciés: c'est le Champ de navets. *Rien n'est plus désolé: la terre grise et laide est bosselée çà et là; de larges tranchées sont ouvertes et attendent leur proie ... Le cadavre a les yeux ouverts ou selon que le glaive l'a frappé pendant qu'il ouvrait ou fermait les yeux. On enlève au corps les entraves qui lui liaient les jambes, les poignets et les bras; s'il porte quelque vêtement qui ne soit pas absolument hors d'usage, ceux qui l'ont amené s'en emparent; puis on traîne le panier près de la fosse, on le penche, et l'on verse le cadavre, qui tombe avec des mouvements étranges, sinistres, car il a conservé son élasticité, et il semble faire des gestes que l'absence de tête rend grotesquement horribles. On peut remarquer sur le cadavre le même phénomène physique que produit la mort par suspension ou strangulation ...»**

---

* Man geht durch Zypressenalleen, wo die Gräber dicht an dicht liegen und kein Platz für neue zu sein scheint, quert einen breiten Bretterzaun und betritt den Teil, der den Hingerichteten vorbehalten ist: den «Rübenacker». Nichts könnte trostloser sein: Haufen scheußlicher grauer Erde, breite Gruben, die ihrer Beute harren ... Die Köpfe der Leichname haben offene oder geschlossene Augen, je nachdem, ob der Hingerichtete die Augen offen oder geschlossen hatte, als ihn das Fallbeil traf. Die Fesseln an Beinen, Handgelenken und Armen hat man ihnen abgenommen; falls am Leichnam noch brauchbare Kleidung ist, nehmen sie sich die, welche ihn hergebracht

... Er wachte auf. Neben dem Sessel auf dem Tischchen brannte die Lampe mit dem matten Schirm, auf dem Teppich lag das heruntergefallene Buch. Cerisier schaute auf die Uhr, schrie auf und erhob sich mit einem Ruck. «Fünf vor vier! Ich komme zu spät!» Sein Herz schlug heftig. Er zog die Schuhe an, stürzte ins Bad und fuhr sich mit Bürste und Kamm durchs Haar. Ihm war klar, dass er es auf keinen Fall rechtzeitig schaffen würde, selbst wenn er sofort ein Taxi fände. «Soll ich in der Garage anrufen? Nein, das dauert noch länger!» Mehr schlecht als recht band er sich die dunkelblaue Krawatte um, zog Weste und Jackett an – und bemerkte, dass er noch die Smokinghose trug. Fluchend streifte er sie ab, riss zusammen mit den Hosenträgern einen Knopf ab, den er mit einer mechanischen Handbewegung auffing, zog eine andere Hose an, schlüpfte in seinen Mantel und stürzte aus der Wohnung. Ihm fiel ein, dass er vergessen hatte, die Lampe auszuschalten, er wollte zurückeilen, ließ es aber und lief nach unten. «Nein, das ist nicht zu schaffen! Besser ich fahre gar nicht erst, ich könnte eine Erkrankung vorschieben oder grundsätzliche Bedenken ...»

Um die Ecke kam ein Taxi. Cerisier rief dem Fahrer mit verzweifelter Stimme zu: «Nach Versailles! Dort sage ich Ihnen, wohin genau!» Der Chauffeur schien zu zögern. «Zwanzig Francs mehr, wenn Sie nur schnell fahren! So schnell wie möglich!» Der Laufschritt und die Aufregung ließen ihn nach Luft schnappen. Er sprang in das Auto, knöpfte seine Weste und den Mantel zu. Das Licht einer Laterne fiel auf eine große Straßen-

haben; dann wird der Korb an den Rand der Grube gezogen und angekippt, und der Leichnam fällt unter seltsamen, schaurigen Bewegungen in die Grube, denn die Leichenstarre hat noch nicht eingesetzt, und er scheint zu gestikulieren, was durch das Fehlen des Kopfes schrecklich und grotesk anmutet. An der Leiche lassen sich die gleichen physischen Veränderungen wahrnehmen, die ein Tod durch Erhängen oder Strangulieren hervorruft ...

uhr: zwei Minuten nach vier. «Das kann jedem passieren», sagte er sich, «es ist nicht meine Schuld, dass ich so erschöpft von der Arbeit bin ... Natürlich ist es peinlich und hässlich, aber das kann jedem passieren ...»

Bereits an der Ortseinfahrt nach Versailles hörte man aus der Ferne gedämpften Lärm. Cerisier, der nach Luft rang, lauschte. Das Getöse nahm zu. Der Fahrer, der anscheinend erst jetzt begriffen hatte, wohin sie fuhren, schaute den Anwalt finster an. «Da kommen wir nicht durch!» – «Mich lässt man durch, ich bin Anwalt», sagte Cerisier mit heiserer Stimme und holte seine Zutrittskarte hervor, «versuchen Sie, so dicht wie möglich heranzufahren ...» Über den Bürgersteig liefen Menschen. «Sie sind neugierig ... Ja, wir alle tragen diese schreckliche Neugierde in uns ... Das ist die Szenerie, wie sie gewöhnlich in den Zeitungen beschrieben wird: Prostituierte, Ganoven, mondäne Damen», dachte er und musterte die vorübergehenden Menschen. Aber es war schwierig, sie auf der schwach beleuchteten Straße genauer zu betrachten. «Wer sind diese Leute? Der da am Laternenpfahl steht, das ist doch kein Ganove ... Sieht aus wie ein Ladenbesitzer, und die Frau neben ihm ist keine Prostituierte, das muss seine Ehefrau sein ... Auch in mir steckt diese schreckliche Neugier, und ich habe nur einen Vorwand erfunden: Welchen *moralischen Beistand* kann ich denn einem Mann geben, den man gleich hinrichten wird! ...»[228]

Das Automobil verlangsamte die Fahrt. Das Getöse wurde immer lauter, immer schrecklicher. Der Chauffeur drehte sich zu Cerisier um und rief etwas, aber der Anwalt konnte seine Worte nicht verstehen. Plötzlich blinkten seitlich Lichter auf, und das Auto hielt an. An der Kurve stand eine Abteilung Gendarmen, hinter ihnen war eine große lärmende Menschenmenge zu sehen, noch weiter entfernt Männer auf Pferden. Der Platz war von Licht überflutet. Bis auf wenige Ausnahmen waren alle Fenster in den Häusern hell erleuchtet. «Weiter! Ich werde ihnen die Karte zeigen ... Sagen Sie es ihnen!», schrie Cerisier. Der Chauffeur fuchtelte hilflos mit den Armen, steckte das Geld ein, ohne es zu zählen, stellte sich hastig aufrecht auf seinen Sitz und blickte neugierig in Richtung des beleuchteten Platzes, über die Gendarmen und die Menge hinweg. Cerisier sprang aus dem Auto und lief auf die Gendarmen zu. Plötzlich verwandelte sich der Stimmenlärm in ein wildes, furchterregendes Johlen, das auf seltsame Weise sofort wieder abbrach. Stille trat ein. Dann erhob sich wieder Stimmengewirr, das schnell anwuchs – aber es war jetzt von anderer Art.

Die Wachen standen immer noch an der Kurve, aber jetzt ließen sie die Leute auf den Platz, ohne nach Zutrittskarten zu fragen. Die Menge wälzte vom Platz heran. Mit düsterer Miene fuhren die Wachmänner der Kommune vorbei. Es wurde dunkler. Eines nach dem anderen gingen die Lichter in den Fenstern aus. Auch ein Teil der Straßenlaternen erlosch. Cerisier ging der langsam heranrückenden Menschenmenge entgegen. Gesprächsfetzen drangen an sein Ohr: «... Nein, nein, er hat keine Furcht gezeigt! Ein tapferer Mann, muss man sagen. Ich finde, so einer wäre auch im Krieg nützlich.» – «Das kann man doch nicht vergleichen! Tapferkeit im Krieg ist etwas ganz anderes. Ich weiß noch, ich ...» – «... Ja, auf den Priester und die Zigarette hat er verzichtet. Hat nur ein Glas Rum getrunken ...» – «... Ich hätte nicht gedacht, dass es so schnell geht! Dreißig Sekunden!» – «Nein, nein, deutlich länger: zwei oder drei Minuten ...» – «... Wie auch immer, es ist furchtbar: Sein Verteidiger hat doch bewiesen, dass er verrückt ist!» – «... Ja, ein schreckliches Schauspiel! Und was für eine ungesunde Neugier: diese Menge! ...» – «Eine gesunde Neugier haben nur Sie, Pierre ...» – «... Ich habe alles genau gesehen, direkt vor meinen Augen, so wie ich jetzt diesen Gendarmen sehe! Aber ich bin auch schon gestern Abend hergekommen, um zehn.» – «Wenn er wirklich verrückt war, ist das sehr ungerecht: Verrückte gehören in die Heilanstalt.» – «Als ob man so einen heilen kann! Der hätte uns zehn Jahre lang auf der Tasche gelegen.» – «Hier geht es nicht um Geld! Eine Schande, wenn man so etwas vom finanziellen Standpunkt betrachtet!» – «... Er ist um vier geweckt worden! Stell dir vor, wie lange er gewartet hat!» – «Wozu all diese Formalitäten? So ist das immer bei uns.» – «Und der, den er getötet hat, hat der etwa nicht gelitten?» – «... Zumindest ist es ein leichter Tod: Wenn die Schande nicht wäre, würde ich mir auch so einen wünschen.» – «Bald gibt es Krieg, und Hunderttausende werden im Gas sterben, das ist schlimmer als die Guillotine.» – «... Man sollte nicht so viele von diesen Ausländern herlassen!» – «Es gibt durchaus ehrliche Ausländer – und mordlustige Franzosen ...» – «Mein Gott, ich muss morgen um sieben aufstehen.» – «Morgen? Du meinst wohl heute.» – «Es ist sinnlos, sich noch mal hinzulegen, lass uns lieber ins Bistro gehen, die machen gleich auf.»

Hinter der ersten Absperrung befand sich eine zweite, gefolgt von einer dritten, direkt vor der Hinrichtungsstätte. Cerisier ging schwankend zur Absperrkette, blieb stehen und lehnte sich schwer gegen eine Laterne. Die Guillotine war bereits zur Hälfte abgebaut: Ein Pfosten stand noch. Jemand goss Wasser aus einer Gießkanne. Hinter der Kette saß ein Mann in Uniform auf einem Schemel, schrieb rasch irgendetwas mit einem Füllfederhalter, während er ein Blatt Papier auf die Aktentasche presste, die auf seinen Knien lag. An der Absperrung sprach ein Zivilist, wahrscheinlich ein Reporter, mit einem älteren Kommissar. «Das heißt, er war nicht aufgeregt?» – «Kaum. In den letzten Tagen ist er tatsächlich dem Irrsinn verfallen. Viele tun nur so, aber manchmal stimmt es wirklich. Selten natürlich. Die

Wärter haben mir erzählt, dass in der Nacht vor der Verhandlung irgendetwas mit ihm passiert ist. Ein Nervenzusammenbruch oder so etwas.» – «Warum haben die Wärter nicht ihre Vorgesetzten oder seinen Anwalt informiert?» Der Kommissar zuckte mit den Schultern: «Das weiß ich nicht. Außerdem wäre es ohnehin zu spät gewesen. Und vielleicht hat er sich nur verstellt.» – «Sie verstellen sich wohl oft? Ich verstehe nicht, was das für Menschen sind!» – «Leute wie Sie und ich», sagte der Kommissar gleichgültig, ja uninteressiert, und sah sich nach Cerisier um.

«Was wünschen Sie?», fragte er. Der Anwalt reichte ihm schweigend seine Zutrittskarte. «Es ist vorbei. Sehen Sie nicht, dass alle schon gegangen sind?»

«Ich ... ich ...», begann Cerisier. Ihm wurde schwindlig. Das war ihm erst zwei- oder dreimal im Leben passiert. Ein ehrwürdiger älterer Mann in einem dunkelgrauen Mantel ging, sich nach allen Seiten umschauend, eilig auf die Straßenlaterne zu. Von Fotos wusste Cerisier, dass das der Pariser Scharfrichter war. Dieser richtete halblaut eine Frage an den Mann, der auf dem Schemel saß. Der zeigte, ohne den Fragenden anzusehen, mit der Hand nach links und erhob sich. Cerisier folgte ihm mit den Augen und sah Männer, die etwas zu einem ziemlich entfernt an einer Laterne stehenden schwarzen Wagen trugen, vor den ein schwarzer Gaul gespannt war. Der Kommissar blickte aufmerksam in Cerisiers Gesicht, schaute auf seine Zutrittskarte und sagte hastig:

«Ist Ihnen nicht gut, Maître? Möchten Sie etwas trinken? Bringt Wasser!», rief er den Polizisten zu und stützte den Anwalt teilnahmsvoll. Cerisier sank auf einen Schemel, den man eilig herbeigeschafft hatte. Er war in Ohnmacht gefallen.

XXV

D ie Lesung war kein Erfolg.
Vermandois wusste, dass es nicht gut gehen würde. Während der Anreise aus Paris hatte er sich erkältet, und seine Stimme war heiser geworden. «Das gibt es doch nicht! Ich werde mich total lächerlich machen!», sagte er im Auto verdrossen zur Gräfin, während sie vom Hotel zum Saal fuhren, als wollte er vor einem möglichen Fiasko warnen. Er wusste, dass das häufig hilfreich war: Wenn man allen im Voraus sagte, dass etwas schlecht, ja sehr schlecht ausgehen würde, ging es meistens ganz gut aus. «Daran ist überhaupt nichts lächerlich, Sie haben sich nur ein wenig erkältet, kein Wunder bei diesem garstigen Wetter», sagte die Gräfin nachdrücklich, als würde er seinen Schnupfen übernatürlichen Kräften zuschreiben. Ihre Stimme klang erregt. Der Graf brummelte undeutlich vor sich hin.

Das Publikum war zahlreich erschienen. Leicht übertrieben konnte man sogar sagen, der Saal war voll – leicht übertrieben. Auf der Bühne, nahe der Wand hinter dem Rednertisch, standen zwei Stuhlreihen für Ehrengäste und feinsinnige Literaturliebhaber bereit, falls die Karten ausverkauft sein sollten. Im Nebenzimmer machte der Impresario, halb besorgt, halb erschrocken, die Gräfin halblaut darauf aufmerksam, dass es in den vorderen Reihen noch freie Plätze gäbe: «Vielleicht kommt noch jemand?», warf der Graf schadenfroh-skeptisch ein. «Das macht nichts! Aber wäre es nicht besser, die Stühle von der Bühne zu entfernen?», fragte die Gräfin nervös. «Habe ich Ihnen nicht gesagt, dass sie unnötig sind?» Die Stühle vor den Augen des Publikums wegzutragen, wäre peinlich gewesen. «Das macht nichts! ... Die Crème de la Crème der Hauptstadt hat sich eingefunden, nicht wahr?» Der Impresario zählte lebhaft verschiedene bekannte Persönlichkeiten auf, die sich im Publikum befanden. Hochgestellte Personen waren nicht anwesend, von den Regierungsmitgliedern war niemand gekommen.

Den Nebenraum betrat, mit seinem Frackhemd glänzend, der einflussreiche Kritiker, der die Leitung der Veranstaltung innehatte. Er schüttelte Vermandois die Hand und sagte, es sei Zeit zu beginnen. «Wir sind hier pünktlich. Ich werde höchstens eine Viertelstunde sprechen.» – «Ja, lassen Sie uns gehen!», stimmte die Gräfin energisch zu und verließ den Raum mit einer Art aufmunternder Geste, wie ein Trainer, der seinen Boxer in den Ring schickt. Sie ging mit kleinen Schritten auf die erste Reihe zu. «Wirklich schade, dass man die Stühle auf der Bühne gelassen hat», sagte der Graf, als er sich neben sie setzte, «es gibt auch so noch genug freie Plätze.» – «Das macht überhaupt nichts!», flüsterte die Gräfin ärgerlich. Sie versuchte, nicht auf die leeren Stühle zu schauen.

Der einflussreiche Kritiker zog den Vorhang zur Bühne zurück und ließ Vermandois den Vortritt. Der Autor wurde freundlich begrüßt: nicht mit Ovationen, aber durchaus angemessen; mit einer gewissen Übertreibung hätte man sogar von Ovationen sprechen können. Lächelnd, den Kopf leicht zur Seite geneigt, applaudierte auch der einflussreiche Kritiker Vermandois, offenbar um zu demonstrieren, dass er nichts von dem Applaus auf sich selbst bezöge.

Er nahm am Tisch Platz und las seine einführenden Worte. Er wiederholte all die Allgemeinplätze, die Vermandois seit fast einem halben Jahrhundert über sich ergehen ließ (sie änderten sich mit zunehmendem Dienstalter und steigendem literarischem Rang vor allem im Steigerungsgrad der Adjektive). Da war die Rede von einem «brillanten Epikureismus, einhergehend mit der sensibel-nachdenklichen Haltung des großen Künstlers zu den menschheitsbewegenden Fragen der Gegenwart», von einem «heißen, großmütigen Herz, das man hinter den schillernden Paradoxien spürt», von einem «kristallinen Stil, der die Traditionen des Großen Jahrhunderts fortsetzt», und von vielem mehr. Der Kritiker hing mit so hingebungsvollem Interesse an seinen Gedanken, dass ihm der ganze Saal gespannt zuhörte. Vermandois bemühte sich, ein sanftes, irritiertes Lächeln aufzusetzen, das ungefähr bedeuten sollte: «Das habe ich nicht erwartet. Muss das denn sein? Nein, nein, das habe ich nicht verdient ... Aber wie klug und subtil! ...» – «Man hat ihn einen Epikur genannt, aber einen Epikur, der im tausendjährigen aromatischen Feuer einer alten, verfeinerten Kultur allmählich mit Gracchus[229] verschmolzen ist», sagte der Kritiker mit Nachdruck und lächelte den Gast an, wobei er seinen Kopf wieder leicht zur Seite neigte. Der Gast, dem nicht Druckreifes in den Sinn kam, lächelte noch dezenter und verlegener zurück. «... Ich komme zum Schluss, meine sehr verehrten Damen und Herren. Gestatten Sie mir, nicht nur in meinem eigenen, sondern in unser aller Namen den großen Schriftsteller zu begrüßen, der als Botschafter des französischen Geistes zu uns gekommen ist, eines Geistes, dem die Menschheit so viel zu verdanken hat.» Hier brach wieder Applaus los, der sich noch steigerte, als der Botschafter des französischen Geistes dem Kritiker überschwänglich die Hand schüttelte, mit ihm den Platz tauschte, sich zur Lampe beugte und seine Mappe aufschlug.

Auch Vermandois sagte ein paar einführende Worte: Bewegt dankte er dem Kritiker für dessen brillante, wenn auch allzu schmeichelhafte Eröffnungsrede; bewegt dankte er dem Publikum, das den Saal füllte – er wisse, dass hier die Geisteselite und die ersten Kreise der Hauptstadt versammelt seien; er sagte, er verstehe sehr wohl, dass die Aufmerksamkeit nicht ihm persönlich gelte, sondern in seiner Person der französischen Literatur – er vertrete sie in aller Bescheidenheit, im Rahmen seiner begrenzten Mittel; er äußerte sich in den schmeichelhaftesten Worten über die Hauptstadt, in die er gekommen war, über ihre bezaubernde Gastfreundschaft, über ihre wunderbare Kunst; dann gab er in knappen Sätzen den Inhalt seines Romans wieder und bat scherzhaft, niemand möge sich vor der dicken Mappe erschrecken: Er sei nicht grausam und werde nur ein einziges Kapitel lesen, «Aristipps Rückkehr», das unglücklicherweise lang, aber womöglich weniger langweilig als die anderen sei. Er sagte das alles in den richtigen Worten, so wie er das in ähnlichen Fällen schon häufig gesagt hatte, aber er spürte sofort, dass sein Tonfall nicht sehr natürlich wirkte, dass seine Stimme heiser klang und dass die Lesung keinen guten Anfang nahm. Außerdem bemerkte er, während er im Manuskript blätterte, an einer wichtigen Stelle, am Ende eines Absatzes die Worte: «... *l'or et les pierres précieuses dont elle lui fit don* ...»* – «Was ist das? Habe ich das Schreiben verlernt?», dachte Vermandois entsetzt. «Ich habe es doch schon hundertmal durchgelesen! Wenn ich das nicht bemerkt habe, dann gibt es sicher noch mehr solcher Stellen! ...» Nervös machte er am Rand eine Notiz. Beim Lesen hielt er immer einen Bleistift in der Hand: Dadurch war zumindest eine Hand beschäftigt. Nach seiner Einführung gab es einen einsamen Klatscher, aber das Publikum nahm den Applaus nicht auf, offensichtlich hielt es ein drittes Händeklatschen vor der Lesung für übertrieben. Das war durchaus verständlich. «Oder habe ich ihnen nicht genügend geschmeichelt? ...» Vermandois hüstelte, schnäuzte sich – die Gräfin sah ihn ermutigend, aber ängstlich an – und begann zu lesen: «Aristipp kehrte nach Athen zurück ...» (Aristipp hieß jetzt der frühere Lysander, der zuvor Anaximander gewesen war.) Und sogleich kam ihm der Satz ungewöhnlich banal vor, selbst vor Publikum, selbst vor

---

* ... das Gold und die Edelsteine, die sie ihm geschenkt hatte ...

diesem Publikum. «Er kehrt nirgendwohin zurück, und es hat gar keinen Aristipp gegeben, ich sollte mich schämen, auf meine alten Tage irgendwelchen Unsinn über irgendeinen Aristipp zu erzählen, den es nie gegeben hat ...»

Er las schlecht, viel schlechter als gewöhnlich; er hatte selbst das Gefühl, dass der Schwung fehlte, dass das Vorgelesene beim Publikum auf keine Resonanz stieß. Schnupfen und Heiserkeit behinderten ihn, und Vermandois bat mit einem Scherz um Entschuldigung, aber der Scherz war flau, wie alles an diesem Abend, und er fiel auf einen der besten Sätze des Kapitels, sodass dessen Effekt verpuffte: Im Übrigen hätte dieses Publikum es ohnehin nicht zu würdigen gewusst, genauso wenig wie es *dont elle lui fit don* bemerkt hätte. Die feinsinnigen Literaturliebhaber lächelten hin und wieder und warfen sich Blicke zu, aber nicht an jenen Stellen, wo sie es hätten tun sollen, und zunehmend seltener.

Nachdem er vierzig Minuten gelesen hatte, machte er eine Pause. Es gab viel weniger Beifall als zu Beginn. Es war aber anzunehmen, dass der Hauptbeifall am Ende der Lesung kommen würde. Der einflussreiche Kritiker kündigte in einem bedeutungsschweren und sogar leicht drohenden Ton eine Pause von zehn Minuten an. Vermandois eilte mit einem quälenden Gefühl von Verlegenheit und Scham in das Nebenzimmer. Eine Minute später schwebte die Gräfin mit ausgestreckten Armen und einem überschwänglichen Lächeln herein. Aber an ihrem Gesichtsausdruck und der Art ihres Lobs war deutlich zu erkennen: Nein, es war kein Erfolg. «Mein Teuerster, was für ein großartiges Kapitel, selbst für Sie, und ebenso großartig haben Sie auch gelesen», sagte der Graf, und auch sein strahlendes Gesicht ließ keinen Zweifel aufkommen: ein Debakel, ein völliges Debakel.

Der einflussreiche Kritiker betrat das Nebenzimmer in Begleitung von drei hauptstädtischen Schriftstellern, die er offenbar auf Abstand hielt: In seinem Gesicht stand das Bewusstsein seiner Macht und ehernen Autorität geschrieben. «Ich freue mich außerordentlich ... Ich wollte Sie schon lange einmal kennenlernen!», sagte Vermandois, schüttelte den hauptstädtischen Schriftstellern die Hand und setzte eine erfreute Miene auf. («Wenn ich nur wüsste, was sie schreiben!», dachte er ärgerlich. «Ach, zum Teufel mit ihnen!») Die jungen Schriftsteller boten den gleichen Anblick wie manche Besucher des Louvre, die aus der Provinz kommen und sich plötzlich vor der Mona Lisa wiederfinden. Der Kritiker äußerte ein paar wertvolle Gedanken über den Roman. Die hauptstädtischen Schriftsteller sprachen mehr von ihrer Liebe zur französischen Literatur. Gegen Ende der Pause erschien für einen kurzen Moment der Impresario – mit einem Ausdruck von Weltschmerz im Gesicht drückte er Vermandois, als wäre er in großer Eile, auf eine seltsame, verstohlene Weise nur rasch die Hand. Die Gräfin redete unaufhörlich und lobte die Qualitäten des Romans.

Die Pause war vorbei. Die Lücken im Auditorium schienen zahlreicher geworden zu sein – oder war das nur Einbildung? Die verwaisten Stühle auf der Bühne machten sich lustig: *Memento mori*. Vermandois' Versuch, künstlich eine wohlwollende Stimmung zu erzeugen, scheiterte. «In der letzten Zeit glückt mir nichts mehr: Ich glaube, den letzten Erfolg im Leben hatte ich vor dem Weltkrieg ...» Sein Enthusiasmus wurde auch dadurch beeinträchtigt, dass in der ersten Reihe, nicht weit von der Gräfin, ein älterer Herr mit offenem Mund und geschlossenen Augen schlief, zweifellos einer der Honoratioren. Der Graf warf ihm ab und zu einen amüsierten Blick zu. Die Gräfin musterte den Alten mit grimmigem Hass: Wenn sie ihn hätte erwürgen und die Leiche unbemerkt aus dem Saal schaffen können, wäre sie nicht davor zurückgeschreckt. Vermandois las uninspiriert und spürte immer deutlicher, dass, wenn es etwas gab, was die

Zuhörer nicht im Mindesten interessierte, es die Rückkehr Aristipps nach Athen war. Etwa fünf Minuten vor dem Ende der Lesung erhob sich jemand unsicher in den mittleren Reihen und strebte, den Blick ängstlich auf den Vorsitzenden gerichtet, geduckt, auf Zehenspitzen und mit dem Mantel in der Hand dem Ausgang zu. Und als hätte dieses Beispiel sie ermutigt, taten es ihm fünf oder sechs andere Personen gleich. Der Blick der Gräfin war vernichtend.

Als die Lesung zu Ende war, gab es keine Ovationen, weder stürmische noch andersgeartete. Vermandois stand auf, verbeugte sich vor dem Publikum, klappte seine Mappe zu und steckte den Bleistift ein. Immerhin wurde geklatscht. Der einflussreiche Kritiker sagte noch etwas, ohne seinen Kopf zur Seite zu neigen. Der Impresario war irgendwohin verschwunden. Im Auto beklagte die Gräfin, nachdem sie eine Minute geschwiegen hatte, unvorsichtig die Borniertheit des hiesigen Publikums, das von Literatur keine Ahnung habe. Der Graf strahlte unanständig.

Im Hotel berief sich Vermandois auf Kopfschmerzen und zog sich sofort auf sein Zimmer zurück, obwohl die Gräfin verzweifelt-enthusiastisch anregte, ein Glas Champagner zu trinken. «Doch, doch, wir müssen ein Gläschen trinken. Ohne Champagner geht es heute nicht!», unterstützte sie dreist der Graf. «Und morgen früh gehen wir ins Museum, mein lieber Freund?» – «Auf jeden Fall, auf jeden Fall!» – «Sie haben hier einen Melchior de Hondecoeter[230], den ich nicht kenne!» – «Wir werden uns auch diesen Melchior de Hondecoeter anschauen, meine Liebe, den müssen Sie gesehen haben», sagte Vermandois voll stummem Hass.

Er hatte eine schlechte Nacht. Selbstverständlich war die Meinung des Publikums ohne jede Bedeutung. Das Publikum war gelangweilt, aber es wäre noch gelangweilter gewesen, wenn Racine persönlich aus seinem Grab gestiegen wäre und vor-

gelesen hätte: «*Il suivait tout pensif le chemin de Mycènes ...*»*²³¹
Vermandois erhob sich hastig, schlug die Mappe auf und strich
«*dont elle lui fit don*» durch. «Ja, es mag auch Wiederholungen
geben. Aber besser, man sagt auf einer Seite dreimal «Paris»,
als ‹Stadt des Lichts› oder ‹Hauptstadt der Welt› zu schreiben,
wie das die Zeitungsleute tun. Und überhaupt geht es doch gar
nicht darum, das ist doch alles Unsinn! ... Sicher, das Publikum
hat keine Ahnung, aber ...» Die praktischen Konsequenzen des
Misserfolgs waren äußerst unangenehm. Der Impresario hatte
ihm in Paris eine Reihe von Lesungen in verschiedenen europäischen Ländern, gefolgt von einer großen Reise durch Nord- und
Südamerika versprochen. Die «Reihe von Lesungen» hatte Vermandois erschreckt, aber es war von Geldsummen die Rede, mit
denen er für den Rest seiner Tage ausgesorgt hätte. «Sich sechs
Monate lang quälen und dann für immer von der Notwendigkeit
befreit sein, Geld verdienen zu müssen ... *Für immer* klingt mit
siebzig etwas seltsam! ...» Jetzt fiel das alles flach: Der Impresario
würde ihm sicher keine Angebote mehr machen. Flüchtig blitzte
sogar die Vorstellung redlicher Armut in ihm auf – dass es besser
wäre, auf Stroh zu sterben, aber dafür als freier Mann. «Rembrandt und Beethoven waren arm ... Doch Raffael und Voltaire
waren reiche Männer. Man kann auch auf Stroh ein freier Mann
sein, aber besser und bequemer ist es ohne Stroh ... Ich kann die
Reichen nicht ausstehen ... Aber die Armen liebe ich auch nicht,
warum sollte ich mir da etwas vormachen? Ja, man muss sich mit
Herz und Seele einer großen, gemeinsamen Sache widmen, ohne
eine solche hat das Leben keinen Sinn. Und mit ihr übrigens
auch nicht ... Leben, wie es Flaubert empfiehlt, wie die Fakire:
mit zur Sonne erhobenem Haupt, während das Ungeziefer über
den Körper kriecht.²³² ... Schön wäre, wenn es ohne Ungeziefer

* Tief in sich selbst gekehrt, folgt' er der Straße, die nach Mycenä führt ...

604

abginge ...» Er nahm eine Schlaftablette und schlummerte um die dritte Stunde ein.

Am nächsten Morgen wachte er spät und mit schwerem Kopf auf, als das Telefon läutete. «Der Impresario!», erschrak Vermandois. «Mein lieber Freund, was ist mit Ihnen? Wir hatten vereinbart, dass Sie mich um neun anrufen», sagte die Gräfin mit einem leisen Vorwurf. «Ich habe Sie Punkt neun angerufen, aber es hat niemand abgenommen. Ich dachte, Sie schlafen noch.» – «Seltsam! Ich habe die ganze Nacht kein Auge zugemacht!» Er merkte, dass er schlecht gelogen hatte: Nichts konnte die Gräfin mehr verletzen, als anzunehmen, sie schliefe, und auch noch fest. «Ich bin in einer halben Stunde bei Ihnen», versprach Vermandois, dem davor graute, den ganzen Tag mit der Närrin verbringen zu müssen.

XXVI

K angarow, im Frack, klopfte an die Tür des Ankleidezimmers seiner Frau. «*Entrez, entrez*»*, sagte Jelena Wassiljewna. Sie ließ sich vor dem Ball von einem französischen Friseur die Haare machen. Sie konnte den Kopf nicht wenden und lächelte dem Botschafter nur im Spiegel zu. Sie lächelte – wegen des Friseurs – liebevoll-familiär, aber auch beunruhigt: Ihr Mann bereitete Jelena Wassiljewna zunehmend Sorgen. «Auch jetzt macht er einen ganz verstörten Eindruck!», dachte sie erschrocken. Der Friseur verbeugte sich respektvoll und wünschte dem Botschafter einen guten Abend. Dieses Mal nickte Kangarow

---

* Herein, herein

dem Friseur trotz der Anrede «Exzellenz», die ihn normalerweise beschwichtigte, nur knapp zu und bat seine Frau frostig, sich zu beeilen.

«Es ist noch jede Menge Zeit, mein Lieber», sagte sie zögerlich. «Mein Lieber» bedeutete nichts Zärtliches: Das verdiente ihr Mann nicht, aber es war auch nicht feindselig gemeint. Vor dem Ball war Jelena Wassiljewna in bester Stimmung, obgleich aufgeregt.

Sie war zufrieden mit ihrer Frisur (auch wenn die nicht das Werk des berühmten Coiffeurs war, der als Genie von Weltruf galt – den konnte sie sich nicht leisten –, sondern nur das des zweiten, der dem ersten an Genialität immerhin nahekam, so wie Marlowe Shakespeare); sie war zufrieden mit ihrem Kleid, das im Boudoir über dem Stuhl hing: türkis mit Silber. Unangenehm war nur, dass sie keinen Schmuck besaß. Über dieser Frage war sie bereits vor längerer Zeit, kurz nach der Vorstellung bei Hofe, mit ihrem Mann aneinandergeraten. Kangarow hatte ihr damals nachdrücklich gesagt, dass sie Schmuck weder «haben könne noch haben dürfe, noch haben werde», und solch eine dreifache Einlassung bedeutete bei ihm stets unerschütterliche Entschlossenheit; so hatte er seinerzeit in Moskau nach Stalins Triumph alle wissen lassen, dass er «Trotzki weder gefolgt war noch ihm heute folge, noch in Zukunft folgen werde». «Für Schmuck, Lenusja, haben wir keine Penunze, mich macht schon deine Garderobe arm. Du weißt genau, wie bescheiden das Gehalt eines Botschafters ist.» – «Schmuck als solcher interessiert mich nicht!», sagte sie mit Würde («als solcher», «als solche», «als solches» waren Lieblingsausdrücke von ihr), «aber ich will mich vor den anderen nicht verstecken müssen.» – «Vor wem? Wer wird denn bei Hofe deinen Schmuck sehen wollen! Glaubst du etwa, du kannst die Königin mit einem *Diadem* für zweihundert Fränkelchen beeindrucken?» Kangarow hatte nur eine äußerst vage Vorstellung von Diademen. «Und in unserer Position wäre das auch unschicklich: Du bist die Frau des sowjetischen Gesandten und nicht die irgendeines bürgerlichen Botschafters!» – «Aber Sie selbst haben es fertiggebracht, sich zwei Fräcke machen zu lassen», witzelte Jelena Wassiljewna, die ein Diadem für zweihundert Fränkelchen in der Tat nicht verlockend fand. «Schmuck ist das eine, ein Frack etwas anderes. Dass plötzlich Fräcke mit langen Rockschößen getragen werden, ist nicht meine Schuld.« – «Und ist es meine Schuld, dass man sich nicht dreimal im selben Kleid zeigen darf?», entgegnete Jelena Wassiljewna erbittert, obwohl es ihr nicht um Kleider ging: Wegen des nicht vorhandenen Diadems musste sie das letzte Wort behalten. In ihren Gesprächen ging es immer um Nichtigkeiten, und sie gaben sich keine Mühe, streng logisch zu argumentieren.

So war das schon gewesen, bevor die *Intrigantin* aufgetaucht war, wie Jelena Wassiljewna Nadja nannte, wenn sie sie nicht als *Putze* bezeichnete; ihre vernichtenden Beinamen bezogen sich entweder auf ihre moralischen oder auf ihre physischen Attribute. Inzwischen war so ein Gespräch zwischen Jelena Wassiljewna und ihrem Mann überhaupt nicht mehr möglich: Nach ihrer Weigerung, sich scheiden zu lassen, sprachen sie nur noch vor Dritten miteinander, und selbst dann beschränkten sie sich auf ein Minimum an Höflichkeit, so wie Moskau in seiner diplomatischen Korrespondenz mit Tokio.

«Jede Menge Zeit haben wir nicht mehr, meine *Liebe*, wir sind spät dran», sagte er. Dass er «meine Liebe» so nachdrücklich betonte, konnte vieles bedeuten: «Du brauchst dir keine Mühe zu geben, zwischen uns ist es aus, das wirst du bald sehen.» Obwohl Jelena Wassiljewna *fast* überzeugt war, dass Kangarow sich nicht gegen ihren Willen von ihr scheiden lassen würde, beunruhigten sie sein Ton und seine Miene sehr: Was hatte er vor, und was würde sie zu *sehen* bekommen? Sie entgegnete nichts, um sich vor dem Ball nicht aufzuregen, und winkte ihrem Mann nur versöhnlich zu. Kangarow verließ den Raum und grüßte den Friseur erneut kaum merklich; dieser hatte respektvoll auf das Ende des russisch geführten Gesprächs gewartet: Jede unvorsichtige Bewegung seiner Klientin hätte seine Kreation ruinieren können.

Kangarow kehrte in sein Arbeitszimmer zurück. Alles in dem Raum, insbesondere die Wandlampe, an der er sich *beinahe* aufgehängt hätte, war ihm jetzt unangenehm. Er blieb vor dem imposanten Schreibtisch stehen, der noch vom vorherigen Botschafter stammte: Im Arbeitszimmer der Botschaft hatte es seit einem Vierteljahrhundert keine Veränderungen gegeben – nur dass nun anstelle des Zaren und der Zarin Lenin und Stalin an der Wand hingen ... Im unteren, dem Hauptfach der Aktenablage steckte etwas, das ihn vor zwei Stunden irgendwie beunruhigt hatte: Unter den Briefen aus Moskau war einer für Nadja. «Was soll's, ich kann ihn weder lesen noch vor ihr verbergen, wozu auch», sagte er sich und griff zum Hörer eines der beiden verschiedenfarbigen Telefone auf dem Schreibtisch. Die gleichen Telefone besaß hier auch der Regierungschef, nur dass dieser drei davon hatte; Kangarow fand für ein drittes Telefon keine Verwendung. An den bunten Tischtelefonen hatte er einst großes Vergnügen gehabt: Vor der Revolution war an ein eigenes Telefon nicht zu denken gewesen. Inzwischen empfand er längst kein Vergnügen mehr an ihnen. «Ist Nadeschda Iwanowna schon gegangen? Sie ist noch hier? Sagen Sie ihr, sie soll sofort zu mir kommen.»

Er nahm den Brief in die Hand: Es war ein ganz gewöhnlicher Brief, in einem einfachen gelben Umschlag, mit einer sowjetischen Briefmarke. «Einer ihrer Senkas oder Wankas ... Oder der mit der Stupsnase? ... Der Brief ist natürlich belanglos ... Aber was soll ich machen, wenn Jelena Wassiljewna, das Aas, nicht in die Scheidung einwilligt?» An dem Tag, an dem er sich das Leben nehmen wollte, hatte Kangarow seine Frau in Gedanken mit dem erstbesten Schimpfwort bedacht, das ihm in den Sinn kam, und von da an nannte er sie im Stillen nicht anders als «das Aas», als sei das ihr Name oder ihr Parteipseudonym. «Dann setze ich die Scheidung eben ohne ihr Einverständnis in Moskau durch! Einen ausschweifenden Lebenswandel können sie mir schwerlich vorwerfen, ich werde ihnen alles erklären!», sagte er entschieden zu sich selbst, hob die Rockschöße seines Fracks an und setzte sich in den Sessel, über seiner Brust wölbte sich ein steif gestärktes weißes Hemd mit Perlmuttknöpfen, die wegen ihrer geringen Größe nicht als Schmuck gelten konnten. «Ja, ich setze mich durch! ... Ich setze mich durch! ...», dachte er konfus.

An dem diplomatisch diskreten Klopfen an der Tür erkannte er Eduard Stepanowitsch. «Störe ich?», fragte dieser und blickte bang auf das blasse, geschwollene und gequälte Gesicht des Botschafters. «Jelena Wassiljewna bittet mich, Ihnen zu sagen, dass sie in zwanzig Minuten fertig ist», sagte er mit leichtem Unbehagen. Obwohl er sich mit Jelena Wassiljewna (wie überhaupt mit allen) sehr gut verstand, meinte er, es gehöre sich nicht, dass sie ihm als Botschaftssekretär einen solchen Auftrag erteilte; das konnte ein Bediensteter übernehmen.

«Was sagen Sie? Ihre Stimme ist so leise, man versteht Sie gar nicht», sagte Kangarow verärgert. Eduard Stepanowitsch seufzte – «ach, was machen nur die Frauen mit uns!» – und wiederholte, was man ihm aufgetragen hatte, dann kam er auf Staatsdinge zu sprechen.

«Haben Sie sich Gedanken über die gestrige Direktive gemacht?»

«Was für eine Direktive? Ach, ja ... Lassen Sie uns morgen darüber sprechen.»

«Ich wollte Ihnen etwas vorschlagen, bevor Sie zum Ball gehen ... Die Sache ist die: Louis Etienne Vermandois wird auf dem Ball sein. Vielleicht sollten Sie bei ihm beginnen?»

«Bei ihm beginnen?», wiederholte der Botschafter zerfahren und kam plötzlich zu sich. «Übrigens, was für eine Respektlosigkeit! Vermandois und seine Freunde, der Graf und die Gräfin de Bellancombre, haben es nicht für nötig befunden, ihre Visitenkarten abzugeben. Warum in aller Welt habe ich sie in Paris fetiert*!»

«Ich glaube, sie sind nur zwei, drei Tage hier. Natürlich werden Sie Ihnen ihre Aufwartung machen. Übrigens, die gestrige Lesung von Louis Etienne Vermandois war leider ein Reinfall. Ich bin da gewesen: Ich wollte diesen berühmten Schriftsteller – unbestritten eine Zierde der progressiven bürgerlichen Literatur – unbedingt hören», sagte Eduard Stepanowitsch umständlich. «Und was muss ich zu meiner Überraschung erleben: ein nicht ausverkaufter Saal und ziemlich spärlicher Applaus, vor allem am Ende. Er hatte ein bemerkenswertes, aber für ein breites Publikum eher langweiliges Kapitel ausgewählt, und gelesen hat er behäbig, wenn auch eigenwillig.»

«Das freut mich. Geschieht ihm recht.»

«Ich wollte Ihnen vorschlagen, ihn heute Abend auf dem Ball zu fragen ... Im Sinne der Direktive», erklärte Eduard Stepanowitsch. «Er hat schließlich einen großen Namen, und er wird in den führenden linksbürgerlichen Kreisen Europas und Amerikas sehr geschätzt ... Beider Amerikas», stellte er klar. Kangarow nickte und gab damit zu verstehen, dass er den Vorschlag für vernünftig hielt.

Die Angelegenheit war ziemlich unangenehm. Am Vortag hatte die Botschaft ein Dokument erhalten, für das Eduard

---

* fetieren, durch ein Fest ehren, von franz. *fêter*

Stepanowitsch sofort die Bezeichnung «Direktive» fand: Im Zusammenhang mit den Moskauer Prozessen war die Anweisung erlassen worden, die öffentliche Meinung in Europa zu mobilisieren, um energisch gegen die Unterstützung zu protestieren, welche den Schädlings-Cliquen in der UdSSR durch die weltweite Bourgeoisie zuteilwurde. Nachdem Kangarow das Dokument gelesen hatte, übergab er es schweigend Eduard Stepanowitsch, vor dem er fast keine Geheimnisse hatte. Eduard Stepanowitsch vertiefte sich lange in das Dokument und *unterwarf* es *einer sorgfältigen Prüfung*. Sein ganzes Äußeres spiegelte die enorme Anspannung all seiner geistigen Fähigkeiten wider. «Ich denke, am Inhalt der Direktive kann es keinen Zweifel geben», sagte er und blickte zur Tür; aufgrund des nachlassenden Gehörs des Botschafters war es unmöglich, die Stimme zu senken. «Bitte reden Sie offen, ohne Umschweife.» Eduard Stepanowitsch sah den Botschafter mit einem leisen Vorwurf an – er liebte ihn aufrichtig – und legte seine Meinung dar, die auf der sorgfältigen Prüfung der Direktive beruhte: In Moskau wurde ein neuer Schauprozess vorbereitet. Kangarows Gesichtsfarbe veränderte sich, und er las das Dokument erneut. «Ja, so ist es wohl», sagte er und dachte: «Hätte *er* einen Verdacht gegen mich, hätte ich diese Direktive nicht bekommen ...» Eduard Stepanowitsch verstand die Gedanken seines Vorgesetzten, und Kangarow verstand, dass Eduard Stepanowitsch sie verstand. Der Sekretär schwieg so *vielsagend*, dass es beinahe unheimlich war. «Und *wie* soll ich die öffentliche Meinung mobilisieren?», fragte Kangarow ärgerlich. «Geld haben sie nicht überwiesen. Offenbar glauben sie, wir kämen mit Kaviar aus!» – «Geld allein reicht hier nicht. Hier ist Takt gefragt und ... *doigté**», sagte Eduard Stepanowitsch leise, dem nicht gleich das richtige

---

* Fingerspitzengefühl

Wort einfiel. «Takt und *doigté*. Es war gar nicht so dumm», er korrigierte sich: «gar nicht so unbedacht, dass sie sich zuerst an Sie gewendet haben.» – «*Doigté*. Von wegen! Was wir brauchen, ist Penunze, und zwar richtig viel, nicht *doigté*», widersprach Kangarow, obwohl er sich durch die Bemerkung des Sekretärs, die ganz aufrichtig und überhaupt nicht anbiedernd gemeint war, durchaus geehrt fühlte. Er kehrte für kurze Zeit in seinen früheren, vollkommen normalen Zustand zurück. «Wie dumm, wie ungeheuerlich dumm ist das, was *er* in Moskau veranstaltet. Wozu dieser Terror, diese Hinrichtungen, diese Repressionen, und gegen wen! Gegen Iljitschs Mitstreiter! Das ist mehr als ein Verbrechen, das ist ein Fehler![233]», dachte der Botschafter und fühlte sich wie Fouché und Talleyrand gleichzeitig. Mit Eduard Stepanowitsch wechselte er nur einen Blick. Er wusste, dass Eduard Stepanowitsch das Gleiche dachte und ebenfalls um keinen Preis etwas sagen würde.

«Sie haben mich gerufen?», fragte Nadeschda Iwanowna, als sie das Arbeitszimmer betrat. Sie war länger als gewöhnlich in der Botschaft geblieben, zum einen wegen noch zu erledigender Dinge, zum anderen weil sie einen Blick auf das Kleid von Jelena Wassiljewna werfen wollte, über das unter den Botschaftsange-hörigen schon überschwängliche Lobeshymnen und allerhand Geschichten die Runde machten, vor allem, was den Preis betraf. Nadja dachte selbst über ein neues Kleid nach. «In so einem, mit *dentelle cirée**, hätte ich jedem Mann den Kopf verdreht», erinnerte sie sich resigniert-ironisch an ein Kleid im Schaufenster einer Pariser Schneiderei, «im Übrigen gibt es hier niemanden, dem man den Kopf verdrehen könnte, doch nicht etwa Eduard Stepanowitsch ...» Von so einem Kleid durfte sie nicht einmal träumen: «Selbst wenn ich jeden Tag auf Süßigkeiten verzichte,

---

* glänzende Spitze

reicht ein Jahr nicht aus, um es mir zusammenzusparen!» Unglücklicherweise war sie in letzter Zeit ganz versessen auf kandierte Früchte, und sie schob den Verzicht auf Süßes immer wieder auf: «Morgen fange ich an.» Von dem Kleid und ihren Ersparnissen wanderten ihre Gedanken unwillkürlich zu Kangarow. Sie hatte sich in der vergangenen Woche fest vorgenommen, dass sie ihn nicht heiraten würde. «Aber ich werde weiter für ihn arbeiten, bis ich eine andere Stelle finde. Wohin soll ich denn gehen? Und seine Madame soll nur bei ihm bleiben!»

Eduard Stepanowitsch *empfahl* sich. In den letzten Tagen hatte er seinen diplomatischen Ton schon ein wenig verändert. Wenn er sich früher in Gesellschaft des Botschafters und Nadeschda Iwanownas befand, schien sein Gesichtsausdruck zu sagen: «Ich habe nicht das Geringste gehört oder gesehen, ich habe nichts bemerkt.» Nun war eine neue Note hinzugekommen: «Selbst wenn da etwas wäre, in so intimen Angelegenheiten sollte sich niemand zum Richter aufschwingen, jedenfalls wahre ich vollkommene Neutralität gegenüber beiden Seiten.» Mit den «beiden Seiten» waren natürlich Jelena Wassiljewna und Nadeschda Iwanowna gemeint; der Botschaftssekretär war bereit, jeder von ihnen das zu gewähren, was Diplomaten in schlechtem Russisch die «Rechte der meistbegünstigten Macht» nannten.

«Warum bist du heute noch so spät hier, mein Engelchen?», fragte Kangarow und strahlte. In letzter Zeit nannte er Nadja «Engelchen» oder «Bienchen», des «Vögelchens» war er überdrüssig geworden. «Viel zu tun?»

«Ja, ich musste die Aktennotiz, die Sie mir gestern gegeben haben, noch abschreiben. Ich bin gerade fertig geworden.»

«Schau an, wie fleißig sie ist ... Nun denn, hier ist ein Brief für dich. Aus Moskau», sagte der Botschafter und sah sie argwöhnisch an. Nadja errötete: Das war die Handschrift von Schenka, an den sie ihre Erzählung geschickt hatte.

«Danke ... Noch etwas?»

«Nein, nichts weiter. Ich wollte dir sagen ... Aber wenn du so gespannt auf diesen Brief bist, dann lies ihn doch gleich hier, ich kann warten.»

«Er ist absolut nicht wichtig.»

«Darf ich fragen, von wem er ist?», fragte Kangarow scheinbar gleichgültig. Auf dem Schreibtisch rasselte das Telefon. Er fluchte und nahm wütend den Hörer ab. Nadeschda Iwanowna tat so, als wollte sie das Gespräch nicht stören, schlich unbemerkt zur Tür und lief in ihr Zimmer. Ihr Herz schlug heftig. «Jetzt entscheidet sich mein Schicksal!», dachte sie, und obwohl die Entscheidung offensichtlich schon gefallen war, betete sie im Stillen: «Gebe Gott! Gebe Gott! ...» Nadja drehte den Schlüssel in der Tür um, riss den gelben Umschlag auf, zog mit zitternden Händen den Brief heraus und las die ersten Zeilen: «... die frohe Botschaft ...» Sie stieß einen Freudenschrei aus.

«Meine liebe Nadjenka, du große Schriftstellerin des russischen Landes[234], ich spute mich, dir die frohe Botschaft zu überbringen: Deine Novelle hat große Zustimmung erfahren; sie ist angenommen und wird in einem der nächsten Hefte unserer Zeitschrift abgedruckt ...» Nadja fasste sich ans Herz, was eher eine automatische Geste war und ihre ungeheure Aufregung verriet. «Wozu ich dir, Nadja Gorkaja[235], du große Schriftstellerin, gratuliere! Ein gewisser Schenka war also gar nicht so dumm – wenn Ihro Gnaden die Güte hat, sich zu erinnern –, als er Ihnen den Rat gab, mit dem Schreiben zu beginnen? Vielleicht kann ein gewisser Schenka, der vor geraumer Zeit an einem Ort namens Sokolniki ungnädig und verächtlich zurückgewiesen wurde, hin und wieder doch ganz nützlich sein? Die beiden qualifizierten Spezialisten, die deine Erzählung gelesen haben, fanden sie vom Künstlerischen her überaus befriedigend und, was den ideologischen Gehalt betrifft, durchaus aktuell, und zwar einhellig. Dem schließt sich ein dritter Leser und Bewunderer an – zeitlich war er, dessen Wort in der Zeitschrift etwas gilt, der erste, aber seinen Namen werde ich Ihnen, liebe Nadja Dostojewskaja, nicht nennen. Es wurden ein paar Flüchtigkeitsfehler entdeckt, sodass es einige unwesentliche Änderungen und Kürzungen geben wird. Keine Sorge, Nadja, es wird nichts Wesentliches gestrichen (ursprünglich hatte er geschrieben: «wir streichen nichts Wesentliches»). Außerdem ist die Redaktion nicht mit der Bezeichnung ‹Novelle› einverstanden, und dem stimme ich, der Unterzeichnete, durchaus zu: Warum Novelle, meine Liebe, was für eine Novelle? Das ist einfach großartige Alltagsliteratur. Wenn Sie meine Meinung hören wollen, Nadeschda Shakespearowna, so ist die Figur des Jewgeni Jewgenjewitsch am schwächsten geraten. Aber im Grunde ist das nicht wichtig. Die Hauptsache ist die ideologische Substanz, der Aufbau, die Beherrschung des Themas, all das wird dich – merke dir meine Worte – bald in die erste Reihe der sowjetischen Literaturschaffenden tragen. Kurzum: schreiben, schreiben und nochmals schreiben! Was, wenn du mit Alexej Maximowitsch[236] gleichziehst («in den Schatt...» war durchgestrichen)? Dann, meine Liebe, solltest du dich daran erinnern, dass einst ein gewisser Schenka in Sokolniki ... Aber gut, nichts mehr davon ...»

«Ja, ein neues Leben! Ein ganz neues Leben! Ein großartiges neues Kapitel ist aufgeschlagen!», dachte Nadja (sie drückte sich jetzt literarisch aus). «Jetzt kann nichts mehr passieren: Ich bin eine Schriftstellerin, eine russische Schriftstellerin ...» Sie war nicht die Erste und würde nicht die Letzte sein, deren Ohr und deren Seele diese Worte schmeichelten. In Gedanken las sie die Lobeshymnen zukünftiger Rezensionen: «eine talentierte sowjetische Schriftstellerin», «eine bekannte Schriftstellerin» – weiter ging sie nicht, «berühmt» wagte sie in ihrer Vorstellung noch nicht zu denken.

Sie las den Brief immer wieder, stand zwischendurch auf und ging im Zimmer hin und her. «Ja, jetzt werde ich nach Russland zurückkehren und Werke *schaffen*.» Auch das war so ein Zauberwort. Nadeschda Iwanowna fragte sich unschlüssig, ob sie *schuf*, wenn sie schrieb. Ehrlich, wie sie war, konnte sie nicht behaupten, dass Gott ihr die Hand geführt hatte. «Es heißt, dass sich bei ihnen, bei den großen Schriftstellern, immer jede Menge Figuren tummeln ... Aber mein Kartalinski ist ja auch eine Figur! ... Warum meint Schenka, dass Jewgeni Jewgenjewitsch schwach ist? Übrigens sagt er gar nicht, dass er schwach ist», – sie schaute in den Brief – «schwächer als die anderen, ja, aber nicht schwach ...» Am Ende des Briefes wurde die Höhe des Honorars genannt; Nadja hatte nicht gedacht, dass sie eine so beträchtliche Summe erhalten würde. Sie war glücklich, so glücklich, wie sie es noch nie in ihrem Leben gewesen war. Ihre Gedanken wogten hin und her und suchten sich fremde, überkommene Worte: Da war das «literarische *Rampenlicht*» – obwohl sie nicht recht wusste, was das bedeutete –, da war sogar das «Feld der Bildung» – wie sich dieses Feld in ihre Gedanken verirrt hatte, war völlig unverständlich. Nadja hatte das Bedürfnis, mit jemandem über die enorme Veränderung in ihrem Leben zu sprechen, aber sie wusste nicht, mit wem. Am ehesten noch mit Tamarin. Seit der Postkarte aus Madrid hatte sie nichts mehr von ihm gehört. Mit einem unguten Gefühl erinnerte sie sich an Wislicenus. Mit ihm schien irgendetwas Schlimmes passiert zu sein. In der Botschaft sprach niemand über ihn. Einmal, in einem Gespräch mit Eduard Stepanowitsch, erwähnte Nadja zufällig seinen Namen. Sie glaubte Entsetzen in Eduard Stepanowitschs Augen aufflackern zu sehen, er begann sofort über etwas anderes zu sprechen. «Soll ich es Eduard Stepanowitsch erzählen? Er ist zwar dumm, aber ein guter Mensch. Und so dumm ist er gar nicht», dachte Nadeschda Iwanowna, die an diesem Abend nicht schlecht über andere reden wollte. Sie stellte sich jedoch vor, was für einen verschachtelten, langweiligen, fundamentalen, vernünftigen Satz Eduard Stepanowitsch sagen würde, und gab den Gedanken an ihn sofort wieder auf. Sie verspürte plötzlich den unbändigen Wunsch, dass Jelena Wassiljewna unverzüglich von ihrem Erfolg erfuhr. «Das verdirbt ihr den Ball!», dachte sie. Und obwohl Nadja sich sagte, dass eine russische Schriftstellerin keine offenen Rechnungen mit einer bornierten, zänkischen, beschränkten Frau haben konnte, überstieg das ihre Kräfte: Sie *konnte gar nicht* anders, als zu wünschen, Jelena Wassiljewna möge von ihrer Erzählung erfahren. Nadeschda Iwanowna verstaute den Brief und begab sich in Kangarows Arbeitszimmer.

Er stand reglos neben dem Sofa unter der Wandlampe. Sein Anblick, insbesondere seine starre Haltung und seine niedergeschlagenen Augen, überraschte sie. «Mehr tot als lebendig!», dachte sie mit aufrichtigem Mitgefühl, sie wusste, dass er verrückt nach ihr war. «Aber was soll ich denn machen? Ich bin doch nicht schuld ...» – «Ja? Wer? Was?», fragte Kangarow und richtete seine entzündeten Augen auf die Tür. Bei aller Demut fiel es ihr schwer, sich zu beherrschen und nicht zu antworten: «Niemand. Nichts. Ich wollte nur sehen, ob Sie mich brauchen.» Aber Nadja spürte, dass diese Worte jetzt unangebracht waren: Ihre seltsame Beziehung war zu Ende, und ein solcher Ton war unzulässig – von nun an war er ihr Chef und sie seine Untergebene, das war alles. Sie erwiderte nichts. Er zuckte zusammen, als hätte er sie erst jetzt bemerkt.

«Was ist das für eine Art, plötzlich zu verschwinden?», sagte er mit heiserer Stimme und sank in den Sessel. «Setz dich hin, mein Bienchen. Ich hatte dich noch nicht entlassen, plötzlich warst du weg.»

«Sie hatten einen Telefonanruf, ich dachte, es wäre vertraulich», antwortete sie so sanft wie möglich. «Ich habe Ihnen die Aktennotiz mitgebracht: Hier, eine Kopie lege ich separat ab.»

«Danke ... Was schreibt man dir? Etwas Interessantes? Irgendwelche Neuigkeiten?», fragte Kangarow. Er sprach seit einiger Zeit sprunghaft-abgehackt, wie die Schauspieler, die Napoleon in «Madame Saint-Gêne»[237] spielen, das war bei ihm allmählich zur Gewohnheit geworden. «Von wem ist der Brief, wenn es kein Geheimnis ist?»

«Ist kein Geheimnis. Von Jewgeni Golubowski», antwortete Nadeschda Iwanowna und begann sich zu ärgern. Ihr Vorrat an Demut war schnell verbraucht. «Ja, er ist ein kranker Mann, man muss Rücksicht auf ihn nehmen. Aber hat er denn Rücksicht auf mich genommen, auf meinen Ruf? Hat er Rücksicht auf seine Frau genommen?» Nadja war selbst überrascht, dass sie plötzlich Jelena Wassiljewna verteidigte. «Das ist der, von dem ich Ihnen erzählt habe, der junge Schriftsteller.» Sie spürte plötzlich, dass sie ihm gleich alles berichten würde.

«Ach, ein Schriftsteller? Ich habe noch nie von einem Schriftsteller dieses Namens gehört. Gibt es irgendwelche interessanten Neuigkeiten?»

«Nichts Besonderes. Etwas Interessantes gibt es aber ... Zumindest für mich. Keine große Sache. Ich habe kürzlich, als ich nichts Besseres zu tun hatte («wie dumm: nichts Besseres zu tun hatte!»), eine Erzählung geschrieben und sie an ... (sie nannte die Zeitschrift) geschickt. Sie hat ihnen gefallen, sie ist angenommen worden. Demnächst wird sie gedruckt.»

Kangarow starrte sie mit großen Augen an. Er spürte vage etwas Ungutes. «Was sagst du da?»

«Sie haben mich schon verstanden («wieder ein unzulässiger Ton»).»

«Du hast eine Erzählung geschrieben? Was für eine Erzählung?»

«Eine Alltagsgeschichte, aber mit Symbolik. Ich hoffe, Sie werden sie lesen, wenn sie erscheint.»

«Mein Engelchen! Eine Schriftstellerin! Seht euch das an! ... Aber warum hast du sie mir nicht gezeigt? Du hast noch nicht einmal etwas gesagt!»

«Es ist keine große Sache. Ich sage es auch jetzt nur Ihnen und bitte Sie, es nicht weiterzuerzählen. Na ja, Jelena Wassiljewna oder Eduard Stepanowitsch können Sie es natürlich sagen», ließ Nadja leichthin fallen. Kangarow sah sie erstaunt an. Er wusste noch nicht genau, wie, aber dass das eine ungute Wendung nehmen würde, spürte er. Trotzdem war es Anlass für einen Kuss.

«Mein Engelchen, meine Liebe, ich gratuliere dir. Du erlaubst ...»

«Lassen Sie mich!», sagte Nadja wütend und stieß ihn weg. «Rühren Sie mich nicht an. Ich muss ohnehin ernsthaft mit Ihnen reden. Ich bitte Sie endgültig, mit dem Unsinn aufzuhören.»

«Was heißt ‹Unsinn›? Was heißt aufhören? Dummerchen!»

«Dummerchen hin oder her, ich muss Ihnen sagen, dass das ein totales Missverständnis ist. Ich dachte immer, Sie scherzen. Doch wenn ich mich geirrt habe, erkläre ich hiermit kategorisch, dass ich nie Ihre Frau werde. Und ich rate Ihnen, sich nicht von Jelena Wassiljewna scheiden zu lassen. Aber das geht mich nichts an, entschuldigen Sie ... Ich bin fest entschlossen, nach Moskau zurückzugehen, auch das wollte ich Ihnen schon lange sagen. Am liebsten würde ich auf der Stelle fahren. Es wird Ihnen nicht schwerfallen, eine neue Sekretärin zu finden.»

«Du hast den Verstand verloren!», sagte Kangarow mit apoplektisch gerötetem Gesicht. Er erhob sich rasch von seinem Platz. Sein Antlitz verzerrte sich, in seinen safrangelben Augen blitzte Wahnsinn auf. «Was, wenn er vom Schlag getroffen wird? Was, wenn er handgreiflich wird?», dachte sie und trat, während sie ihn entsetzt anblickte, einen Schritt zurück. Kangarow ging auf sie zu. Hätte er ein einfaches Jackett angehabt, hätte er Nadja zwar nicht geschlagen, aber wahrscheinlich an Armen und Schultern gepackt. Der Frack und das steife Hemd ließen heftige Bewegungen nicht zu.

Die Tür ging auf, ohne dass geklopft worden war. Jelena Wassiljewna trat ein. Nadja errötete. Jelena Wassiljewna musterte sie abschätzig, aber eher aus Gewohnheit. Sie wollte sich nicht aufregen, all ihre Gedanken waren auf den Ball gerichtet. Sie nahm den Zustand ihres Mannes nicht wahr oder gab vor, ihn nicht wahrzunehmen.

«Guten Tag», sagte sie ausdruckslos und wandte sich an ihren Mann. «Siehst du, ich habe mich nicht verspätet. Wie immer: Nicht du musst auf mich warten, sondern ich auf dich.»

Nadja verließ das Arbeitszimmer. Sie war sehr aufgeregt. Und zum ersten Mal in ihrem Leben hatte sie das Gefühl, dass *all das* etwas sehr Armseliges und Unwürdiges hatte. Sie hätte selbst nicht erklären können, was «all das» war: ihre Beziehung zu Kangarow, der Kleinkrieg mit Jelena Wassiljewna, die banalen Gedanken, Gespräche und Gefühle oder ihr ganzes Leben in der Botschaft. «Ich habe wirklich Besseres verdient!», dachte sie. Tränen traten ihr in die Augen. «Ja, es ist Zeit, nach Hause zu fahren! Man muss anders leben ...» Später betrachtete Nadeschda Iwanowna diesen Tag als den wichtigsten in ihrem Leben, nicht nur weil ihre Erzählung angenommen worden war. Zunächst nur vage, noch sehr verschwommen eröffnete sich ihr plötzlich eine neue Sicht auf das Leben, die Menschen, Russland, den Sinn ihrer Existenz. Sie lief ins Sekretariat, schloss sich ein und ging in ihrem Zimmer noch lange auf und ab. Über ihre Wangen liefen Tränen.

XXVII

A m Tag des Balls hatte der Oberhofmarschall nicht viel mehr zu tun als an gewöhnlichen Tagen: Die jahrhundertealten Mechanismen des Hofes funktionierten reibungslos. Der Oberhofmarschall stand wie immer gegen elf Uhr auf; nachdem er wach geworden war, blieb er noch eine Viertelstunde in seinem bizarren, katafalkähnlichen, riesigen Bett unter dem Baldachin liegen und dachte an die verschiedensten Dinge, meist angenehmer Art: an den bevorstehenden Ball (zu seiner eigenen Überraschung bereiteten ihm die Hofbälle auch jetzt, auf seine alten Tage, noch Freude), an das Gespräch, das er gestern mit der jungen, liebenswürdigen Prinzessin gehabt hatte, und vor allem an den neuen und größten Schatz seiner Briefmarkensammlung: Nach qualvollem Zögern hatte er vor zwei Tagen jegliche Kalkulation über den Haufen geworfen, sein Budget beträchtlich überzogen und endlich die British Guayana von 1856, «*black on magenta, the famous error*», gekauft. Es war verrückt. Er spürte jedoch, dass das Leben ohne die British Guayana für ihn zwar nicht seinen ganzen, aber doch einen großen Teil seines Reizes verlöre.

Um Viertel nach elf war er fertig. Der Oberhofmarschall hegte keine Sympathie für Staatsdiener, die um fünf Uhr morgens aufstanden oder sich um fünf Uhr morgens zur Ruhe begaben. Viele Minister arbeiteten nach eigenen Worten achtzehn Stunden am Tag. Der Oberhofmarschall kannte seit Langem alle Minister seines Landes, und er kannte viele ausländische, und nach seinen Beobachtungen würde der Welt kein Unglück widerfahren, wenn die Minister etwas weniger arbeiteten, «wenigstens wie Bismarck, der um zwölf Uhr mittags aufstand, später als ich». Er war auch überzeugt, dass es unmöglich sei,

achtzehn Stunden am Tag zu arbeiten: Da wurde schnell ge-
flunkert.

In seinem Amt jedenfalls war ein achtzehnstündiger Arbeits-
tag nicht erforderlich. Nach dem Frühstück inspizierte der Oberhofmarschall den Palast, vergewisserte sich, dass alle seine Aufträge korrekt ausgeführt worden waren, und machte dann einen
Ausritt im Park. Er ritt mindestens eine Stunde lang, und der
Anblick des stattlichen alten Mannes auf seinem rassigen Pferd
wirkte auf alle beruhigend, selbst auf sehr nervöse Menschen, es
war ein Zeichen dafür, dass in der Welt nichts Beunruhigendes
vorgefallen war. Der Oberhofmarschall traf sich zum zweiten
Frühstück mit der königlichen Familie, ging dann auf sein Zimmer, arbeitete nach einer kurzen Pause an irgendwelchen Berichten, schrieb eine Seite für sein Tagebuch. Mit den Briefmarken
beschäftigte er sich an diesem Tag nicht, aber während der Arbeit dachte er oft an die nun endlich erworbene British Guayana
von 1856, und jedes Mal hellte sich sein Gesicht auf.

Die Hauptmahlzeiten nahm er in seiner eigenen Wohnung
ein, die ihm aufgrund seiner Stellung am Königshof zustand. Er
hatte seinen eigenen Koch. Die Küche des Königs fand der Oberhofmarschall nur mittelmäßig, und so versuchte er, wann immer
das möglich war, bei sich zu Hause zu essen. Um Viertel nach sieben, etwas früher als gewöhnlich, zog er, obwohl er allein aß und
sich nach dem Essen erneut umziehen musste, seinen Smoking
an. Man erzählte sich bei Hofe, dass er, auch wenn er krank war
und das Bett hüten musste, seinen Smoking oder Frack anzöge,
um seine Medizin einzunehmen. Der Oberhofmarschall betrat
den großen Salon, der mit antiken Möbeln eingerichtet war und
an dessen Wänden große Porträts der Könige hingen. Alles hier
war historisch; neben dem Kamin war im 17. Jahrhundert sogar
irgendein historischer Mord verübt worden. Er setzte sich in einen historischen Sessel, trank in langsamen Schlucken ein Glas

1878er Sherry, den ihm ein hünenhafter Lakai auf einem schweren Silbertablett servierte, ging in das historische Speisezimmer und setzte sich an den historischen Tisch, auf den das Licht von den historischen Kandelabern mit den Wachskerzen fiel.

Anders als der alte Prinz war der Oberhofmarschall keineswegs negativ gegenüber allem Modernen eingestellt. Aber er lebte seit zwanzig Jahren in diesen Räumen, die in ihrer Pracht den königlichen Prunkgemächern kaum nachstanden, und hielt es weder für nötig noch für möglich, auch nur das Geringste an dem von seinen Vorgängern eingeführten Lebensstil zu ändern: Jeder Ort hat seinen eigenen Stil. Hier hatte sich in der Tat nichts verändert. Auch die Mahlzeiten wurden so aufgetischt, wie sie seit Jahrhunderten unter seinen Vorgängern serviert wurden, mit einer handschriftlichen Speisekarte in französischer Sprache, in zahlreichen Gängen, mit vier verschiedenen, passend temperierten Weinen.

Der Oberhofmarschall liebte es nicht, bei Tisch zu lesen, aber er überflog die Schlagzeilen der Abendzeitungen: Er musste vor dem Ball die neuesten Nachrichten kennen. Ihm verging sofort die Lust, den Rest zu lesen. Alle Ereignisse waren entweder groß oder versprachen Großes für die nahe Zukunft und waren infolge ihrer nicht enden wollenden Größe furchtbar langweilig. «So Gott will, reicht das fürs Erste», dachte der Oberhofmarschall unbestimmt. «Gott sei Dank hat es zu unserer Zeit so etwas *nicht gegeben*», sagte er sich in der Vergangenheitsform. «Was soll's, man muss bewahren, was man bewahren kann, so viel man kann, solange man kann. *Je maintiendrai*»[238] ist eine ausgezeichnete Devise.»

Die melancholischen Gedanken hinderten ihn nicht, das vorzügliche Essen zu genießen. Es war viel angenehmer, ohne

---

* Ich werde bewahren.

Gäste zu speisen: Gäste schadeten dem Appetit. Nach dem Essen kehrte er in den Salon zurück, wo er bei Kaffee und einem Schluck Cognac, den er aus einem riesigen Glas trank, sich träge bald Details des Balls, bald die Schlagzeilen der Zeitungen durch den Kopf gehen ließ. Gegenüber seinem Sessel hing das Porträt eines Königs an der Wand, der vor dreihundert Jahren für seine Grausamkeit berüchtigt war. «Natürlich finden sich in jedem Heft eines x-beliebigen Geschichtsmagazins Dinge, die ebenso schlimm sind wie das, was heute passiert. Und dennoch, wenn man die Menge der Grausamkeiten berücksichtigt wie auch die Tatsache, dass die Herren von heute ihr Gesellschaftssystem für fortschrittlich und aufgeklärt halten und sich selbst erst recht – dieser Wüterich dachte das nicht von sich –, so fällt das Urteil keineswegs zu ihren Gunsten aus. Bei uns waren die Wüteriche immer die Ausnahme, sie galten als Schandfleck der Familie. Die meisten Könige glichen dem meinen, was nur natürlich ist: Sie mussten sich viel weniger Sorgen um ihre Karriere machen als die Herren von heute, ihre Karriere war durch ihre Geburt vorherbestimmt.»

Der Oberhofmarschall merkte sich diesen Gedanken, um ihn später seinen Memoiren hinzuzufügen. Er hatte sein eigenes System, sich Dinge zu merken. Er besaß kein Notizbuch und hatte noch nie im Leben einen Füllfederhalter benutzt. Er merkte sich immer nur ein oder zwei Worte. «Wüterich. Karriere ...» Ihm fiel ein, dass der berühmte französische Schriftsteller Louis Etienne Vermandois an dem Ball teilnehmen würde; die Einladung war durch einen ernsten Regelverstoß zustande gekommen: Anspruch auf eine Einladung hatten nur Personen, die sich schon einmal bei Hofe hatten vorstellen dürfen. Für den Oberhofmarschall konnte es in Sachen Etikette jedoch keine festen Regeln und Präzedensen geben: Die Regeln und Präzedensen machte er selbst. Der Oberhofmarschall wollte Vermandois unbedingt kennenlernen, und er dachte, dass es Friedrich oder Katharina so ähnlich zu Voltaire gezogen haben musste. «Schade, dass ich ihm die Memoiren nicht vorlesen kann. Es heißt, er sei Anarchist oder Kommunist oder etwas in der Art. Oder soll ich ihn zum Essen einladen und ihm ein paar Kapitel vorlesen? Besser einem intelligenten Anarchisten vorlesen als dummen Hofbeamten. Aber vermutlich würde es ihn langweilen: Er kennt keinen von uns. Vielleicht sind Memoiren überhaupt Selbstbetrug: Das Leben eines Menschen kann für niemanden von wirklichem Interesse sein als für ihn selbst ...» Auch diesen Gedanken trug er in sein Gedächtnis ein, für das Vorwort zu seinen Memoiren: «Selbsttäuschung. Wüterich – Karriere, Selbsttäuschung.»

Er warf einen Blick auf die historische Uhr und ging sich ankleiden. Er zog seinen prächtigen Rock an, der selbst im Palast durch sein Übermaß an Gold auffiel. Ohne einen solchen Rock wäre seine Rolle fast so unausführbar gewesen wie ein Tanz ohne Musik. Den Oberhofmarschall störte es nicht im Geringsten, dass er seine Kleidung fünf oder sechs Mal am Tag wechseln musste. Es gefiel ihm sogar. Seinen Freunden sagte er, dass er es *trotz allem* vorzöge, sich wie Salomo zu kleiden und nicht wie die Lilien auf dem Feld.[239]

Die Musik spielte einen Marsch. Die Türen des Saals öffneten sich ungewöhnlich weit. Die Pagen erschienen. In einigem Abstand folgte der Oberhofmarschall. Auf seinem Gesicht spielte ein ganz leichtes Lächeln, genauer gesagt, der Anflug eines Lächelns, der fünfte Teil eines vollständigen Lächelns. Ein vollständiges Lächeln hätte nicht zur Einzugszeremonie gepasst, und wenn er gar nicht gelächelt hätte, wäre er der festlichen Stimmung des Balls nicht gerecht geworden. Er schritt sehr feierlich und doch beinahe natürlich. «Das ist wahre Kunst», dachte Vermandois, der in einer der langen Reihen der Eingeladenen stand.

Der Oberhofmarschall erweckte den Eindruck, als würde er sich gar nicht umblicken, so als hätte er mit dem Ganzen nichts zu tun. Indes dirigierte er unauffällig die Zeremonie, die ohne ihn nicht hätte vonstattengehen können, so wie ein Orchester ungeachtet vieler Proben nicht ohne Dirigenten spielen kann. Er sah, dass die Pagen im Gleichschritt gingen, dass die Gäste einigermaßen gleichmäßig aufgereiht standen, dass das Tempo des Marschs stimmte. Der König und die Königin erschienen genau zum richtigen Zeitpunkt. Die Gäste verbeugten sich tief. Hier konnte es natürlich keine vollkommene Uniformität der Bewegungen geben, gleichwohl wurde die Schönheit des Schauspiels durch die Verbeugung nicht gestört. Der König überwand seine Schüchternheit, lächelte freundlich, neigte seinen Kopf zur Begrüßung huldvoll nach rechts und nach links und schritt voran. «Sie gehen ein bisschen schneller, als sie sollten», dachte der Oberhofmarschall, der auf der noch weit entfernten Spiegelwand, auf die sie zugingen, auch sehen konnte, was hinter ihm geschah. Er verlangsamte den Schritt ein wenig. Sofort gingen auch der König und die Königin langsamer; der Abstand zwischen ihnen und dem Oberhofmarschall verringerte sich höchstens um einen Fuß.

Der Marsch endete genau in dem Augenblick, da die Pagen sich der Spiegelwand näherten und fast mit ihrem Spiegelbild zusammenstießen. Der König und die Königin drehten sich um. Die Musik spielte eine Polonaise. Dem König am nächsten stand jene Dame, die Frau eines Botschafters, mit der er den Ball eröffnen sollte. Sie drehten um, die Königin folgte zusammen mit einem ausländischen Prinzen. Die anderen Paare fügten sich nicht ganz so reibungslos in den Reigen der Polonaise, sie wurden von ihr quasi aufgesogen, aber der Oberhofmarschall verstand, dass bei sechzig Paaren die Polonaise nicht besser vonstattengehen konnte. Alles lief vortrefflich. Im Übrigen wusste er aus langjähriger Erfahrung, dass Eröffnungszeremonien, Manöver und Paraden immer erfolgreich abliefen. Ihm selbst schien aber, dass die Bälle, die vor vierzig Jahren in diesem Palast ausgerichtet wurden, trotz allem besser gewesen wären. «Damals war die Gästeschar eine andere. Damals kam hier wirklich die gute Gesellschaft zusammen», dachte er, während er auf die Tür des großen weißen Salons zuging, in dem der dritte Akt des Stücks stattfinden sollte: der Cercle[240]. Auf dem Wege dorthin schüttelten ihm Bekannte oder Leute, die sich für seine Bekannten hielten (er kannte bei Weitem nicht alle vom Ansehen), die Hand und lobten das gelungene Schauspiel, so wie man der Hausherrin Komplimente macht: Man konnte es schließlich nicht der Königin sagen.

Im weißen Salon hatten sich nach dem König, der Königin und den Prinzen wie von selbst jene Gäste eingefunden, die berechtigt waren, am Cercle teilzunehmen. Der Oberhofmarschall stand links vom König, etwa einen halben Fuß entfernt, und auf seinem Gesicht spielten bereits drei Fünftel eines vollständigen Lächelns: Der Cercle verlangte keinen so feierlichen Ernst wie der königliche Einzug. Um ganz sicherzugehen, nannte er wie zufällig und beiläufig – ohne sie vorzustellen – die Namen jener Personen, von denen er annahm, dass der König sich nicht an sie erinnern würde. Doch der König erinnerte sich an alle: Er hatte ein ausgezeichnetes, angeborenes und professionelles Gedächtnis für Gesichter und Namen. Der Oberhofmarschall war sehr zufrieden mit dem König. Einst hatte er sich – ebenfalls für seine Memoiren – den folgenden Satz von Renan abgeschrieben: «*Il faut pardonner aux rois leur médiocrité: ils ne se sont pas choisis.*»*[241]

---

* Man muss den Königen ihre Mittelmäßigkeit verzeihen: Sie haben sich selbst nicht gewählt.

«Je mittelmäßiger der König, desto besser ist das für den Staat und desto mehr wird er geliebt» – diese seine Anmerkung zu Renan hatte er natürlich nicht in seine Memoiren aufgenommen, was er ein wenig bedauerte. «Ich freue mich sehr, Sie zu sehen, Herr Botschafter», sagte der König zum sowjetischen Gesandten Kangarow-Moskowski in der Reihe der zu Begrüßenden, «ich hoffe, Sie fühlen sich wohl in unserer Hauptstadt.» – «Sehr wohl, Eure Majestät. Ich bin angenehm beeindruckt von ihrer …», begann der Botschafter, erkannte aber an dem um ein Fünftel zurückgenommenen Lächeln des Oberhofmarschalls, dass er weiterzugehen hatte. «Ich freue mich sehr, Sie zu sehen. Ich hoffe, es geht Ihnen gut?», fragte die Königin eher kühl die Frau des sowjetischen Botschafters, die einen Knicks machte, den sie zu Hause vor dem Spiegel eingeübt hatte. «Rote Flecken hat sie keine mehr im Gesicht: Sie hat sich abgefunden …», dachte der Oberhofmarschall über die Königin und erinnerte sich mit besonderem Vergnügen daran, dass der alte Prinz doch nicht zum Ball gekommen war – «um nicht weiß der Teufel wem zu begegnen! …» Auf dem Gesicht des Oberhofmarschalls erschienen plötzlich alle fünf Fünftel seines Lächelns.

«Ja, das ist Kunst», dachte Vermandois. «Natürlich eine Kunst zweiten Ranges, wie das Ballett. Für das hat es auch Jahrhunderte kultureller Entwicklung gebraucht. Balletttänzer benötigen Jahre, um ihr Handwerk zu erlernen, aber denen hier liegt es anscheinend im Blut. Sie haben den Einzug doch nicht geprobt, oder? Die Musik war gut, Mozarts ‹Türkischer Marsch›. Émile würde in seinem Roman schreiben: ‹Das Wien der unbeschwerten Mozartzeit, das Wien der Burg, der Menuette, der Maskenbälle, der Degen, der Seide und des Goldes.› Hier ahmen sie dieses Wien nach. Amüsant, dass jenes Wien selber etwas nachahmte: Stambul, Bagdad, ‹Krummsäbel, Harems, sonnenüberflutete hängende Gärten› – da kommen all diese ‹türkischen› Märsche her. Genau wie wir konnten auch sie nicht mehr ganz natürlich sein und mussten ständig etwas nachahmen. Gewöhnlich ahmten sie Versailles nach ... Ein sehr schöner Marsch ...» Vermandois erinnerte sich an das, was er selbst im Salon der Gräfin über Mozarts «Requiem» gesagt hatte, und musste lächeln: «Versuche, einen Künstler nach seinen Werken zu beurteilen! Einerseits das ‹Requiem›, andererseits der ‹Türkische Marsch›. Jemand gibt einen Marsch in Auftrag – und er schreibt ihn. So war das schon immer: Auch die Kunst des unabhängigsten, stolzesten Künstlers ist den Forderungen des Marktes unterworfen. Hätte Racine seine unsterbliche Tragödie nicht in fünf, sondern in siebzehn Aufzügen geschrieben, hätte der Markt ihre Aufführung nicht zugelassen. Wagner adaptierte seine Opern vortrefflich an die abendlichen Mußestunden seiner entzückenden Landsleute ... Im Übrigen geht es hier um mehr als den Auftrag: Mozart glaubte donnerstags an die Ideen seines ‹Requiems› und freitags an die Ideen des ‹Türkischen Marschs›. Das hindert die Kritik nicht daran, von uns zu fordern, unsere Romane sollten ‹klar definierte und konsistente Figuren› enthalten. Und auch Wagner ließ sich von den ewigen Albernheiten der Kritiker so sehr beeinflussen, dass er naiverweise für jede seiner Figuren ein ‹Leitmotiv› einführte. Dabei wären zum Beispiel allein für mich hundertfünfundsiebzig Leitmotive nötig, je nachdem, wie es um meine Gesundheit bestellt ist, wie meine Arbeit vorangeht, ob der Mensch, mit dem ich gerade gesprochen habe, mir auf die Nerven gegangen ist ... Selbst die allgemeinsten, die ungefährsten unserer Definitionen – zum Beispiel ‹ein anständiger Mensch› – ignorieren praktisch die animalischen und unbewussten menschlichen Grundlagen, die physiologischen und psychischen Anlagen, die einen anständigen Menschen erst möglich machen. Aber wir glauben an diese Unterteilungen, wir lieben und hassen sie mit der Naivität Davids, der Gott in den Psalmen gegen seine persönlichen Feinde aufstachelt ...»

Der Sekretär der französischen Botschaft machte ihn auf die wichtigsten Paare der Polonaise aufmerksam. In den meisten Fällen waren es altehrwürdige Namen, die den Menschen seit ihren Schultagen vertraut waren. Aber es gab auch Namen, die keinerlei Bezug zur Historie hatten. «Das ist die Frau des sowjetischen Botschafters, Madame Kangarow-Moskowski», sagte der Sekretär mit einem ironischen Lächeln und zeigte auf die Dame, die im sechsten Paar schritt, dem dritten nach den Prinzen königlichen Bluts. «Die da? Mit Kangarow-Moskowski bin ich eng befreundet», sagte Vermandois abrupt und demonstrativ zu dem Sekretär, der ihn aus irgendeinem Grund reizte. «Mit wem tanzt sie? Wessen Botschafter ist das?» Der Sekretär nannte ein ziemlich reaktionäres Land und erläuterte mit unverändertem Lächeln: «Das ist eine der Schnapsideen des Oberhofmarschalls: Er liebt solche Arrangements.» – «Ich muss sagen, die Sekretärin des sowjetischen Botschafters hat mir besser gefallen als seine Gattin. Sie ist nicht hier?» – «Ich weiß nicht, wen Sie meinen», antwortete der Sekretär hastig und zog sich zurück: Er hoffte, in den weißen Salon zu gelangen. Auch der Graf und die Gräfin de Bellancombre verschwanden hinter dessen Türen. Im großen Saal kannte Vermandois weiter niemanden. Er wurde nicht in den weißen Salon gebeten, und er schämte sich zuzugeben, dass ihn das ein wenig ärgerte. «Ich alter Narr ...!»

Die Musik spielte einen Walzer. Er ging ziellos weiter und fand sich in einem langen Raum wieder, an dessen Wänden schneeweiß gedeckte Tische standen, auf denen Silbergeschirr schimmerte. Um sie herum hatten sich schon Gäste versammelt. Vermandois trank ein Glas Champagner, der zu seiner Überraschung ausgezeichnet war. Das alte Tafelsilber und das Porzellan waren eine Augenweide. Er schaute in den nächsten Salon, der an den hell erleuchteten Wintergarten grenzte. Hier war es nicht so heiß, und die Stühle in diesem Salon waren viel bequemer als die im Tanzsaal. «Hier kann man ein wenig zur Ruhe kommen.» Bis zum feierlichen Einzug hatte er eine ganze Weile stehen müssen. Goldbetresste Männer und junge Damen in wunderschönen Kleidern gingen an ihm vorbei in den Wintergarten oder kamen von dort zurück. «Nun, man kann es nicht leugnen, das ist alles außerordentlich schön ... Aus irgendeinem Grund gehen sie mir weniger auf die Nerven als die bestrumpften Bediensteten bei jenem Pariser Bankier. Groß ist der Unterschied nur aus der Sicht von Paul Bourget, Émile und ihresgleichen. Bei den Bankiers haben die Väter den Reichtum zusammengeraubt, bei diesen hier waren es die Urgroßväter. Ja, so ist das ... An mir ist wirklich ein Monarchist verloren gegangen, und zwar ein ziemlich dürftiger. Aber noch ist es nicht zu spät, sich dem royalistischen Lager anzuschließen ...»

Seine Vorstellung malte ihm ein hübsches Bild. «Man könnte den Thronanwärter besuchen und hinterher ein Buch schreiben: eine Art ‹Geist des Christentums›[242] der monarchistischen Idee. Das wäre eine Weltsensation. Bei den Rechten würde es einen Freudenschrei geben: ‹Vermandois ist einer von uns ...› Alle werden mir meine Vergangenheit verzeihen und mein Loblied singen. Die Linken werden mir ein paar Bosheiten an den Kopf werfen und mich dann in Ruhe lassen. Das wäre eine Möglichkeit, sich einer ‹großen gemeinsamen Sache anzuschließen›, das heißt, es wäre im Grunde genommen dasselbe, wofür ich bereit war, in die Kommunistische Partei einzutreten. Ja, man muss verdummen und sich der ‹Befreiung der Menschheit› widmen. Die Emanzipation der Köchinnen[243] ist sowohl mit monarchistischen als auch mit kommunistischen Überzeugungen vereinbar, das ist lediglich eine Frage des Einfallsreichtums. Der Kommunismus ist zwar etwas neuer, aber alles Neue war schon einmal da, wir haben es nur vergessen, und am gründlichsten vergessen haben wir die Monarchen. Es heißt, man kann ‹die Geschichte nicht zurückdrehen› – stimmt das wirklich? Das ist einer der dümmsten Aphorismen der gesamten politischen Literatur. Es gibt Spezialisten, die machen nichts anderes, als an der Geschichte zu drehen, und Hitlers einziges philosophisches Verdienst besteht genau darin: Er hat als Erster überaus anschaulich gezeigt, dass man die Geschichte um ein paar Jahrhunderte zurückdrehen und der halben Welt weismachen kann, dass zurück vorwärts bedeutet. Der Fehler der Konservativen und Reaktionäre bestand darin, dass sie sich selbst als konservativ und reaktionär bezeichneten. Sie hätten behaupten sollen, dass gerade sie die fortschrittlichsten Sozialisten und Demokraten sind. Es lässt sich nicht bestreiten: Es war das Volk, das Hitler an die Macht gebracht hat; das Rüpelhafte, Stumpfsinnige, Grausame – das hat er vom Volk. Wenn die Welt heute so ist, wie sie ist, dann deshalb, weil es in den bevölkerungsreichsten Ländern, in Russland, in Deutschland, zum ersten Mal nach Volk riecht, richtig nach Volk riecht. In der Geschichte hat jetzt der Metzger das Sagen, und deshalb wird jetzt eiligst Mystik, Metaphysik und Philosophie zum Billigpreis produziert. Und die sogenannten Eliten haben sich genauso eilig verdrückt. Nun, die Geisteselite war noch niemals irgendwo an der Macht, sie ist es heute nicht, und sie wird es auch morgen nicht sein, und das ist auch gut so, denn unter ihrer Herrschaft würde unweigerlich alles zum Teufel gehen. Von den zahlreichen dürftigen Eliten ist die ‹Erziehungselite› noch die am wenigsten miserable ... Dieses Ballett hat der Welt tatsächlich für lange Zeit eine gewisse Ordnung und Stabilität gesichert», dachte Vermandois. Er wusste, dass er nicht zum Thronanwärter fahren und sich nicht den Royalisten anschließen würde, aber er schrieb die Tatsache, dass er mehrmals am Tag seine Meinung änderte, nicht länger einer

Geistesstörung zu. «Ja, die ‹großen politischen Ideen› sind ohne Ausnahme derart belanglos, derart allgemein verständlich, derart elementar, dass es zwischen ihnen gar keine großen Unterschiede geben kann. Die Argumente für und wider sie sind fast immer die gleichen, und ihre Schöpfer, ihre Führer drangsalieren ihre ‹Nächsten› alle auf die gleiche Weise, jagen Ruhm, Vergnügen und Geld alle auf die gleiche Weise hinterher … Ja, Mittel gegen Schwermut und nervliche Zerrüttung lassen sich aus allem Möglichen gewinnen. Alles taugt als häuslicher ‹Rettungsanker› … Unsere tausendjährige Tradition … die vierzig Könige … die Stabilität der Macht … die ganze Geschichte Frankreichs … der Wohlstand des englischen Volkes … die Prosperität der skandinavischen Länder» – er ging in Gedanken durch, was gewöhnlich zur Verteidigung der royalistischen Ordnung vorgebracht wurde. «Zumindest ist es schön, und es ist schön auf eine Weise, die anderen Gesellschaftsordnungen abgeht. Und der Geist? Natürlich haben sie den Geist unterdrückt. Aber unter Ludwig XIV. gab es einen Racine und einen Molière; und die royalistische Ordnung hat nichts unternommen, um einen Descartes oder einen Pascal zu verhindern – unter Stalin und unter Hitler ist von solchen Geistesgrößen weit und breit nichts zu sehen. Ja, durchaus möglich, dass es die Menschen nach Demokratie, Bolschewismus, Faschismus und Rassismus wieder zu *dieser* Mystik zieht, vielleicht wird das zwanzigste Jahrhundert das Jahrhundert des Falls und der Wiederkehr der Könige genannt werden. Die haben sich alle mit Rückfahrschein verabschiedet …»

Nachdem er sich am Champagner und an diesen temporären Gedanken (er nannte sie mal Eisenbahngedanken, mal Zubettgehgedanken) erfrischt hatte, kehrte Vermandois in den großen Saal zurück. Dort wurde bereits der fünfte oder sechste Walzer gespielt. Die Frau des sowjetischen Botschafters tanzte wieder mit dem Gesandten des reaktionären Landes. Der Gesandte, ein kahlköpfiger, stämmiger Mann mit einem beängstigend apoplektischen Hals, liebte den Tanz mit einer Leidenschaft, wie sie nur bei einem jungen oder bei einem alten Mann als natürlich empfunden werden kann, bei einem Mann mittleren Alters musste sie krankhaft wirken. Der in einer Ecke des Saals sitzende königliche Leibarzt, der in Gedanken die Gäste mit professioneller Neugier entkleidete, fand sogar, dass dieser Gast umgehend nach Royat oder Nauheim fahren und Kaliumjodid einnehmen sollte. Der Gesandte erging sich in Liebenswürdigkeiten. Er hoffte, dass ihm das Gespräch mit der Frau des sowjetischen Botschafters Material für einen privaten Brief an seinen Minister liefern könne, der Minister war mit ihm befreundet und liebte internationalen Tratsch. Aber entgegen ihren Gepflogenheiten schien Jelena Wassiljewna vor lauter Glück klug geworden zu sein: Der Gesandte brachte nichts Verwertbares in Erfahrung; bis auf ihr Französisch – seines war ein wenig besser, ihres ein wenig schlechter – bewegten sich ihre Antworten ganz auf der Höhe seiner Liebenswürdigkeiten. «Sie ist wirklich bezaubernd», dachte der Gesandte und rezitierte fast mechanisch ein *Madrigal*: Er gehörte jener Schule an, die noch Madrigale rezitieren und beinahe Epigramme schreiben konnte.

«Sie tanzen wie die göttliche Pawlowa[244]», sagte der Gesandte und besann sich sogleich: War die Pawlowa nicht eine Emigrantin? – «Alle Slawen haben ein angeborenes Talent zum Tanz. Das russische Ballett ist das beste der Welt.» – «Sie sind zu liebenswürdig. Ich liebe unser Ballett wirklich sehr. Im Institut haben wir dafür geschwärmt!»

«In diesem Saal ...», begann der Gesandte. «In was für einem Institut?[245] Sie meint doch nicht etwa ein Gefängnis», fragte er sich, während er mit einem flüchtigen, verschwörerischen Lächeln auf das übermütige Lächeln des Oberhofmarschalls antwortete, der Vermandois in den weißen Salon führte. «Wissen Sie, wer das ist? Das ist der berühmte französische Schriftsteller Vermandois, der Autor von ... Ich habe vergessen, was er geschrieben hat!»

«Und ich habe nie gewusst, was er geschrieben hat!», antwortete ebenso übermütig Jelena Wassiljewna. Ihr war fast schwindlig vor Glück. Auf diesem königlichen Ball war ihr außerordentlicher Erfolg beschieden. Den dritten Walzer tanzte sie mit dem jungen Prinzen, der kahlköpfige Botschafter war für sie nun nicht mehr als ein gewöhnlicher, eher unbedeutender Kavalier. Ob nun aus Neugier, Snobismus oder weil sie die Weite ihrer Ansichten demonstrieren wollten – politische Beziehungen sind das eine, gesellschaftliche Beziehungen etwas ganz anderes –, gaben sich die konservativsten und hochgestelltesten Personen ihr gegenüber besonders liebenswürdig. Noch nie war Jelena Wassiljewna in so triumphaler Stimmung gewesen. Sie verdrehte den jungen Prinzen den Kopf: «Wie herrrr-lich ...»

Die Vorstellungszeremonie war sehr kurz. «Eure Hoheit, erlauben Sie mir, Ihnen Monsieur Louis Etienne Vermandois vorzustellen», sagte der Oberhofmarschall und beeilte sich hinzuzufügen: «Der berühmte Autor der Romane, die Sie so schätzen, Majestät.» Er wusste, dass der König, bevor er prominente Ausländer empfing, gewöhnlich Nachschlagewerke zurate zog, was ihm sehr peinlich war. «Was, wenn er nicht dazu gekommen war? Wenn er ihn für einen Schweizer Missionar oder einen Opernkomponisten hält?» Die Vorkehrung war jedoch unnötig: Der König verlor ein paar durchaus angemessene Worte. «Ich hoffe, Sie werden sich länger bei uns aufhalten», sagte die Königin. «Nicht gerade originell, aber akzeptabel», dachte der Oberhofmarschall. Er beeilte sich, die Audienz zu beenden, und führte Vermandois weg.

«Der König ist in der Tat Ihr Bewunderer», sagte er und nahm an einem Tischchen in dem anderen Salon Platz. «Aber Seine Majestät getraut sich nicht, über Literatur zu sprechen.»

«Ich habe mich sehr geschmeichelt gefühlt.»

«Versetzen Sie sich in seine Lage», sagte der Oberhofmarschall und lachte. «In meiner Jugend war ich Sekretär der Botschaft in Wien. Der verblichene Franz Joseph stellte fast siebzig Jahre lang jedem im *Cercle* die gleiche Frage: ‹Wann waren Sie zuletzt auf der Jagd, Herr Graf?›, ‹Was macht die Jagd, Herr Botschafter?› Selbst wenn der Graf oder der Botschafter noch nie im Leben ein Gewehr in der Hand gehalten hatte. Wenn der Botschafter einen Kaiser oder einen bedeutenden König vertrat, konnte der Alte auch nach der Gesundheit Seiner Hoheit fragen. Aber etwas anderes hat der Kaiser zu niemandem gesagt. Ich erinnere mich noch, was für einen Aufruhr es in der Hofburg gab, als er plötzlich zu jemandem etwas anderes gesagt hatte. Es war eine echte Sensation.»

Er nahm lachend ein Glas vom Tablett, das der Diener ihm hinhielt, nippte an dem Champagner und dachte, dass er so etwas wie Verrat an seiner Klasse beging, wenn er mit diesem Mann zweifelhafter Herkunft so über einen Monarchen sprach.

«Ja, die Sitten haben sich geändert», sagte Vermandois und lauschte den Klängen eines neuen Walzers. «Lord Byron, der alle Fundamente der gesellschaftlichen Ordnung zertrümmerte, hielt den Walzer, der damals gerade aufkam, für einen ganz und gar geschmacklosen und unstatthaften Tanz.»

«Wirklich? Das wusste ich nicht.» Der Oberhofmarschall dachte, diese Mitteilung passe gut in seine Memoiren. Er sprach von Paris, wo er oft gewesen war, und erwähnte verschiedene Berühmtheiten, die er persönlich kannte. Unter ihnen befanden sich auch Schriftsteller, aber ihre Erwähnung löste bei dem französischen Gast keine Begeisterung aus. «Die literarischen

Berühmtheiten scheinen sich untereinander noch weniger zu mögen als die politischen», dachte der Oberhofmarschall und lenkte das Gespräch auf die Politik. Sie sprachen über die Debatten im französischen Parlament, dann erzählten beide eine Anekdote, erwähnten vorsichtig Stalin und kamen nach ein paar unverbindlichen Sätzen auf den spanischen Krieg zu sprechen. Obwohl sie beide Causeurs waren, bereitete es ihnen, die sich ja völlig fremd waren, doch einige Mühe, das Gespräch artigerweise in Gang zu halten. Der Oberhofmarschall demonstrierte seine liberale Gesinnung und seine Unparteilichkeit und sagte, beide Seiten hätten durch ihre Grausamkeit seine hohe Meinung von der Ritterlichkeit des spanischen Volkes erschüttert.

«Übrigens hat ihr größter Schriftsteller, Lope de Vega, den Vorsitz bei Autodafé-Zeremonien geführt», sagte der Oberhofmarschall. «Vielleicht liegt den Völkern des Südens die Grausamkeit im Blut. Aber womöglich übertreiben die Zeitungen auch.»

«Vielleicht übertreiben die Zeitungen auch gar nicht. Die Geschichte lehrt uns, allen Berichten über Gräueltaten und Bestialitäten das größte Vertrauen zu schenken. Wenn von Ritterlichkeit und Güte die Rede ist, sollten wir, im Gegenteil, misstrauisch sein», sagte Vermandois, der wie zufällig zu seinem ursprünglich misanthropischen Ton zurückkehrte; in dieser Tonlage müsste er fortfahren, auch wenn das in diesem Palast, in einem Gespräch mit einem hochrangigen Amtsträger, den er eben erst kennengelernt hatte, nicht besonders passend war. Die Miene des Oberhofmarschalls drückte angemessene Kümmernis aus. Ihm gingen einige angemessene Repliken durch den Kopf: «Die Geschichte lehrt uns, dass sie uns nichts lehrt»[246] («zu akademisch, taugt nicht für die weitere Unterhaltung») – «Ich weiß, Sie sind ein Anhänger Schopenhauers» («das weiß ich überhaupt nicht: Vielleicht ist er gar kein Anhänger Schopenhauers») – «Es stimmt, die gegenwärtigen Ereignisse geben Anlass zu Pessimismus, aber man sollte auch nicht schwarzmalen.» Die Wahl fiel irgendwie ohne sein eigenes Zutun auf die Worte, ohne Rücksicht auf die Gesetze der Kausalität.

«In der Tat, die Ereignisse stimmen pessimistisch, doch wir sollten es mit dem Schwarzmalen nicht übertreiben. Wir sind in der Tradition der ritterlichen Kriegsführung erzogen.»

«Ich hoffe, Sie verlangen nicht, dass die spanischen Republikaner den Soldaten von General Franco zurufen: *«Messieurs les fascistes, tirez les premiers!»**

«Das verlange ich nicht, aber eine Rückkehr in die Zeit der Schlacht bei Fontenoy[247] wäre mir durchaus lieb», antwortete der Oberhofmarschall lachend und erläuterte, woher das Zitat stammte («das Zitat ist allgemein bekannt, aber womöglich bezweifelt er, dass Oberhofmarschälle ein Mindestmaß an Allgemeinbildung besitzen»).

«Sie verlangen Unmögliches: die Rückkehr zu etwas, das es nie gegeben hat. Der Graf d'Auteroche hat Lord Charles Hay nie zugerufen: ‹Meine Herren Engländer, schießen Sie als Erste!› Und Lord Charles Hay hat dem Grafen d'Auteroche nie zugerufen: ‹Meine Herren Franzosen, schießen Sie als Erste!› Aber anscheinend hatten beide den gleichen Instinkt und das gleiche Gespür für Lügengeschichten, wenn sie sich ohne Absprache denselben Satz ausdachten ... Die Schlacht von Fontenoy war eine der brutalsten Schlachten der Geschichte. Über nichts auf der Welt, nicht einmal über die Bolschewiki, wird mehr gelogen als über den Krieg und den Heldenmut der Soldaten. Und jener äußerst talentierte deutsch-jüdische Dichter[248], der so ergreifend geschildert hat, wie zwei Grenadiere aus der Gefangenschaft

---

* Meine Herren Faschisten, schießen Sie als Erste!

nach Frankreich zurückkehren, hat natürlich nie in seinem Leben einen Grenadier gesehen und wird sich kaum für Grenadiere interessiert haben. Dieser Dichter und seine naiven Gesinnungsfreunde glaubten, dass Kriege von Tyrannen angezettelt werden. Ja, Kriege werden von Tyrannen angezettelt, mit Ausnahme jener Kriege, die nicht von Tyrannen angezettelt werden. Die Menschen des achtzehnten und neunzehnten Jahrhunderts waren in ihrer Naivität davon überzeugt, dass die Volksmassen friedliebend sind. Bedauerlicherweise ist das nicht der Fall. Das Problem ist nicht, dass der gewöhnliche Bauer, Arbeiter oder Ladenbesitzer ein Dummkopf ist. Das Problem ist, dass er ein streitsüchtiger Dummkopf ist.»

«Alles zeigt sich im Vergleich», erwiderte der Oberhofmarschall und wiegte betrübt den Kopf («Ich stimme Ihnen zu, aber seien Sie um Himmels willen leise! Es gibt so viele Demokraten bei Hofe! – nein, das wäre zu scherzhaft ... – alles zeigt sich im Vergleich»). – «Ich glaube nicht, dass im Athen des Perikles alles zum Besten stand, aber es war das Athen des Perikles («ausgezeichnet»). Das französische Volk hat durch den Mund seiner großen Denker andere Ideale verkündet («schon schlechter») ...»

«Nein, das Volk hat sie nicht verkündet. Die Denker haben sie von sich aus verkündet. Was die Ideale betrifft, so sind die bei den Faschisten und Kommunisten schlechter als bei uns («Schlechter auch bei den Kommunisten? Was ist er für einer?», fragte sich der Oberhofmarschall irritiert), aber ihre Ideale sind pragmatisch: Bei Ersteren sind sie auf den Krieg zugeschnitten, bei Letzteren auf die Revolution. Unsere sind auf gar nichts zugeschnitten. Solange es weder Kommunisten noch Faschisten gab, trabte die Geschichte ein paar Jahrzehnte wie ein alter Gaul vor sich hin – Gott sei's gedankt! Jetzt beginnt der Gaul plötzlich zu galoppieren, und ich ahne entsetzt, wohin das führt. Unser noch relativ junges zwanzigstes Jahrhundert wird wahrscheinlich das schlimmste Jahrhundert aller Zeiten: Dieses junge Geschöpf hat bereits die glänzendsten Erwartungen erfüllt. Es hat nur einen einzigen positiven Charakterzug: Direktheit und absolute Anschaulichkeit. So hat sein größter Maler eine Weinflasche gemalt, auf die er in großen Buchstaben zusätzlich ‹Wein› schrieb.²⁴⁹ Damit es keinerlei Zweifel gäbe.»

Er hatte plötzlich das gleiche Gefühl wie eben noch der Oberhofmarschall: das Bewusstsein eines begangenen Verrats. Aber langjährige Gewohnheit half ihm, dieses Gefühl der Verlegenheit sofort zu unterdrücken: Er wurde eingeladen, damit man ihm zuhörte – und er konnte nicht anders, als zu reden, so wie auf einer Soiree ein vom Gastgeber bezahlter Tenor nicht anders konnte, als zu singen. Aber einfach so zu reden, ohne Zitate und Aphorismen, fiel ihm schwerer, als Zitate und Aphorismen in seine Rede zu flechten. «Ja, das ist billig. Das ist die Tortur der mondänen Konversation mit ihren Witzchen, mit ihrem Geschwätz, die übersteht niemand unbeschadet ...»

«Apropos jung», sagte der Oberhofmarschall. «Ich habe gerade heute im *Figaro* von der Hinrichtung des jungen Mannes gelesen, der Ihr Sekretär war und diesen schrecklichen Mord begangen hat. Ich habe diesen seltsamen Fall verfolgt und kann nicht ...»

«Ist er denn hingerichtet worden?», fuhr Vermandois entsetzt auf. Der Oberhofmarschall, der es nicht gewohnt war, dass man ihn unterbrach, zog die Augenbrauen hoch.

«Das wussten Sie nicht? Ich sehe, Sie lesen keine Zeitungen. Ich glaube, Goethe und Tolstoi haben auch keine gelesen ...» Er erhob sich, um dem ausländischen Prinzen entgegenzugehen, der aus dem weißen Salon kam. «Es hat mich außerordentlich gefreut, dass ich mit Ihnen sprechen durfte», sagte der Oberhofmarschall, während sein Lächeln bereits vornehmlich dem Prinzen galt.

«Ja, diese Herrschaften werden alle früher oder später hängen», dachte Vermandois und blickte hasserfüllt auf die goldbetressten Männer, die an ihm vorübergingen. «Sollen sie vorläufig herumspazieren! So hat man früher die Truthähne erst mit Nüssen gemästet, damit sie fetter würden, um sie dann zu schlachten, und zwar sehr bald.» Er wechselte nicht ohne Vergnügen vom monarchistischen zum bolschewistischen Glauben. «Ja, diese Gesellschaft ist dem Untergang geweiht. Den unglücklichen Irren haben sie hingerichtet, und der hier läuft frei herum.» Er starrte auf den dicken Mann, der am Buffet stand, und beschloss sogleich – er erinnerte sich verschwommen an seine Fahrt nach Versailles, zu Alveras Gerichtsverhandlung –, dass dieser ihm unbekannte Mann ein Bankier war, den man noch nicht beim Stehlen erwischt hatte. Irgendwie war es einfacher, sich ihn als Bankier vorzustellen denn als Herzog oder Graf. «Vielleicht hat er sich auch einen Titel gekauft ... Wenn am Karriereende dieses Herrn ein Galgen stünde, wäre auch das ein Anzeichen für die Existenz einer höheren Intelligenz, die alles in der Welt lenkt, ein Anzeichen für das, was man früher den Weltgeist oder die göttliche Vernunft genannt hat. Michelangelo stellte sich diesen Geist in Form eines über der Erde schwebenden bärtigen alten Mannes vor – und was für ein stumpfsinniger und böser Alter ist dabei herausgekommen! ... Aber anzuerkennen, dass es eine höhere Intelligenz gibt, welche die Geschicke der Welt lenkt, bedeutet für mich, auf die Vernunft zu verzichten, auf das Einzige, was in der Welt von Wert ist und wofür die Welt zu existieren verdient ... Alle, alle werden sie umkommen, die meisten von ihnen nicht mit der Waffe in der Hand, sondern passiv, sinnlos, so wie im Stall eingesperrtes Vieh im Feuer umkommt.» Er sah von Weitem Kangarow-Moskowski, und sogleich wechselte er unversehens vom bolschewistischen zum revolutionär-demokratischen Glauben und dachte, dass es nicht schaden könnte, auch den sowjetischen Botschafter aufzuhängen. «Er ist ein Tschekist oder ein halber Tschekist. Und in ihrer ganzen Revolution kommt gerade einmal ein Teil Idealismus auf neunundneunzig Teile Machthunger, Ehrgeiz und Brutalität. Die Revolution bedeutete für sie alle Karriere, und zwar keine schlechte Karriere. Er hat mir erzählt, dass er wie Lenin lange Jahre im Exil gelebt hat, also in völliger Sicherheit, er hat Zeitungsartikel geschrieben. Wo noch außer in der revolutionären Welt konnte ein Mann ohne irgendwelche Verdienste mit dreißig General werden? Oder etwa nicht? Waren das ‹Heilige› auf dem Weg zur Vollkommenheit? Wie langweilig muss das für sie gewesen sein: sich ständig zu vervollkommnen ... Da vervollkommnet man sich in einem fort, und wenn man sich endgültig vervollkommnet hat, stirbt man ... Ja, das Alter hat sich angeschlichen (ja, angeschlichen!), so brutal, so unbarmherzig! Und all diese Schönheit sehe ich zum letzten Mal im Leben ...»

Ihm fiel wieder ein, dass der Impresario das Vorhaben, ihm eine Lesereise zu organisieren, aufgegeben hatte. «Ja («all die unsinnigen ‹ja› – ohne Einwände!»), die Ausgaben wären höher als die Einnahmen, ich werde bis ans Ende meiner Tage Artikel schreiben und die Verleger um Vorschüsse bitten müssen. Was, wenn ich krank werde? Wenn ich nicht mehr arbeiten kann? ... Natürlich ist es sehr tröstlich, dass auch Beethoven und Rembrandt arm waren. Die Idioten (reiche Idioten, versteht sich) sagen, das sei gut für ihre Kreativität gewesen: das ewige ‹Geldjoch›, die ‹bittere Erfahrung› und so weiter. Das hätte man Rembrandt und Beethoven selber fragen müssen ... Cézanne, der von riesigen Gemälden träumte, malte so, wie er malte, auch weil er nicht genug Geld für Farben und Leinwand hatte ...

Nun, ich habe mir meine Unabhängigkeit nicht abkaufen lassen, ich habe nicht einmal meinen Namen für Schreibfedern oder Weine hergegeben, was heute fast alle machen. Ich bin den *ehrlichen* Weg der Kunst gegangen, nicht die heute übliche breite, ausgetretene Straße», dachte Vermandois zusammenhangslos und mit einer gewissen Rührseligkeit, die eigentlich nicht seine Art war. «Ja, das ist alles sehr, sehr schön, ich habe in meinem Leben nur wenige so schöne Spektakel gesehen ...» Plötzlich tauchte vor ihm die Guillotine auf, der hagere, bleiche, geistig verwirrte junge Mann, der blutverschmierte Kopf – ein unbewusster schriftstellerischer Impuls kam seiner Vision zu Hilfe. «O ja, Shakespeare und das Kino haben uns fest im Griff! ... Ja, das ist der Anfang vom Ende», sagte Vermandois zu sich selbst und blickte auf den sowjetischen Botschafter, der auf ihn zukam. «Was hat er heute? Er sieht aus wie ein Löwe, wie der Löwe von Goldwyn-Mayer ...»

Um Mitternacht erschien der König wieder im großen Saal. Er war erschöpft, aber der schwierigste Teil – der feierliche Einzug, die Polonaise und der *Cercle* – war geschafft. Um die Gäste nicht in Verlegenheit zu bringen, setzte sich der König sofort in einen Sessel an der Wand und bedachte die Tanzenden mit einem erschöpften, wohlwollenden, durchaus königlichen Lächeln. Jetzt konnte er auch sich selbst erlauben, ein wenig Vergnügen, und sei es in Maßen, an seinem Ball zu haben.

Der Oberhofmarschall, der ein wenig links hinter dem königlichen Sessel saß, schien den König in ein Gespräch zu verwickeln. In Wirklichkeit konnte man das kaum ein Gespräch nennen. Der Oberhofmarschall verstand, dass der König an diesem Abend genug geredet hatte und dass es ihm gut tat auszuruhen und zu schweigen: Die Unterhaltung mit vielen Dutzenden verschiedenster Menschen hatte ihn mehr ermüdet als alle seine Verpflichtungen. So beugte sich der Oberhofmarschall nur gelegentlich leicht nach vorn zur rechten Seite und verlor ein paar Worte, die keiner Antwort bedurften. Aber wer auch immer ihn beobachtete – seine Miene, sein strahlendes Lächeln, seine Haltung vermittelten zu jeder Zeit den Eindruck, als wäre er in ein höchst interessantes und unterhaltsames Gespräch mit dem König vertieft, das er gerade eben für einen Augenblick unterbrochen hatte.

Der Oberhofmarschall war sehr zufrieden. Er hatte an diesem Abend zwei interessante Begegnungen gehabt: eine mit Vermandois, die andere mit einem ausländischen Prinzen, der ihm eine amüsante Anekdote (durchaus *inédit**) über Eduard VII. erzählt hatte, die sich bestens eignete, in seine Memoiren aufgenommen zu werden (Gedächtnisstütze: «Karlsbad»). Ergänzt um den Flirt zwischen der Gattin des sowjetischen Botschafters und dem Gesandten einer reaktionären Macht, würde das die Memoiren um fünf oder sechs Seiten bereichern. Es gab jedoch auch Unangenehmes. «Diese Zeitungsmeldungen … Alles ist bedroht», fiel ihm wieder ein, und er hätte beinahe die Stirn gerunzelt (ernsthaft die Stirn runzeln durfte der Oberhofmarschall auf dem königlichen Ball, vor Tausenden Augenpaaren, natürlich nicht).

Ein Paar bewegte sich Walzer tanzend auf den Sessel des Königs zu: ein stattlicher, hochgewachsener Hauptmann des Garderegiments und eine zierliche junge Dame, die Tochter eines Freundes des Oberhofmarschalls. Er wusste, dass sie leidenschaftlich ineinander verliebt waren und bald ein Brautpaar sein würden. Sie gehörten beide denselben aristokratischen Kreisen an. «Ein hübsches Paar, besser kann man es sich nicht wünschen. Sie ist einfach reizend», dachte der Oberhofmarschall,

---

* hier: frisch, neu

«so schlecht ist unsere Gattung dann doch nicht ...» Das Paar machte eine Drehung und wirbelte am König vorbei. Die junge Dame sah nicht, dass hier der König saß. Aber der Offizier, sosehr er auch in stumme Zwiesprache mit ihr vertieft war, hatte ihn erkannt, und die leichte, kaum merkliche Veränderung in seinen Bewegungen, ja selbst in seinem Gesichtsausdruck zeigte, dass er an diesem Sessel anders vorbeitanzte als an allen anderen. Der König, der das Geheimnis ebenfalls kannte, lächelte der jungen Frau liebevoll zu. Sie bemerkte das königliche Lächeln nicht. Er drehte sich zum Oberhofmarschall um: «Ich weiß, Sie beneiden sie», sagte der König scherzhaft. Der Oberhofmarschall, der der jungen Dame hinterherblickte, lächelte noch strahlender. «Jedem Alter das Seine, Majestät», sagte er – er achtete in seiner Unterhaltung mit dem König nicht allzu sehr auf Feinheiten in seinen Bemerkungen.

In seinem Blickfeld tauchte der sowjetische Botschafter auf, in seinem Frack stach er aus der Menge der goldbetressten Uniformen hervor. Der Anblick Kangarow-Moskowskis ließ erneut schwermütige Gedanken aus dem Unterbewusstsein des Oberhofmarschalls aufsteigen. «Ach, Unsinn», munterte er sich auf. Der Oberhofmarschall ließ sein Auge durch den prächtigen, mit Lichtern, Gold und Brillanten funkelnden Saal schweifen und erblickte wieder das junge Paar. «Ja, unsere Gattung wird noch für sich einstehen. Wir sind von kräftigerer Statur als Vermandois. Kräftig genug für dieses Jahrhundert. Vielleicht auch für zwei weitere!» Und plötzlich tauchte vor dem inneren Auge des Oberhofmarschalls in all ihrem Glanz, in all ihrer göttlichen Schönheit die British Guayana von 1856 auf, *«black on magenta, the famous error»*, und sie wärmte seine Seele, erhellte sein Leben, hob das Gute empor und versöhnte ihn mit dem Bösen.

Kangarow-Moskowski saß mit Vermandois an einem Tischchen und war immer noch nicht auf den Punkt gekommen. Es fiel ihm schwer, seine Gedanken zu sammeln. Er war noch wie betäubt von dem Schlag, der ihn beinahe unerwartet getroffen hatte. Nach dem kurzen Gespräch mit dem König war er zum Buffet gegangen und hatte dort ziemlich viel getrunken, bevor er sich in den Wintergarten begab, wo er unaufhörlich Grüße und Liebenswürdigkeiten mit Bekannten austauschen musste. «Ja, es ist aus, alles ist aus», dachte er verworren, wie im Fieber oder in einem Traum. «Es ist ihr fester Entschluss, das habe ich gespürt. Und in dem Blick, den sie mir zugeworfen hat, war Hass, richtiger Hass ... Wenn das so ist, wofür soll ich dann noch leben? ...» Die Menschen, an denen er vorüberging, sahen ihn überrascht an und wichen ihm aus, einige sogar hastig. Er fuhr fort, sich zu betrinken, und wechselte am Buffet die Tische, damit die Diener nicht auf ihn aufmerksam würden. Dann versuchte er, seine Gedanken zu ordnen. «Was bleibt mir im Leben? Die Karriere? Die Partei?» Und zum ersten Mal an diesem Abend verfiel er, wie Nadja, auf seltsame Gedanken. Zum ersten Mal spürte er klar und deutlich, dass auch die Partei für ihn «keinerlei Geige spielte», dass er der Partei nie gedient, sondern – wie die allermeisten Menschen auch – nur Karriere in ihr gemacht hatte, dass er sich hinter Ideen versteckt hatte. Jetzt hatte auch das keine Bedeutung mehr; jetzt fiel auch das sportliche Interesse an seinem Handwerk weg. «Aber was soll ich denn machen? So weiterleben bis ans Ende meiner Tage? ...» In diesem Moment traf er auf Vermandois. «Da war doch etwas ... Richtig, die Direktive. Gut, setzen wir die Direktive um.» Und aufgrund seiner seelischen Verfassung befolgte er die Anweisungen der Direktive plumper, als es eigentlich seine Art war. Er sagte Vermandois, dass Gosisdat[250] seine Werke sehr gern auf Russisch veröffentlichen würde. Nicht ein einzelnes, bestimmtes Buch, sondern seine gesammelten Werke.

«Das ist eine ausgezeichnete Idee», sagte Vermandois mit einem Lächeln und sah seinen Gesprächspartner einigermaßen überrascht an. «Meine Bücher sind noch unter dem alten Regime in Russland veröffentlicht worden, aber nicht alle. Und leider habe ich nichts dafür bekommen: Russland war nicht Mitglied der Berner Übereinkunft[251].»

«Unsere Regierung ist ihr auch nicht beigetreten», sagte Kangarow hastig, «aber für die Freunde der Sowjetunion machen wir Ausnahmen. In diesen Fällen zahlen wir in ausländischer Währung, in Dollar. Diese Ausnahmen gelten nur für unsere wahren Freunde.»

«Wirklich?», fragte Vermandois ein wenig misstrauisch. Zunächst hatten ihn die Worte des Botschafters sehr gefreut: Vielleicht war dies eine Wiedergutmachung des Schicksals für das Debakel seiner Pläne mit dem Impresario? «Und ohne Lesungen, ohne Reisen, ohne idiotische Reden. Ach, wäre das schön ...» Nachdem zweimal von «Freunden» die Rede gewesen war, wurde er hellhörig.

«Sie, mein lieber Freund, könnten der Sowjetunion jetzt übrigens einen nicht geringen Dienst erweisen», sagte Kangarow, der offensichtlich sein *«doigté»* verloren hatte. Die ganze Angelegenheit interessierte ihn nicht mehr, nicht einmal in sportlicher Hinsicht. «Natürlich ist er genauso ein korrupter Bastard wie die anderen ... Sie sind doch alle gleich ...» Übergangslos, ohne jede diplomatische Verklausulierung, ohne jenes *doigté*, das Eduard Stepanowitsch nicht zu Unrecht an ihm gelobt hatte, gab er den Inhalt des Telegramms wieder. «Ja, ihre Entscheidung ist endgültig, sie fährt, sie fährt», dachte er, während er die Angelegenheit zur Sprache brachte, kaum dass er seinen Gesprächspartner dabei ansah. «Sie wird den Stupsnasigen heiraten! Das ist das Ende ... Und wenn das so ist, wofür soll ich dann noch leben?», dachte er. Plötzlich begegnete sein Blick dem von Vermandois, und er sah, dass dieser puterrot geworden war ... «Ich glaube, ich habe mich falsch ausgedrückt», dachte er beinahe ohne Bedauern.

«Sie wollen also meine Werke kaufen, wenn ich ein Telegramm an diesen ... Stalin schicke?», fragte Vermandois. Das Blut stieg ihm immer heftiger ins Gesicht. «Sie sind es, die das Böse über die Welt gebracht haben, das Böse, das sie jetzt überflutet. Und sie haben als Erste diesen maßlosen Terror, diese Grausamkeit, diese Käuflichkeit in unser Leben gebracht. Hitler ist nur ihr Schüler! Sie waren es, die das Ende des neunzehnten Jahrhunderts, meines Jahrhunderts, eingeläutet haben! ...» Ihn überkam plötzlich rasende Wut. Ihm schien, dass man in seiner Person allen Geist, allen französischen Geist, allen menschlichen Geist beleidigte. Es schien ihm gar, die Schatten von Descartes, Pascal, Montaigne und Beethoven stünden hinter ihm und harrten seiner Antwort. «Ich weiß, was ich diesem Herrn zu antworten habe!»

«Sie missverstehen mich. Ich habe von zwei verschiedenen Dingen gesprochen. Ihre Werke sind das eine, und ...», begann Kangarow lustlos und kam nicht dazu, seinen Satz zu beenden. Vermandois erhob sich mit verzerrtem Gesicht schwerfällig von seinem Stuhl. Er sagte nur ein einziges Wort: «*Merde* ... Das ist das einzige Wort, mit dem man Ihnen antworten kann», fauchte Vermandois, während er aufstand. Kangarow riss seine gelben Augen auf. Jemand von den Vorübergehenden im Saal schaute sich nach ihnen um: «Ja, wenn alles zugrunde geht, dann ist das Einzige, was einem bleibt, die eigene Würde und Unabhängigkeit. Dem muss alles andere geopfert werden. Um jeden Preis, selbst um den Preis von Armut und Entbehrung! Ich bin ein französischer Schriftsteller!» Mit einer Verzückung, mit einer Erhebung, wie er sie bei der Vollendung seiner besten Seiten nicht empfunden hatte, wiederholte Louis Etienne Vermandois dieses eine Wort, das man im historischen königlichen Palast wahrscheinlich noch nie vernommen hatte.

Mark Aldanow.
Eine Wiederentdeckung

Nachwort von Andreas Weihe

Der literarische Kontinent der russischen Exilliteratur, bevölkert von den nach 1917 aus Sowjetrussland geflohenen, von den verfolgten und ausgebürgerten, von den durch den Weltkrieg heimatlos gewordenen Autoren und den Dissidenten der Nachkriegsjahrzehnte, ist für den deutschen Leser schon lange keine *Terra incognita* mehr.

Ende der 1980er-Jahre, in den Jahren der «Perestroika», waren auch die Schriftsteller der ersten Emigrationswelle auf die sowjetischen Bücherregale zurückgekehrt, darunter inzwischen weltberühmte Autoren wie Vladimir Nabokov, aber auch viele unbekannte oder in Vergessenheit geratene Schriftsteller. Die Rehabilitierung und Wiederentdeckung dieser bis dahin in Russland verfemten Autoren weckte auch das Interesse der deutschen Verlage, und so erschienen Übersetzungen der Werke von Michail Ossorgin, Gaito Gasdanow, Boris Poplawski, Wladislaw Chodassewitsch, Nina Berberowa und anderen weitgehend «vergessenen» russischen Autoren, die nach 1917 Zuflucht vor allem in Berlin und Paris gefunden hatten, nun auch auf Deutsch. Und doch gibt es auf dieser literarischen Landkarte bis heute weiße Flecken. Mark Aldanow, einer der wichtigsten russischen Prosaschriftsteller des 20. Jahrhunderts, der neben Bunin und Nabokov in die erste Reihe der russischen Exilliteratur gehört, ist hierzulande noch immer (oder treffender: wieder) ein Unbekannter.

Wer ist dieser Mark Aldanow, der dreizehn Mal für den Nobelpreis nominiert war – und der in Deutschland schon einmal, in den 1920er-Jahren, eine Leserschaft gewonnen zu haben schien?

Mark Aldanow wurde am 7. November 1886 als Mark Alexandrowitsch Landau in Kiew geboren. Aldanow ist ein unvollständiges Anagramm seines Geburtsnamens mit russischer Endung, das er zunächst als Schriftsteller benutzte und später schließlich als Familienname annahm. Sein Vater, Alexander Landau, war ein begüterter Zuckerfabrikant, der mehrere Fabriken besaß. Die sehr wohlhabende Familie gehörte zum jüdischen Bildungsbürgertum. So erhielt Aldanow eine ausgezeichnete Ausbildung: Als er mit achtzehn Jahren vom Gymnasium abging, sprach er fließend Deutsch, Französisch und Englisch und erhielt eine Goldmedaille für seine Leistungen in Latein und Altgriechisch. An der Universität Kiew war er gleichzeitig an zwei Fakultäten eingeschrieben, die er beide mit Diplom abschloss, der juristischen und der physikalisch-mathematischen im Fachbereich Chemie. Im Jahr seines Abschlusses, 1910, erschien seine erste (natur-)wissenschaftliche Arbeit im Druck: «Gesetzmäßigkeiten der Verteilung von Stoffen zwischen zwei Lösungsmitteln». 1912 ging Aldanow nach Paris und setzte seine Ausbildung an der École Pratique des Hautes Études fort. Bei Ausbruch des Ersten Weltkriegs kehrte er nach Russland zurück, wo er in Petersburg als Chemiker an der Entwicklung von Methoden zum Schutz der Zivilbevölkerung vor Giftgasen beteiligt war. Allerdings trug sich Aldanow damals bereits mit ganz anderen, literarischen Plänen. Schon in Paris hatte er ein umfangreiches Werk über Lew Tolstoi und Romain Rolland zu schreiben begonnen, in dem er die Moralvorstellungen der beiden Schriftsteller miteinander verglich; der erste Teil erschien 1928 unter dem Titel «Das Rätsel Tolstoi» auch auf Deutsch. Dennoch blieb Aldanow der Wissenschaft, der Chemie ein Leben lang treu. Nicht nur tauchen in zahlreichen seiner Romane Chemiker als Protagonisten auf, in den 1930er-Jahren erwog er sogar – er war zu diesem Zeitpunkt bereits ein erfolgreicher Romanschriftsteller –, die Literatur aufzugeben und sich wieder ganz der wissenschaftlichen Arbeit als Chemiker zu widmen. Dieser Plan wurde zwar fallen gelassen, aber Aldanow veröffentlichte immer wieder auch wissenschaftliche Arbeiten («Actinochimie», Paris 1937, und «De la possibilité de nouvelles conceptions en chimie», Paris 1950). Aldanows naturwissenschaftlicher Hintergrund hat auch sein literarisches Werk beeinflusst: In den philosophischen Dialogen seiner «Ulmer Nacht» heißt es, wenn ein Schriftsteller sich wissenschaftlich betätige, so bereichere dies seine Intuition, schärfe seine Beobachtungsgabe und komme seinen analytischen Fähigkeiten zugute. Der Musikwissenschaftler Leonid Sabanejew, der in den Nachkriegsjahren mit Aldanow befreundet war, konzedierte Aldanow eine unter russischen Schriftstellern selten anzutreffende Eigenschaft – «eine wissenschaftliche Art zu denken, ja zu fühlen». Und Balder Olden schrieb in seinem Vorwort zu Aldanows «Unsentimentaler Reise», einer Sammlung von politischen Reportagen: «Die Schulung des Naturwissenschaftlers gibt ihm so viel Abstand, dass er nie zum Parteigänger dessen wird, den er schildert.»

Wie viele andere russische Intellektuelle lehnte Aldanow die Oktoberrevolution ab; ein Regime, das sich auf Terror und Gewalt stützte und die totale geistige Kontrolle über die Menschen erlangen wollte, war für den freiheitsliebenden Aldanow unannehmbar. Im Jahr 1918 erschien im Selbstverlag seine Schrift «Armageddon», in der ein Chemiker (!) und ein Schriftsteller über die russische Gesellschaft und Geschichte debattieren. Die scharfzüngige Auseinandersetzung mit der russischen Revolution wurde von den sowjetischen Behörden sofort als Ketzerei gebrandmarkt, die gesamte Auflage des Buches vernichtet. Im März 1919 emigrierte Aldanow aus Russland. Über Odessa, Istanbul und Marseille führte seine Flucht nach Paris. Er versuchte sich zunächst, ohne Erfolg, als Verleger. Die von ihm gegründete Monatszeitschrift «Grjaduščaja Rossija» («Das kommende Russland») machte schnell Verluste und musste bereits mit dem zweiten Heft wieder eingestellt werden. 1922 geht Aldanow nach Berlin und wird Teil der lebendigen literarischen Emigrantenszene des «russischen Berlin». Hier heiratet er seine Cousine Tatjana Saizewa (sie wird später viele seiner Werke ins Französische übersetzen), hier findet er Aufnahme bei dem Verlag Slovo, der seine Werke bis in die Dreißigerjahre auf Russisch publizieren wird. Als sich die wirtschaftlichen Bedingungen in Berlin 1924 rapide zu verschlechtern beginnen, zieht Aldanow, so wie die meisten russischen Emigranten, weiter nach Paris, wo er bleiben wird, bis er vor den deutschen Truppen aus Frankreich fliehen muss. Zu dieser Zeit hat Aldanow sich in der russischen Emigration bereits einen Namen als Verfasser von historischen Romanen gemacht: «Sankt Helena, eine kleine Insel» (1921) erschien als erstes Buch einer auf vier Bände anwachsenden Tetralogie über die napoleonische Zeit. 1929 folgt mit «Ključ» (Der Schlüssel) der erste Roman einer viel beachteten Trilogie über die russische Revolution, deren dritter Teil das letzte Buch ist, das 1934 in seinem Berliner Verlag Slovo erscheinen kann.

Im Laufe seines Lebens wird Aldanow sechzehn Romane schreiben, die ein beeindruckendes Panorama historischer Umbrüche und Zäsuren ausbreiten und eine Zeit von fast 200 Jahren (1792–1953) umspannen; in ihnen treten fiktive wie reale Personen auf, historische Berühmtheiten wie Katharina II. und

Alexander I., Lord Byron und Balzac, Beethoven und Gandhi, Lenin und Asef, Mata Hari, Clemenceau und Churchill und viele andere. Es griffe jedoch zu kurz, Aldanow vorschnell in die Rubrik «Verfasser historischer Romane» einzuordnen (zumal er auch immer wieder Gegenwartsstoffe behandelt hat), es sei denn, man wollte auch Tolstois «Krieg und Frieden» auf einen «historischen» Roman reduzieren. Literarisch war Tolstoi Aldanows leuchtendes Vorbild. Er hat ihn nicht nachgeahmt, aber ohne Tolstoi sind seine Romane kaum zu denken, auch wenn er Tolstois Philosophie ablehnte. Aldanows Romane wurzeln in der Geschichte, spielen innerhalb bestimmter, sorgfältig ausgeleuchteter geschichtlicher Epochen, und seine höchst lebendigen Figuren, ob historisch oder fiktiv, erklären ihre Epoche, so wie die Epoche sie erklärt.

Neben seinen Romanen erlangt Aldanow in den 1920er-Jahren auch als scharfsinniger Chronist seiner Zeit Bekanntheit, seine heute noch sehr lesenswerten Gesellschaftsskizzen und politischen Porträts werden in viele europäische Sprachen übersetzt. Aldanows geistreiche, stilistisch glänzende Essays bezeugen hervorragende Sachkenntnis und sind stets von ironischem Witz erfüllt. Unbefangen schildere Aldanow «die *chronique scandaleuse* unseres Erdteils», schreibt Walter Benjamin in seiner Rezension zu Aldanows Buch «Eine unsentimentale Reise. Begegnungen und Erlebnisse im heutigen Europa», das 1932 im Carl Hanser Verlag auch auf Deutsch erschienen war. Er erkennt in Aldanow den «altvertrauten Typus des skeptischen Betrachters», der wie alle echten Skeptiker in der Geschichte stets das Gleiche entdeckt. Damit benennt er ein zentrales Motiv von Aldanows Geschichtsphilosophie, die auch allen seinen Romanen immanent ist: Er ist «ein Humanist, der nicht an den Fortschritt glaubt» (Michail Karpowitsch) – in der Geschichte sieht er, nach einem Ausdruck Friedrich des Großen, «Seine

Majestät den Zufall» am Werke. Das ist es, was seiner Weltsicht ihren tragischen Charakter verleiht.

Ende der 1930er-Jahre ist Aldanow einer der bekanntesten Schriftsteller der russischen Emigration, er genießt unter der russischen Leserschaft und den Kritikern zuzeiten höheres Ansehen als Bunin oder Nabokov. Als Redakteur russischer Exilzeitschriften führt Aldanow eine umfangreiche Korrespondenz mit Literaten und Politikern wie Iwan Bunin, Vladimir Nabokov, Alexander Kerenski oder Wassili Maklakow, er ist ein gefragter Rezensent und politischer Kommentator. Auch wenn er nicht zu Wohlstand kommt, so kann er im Unterschied zu vielen seiner schreibenden Kollegen von seinen Büchern und seiner Mitarbeit an den in Paris erscheinenden russischen Zeitungen und Zeitschriften leben – und er unterstützt selbstlos Autoren, denen es schlechter geht; so organisiert er in Paris einen Bridgeabend mit wohlhabenden Parisern, dessen Gewinne dem Not leidenden Iwan Bunin zugutekommen. Der «russische Europäer» Mark Aldanow war unter den russischen Emigranten von Paris eine moralische Autorität von erstaunlicher Lauterkeit und Noblesse. Bei aller intellektuellen Schärfe, mit seiner gnadenlosen Logik, seiner Kompromisslosigkeit in Fragen der Moral, war er im Umgang mit seinen Mitmenschen stets liebenswürdig, tolerant und nachsichtig. Iwan Bunin, mit dem Aldanow ein Leben lang befreundet war, hat ihn den «letzten Gentleman der russischen Emigration» genannt. Bunin war es auch, der Aldanow sechs Mal für den Nobelpreis nominierte, nachdem er nach 1933, als er selbst den Preis erhalten hatte, das Vorschlagsrecht besaß. Insgesamt brachte es Aldanow auf dreizehn Nominierungen.

Vor der Besetzung von Paris durch die deutsche Wehrmacht flieht Aldanow 1940 über Nizza in die USA, wo er sich in New York niederlässt. Zusammen mit Michail Zejtlin gründet er dort 1942 die Literaturzeitschrift «Novyj žurnal», die in der Nachfolge der Pariser «Sovremennye zapiski» zum wichtigsten Publikationsorgan der russischen Emigration wurde und bis heute existiert, alle bedeutenden russischen Exilschriftsteller haben im «Novyj žurnal» publiziert, in späteren Jahren erschienen in der Zeitschrift auch Kapitel aus Boris Pasternaks Roman «Doktor Schiwago» und einige der Kolyma-Erzählungen von Warlam Schalamow.

1948 kehrt Aldanow nach Frankreich zurück und wählt Nizza als seinen Wohnort. In den Jahren bis zu seinem Tod entstehen weitere große philosophisch-historische und in der Gegenwart spielende Romane und Erzählungen sowie sein geschichtsphilosophisches Opus magnum, «Ulmskaja noč» (Die Ulmer Nacht. Philosophie des Zufalls). 1957 stirbt Mark Aldanow in Nizza. Er ist auf dem russischen Friedhof Cimetière de Caucade begraben.

In seinem Roman «Der neunte Thermidor» spricht Aldanow an einer Stelle von der «Lotterie der literarischen Anerkennung»: Manchem ist das Glück hold, und er wird bekannt, ja berühmt – warum aber gerade er Glück hat und ein anderer nicht, weiß man so wenig vorherzusagen wie bei einer Lotterie.

Er selbst hat in dieser Lotterie nicht das «große Los» gezogen, auch wenn seine Romane innerhalb der russischen Emigration sehr erfolgreich waren und in viele Sprachen übersetzt wurden (noch häufiger übersetzt wurden seine Essays) – aus unerfindlichen Gründen geriet er nach dem Krieg zunehmend in Vergessenheit. In der Sowjetunion war er *persona non grata*, bis 1989 wurde dort keine einzige Zeile von ihm gedruckt. In Deutschland schien ihm das literarische Glück zunächst gewogen zu sein: Im Drei Masken Verlag erschienen von seiner «napoleonischen» Tetralogie «Der Denker» immerhin drei Teile: «Der neunte Thermidor», «Die Teufelsbrücke» (1925) und «St. Helena. Eine kleine Insel» (1929). Bereits 1920 war im Ullstein Verlag «Lenin und der Bolschewismus» herausgekommen, eine Auseinandersetzung mit der russischen Revolution und ihrem Führer. «Zeitgenossen», eine Auswahl seiner politischen Porträts, erschien 1929 im Schliefen Verlag, gefolgt von dem bereits erwähnten Band «Eine unsentimentale Reise». Damit endet die literarische Präsenz Aldanows im Vorkriegsdeutschland. Ein letztes Buch auf Deutsch erscheint 1948 in einem kleinen Schweizer Verlag: eine Übersetzung seines großen Romans «Istoki» (Die Ursprünge) aus dem Englischen (!), unter dem Titel der britischen Ausgabe «Before the Deluge» («Vor der Sintflut»). Der Roman über die Ermordung des russischen Zaren Alexander II., der in Umfang und künstlerischer Kraft mit Tolstois «Krieg und Frieden» verglichen worden ist, wird 1948 in Großbritannien von der British Book Society als «Book of the Month» ausgezeichnet, während ihm im deutschen Sprachraum eine größere Resonanz versagt bleibt. Im geteilten Nachkriegsdeutschland gerät Aldanow dauerhaft in Vergessenheit.

Die britische Auszeichnung war bereits die zweite dieser Art, die Aldanow für einen seiner Romane erhielt: 1943 wurde die amerikanische Übersetzung des vorliegenden Romans von der renommierten «New York Times Book Review» zum «Buch des Monats» gewählt.

Aldanow hatte mit der Niederschrift von «Načalo konca» («Der Anfang vom Ende») Mitte der Dreißigerjahre in Paris begonnen. Zum ersten Mal wählte er einen Gegenwartsstoff, und zum ersten Mal bevölkern einen seiner Romane Protagonisten aus Sowjetrussland. 1936 wurden in Paris einzelne Kapitel in der Zeitschrift «Sovremennye zapiski» veröffentlicht, 1939 erschien der gesamte erste Teil als Buchausgabe. Zur Veröffentlichung des zweiten Teils sollte es nicht mehr kommen, die Wirren des Zweiten Weltkriegs verhinderten die geplante Publikation auf Russisch in Europa. Zu diesem Zeitpunkt war jedoch bereits eine amerikanische Übersetzung des vollständigen Romans in Arbeit, die 1943 bei Charles Scribner's Sons unter dem Titel «The Fifth Seal» erschien.

Im Februar 1943, noch vor der offiziellen Bekanntgabe, erschien der Übersetzer Nicholas Wreden mit zwei Flaschen Champagner in der New Yorker Public Library, in der Aldanow arbeitete, und überbrachte dem überraschten Autor die frohe Botschaft über die Auszeichnung des Romans durch die «New York Times Book Review». Aldanow wurde buchstäblich mit Glückwünschen überhäuft; einer der Ersten, die ihm gratulierten, war Vladimir Nabokov. Auch Edmund Wilson, der damals maßgebliche amerikanische Experte und Literaturkritiker für russische Literatur, beglückwünschte Aldanow: «Das ist ohne Zweifel einer der besten sozialpolitischen Romane, die in den letzten Jahren in Europa geschrieben wurden.» Der Roman wurde in Dutzenden von Rezensionen besprochen und hoch gelobt, das Interesse der Leser war groß. In der kommunistischen Presse, etwa in «The Daily Worker», wurde Aldanows Kritik an den Zuständen in der Sowjetunion jedoch als ungerecht und mitten im Krieg als unangemessen bezeichnet und scharf verurteilt. Dorothy Brewster, Vorstandsmitglied des Book of the Month Club und Professorin an der Columbia University, solidarisierte sich mit dieser Meinung und trat aus Protest gegen die Entscheidung des Clubs aus dem Vorstand aus. Am 17. April 1943 veröffentlichten die vier anderen Jurymitglieder eine gemeinsame Erklärung in der «New York Times», in der sie betonten, dass ihre Entscheidung nicht politisch motiviert gewesen sei. Aldanow beschloss, sich an der Diskussion zu beteiligen, und schrieb einen offenen Brief an die Redakteure mehrerer führender Zeitungen, in dem er seine Position erläuterte und erklärte, er betreibe keine politische Propaganda, auch keine antisowjetische, obschon er seine antibolschewistischen Überzeugungen nie verheimlicht habe. Schon zuvor, vom ersten Tag des deutsch-sowjetischen Krieges an, hatte Aldanow in zahlreichen Zeitungsartikeln seinen Wunsch nach einem vollständigen Sieg Russlands «über seinen abscheulichen und widerwärtigen Feind» zum Ausdruck gebracht. In seinem offenen Brief äußerte er aber auch die Hoffnung, dass «das Bündnis mit den großen angelsächsischen Demokratien zu einer freieren und menschlicheren Ordnung in Russland führen» werde und dass der Kreml Lehren aus der Geschichte ziehen würde.

Der politische Aufruhr, den «The Fifth Seal» in der amerikanischen Presse hervorrief, befeuerte nur das Interesse der Leser. Die Gesamtauflage des Romans erreichte in den USA mehr als 300 000 Exemplare. Doch Aldanow bekümmerte, dass viele Linke, auf deren Unterstützung er gehofft hatte, ihm ablehnend gegenüberstanden. Seine Freunde trösteten ihn. Der ironische Nabokov schrieb ihm am 13. Juni 1943: «Der Lärm, den die Hufe der Kommunisten machen, ist eher angenehm.» Der Literaturkritiker Gleb Struwe, der für den Londoner «Observer» eine wohlwollende Rezension geschrieben hatte, berichtete am 31. Dezember 1945 aus London, dass in England zwar eine Nachauflage des Buches erschienen sei, man es aber nirgends kaufen könne: «Nicht ausgeschlossen, dass die sowjetische Botschaft alle Exemplare aufgekauft hat – eine eigentümliche Art von Boykott ...»

Die erste vollständige russische Edition konnte erst rund fünfzig Jahre später erscheinen, nachdem die verschollenen Manuskriptseiten des letzten Kapitels Anfang der 1990er-Jahre im Bakhmeteff Archive an der New Yorker Columbia University aufgefunden wurden.

Die Handlung von «Der Anfang vom Ende» entfaltet sich vor dem Hintergrund des dramatischen Zeitgeschehens in Westeuropa und Sowjetrussland in der zweiten Hälfte der 1930er-Jahre. In der UdSSR hatte das Sowjetregime endgültig seine Macht gefestigt, Stalin entledigte sich der alten Lenin'schen Garde und überzog das Land mit maßlosem Terror, Hitler und die Nationalsozialisten schickten sich an, Europa in den Abgrund eines beispiellosen, grausamen Vernichtungskrieges zu stürzen, in Spanien tobte ein Bürgerkrieg. In diesem Kontext thematisiert der Roman zum ersten Mal in der erzählenden Prosa des 20. Jahrhunderts die geistige Verwandtschaft von Faschismus und Kommunismus, noch vor Arthur Koestlers «Sonnenfinsternis» und George Orwells «1984». Die drängenden Fragen der Zeit – Macht und Ohnmacht der Demokratie, das Verhältnis von Lenins Ideen und Stalins Verbrechen – werden von den Hauptfiguren facettenreich erörtert und in inneren Monologen reflektiert. «Der Anfang vom Ende» ist ein philosophischer, ein politischer und ein soziopsychologischer Roman, ein wenig auch ein Kriminalroman – und ein Roman über den Künstler und den künstlerischen Schaffensprozess. Beißende Satire und Sarkasmus stehen neben erstaunlichen lyrischen Passagen und bitteren Reflexionen über die Ohnmacht des Künstlers vor der zynischen Macht des Bösen in der Welt, ähnlich wie bei Gogol oder Michail Bulgakow. Wie häufig bei Aldanow, sind die inneren (oft philosophischen) Monologe der Figuren mit einem bewegten Sujet verbunden, der Roman hält die erzählerische Spannung von der ersten bis zur letzten Seite.

Die Handlung des Romans wird von den Schicksalen und Innenwelten von Personen getragen, die verschiedene gesellschaftliche Sphären repräsentieren: Die Hauptfiguren – Kangarow-Moskowski (ein sowjetischer Diplomat), Tamarin (ein sowjetischer Militärexperte), Wislicenus (ein für die Komintern tätiger Berufsrevolutionär), Vermandois (ein berühmter französischer Schriftsteller mit Sympathien für das «bolschewistische Experiment») – beobachten und reflektieren nicht nur den Verfall des «alten Europa» in einer Ära des «Anfangs vom Ende», sondern suchen auch dessen Ursachen zu ergründen. Während die alten Demokratien ihrem Untergang entgegengehen, während in Sowjetrussland «die Revolution ihre Kinder frisst» und Stalins «Säuberungen» in vollem Gange sind, erleben die Helden des Romans jeder seinen eigenen «Anfang vom Ende». Kangarow, der eine glänzende diplomatische Karriere gemacht hat, erscheint am Ende als pathetischer, einsamer alter Mann, den vor dem Hintergrund der stalinistischen Schauprozesse des Jahres 1937 die Angst umtreibt, als unzuverlässig entlarvt und vernichtet zu werden. Der sowjetische Militärexperte Tamarin, ein ehemaliger General der zaristischen Armee, der einst für sich entschieden hat, dass es möglich sei, Russland unter *jedem* Regime zu dienen, durchlebt nun, wie viele andere auch, eine tiefe Glaubenskrise und stirbt an einer Front des spanischen Bürgerkriegs. Und das gnadenlose Urteil des Berufsrevolutionärs Wislicenus, der desillusioniert seine bolschewistische Vergangenheit Revue passieren lässt («Was haben wir getan? Wozu haben wir unser Leben und uns selbst so besudelt? Wozu haben wir Millionen von Menschen ins Jenseits befördert?») und am Ende einem politischen Attentat zum Opfer fällt, lautet: «Wir alle sind jetzt verdorbene, zerstörte, verkrüppelte Menschen, die jeglichen Respekt vor anderen wie vor sich selbst verloren haben ... eine Kohorte des politischen Verbrechens.»

Der meisterhaft konstruierte Roman verschränkt die verschiedenen Handlungsstränge kunstvoll ineinander, wechselt häufig die Erzählperspektive, ist kontrapunktisch aufgebaut wie eine große Fuge und ähnelt in dieser Struktur Aldous Huxleys «Kontrapunkt des Lebens» oder André Gides «Die Falschmünzer». Bei einem für Aldanow charakteristischen ironischen Grundton («Man lasse sich durch meine Ironie nicht irreführen. Meine Ironie ist naiv wie mein Pathos. Ich vermag Unglaubliches ironisch zu sagen, ohne eine Spur von frivoler Empfindung»), der sich durch das gesamte Buch zieht, nimmt dieses Konstruktionsprinzip Bezug auf den dargestellten Epochenbruch, eine Zeit, in der sich das Leben der Menschen ebenso wenig zu einem Ganzen fügt wie im Roman; die äußere Form – eher eine Abfolge fragmentarischer Episoden – entspricht der inneren, monologischen Zerrissenheit.

Als «Novelle im Roman» ist der von Alvera, dem Sekretär von Vermandois, verübte Mord angelegt. Es ist Aldanows Projektion des Mordes, den Raskolnikow in Dostojewskis «Verbrechen und Strafe» begeht, eine Art literarischer Paraphrase. Anders als bei Dostojewski ist das Verbrechen – in Alveras eigenen Worten «vielleicht der erste wissenschaftliche Mord» – des Aspekts der Reue beraubt und spiegelt eine grundsätzlich veränderte Welt, den «Anfang vom Ende» aller humanistischen Werte. Die Mordszene beschreibt Aldanow, auf Augenhöhe, mit der gleichen psychologischen Tiefe und Gestaltungskraft wie Dostojewski die Tat Raskolnikows.

Aldanows Roman, ein Meisterwerk der Weltliteratur, liegt hier zum ersten Mal in einer deutschen Übersetzung vor und schließt zweifellos eine schmerzliche Lücke im literarischen Kanon der russischen Literatur des 20. Jahrhunderts. Der Übersetzer hofft, dies möge ein *Anfang* sein: Das Werk Mark Aldanows birgt noch viele ungehobene Schätze, die der Entdeckung durch den deutschen Leser harren.

Berlin, Oktober 2022

Anmerkungen des Übersetzers

1 George Nathaniel Curzon (1859–1925), konservativer britischer Staatsmann, als Außenminister maßgeblich an der Festlegung der Grenze zwischen Polen und dem jungen Sowjetstaat beteiligt.

2 Das Lux war ein Moskauer Hotel, in dem in den 1930er-Jahren führende kommunistische Emigranten logierten.

3 Pjotr Kropotkin (1842–1921), russischer Schriftsteller und Theoretiker des kommunistischen Anarchismus.

4 Figur aus Iwan Turgenjews Roman «Vorabend».

5 Spielt auf eine Szene in Fjodor Dostojewskis Roman «Die Brüder Karamasow» an.

6 Wassili Katschalow (1875–1948), einer der berühmtesten russischen Schauspieler, u. a. am Moskauer Künstlertheater unter Konstantin Stanislawski.

7 Die Katorga, nach der Todesstrafe die schwerste Strafe im russischen Zarenreich, bestand aus Verbannung und Zwangsarbeit, meist in abgelegenen Regionen des russischen Imperiums wie Sibirien.

8 Schneiden (oder Impassieren) bedeutet im Whistspiel so viel wie mit einer niedrigeren Karte stechen, unter der Voraussetzung, dass der Gegner keine höhere hat, um so einen Stich mehr zu erhalten.

9 Der bewaffnete Moskauer Aufstand vom Dezember 1905, während der ersten russischen Revolution, endete mit einer Niederlage für die Revolutionäre, in den folgenden Monaten organisierten die russischen Sozialdemokraten eine Reihe von gewaltsamen Enteignungen bzw. Raubüberfällen, die sie «Expropriation» nannten.

10 Hjalmar Schacht, deutscher Bankier und Politiker, u. a. Reichsbankpräsident und Reichswirtschaftsminister (1934–1937).

11 Die «Burg der sieben Türme» (Yedikule) ist Teil einer im 5. Jahrhundert unter Theodosius II. errichteten Befestigungsanlage in Istanbul.

12 Die Gruppe «Befreiung der Arbeit» war die erste russische marxisti-sche Gruppe, 1883 in Genf von Georgi Plechanow u. a. gegründet.

13 «Arbeitersache», politische Zeitschrift der russischen Sozialdemokra-ten, erschien in Genf und Paris (1899–1902).

14 «Arbeitergedanke», politische Zeitung des «ökonomistischen» Flü-gels der russischen Sozialdemokraten, erschien zunächst in Petersburg, später im Ausland (1897–1902).

15 Semstwo bezeichnet lokale Selbstverwaltungseinheiten auf Kreis- und Gouvernementsebene im zaristischen Russland, die 1864 im Zuge li-beraler Reformen eingeführt wurden.

16 Maria Jermolowa (1853–1928), berühmte russische Schauspielerin.

17 Friedrich Schiller, «Maria Stuart», 3. Akt, 1. Auftritt.

18 Hier: «Institut» bezeichnete im vorrevolutionären Russland eine hö-here Bildungsanstalt für (meist adlige) Mädchen, am bekanntesten war das Smolny-Institut in Petersburg.

19 Drama von Edmond Rostand (1868–1918) über Napoleon II. (*«l'aig-lon»*); die Titelrolle wurde meist mit Schauspielerinnen besetzt (erst-mals, zur Premiere im Jahr 1900, mit Sarah Bernhardt).

20 Angehöriger der Tscheka, der sowjetischen Geheimpolizei, siehe auch Anm. 109.

21 GPU (eigentl. OGPU, russische Abkürzung für «(Vereinigte) Staat-liche Politische Verwaltung») war seit 1922 die Bezeichnung für die Geheimpolizei der Sowjetunion, ging 1934 im Volkskommissariat für innere Angelegenheiten auf.

22 Traditionsreicher Versammlungsort im Haus der Gewerkschaften (ehem. Senatspalast) im Moskauer Kreml.

23 Russ.: *komandarm II*, steht für Heerführer, Armeeführer, Armee-befehlshaber oder *Armeekommandeur 2. Klasse*; hierbei handelte es sich auch um einen sogenannten «personengebundenen militärischen Rang».

24 Schlemm bezeichnet im Whist (oder Bridge) ein gewonnenes Spiel, bei dem man 12 oder alle 13 Stiche bekommt.

25 Vgl. Anm. 8.

26 Ras Desta und Ras Sejum waren äthiopische Heerführer während des Abessinienkrieges.

27 Komödie von Denis Fonwisin (1745–1792).

28 Komödie von Alexander Gribojedow (1795–1829).

29 Marija Alexejewna Lwowa (1755–1807), eine der bekanntesten Musen der russischen Aufklärung.

30 Zitat aus Heinrich Heines Gedichtzyklus <Heimkehr> (No. 46) im «Buch der Lieder».

31 Wassili Dalmatow (1852–1912), bekannter russischer Schauspieler serbischer Herkunft.

32 Wera Komissarschewskaja (1864–1910), bekannte russische Schauspielerin.

33 Das «Testament Zar Peters des Großen» ist ein gefälschtes Dokument, das die Absicht Russlands belegen sollte, langfristig eine militärische und politische Vormachtstellung in Europa erreichen zu wollen. Als Verfasser wird der polnische General Michał Sokolnicki angenommen, der nach der polnischen Teilung von 1794 Frankreich dazu bewegen wollte, miltärisch gegen Russland vorzugehen.

34 Anspielung auf die Niederschlagung der Pariser Kommune von 1871: Von Versailles aus brachen die Truppen der bürgerlichen Regierung nach Paris auf, um die Anhänger der Kommune in blutigen Kämpfen zu vernichten.

35 Georges Courteline (1858–1929), französischer Satiriker, Romancier und Dramatiker.

36 «Gebet auf der Akropolis», Gedicht des französischen Schriftstellers, Religionswissenschaftlers und Orientalisten Ernest Renan (1823–1892).

37 Hier nimmt Aldanow auf die «Gespräche des Konfuzius» (*Lunyu*) Bezug: Nach einer allgemeinen Lebensmaxime gefragt, antwortet Konfuzius auf die Frage eines Schülers: «Wie wäre es mit [dem Wort] *shu* (恕) ...» Der Begriff *shu* wird von deutschen Sinologen mit *Nachsicht*, *gegenseitige Rücksichtnahme*, *gegenseitiges Verstehen* übersetzt, manchmal auch mit *Nächstenliebe*, *Toleranz* oder *Fairness*.

38 Nelusko – Protagonist aus der Oper «L'Africaine» von Giacomo Meyerbeer; Radamès – aus Giuseppe Verdis «Aida».

39 Hauptfiguren aus Romanen von Stendhal: «Die Kartause von Parma» (Fabrizio) und «Rot und Schwarz» (Julien Sorel).

40 Fürst Andrej (Bolkonski), Figur aus Lew Tolstois Roman «Krieg und Frieden».

41 Anthony Eden (1897–1977), britischer Politiker der Konservativen Partei, zwischen 1935 und 1955 dreimal britischer Außenminister.

42 Figur aus Iwan Turgenjews Roman «Väter und Söhne».

43 Nach der Oper «Die Stumme von Portici» von Daniel-François-Esprit Auber.

44 Georges Clemenceau (1841–1929), französischer Journalist, Politiker und Staatsmann der Dritten Republik.

45 Henry John Temple, 3. Viscount Palmerston (1784–1865), britischer Staatsmann, Premierminister 1855 bis 1865.

46 Die «Normandie» war ein Passagierschiff der Compagnie Générale Transatlantique, zum Zeitpunkt ihrer Fertigstellung, 1935, das größte Schiff der Welt.

47 Vermutlich wird hier die Brasserie La Coupole in Montparnasse beschrieben, die in den Zwanziger und Dreißigerjahren ein beliebter Treffpunkt der russischen Emigration war; Iwan Bunin kam hierher, um zu schreiben und sich mit Bekannten zu treffen.

48 Bekanntes, 1849 von dem französischen Unternehmer Jean-Baptiste Donon gegründetes Restaurant in Petersburg.

49 Bekanntes, 1872 gegründetes Restaurant in Moskau.

50 Leonid Jakowlew (1858–1919), russischer Opernsänger, Bariton.

51 Medea Figner (1859–1952), russische Opernsängerin, Sopran.

52 Gustave Aimard (1818–1883), französischer Autor von Abenteuerromanen.

53 Als «Vampir von Düsseldorf» wurde Peter Kürten bekannt, ein deutscher Serienmörder, 1931 hingerichtet.

54 Unter dem Motto *«Pour une jeunesse saine, forte, joyeuse»* stand das Programm des linken Arbeitersportbunds FSGT (Fédération sportive et gymnique du travail), das 1936 von der Wahlkampagne der Kommunistischen Partei Frankreichs aufgegriffen wurde.

55 Staatliches Gefängnis in Ossining, in der Nähe von New York, in dem bis zum Jahr 1963 zum Tode Verurteilte durch den elektrischen Stuhl hingerichtet wurden.

56 Inschrift an einem Armen- und Arbeitshaus *(«L'Œuvre de l'hospitalité du travail»)* in der Avenue de Versailles im Pariser Stadtviertel Auteuil.

57 Aus dem Aufsatz ‹Un apôtre de l'idéal communiste libertaire› von Sebastién Faure, in: «La Revue Anarchiste» No. 6, Juni 1922.

58 Es galt im russischen Bildungsbürgertum und in literarischen Kreisen als inkorrekt und unfein, *«(ein) paar»* zu sagen, wenn man *«einige, wenige»* meinte.

59 «*Le Temps*», einflussreiche französische Tageszeitung, erschien 1861 bis 1942.

60 Nikolai Gogol, Brief an Anna Wielgorskaja vom 29. Oktober 1848: «Das Tanzen steht Ihnen doch schlecht zu Gesicht, Sie haben keine besonders schlanke und zarte Figur.»

61 Der imaginierte Dialog verweist auf eine sogenannte «Vorgabepartie», bei der im Schach dem schwächeren Spieler durch Vorgabe einer Figur ein Vorteil gewährt wurde, d. h., der stärkere Spieler verzichtete auf eine Figur, z. B. den Läufer oder die Dame, um das Spiel ausgeglichener zu gestalten. Vorgabepartien waren bis zum Ende des 19. Jahrhunderts populär, als Schach häufig um Wetteinsätze gespielt wurde.

62 «Wperjod» (dt.: Vorwärts) war eine bolschewistische Zeitung, die 1905 von Lenin u. a. in Genf herausgegeben wurde.

63 Militärischer und Stammesführer russischer Kosaken, im übertragenen Sinn auch Räuberhauptmann.

64 Friedrich Schiller, «Maria Stuart», 5. Akt, 9. Auftritt.

65 Friedrich Schiller, «Maria Stuart», 3. Akt, 6. Auftritt.

66 Als «Nichtheimkehrer» (russ.: *nevozvraščency*) wurden offiziell Personen bezeichnet, die von legalen privaten Reisen oder von Dienstreisen nicht in die Sowjetunion zurückkehrten.

67 Hier: Volkskommissar für Äußeres, Kangarow-Moskowskis oberster Dienstherr.

68 Domostroi, russischer Gesetzeskodex aus dem 16. Jahrhundert; Nestorchronik, älteste erhaltene ostslawische Chronik, wichtigste Quelle für die Geschichte der Kiewer Rus.

69 Jat, kyrillischer Buchstabe, welcher im Altkirchenslawischen einen Laut repräsentierte, der auf ein urslawisches langes «e» zurückgeht, wurde nach der Rechtschreibreform in Sowjetrussland 1918 abgeschafft; das Härtezeichen stand bis 1918 am Wortende, um die harte, nicht palatalisierende Aussprache von Konsonanten zu kennzeichnen, in dieser Position wurde der Buchstabe mit der Reform von 1918 ersatzlos gestrichen. Publikationen der russischen Emigration hielten demgegenüber an der vorrevolutionären Rechtschreibung fest.

70 Aus Alexander Puschkins Gedicht «Roderich» (deutsche Nachdichtung von Michael Engelhard).

71 Zeile aus dem Gedicht «In der Art von Béranger» des russischen Dichters Don Aminado, eigentl. Aminad Schpoljanski (1888–1957), der im Pariser Exil lebte.

72 Herbert Kitchener, 1. Earl Kitchener (1850–1916), britischer Politiker und Feldmarschall, befehligte britische Truppen u. a. in Afrika und Indien.

73 Zitat aus den «Lustigen Couplets» (1906) von Walentin Walentinow.

74 Gemeint ist vermutlich Ferdinand Tkatschow, einer der sowjetischen Offiziere, die während des Spanischen Bürgerkriegs als Kommandeure der Internationalen Brigaden dienten; er befehligte das polnisch-spanische Palafox-Bataillon.

75 In der Schlacht von Badajoz, am 14. August 1936, besiegten die Truppen Francos die republikanischen Verteidiger und richteten in der Stadt ein Massaker an.

76 Die Ustascha war ein 1930 gegründeter kroatischer ultranationalistisch-terroristischer Geheimbund. Ustascha («Aufständischer») bezeichnet sowohl das einzelne Mitglied als auch die gesamte Organisation. Indem Kangarow Wislicenus einen Ustascha nennt, spielt er auf dessen Herkunft aus Mazedonien oder Kroatien und seinen «terroristischen» Hintergrund an.

77 Die Linken Republikaner (RDG) waren eine inoffizielle Gruppierung der Demokratischen Allianz, die in den Dreißigerjahren rechte Positionen vertrat.

78 Alexandre Stavisky (1886–1934) war ein französisch-ukrainischer Hochstapler und Millionenbetrüger.

79 Tacitus, «Annalen», Buch I.

80 Henry Vassall-Fox, 3. Baron Holland, britischer Staatsmann und Politiker (1773–1840), Aldanow zitiert vermutlich nach J. H. Jesse, «George Selwyn and his Contemporaries» (1844): «His old friend Lord Holland whilst lying on his death-bed said: The next time Mr. Selwyn calls, show him up. If I am alive, I shall be delighted to see him; and if I am dead, he will be delighted to see me.»

81 Das «Diner der ausgepfiffenen Autoren» hat es tatsächlich gegeben, es wurde von Turgenjew angeregt. Flaubert war mit seiner Komödie «Der Kandidat» durchgefallen, Alphonse Daudet mit seiner Erzählung «Das Mädchen aus Arles», und Turgenjew gab sein «großes Ehrenwort», er sei in Rußland ausgebuht worden. Außerdem gehörten noch

Goncourt und Zola zu dieser «Gesellschaft der Fünf». So beschreibt es Hermann Kesten in seinem Buch «Dichter im Café» (1959).

82 Goethe im Gespräch mit Johann Peter Eckermann, No. 1021, 29. 1. 1826 (nach der von Woldemar von Biedermann als fünfte Abteilung der «Weimarer Ausgabe» konzipierten Ausgabe der «Gespräche» (1889 bis 1896)); Aldanow zitiert bzw. übersetzt hier ziemlich frei, in den «Gesprächen» heißt es wörtlich: «... eine subjektive Richtung hätten.»

83 François Rabelais, «Le Gargantua et le Pantagruel», Kapitel I; Übersetzung von Wolf Steinsieck.

84 Pierre-François Lacenaire (1803 – 1836), französischer Dichter, Verbrecher und Mörder.

85 Jean Pierre Mégnin (1828 – 1905), französischer Tierarzt, begründete die moderne forensische Entomologie («Fauna der Gräber», 1887).

86 Rudolf Clausius (1822 – 1888), deutscher Physiker, Entdecker des zweiten Hauptsatzes der Thermodynamik, von ihm stammt der Begriff des «Wärmetods des Universums» als Ursache für die Unvermeidbarkeit des Weltuntergangs.

87 Der Jahrgang 1811 («Kometenwein») war angeblich der beste Wein des 19. Jahrhunderts.

88 Lange Perlenkette.

89 Aus einem Brief Friedrich Nietzsches an Georg Brandes («... daß wir in zwei Jahren die ganze Erde in Konvulsionen haben werden») bzw. «Oedipus. Reden des letzten Philosophen mit sich selbst», Schriften aus dem Nachlass.

90 Theodor Mommsen, «Römische Geschichte» (erschienen 1854 – 1856).

91 Jules Lemaître (1853 – 1914), französischer Schriftsteller und Theaterkritiker.

92 Pauline von Metternich (1836 – 1921) war eine österreichische Salonnière, die vor allem in Paris und Wien wirkte.

93 Vermandois gibt hier zentrale Gedanken aus Platons «Phaidros» wieder, die vom Schicksal der unsterblichen Seele handeln.

94 Clemens von Rom, «Erster Brief an die Korinther», Kapitel 23; Vermandois zitiert nicht wörtlich.

95 François Rabelais, «Le Gargantua et le Pantagruel», Kapitel I; Übersetzung von Wolf Steinsieck.

96 Auflagenstarke Pariser Tageszeitung (1863 – 1944).

97 Georges Cuvier (1769–1832), württembergisch-französischer Naturforscher (Zoologie, vergleichende Anatomie, Paläontologie).

98 Der Apotheker Monsieur Homais ist eine Figur aus Gustave Flauberts Roman «Madame Bovary», Archetypus eines ehrgeizig-eitlen Kleinbürgers.

99 M. für Monsieur (hier anstelle von Genosse).

100 Bernard-René Jordan de Launay (1740–1789), französischer Adliger aus Paris, letzter Kommandant der Bastille, wurde nach deren Erstürmung ermordet.

101 Altes Testament, Prediger 1, 6: «Der Wind geht nach Süden und dreht sich nach Norden und wieder herum an den Ort, wo er anfing.»

102 Die Marne mündet bei Charenton-le-Pont in die Seine.

103 Französischer Nationalfeiertag, erinnert an den Sturm auf die Bastille am 14. Juli 1789 und das ein Jahr später an diesem Tag veranstaltete Föderationsfest.

104 Am 11. November 1918 wurde in Compiègne der erste Waffenstillstand zwischen Frankreich, Großbritannien und dem Deutschen Reich geschlossen, der zum Ende der Kampfhandlungen im Ersten Weltkrieg führte.

105 Anne «Ninon» de Lenclos (1620–1705) war eine berühmte französische Kurtisane und Salonnière, galt als Meisterin des geistreichen Gesprächs.

106 Goethe im Gespräch mit dem Kanzler Friedrich von Müller, No. 1017, 29.12.1825 (nach Biedermann, s. o.).

107 Martin Luther, «Tischreden», ‹Der Welt Bild›.

108 Amigne ist eine weiße Rebsorte.

109 Bezeichnung der sowjetischen Geheimpolizei von 1918 bis 1922 (russische Abkürzung für «Außerordentliche Kommission zur Bekämpfung von Konterrevolution, Spekulation und Sabotage»).

110 Die Festung Schlüsselburg am Ladogasee diente im 19. Jahrhundert als zaristisches Gefängnis, in dem eine Reihe bekannter Revolutionäre eingekerkert waren.

111 Geheimpolizei im zaristischen Russland (russ.: «Sicherheitsabteilung»).

112 Arthur James Balfour, 1. Earl of Balfour (1848–1930), britischer Politiker und Premierminister.

113 Sowjetischer Staatsverlag.

114 Bezeichnet im Französischen das plötzliche, unbemerkte (ohne sich zu verabschieden) Verschwinden eines Gastes von einer Feier o. Ä., auf Deutsch «sich französisch verabschieden» oder «polnischer Abgang».

115 Carle (Charles) André van Loo (1705–1765), französischer Maler.

116 Jean Baptiste van Loo (1684–1745), französischer Maler.

117 Jules César Denis van Loo (1743–1821), französischer Maler.

118 Jean-Henri (Johann Heinrich) Riesener (1734–1806), Georges Jacob (1739–1814), Matthieu Guillaume (Matthias Wilhelm) Cramer (gest. 1804), Adam Weisweiler (1746–1820), Guillaume Beneman (1750 bis nach 1811), Jean Ferdinand Schwerdfeger (1734–1818) waren französische Kunsttischler deutscher Herkunft.

119 La Tour d'Argent (dt.: Silberturm) ist ein berühmtes Pariser Restaurant, das es auch heute noch gibt.

120 Goethe im Gespräch mit Friedrich von Müller, No. 1050, 28. Juni 1826 (nach Biedermann, s. o.).

121 Goethe im Gespräch mit Wilhelm von Humboldt, No. 1678, zwischen 15. und 18. Januar 1817 (nach Biedermann, s. o.).

122 Goethe im Gespräch mit Johann Peter Eckermann, No. 1103., 9. Juli. 1827 (nach Biedermann, s. o.).

123 Goethe im Gespräch mit Friedrich von Müller, No. 871, 23. September 1823 (nach Biedermann, s. o.): «... wenn der Generalsuperintendent Charakter habe, müsse er lieber seine Stelle niederlegen als eine Jüdin in der Kirche im Namen der heiligen Dreifaltigkeit trauen.»

124 C. A. H. Burkhard, «Goethes Unterhaltungen mit dem Kanzler Müller», No. 143, 25. November 1823.

125 Ein in der zweiten Hälfte des 19. Jahrhunderts in Russland verbreitetes historisch-literarisches Idiom, das einen Agenten, geheimen Informanten, Denunzianten bezeichnet; geht ursprünglich auf Alexander Puschkins satirische Erzählung «Die Geschichte des Dorfes Gorjuchino» zurück, in der «ein gewisser Herr B.», hinter dem sich der bekannte Journalist und Agent der zaristischen Geheimpolizei Faddei Bulgarin verbirgt, einen «erbsenfarbenen Mantel» trägt.

126 N. Beltow, Pseudonym von Georgi Plechanow (1856–1918), russischer Philosoph und Journalist, «Vater des russischen Marxismus».

127 Felix Dserschinski (1877–1926), polnisch-russischer Berufsrevolutionär, Gründer und Leiter der Geheimpolizei *Tscheka* (siehe Anm. 109),

danach erster Leiter der Nachfolgeorganisation GPU; Genrich Jagoda, 1934 bis 1936 Chef des sowjetischen Innenministeriums NKWD (entstanden aus der Zusammenlegung von GPU und dem vormaligen Volkskommissariat des Inneren), 1938 hingerichtet.

128 In: Nikolai Gogol, «Aufzeichnungen eines Wahnsinnigen».

129 1938 in Paris gegründeter Verbund trotzkistischer Parteien und Gruppen.

130 Die Zweite (Sozialistische) Internationale wurde 1889 in Paris gegründet und existierte bis 1914. Versuche einer Wiedergründung in den 1920er- bis 1930er-Jahren schlugen fehl, zu einer Neukonstituierung kam es erst 1951.

131 Baruch de Spinoza: «Descartes' Prinzipien der Philosophie auf geometrische Weise begründet», Anhang II, Kapitel 9, übers. von Artur Buchenau, Leipzig 1906.

132 Jean-Baptiste Troppmann und Henri Désiré Landru waren französische Serienmörder.

133 In Paris wurde die Aperitifzeit zwischen fünf und sieben als *«l'heure verte»* (dt.: grüne Stunde) bezeichnet, als «die *heilige Stunde*, in der an den Tischen der Cafés jeder seinen Absinth zu sich nimmt» (Maurice Millot, «Le Rire», 1895).

134 Paul Bourget (1852–1935), französischer Schriftsteller, der in seinen Romanen vor allem die Pariser Bourgeoisie der Belle Époque schilderte.

135 Bezeichnung für einen Besuchsraum in französischen Gefängnissen (ursprünglich Empfangsraum in Klöstern).

136 Teeröl, hauptsächlich zum Holzschutz eingesetzt.

137 Émile Henry und Sante Geronimo Caserio waren französische Anarchisten.

138 Ravachol (eigentlich: François Claudius Koenigstein), französischer Anarchist.

139 Der Bâtonnier ist der Präsident oder Vorsitzende des *barreau*, einer französischen örtlichen Anwaltskammer.

140 Siehe Anm. 104.

141 Hauptstadt von Französisch-Guayana, hier befand sich eine berüchtigte Strafkolonie.

142 Louis Boussenard (1847–1910), französischer Schriftsteller und Wissenschaftsjournalist, verfasste überwiegend wissenschaftliche Abenteuerromane.

143 Geflochtene Riemenpeitschen, mit denen in Nikolai Gogols Erzählung «Wij» die Schüler des Priesterseminars gezüchtigt werden.

144 Aldanow beschreibt hier das 1897 gegründete Theater Grand Guignol, das als «Theater des Schreckens» bekannt wurde und auf drastische Horroreffekte setzte. Es befand sich im Vergnügungsviertel Pigalle, in einer verlassenen Kapelle. Die Stücke des Grand Guignol ließen die Zuschauer erschauern, nicht selten fielen etliche von ihnen in Ohnmacht, und ausgestochene Augen gehörten dort beinahe zum Standardrepertoire. Das Theater existierte bis 1962.

145 *Bâtard* (dt.: Bastard) ist eine seit dem Mittelalter verbreitete (und zunächst nicht pejorativ gebrauchte) Bezeichnung für ein uneheliches Kind eines Adligen, ursprünglich ein fester Terminus des Feudalwesens.

146 Gemeint sind hier die Widerstandskämpfer (Mitglieder einer Geheimgesellschaft, die sich im Kampfsport übten) des sog. chinesischen Boxeraufstands (1900–1901), der sich gegen die europäische Fremdherrschaft richtete.

147 Tmutarakan war eine antike Stadt an der Straße von Kertsch, der Name steht im Russischen für tiefste Provinz.

148 Vermutlich ein Zitat aus Leonid Andrejews Erzählung «Das rote Lachen» (1904): «Eine Million Menschen, die am selben Ort versammelt sind und die Richtigkeit ihres Tuns unter Beweis stellen wollen, bringen sich gegenseitig um, und alle spüren den gleichen Schmerz und *alle sind gleich unglücklich* – ist das nicht der helle Wahnsinn?»

149 Bekanntes Petersburger Restaurant, ursprünglich Restaurant de Paris, eine Zeit lang von dem französischen Koch Pierre Cubat geführt.

150 Gebrüder Pivato, Petersburger Restaurant.

151 Ungenaues Zitat aus einem in den 1920er- bis 1930er-Jahren populären Tango von Oskar Strock, einem auch in Russland bekannten lettischen Unterhaltungsmusiker.

152 Der Beschreibung nach handelt es sich um die Place Pigalle am Fuße des Montmartre-Hügels, benannt nach dem französischen Bildhauer Jean-Baptiste Pigalle (1714–1785).

153 «Erzählung von Basarga und seinem Sohn Borsosmysl», altrussischer Prosatext aus dem 15. Jahrhundert.

154 Blenyl war ein oral zu verabreichendes Mittel gegen Gonorrhö; Santal bleu (blaues Sandelholz), auch unter der Bezeichnung Griesholz bekannt, wurde als harntreibendes Arzneimittel zur Behandlung von Blasen- und Nierensteinen eingesetzt.

155 Als *cinema permanent* wurden die ersten «festen» Kinotheater während der Frühphase des Kinos bezeichnet. Filmvorführungen fanden anfangs in angemieteten Sälen statt, erst später kamen spezielle Kinotheater auf, in denen ausschließlich Filme gezeigt wurden.

156 Restaurant in Versailles im Lustschloss Grand Trianon.

157 Die Dragonaden waren Strafmaßnahmen Ludwigs XIV. gegen die protestantischen Kamisarden und andere Hugenotten, um ihre Konversion zum katholischen Glauben zu erzwingen; das Verdikt von Nantes von 1598 besiegelte des Ende der Religionskriege in Frankreich, es gewährte den Hugenotten religiöse Toleranz und volle Bürgerrechte, schrieb aber den Katholizismus als Staatsreligion fest; es wurde 1685 von Ludwig XIV. aufgehoben.

158 Jacques Bénigne Bossuet (1627–1704), französischer Bischof und Schriftsteller, katholischer Kanzelredner.

159 Förmliche parlamentarische Anfrage an die Regierung.

160 König Heinrich IV. soll in einem Gespräch mit dem Herzog von Savoyen im Jahr 1610 den Wunsch geäußert haben: «Wenn mir Gott zu leben erlaubt, werde ich dafür sorgen, dass es in meinem Land keinen Bauern gibt, der sonntags nicht sein Huhn im Topf hat!»

161 «L'an deux mille quatre cent quarante. Rêve s'il en fut jamais» (dt.: Das Jahr 2440. Ein Traum aller Träume), utopischer Roman von Louis-Sébastien Mercier, erschienen 1771.

162 Nicolas Fouquet (1615–1680) war Finanzminister unter dem jungen Ludwig XIV.

163 Fellfarben von Pferden: *gris perle*, weißgrau; *feuille morte*, rotbraun.

164 Artikel 311 der französischen Strafprozessordnung regelt die Rechte der Geschworenen und Beisitzer, Fragen an den Angeklagten und die Zeugen zu stellen.

165 Gijon, das wirtschaftliche Zentrum Asturiens, wurde am 21.10.1937 während des Spanischen Bürgerkriegs von den Truppen General Francos erobert, in den folgenden Tagen kam es in der Stadt zu zahlreichen Plünderungen, Morden und Vergewaltigungen.

166 Adolf Rembte [bei Aldanow fälschlich Reinte] und Robert Stamm waren deutsche Kommunisten und Widerstandskämpfer gegen das NS-Regime.

167 Tomás de Torquemada (1420–1498), spanischer Generalinquisitor von Kastilien und Aragonien.

168 Pierre Corneille, «Tite et Bérénice», heroische Komödie (1670); Jean Racine, «Bérénice», Tragödie (1670).

169 Henri Robert (1863–1936) war ein bekannter französischer Strafverteidiger.

170 Aus: Nikolai Gogol, «Rom» (Fragment einer Erzählung).

171 Spielt auf die *Narodniki* («Volkstümler») an, eine sozialrevolutionäre Bewegung in Russland der 1860- bis 1870er-Jahre, aus der später die russischen Sozialdemokraten und die Bolschewiki hervorgingen.

172 Emanuel Lasker (1868–1941), berühmter deutscher Schachspieler, Mathematiker und Philosoph.

173 Ein Teil der von Wislicenus beanstandeten sprachlichen «Unregelmäßigkeiten» gehen auf eine Anfang des 20. Jahrhunderts verbreitete Textredaktion der «Toten Seelen» zurück, auf die sich vermutlich auch Aldanow stützte: Gogols Werke, 15. Auflage, in der Redaktion von Nikolai Tichonrawow, Sankt Peterburg, 1900; die meisten der Übersetzungen ins Deutsche basieren auf abweichenden Editionen des Werks, in denen die inkriminierten Stellen nicht enthalten sind bzw. anders lauten.

174 Michail Sagoskin (1789–1852) war ein im 19. Jahrhundert populärer russischer Schriftsteller, sein Roman «Juri Miloslawski oder die Russen im Jahr 1612» gilt als der erste historische Roman in Russland.

175 Altes russisches Flächenmaß, je nach Variante 1,1 bis 1,6 Hektar.

176 Staatliches Komitee für Wirtschaftsplanung der Sowjetunion.

177 Diversant, ein Begriff aus dem sowjetischen Sprachgebrauch, bezeichnet feindliche Agenten und Saboteure bzw. Mitglieder von militärischen Kommandotrupps.

178 Von einem Warschauer Konditor 1936 erfundenes, vor allem in Osteuropa und Russland beliebtes Konfekt aus Schaumzucker mit Schokoladenüberzug.

179 Glawlit (russische Abkürzung für «Hauptverwaltung für Angelegenheiten der Literatur und des Verlagswesens») war die oberste Zensurbehörde der Sowjetunion.

180 Hier: Sonderabteilung (russ.: *osobyj otdel*) hießen betriebliche Sicherheitsabteilungen, die der sowjetischen Geheimpolizei unterstanden.

181 König Eduard VIII. von England, nach seiner Abdankung ab 1937

Herzog von Windsor, hegte Sympathien für den Nationalsozialismus; während eines Besuchs in Deutschland wurde er auch von Hitler auf dem Berghof empfangen.

182 Zeile aus Pjotr Tschaikowskis Romanze «Don Juans Serenade».

183 Alexander Suworow (1730–1800), berühmter russischer Generalissimus und Militärstratege.

184 Zitat aus dem Gedicht «Das Lied des alten Husaren» von Denis Dawydow (1784–1839); Antoine-Henri Jomini (1779–1869) war ein einflussreicher Schweizer Militärhistoriker.

185 Von *Pronunciamento*, der spanischen Bezeichnung für Putsch.

186 Juan Guilloto León, bekannt geworden als Juan Modesto (1906–1969), war ein spanischer General aufseiten der Republik, führte im Bürgerkrieg u. a. das bekannte «Fünfte Regiment»; Enrique Líster Forján, eigentlich Jesús Liste Forján (1907–1994), war ein weiterer militärischer Führer der Republik.

187 José Miaja Menant (1878–1958), militärischer Oberbefehlshaber der Republik im Spanischen Bürgerkrieg.

188 Édouard Daladier (1884–1970), französischer Politiker, in den 1930er-Jahren mehrfach Premierminister.

189 Leslie Hore-Belisha (1893–1957), britischer Politiker, u. a. Verkehrsminister und Kriegsminister.

190 Siehe Anm. 69.

191 Feng Yuxiang (1882–1948), einer der Kriegsherren in der frühen Periode der Republik China, u. a. während der Zeit des Chinesischen Bürgerkriegs, auch als «christlicher General» bekannt geworden.

192 Nach der Revolution wurde in Russland die Anrede «Dame» und «Herr» abgeschafft und durch «Bürger(in)» bzw. «Genoss(in)» ersetzt, Letzteres unter Parteimitgliedern und bei offiziellen Anlässen.

193 Legendärer Kommandeur der Roten Armee während des Bürgerkriegs in Russland; nach der Vorlage eines Romans von Dmitri Furmanow entstand 1934 der Film «Tschapajew», der in der Sowjetunion außerordentlich populär war.

194 Nach dem Roman «Der Kurier des Zaren» von Jules Verne; der Stoff wurde mehrfach verfilmt, vermutlich ist hier der Film «Michel Strogoff» von Viktor Tourjansky aus dem Jahr 1926 gemeint.

195 Michail Kutusow (1745–1813), Generalfeldmarschall der russischen Armee, Held des Vaterländischen Krieges gegen Napoleon.

196 Erste Zeile aus Alexander Puschkins Gedicht «Der Dolch» (1821).

197 Ungarischer Unabhängigkeitskrieg von 1848 / 49, bei dem die Russen (an der Seite der Österreicher) maßgeblich zum Sieg über die Ungarische Armee beitrugen.

198 Aus dem «Lied des 5. Husaren-Alexanderregiments».

199 Aus dem «Lied des 5. Husaren-Alexanderregiments» (Variante).

200 Prinz Oleg (gest. 912 oder 922), aus dem Geschlecht der Rurikiden, gilt als Begründer der Kiewer Rus, nach einem erfolgreichen Feldzug gegen Byzanz im Jahre 907 erhielt er den Beinamen der «Prophet» bzw. der «Weissager».

201 Das Antoniusfeuer (auch Antoniusfieber) ist eine durch den giftigen Mutterkornpilz hervorgerufene schwere Vergiftung. Der Pilz befällt Getreideähren, bevorzugt Roggen. Im Mittelalter verstand man das Antoniusfeuer, das auch als Heiliges Feuer bezeichnet wurde, als Strafe Gottes bzw. des heiligen Antonius – daher der Name der Krankheit.

202 Der auf Kreta geborene Maler El Greco, wichtigster Vertreter des spanischen Manierismus, siedelte 1576 nach Spanien über.

203 Der Beschreibung nach das Madrider Cervantes-Denkmal, dessen zentraler Obelisk von einer Weltkugel gekrönt wird; es befindet sich auf der Plaza de España, unweit der Universitätsstadt.

204 Stadtbezirk im östlichen Teil von Moskau mit einem großen, waldähnlichen Park.

205 Protagonisten aus Alexander Puschkins Verserzählung «Poltawa»; Mazeppa, ein ukrainischer Kosakenhauptmann, ist in dem Poem doppelt so alt wie seine Braut Maria.

206 Marcus Porcius Cato der Jüngere (95 v. Chr. – 46 v. Chr.), Politiker in der späten Römischen Republik, gehörte zum republikanischen Widerstand gegen Cäsar, nach der Schlacht bei Thapsus beging er Selbstmord.

207 «Das Leben des Protopopen Awwakum», eines der Hauptwerke der späten altrussischen Literatur.

208 Versdichtung von Nikolai Nekrassow (1821–1878) über die Ehefrauen der nach Sibirien verbannten Dekabristen.

209 Gemeint ist die Morosow-Villa in der Moskauer Spiridonowka-Straße, die dem sowjetischen Außenministerium für Empfänge diente.

210 Abendgesellschaft, -empfang.

211 Als *ci-devants* (dt.: ehemals, gewesen) wurden nach der Französischen Revolution von 1789 vormals adlige Personen bezeichnet, die Anhänger des Ancien Régime waren, im übertragenen Sinn auch Reaktionäre.

212 Jean-Marc Nattier (1658–1766), Nicolas de Largillière (1656–1746) und Hyacinthe Rigaud (1659–1743) waren berühmte französische Maler des Rokoko.

213 Jean Lefebvre, von 1658 bis 1661 einer der Meister der königlichen Tapisseriemanufaktur in Paris.

214 (dt.: Gabel); beim Bridge u. a. Kartenspielen eine Folge von zwei höheren Karten derselben Farbe, bei denen eine dazwischenliegende Karte fehlt, z. B. Ass und Königin.

215 Godefroy Cavaignac (1853–1905), französischer Politiker, u. a. Kriegsminister während der Dreyfus-Affäre, war von der Schuld des jüdischen Artillerie-Hauptmanns Alfred Dreyfus überzeugt.

216 Bei den 99 Namen («Allahs schöne Namen») handelt es sich um die Namen Gottes (Bezeichnungen für Gott), nicht Mohammeds.

217 Der Ausdruck geht auf den deutschen Theologen und Philosophen Meister Eckhart zurück, der damit den göttlichen Kernbereich der Seele bezeichnete.

218 Alexis de Tocqueville (1805–1859), französischer Publizist, Politiker und Historiker, Begründer der Vergleichenden Politikwissenschaft.

219 Edgar Quinet (1803–1875), französischer Schriftsteller und Historiker.

220 Vermandois' Einwurf charakterisiert den vorangegangenen Satz als «Lapalissade», im Französischen eine komische Binsenweisheit, die angeblich auf die Fehlinterpretation einer Grabinschrift des französischen Adligen und Militäroffiziers Jacques de La Palice (1470–1525) zurückgeht («Wenn er nicht tot wäre, würde er noch leben»).

221 «Prästabilierte Harmonie» bezeichnet eine vorherbestimmte Einheit und verweist auf einen Grundbegriff der Leibniz'schen Philosophie als Ausdruck für die allen Dingen innewohnende Ordnung.

222 Louis-Auguste Blanqui (1805–1881), französischer Revolutionär, 1871 Mitglied der Pariser Kommune.

223 Nikolai Rimski-Korsakows Oper «Mozart und Salieri» (1897); das Libretto basiert auf dem gleichnamigen Versdrama von Alexander Puschkin.

224 Bileam (auch Balaam) war ein biblischer Wahrsager, der vom Moabiter-könig Balak mit Geld bestochen wurde, das Volk Israel zu verfluchen; sein Fluch verkehrte sich jedoch in einen Segen (Altes Testament, 4. Buch Mose).

225 *bois de justice* (dt. wörtlich: Hölzer der Gerechtigkeit), in Frankreich Umschreibung für Guillotine.

226 Aus: «La Place de la Roquette. Le quartier des condamnés à mort et l'échafaud» von Maxime Du Camp (1822–1894), in: «Revue de Deux Mondes 85», 1870.

227 Albert Brun, französischer Staatspräsident 1932 bis 1940, hatte Bergbau-ingenieurwesen studiert.

228 Die letzte öffentliche Hinrichtung durch die Guillotine fand in Frankreich am 17. Juni 1939 vor dem Gefängnis St.-Pierre in Versailles statt. Hingerichtet wurde Eugen Weidmann, ein sechsfacher Mörder; dem makaberen Spektakel wohnten Tausende Schaulustige bei. Aldanows Beschreibung der Hinrichtung von Alvera stützt sich vermutlich auf Berichte von Augenzeugen des Ereignisses; ob er selbst in Versailles zugegen war, ist nicht überliefert.

229 Tiberius Sempronius Gracchus (162 v. Chr.–133 v. Chr.), ein Politiker der römischen Republik, wurde nach seiner Ermordung zur Symbolfigur für den Kampf gegen die Willkür der Oberschicht stilisiert.

230 Melchior de Hondecoeter (1636–1695), holländischer Tiermaler.

231 Aus: Jean Racine, «Phèdre», 5. Akt, 6. Szene («Phädra», deutsch von Friedrich Schiller).

232 Gustave Flaubert in einem Brief an Ernest Feydeau vom 17. August 1861: «Man muss die Fakire nachahmen, die ihr Leben mit zur Sonne erhobenem Haupt verbringen, während das Ungeziefer über ihren Körper kriecht.»

233 Ausspruch von Joseph Fouché (andere Quellen nennen Talleyrand) nach der Hinrichtung des Herzogs d'Enghien durch Napoleon; Joseph Fouché (1759–1820) war u. a. Konventsmitglied sowie Innen- und Polizeiminister, sein Rivale Charles-Maurice de Talleyrand (1754–1838), u. a. französischer Außenminister, teilte mit ihm den Ruf eines politischen Überlebenskünstlers und skrupellosen Wendehalses.

234 Der Ausdruck «großer Schriftsteller des russischen Landes» stammt ursprünglich aus einem Brief Iwan Turgenjews an Lew Tolstoi und wurde zu einer Art Ehrentitel für Tolstoi (und später auch auf andere Schriftsteller, z. B. Maxim Gorki, übertragen).

235 Scherzhafte Anspielung auf Maxim Gorki, den damals berühmtesten sowjetischen Schriftsteller; *Gorkaja* ist die weibliche Form des Namens (Pseudonyms) Gorki (dt.: «Der Bittere»).

236 Maxim Gorki hieß eigentlich *Alexej Maximowitsch* Peschkow.

237 Oper von Umberto Giordano (1915).

238 Wahlspruch der Niederlande, der auch im Wappen des Landes geführt wird.

239 Neues Testament, Math. 6, 29: «Ich sage euch, dass auch Salomo in aller seiner Herrlichkeit nicht gekleidet gewesen ist wie eine von ihnen.»

240 Empfang bei Hofe im engeren Kreis.

241 Ernest Renan zugeschriebener Ausspruch über König Louis-Philippe I. (nach André Gide, Tagebücher, «Feuillets», 1911).

242 François-René de Chateaubriand, «Le Génie du christianisme» (1802), dt.: «Der Geist des Christenthums».

243 Eine Anspielung auf Lenins Satz, die Köchin solle den Staat regieren können (in: «Staat und Revolution»).

244 Anna Pawlowa (1881–1931), berühmte russische Balletttänzerin, Primaballerina.

245 Siehe Anm. 18.

246 Der Oberhofmarschall zitiert einen Ausspruch George Bernhard Shaws: «Hegel hatte recht, als er sagte, dass uns die Geschichte lehrt, dass wir nie etwas aus der Geschichte gelernt haben.»

247 Schlacht während des österreichischen Erbfolgekrieges zwischen Briten, Hannoveranern, Österreichern und Niederländern auf der einen Seite und Franzosen auf der anderen (am 11. Mai 1745); mit der Aufforderung *«Messieurs les Anglais, tirez les premiers»* (dt.: «Meine Herren Engländer, schießen sie als Erste») soll der französische Offizier Joseph d'Auteroche Lord Charles Hay geantwortet haben, nachdem dieser die Franzosen aufgefordert hatte, als Erste zu schießen. Die Anekdote, deren Wahrheitsgehalt umstritten ist, wurde zuerst von Voltaire in Umlauf gebracht («Précis du siècle de Louis XV», 1768).

248 Heinrich Heine; Vermandois nimmt Bezug auf die Romanze ‹Die Grenadiere›, 1822 erstmals in dem Band «Gedichte» erschienen, später in das «Buch der Lieder» aufgenommen.

249 Pablo Picassos Gemälde «Die Weinflasche» (1926).

250 Siehe Anm. 113

251 Berner Übereinkunft zum Schutz von Werken der Literatur und Kunst, völkerrechtlicher Vertrag, der die Anerkennung des Urheberrechts zwischen souveränen Staaten regelt, 1886 in Bern angenommen.